Walter Nachtmann

Karl Strölin – Stuttgarter Oberbürgermeister
im »Führerstaat«

Walter Nachtmann

# Karl Strölin

Stuttgarter Oberbürgermeister
im »Führerstaat«

Gedruckt mit Unterstützung
der Landeshauptstadt Stuttgart
sowie des Vereins der Freunde des Historischen Instituts
der Universität Stuttgart.

Die Bilder auf dem Umschlag zeigen Karl Strölin,
der sich Ende der dreißiger Jahre von einem Porträtfotografen
einmal mit, einmal ohne NSDAP-Parteiabzeichen aufnehmen ließ.

1 2 3 4 5   99 98 97 96 95

© Copyright 1995 by Silberburg-Verlag Titus Häussermann GmbH,
Tübingen · Stuttgart.
Alle Rechte vorbehalten.
Umschlaggestaltung: Monika Holzinger,
unter Verwendung von zwei Fotos aus dem Stadtarchiv Stuttgart.
Druck: difo, Bamberg.
Printed in Germany.

ISBN 3-87407-210-X

# Inhalt

**Vorwort** . . . . . . . . . . . . . . . . . . . . . . . . . . . . . . . . . . . . . . 9
**Einleitung** . . . . . . . . . . . . . . . . . . . . . . . . . . . . . . . . . . . . 11
**Sozialisationen** . . . . . . . . . . . . . . . . . . . . . . . . . . . . . . . . 16
   Kindheit und Kadettenzeit . . . . . . . . . . . . . . . . . . . . . . 16
   Offizier – Die erste Karriere . . . . . . . . . . . . . . . . . . . . . . 19
      Für Kaiser, König und Vaterland – In der königlich-
      württembergischen Armee . . . . . . . . . . . . . . . . . . . . 19
         Die Friedensjahre . . . . . . . . . . . . . . . . . . . . . . . . . 19
         Der Erste Weltkrieg . . . . . . . . . . . . . . . . . . . . . . . 22
      Für Ruhe und Ordnung – Im Dienste der Republik . . . . . 31
         Der Militärpolizist . . . . . . . . . . . . . . . . . . . . . . . . 31
         Sicherheitskompanien . . . . . . . . . . . . . . . . . . . . . 33
         Die Reichswehr – Neue Perspektiven – Enttäuschte
         Hoffnungen . . . . . . . . . . . . . . . . . . . . . . . . . . . . 39
   Beamter – Die zweite Karriere . . . . . . . . . . . . . . . . . . . . 45
      Studium und Dissertation . . . . . . . . . . . . . . . . . . . . 45
      Protagonist des Gasherdes – Im Gaswerk . . . . . . . . . . 54

**Vom Kandidaten zum Oberbürgermeister** . . . . . . . . . . . . . 60
   Erste Kontakte zur NSDAP . . . . . . . . . . . . . . . . . . . . . . 60
   Der Kandidat des schaffenden Volkes . . . . . . . . . . . . . . . 62
   Im Gemeinderat – Sachlich und besserwisserisch . . . . . . . 71
   Staatskommissar – Machtergreifung im Rathaus . . . . . . . . 90

**Oberbürgermeister – Die dritte Karriere** . . . . . . . . . . . . . . 114
   Empor zum Gipfel der Macht (1933 bis 1938) . . . . . . . . . . 114
      Kommunalpolitik in Stuttgart . . . . . . . . . . . . . . . . . . 114
         Kommunale Selbstverwaltung, Gemeinderat und
         Stadtverwaltung . . . . . . . . . . . . . . . . . . . . . . . . . 114
         »Karl baut Wohnungen« – Wohnungspolitik . . . . . . . 128

Stadtplanung und Stadtentwicklung . . . . . . . . . . . . 134
Gegen Fürsorgegesinnung und Frauenarbeit –
Die Bekämpfung der Arbeitslosigkeit . . . . . . . . . . . 139
Zwischen Partei und Verwaltung . . . . . . . . . . . . . 147
Rassentheoretische Vorstellungen . . . . . . . . . . . . . 150
   »Qualitative und quantitative Bevölkerungspolitik« . 150
   Zwischen bürokratischer Verdrängung und
   Toleranz – Die Behandlung der Stuttgarter Juden . . . 153
Stuttgart wird zu klein – Nationale Aktivitäten . . . . . . . . 159
   »Deutsches Gas und deutsche Elektrizität marschieren
   friedlich nebeneinander« . . . . . . . . . . . . . . . . . . 159
   Ein schwäbischer Mittellandkanal –
   Der Rhein-Neckar-Donau-Bodensee-Kanal . . . . . . . . 174
Hinaus in die weite Welt . . . . . . . . . . . . . . . . . . . 179
   Stuttgart – Zentrum für die Deutschen in aller Welt . . . 179
   Der Internationale Verband für Wohnungswesen
   und Städtebau . . . . . . . . . . . . . . . . . . . . . . . 197
Das unaufhaltsame Ende (1938 bis 1945) . . . . . . . . . . . . . 206
Kommunalpolitik ohne kommunale Selbstverwaltung . . . . 206
   Im Dschungel der Sonderverwaltungen . . . . . . . . . . 206
   Kommunalpolitik im Vorfeld und unter den
   Bedingungen des Krieges . . . . . . . . . . . . . . . . . 209
      Kampf um jeden Mann und jede Mark –
      Die städtische Verwaltung . . . . . . . . . . . . . . 209
      Der Oberbürgermeister als Kaninchenzüchter und
      Schweinemäster – Sicherstellung der Versorgung . . . 214
      Wohnungsnot und Stadtplanung . . . . . . . . . . . 218
      Wirtschaftspolitik . . . . . . . . . . . . . . . . . . . 229
      Erbpflege und Rassenkrieg . . . . . . . . . . . . . . 233
      Luftschutz = Kompetenzanarchie . . . . . . . . . . . 239
      Auf der Suche nach Bündnispartnern –
      Das Verhältnis zu Partei und übergeordneten
      Verwaltungen . . . . . . . . . . . . . . . . . . . . . 247
Aktivitäten in Land und Reich . . . . . . . . . . . . . . . . 251
   Energiewirtschaft . . . . . . . . . . . . . . . . . . . . . 251
   Kanalprojekte . . . . . . . . . . . . . . . . . . . . . . . 266

    Aus der Traum . . . . . . . . . . . . . . . . . . . . . . . 268
        Die auslandsdeutschen Aktivitäten . . . . . . . . . . . . 268
        Der internationale Verband für Wohnungswesen und
        Städtebau . . . . . . . . . . . . . . . . . . . . . . . . . 278
            Zehn Monate im Frieden . . . . . . . . . . . . . . . 278
            Schutz offener Städte und Wiederaufbauplanung –
            Weiterarbeit nach Kriegsausbruch . . . . . . . . . . . 286
    Von der Kritik zur Beseitigung Hitlers . . . . . . . . . . . . 296
        Ein Brief ruiniert Strölins Parteikarriere – Religiöse
        Betreuung von Umsiedlern und Beziehungen zur
        Kirche. . . . . . . . . . . . . . . . . . . . . . . . . . . . 298
        Streit zwischen Baden und Württemberg und der
        elsässische Widerstand. . . . . . . . . . . . . . . . . . . 310
        Militärisch-konservativer Widerstand . . . . . . . . . . . 317
            Hauptmann a. D. und der Kriegsverlauf . . . . . . . 317
            Hitler muß weg – Aus Kritik wird Widerstand . . . . 325
    Retten, was zu retten ist – Das Kriegsende . . . . . . . . . . 337
    Oberbürgermeister im Führerstaat . . . . . . . . . . . . . . 346

**Die Zeit danach** . . . . . . . . . . . . . . . . . . . . . . . . . 356
    Vom Hauptkriegsverbrecher zum Mitläufer – Internierung
    und Entnazifizierung. . . . . . . . . . . . . . . . . . . . . . 356
    Die Aufarbeitung des NS-Regimes . . . . . . . . . . . . . . 370
    Konflikte mit der Stadtverwaltung . . . . . . . . . . . . . . 377

**Quellen- und Literaturverzeichnis** . . . . . . . . . . . . . . 389
    Ungedruckte Quellen . . . . . . . . . . . . . . . . . . . . . 389
    Zeitschriften und Zeitungen . . . . . . . . . . . . . . . . . 390
    Veröffentlichungen von Karl Strölin . . . . . . . . . . . . . 390
    Literatur . . . . . . . . . . . . . . . . . . . . . . . . . . . . 394

**Anmerkungen** . . . . . . . . . . . . . . . . . . . . . . . . . 406

**Personen- und Ortsregister** . . . . . . . . . . . . . . . . . 478

# Vorwort

Meine Beschäftigung mit der Person des früheren Stuttgarter Oberbürgermeisters Karl Strölin reicht fünfzehn Jahre zurück. Anfang der achtziger Jahre war ich für das Ausstellungsprojekt »Stuttgart im Dritten Reich« tätig, das von der Stadt Stuttgart getragen wurde. Die unterschiedlichen Einschätzungen der Person Strölins sowohl in der historischen Literatur als auch bei Stuttgarter Bürgern interessierten mich und ließen die Idee aufkommen, eingehender wissenschaftlich über ihn zu forschen. Daraus entstand das Projekt einer Dissertation, die sich jedoch wegen beruflicher Belastung in die Länge zog. Die vorliegende Arbeit wurde 1991 vom Promotionsausschuß der Fakultät für Geschichts-, Sozial- und Wirtschaftswissenschaften der Universität Stuttgart als Dissertation angenommen. Die mündliche Prüfung fand 1992 statt.

Die Veröffentlichung erfolgt nun aus Anlaß des fünfzigsten Jahrestags des Kriegsendes.

An dieser Stelle möchte ich allen danken, die den langen Entstehungsprozeß durch Rat und Kritik unterstützt haben. Allen voran sei Professor Eberhard Jäckel genannt, der auch dann die Arbeit weiter förderte, wenn längere Pausen eintraten. Dabei zu erwähnen ist das »längste Seminar« des Historischen Instituts, in dem sich über Jahre hinweg regelmäßig Doktoranden mit Professor Jäckel trafen, die über den Nationalsozialismus in verschiedenen württembergischen Gemeinden arbeiteten. Diese Diskussionen waren eine wertvolle Hilfe für das Entstehen der vorliegenden Biographie.

Mein Dank gebührt aber auch den Mitarbeitern der Archive, die ich für diese Arbeit benutzt habe; nicht nur jenen, die mich auf bestimmte Aktenbestände und andere Quellen aufmerksam machten, sondern auch denen, die mich in den Lesesälen betreuten und haufenweise Akten aus den Magazinen herbeischafften, was besonders im Stuttgarter Stadtarchiv immer noch beschwerlich ist.

Dank schulde ich dem verstorbenen Dr. Albert Locher, der mich mit

Quellen aus seinem Privatbesitz unterstützte, wie auch Dr. Margot Werner sowie Dr. Wolfgang Schuster und seiner Frau, die mir den Zugang zu Strölins privatem Nachlaß ermöglichten, der sich heute im Stadtarchiv Stuttgart befindet und neben seinem Kriegstagebuch wichtige andere Quellen enthält, ohne die Strölins Tätigkeit nur unvollständig hätte dargestellt werden können.

Zu guter Letzt sei besonders meiner Frau gedankt, die zwar wenig zum direkten Entstehen der Arbeit beigetragen hat, mir aber immer ein Rückhalt war, ohne den manches schwerer von der Hand gegangen wäre.

Nicht jeder wird in der vorliegenden Biographie das Bild wiederfinden, das er sich – sei es aus persönlicher Bekanntschaft, sei es aus Gegnerschaft – von Strölin gemacht hat. Eine wissenschaftlich erarbeitete politische Biographie muß differenzieren. Um allerdings Mißverständnissen vorzubeugen, muß schon hier betont werden, daß Strölin Nationalsozialist war und sich auch nach dem Krieg als solcher verstand. Nicht die nationalsozialistische Ideologie war für ihn verwerflich, sondern nur das Handeln der führenden Personen in Reich und Land. Daraus leitet sich auch seine Mitschuld an den Entwicklungen in Stuttgart zwischen 1933 und 1945 ab.

# Einleitung

> »Adolf Hitler ist für uns das Symbol der Kraft, des wiedergewonnenen Glaubens an uns selbst und des unbedingten Vertrauens in eine bessere Zukunft. Ihm gelten daher neben dem allverehrten Herrn Reichspräsidenten unser innigster Dank und unsere heißesten Wünsche. [...] Jeder Gedanke, jeder Blutstropfen, jeder Atemzug soll von nun an gewidmet sein dem Wiederaufbau unseres Landes und unserem Führer Adolf Hitler.«[1] (21. März 1933)

> »Hitler selbst hatte am 30. Januar 1933 in die Hand Hindenburgs den Treueid auf die Reichsverfassung abgelegt. Er hat diesen Eid immer wieder gebrochen. Er war fest entschlossen, das ganze deutsche Volk seinem Wahn und seinem Starrsinn zu opfern. Er war damit eine Gefahr für Deutschland geworden.«[2] (März 1952)

Fast genau 19 Jahre liegen zwischen diesen beiden Aussagen Karl Strölins. Sie charakterisieren zwei entgegengesetzte Positionen und eine Entwicklung, die seit dem Ende von Strölins Herrschaft die Diskussion über seine Person in der Bevölkerung, den politischen Gremien, den Medien und der Geschichtsschreibung bestimmen. Den Hauptstreitpunkt bildet die Gewichtung seiner nationalsozialistischen Politik und seines Widerstandes gegen das NS-Regime. Die extremen Positionen reichen von der Feststellung, daß Strölin der wichtigste Repräsentant des Nationalsozialismus in der Stadt gewesen sei, der erst dann zum Widerstand fand, als es galt, seinen eigenen Kopf zu retten,[3] bis hin zu jenen, die in Strölin nur den Widerstandskämpfer sehen, der schon seit frühester Zeit alles daransetzte, die Stadt und besonders die Verwaltung vor dem Zugriff der Nationalsozialisten in Schutz zu nehmen.[4] Vorrangiges Ziel dieses Buches ist es, der Frage nachzugehen, mit welchen Erfahrungen und Vorstellungen Strölin sein Amt übernahm und wie er es ausübte.

Diese Biographie will und kann keine Stadtgeschichte Stuttgarts zur Zeit der nationalsozialistischen Herrschaft sein. Allen voran die Arbeit von Roland Müller,[5] aber auch die Kataloge zu den Ausstellungen des Projekts Zeitgeschichte[6] sowie zur Ausstellung »Stuttgart im Zweiten Weltkrieg«[7] und mit Abstrichen die Chroniken von Maria Zelzer[8] und des Stadtarchivs[9] erfüllen diese Aufgabe umfassender. In diesen Veröffentlichungen finden sich auch mehr oder weniger umfangreiche Teile, die sich mit der Person Strölins und seinen kommunalpolitischen Aktivitäten beschäftigen.

Stuttgart selbst stellte für seinen Oberbürgermeister nur einen Teil, wenn auch den wichtigsten, seiner vielfältigen regionalen, reichsweiten und internationalen Aktivitäten dar. Dabei ergaben sich natürlich sehr viele Interdependenzen zwischen den verschiedenen Arbeitsgebieten. Erkenntnisse, die er auf internationaler Ebene gesammelt hatte, konnten in seine Politik vor Ort einfließen, während Stuttgarter Erfahrung sein Auftreten im In- und Ausland beeinflußte. Ohne eine eingehende Untersuchung dieser Arbeitsgebiete, die bisher in bezug auf seine Person kaum bearbeitet wurden, obwohl sein Name in der historischen Literatur zu einzelnen Themenkomplexen immer wieder genannt wird,[10] wäre ein umfassendes Bild seiner Tätigkeit und persönlichen Entwicklung nicht möglich.

Noch weniger ließe sich Strölins Gedankenwelt und sein Handeln verstehen, wenn man sich nur auf seine Zeit als Stadtoberhaupt beschränken würde. Als ihn 1933 die nationalsozialistischen Machthaber mit der Führung der städtischen Verwaltung beauftragten, hatte er bereits zwei Karrieren hinter sich. Sowohl seine Laufbahn als preußischer Kadett und Offizier im württembergischen Heer als auch die Zeit des Studiums und des Verwaltungsdienstes im städtischen Gaswerk hatten Einfluß auf seine späteren Aktivitäten. Deshalb war es notwendig, seine Entwicklung gerade in diesen Jahren aufzuzeigen. Ähnliches gilt auch für die Jahre nach dem Zweiten Weltkrieg, da erst dadurch eine verläßliche Aussage möglich wird, welche Vorstellungen und Handlungsmuster für ihn einen Wert besaßen, der unabhängig von der nationalsozialistischen Ideologie war.

Schwierigkeiten bei dieser Arbeit bereitete in besonderem Maße die sehr unterschiedliche Quellenüberlieferung. Während für Strölins nationale und internationale Aktivitäten relativ umfangreiche und aussagekräftige Quellenbestände vorhanden sind, existieren beispielsweise für die Jahre von 1920 bis ungefähr 1930 nur sehr verstreut einzelne Schriftstücke. Der Verlust der meisten Akten der städtischen Hauptaktei während des Krieges und die eigenhändige Vernichtung der Personalakte durch Strölin 1945 erschwerten es, ein aus den Sachakten herzuleitendes Bild seiner Tätigkeit zu gewinnen. Für die ersten vier Kriegsjahre wird dieser Mißstand erfreulicherweise durch das in seinem privaten Nachlaß erhaltene Kriegstagebuch teilweise behoben, das über 1000 Seiten und mehr als 700 Anlagen umfaßt.[11]

Als fast noch gravierender erwies sich das vollständige Fehlen von privaten Quellen für die Zeit vor August 1939. Erst danach tauchen in seinem Kriegstagebuch in unterschiedlichem Umfang Eintragungen auf, die Einblicke in sein Privatleben, seine Pläne und seine Gedanken ermöglichen. Dies gilt auch für die Jahre nach 1945, in der seine Privatbriefe und die Korrespondenz aus dem Nachlaß, wenn auch lückenhaft, seine Einstellungen, Ängste und Hoffnungen widerspiegeln. Für die Zeit davor ist man auf eine sehr vorsichtige Interpretation der anderen Quellen angewiesen. Doch läßt sich daraus kein zusammenfassendes Bild entwerfen, weshalb sich Aussagen zum Privatleben und zu den Einflüssen, die von dort auf seine Politik ausgingen, in der vorliegenden Arbeit nur punktuell finden.

Die Vielzahl der unterschiedlichsten Arbeitsgebiete, in denen Strölin während seiner Amtszeit tätig war, machte es auch im Hinblick auf den Leser notwendig, nicht rein chronologisch vorzugehen, sondern eine thematische Unterteilung zu wählen, da so die Zusammenhänge und Entwicklungen auf dem jeweiligen Gebiet besser dargestellt werden können.

Während die allgemeine chronologische Einteilung der Arbeit wichtigen Zäsuren seines persönlichen und politischen Werdegangs folgt, mag zunächst die Einteilung von Strölins Zeit als Oberbürgermeister in die Jahre 1933 bis 1938 und 1938 bis 1945 überraschen, da in der Regel der Ausbruch des Zweiten Weltkriegs als Einschnitt genommen wird. Für eine Biographie Strölins scheint jedoch das Jahr 1938 geeigneter zu sein. Im Herbst dieses Jahres hatte er regional, national und international den Gipfel seines Ansehens erreicht. Zugleich tauchten erste Wolken am Horizont auf, die eine Begrenzung seiner Möglichkeiten als Oberbürgermeister andeuteten.

Während für die Zeit der Weimarer Republik bereits eine ganze Reihe von Biographien über Oberbürgermeister vorliegen, fehlen bis heute umfassende Arbeiten über nationalsozialistische Stadtvorstände.[12] Dies mag zum einen darin begründet sein, daß die meisten Oberbürgermeister zwischen 1933 und 1945 eine eher untergeordnete Rolle spielten, zum anderen aber sicher auch daran, daß bis vor nicht allzu langer Zeit die Epoche des Nationalsozialismus in den meisten Kommunen verdrängt wurde.[13] Zum anderen ist die Rolle und die Stellung der Oberbürgermeister in der Literatur bereits mehrfach bearbeitet worden.

Erstmals geschah dies 1970 in der immer noch grundlegenden Arbeit von Horst Matzerath über Nationalsozialismus und kommunale Selbstverwaltung,[14] nachdem bereits kurz zuvor die Problematik in den Arbeiten von Peter Diehl-Thiele und Peter Hüttenberger angeklungen war.[15] 1981 erschienen schließlich drei Aufsätze, die unter verschiedenen Aspekten das Thema behandelten. Während Dieter Rebentisch die politische Stellung der Oberbürgermeister untersuchte,[16] ging Horst Matzerath auf Grund einer quantitativen Analyse der Frage nach, ob und wie sich die Oberbürgermeister des Dritten Reiches von denen der Weimarer Republik unterschieden.[17] Jeremy Noaks beschäftigte sich eingehend mit dem Verhältnis zwischen Oberbürgermeistern und Gauleitern.[18]

All diese Arbeiten kamen mit ihren verschiedenen methodischen Ansätzen zu einem ähnlichen Ergebnis. Im Gegensatz zur Weimarer Republik, in der die Oberbürgermeister eine einflußreiche Rolle spielten, verlor das Amt zunehmend an Bedeutung. Ursachen dafür sahen die Historiker einerseits in der veränderten rechtlichen Stellung des Oberbürgermeisters, der sich nicht mehr auf eine lokale Willensbildung in den Gemeinderäten stützen konnte, sondern einer wesentlich stärkeren Staatsaufsicht unterstellt war. Andererseits gerieten besonders die Stadtoberhäupter der Großstädte in Abhängigkeit zu den NSDAP-Gauleitern und der lokalen Partei, die selbst bestrebt waren, ihre Machtpositionen auszubauen. Dabei konnten sich die Gauleiter relativ sicher sein, daß in Konflikten zwischen ihnen und einzelnen Oberbürgermeistern Hitler als letzte Instanz immer zu ihren Gunsten entscheiden würde.

Diese Arbeiten konnten und wollten jedoch nur allgemeine Tendenzen aufzeigen. Da gerade der Posten des Oberbürgermeisters untrennbar mit der Persönlichkeit des Amtsinhabers verbunden ist, erschien es dringend notwendig, mittels einer biographischen Untersuchung der Frage nachzugehen, wie sich diese allgemeinen Entwicklungen im Einzelfall ausgewirkt haben. Karl Strölin bot sich dafür besonders an, da er nicht nur zu den profiliertesten nationalsozialistischen Kommunalpolitikern im Reich gehörte, sondern auch durch seine spätere Zusammenarbeit mit dem militärisch-konservativen Widerstand einen Schritt tat, dem keiner seiner Kollegen, die der NSDAP angehörten, folgte.[19] Immer noch Gültigkeit für eine solche Untersuchung haben dabei die Fragen, die Matzerath aufgeworfen hat. Da sie zur Verurteilung beziehungsweise Rechtfertigung der Oberbürgermeister in der Nachkriegszeit dienten, beherrschen sie auch die Diskussion über Strölin in Stuttgart.[20]

Im Gegensatz zur kollektivbiographischen Methode Matzeraths müssen jedoch einige Fragen bei der Betrachtung von nur einer Person modifiziert werden. So ist zu untersuchen, wie sich Strölin in seiner Amtsführung von seinem Vorgänger Karl Lautenschlager unterschied, wie sich sein Verhältnis zu Partei oder Staat entwickelte und inwieweit es ihm gelang, als selbständige politische Kraft seine Vorstellungen umzusetzen. Ebenso muß dem Problem nachgegangen werden, wo Strölin bei der Behandlung einzelner Sachthemen versuchte, neue, nationalsozialistische Wege zu gehen, oder ob er auf bereits vorhandenen Lösungsvorschlägen aufbaute. Die Probleme, denen er sich gegenübergestellt sah, waren keineswegs neu und resultierten nicht aus der Machtübernahme der Nationalsozialisten. Wohnungsnot, Energieversorgung Stadt-Umland-Konflikt und anderes bestimmten die Stuttgarter Kommunalpolitik vor und nach seiner Amtszeit. Erst dadurch wird es möglich, das Spezifische von Strölins Herrschaft herauszuarbeiten.

# Sozialisationen

## Kindheit und Kadettenzeit

Am 21. Oktober 1890 bekam die Familie des württembergischen Oberleutnants Karl von Strölin erstmals Nachwuchs. Der Stammhalter, der weit entfernt der schwäbischen Heimat in Berlin das Licht der Welt erblickte, erhielt den in der väterlichen Familie für den Erstgeborenen obligatorischen Vornamen Karl, zu dem sich als weitere Emil und Julius gesellten. Obwohl über seine Kindheit und Jugend nur sehr wenige  uellen vorhanden sind, lassen sich einige Aspekte zusammentragen, für Erziehung und Entwicklung von Bedeutung waren.

ie Familie entstammte sowohl väterlicher- als auch mütterlicher us der alten württembergischen Ehrbarkeit, der Landeselite, aus in der Regel die Pfarrer, Wissenschaftler, Beamten und Militärs en. Der Strölinsche Stammbaum, der sich bis ins 16. Jahrhunkverfolgen läßt, verzeichnet immer wieder Verwaltungsleute s. Schon um 1530 war ein Rudolph Strölin Stadtvogt von sich heftig gegen die Einführung der Reformation in der r setzte, was zu seiner Amtsenthebung durch Herzog och gerade der Protestantismus in seiner schwäbischen die Ehrbarkeit und auch für die Familie Strölin prä u kam, wenigstens für die nächsten Vorfahren, den , eine stark autoritäre, militärische Komponente. te sich in der zweiten Hälfte des 19. Jahrhunderts als gestrenger Pädagoge erworben. Als Rektor heim unter Teck bereitete er Schüler aus ganz lexamen vor, das die Voraussetzung für den eminare und somit einer Karriere in der sverwaltung war.[2] Aus einem Artikel, der tung erschien, lassen sich seine pädagogischen Grundsätze ersehen. Dort charakterisierte ein ehemaliger Schüler die Schule als »Geistesdrillanstalt, in der das Individuum keine Geltung hatte«.[3]

Der Vater des späteren Oberbürgermeisters hatte ebenfalls diesen Ausbildungsgang durchlaufen. Allerdings entschied er sich nach Besuch der Seminare in Maulbronn sowie in Blaubeuren und bestandenem Abitur nicht für eine wissenschaftliche oder theologische Ausbildung, sondern trat 1876 als Fahnenjunker in das Grenadierregiment Königin Olga (1. württ.) Nr. 119 in Stuttgart ein.[4] Damit begann eine mustergültige militärische Karriere. Da ab 1874 die Ausbildung der deutschen Offiziere mit Ausnahme Bayerns einheitlich durchgeführt wurde, war Strölin einer der ersten württembergischen Offiziere, der an einer preußischen Kriegsschule seine Ausbildung erhielt. Nachdem er im Jahr 1888 zum Oberleutnant befördert worden war und die Tochter des württembergischen Generals von Seybold geheiratet hatte, erhielt er zum 1. April 1890 die ehrenvolle Kommandierung zur Dienstleistung beim Großen Generalstab in Berlin, wo ihm seine Frau den ersten Sohn gebar.

Nachdem Karl von Strölin, dem der württembergische König den Personaladel verliehen hatte, im April 1892 wieder nach Stuttgart zurückversetzt worden war, verbrachte die Familie die nächsten acht Jahre in der Landeshauptstadt, wo drei weitere Kinder geboren wurden, zwei Jungen und ein Mädchen.[5] Diese Zeit endete 1900 mit einer erneuten Kommandierung des Vaters zum Großen Generalstab nach Berlin. In diesen Jahren erhielt Sohn Karl in seiner Familie und den ersten Schulklassen eine schwäbisch-preußische Erziehung, die den Jungen schon früh sowohl in die Gedankenwelt und den Verhaltenskodex des Militärs als auch in die religiösen Vorstellungen des württembergischen Protestantismus einführte, wobei in beiden Fällen die Unterordnung unter Gott, die Vorgesetzten sowie unter König und Kaiser eine dominante Rolle spielte. Hinzu kam eine starke nationalistische Ausrichtung des Elternhauses. Strölin entwickelte sich normal, besuchte zunächst die Elementarschule in Stuttgart und wechselte 1900 auf das Karls-Gymnasium über, wo er jedoch nur kurze Zeit blieb, denn wenig später mußte er seinem Vater nach Berlin folgen wo er bis 1902 das Louisen-Gymnasium besuchte.[6]

Im selben Jahr gelang es dem Vater, für Karl einen Freiplatz im Preußischen Kadettenkorps zu erhalten.[7] Von nun an beherrschten preußische Wertvorstellungen das Leben des Jungen. Wie die meisten Württemberger und Badener, deren Länder nach 1871 keine eigenen Militärbildungsanstalten mehr unterhalten durften, kam er zunächst in die Voranstalt nach Karlsruhe, wo die erste, vier Jahre dauernde Phase der Kadettenerziehung stattfand.[8] Der Lehrplan für den schulischen Teil orientierte sich an dem des preußischen Realgymnasiums, also mit einer verstärkten Berücksichtigung der modernen Sprachen. Mindestens gleichberechtigt und nachwirkender war der militärische Teil der Erziehung. Folgt man der Forschungsliteratur und den Lebenserinnerungen von ehemaligen Kadetten, so war eines der nachhaltigsten Ereignisse die Aufnahme der Jungen in das Korps, da bei dieser Initiationsprozedur die Kinder im Alter zwischen zehn und zwölf Jahren sehr widersprüchliche Verhaltensweisen verarbeiten mußten. Als erstes nahm man ihnen ihre Identität und reihte sie in eine Institution ein, in der das Leben von der Kleidung bis zum Tagesablauf fremdbestimmt und festgelegt war. Verstöße gegen diese Normen hatten die Anwendung eines ausgeklügelten Sanktionsapparates zur Folge, wobei die Erzieher daraufhin wirkten, daß sich in vielen Fällen die Zöglinge gegenseitig bestraften. Andererseits brachte man den Kindern von Anfang an Respekt als zukünftigem Offizier entgegen, was besonders darin zum Ausdruck kam, daß sie von den Ausbildern fast immer mit »Sie« angesprochen wurden. Bei guten Leistungen stiegen sie in der militärischen Hierarchie des Korps auf und erhielten Befehlsgewalt über einen Teil ihrer Mitschüler.[9] Strölin blieben gerade jene Punkte (Strafen und Belohnungen, Vorgesetzte und körperliche Züchtigungen) besonders im Gedächtnis haften, die in der Literatur treffend mit der »totalen Institution« beschrieben werden.[10]

Nach vier Jahren wechselten Strölin und die anderen Kadetten seines Jahrgangs von Karlsruhe auf die Hauptkadettenanstalt nach Großlichterfelde bei Berlin, wo sie weitere vier Jahre bis zum Abitur und der Fähnrichsprüfung blieben, dem normalen Ende der Kadettenzeit.

Oberstes Anliegen des Kadettenkorps war es entsprechend einer Allerhöchsten Order, »Pflanzschule für Offiziere« zu sein. Aus diesem Grund und der nicht gerade rosigen Offiziersersatzlage zu Beginn des Jahrhunderts erhielt die Ausrichtung auf den späteren Beruf überragende Bedeutung. Anpassungsfähigkeit, militärisches Auftreten und standesgemäßes Denken bildeten die obersten Erziehungsziele, die jedoch alle unter der stark religiös verbrämten Prämisse von Befehl und Gehorsam als göttlicher Pflicht standen. So bestimmte denn auch militärischer Drill vom ersten bis zum letzten Tag das Leben eines jeden Kadetten. Entsprechend dem Alter kamen weitere militärische Übungen hinzu.[11]

Weniger Bedeutung maß man dagegen dem schulischen Unterricht bei, da er als Kennzeichen des Bürgerlichen galt, das überwunden werden sollte, wenn die Zöglinge später im Offizierkorps bestehen wollten.[12] Dennoch darf man dessen Erfolge nicht unterbewerten, denn es zeigte sich nach dem Weltkrieg, daß ehemalige Kadetten auch in nichtmilitärischen Bereichen wie Wirtschaft, Wissenschaft, Kunst und Verwaltung reüssierten.[13]

Strölin muß ein guter und strebsamer Kadett gewesen sein; sein Name war auf seinen Heften und seinem Spind rot unterstrichen, was bedeutete, daß er der höchsten »Sittenklasse« angehörte, deren Mitglieder Privilegien genossen.[14] Ein Indiz für den Erfolg seiner Kadettenausbildung darf auch in der Tatsache gesehen werden, daß er nach dem Abitur nicht in eine der unbeliebten Garnisonsstädte in Oberschwaben oder auf der Schwäbischen Alb kam, sondern nach Stuttgart.

# Offizier – Die erste Karriere

## Für Kaiser, König und Vaterland –
## In der königlich-württembergischen Armee

### Die Friedensjahre

Am 10. März 1910 wurde Strölin im Namen des württembergischen Königs Wilhelm II. zum Fähnrich beim Infanterie-Regiment Kaiser Friedrich, König von Preußen (7. württ.) Nr. 125 ernannt, einem alten württembergischen Traditionsregiment, das zum württembergischen

XIII. Armeekorps gehörte und dem Kriegsministerium in Stuttgart unterstand. Nach seiner Vereidigung kommandierte ihn das Generalkommando zum notwendigen Offizierslehrgang auf die preußische Kriegsschule nach Danzig.[15]

Der Lehrgang fand zwischen Mai 1910 und Februar 1911 statt und sollte den Teilnehmern den letzten Schliff für ihre zukünftige Offizierskarriere vermitteln. Strölin zeigte auch hier Ehrgeiz, was zur Folge hatte, daß er als Hörsaalältester Befehlsgewalt über seine Mitschüler zugesprochen bekam. Die Offiziersprüfung bestand er ohne Schwierigkeiten. Die im Abschlußzeugnis enthaltene Beurteilung seiner Person weist bereits Charakteristika auf, die für sein späteres Wirken und Erscheinungsbild von ausschlaggebender Bedeutung sind,

»Groß, schlank, eine militärische Erscheinung, geistig und körperlich gut beanlagt, hat Strölin bei lobenswertem Fleiß Gutes geleistet. Sein Charakter ist gefestigt, er ist ein sehr gewissenhafter, pflichttreuer Mensch, der überall gut auffällt. Seiner guten Leistungen und seines Fleißes wegen wurde er von der Arbeitsstunde befreit. Seine gesellschaftlichen Formen sind gewandt. Bei seinen Vorgesetzten und Kameraden ist er beliebt. Sein Amt als Hörsaalältester hat er zur Zufriedenheit verwaltet und ist stets mit Takt und Energie aufgetreten. Orientierung im Gelände, Auffassungsgabe und Entschlußfähigkeit sind gut. Er wird ein sehr brauchbarer Offizier werden und Gutes leisten.«[16]

Mit diesem Zeugnis stand der weiteren Offizierskarriere nichts im Wege. Schon kurz nach der Rückkehr zu seinem Stuttgarter Regiment beförderte ihn das Generalkommando am 20. März 1911 zum Leutnant.[17] Fast drei Jahre verbrachte er anschließend als Kompanie-Offizier in der Stuttgarter Moltke-Kaserne, wo sein Regiment stationiert war. Hier begann er, sich intensiv mit Fragen der Schießtechnik und der Schießausbildung zu beschäftigen. Damit blieb er der Familientradition treu, denn bereits sein Vater hatte sich auf dieses Gebiet spezialisiert.[18] Im August 1913 fühlte er sich schließlich kompetent genug, um im »Deutschen Offiziersblatt« den Aufsatz eines Hauptmann Stephan über »Feuerverteilung« kritisieren zu können.[19] Strölin kam aus psychologischen Gründen zu der Überzeugung, daß entgegen den Vorstellungen seines Kontrahenten eine Feuerverteilung auf die Breite der Front günstiger sei, da er befürchtete, die Kampfesfreudigkeit der eigenen Truppe, die innere Ruhe zur »gewissenhaften, aufs Treffen gerichteten Abgabe jedes Schusses« leide unter dem Gedanken, einem Gegner, der in die Reihen der eigenen Kameraden empfindliche Löcher reißt, wehrlos gegenüber zu liegen. Theoretische Berechnungen könnten dieses Gefühl nicht beruhigen.

Seine Meinung versuchte er, mit Beispielen aus dem japanischen Exerzier-Reglement zu untermauern, das ihm praktikabler erschien, da es »aus der unmittelbaren Kriegserfahrung« des russisch-japanischen Krieges von 1905 entstanden war. Zum Schluß dieses kurzen Beitrags forderte er, da »alle Künstelei am ersten Schlachttag verschwinden werde und nur das Einfache Geltung haben wird«, drei einfache Richtlinien für Soldaten, die ihnen ein selbständiges Handeln gegen den direkt gegenüberliegenden Feind erlauben. Ferner schlug er vor, die Reglements möglicher Gegner, vor allem der Franzosen, in die Schießausbildung von ganzen Einheiten und speziell von Offizieren einzubeziehen. Mit dieser Betrachtungsweise und seinen Schlußfolgerungen stand Strölin nicht allein, sondern sie entsprachen einer Entwicklungsrichtung innerhalb der deutschen Militärdoktrin. Wenigstens im Generalstab und unter den jüngeren Offizieren verbreitete sich die Einsicht, daß man bei eigenen taktischen Überlegungen die Doktrin des jeweiligen militärischen Gegners berücksichtigen müsse. Bis zum Beginn des Ersten Weltkriegs konnte sich diese Richtung allerdings im deutschen Offizierskorps nicht durchsetzen.[20]

Auch hinsichtlich der psychologischen Überlegungen verkörperte Strölin den Typ des modernen deutschen Offiziers, wie ihn die verantwortlichen Stellen in der Heeresleitung und die Ausbilder an den Kriegsschulen forderten. Der junge Offizier sollte sich durch Eigeninitiative auszeichnen und als Erzieher den Mannschaften, zu denen er eine vertrauens- und verständnisvolle Beziehung aufbauen mußte, nationale und militärische Werte näherbringen, um so einen »schädlichen« Einfluß der erstarkenden Sozialdemokraten zu verhindern.[21] Dazu sollten sie sich eingehend mit den sozialen Verhältnissen vertraut machen, aus denen ihre Rekruten stammten.

Die Beschäftigung mit der Schießtechnik eröffnete ihm ein neues Tätigkeitsfeld. Zum 1. Februar 1914 erhielt er ein Kommando als Hilfslehrer an der Infanterie-Schießschule in Wünschdorf bei Berlin.[22] Dort konnte er seine theoretischen Vorstellungen in die Praxis umsetzen.

## *Der Erste Weltkrieg*

Der Ausbruch des Ersten Weltkrieges setzte dieser Lehrtätigkeit ein frühes Ende. Strölin kehrte entsprechend den geltenden Mobilmachungsvorschriften sofort zu seiner Einheit nach Stuttgart zurück, wo er am 5. August der 11. Kompanie zugeteilt wurde.[23] Bereits zwei Tage später ging es nach der Verabschiedung durch den württembergischen König an die Westfront. Das III. Bataillon, dem seine Kompanie angehörte, hatte zu diesem Zeitpunkt eine Gefechtsstärke von 26 Offizieren und 1065 Mannschaften.[24] Die nächsten Tage verbrachte man in Bereitstellungsräumen und wartete auf den ersten Einsatz, der am 22. August bei Mousson im Zusammenhang mit der Schlacht um die lothringische Festung Longwy erfolgte. Gleich im ersten Gefecht erlitt Strölin eine Verwundung. Eine Gewehrkugel riß ihm einen Finger der rechten Hand ab, als das Regiment im dichten Nebel angriff – unter großen Verlusten durch eigene Artillerie.[25] Nach knapp einem Monat Lazarettaufenthalt konnte er zu seiner Einheit zurückkehren, die in der Zwischenzeit schwer gelitten hatte. Lediglich fünf Offiziere und 470 Soldaten waren noch einsatzfähig. Diesem Umstand verdankte er sein erstes Kommando als Kompanieführer. Das Bataillon mußte die bisher vier Kompanien zu zweien zusammenfassen, von denen Strölin eine übernahm. Die Einheit stand damals in der Nähe von Apremont im Stellungskampf.[26] Am dritten Tag traf ihn bereits wieder ein Gewehrkugel. Doch er hatte Glück. Während das Kriegstagebuch des III. Bataillons von einem »schwer verwundeten Leutnant Strölin« sprach, entpuppte sich die Verletzung als ein Streifschuß am Hinterkopf, der trotzdem zu einem fast fünfmonatigen Lazarett- und Kuraufenthalt im Stuttgarter Marienhospital und in Freudenstadt führte.[27]

Die erneute Verwundung bedeutete für Strölin vorerst das Ende des Frontdienstes. Nachdem er als Genesener wieder seinem Regiment zugeteilt worden war, erfolgte bereits einen Tag später seine Kommandierung zum Fahnenjunkerkurs auf den Truppenübungsplatz Döberitz, wo er den Posten des Bataillonsadjutanten übernahm und als Ausbilder für die Offiziersanwärter zuständig war.[28] Strölin ließ die Zeit der relativen Ruhe nicht ungenützt vergehen, sondern beschäftigte sich wieder intensiver mit der Schießtechnik. 1915 veröffentlichte er im renommierten

Militärverlag Mittler und Sohn eine Broschüre mit dem Titel: »Die Kampfweise unserer Feinde«, die bis 1916 drei Auflagen erreichte.²⁹ Mit seinen vier Tagen Fronterfahrung analysierte er, wie schon ansatzweise in seinem Aufsatz von 1913, Ausbildung und Taktik der feindlichen Armeen, wobei er neben schießtechnischen Fragen das Verhalten der Gegner in verschiedenen Kampfsituationen untersuchte. Wiederum anhand der Exerziervorschriften und des tatsächlichen Verhaltens im Krieg beschrieb er nacheinander die Kampfweise der Franzosen, Engländer, von deren »farbigen Hilfsvölkern«, der Russen, Italiener, Belgier, Serben, Montenegriner und schließlich der Japaner. Ganz im Stile der Zeit, geprägt von starken nationalistischen Ressentiments, betonte er immer wieder die absolute Überlegenheit der deutschen Armee. Dennoch sah er in bestimmten Situationen auch Vorteile auf der anderen Seite. Dem französischen Soldaten attestierte er allgemein »Gewandtheit, Selbständigkeit und Unternehmungsgeist« und nannte ihn einen »Meister in der Geländeausnutzung und Geländeerkundung«.³⁰ Ähnlich begeisterte ihn die gute Zusammenarbeit zwischen Infanterie und Artillerie.

Für gefährlicher als die Franzosen, die seiner Ansicht nach im Frieden überschätzt worden waren, hielt er die Engländer. Strölin überzeugte vor allem die hohe Marschleistung der britischen Soldaten, selbstverständlich die guten Schießleistungen, die »Zähigkeit mit der er Verlorenes wieder zu gewinnen sucht« und die gute Vorbereitung auf Nachtgefechte. Trotz seiner positiven Einstellung schloß er diesen Teil mit dem Satz:

»Wenn der englischen Infanterie und Artillerie, vor allem, was ihre Zähigkeit und Ausdauer, ihre Unerschrockenheit und Kaltblütigkeit anbetrifft, Anerkennung gezollt werden muß, so ist dies im Grunde nur ein Lob für unsere eigene Truppe, die bei Ypern immer wieder zeigt, daß wir den Engländern nicht nur ebenbürtig, sondern überlegen sind.«³¹

Auch den auf britischer und französischer Seite eingesetzten Indern und Nordafrikanern attestierte Strölin gute Leistungen, lehnte aber die bis zur rücksichtslosen Selbstaufopferung gehende Kampfweise sowie deren angeblich brutales Verhalten ab.³²

Bei der Untersuchung der russischen Kampfweisen sah er die Einschätzungen von der Minderwertigkeit des zaristischen Offizierkorps aus der Vorkriegszeit sowohl aus rassischen wie auch aus charakterlichen Gründen bestätigt. In seinen Augen war der russische Offizier zum Polizisten herabgesunken, der mit Knute und Revolver die Soldaten ins feindliche Maschinengewehrfeuer treibe.[33]

Trotz aller positiven Beurteilungen der Gegner geriet am Ende die Einschätzung des Gemeinsamen der feindlichen Kampfweise mehr zur nationalistischen Propaganda als zur kritischen Analyse:

»So zeigt die Kampfweise unserer Feinde große Verschiedenheiten, und doch verknüpft sie alle ein gemeinsames Band: das der Heimtücke, der Hinterlist, der Verschlagenheit – Mittel der Kriegskunst, die dem Deutschen nicht liegen. [...]

Die grauenhaften Verstümmelungen wehrloser Verwundeter, die Verwendung von Dum-Dum-Geschossen, die teilweise unwürdige Behandlung unserer Gefangenen, das Belegen offener Städte mit Fliegerbomben sind Beweise für Mangel an Sitte und Kultur. [...]

In diesem Kampf um Sein oder Nichtsein der Nation darf nur der eine Gedanke Führer und Soldaten beherrschen: ›Vernichtung des Feindes‹ nach dem alten Bibelwort: Auge um Auge, Zahn um Zahn!

Daß uns Deutschen diese Kampfweise nicht liegt, ist ein Beweis für unsere sittliche Überlegenheit. Gerade im Gedanken an die sittliche Überlegenheit unseres Volkes aber liegt die sicherste Bürgschaft für den endlichen Sieg unserer gerechten Sache, denn noch immer gilt das durch die Geschichte erhärtete Wort: ›Es ist die sittliche Kraft, welche die Schlachten und Kriege entscheidet.‹«[34]

Damit war der Krieg eigentlich schon gewonnen. Das Muster einer populären Völkerpsychologie, die sich an Nationalcharakteren orientierte, behielt in Strölins Gedankenwelt ihren festen Platz. Bezeichnend für seine späteren Einstellungen ist seine Begründung für das Scheitern französischer Angriffe, das er auf eine »auf die Spitze getriebene Individualisierung« zurückführte. Trotz seiner Ansätze aus dem Jahre 1913, als er sich für eine Stärkung der Eigenverantwortlichkeit aussprach, kamen doch wieder die Beharrungstendenzen im deutschen Offizierskorps zum Vorschein.[35] Dem ehemaligen Kadetten, gewöhnt an Befehl und Gehorsam sowie an die Unterwerfung der eigenen Persönlichkeit unter das übergeordnete Ziel, mußte gerade ein auf eigener Initiative basierendes Vorgehen fremd, vielleicht auch befremdend, sein. Deshalb wohl wies er in seiner Broschüre wiederholt auf Disziplinverstöße in anderen Heeren hin.[36]

Einen Offizier, der sich derart ausführlich mit der feindlichen Taktik und der Schießtechnik befaßt hatte, konnte man nach den hohen Verlusten dringend gebrauchen. Während seiner Zeit in Döberitz noch zum Oberleutnant befördert, kommandierte ihn das Stellvertretende Generalkommando am 1. Februar 1916 zur 1. Ersatz-MG-Kompanie des XIII. Armeekorps, die für die Ausbildung der Reserven und des Ersatzes von MG-Einheiten der württembergischen Regimenter verantwortlich war.[37] Da sich der Nachschub und der Bestand an Maschinengewehren stark veressert hatte, konnte das württembergische Kriegsministerium daran denken, je eine vollständige zweite Maschinengewehr-Kompanie bei den einzelnen Regimentern zu errichten.[38] Die Aufstellung und Ausbildung der neuen 2. MGK/119 dauerte bis zum 11. März. An diesem Tag übernahm Strölin die Kompanie, die noch am selben Tag an die Front abfuhr. Dort erhielt sie sofort einen neuen Kompaniechef; Strölin trat wieder ins zweite Glied. Vom 19. bis 22. März 1916 befand er sich vor Ypern erstmals seit September 1914 wieder in vorderster Front, wo es die nächsten drei Monate relativ ruhig zuging und man im Kriegstagebuch der Kompanie Tag für Tag sogar die Zahl der verschossenen Patronen, falls überhaupt geschossen wurde, sowie das Wetter und die Verpflegung aufzeichnen konnte.[39]

Doch das Generalkommando hatte schon kurz danach eine neue Verwendung für ihn. Mit Verfügung vom 19. Mai wurde er zum Kompanie-Führer der neu aufgestellten 2. MG-Kompanie des Ulmer Grenadier-Regiments 123 bestimmt. Strölin nahm sich dieser Aufgabe ab dem 26. Mai mit Energie an und konnte in knapp eineinhalb Wochen die neue Einheit kampfbereit organisieren. Als am 2. Juni das Armeekorps mit seinen zwei Divisionen einen Angriff gegen die vor ihren Stellungen liegenden Engländer und Kanadier unternahm, um »Abwechslung in die eintönige Ruhe des Stellungskrieges« zu bringen, blieb das GR 123 als einziges Regiment des Armeekorps unbeteiligt. Strölins Kompanie mit sieben Maschinengewehren mußte bis zum dritten Tag der Offensive warten, ehe sie den ersten Schuß abgeben konnte.[40] Zwar gelang es den württembergischen Truppen, zunächst die feindlichen Stellungen zu erstürmen, aber elf Tage nach Beginn der

Unternehmung zogen sie sich unter enormen Verlusten in ihre Ausgangsstellungen zurück.⁴¹

Der Ernst des Krieges begann für Strölin, als das württembergische Armeekorps Anfang August an der Somme eingesetzt wurde. Schon die Abwechslung der alten Einheiten bereitete große Schwierigkeiten, da der Gegner fast ununterbrochen schoß. Doch Strölin als Kompanieführer mußte zunächst nicht an die vorderste Front, sondern übernahm abwechselnd mit dem Befehlshaber der 1. MGK auf dem Regimentsgefechtsstand die Kontrolle über sämtliche MGs. Zwischen dem 8. und 18. August hatte das Regiment zwei heftige feindliche Angriffe mit der entsprechenden Artillerievorbereitung zu überstehen. Strölin, der wieder im Regimentsstab tätig war, sah sich gezwungen, mit Soldaten persönlich Munition in die vordersten Linien zu schaffen.⁴² Nach schweren Verlusten wurde das Armeekorps schließlich am 20. August abgelöst und in Stellungen im Wytschaetebogen und anschließend wieder vor Ypern verlegt. In dieser Zeit herrschte dort relative Ruhe, so daß man sich erholen konnte.⁴³ Strölin war als Kompanieführer zum Grenadierregiment 119 abkommandiert.

Einen wichtigen Schritt in Strölins Karriere bedeutete am 9. Januar 1917 die Versetzung zum Stab des neu aufgestellten »Generalkommando zur besonderen Verfügung Nr. 64«, wo er die Funktion eines Ordonnanzoffiziers übernehmen sollte. Dieser Armeekorpsstab entstand als württembergisches Kommando auf Ersuchen des Generalstabschefs des Heeres vom 29. Dezember 1916. Bereits am 11. Januar verließ der Stab unter der Führung von Herzog Wilhelm von Urach, Stuttgart in Richtung Colmar, wo er zwei Tage später sein Hauptquartier im Schloß Schoppenweier installierte und am selben Tag das Kommando über die ihm unterstellten zwei Divisionen übernahm.⁴⁴

Damit war Strölin zum Generalstabsoffizier avanciert. Im Korpsstabsbefehl vom 19. Januar übertrug ihm der Stabschef des Generalkommandos »die Obliegenheiten des Kommandanten des Korpshauptquartiers«.⁴⁵ Damit unterstand ihm mit 2 Offizieren und 21 Mannschaften die größte Gruppe des Hauptquartiers.⁴⁶ Ein Geschäftsverteilungsplan vom 1. Mai 1917 hielt die Aufgaben fest:

»Innerer Dienst beim Gen.Kdo., Unterkunft, Verpflegung, Sicherung des Generalkommandos. Unterkunft, Verpflegung vorübergehend anwesender Offiziere u. s. Mannschaften sowie Pferde. Sorgt für die Aufstellung, Instandhaltung und Beladung der Fahrzeuge. Verteilung des Gepäcks der Offiziere und des berittenen Personals auf die Fahrzeuge, Heranziehung und Abmarsch der großen Bagage des Gen.Kdos. Bestimmt Alarmplatz und Verhalten bei Alarm. Ist Ortskommandant, wenn Gen.Kdo. allein liegt. Ist Transportführer bei Eisenbahnfahrten. Befehlsausgabe an Unterstab, hält Löhnungsappell ab. Anträge z. Korpsstabsbefehl an IIa. Übt Disziplinargewalt eines Komp.-Chefs über sämtliche Unteroffiziere und Mannschaften des Gen.Kdos. aus.«[47]

Dies bedeutete Arbeit, wobei die Aufgaben wenig mit Krieg zu tun hatten. Es war Strölins erste Verwaltungsposition, denn die wenigen erhaltenen Akten zeigen, daß er sich hauptsächlich mit Unterkunfts- und Verpflegungsangelegenheiten beschäftigen mußte. So mietete er Gebäude an, handelte Verträge über Nahrungsmittellieferungen aus und stellte Küchengehilfinnen ein. Hinzu kamen die Löhnungsappelle und die Ausübung seiner Disziplinargewalt. Aber auch Kleinigkeiten, wie die Organisation des Feldgottesdienstes und die Gestellung von Fahrzeugen für die anderen Mitglieder des Stabes gehörten zu seinen Obliegenheiten.[48] Damit waren keine militärischen Meriten zu verdienen.

Im April 1917 nahm der Mangel an Frontoffizieren derart zu, daß militärärztliche Kommissionen selbst die höheren Stäbe nach einsatzfähigen Leuten durchsuchten. Strölin mußte sich am 29. April einer solchen Überprüfung unterziehen, in der seine volle Kriegsverwendbarkeit festgestellt wurde, obwohl er über Nervosität klagte.[49]

Strölin durfte damit rechnen, wieder an der Front eingesetzt zu werden. Doch er besann sich eines anderen. Im Winter 1916/17 hatte die deutsche Heeresführung damit begonnen, die Luftstreitkräfte auszubauen, so daß ein »dringender Bedarf an Piloten und Beobachtern bestand«.[50] Strölin sah vermutlich nun die Möglichkeit, zu einem Truppenteil zu kommen, der bessere und schnellere Aufstiegsmöglichkeiten bot als die Infanterie. Einen Tag nach der Untersuchung teilte der Kommandierende General, Herzog Wilhelm von Urach, der Armee Abteilung B, zu der das Kommando gehörte, mit:

»Oberleutnant Strölin hat sich zur Ausbildung als Flugzeugbeobachter gemeldet.« Der Herzog schien diese freiwillige Meldung wohlwollend behandelt zu haben, denn in der Stellenbesetzung des Generalkommandos vom selben Tag befindet sich bei den Angaben zu Strölin: »Ist zur Ausbildung als Flugzeugbeobachter vorgeschlagen.«[51]

Am 4. Mai erfolgte die Kommandierung zum Armeeflugplatz Neubreisach, wo die Ausbildung stattfinden sollte.[52] Es dürfte eine Enttäuschung für ihn gewesen sein, als man ihn nach einer Flugtauglichkeitsuntersuchung für »wenig geeignet zum Flugzeugführer beziehungsweise Beobachter« hielt.[53] Dennoch setzte er die Ausbildung fort. Elf Tage später mußte er aber doch die Berechtigung der Diagnose anerkennen, denn er war den Belastungen der Fliegerei psychisch nicht gewachsen. Am 22. Mai stellte der Stabsarzt des Generalkommandos »eine hochgradig gesteigerte Nervosität« fest. Er hielt »eine längere Ausspannung für dringend erforderlich« und beantragte »einen Urlaub zur Wiederherstellung der Gesundheit«.

Fast einen Monat befand sich Strölin deshalb im Offiziersgenesungsheim in Freudenstadt, wo er sich nach einem militärärztlichen Zeugnis des Chefarztes gut erholte. Lediglich der Schlaf war bei der Entlassung noch leicht unregelmäßig und unruhig.[54] Strölin litt allem Anschein nach unter einer psychischen Überanstrengung, wie sie der für Nervenleiden zuständige Generaloberarzt des XIII. Armeekorps, der Tübinger Neurologe Robert Gaupp, beschrieben hatte:

»Manche Offiziere und Soldaten erkranken nach außerordentlichen Strapazen und besonders schweren Erlebnissen an neurasthenischer Erschöpfung, werden schlaflos, überreizt, überempfindlich, zum Weinen geneigt, von ängstlichen Träumen geplagt, leiden an körperlichen Störungen, wie Herzklopfen, Magenverstimmungen, Durchfällen, kurz unter nervösen Störungen, wie wir sie auch im Frieden bei überanstrengten Menschen sehen können. Diese Zustände heilen bei Ruhe, guter Ernährung und genügend Schlaf rasch.«[55]

Strölins Verfassung war nach vier Wochen soweit hergestellt, daß er seine Position im Generalkommando wieder übernehmen konnte, wenn auch zunächst auf Anraten des Freudenstädter Chefarztes auf größere körperliche oder geistige Anstrengungen verzichtet werden sollte.[56] Dies ließ sich jedoch nur für kurze Zeit realisieren. Spätestens Mitte August erhielt Strölin neben seiner Funktion als Kommandant des Korpshauptquartiers noch andere Aufgaben. Am 22. August errichtete der Generalstabschef in Schoppenweier eine eigenständige Ortskommandantur, deren Leitung Strölin übernahm.[57] Seine Aufgaben waren wiederum rein administrativer Art. Er hatte Passierscheine für die Bevölkerung auszustellen, die Bekämpfung der Schnakenplage zu organisieren oder die Viehzählung in der Gemeinde zu überwachen.[58] Überspitzt könnte man dies als Strölins erste kommunalpolitische Tätigkeit bezeichnen. Schon damals ähnelte seine Arbeitsweise sehr der späteren in Stuttgart.

Zwei Tage nach seiner Ernennung zum Ortskommandanten übernahm er auch noch die Vertretung des Adjutanten im Generalstab. Immer wieder unterzeichnete Strölin in der folgenden Zeit Schriftstücke dieser Abteilung, die für sämtliche Offiziersangelegenheiten des Generalkommandos zuständig war.[59] Die Besetzung der Offiziersstellen des Generalkommandos las sich wie ein »Who is Who« der Spitzen der württembergischen Gesellschaft. Es waren dort neben dem Herzog von Urach Angehörige der Familien von Weizsäcker, von Neurath, aber auch Pour-le-mérite-Träger Erwin Rommel verzeichnet.

Die Arbeitsbelastung als Kommandant des Hauptquartiers, als Ortskommandant und als stellvertretender Adjutant sowie die nicht vollständig auskurierte Krankheit führten schließlich zu einem erneuten nervlichen Zusammenbruch. Am 24. März 1918 mußte ihm wegen »Nervosität und psychischer Depression« ein fast zweimonatiger Kuraufenthalt in Garmisch-Partenkirchen genehmigt werden.[60]

Zu den Belastungen kamen in jenen Tagen sehr persönliche hinzu. Strölins Vater, der seit Herbst 1910 das Bekleidungs-Amt des XIII. Armeekorps leitete, das für die Versorgung der Truppe mit Textilien und Schuhen zuständig war, befand sich in einer peinlichen Situation. Anfang Januar 1918 hatte die neugegründete »Militärpolizeiliche Nach- und Abschubüberwachungsstelle« (Schubpol) unter der Federführung ihres stellvertretenden Leiters, dem Fahnder der Stuttgarter Polizei, Christian Wirth, eine umfangreiche Unterschlagung von Heeresgut im Bekleidungsamt aufgedeckt.[61] Im Zuge der Ermittlungen verhaftete sie von den über 2500 Beschäftigten des Amtes nicht weniger als 99, denen es »durch Geschicklichkeit«, wie das Kriegsministerium dem Landtag mitteilte, »gelungen war, aus den ihnen überlassenen Stoffmengen mehr Zuschnitte herauszubringen, als nach den Etat-Sätzen erzielt werden mußten. Was hierbei an Stoffen gespart wurde, ist von den Beteiligten beiseite geschafft worden«.[62] Gegenüber dem Kriegsministerium versuchte Karl von Strölin, sich dadurch zu rechtfertigen, daß er auf seine Leistungen seit Kriegsbeginn hinwies, aber auch darauf, daß die im Frieden ausgebildeten Unteroffiziere und Mannschaften abgezogen worden seien und »an deren Stelle kränkliches, krüppelhaftes und oft geistig minderwertiges Menschenmaterial eingestellt wurde«.[63]

In seinem Schriftwechsel mit dem Stellvertretenden Generalkommando versuchte er, die ganze Angelegenheit herunterzuspielen.[64] Karl von Strölin konnte keine Schuld an den Vergehen nachgewiesen werden, aber als Vorstand des Bekleidungsamts war er nicht mehr tragbar. Man fand die in solchen Fällen eleganteste Lösung, indem man ihm nahelegte, ein Abschiedsgesuch einzureichen, dem der König am 10. Juni 1918 stattgab. Diese Schwierigkeiten des Vaters dürften auf Strölins Verfassung einen starken Einfluß gehabt haben, denn er mußte befürchten, daß auch auf seine militärische Karriere ein Schatten fallen könne.

Mit der Beurlaubung wurde er vom Generalkommando zum Ersatz-Bataillon des Grenadierregiments 119 versetzt. Die Generalstabskarriere war beendet. Nach der Kur kam er nach Ulm.[65] Doch bereits wenig später beorderte ihn das Stellvertretende Generalkommando zum zehnten Lehrgang für Offiziers-Aspiranten-Anwärter auf den Truppenübungsplatz nach Münsingen, wo er die Führung der Anwärterkompanie übernahm. Auch für den elften Lehrgang, der bis Ende 1918 dauern sollte, blieb er auf diesem Posten.[66] Im Juni 1918 erhielt er dort seine Beförderung zum Hauptmann.[67]

Das Kriegsende traf auch Strölin hart. Im Kadettenkorps streng nationalistisch und monarchistisch erzogen und in seinem Büchlein von 1915 fest von der Überlegenheit der Deutschen überzeugt, stand er nun vor einer völlig neuen Situation. Ein großer Teil der bisherigen Werte hatte nun im öffentlichen Leben keine oder nur geringere Geltung. Dennoch fand sich Strölin schnell mit den neuen Verhältnissen ab. Seine Münsinger Kompanie wählte ihn sogar in den Soldatenrat.[68] Lange konnte er diese Tätigkeit jedoch nicht ausüben, denn am 11. November wurde der Lehrgang beendet, und auch in den Akten der Soldatenräte lassen sich keine Hinweise auf Aktivitäten Strölins finden.[69]

# Für Ruhe und Ordnung – Im Dienste der Republik

Die Revolution verlief in Württemberg schnell und unblutig. Am 9. November 1918 bildete sich eine Provisorische Regierung unter dem Sozialdemokraten Wilhelm Blos; sein Stellvertreter und zugleich Innenminister wurde der Unabhängige Sozialdemokrat Artur Crispien. Das Kriegsministerium überließ man dem Spartakisten Albert Schreiner, der jedoch bereits am 15. November auf Drängen seiner Parteigenossen wieder zurücktrat. Als Nachfolger einigte man sich auf den Gewerkschaftssekretär Ulrich Fischer von der SPD.[70]

## *Der Militärpolizist*

Die Welt ist klein in Württemberg. Ulrich Fischer gehörte 1914 als Unteroffizier zur Kompanie, in der auch Strölin Dienst tat, so daß sie sich gut kannten.[71] Anscheinend muß Strölin Fischer kurz nach dessen Ernennung getroffen haben, der veranlaßte, daß Strölin wenig später zum Leiter der »Militärpolizeilichen Nach- und Abschubüberwachungsstelle« kommandiert wurde, die jedoch offiziell aufgelöst worden war.[72] Mit dieser Funktion konnte er sich jedoch nur kurz schmücken, denn als die Stelle Ende November reaktiviert werden sollte, hielt es das Kriegsministerium für besser, einen anderen Offizier mit der Leitung zu beauftragen. Strölin sah man als Stellvertreter vor.[73]

Die Schubpol war ursprünglich am 29. Oktober 1917 auf Bitten des Preußischen Kriegsministeriums auch in Württemberg eingerichtet worden, um den immer stärker werdenden Diebstahl von Heeresgütern einzudämmen. Einer der ersten großen Erfolge der neuen Truppe, die lediglich aus einem Offizier und fünf Mann bestand, war die Aufdeckung der bereits oben beschriebenen Unterschlagung im Kriegsbekleidungsamt. Kurz vor Kriegsende erhöhte das Kriegsministerium die Zahl der Mannschaften auf 15. Mit der Revolution änderte sich auch bei der Schubpol einiges. Sie galt als aufgelöst, arbeitete aber in den Wirren der Zeit ununterbrochen weiter.[74] Arbeit gab es genug, wie aus einem Bericht über ihre Tätigkeit hervorging:

»Drei Wochen nach dem 9. November wurde die frühere militärpolizeiliche Nach- und Abschubüberwachungsstelle in Stuttgart auf Ersuchen des Soldatenrats durch die damalige provisorische Regierung wieder in ihre Funktion eingesetzt. Der Grund für diese Maßnahme war zunächst der, dem unheimlichen Umsichgreifen der Plünderungen auf den Bahnen und in den militärischen Magazinen zu steuern. Die vor der Revolution 15 Mann starke Schubpol wurde sofort bei der Wiederaufnahme ihrer nunmehrigen erweiterten Tätigkeit auf 50 Beamte verstärkt.«[75]

Strölin trat sein Amt als stellvertretender Leiter am 29. November an. Mit ihrer offiziellen Neuorganisation am 1. Dezember nahm die Schubpol die neue Bezeichnung »Militärpolizei für Überwachung von Heeresgut« an, die alte Kurzbezeichnung blieb jedoch erhalten. Schon im Laufe des Dezember zeigte sich, daß für die umfangreichen Aufgaben die Mannschaftsstärke von 50 Leuten zu niedrig angesetzt war. Bis zum 25. Dezember stieg sie auf 200 an, die weiterhin von den beiden Hauptleuten Höfling und Strölin kommandiert wurden. Da Strölin keine Erfahrung in der militärpolizeilichen Arbeitsweise hatte, konzentrierte sich seine Tätigkeit auf Verwaltungs- und Personalangelegenheiten. Im Laufe der Zeit geriet die Schubpol allerdings immer stärker in die Kritik, da einzelne Einsätze der Fahnder nicht mit demokratischen Grundsätzen in Einklang zu bringen waren. Zu sehr herrschte innerhalb der Organisation das obrigkeitsstaatliche Ordnungsdenken.[76]

Da die Verstärkung der Schubpol ihren Grund in erster Linie in der Rückkehr des Heeres und den damit verbundenen chaotischen Verhältnissen hatte, verringerten sich mit der Auflösung des Heeres zwangsläufig ihre Aufgaben, so daß am 13. Februar 1919 das württembergische Kriegsministerium anordnete:

»Nachdem die Zurückführung des Heeres in die Standorte in der Hauptsache durchgeführt ist, muß mit dem allmählichen Abbau der Schubpol begonnen werden.« Neueinstellungen durften nicht mehr vorgenommen, freie Stellen nicht mehr besetzt werden.[77] Die Reduzierung bedeutete für Strölin auch das Ende seiner Militärpolizeikarriere.

## Sicherheitskompanien

»Zugang: 1 Hauptmann Ströhlin« [!] lautete am 15. März 1919 der Eintrag in den Tagesrapport der 6. Kompanie des Infanterie-Regiments 125, die gleichzeitig die Bezeichnung Sicherheitskompanie 21 (SK 21) trug und in der Großen Infanteriekaserne am Rotebühlplatz stationiert war. Den Tagesrapport unterschrieb am 15. noch der alte Kompanieführer, Offiziersstellvertreter Rau. Bei der Übernahme dieser Einheit gehörten ihr außer Strölin als einzigem Offizier noch 87 Mann an.[78]

Wie schon bei der Schubpol, hatte Strölin nun einen Posten inne, auf dem er sich für die Aufrechterhaltung von Ruhe und Ordnung einsetzen konnte. So verstand auch der Organisator und Leiter der württembergischen Sicherheitstruppen Paul Hahn seine Tätigkeit.

Am 11. Dezember 1918 hatte die II. Landesversammlung der Soldatenräte Württembergs einem Vorschlag zur Aufstellung von Sicherheitskompanien zugestimmt, der vom Generalkommando und Vertretern der Garnisonsräte vorbereitet worden war.[79] Nach einer daraufhin erlassenen Verfügung des Generalkommandos, die von Hahn entworfen war, sollten im ganzen Land 15 Sicherheitskompanien mit einer Stärke von je 300 Mann aufgestellt werden. Dieser militärische Sicherheitsdienst hatte den Zweck, Ruhe, Ordnung und Sicherheit im Land aufrecht zu erhalten.[80] Im Punkt 10 der Verordnung wurden die Aufgaben beschrieben:

»Der Dienst der örtlichen Sicherheitskompagnien erstreckt sich auf die Sicherung des militärischen und privaten Gutes (Wachengestellung, Rondedienst, Straßenpatrouillen, Autoüberwachung). Sicherung des geregelten wirtschaftlichen Lebens (Bahnhofsüberwachung, Eisenbahnüberwachung, Verhinderung des Lebensmittelschmuggels im großen). Aufrechterhaltung von Ordnung und Ruhe gegen Störungen durch Militärpersonen und Zivilpersonen (Wirtschaftspatrouillen). Einvernehmungsvolle Zusammenarbeit mit den anderen Organen des Sicherheitsdienstes (Ortspolizei, Gendarmerie, Landespolizei, Schubpol). Nur innerhalb seines Bereichs ist der Angehörige der Sicherheitskompagnien zu Diensthandlungen berechtigt, sofern nicht besonders dringende Fälle vorliegen.«

Mit den Sicherheitskompanien hatte sich die neue Regierung ein Machtinstrument geschaffen, um ihre politischen Entscheidungen durchsetzen zu können. Wichtiger wurde im Laufe der Zeit der Einsatz bei der Niederschlagung von Umsturzversuchen durch die neugegründete Kommunistische Partei Deutschlands (KPD) und Teile der Unabhängigen Sozialdemokratischen Partei Deutschlands (USPD), die die Revolution vorantreiben wollten. Anläßlich der Januarunruhen 1919 traten die Sicherheitskompanien erstmals in Stuttgart in Erscheinung. Ihr teilweise reaktionäres und brutales Auftreten gegenüber Arbeitern bescherte ihnen bei Teilen der Linken den Ruf einer »weißen Garde«.[81]

Als sich die politische Lage im März 1919 wieder verschärfte und der Zentralleitung der Sicherheitstruppen Nachrichten über einen bevorstehenden Putschversuch der extremen Linken vorlagen, übernahm Strölin seine Sicherheitskompanie. Die ersten Tage verliefen ruhig. Neben routinemäßigen Arbeiten, die zum Kompaniealltag gehörten, geschah nichts Besonderes. Das änderte sich am 31. März. Für diesen Tag hatte der »Aktionsausschuß des geeinten Proletariats«, der sich aus KPD und USPD zusammensetzte, zum Generalstreik aufgerufen. Ziel der Aktionen sollte der Sturz der Regierung Blos und die Etablierung einer Räterepublik in Württemberg sein. Da die SPD nach wie vor eine parlamentarische Demokratie anstrebte, wurde der Streikaufruf nur teilweise befolgt. In dieser eskalierenden Situation sah sich Hahn gezwungen, nach Rücksprache mit der Regierung die Sicherheitstruppen in Alarmbereitschaft zu versetzen. Zwischen dem 1. und 5. April 1919 herrschte in Stuttgart und einigen anderen württembergischen Städten ein regelrechter Bürgerkrieg. Hahn ließ deshalb den Nachrichten- und Personenverkehr mit den anderen deutschen Ländern und dem Ausland unterbinden, damit von dort keine Verstärkung für die Aufständischen kommen könnte. Immer wieder kam es im Stuttgarter Stadtgebiet zu Feuergefechten zwischen den Sicherheitstruppen und rebellierenden Arbeitern. In verschiedenen Teilen der Stadt wurde mit wechselndem Erfolg, teilweise unter Einsatz von Artillerie, gekämpft. Bis zum 5. April hatten aber die Truppen der Landesregierung die Lage unter Kontrolle. Die Kämpfe forderten allein in Stuttgart 16 Tote und 50 Verwundete.[82] Wo im einzelnen Strölins »Sicherheitskompanie 21« in jenen Tagen eingesetzt war, läßt sich nicht mehr feststellen. Nachdem die Regierung Blos die Macht wieder fest in Händen hielt, konnte am 11. April der Belagerungszustand aufgehoben werden. Für die Sicherheitskompanien begann der

Alltag. Patrouillen, Wachen und Autokontrollen mußten organisiert werden.[83]

Wenige Tage später war diese Phase der Ruhe bereits wieder beendet. Am 7. April hatten KPD und USPD in München die Räterepublik proklamiert. Die rechtmäßige bayerische Regierung unter dem Sozialdemokraten Johannes Hoffmann mußte die Landeshauptstadt fluchtartig verlassen und übersiedelte nach Bamberg. Nachdem am 13. April der Versuch gescheitert war, mit Hilfe der regierungstreuen Republikanischen Schutztruppe, dem bayerischen Gegenstück zu den Sicherheitskompanien, die Macht in München zurückzuerobern, wandte sich die bayerische Regierung mit der Bitte um militärische Unterstützung an Württemberg. Diese wurde umgehend zugesichert, und die beiden Regierungen trafen am 15. mit ihren militärischen Beratern in Ulm zusammen, um das weitere Vorgehen zu besprechen. Die Regierung Blos sagte zu, insgesamt 5000 Mann württembergischer Truppen bereitzustellen, die sich aus dem in Münsingen stationierten Freiwilligenverband »Grenzschutz Ost« und zwölf Sicherheitskompanien, die für eine solche Aufgabe durch ihre Erfahrungen der letzten Tage bestens geeignet waren, zusammensetzen sollten.[84] Zu den für Bayern vorgesehenen Truppen gehörte auch das III. Sicherheitsbataillon aus Stuttgart, dem Strölins Einheit unterstand. Am 16. April transportierte man die Stuttgarter nach Kaufering südlich von Augsburg, von wo aus sie mit dem Vormarsch gegen München beginnen sollten. Die »Sicherheitskompanie 21« hatte zu diesem Zeitpunkt lediglich eine Stärke von 114 Mann. Die erste Aufgabe bestand in der Besetzung des Truppenübungsplatzes Lager Lechfeld, mit dessen Vorräte an Waffen und Munition man die Versorgung sichern wollte. Am 18. April eroberten die Württemberger das Lager ohne großes Blutvergießen. Als tags darauf auch in Augsburg die Räterepublik ausgerufen wurde, mußte am Ostersonntag zuerst diese Stadt genommen werden.[85]

Erst am 29. April verlegte man die württembergischen Truppen und das Freikorps Epp in die unmittelbare Nähe von München. Der Angriff auf die bayerische Landeshauptstadt konnte beginnen. Von Westen her stießen sie planmäßig von Fürstenfeldbruck nach Gräfelfing vor.[86]

Bei der Besetzung des Vorortes Pasing am 1. Mai 1919 nahm das Vorhutbataillon auf dem dortigen Bahnhof 54 Russen fest, die man in

35

deutschen Uniformen, aber ohne Waffen antraf. Sie wurden sofort nach Lochham transportiert, das in der Zwischenzeit von Strölins Kompanie besetzt worden war. Hier forderten sowohl die Angehörigen der Tübinger Studentenkompanie wie auch ein großer Teil der anderen Mannschaften die sofortige Erschießung der Gefangenen.[87] Strölin und die anderen Offiziere besaßen bei ihren Soldaten nur wenig Autorität, wie aus einem Bericht vom 7. Mai 1919 zu ersehen ist:

»Das selbe Zeichen mangelnder Unterordnung unter die Befehlsgewalt der Führer wiederholte sich bei der Gefangennahme von 54 Russen in Gräfelfing, wo nur durch das energische Einschreiten des Delegierten Schneider, der dabei selbst von den aufgeregten Mannschaften bedroht wurde, ein völkerrechtswidriges Blutbad vermieden worden ist.«[88]

Dank dieser Tat konnte zwar die sofortige Ermordung vermieden werden, dennoch mißhandelten Soldaten die Russen und sperrten sie in das örtliche Spritzenhaus. Als dort wegen der schlechten Behandlung Unruhe unter den Gefangenen ausbrach, erschoß ein Wachposten einen der Eingesperrten. Die Leiche ließ man bis zum Abtransport der ganzen Gruppe zwischen ihnen liegen. Bei den Verhören, die sich anschlossen, beteuerten die Russen immer wieder, nicht gegen die angreifenden Truppen gekämpft, sondern lediglich Wachdienste geleistet zu haben. Der Roten Armee der Räteregierung hätten sie sich nur wegen der versprochenen besseren Verpflegung angeschlossen.[89] Der Haß gegen den Bolschewismus, mit dem man die Führer der Münchner Räterepublik undifferenziert gleichsetzte, und zugleich gegen alle Russen war in den württembergischen Freiwilligenverbänden weit verbreitet. Schon in Augsburg hatten die Tübinger Studenten ihre weitere Teilnahme an den Operationen davon abhängig gemacht, daß »alle Ausländer, welche sich an dem Widerstand beteiligt haben (Russen)«, kriegsgerichtlich abzuurteilen seien.[90] Auch die Aufklärungsberichte aus Fürstenfeldbruck und München, die den Sicherheitstruppen zugingen, hoben die große Zahl von Russen hervor, die angeblich auf der Seite der Roten Armee kämpfen sollten. Die Stimmung war entsprechend.[91]

Am Abend des 1. Mai brachte man die Gefangenen von Lochham nach Gräfelfing und sperrte sie in der dortigen Schule ein. In aller Eile installierte der anwesende Kommandeur der Sicherheitstruppen, Major Gräter, ein Feldgericht, zu dessen Vorsitzenden er Strölin berief. Feldgerichte und Standgerichte waren aber während des verhängten Belagerungszustandes widerrechtlich, wie wenige Tage später der Leiter der gesamten Operation, der preußische Generalleutnant von Oven zugeben mußte, wobei er allerdings auf die verworrene Rechtslage hinwies.[92]

Kurz nach Mitternacht trat das Gericht zusammen und verhörte zuerst als einzigen einen Angeklagten, der einigermaßen Deutsch verstand und sprach. Derselbe hatte schon am Nachmittag bei den Verhören in Lochham als Dolmetscher fungiert. Obwohl man sich nach dieser Aussage bereits zur Beratung zurückgezogen hatte, ließ man nochmals einen Russen vorführen und fragte ihn, ob er sich freiwillig der Roten Armee angeschlossen hätte. Ohne die Folgen seiner Aussage zu erkennen, antwortete er auf die Frage mit »ja«. Damit war für das Gericht und seinen Vorsitzenden alles klar. Man verurteilte die noch lebenden 53 Russen zum Tode und gestand ihnen für die Stunden bis zur Hinrichtung großzügig geistlichen Beistand zu. Im Morgengrauen des 2. Mai vollstreckte ein Exekutionskommando des Stuttgarter Sicherheitsbataillons das Urteil.[93]

Nach dieser widerrechtlichen Aktion gingen die württembergischen Sicherheitstruppen wieder zu ihrer kriegerischen Tagesordnung über. Am 2. Mai eroberten sie die südwestlichen Teile Münchens. Strölin bezog mit seiner »Sicherheitskompanie 21«, die beim Angriff lediglich zwei Verwundete zu beklagen hatte, in der Stieler-Schule nahe der Theresienwiese Quartier.[94] Noch während die Truppen vorrückten, begann die Verhaftungswelle. Wie es im Stieler-Schulhaus zuging, beschrieb später Theodor Christen, ein Freund und enger Mitarbeiter von Silvio Gesell, dem »Finanzminister« der Räterepublik:

»Als die Schießerei beendigt war, wurde ich ins Stielerschulhaus verbracht und fand dort Freund Gesell wieder. Wir gaben unsere Namen zu Protokoll und warteten der Dinge, die kommen sollten. Mehr und mehr füllte sich der Raum mit Arrestanten. Staub, Kleiderdunst und Zigarettenrauch schufen eine widerliche Atmosphäre. [...] Am Boden kauerte ein kleiner Russe mit blutendem Kopf, der anscheinend nicht wußte, wie ihm geschah. Ein Unteroffizier machte sich dick und wichtig und prophezeite bald diesem, bald jenem, er würde an die Wand gestellt und erschossen werden. [...] Uns suchte er als ›Spartakistenführer‹ zu behandeln und behauptete zuerst, er habe Gesell heute früh beim Kampf an einem Waldrand gesehen.«[95]

Doch anders als die 53 Russen hatten Gesell und Christen vorerst Glück. Am nächsten Morgen wurden sie einem ihnen unbekannten, korrekt auftretenden Hauptmann vorgeführt, bei dem es sich nur um Strölin gehandelt haben konnte, denn außer seiner Kompanie befanden sich keine Truppen im Haus. Überraschenderweise ließ er beide frei, da, wie er sich ausdrückte, die angekündigten Klagen nicht eingegangen seien; sie sollten sich aber zu seiner Verfügung halten.[96]

Noch während seine Truppen in München standen, hatte das württembergische Kriegsministerium am 5. Mai eine verbindliche Stellenbesetzung bei den Sicherheitstruppen erarbeitet, nach der Strölin endgültig mit der Führung der SK 21 »beliehen« wurde. Allerdings fügte es hinzu, daß damit eine Übernahme in die neue Reichswehr nicht ausgesprochen sei.[97]

Nach der Rückkehr aus Bayern am 18. Mai mehrten sich die Ressentiments gegen die Sicherheitstruppen nicht nur in der Arbeiterschaft, sondern auch den Militärbehörden in Reich und Land waren sie nun ein Dorn im Auge, da einerseits die Soldatenräte in den einzelnen Kompanien noch einen wichtigen Einfluß ausübten, andererseits die Truppe wegen ihrer Disziplinlosigkeit den militärischen Wertvorstellungen bei weitem nicht entsprach. Selbst Noske griff von Berlin aus ein und forderte wiederholt die württembergische Regierung auf, die Sicherheitskompanien mit ihrer Soldatenratswirtschaft zu reduzieren.[98]

In Stuttgart aber ging der Dienst in den Kompanien wie vor den Unruhen weiter. Das bedeutete hauptsächlich Wachdienste vor Behörden und Betrieben. Doch fehlte es auch nicht an Versuchen, die Disziplin wiederherzustellen.[99] Strölin, der ein feines Gefühl für die Lage hatte, entließ allein zwischen dem 23. Mai und 6. Juni 1919 zwölf Mann: neun, weil er sie für »unzuverlässig« hielt; einen, der sich geweigert hatte mit nach Bayern zu ziehen; einen wegen unerlaubten Entfernens von der Truppe und einen wegen Ungehorsams.[100]

Die Neuaufstellung der Reichswehr ab Juni 1919 bedeutete das Ende der Sicherheitskompanien. Um die aktiven Offiziere des alten Heeres, die ihren Dienst noch nicht quittiert hatten, auf die neue württembergische Reichswehrbrigade 13 zu verteilen, erstellte das Kriegsministerium in Stuttgart einen Stellenplan, der am 25. Juni in Kraft trat. Danach wurde Strölin dem Schützen-Regiment 26 in Ulm zugeteilt. Da er noch in Stuttgart seine »Sicherheitskompanie 21« führte, hatte er es nicht sonderlich eilig, dorthin zu gehen. Erst am 7. Juli meldete er sich schriftlich beim dortigen Kommandeur. In einem kurzen Brief teilte er ihm mit, daß er zur Zeit noch seine Kompanie führe und man ihn in der Großen Infanteriekaserne in Stuttgart erreichen könne.[101] Strölin hatte wohl etwas anderes vor, als in die Provinz zu gehen. Dies blieb ihm schließlich erspart, denn bereits am 12. Juli erhielt er seine Versetzung zum Schützen-Regiment 25 mit Standort in Stuttgart und Ludwigsburg. Dies war logisch, denn das 1. Bataillon setzte sich aus den ehemaligen Stuttgarter Sicherheitskompanien 13, 20, 21 und Teilen der SK 17 und 18 zusammen. Strölins Einheit war fast vollständig in die neue Reichswehr übergetreten. Seine letzte Amtshandlung in den württembergischen Sicherheitstruppen führte er am 20. Juli aus, als er die Schlußabrechnung des Zahlmeisters seiner Kompanie unterzeichnete.[102]

## *Die Reichswehr –*
## *Neue Perspektiven, enttäuschte Hoffnungen*

Das 1. Bataillon des Schützen-Regiments 25 nahm am 21. Juli 1919 seinen Dienst auf, wobei Strölin seine alte »Sicherheitskompanie 21« als dessen 2. Kompanie befehligte.[103] Nun konnte wieder leichter die militärische Disziplin alter Ordnung durchgesetzt werden. Strölin selbst wandte sich verstärkt rein militärischen Problemen zu. Dies war auch dringend geboten, da über allen Offizieren das Damoklesschwert der Entlassung schwebte, denn noch bestand die vorläufige Reichswehr aus 200 000 Mann, die nach dem Versailler Vertrag auf 100 000 reduziert werden mußten. Als Betätigungsfeld wählte er wie früher die Schießtechnik und Schießausbildung. Damit hoffte er sicherlich, eine bessere Ausgangsposition für die Übernahme in die Reichswehr zu erreichen. Allerdings entsprach es auch seinem Bedürfnis nach intellektueller Betätigung, die sich vom reinen Kasernenalltag abheben sollte.

Schon am 9. August legte er dem Stab der 13. Infanterie-Brigade eine Denkschrift über »Das richtige Melden des Abkommens« beim Scheibenschießen vor. Dazu hatte er ein Verfahren entwickelt, wie die einzelnen Schützen anhand einer kleinen Zielscheibe und eines Maßstabes ihre Treffsicherheit erkennen und verbessern konnten.[104] Das Ergebnis des vom Kommandierenden General angeordneten Großversuchs entsprach nicht Strölins Erwartungen, denn fast alle Einheiten kamen zum gleichen negativen Ergebnis. Man erkannte zwar das Verfahren an, hielt es aber für praktisch nicht anwendbar, da es zu viel Zeit in Anspruch nahm.

Kurz nachdem Strölin dieses Verfahren der vorgesetzten Dienststelle unterbreitet hatte, versuchte er, auch auf einen anderen Teil der Schießausbildung der in Stuttgart stationierten Reichswehr Einfluß zu nehmen. Am 1. September 1919 übersandte er der Sportabteilung der Brigade einen bis ins Detail ausgearbeiteten Plan für den Umbau der Schießbahn 8 auf dem Schießplatz Dornhalde bei Degerloch, um dort, wie er es euphemistisch ausdrückte, die Möglichkeit zum »sportmäßigen Schießen« zu schaffen, das nach seiner Meinung dringend in die Friedensausbildung der Truppe aufgenommen werden müßte. Die neue Schießbahn sollte die »verschiedenartigsten Ziele und Anschlagsarten« ermöglichen. Was Strölin unter sportmäßigem Schießen verstand, zeigte sich, als der Plan Wirklichkeit geworden war. Strölin hatte einen Frontabschnitt, wie er ihn in Frankreich kennengelernt hatte, en miniature nachbauen lassen. Schützengräben, eine »Hindernisbahn mit Gräben, Hecken und einem zwölf Meter breiten Drahthindernis«, ein Wall, eine Baumkanzel und zum Abschluß ein eigens gesprengtes Trichterfeld sollten den Soldaten die Kriegsrealität näherbringen. Strölins Stuttgarter Hindernisbahn diente als Vorbild für ähnliche Anlagen in allen württembergischen Garnisonen.[105]

Sicherlich nicht unangenehm wäre es für Strölin gewesen, wenn die Bitte der Sportzentrale »um Abkommandierung Strölins zwecks ständiger Betätigung« vom zuständigen Adjutanten genehmigt worden wäre. Immerhin hatte er sich in der kurzen Zeit einen guten Namen auf dem Gebiet der Schießausbildung geschaffen. Er sollte deshalb nach Ansicht der Sportzentrale dort alle mit dem Schießen zusammenhängenden Probleme leitend bearbeiten. Darüber hinaus war vorgesehen, die Propagandaarbeit für den Schießsport in Presse und Vereinen unter seine Leitung zu stellen.[106]

Doch Strölin erhielt eine andere Aufgabe. Als am 1. Oktober die Stellenbesetzung für das vorläufige 200 000-Mann-Heer in Kraft trat, übernahm er die Führung der 9. Kompanie seines Regiments, die in Ludwigsburg stationiert war.[107] Für Strölin begann wieder der Garnisonsalltag, der jedoch wegen seiner Beschäftigung mit der Schießtechnik und -ausbildung immer wieder unterbrochen wurde. Fast den ganzen November hielt er sich in der Sportschule in Cannstatt auf, wo er in »Sportlehrerkursen« Offiziere und Unteroffiziere in Fragen der Schießausbildung und des »sportmäßigen Schießens« unterrichtete.[108] Über diese beiden Themenkomplexe hielt er auch Vorträge in verschiedenen Garnisonen.

Im Dezember bestimmten Ausbildung, Exerzieren, manchmal Gefechtsübungen und Verwaltungsaufgaben Strölins Leben. Vielleicht brachte die Küchenkommission, der er vorstand, etwas Abwechslung. Erfreulicher für ihn war schließlich eine erneute Kommandierung auf den Truppenübungsplatz Münsingen, wo er ab dem 20. Januar 1920 die Unteroffiziers-Schießlehrgänge leitete.[109]

Strölin hatte wieder eine Aufgabe, die seinem Interesse entsprach. Die Sorge um die persönliche Zukunft ließ ihn jedoch nicht ruhen. »Die qualvolle Zeit der Unsicherheit und Ungewißheit der Zukunft ist damit um ein Viertel Jahr verlängert«, schrieb er in einem Brief vom 27. Februar aus Münsingen an Major Gräter, den Chef des Stabes der 13. Infanterie-Brigade. Er bat ihn darum, sein Anliegen General Haas vorzutragen. Strölin ging auf die Reduzierung des Heeres von 200 000 auf 100 000 Mann ein, die vom 1. April auf den 10. Juli verschoben worden war, was nicht nur seine Zukunftsperspektive im dunkeln liegen ließ, denn kein Offizier wußte, ob er mit einer Übernahme rechnen konnte. Strölin schlug vor, die Offiziere so schnell wie möglich über ihre Aussichten aufzuklären. Als Grund nannte er:

»Diejenigen Offiziere, die ausscheiden müssen, werden bis zum befohlenen Zeitpunkt ihren Dienst tun, denn sie haben sich hierzu verpflichtet. Sie werden aber nebenher die Möglichkeit haben, sich auf einen bestimmten Beruf vorzubereiten und entsprechende Kontakte zu knüpfen.«

Doch Strölins Aktion scheiterte. Major Gräter notierte sich auf dem Brief: »Herr General hat auf mündl. Vortrag den Vorschlag abgelehnt.«[110]

Strölin ging daraufhin zunächst in Urlaub. Zwischen dem 3. und 23. März wollte er nach Freudenstadt, Stuttgart und Berlin reisen, um sich über alternative berufliche Möglichkeiten zu informieren.[111] So befand er sich nicht bei seiner Einheit, als am 13. März 1920 der Kapp-Lüttwitz-Putsch stattfand. Am 13. März besetzte die Brigade Ehrhardt Berlin. Da die Reichswehr der Regierung den Schutz versagte, floh diese über Dresden nach Stuttgart. Die württembergischen Reichswehreinheiten verhielten sich reserviert. Bei einer internen Abstimmung der 13. Infanterie-Brigade votierten nur zwei Offiziere für die gewählte Regierung. Als sich jedoch angesichts des Generalstreiks abzeichnete, daß die Putschisten keine breite Unterstützung finden würden, stellte sich Haas, wie dies auch bei anderen Reichswehreinheiten der Fall war, mit seinen Truppen auf die Seite der Sieger.[112]

Die württembergischen Truppen wurden auch bald gebraucht, denn nach Niederlage der Putschisten sah die Arbeiterschaft des Ruhrgebiets, nachdem sie mit ihrem Generalstreik die Republik verteidigt hatte, die Chance, bisher unerfüllte Forderungen aus der Revolutionszeit durchzusetzen. Dort ging deshalb der Generalstreik in einen offenen Aufruhr über. Die Reichsregierung sah kein anderes Mittel, als mit Hilfe der Reichswehr den Aufstand niederzuschlagen. Am 19. März, zwei Tage nach dem Ende der Kapp-Regierung, brachen die württembergischen Einheiten ins Ruhrgebiet auf. Obwohl Strölins Urlaub nur bis zum 23. März dauern sollte, fehlt in dieser Zeit jede Spur von ihm. Erst am 29. April, als die Kämpfe beendet waren, stieß er wieder zu seiner Kompanie.[113]

Von der Euphorie der ersten Tage war nicht viel übrig geblieben. Statt sich Lorbeeren im Kampf gegen die Aufständischen zu holen, durchsuchten die Württemberger das nördliche Sauerland um Arnsberg nach Waffen. Fast jeden Tag verbrachten sie in einem anderen Quartier. Die Stimmung sank – mehr jedoch bei den Offizieren als bei den Mannschaften, wie es ein Bericht der Untergruppe Stuttgart festhielt:

»Die Truppe ist in ausgezeichneter Stimmung ausmarschiert. Es war in der Winterarbeit gelungen, die Truppe so zu festigen, daß sie bereit war, sich ganz für das Ideal ›Ordnung im Vaterland‹ einzusetzen. Diese Begeisterung ist nun zum Teil nutzlos verbraucht. [...] Die Stimmung der Mannschaften ist trotzdem nicht als schlecht zu bezeichnen.

Der Offizier dagegen und ein großer Teil der Unteroffiziere ist in hohem Maße verstimmt. Die erneute Ausbildung der Truppe nach Rückkehr in die Standorte muß unter dem Gedanken leiden, daß die mit Sorgfalt zu einer scharfen Waffe erzogene Truppe im entscheidenden Moment von einer schwachen Hand geführt wird.«[114]

Jene Offiziere also, die sich für Kapp und gegen die Demokratie ausgesprochen hatten, waren nun, da es gegen die Linken ging, verstimmt, weil die Reichsregierung sie nicht mit scharfem Schwert unter der Arbeiterschaft des Ruhrgebiets aufräumen ließ, sondern einen Teil ihrer Forderungen als berechtigt anerkannte. Man ist fast geneigt zu sagen, daß diesen Offizieren ein Blutbad lieber gewesen wäre. Wie Strölin zu diesen Fragen stand, läßt sich nicht durch eigene Aussagen feststellen. Sein Denken und Handeln, das er sowohl vorher als auch später an den Tag legte, läßt jedoch vermuten, daß er solchen Überlegungen sicherlich nicht fernstand.

Knapp einen Monat nach der Rückkehr in die Ludwigsburger Garnison, die am 19. Juni erfolgte, starb in Stuttgart Strölins Vater im Alter von 62 Jahren.

Die Verhandlungen zwischen der deutschen Regierung und den Alliierten zeigte immer deutlicher, daß diese auf die Einführung des 100 000-Mann-Heeres drängten. Schließlich erließ die Reichsregierung eine Verordnung, die zum 1. Oktober die endgültige Reduzierung verfügte. Strölins Aussichten auf einen Posten waren schlecht. In einem Beurteilungsbogen vom 6. August hatten sich durchaus positive Urteile befunden, wie: »militärisch überall verwendbar, fällt durch gute Leistungen auf. [...] Geistige Frische: regsam, faßt leicht auf. [...] Dienstliche Tauglichkeit: In der Front ein vorzüglicher und bewährter MG-Kompanieführer. Beim G.K. 64 vor gänzlich neue Aufgaben gestellt, hat er diese mit großer Umsicht und Tatkraft zur vollsten Zufriedenheit erfüllt, mehrmals auch den Adjutanten vertreten und dabei gute Dienste geleistet. [...] Verbleiben in der Armee aus dienstlichen Gründen sehr erwünscht: Ja, wegen seines geschickten Verkehrs mit Mannschaften und seiner hervorragenden Lehrfähigkeit.«

Dieser gute Eindruck wurde jedoch durch einige Anmerkungen wieder abgeschwächt. Neben seiner »nervösen Erregbarkeit« fiel besonders die Beschreibung seiner »Charaktereigenschaften« negativ aus:

»Bei allgemein materieller und egoistischer Veranlagung durchaus sachlich denkend, weicheren Gefühlen unzugänglich, mit einer kleinen Hypothek von Eitelkeit und Selbstüberschätzung belastet.«[115]

Neben dieser ausführlichen Beurteilung, die im ganzen gesehen positiv ausfiel, spielten zwei weitere Aspekte eine wichtige Rolle für seine weitere militärische Karriere. Er war nicht verheiratet, mußte also keine Familie erhalten, und er hatte sein Hauptmannspatent erst kurz vor Kriegsende erhalten, so daß er zu den dienstjüngsten Hauptleuten der württembergischen Armee gehörte. In der Rangliste des Schützen-Regiments 25 nahm er deshalb am 30. Dezember 1919 unter 16 Hauptleuten nur den vierzehnten Rang ein. Ein wenig besser gestellt war er dagegen in der Bewertungsliste der 13. Infanterie-Brigade, da dort Dienstalter, Qualifikation und familiäre Situation den Ausschlag gaben. In dieser Liste stand Strölin unter 47 Hauptleuten immerhin auf Platz 35. Doch es nützte ihm nichts. Entsprechend der Kontingentierung für das 100 000-Mann-Heer entfielen auf Württemberg lediglich 22 Hauptmannsposten. Selbst durch Streichungen im vorderen Bereich hatte er keine Chance mehr.[116] Am 2. August ging er erneut in Urlaub, der ursprünglich bis zum 21. August dauern sollte. Doch er kehrte nicht mehr zu seiner Einheit zurück. An eben jenem 21. August 1920 erhielt er seinen Abschied zum 30. September mit dem Recht, die Uniform seines alten Regiments weiterhin tragen zu dürfen.[117] Damit endete seine militärische Karriere.

Wie sehr ihm diese Sozialisation in Leib und Blut übergegangen war, zeigte sich noch Jahrzehnte später als er in seiner Autobiographie das Soldatentum mit den Worten charakterisierte:

»Das Wesen des wahren Soldatentums beruht – in allen Völkern und zu allen Zeiten – in der Pflichterfüllung, im Gemeinschaftsdenken, in einem gesunden Nationalbewußtsein, im sozialen Sorgen und Handeln für andere und in der Unterordnung des eigenen Ichs unter ein höheres Ganzes.«[118]

Deshalb traf ihn das zwangsweise Ausscheiden aus der Reichswehr besonders hart. Nun mußte er sich in einer neuen Umgebung zurechtfinden.

# Beamter – Die zweite Karriere

## Studium und Dissertation

Strölin hatte sich schon während der letzten Monate in der Reichswehr konkrete Gedanken über seinen weiteren beruflichen Werdegang gemacht und entsprechende Gespräche geführt, denn bereits einen Monat nach seiner Verabschiedung aus der Reichswehr immatrikulierte er sich an der Universität Gießen für das Studium der Staatswissenschaften. Es gibt zwar keine Aussage von ihm, weshalb er sich gerade für diese Fachrichtung entschloß, doch dürften die guten Aussichten für eine spätere Anstellung im Verwaltungsdienst oder in der Industrie ausschlaggebend gewesen sein. Strölin war kein Hasardeur, sondern suchte im Alter von knapp 30 Jahren die Basis für eine gesicherte Existenz. Wenig Sorgen mußte er sich über die Finanzierung des Studiums machen, da es ihm gelungen war, vom Verein zur Förderung von Begabten, den Robert Bosch und Theodor Bäuerle ins Leben gerufen hatten, ein Stipendium zu erhalten.[119] Entsprechend zielstrebig ging er ans Werk und konzentrierte seine Kraft auf das Studium. Wohl noch stark von zeitgenössischen Strömungen beeinflußt, widmete er sich zunächst eingehend dem Studium der marxistischen Gesellschafts- und Staatstheorie. Er las das Kommunistische Manifest und will sich gar durch das »Kapital« von Karl Marx gequält haben.[120] In diesem Eifer besuchte er auch ein Seminar bei Friedrich Lenz über »Staat und Marxismus« und nahm, wenn man seiner späteren Autobiographie glauben darf, an Diskussionsveranstaltungen der Gießener KPD teil. Den von Marx vertretenen Auffassungen konnte er allerdings nichts abgewinnen, weshalb er sich dem Studium von Hegel zuwandte, der ihn mit seiner idealistischen Philosophie und Gesellschaftslehre eher ansprach.[121]

Bereits nach einem Semester wechselte er von Gießen auf die Universität Wien über, wo er in Othmar Spann seinen geistigen Mentor fand. Dessen universalistische Gesellschaftslehre, mit ihrer starken Betonung eines ständischen Aufbaus der Gesellschaft, in der die geistigen Eliten die untergeordneten Bevölkerungsgruppen führen sollten, entsprach seinen Vorstellungen. Gleich im ersten Semester belegte er bei Spann nicht weniger als sechs Stunden in dessen volkswirtschaftlicher und gesellschaftswissenschaftlicher Übung und in einer Vorlesung über Gesellschaftslehre. Ganz wollte allerdings sein Interesse für den Sozialismus nicht erlahmen, denn bei Max Adler, einem der führenden Vertreter des Austromarxismus, hörte er eine zweistündige Einführung in den Sozialismus. Neben diesen beiden Gegenpolen beschäftigte er sich im ersten Wiener Semester hauptsächlich mit Volkswirtschaftslehre, Volkswirtschaftspolitik und Geschichte des häuslichen Privatrechts.[122]

In dieser Zeit muß es Strölin gelungen sein, in den engeren Kreis der Spann-Schüler vorzustoßen, die das Privileg genossen, jeden Sonntagvormittag von Spann zu einem Privatissimum in seiner Wohnung eingeladen zu werden.[123] Die enge Beziehung resultierte aber auch aus Strölins Aktivitäten als Leiter der Wirtschaftsstelle der Reichsdeutschen Studenten im Rahmen der konservativen »Deutschen Studentenschaft«, an deren Veranstaltungen Spann sich regelmäßig beteiligte.[124]

In den nächsten beiden Semestern ließ sein Interesse an den offiziellen Spannschen Veranstaltungen merklich nach, was dazu führte, daß er im letzten Wiener Semester nur noch zwei Stunden bei ihm belegte. Dagegen verlegte er seine Schwerpunkte auf Wirtschaftsgeschichte und Statistik. In der ganzen Zeit nahm er regelmäßig an Lehrveranstaltungen der demokratischen Gegner Spanns, so bei Hans Kelsen und Carl Grünberg, teil.[125]

Nachdem Strölin zum Wintersemester 1922/23 wieder nach Gießen zurückgekehrt war, begann er sich auf seine Dissertation zu konzentrieren. Schon durch Spann in Wien angeregt, entschied er sich dafür, die sozialen Verhältnisse in Stuttgart vor und nach dem Weltkrieg zu untersuchen. Als Betreuer fungierten die Professoren Ernst Günther und Friedrich Lenz. Da leicht zugängliche Quellen und eine aufgearbeitete Datenbasis für das Vorhaben nicht existierten, mußte er sich mit großem Zeitaufwand, wie er es in seiner Arbeit erwähnte, die notwendigen Quellen durch vielfältige Korrespondenz mit den zuständigen Stellen in Stuttgart beschaffen.[126] Trotz dieser Schwierigkeiten konnte er bereits ein Jahr später das fertige Werk mit dem Titel »Die wirtschaftliche Lage der Arbeiterklasse und des Mittelstandes der Stadt Stuttgart vor und nach dem Kriege« bei der Philosophischen Fakultät einreichen, deren Prüfungsausschuß es am 11. Juli 1923 annahm.[127]

Seine Absicht war es, mit dieser Untersuchung soziale Verschiebungen innerhalb der Gesellschaft festzustellen, wie er in seiner gut fünfseitigen theoretischen Einleitung formulierte, die zusammen mit dem Schluß im Gegensatz zum empirischen Hauptteil einen genaueren Einblick in seine damalige Gedankenwelt bietet.

Nach seinem Wiener Aufenthalt war es nicht überraschend, daß er sich eng an Othmar Spann orientierte. Nach ihm, aber mit kritischer, pointiert nationalistischer Einstellung, definierte er seinen Gesellschaftsbegriff:

»Den Begriff der Gesellschaft erfassen wir nach seinem Inhalt in Spanns universalistischem Sinn als eigene Realität und in seinem Verhältnis zum einzelnen als das geistig Primäre, grenzen ihn aber schärfer ein, als die Gesamtheit der Mitglieder eines Staatswesens. Die Gliederung der Gesellschaft ist daher räumlich und zeitlich verschieden, je nach der Entwicklung des betreffenden Staates.«[128]

Seine Definition des Mittelstandes basierte auf den Theorien der beiden wichtigsten Vertreter der jüngeren historischen Schule der deutschen Volkswirtschaftslehre im späten 19. und frühen 20. Jahrhundert, Werner Sombart und Gustav von Schmoller, ohne letzteren aber im Anmerkungsapparat ausdrücklich zu nennen. Dagegen zitierte er hauptsächlich aus den Werken von Johann Wernicke, einem Vertreter der deutschen Mittelstandsbewegung.[129] Für die Entstehung des Mittelstandes entwickelte Strölin ein Modell, das aus einer Synthese der Theorien von Schmoller und Sombart bestand. Danach »bildete sich in Deutschland mit der fortschreitenden Entwicklung der kapitalistischen Wirtschaftsordnung eine neue gesellschaftliche Gliederung«. An deren Spitze stand der Adel als »Gentilhommerie«, der zunächst über die anderen Gruppen herrschte, die sich aus der Bourgeoisie, dem Kleinbürgertum und dem Proletariat zusammensetzte, wobei er die Bauern je nach Größe ihrer Höfe den einzelnen Gruppen zuordnete.[130] Erst im Verlauf der letzten Jahrzehnte vor dem Ersten Weltkrieg kam es zu einer Dreigliederung der Gesellschaft, da sich einerseits der Geldadel mit der Aristokratie zur herrschenden Gruppe verbunden und sich andererseits die Arbeiterschaft[131] fester zu einer eigenen Gruppe zusammengeschlossen habe. Zwischen diesen beiden großen Blöcken entstand der Mittelstand, der sich aus dem Kleinbürgertum, den Handwerkern und einem Teil der Angestellten zusammensetzte. Allerdings stellte sich für ihn das Problem der Abgrenzung des Mittelstandes stärker als für andere Volkswirtschaftler, die sich lediglich an den Einkommen orientierten. In Anlehnung an Wernicke wollte er als zusätzliches Kriterium für die Zugehörigkeit zum Mittelstand die Merkmale »Bildung und sociale Stellung« berücksichtigt wissen.[132] Er kam deshalb zu einer Unterscheidung von geistigem und materiellem Mittelstand. Zum geistigen, der sich an Beruf und Bildung orientiert, zählten »Angestellte, Beamte, Gewerbetreibende, Ärzte, Rechtsanwälte, Künstler, Schriftsteller, Hausbesitzer, Rentner[133] usw.«; zum materiellen kamen zu den vorerwähnten »kleine Teile der Handarbeiter und der oberen Berufsschicht«, während er Teile des geistigen Mittelstandes wegen ihres geringen Einkommens zur proletarischen Schicht zählte.[134]

Daran schloß sich der empirische Hauptabschnitt seiner Arbeit an, in dem er untersuchte, wie sich die wirtschaftliche Lage der Arbeiterklasse und des geistigen Mittelstandes vor und nach dem Kriege entwickelte. Bis auf einige wenige Stellen behandelte er sein Thema rein deskriptiv und wandte sich damit methodologisch vollkommen von Spann ab, der seit der Entwicklung seiner universalistischen Theorie die empirische Methode der Gesellschaftsanalyse ablehnte.[135] Hier traten wieder die von der jüngeren historischen Schule der deutschen Volkswirtschaftslehre aufgestellten Forderungen nach einer historisch-empirischen Gesellschaftsanalyse in Erscheinung.

Die Wahl Stuttgarts als Untersuchungsgegenstand begründete er mit der Quellenlage, die ihm für Stuttgart besonders günstig erschien. Sicherlich dürfte sie auch darauf zurückzuführen sein, daß er hier über gute persönliche Beziehungen verfügte, die er für die Datenerhebung einsetzen konnte, denn wie aus der Arbeit hervorgeht, haben einzelne städtische Dienststellen für ihn eigens Berichte erstellt.[136]

Anhand eines umfangreichen statistischen Materials untersuchte er nacheinander Arbeiter, Angestellte, Beamte, Gewerbetreibende, Ärzte, Rechtsanwälte, sonstige freie Berufe, Hausbesitzer und Rentner. Die jeweiligen Gruppen teilte er entsprechend einem von ihm aufgestellten Einkommensschlüssel den Schichten zu. Zum Proletariat gehörig oder als proletarische Existenzen galten für ihn alle, die bezogen auf das Jahr

1910 weniger als 1699 Goldmark verdienten. Der Mittelstand umfaßte Einkommen zwischen 1700 und 9999 Goldmark, während er die höher Verdienenden der Bourgeoisie zurechnete.[137] Da die Teuerungsraten nach dem Krieg die Vergleichbarkeit erschwerten, mußte er neben den absoluten Zahlen immer wieder mit Indices arbeiten, um zu einigermaßen verläßlichen statistischen Aussagen zu gelangen.

Bei der Untersuchung der Arbeiterklasse stellte er fest, daß diese vor dem Krieg einen erheblichen Aufstieg in ihrer sozialen Lage erfahren hatte. Nach seinem Ergebnis gehörten 1914 immerhin rund 20 Prozent der Arbeiter und fünf Prozent der Arbeiterinnen zur wirtschaftlichen Mittelschicht. Dieses Ergebnis fand er in einer Aussage von Karl Kautsky im Vorwort zu einer Ausgabe des »Kommunistischen Manifests« bestätigt.[138] Am Ende seines Untersuchungszeitraums mußte er allerdings feststellen, daß sich die Lage der Arbeiterschaft verschlechtert hatte, denn nun entsprachen nur noch fünf Prozent seinen Mittelstandskriterien. Zwar erkannte er diese Verschlechterung an, führte aber gleichzeitig die Errungenschaften der Sozialgesetzgebung an, die seiner Ansicht nach das Los der besitzlosen Klasse, wenn auch nicht quantifizierbar, so doch qualitativ verbessert habe.[139]

Ganz anders sah er dagegen die Entwicklung im Mittelstand. Hier war für ihn, was sicher auf Grund der Inflation nach 1919 zutrifft, ein drastisches Absinken der Einkommen festzustellen, so daß nach seiner Meinung mit Ausnahme der Gewerbetreibenden der größte Teil dieser Bevölkerungsgruppe aus dem wirtschaftlichen Mittelstand ausgeschieden war. So sollten sich allein 75 Prozent der Ärzte nun in der unteren Wirtschaftsschicht, 25 Prozent in der mittleren befinden, während vor dem Krieg 75 Prozent der mittleren und 25 Prozent der oberen angehörten. Insgesamt hatte sich nach seinen Berechnungen die untere wirtschaftliche Schicht von 1910 bis 1920 um 17,6 Prozent auf nunmehr 84,9 Prozent der Steuerpflichtigen und 90 Prozent der Gesamtbevölkerung vermehrt, während sich die mittlere um 14,7 Prozent und die obere um 2,9 Prozent verringerten.[140]

Als allgemeine Merkmale dieser Verschiebung konstatierte er, »eine relative Verbesserung der Jugendlichen, der Ungelernten und der weiblichen Personen; eine relative Verschlechterung der älteren und der qualifizierten Angehörigen aller Berufe; insbesonders war eine starke Verschlechterung in der Bewertung der geistigen Arbeit gegenüber der körperlichen Arbeit festzustellen; eine relativ günstige Anpassung an die allgemeine Verschlechterung der Lebenshaltung bei den Besitzern von Sachwerten.«[141]

Allgemein kam er zu dem Ergebnis, daß sich die Lage der Arbeiter nach dem Kriege absolut verschlechtert habe »und zwar in stärkerem Maße als man dies in Kreisen außerhalb der Arbeiterklasse meist gelten lassen will.« Eine noch wesentlich stärkere Verschlechterung sei dagegen beim beruflichen, also dem geistigen Mittelstand eingetreten, wovon vor allem die freien Berufe wie Ärzte und Rechtsanwälte sowie die kleinen Rentner betroffen waren. Verhältnismäßig am besten konnten die Gewerbetreibenden ihr Einkommen der Teuerung anpassen.[142]

Im empirischen Teil der Dissertation enthielt sich Strölin fast vollständig einer Kritik an den bestehenden gesellschaftlichen Verhältnissen. Nur ein einziges Mal blitzt seine Meinung durch. Als er sich mit den Ursachen für die verringerte Nachfrage nach ärztlichen Leistungen durch die Bevölkerung Gedanken machte, kam er im Zusammenhang mit dem angeblichen »Überhandnehmen des Kurpfuschertums« auf Entwicklungstendenzen in der Gesellschaft zu sprechen: »Auch ist eine stärkere Nachfrage nach Heilkünstlern, Magnetopathen, Gesundbetern und ähnlichen Vertretern festzustellen, und diese Erscheinung ist ein Kennzeichen für die durch die Einwirkung der Kriegs- und Nachkriegszeit verursachte krankhafte geistige Einstellung der Gesellschaft, wie sie auf anderen Gebieten in gesteigerter Gier nach Schundliteratur, Sensationstheaterstücken und nach den Erzeugnissen minderwertiger Kinoproduktion zum Ausdruck kommt. Auch dies psychologische Moment erklärt einerseits die immer geringere Nachfrage nach den gelernten Ärzten und andererseits, ganz allgemein, die verringerte Nachfrage nach den Leistungen und Erzeugnissen der ernsthaften Vertreter der freien geistigen Berufe.«[143]

Diese angebliche Abwertung des Geistigen stammt nicht von Strölin allein. Hier benützt er, ohne es zu vermerken, Gedankengänge von Othmar Spann, dessen Lehrgebäude ganz auf dem Geistigen und der Dominanz der Intelligenz aufbaut.[144]

Als »Schluß« umriß er auf knapp vier Seiten die Ursachen der »allgemeinen Verelendung«, deren Wirkungen und die daraus zu ziehenden

Folgerungen.[145] An oberster Stelle der Ursachen stehen für ihn die Reparationslasten auf Grund des Versailler Vertrages, die zu einer ständigen Verringerungen des Nationalvermögens führten, was durch eine Verminderung der Produktion noch verschlimmert werde. Dafür machte er sowohl die großen Verluste an arbeitsfähigen Männern als auch die »schematische Einführung des Achtstundentages« verantwortlich. Für die Veränderung der Einkommensverhältnisse in den einzelnen Berufen konnte er zwar ein allgemein gültiges Gesetz nicht finden, doch kam er zu dem Ergebnis, daß je stärker die organisierten Interessenvertretungen der einzelnen Berufe waren, desto besser entwickelten sich auch die Einkommen.

Die bevorzugte Rolle der ungelernten Arbeiter, der Ledigen und Jugendlichen sowie der Arbeiterinnen führten nach Strölins Meinung zu deren »Verwöhnung«. Durch eine Heirat würden sie sich nur schlechter stellen. »Daraus ergeben sich Verminderung der Arbeitskraft, Krankheit, wachsende Unzufriedenheit, die dann wiederum kein besseres Mittel zu kennen glaubt, als durch den Kampf gegen Staat und bestehende Wirtschaftsordnung sich günstigere Lebensbedingungen zu ertrotzen. Verzichten sie aber auf die Ehe, so ist Abnahme der Bevölkerung oder zunehmende Unsittlichkeit die Folge.« Durch diese Entwicklung sah er auch die Qualität der Arbeit gefährdet, was besonders negative Auswirkungen haben mußte, da man in den nächsten Jahren auf die Ausfuhr von »Qualitätswaren« angewiesen sein würde.

Während er die Wirkungen auf die Arbeiterklasse genauer analysiert, kommt er beim Mittelstand lediglich zu relativ banalen Aussagen, wonach sich beim geistigen Mittelstand »eine Krise ankündigt«, daß aus dem gewerblichen Mittelstand eine Gruppe von »neuen Reichen« mit »rücksichtslosem Egoismus« entstanden sei und daß es durch das Herabsinken von Teilen des Mittelstandes auf das tiefste Niveau des Proletariats zu menschlichen Tragödien gekommen sei. Abschließend meinte er zu diesem Komplex: »Zusammenfassend müssen wir als wesentliche Wirkung der Verschiebung der Einkommensverhältnisse eine Stärkung der Macht der Arbeiterklasse, ein Zerbröckeln des geistigen Mittelstandes, eine Verschärfung der socialen Gegensätze feststellen, die mit unentrinnbarer Notwendigkeit zu einer innenpolitischen Katastrophe zu führen scheint.«

Aus diesen Ergebnissen entwickelte Strölin am Ende seiner Arbeit wirtschafts-, sozial- und gesellschaftspolitische Forderungen, die seine Orientierung am geistigen Mittelstand, der Intelligenz, und an konservativen, universalistischen Vorstellungen klar erkennen lassen. Wobei hier natürlich auch seine eigenen Verhältnisse eine nicht geringe Rolle spielten, da Strölin auch sich in Gefahr sah, nach Ende seines Studiums und ohne eigenes Vermögen nun als Teil des geistigen Mittelstandes in die unteren Einkommensschichten abzurutschen, was ihm als Offizier in der Reichswehr kaum gedroht hätte. So ist für ihn die soziale Frage nicht länger mit der Arbeiterschaft verbunden, sondern alles sozialpolitische Handeln sollte zukünftig darauf gerichtet sein, den geistigen Mittelstand zu erhalten und ihm die finanziellen Mittel für seine geistigen Zwecke vermehrt zur Verfügung zu stellen. Dies sei am besten durch eine Verringerung der »Consumation materieller Güter« zu erreichen, bei gleichzeitiger Steigerung deren Produktion. Doch sieht er, Realist genug, die Chancen einer solchen Einschränkung, die nur bei den Ungelernten, den Jugendlichen und den Reichen möglich wäre, als sehr gering. Mehr versprach er sich von der Steigerung der Produktion, die er durch stärkere Arbeitsintensität erreichen wollte, wozu er als wichtigstes Mittel die »Aufgabe des schematischen Achtstundentages« propagierte. Dies scheitere aber an der individualistischen Einstellung der großen Masse der Arbeiterschaft. Deshalb stellte er die Forderung auf:

»Nur wenn die Arbeiterschaft von dem marxistischen Socialismus, der nichts weiter ist [als] ein versteckter Individualismus und beschränkter Egoismus, zu der Erkenntnis einer universalistischen Auffassung von der Gesellschaft, zur Erkenntnis der Zusammenhänge aller gesellschaftlichen Glieder und damit zur Notwendigkeit engster und intensivster Zusammenarbeit aller Teile durchgerungen hat, wird sie die Notwendigkeit der Aufgabe des Achtstundentages erkennen.«

Diese Überlegungen zur Überwindung der Wirtschaftskrise, die während der Ausarbeitung der Dissertation in der rasenden Inflation von 1923 ihrem Höhepunkt zustrebte, wies allerdings keine neuen Wege. Arbeitsintensivierung und Konsumreduzierung galten in der vorherrschenden Nationalökonomie als der einzige gangbare Weg zur Krisenüberwindung.

Als letzten Punkt forderte er schließlich ebenfalls im universalistischem Sinne eine Rückbesinnung aller Bevölkerungsgruppen auf den Staat und die Nation als das geistig Primäre, da es nur so möglich sei, »uns gegen unsere äußeren Bedrücker durchzusetzen, um für die Durchführung des Friedensvertrages von Versailles Formen zu erzwingen, die mit unseren Lebensnotwendigkeiten vereinbar sind ...«

Nach bestandenem Rigorosum wurde Strölin im Sommer 1923 mit dem Prädikat »magna cum laude« zum Dr. rer. pol. promoviert.

Knapp drei Jahre nach dem Ausscheiden aus dem Militär hatte Strölin den Grundstock für einen weiteren beruflichen Werdegang gelegt. Neben einer soliden staatswissenschaftlichen Ausbildung konnte er auch fundierte Kenntnisse in Volkswirtschaft und Statistik vorweisen. Wichtiger noch war, daß er für die ihm im Kadettenkorps und in der weiteren militärischen Ausbildung anerzogenen Verhaltensregeln und Einstellungen während seines Studiums ein theoretisches Gedankengebäude gefunden hatte. Dabei spielte wohl die universalistische Lehre von Othmar Spann, wie sich später noch zeigen wird, die wichtigste Rolle, da sich in ihr die meisten der angesprochenen Punkte wiederfanden. Der Staat als das geistig Primäre wurde von Strölin nur dahingehend erweitert, daß er den Staat nicht losgelöst von der Nation auffaßte. Daraus leiteten sich alle anderen Punkte seines Weltbildes ab; so auch die starke Betonung des geistigen Mittelstandes und der Notwendigkeit seiner Erhaltung. Jeder sollte in dem von ihm propagierten universalistisch-ständischen Staat seinen vorgegebenen Platz unverrückbar einnehmen, von dem aus er für das Wohl des Staates und der Nation agieren sollte, ohne individualistisch-egoistisch auf seine eigenen Vorteile und Interessen zu schauen. Dazu gehörte auch die Führung der unteren durch übergeordnete Stände, wobei analog zu Spann die militärischen und geistigen Eliten die höchste Stellung einnehmen sollten.[146] Noch finden sich bei ihm keine Aussagen über die Ausgestaltung dieser Führung, die Rolle des Staates und die von Spann angestrebte Selbstverwaltung der einzelnen Stände. Mit diesen Fragestellungen beschäftigte er sich erst später. Neben Spann darf jedoch der Einfluß seines Doktorvaters Friedrich Lenz nicht außer acht gelassen werden, der sich in jenen Jahren sehr stark mit den nationalökonomischen Theorien von Friedrich List beschäftigte, der bereits in der ersten Hälfte des 19. Jahrhunderts einen staatlichen Dirigismus in volkswirtschaftlichen Fragen forderte.¹⁴⁷ Die starke sozialpolitische Komponente in Strölins Gedankenwelt basierte dagegen mehr auf den Vorstellungen der bürgerlichen Sozialreformer oder »Kathedersozialisten«, aus deren Kreis auch Spann einst hervorgegangen war.¹⁴⁸ Strölin berief sich in seiner Dissertation fast nur auf sie.

Dennoch muß berücksichtigt werden, daß gerade diese Mischung aus pseudosozialistischen Forderungen und der damit verbundenen Ablehnung des kapitalistischen Systems sowie der idealistischen, stände- und führerbetonten Gesellschaftsvorstellung in jenen Jahren sowohl in der sich entwickelnden deutschvölkischen Wirtschaftsprogrammatik mit ihren verschwommenen sozialpolitischen Vorstellungen als auch in anderen konservativen Kreisen weit verbreitet war.¹⁴⁹

## Protagonist des Gasherdes – Im Gaswerk

Unmittelbar nach dem Abschluß seines Studiums gelang es Strölin, im Oktober 1923 trotz der zu dieser Zeit herrschenden Hochinflation eine Stelle bei der Stadt Stuttgart zu finden.¹⁵⁰ Mit 34 Jahren fing er nun als wissenschaftlicher Hilfsarbeiter in der Direktion des Gaswerks an. Da er sich in seinem Studium stark mit statistischen Fragen beschäftigt hatte, hielt man ihn für geeignet, diesen Arbeitsbereich zu bearbeiten. Als Referent für Statistik und Organisation, der dem Direktor des Werks unterstellt war, nahm er quasi die Funktion eines persönlichen Referenten ein, der auch für besondere Aufgaben eingesetzt werden konnte. Viel ist über die erste Phase seiner Tätigkeit nicht in Erfahrung zu bringen,¹⁵¹ aber sie schien ihm nicht unbedingt die Erfüllung seiner Lebensträume gebracht zu haben. Es ist deshalb nicht verwunderlich, wenn er sich damals mit dem Gedanken trug, als Militärberater nach Siam zu gehen, dessen König er aus der gemeinsamen Zeit im Kadettenkorps kannte.¹⁵² Er blieb dennoch in Stuttgart. Ausschlaggebend dafür dürfte seine Verbundenheit mit der Stadt gewesen sein sowie die Absicherung seiner Existenz. Wegen seiner guten Leistungen wurde er 1927 von der Stadt ins Beamtenverhältnis übernommen.

Einen neuen Abschnitt seiner Gaswerkskarriere, die ihm einen weiteren Arbeitsbereich mit weitgehender Eigenverantwortlichkeit bot, leiteten die Kartellbestrebungen in der deutschen Kohleindustrie ein. Auf Veranlassung des Ruhrkohlesyndikats wurde 1926 die »AG für Kohleverwertung« in Essen gegründet, die sich zum Ziel gesetzt hatte, Deutschland über ein neu aufzubauendes Fernleitungsnetz zentral von der Ruhr aus mit dem dort reichlich vorhandenen und kaum abzusetzenden Zechengas zu versorgen.[153] Damit brach der alte Konflikt zwischen privater und öffentlicher Energieversorgung, der sich bisher auf den Elektrizitätsbereich konzentriert hatte, auch auf dem Gassektor aus. Da die Erweiterung des städtischen Gaswerks in Gaisburg auf der Tagesordnung der politischen Gremien stand, unterbreitete die AG für Kohleverwertung der Stuttgarter Stadtverwaltung entsprechende Angebote. Deshalb ließ sich der Gemeinderat von Gaswerkdirektor Richard Nübling mehrmals über die Entwicklungen der Ferngasfrage unterrichten. In einem längeren Vortrag vor der Technischen Abteilung des Gemeinderats legte er seine Gründe für eine Ablehnung der zentralen Versorgung dar, wie er sie auch immer wieder in Veröffentlichungen vertrat.[154] Hauptangriffspunkte waren neben dem schlechteren Brennwert von Zechengas die Monopolstellung, die das Ruhrkohlesyndikat zusätzlich zum Kohlemonopol in den Bereichen Gas, Koks und Nebenprodukte erhalten würde. Unausgesprochenes Ziel sei die Stillegung der kommunalen Gaswerke, die besonders auf dem Koksmarkt besser und billiger liefern könnten. Aus diesen Gründen schlug er vor, einen Zusammenschluß der württembergischen Gemeinden mit eigenen Gaswerken in die Wege zu leiten, um eine regionale Ferngasversorgung aufzubauen. Dies fand breite Zustimmung, und das Stadtschultheißenamt wurde ermächtigt, darüber mit dem Württembergischen Städtetag in Verhandlungen zu treten.

Nübling zog zu den kommenden Besprechungen Strölin als Mitarbeiter hinzu. Schon in der vorbereitenden technischen Kommission erhielt er die Aufgabe, gemeinsam mit dem Leiter des Gmünder Gaswerks eine statistische Erhebung über die württembergischen Gaswerke und ihre Leistungsfähigkeit zu erstellen. Als sich am 16. März 1927 die »Kommission der württembergischen Gemeinden mit eigenen Gaswerken« konstituierte, fungierte Strölin als Schriftführer. Mit dieser, wenn auch untergeordneten Tätigkeit war Strölin in den Führungskreis von württembergischen Kommunalpolitikern und Gasfachleuten vorgedrungen, da an den Beratungen einflußreiche Bürgermeister und Oberbürgermeister sowie die Direktoren sämtlicher großen Gaswerke des Landes teilnahmen.[155] Die Diskussionen über die angestrebte Gründung eines Landesverbandes württembergischer Gaswerke zog sich allerdings bis September 1927 hin, da besonders die Gemeinderäte in Stuttgart und Heilbronn Bedenken gegen die geplante Begutachtung von Werkserweiterungen durch den Landesverband erhoben. Nachdem diese durch Modifikationen der Satzung beseitigt worden waren, wählte die Gründungsversammlung Nübling zum Vorsitzenden und Strölin zum Geschäftsführer. Die anfallenden Aufgaben konnte er mit Genehmigung der Stadtverwaltung neben seinen dienstlichen Verpflichtungen erledigen. Die Stadt gestand dem Gaswerk für diese Aufgabe sogar eine eigene Schreibkraft zu. Ziel des Verbandes war die Abgrenzung der Versorgungsgebiete der einzelnen Werke, die Koordinierung von Anlagenerweiterungen und beim Fernleitungsbau sowie die Regulierung des Gasbezugs von Nichtmitgliedern. Dazu entstand der Plan einer Gruppengasversorgung, bei der die Gaswerke von Stuttgart, Heilbronn, Reutlingen, Ulm und Friedrichshafen als Hauptwerke mit den kleineren Werken ihres Gasversorgungsgebietes die untergeordneten Gasversorgungsbezirke abstimmen sollten.[156] Als weitere Aufgabe des Verbandes legte man eine rege Werbe- und Propagandatätigkeit für die Gruppengasversorgung fest, um Angriffe der Ruhrgasfernversorgung mit propagandistischen Mitteln abzuwehren.

Strölins Tätigkeit konzentrierte sich im ersten Jahr auf drei Bereiche. Als Geschäftsführer oblag ihm die Verwaltung der Finanzen des Verbandes. Er konzipierte für den Vorsitzenden die in der ersten Zeit relativ häufigen Rundschreiben und arbeitete verschiedene Statistiken zu Problemen der Gaserzeugung und der Vermarktung von Nebenprodukten im Auftrag Nüblings aus.[157] Ferner sammelte er Material zu Fragen der Ferngasversorgung. Die eigentliche Gründungsursache des Vereins geriet im Laufe des Jahres 1929 in den Hintergrund, da die Vorschläge einer Ruhrgasfernversorgung fast nirgends auf Gegenliebe stießen; waren doch die Gaswerke zusammen mit den Elektrizitätswerken eine der wichtigsten und sichersten Einnahmequellen der Kommunen.

Als Strölin im Herbst 1928 daranging, mittels eines Fragebogens Unterlagen über die Werbetätigkeit der einzelnen Mitgliedswerke des Verbandes für einen geplanten Vortrag auf einer Versammlung der Gaswerke zusammenzutragen, war von einer Werbung für die Gruppengasversorgung längst nicht mehr die Rede. Neues Ziel war nun, den Gasabsatz zu fördern. Auf der Zusammenkunft stellte er das Ergebnis seiner Recherchen, statistisch aufgearbeitet, vor. Dabei kritisierte er die mangelhafte Erfolgskontrolle bei vielen Betrieben, die nur die Steigerung des Gasabsatzes hierfür heranzogen, nicht aber andere Faktoren wie konjunkturelle Lage, Temperaturen, Werbung der Konkurrenzbrennstoffe und der Elektrizitätswirtschaft. Als Fazit stellte er fest, daß die Gaswerke systematischer und aktiver werben müßten. Deshalb sollte die Werbung künftig vom Landesverband zentral ausgebaut werden.[158] Damit hatte er seinem Vorsitzenden und Vorgesetzten Nübling den Ball geschickt zugespielt, der in seinem Vortrag die selben Forderungen wiederholte.

Nach der Auseinandersetzung mit der Ruhrgasfernversorgung mußte sich Strölin in den Kampf zwischen Elektrizitäts- und Gaswirtschaft einschalten, der in jenen Jahren heftigst tobte und im Jahre 1929 einen neuen Höhepunkt erreichte. Die aufstrebenden Elektrizitätswerke versuchten, um ihre Kapazitäten gleichmäßiger auszulasten, in Energieanwendungsbereiche wie Kochen und Heizen vorzustoßen, die bis dahin entweder auf Primärenergien (Kohle, Holz) oder Gas basierten. Besonders die Gaswerke sahen sich bedroht, da die Werbung der Stromerzeuger ihr Produkt als sauber und ungefährlich pries, gleichzeitig aber die Gefährlichkeit des Leuchtgases beim Kochen anprangerte. Ja selbst die Nahrungszubereitung sollte durch Strom gesünder werden. Dieses Thema entwickelte sich im Vorstand des Landesverbandes zu einem Dauerbrenner, und man entwarf eine Reihe von »Abwehrmaßnahmen«, wobei Nübling, wohl auf Vorschlag Strölins, hervorhob, daß die Frage in der öffentlichen Diskussion und Werbung schon aus taktischen Gründen stets lauten müsse: »nicht Gas oder Elektrizität« sondern »Gas und Elektrizität«.[159]

1929 intensivierten Strölin und Nübling die Werbemaßnahmen. So stellte man in Zusammenarbeit mit der Berliner »Gasverbrauch GmbH, Bezirksstelle Süddeutschland« eine Werbedame an, die Kochvorträge hielt und Hausfrauen über den Umgang mit Gasgeräten beraten sollte.

Strölin machte sich zudem für das Projekt einer eigenen Kundenzeitung der Gaswerke stark, die allerdings über 15 100 Bestellungen nicht hinauskam, weshalb er sich in einem Rundschreiben des Verbandes gezwungen sah, die Werke zum Bezug der Zeitung über den Landesverband aufzufordern.[160]

Strölin entwickelte sich zum Protagonisten des Gasherdes und des Gasofens. So besuchte er am 12. November 1929 einen Kochvortrag der konkurrierenden Neckarwerke in Unterurbach und erstellte darüber einen ausführlichen Bericht an seinen Vorgesetzten.[161] Da sich in Unterurbach die Frage stellte, ob der Ort an die Gasleitung angeschlossen werden sollte, war es natürlich für die konkurrierenden Versorgungsunternehmen wichtig, den Vorteil der jeweiligen Energieart herauszustellen. Strölin griff nach den Reden und einer Filmvorführung in die Diskussion ein und versuchte, die Vorurteile gegen das Gas zu widerlegen. Dabei gestand er, entsprechend der Strategie des Verbandes, zu, daß die Elektrizität für Beleuchtung und bestimmte Haushaltsgeräte besonders geeignet sei. Für den Gebrauch des Gases zum Kochen führte er eher pseudosoziale Gesichtspunkte ins Feld, beispielsweise daß der Preis für Strom derartig hoch sei und zum Luxus werde, den sich nur Reiche leisten könnten. Seine Ablehnung einer privatwirtschaftlichen Energieversorgung betonte er durch den Hinweis auf das Stuttgarter Gaswerk, das ein öffentlicher Betrieb sei und in erster Linie die Interessen der Verbraucher im Auge habe. Obwohl rund 200 Einwohner anwesend waren, griff niemand in die Diskussion ein. Strölin hatte die Veranstaltung der Neckarwerke praktisch gesprengt. Die Themen hielt er für derart wichtig, daß er bereits am 27. November in Stuttgart darüber einen Vortrag hielt.[162]

Wo und wann immer in der nächsten Zeit Angriffe von Seiten der Stromerzeuger gegen das Gas erschienen, versuchte er, publizistisch dagegen vorzugehen, was nicht immer zum Erfolg führte. Beispielhaft hierfür sei ein kleiner Konflikt mit der Eßlinger Zeitung erwähnt. Nachdem dort ein entsprechender Beitrag veröffentlicht worden war, schrieb Strölin umgehend einen Artikel als Antwort der Gaswerke und sandte ihn an das Blatt, das die Veröffentlichung mit dem Hinweis ablehnte, jedesmal nach dem Abdruck eines solchen Aufsatzes »eine Polemik« zu bekommen. Doch Strölin gab sich damit nicht zufrieden; schließlich war der Herausgeber der Zeitung, Richard Bechtle, ein ehemaliger Weltkriegskamerad, der 1916 an der Somme die andere MG-Kompanie des Regiments geführt hatte. Er nahm umgehend mit Bechtle Kontakt auf und schickte seinen Aufsatz unter Hinweis auf dieses Gespräch erneut nach Eßlingen. Genützt schien diese Bekanntschaft nichts zu haben, denn auf dem Durchschlag notierte er sich handschriftlich:

»Bechtle sagte mir, er dürfe sich mit den Neckarwerken nicht übernehmen. Er wolle sich die Sache aber nochmals überlegen. (Wahrscheinlich ist B. selbst Aktionär bei den Neckarwerken. Außerdem geben die Neckarwerke viele Anzeigen auf.)«[163]

Strölins Tätigkeit im Gaswerk und im Landesverband brachten ihn auch in engen Kontakt mit dem Verband der Gas- und Wasserfachmänner, einer wissenschaftlichen Gesellschaft, die sich mit technischen und wirtschaftlichen Fragen der Energieversorgung beschäftigte. In der Zeitschrift des Verbandes veröffentlichte er mehrere Aufsätze zu Problemen der Energieversorgung.[164] Dabei schien er einen guten Eindruck hinterlassen zu haben, denn Anfang der dreißiger Jahre erhielt er das Angebot, die Geschäftsführung des Verbandes in Berlin zu übernehmen.[165] Doch wiederum entschloß er sich, in Stuttgart zu bleiben, obwohl das Angebot lukrativ war.

Strölin hatte sich seit Ende 1923 systematisch zu einem anerkannten Fachmann auf dem Gebiet der Energieversorgung, besonders der wirtschaftlichen Probleme und der Organisation, entwickelt, dem auch außerhalb des Stuttgarter Raums die Türen offenstanden.

# Vom Kandidaten zum Oberbürgermeister

## Erste Kontakte zur NSDAP

Während Strölin von 1910 bis 1920 in der württembergischen Armee und der Reichswehr in einem abgeschlossenen, angeblich unpolitischen Raum lebte, änderte sich dies mit seinem Ausscheiden. Schon nach der Revolution von 1918 war er in den Sicherheitskompanien mit den politischen Auseinandersetzungen konfrontiert. Die Zeit seines Studiums schien für ihn auch eine Suche nach einer politischen Heimat gewesen zu sein. Selbst wenn er in Gießen Veranstaltungen der Kommunistischen Partei und in Wien Unterrichtsveranstaltungen von Austromarxisten besuchte, dominierte doch seine konservative militärische Erziehung, die ihm neben soldatischen Tugenden auch eine stark national und religiös ausgerichtete Vorstellungswelt vermittelt hatte. Hinzu kam die sozialreformerische Ausrichtung, die in der deutschen Armee zur Bekämpfung der Sozialdemokratie unter jungen Offizieren Verbreitung gefunden hatte. Vieles davon konnte er in Wien in den Theorien von Othmar Spann wiederfinden, der mit seinen ständestaatlichen Ideen auch die Überwindung des Klassenkampfes propagierte. Da Strölin diese Ideen sowie Überlegungen neokonservativer Kreise in Deutschland begeistert aufgriff, war sein Weg vorgezeichnet.

Den angeblich ersten, wenn auch flüchtigen Kontakt zur NSDAP bekam er bereits in Wien. Dort besuchte er eine Veranstaltung Hitlers, die jedoch in einer Saalschlacht endete.[1] Bis zum Abschluß seines Studiums lassen sich keine weiteren Kontakte nachweisen, doch scheint er sich in dieser Zeit auch intensiv mit der nationalsozialistischen Programmatik beschäftigt zu haben. Sicher begeisterte ihn auch das militärische Bild, das die NSDAP nach außen bot.

Unmittelbar nach seiner Rückkehr nach Stuttgart stellte er im Oktober 1923 einen Aufnahmeantrag in die Partei.[2] Ob er allerdings noch offiziell aufgenommen wurde, scheint zweifelhaft, selbst wenn er später seine damalige Mitgliedsnummer mit 50 171 angab.[3] Das Verbot der Partei nach dem Putschversuch vom 9. November in München hätte ohnehin nur eine sehr kurze Zugehörigkeit bedeutet.

Trotz des Parteiverbots blieb Strölin seiner einmal gefaßten Entscheidung treu. Schon im Frühjahr 1924 betätigte er sich aktiv am Wiederaufbau der Partei, die in Stuttgart sogar ihren alten Namen offen führen konnte, da sowohl der Stuttgarter Polizeipräsident Rudolf Klaiber als auch der württembergische Innenminister Eugen Bolz keinen Handlungsbedarf sahen.[4] Sehr eng arbeitete er in dieser Zeit mit der Nationalsozialistischen Freiheitsbewegung zusammen, die sich an den politischen Ideen Ludendorffs orientierte und unter Leitung von Christian Mergenthaler über zwei Landtagsmandate verfügte. Strölin avancierte schnell zum Führer der NSDAP für Stuttgart-Stadt und -Land. In dieser Funktion begann er die Unterorganisation planmäßig aufzubauen. So rief er beispielsweise am 27. März 1924 zu einer Gründungsversammlung des Bezirks 8 (Feuersee) auf.[5] Seine Tätigkeit in dieser Zeit beschrieb er später:

»Während dieser Zeit habe ich an der inneren und äußeren Organisation des Bezirkes Stuttgart gearbeitet. Der Einzug und die Ablieferung der Mitgliedsbeiträge wurde organisiert, Ortsgruppenführer für einzelne Stadtteile bzw. Vororte aufgestellt, eine Rednerschule gegründet (Lokal ›Alte Sonne‹, Büchsenstraße 11) und dort Redner ausgebildet, ferner wurden Wahlvorbereitungen getroffen, an der Herausgabe einer Völkischen Presse gearbeitet, völkische Jugend organisiert (Führer Pg. Kroll), Frontkämpfer in die Bewegung eingegliedert und die Verbindung mit anderen vaterländischen Verbänden hergestellt. Besonders zu erwähnen ist die in diesen Jahren zusammen mit Pg. Schlumberger vorgenommene Gründung einer Frauengruppe der NSDAP in Stuttgart.«[6]

All diese Tätigkeiten bezogen sich wahrscheinlich eher auf die Nationalsozialistische Freiheitsbewegung (NSFB), denn als Hitler im Februar 1925 die NSDAP neu gründete, schloß sich Strölin ihr nicht an, obwohl er später behauptete, er sei dafür eingetreten, sich bedingungslos hinter Hitler zu stellen. Aber sowohl der Landesführer der NSFB, Mergenthaler, als auch der Mitbegründer der Frauengruppe, Schlumpberger, blieben der neuen Partei Hitlers fern. Erst 1928 kam es zur Vereinigung. Strölin begründete seine Entscheidung damit, daß es ihm nach 1925 unmöglich war, wieder Mitglied zu werden, weil er als Beamter bei der von den »Systemparteien« beherrschten Stadtverwaltung angestellt war.[7] Wohl eher wollte er seine Karriere im Gaswerk nicht gefährden. Sicherlich stand er jedoch in jenen Jahren den Ideen beider Richtungen nahe.

Im Jahr 1930 änderte sich die Situation entscheidend. Nach der Wahl vom 14. September, die einen erdrutschartigen Stimmenzuwachs für die NSDAP brachte und sie zur zweitstärksten politischen Kraft im Reich werden ließ, hatten es Beamte nicht mehr nötig, sich zu tarnen. Strölin trat anläßlich einer Rede Hitlers am 7. Dezember 1930 in der Stuttgarter Stadthalle in die NSDAP ein. Seine Einweisung erfolgte von der Parteizentrale unter dem 1. Januar 1931 und der Mitgliedsnummer 420 359.

## Der Kandidat des schaffenden Volkes

»Von der Nationalsozialistischen Deutschen Arbeiterpartei, Ortsgruppe Stuttgart, ist Stadtamtmann Dr. rer. pol. Strölin als Kandidat für den Posten des Oberbürgermeisters der Stadt Stuttgart aufgestellt worden.«[8]

Mit diesen Worten unterrichtete der Stuttgarter NS-Kurier am 7. April 1931 seine Leser über die Entscheidung der NSDAP zur bevorstehenden Wahl und stellte Strölin kurz vor, wobei er besonders seine Herkunft aus einer alten schwäbischen Familie und seine volkswirtschaftliche Ausbildung bei Othmar Spann, »dem bekannten Verfechter des Gedankens eines organisch-ständischen Aufbaus der Wirtschaft und des Staates«, betonte.

Damit war das »Rätselraten über die mutmaßlichen Absichten der NSDAP« vorüber.[9] Bis zu diesem Tag herrschte selbst in den Reihen der Stuttgarter NSDAP noch Unklarheit, wie man sich zur Wahl verhalten würde. Wie aber kam es, daß Strölin, obwohl erst seit wenigen Wochen Mitglied der Partei, zum Oberbürgermeisterkandidaten erkoren worden war?

Nachdem am 3. März 1931 die Innere Abteilung des Gemeinderats die im Herbst notwendige Wahl des Oberbürgermeisters kurzfristig auf den 26. April vorgezogen hatte, und Amtsinhaber Karl Lautenschlager, seit 1911 auf diesem Posten, unterstützt von den wichtigsten Gemeinderatsparteien wieder kandidierte, rechnete man allgemein mit dessen Wiederwahl und glaubte, es werde zu keinem Wahlkampf kommen. Zwar kündigte der NS-Kurier bereits am 4. März an, die Partei werde in den nächsten Tagen ihre Stellung zur Wahl bekannt geben; doch die interessierten Leser fanden lange nichts mehr darüber.[10] Der Grund war denkbar einfach. Im nationalsozialistischen Lager fragte man sich, ob man angesichts der drückenden Überlegenheit Lautenschlagers überhaupt an der Wahl teilnehmen sollte. Hinzu kam, daß die Stuttgarter Ortsgruppe keinen passenden Kandidaten kannte. Deshalb schrieb Ortsgruppenleiter Otto Meier an die Parteileitung in München und fragte an, ob dort nicht ein geeigneter Kandidat bekannt sei.[11] Der NS-Kurier warnte am 13. März vorsorglich seine Leser, daß es »den Parteien in der kurzen Zeit sicher erschwert sei, einen Kandidaten zu benennen«.[12]

Nachdem jedoch mit dem kommunistischen Reichstagsabgeordneten Ernst Torgler ein profilierter Politiker gegen Lautenschlager antrat, wuchs die Wahrscheinlichkeit einer Teilnahme der NSDAP. Schließlich gelang es der Stuttgarter Parteiorganisation, Strölin für eine Kandidatur zu gewinnen.[13] Die letzte Entscheidung sollte Hitler persönlich treffen. Dazu reisten Anfang April Strölin und der württembergische Gauleiter Wilhelm Murr nach München, um mit ihrem Führer die Situation zu besprechen. Doch Hitler beschäftigten in jenen ersten Apriltagen wichtigere Probleme. Hatte doch am 1. April ein Teil der SA-Gruppe Ost (Sturmabteilung der NSDAP) unter Führung von Walther Stennes gegen ihn geputscht. Darüber hinaus mußte in Thüringen der bis dahin einzige nationalsozialistische Minister in einer Landesregierung, Wilhelm Frick, zurücktreten. Als das Gespräch mit den Vertretern der Stuttgarter Partei endlich stattfinden konnte, war die Lage in Ostdeutschland und Berlin noch keineswegs vollständig geklärt. Schon nach kurzer Beratung entschied sich Hitler für eine Teilnahme der Partei und bestätigte Strölin als Kandidaten. Ferner erklärte er sich bereit, während des Wahlkampfs in Stuttgart zu reden.[14] Hitler hatte wohl erkannt, daß sich bei dieser direkten Wahl des Oberbürgermeisters[15] eine gute Gelegenheit bot, für die Partei zu werben, die bei den Reichstagswahlen am 14. September 1930 in Württemberg mit 9,4 Prozent und in Stuttgart mit 9,8 Prozent wesentlich schlechter abgeschnitten hatte als im Reich.[16]

Nach dieser »Führerentscheidung« konnte die Partei Strölins Kandidatur am 7. April offiziell anmelden. Der NS-Kurier berichtete in jenen Tagen zwar ausführlich über die innerparteiliche Lage, über den Wahlkampf verlor er jedoch kein Wort. Erst am 11. April erschien das Thema wieder im Blatt. Strölin selbst hatte zur Feder gegriffen und veröffentlichte auf der ersten Seite einen Kommentar zur »Lage der Kommunalwirtschaft«.[17] Am Anfang des Artikels begründete er erstmals, weshalb die NSDAP mit einem eigenen Kandidaten zur Wahl antrete:

»Von den öffentlichen Körperschaften, Reich, Länder und Gemeinden, ist die Gemeinde diejenige, die in engster Verbindung mit der Bevölkerung steht, die ihre Nöte und Sorgen am unmittelbarsten empfindet und von der aus die größte Möglichkeit besteht, unmittelbar helfen zu können. Die NSDAP bringt durch die Aufstellung eines Kandidaten für den Oberbürgermeisterposten der Stadt Stuttgart ihren Willen zum Ausdruck, künftig hin auch auf die Kommunalpolitik bestimmend einzuwirken. Eine aktive Mitarbeit auf kommunalpolitischem Gebiet ist deswegen dringend geboten, weil sich die Städte in einer außerordentlich schwierigen Lage befinden.«

Im weiteren analysierte er die finanzielle Lage der Gemeinden und ging ausführlich auf den Stuttgarter Haushaltsplan ein. Daran kritisierte er die massiven Einsparungen, die notwendig geworden waren, um den Haushalt für 1931 auszugleichen. Auf seine Dissertation zurückgreifend stellte er fest, daß diese Maßnahmen in erster Linie die Lebensgrundlagen des Mittelstandes und der Arbeiterschaft bedrohten. Er bezeichnete zwar das Reich und dessen »Erfüllungspolitik« als die Hauptschuldigen an der wirtschaftlichen Situation der Stadt, warf aber auch den Verantwortlichen in der Stadtverwaltung eine »unnötige« Ausgabenpolitik vor. Ein großer Teil seiner Feststellungen hätte durchaus von einem Gemeinderatsmitglied der Bürgerpartei[18] oder der Deutschen Volkspartei (DVP) stammen können. Nur an einer Stelle ließ er eindeutig das eigentliche Ziel der Partei, die Destabilisierung des politischen Systems, anklingen:

»Wir Nationalsozialisten ziehen daher aus dieser Lage eine ganz andere Folgerung, nämlich die, daß wir – im Rahmen aller gesetzlichen Möglichkeiten – den schärfsten Widerstand ankündigen gegenüber einem System, das seine Unfähigkeit und Hilflosigkeit auf Kosten der arbeitenden Bevölkerung zu stabilisieren sucht.«

Strölin war sich darüber klar, daß man diesen rein negativen Artikel nicht als kommunalpolitische Grundsatzerklärung auffassen konnte. Am Ende kündigte er deshalb an: »Die Grundsätze, nach denen von unserem nationalsozialistischen Standpunkt aus Kommunalpolitik zu betreiben ist, werden demnächst an dieser Stelle veröffentlicht werden.«

Wie auch aus anderen Veröffentlichungen des NS-Kurier deutlich werden mußte, sollte für die NSDAP die Stuttgarter Oberbürgermeisterwahl lediglich ein Schritt auf dem Weg zur Macht sein. Dabei betonte er ganz im Sinne der damaligen Taktik den legalen Weg, auf dem man dieses Ziel zu erringen gedachte.[19]

Mit vier Parallelveranstaltungen eröffneten die NSDAP und Strölin – nun »der Kandidat des schaffenden Volkes« – am 16. April, nur zehn Tage vor der Abstimmung, den Wahlkampf. Strölin fuhr an diesem Abend von einer Veranstaltung zur nächsten und stellte sein kommunalpolitisches Programm für Stuttgart vor.[20]

In enger Anlehnung an das 1929 vom Münchner Gemeinderat Karl Fiehler, der in der Reichsleitung der NSDAP für Kommunalpolitik verantwortlich war, herausgegebene Buch »Nationalsozialistische Gemeindepolitik«[21] bezeichnete Strölin die Aussage »Gemeinnutz der Stadt vor Eigennutz der Parteien« als Kernstück der nationalsozialistischen Kommunalpolitik.[22] Damit wandte er sich gegen die angeblich im Rathaus betriebene Parteiwirtschaft. Ein Mittel, um seine Ziele zu verwirklichen, sah er in einer verstärkten Öffentlichkeit der Sitzungen des Gemeinderats und seiner Unterausschüsse, damals Abteilungen genannt.

Wiederum in der Tradition seiner Dissertation wandte er sich an die Arbeitnehmer und den Mittelstand als Hauptadressaten seines Wahlkampfes. Den ersteren versprach er, ohne konkrete Vorschläge zu machen, der Lohn- und Preisabbaupolitik entgegenzutreten, die von der Reichsregierung zur Überwindung der Krise eingeleitet worden war.

Für das Problem der Massenarbeitslosigkeit konnte er als Lösung nur den völligen Umbau der Wirtschaft in organisch-ständischem Sinne anbieten. Damit waren seine Angebote für Arbeiter und Angestellte erschöpft. Größeren Raum nahmen seine Vorschläge für die Verbesserung der wirtschaftlichen Lage des Mittelstandes ein. Wenigstens hier konnte er konkrete Konzepte entwickeln. Danach sollte die öffentliche Hand im Wirtschaftsleben ausgeschaltet werden und nur dort Einfluß nehmen, wo dies zum Nutzen der Allgemeinheit notwendig sei. Um die Steuerbelastung der kleineren Gewerbetreibenden zu verringern, dachte er an die Einführung einer Warenhaussteuer, wie sie schon seit Jahrzehnten von verschiedenen Interessenvertretungen des Mittelstandes gefordert wurde. Hinzu kamen Forderungen nach einer gerechteren Vergabe öffentlicher Aufträge, die Subventionierung von Kleinbetrieben des Handels und Gewerbes sowie eine Belebung des Baugewerbes und eine stärkere Verwendung der Gebäudeentschuldungssteuer zur Finanzierung von Wohnungsbauten und zur Instandhaltung alter Gebäude. Trotz dieser Überlegungen, die für die Stadt kaum zu finanzieren gewesen wären, lehnte er eine weitere Schuldenaufnahme kategorisch ab, da sie zu einer politischen Abhängigkeit der Gemeinden führen würde. Obwohl er gefordert hatte, die Gemeinden sollten sich aus der Wirtschaft zurückziehen, wies er der Stadt die Aufgabe zu, immer dann einzugreifen, wenn es galt, die Interessen des Mittelstandes zu wahren.

Als altem Offizier lagen ihm zudem die Kriegshinterbliebenen und Kriegsversehrten am Herzen, denen er wie auch den Inflationsgeschädigten aber nur Fürsorge versprechen konnte. Schließlich trat er für eine Kulturpolitik ein, die den Kampf gegen »alles das Volkstum zersetzende« aufnehmen sollte, und bot an, den Sport »als Mittel zu körperlicher Ertüchtigung und zu persönlicher und nationaler Willensstärkung« zu fördern.[23] In einer Veranstaltung der Sektion Rosenberg klangen antisemitische Töne an, da er dort das »internationale jüdische Leihkapital« angriff und eine Verstaatlichung der Banken forderte.[24]

Für Strölin begannen zehn anstrengende Tage. Täglich sprach er auf mehreren Veranstaltungen. Daneben schrieb er einen Artikel mit dem Titel »Die Wirtschaftsgrundsätze des Nationalsozialismus«, der am 18. April gleichzeitig mit einem Wahlaufruf von 54 Personen aus den verschiedensten Berufen im NS-Kurier erschien.[25] Hier fanden sich nach knapp acht Jahren wieder detaillierte Aussagen Strölins über seine wirtschaftspolitischen Theorien, weshalb dieser Artikel es verdient näher betrachtet zu werden.

Strölin gründete seine Vorstellungen einer nationalsozialistischen Wirtschaftstheorie auf Analysen des »liberalistisch-kapitalistischen« und des »marxistisch-bolschewistischen« Systems, die er beide aus verschiedenen Gründen ablehnte. So warf er dem Kapitalismus ganz im Sinne Othmar Spanns individualistische Einstellung vor und übernahm die marxistische Kritik an der bestehenden Wirtschaftsordnung, die er als Wirtschaftsanarchie bezeichnete. Dagegen kritisierte er am sowjetischen Wirtschaftssystem die Beseitigung des Privateigentums, die Lähmung der Unternehmerinitiative und die Ablehnung von Werten wie Familie und Religion.

Erstmals wurde Strölins Welt- und Menschenbild deutlich, zu dem die württembergische Familientradition und die Kadettenerziehung beigetragen hatten. Die Menschen seien zwar vor Gott gleich, nicht aber im Leben. Familie und Religion sind für ihn zentrale Punkte im gesellschaftlichen Zusammenleben. Werden diese Werte aufgegeben, so kommt es unweigerlich zu einem Rückfall in die Barbarei.

Aus diesen Überlegungen leitete er Vorstellungen vom »organisch-ständischen Wirtschaftsaufbau« ab, die er als eine Synthese aus Marxismus und Liberalismus verstanden wissen wollte. Wie in der Dissertation setzte er das Wohl der Nation an die höchste Stelle. Die Wirtschaft sollte auf unterer Ebene in Berufsstände gegliedert sein, die untereinander in Verbindung stehen und in Wirtschaftskammern zusammengefaßt werden sollten. Als oberstes Organ sah er einen in Fachgruppen unterteilten Reichswirtschaftsrat vor, der für die rechtliche Ordnung der gesamten Volkswirtschaft zuständig wäre. Von der Wirtschaft müsse aber die »Oberhoheit des völkischen Staates« anerkannt werden, der als Hüter des nationalen Wohls fungiere.

Ein zweiter wichtiger Aspekt seiner Darlegung betraf das Verhältnis zum Weltmarkt. Dabei forderte er eine Rückkehr zur »völkischen Wirtschaft«, da er in einer zu starken Verflechtung der deutschen Wirtschaft mit der Weltwirtschaft die Gefahr einer politischen Abhängigkeit Deutschlands sah. Besonders stellte er die Probleme der Ernährungsversorgung heraus, da über 30 Prozent der Nahrungsmittel eingeführt werden mußten, weshalb er auf den Ausbau der einheimischen Landwirtschaft setzte.

Obwohl zunächst alles auf eine Weiterentwicklung seiner Thesen aus der Dissertation hindeutet, gab dieser Artikel die damals herrschende Meinung der NSDAP wieder, denn gerade in jener Zeit kursierte der Entwurf zu einem Wirtschaftsmanifest, das vermutlich von der Wirtschaftspolitischen Abteilung (WPA) der Parteizentrale ausgearbeitet worden war und alle von Strölin angesprochenen Punkte mit der gleichen Zielsetzung enthielt.[26] Strölin besaß den Entwurf, den er ausführlich mit Anmerkungen und Unterstreichungen versah.[27] Auch dort vertrat man im Gegensatz zu Spann die Auffassung, daß »nationalsozialistische Wirtschaftsführung [...] die durch staatliche Überwachung und Leitung gewährleistete Herrschaft des völkischen Gemeinschaftsgedankens in der Volkswirtschaft bedeutet«.[28] Diese Theorie entsprach in großen Zügen Strölins theoretischen Überlegungen und Grundlagen. Bis zu diesem Artikel hatte Strölin jedoch nie über Autarkievorstellungen, wie er sie bezüglich der Landwirtschaft forderte, eine Aussage gemacht. Doch bot sich damit die Gelegenheit, die Kreise der jungkonservativen revolutionären Bewegung anzusprechen, die in jener Zeit ähnliche Theorien entwickelte.[29] Auffallend ist, daß er im Gegensatz zu dem offiziellen Entwurf mit keinem Wort auf die Lebensraumforderungen und die Hetze gegen die Juden einging.[30]

Für den Stuttgarter Wahlkampf, der in der letzten Woche deutlich an Härte zunahm, waren diese theoretischen Überlegungen nur eine Episode. In der Stuttgarter NSDAP konnte man eine Art Aufgabenverteilung beobachten. Während Strölin in seinen Versammlungen sich als Fachmann in kommunalpolitischen Fragen profilierte, pflegte die Partei und ihre Presse den bekannten Wahlkampfstil. Diffamierung hieß dabei das Zauberwort der parteiamtlichen Wahlkampfstrategen. Anfangs vermied man es dabei fast krampfhaft, Lautenschlager direkt anzugreifen. Dafür suchte man sich die ihn unterstützenden Parteien aus. Je näher die Wahl rückte, um so mehr geriet der Oberbürgermeister selbst in die Schußlinie.

Als Antwort auf einen Rechenschaftsbericht Lautenschlagers über seine zwanzigjährige Tätigkeit als Stadtvorstand im Stuttgarter Neuen Tagblatt schlugen die Nationalsozialisten am 23. April zu. In einem umfangreichen Artikel warfen sie Lautenschlager eine Vielzahl von Fehlern vor. Kaum ein Bereich blieb ausgespart, in dem sie ihm nicht Inkompetenz oder leichtsinnigen Umgang mit städtischen Geldern vorgeworfen hätten.[31] Mit der »Beweisführung« taten sich die neuen Kommunalpolitiker allerdings sehr schwer. Um ihre Verleumdungen »belegen« zu können, mußten sie auf einen Artikel der Frankfurter Zeitung aus dem Jahre 1914 zurückgreifen.[32]

Dies brachte den sonst ruhigen Lautenschlager in Rage. In einer ausführlichen Stellungnahme ließ er das Städtische Nachrichtenamt die Behauptungen im NS-Kurier Punkt für Punkt widerlegen und ging selbst mit einer Erklärung an die Öffentlichkeit, die mit den Worten schloß: »Alle Lügen, Gemeinheiten und Ehrabschneidungen werden mich nicht aus der Fassung bringen. Der Bürger hat die Wahl.«[33] Strölin selbst scheinen diese Angriffe auf seinen Vorgesetzten nicht ganz geheuer gewesen zu sein.[34]

Der 24. April war für Strölin der wichtigste Tag in seiner kurzen politischen Laufbahn. Hitler kam in die Stuttgarter Stadthalle. Nachdem der nationalsozialistische Landtagsabgeordnete Christian Mergenthaler einige einleitende Worte gesprochen und es dabei nicht versäumt hatte, Lautenschlager als den »Kandidaten des Marxismus und des bürgerlichen Breis« zu beschimpfen, stellte Strölin nochmals sein kommunalpolitisches Programm vor. Die mit Spannung erwartete Rede Hitlers erwies sich dann allerdings als herbe Enttäuschung. Er hielt eine halb philosophische Rede über die Gefahr eines Untergangs des deutschen Volkes und die Möglichkeiten der nationalsozialistischen Bewegung, diesen Niedergang aufhalten zu können, indem sie ihre Weltanschauung in die Bevölkerung trage und nicht gleich beim ersten gescheiterten Anlauf aufgebe, sondern immer wieder von Neuem aktiv werde. Überraschenderweise verzichtete er fast ganz auf rassistische Gedankengänge und Angriffe gegen politische Gegner.[35]

Das Tagblatt kommentierte die Rede als »beinahe unpolitischen Vortrag eines Mannes, den man bis auf einige wenige Sätze ebensogut aus dem Munde des Angehörigen irgend einer bürgerlichen Partei hätte hören können« und sprach von »Binsenweisheiten«.[36] Hitler schien mit seiner Rede weniger auf die Wahl eingehen zu wollen, als den Parteigenossen neuen Mut einzuflößen. Darüber hinaus paßte sie zum Wahlkampfstil Strölins, der fast jede Polemik vermied.

Am Abend des 26. April stand schnell fest, daß Lautenschlager mit überwältigender Mehrheit für eine dritte Amtsperiode von zehn Jahren wiedergewählt worden war. 115 178 Stuttgarter Wahlberechtigte hatten sich für ihn entschieden. Weit abgeschlagen folgte Strölin mit 25 814 Stimmen; immerhin konnte er 1600 Stimmen mehr gewinnen als Torgler. Wenn man der Analyse des Tagblatts glauben darf, so war es Strölin gelungen, rund 25 Prozent der deutschnationalen Wähler auf seine Seite zu ziehen. In absoluten Zahlen gesehen, hatte die NSDAP in Stuttgart trotz der wesentlich niedrigeren Wahlbeteiligung gegenüber der letzten Reichstagswahl über 3000 neue Wähler gewonnen.[37] Die Hochburgen Strölins lagen in jenen Gebieten, in denen der Anteil der Mittel- und Oberschichten besonders groß war. Wesentlich schlechter schnitt er dagegen in den Wohngebieten der Arbeiterschaft ab. In der katholischen Enklave Hofen erlebte er ein wahres Desaster, denn von den 478 Wählern votierten gerade drei für ihn, während es Torgler auf 66 Stimmen brachte.[38] Mit diesem positiven Abschneiden und dem Erfolg bei den konservativen Wählern war Strölin zum unangefochtenen kommunalpolitischen Spitzenmann der Partei in Stuttgart avanciert.[39]

Den guten Eindruck trübten allerdings noch die ungerechtfertigten Angriffe gegen Lautenschlager. Strölin entschloß sich deshalb zu einem für einen Nationalsozialisten ungewöhnlichen Schritt. Er bat den Oberbürgermeister um eine persönliche Unterredung, in der er sein Bedauern über die Vorkommnisse aussprach und erklärte, sie seien ohne sein Wissen und Wollen erfolgt.[40] Wohl auf Drängen Strölins dürfte auch ein Artikel im NS-Kurier zustande gekommen sein, in dem sich das Blatt praktisch bei Lautenschlager entschuldigte und ihm persönliche Ehrenhaftigkeit bescheinigte. Gleichzeitig erklärte man, daß Strölin nicht zu den Verfassern der Angriffe gehörte.[41] Die Nationalsozialisten hatten offenbar erkannt, mit der Person Strölins dann gut bei den Anhängern anderer politischer Richtungen, besonders der konservativen und liberalen Parteien, anzukommen, wenn sie auf Sachlichkeit setzten und ihn als Fachmann präsentierten.

Strölin konzentrierte sich in der Folgezeit auf die innerparteiliche Arbeit und seinen Beruf. Seine Veröffentlichungen über die wirtschaftspolitischen Vorstellungen der Partei hatten ihm den Posten eines Wirtschaftsreferenten in der Gauleitung der NSDAP eingebracht.[42] 1932 erfolgte gar die Berufung zum Wirtschaftsbeauftragten der NSDAP-Reichsleitung beziehungsweise deren Wirtschaftspolitischen Abteilung für Südwestdeutschland. Seine Zuständigkeit erstreckte sich neben Württemberg auf die NSDAP-Gaue Baden, Hessen, Hessen-Nassau und Rheinpfalz.[43] Trotzdem lassen sich bis Oktober 1931 fast keine Aktivitäten Strölins nachweisen. Erst im Zusammenhang mit einer Protestveranstaltung des Württembergischen Beamtenbundes gegen die von Reich und Land erlassenen Gehaltskürzungen tauchte sein Name wieder auf. Fast hätte sein Auftreten zu einem Eklat geführt, denn er warf seinen Kollegen vor, an der Misere selbst schuld zu sein, da sie nicht für den Volksentscheid gegen den Young-Plan votiert und so die Erfüllungspolitik mitgetragen hätten. Als er gar den Beamtenbund selbst heftig angriff, brüllten ihn die anwesenden politischen Gegner einfach nieder. Welche Wirkung er mit seiner provozierenden Rede erzielte, muß dahingestellt bleiben, da die vorliegenden Berichte aus den verschiedenen politischen Lagern zu unterschiedlichen Einschätzungen kamen. Dennoch ist auffällig, daß alle Zeitungen seinen Auftritt in ihrer Berichterstattung besonders hervorhoben.[44]

## Im Gemeinderat – Sachlich und besserwisserisch

Am 6. Dezember des gleichen Jahres fanden turnusgemäß Gemeinderatswahlen statt, bei denen entsprechend der Württembergischen Gemeindeordnung alle drei Jahre die Hälfte der Gemeinderatssitze neu zu besetzen waren. Als letzte Partei nominierte die NSDAP am 18. November 1931 ihre Kandidaten. Wie nicht anders zu erwarten, stand Strölin an erster Stelle der Liste. Darüber hinaus hatte ihn die Partei, wie es nach dem Gesetz möglich war, mit drei Stimmen vorkumuliert. Jede unverändert abgegebene NSDAP-Liste brachte ihm damit drei Stimmen. Für die folgenden vier Kandidaten waren nur noch zwei Stimmen vorgesehen. Insgesamt umfaßte die Liste 24 Personen.[45] Da direkte Quellen der NSDAP fehlen und auch die örtliche Parteizeitung für diesen Zeitraum nicht erhalten ist, läßt sich der Wahlkampf der nationalsozialistischen Kandidaten nur schwer nachvollziehen. Strölin jedenfalls trat wieder als der sachlich argumentierende Fachmann auf. So sah es auch ein geheimes Rundschreiben der württembergischen Gauleitung für das Verhalten der Partei im Wahlkampf vor.[46]

Erstmals gelang es ihm, seine Ideen auch im bürgerlich-demokratischen Tagblatt veröffentlichen zu können. In zwei Artikeln stellten er und der Gemeinderat der Deutschen Demokratischen Partei (DDP) Karl Goeser die unterschiedlichen Standpunkte ihrer Parteien vor. Das Tagblatt hatte sich zu diesem Schritt entschlossen, da »in Wahlversammlungen eine ungehinderte Auseinandersetzung nicht mehr möglich sei«.[47]

Strölin konnte jedoch bis auf eine Ausnahme nichts Neues zur Gemeinde- und Wirtschaftspolitik sagen; die Argumentation bewegte sich in dem bekannten Rahmen von Antiliberalismus und Antibolschewismus. Eine Änderung zeigte sich bei der Problematik der Gemeindefinanzen. Oberstes Ziel blieb für ihn die äußerste Sparsamkeit der Gemeindeverwaltung, wobei aber die notwendigen sozialen Bedürfnisse nicht zurückgestellt werden dürften. Zwar machte er für die Lage der Gemeinden wiederum in erster Linie die »Erfüllungspolitik« des Reiches verantwortlich, da beim Übergang vom Dawes- auf den Young-Plan der Anteil der Gemeinden an den Reichssteuern von 90 auf 75 Prozent gesenkt worden sei, doch gleichzeitig forderte er die Aufhebung der Erzbergerschen Steuerreform, damit die Gemeinden wieder voll über die Einkommensteuer verfügen könnten. Dies schien ihm die notwendige Voraussetzung zu sein, um die Selbstverantwortlichkeit der Gemeinden wiederherzustellen. Trotz seines bewußt sachlichen Stils befürwortete er ausdrücklich das radikale Auftreten seiner Partei mit dem Argument, »man könne sich nicht mit Palmwedeln, nicht mit ›bürgerlicher Vornehmheit‹ verteidigen, wenn man mit Keulen angegriffen werde«. Keinen Zweifel ließ er daran, daß gerade die Parteien der bürgerlichen Mitte die Hauptgegner der NSDAP im Wahlkampf seien.

Strölin dürfte in jenen Tagen kaum zur Ruhe gekommen sein, denn ein Termin jagte den anderen. Gehörte es doch zum Wahlkampfstil der Partei möglichst viele Veranstaltungen abzuhalten.[48] Den Höhepunkt des Wahlkampfes bildete am 4. Dezember eine Großveranstaltung in der

Stadthalle, auf der Gregor Strasser über das Programm der NSDAP sprach. Vor dem Hauptredner konnte Strölin nochmals die Schwerpunkte der Stuttgarter Partei darstellen. Im wesentlichen gab er die alten Positionen wieder. Neu war die Forderung nach Sicherung der unteren Einkommen bei gleichzeitiger Begrenzung der höheren. Auch in seinen Überlegungen zur städtischen Kulturpolitik drückte er sich präziser aus als früher. So sollte in Zukunft verhindert werden, daß in Theaterstücken wie »Schatten über Harlem« die »deutsche Rasse verhöhnt wird«, im Friedrichsbautheater, einem Varieté, »Neger auftreten« und in Filmen wie »Im Westen nichts Neues« die »Ehre des deutschen Frontsoldaten, dieses höchste Gut, das wir uns aus dem Zusammenbruch gerettet haben, in den Staub gezogen wird«. Obwohl er die Demokratie und ihre Institutionen kategorisch ablehnte, sprach er sich am Schluß dafür aus, »auf dem Rathaus nicht etwa öde Opposition zu betreiben, sondern nüchtern und zielbewußt positive, sachliche Arbeit zu leisten, um das Los unserer Mitbürger zu erleichtern, wo immer dies möglich ist«.[49]

Die Wahl selbst verlief relativ ruhig, da der Stuttgarter Polizeipräsident lediglich das Herumtragen von Plakaten gestattet hatte. Das Ergebnis war ein persönlicher Triumph für Strölin. Mit 131 717 Stimmen erzielte er absolut das beste Ergebnis aller Bewerber. Die Ursache dafür lag eindeutig in der Vorkumulierung, da von den 44 512 für die NSDAP abgegebenen Stimmzettel lediglich 8749 abgeändert worden waren.[50] Demnach hatten nicht einmal alle potentiellen NSDAP-Wähler ihm die volle Stimmenzahl gegeben, sonst wäre er allein ohne panaschierte Wahlzettel auf 133 536 Stimmen gekommen. Das Wahlergebnis brachte in Stuttgart eine Veränderung der politischen Landschaft. Mit einem Rückstand von nur 2000 Stimmen hinter der SPD war die NSDAP nun zweitstärkste politische Kraft in der Stadt. Beide Parteien entsandten jeweils sieben Kandidaten in den Gemeinderat. Dicht dahinter folgte die KPD mit sechs Vertretern.[51]

Unter Strölins Führung gelang es der Stuttgarter NSDAP, tief in das Wählerpotential der bürgerlichen Mitte und der Deutschnationalen einzudringen. Die Einheitsliste von DDP und DVP verlor zugunsten der NSDAP fünf von acht Sitzen, die Bürgerpartei zwei. Auf der Linken konnte die Kommunistische Partei ihre vier Mandate von der abgespaltenen KPD-Opposition zurückgewinnen und erhielt einen Sitz von der

SPD. Wieder lagen die Hochburgen der NSDAP in jenen Quartieren, die eine relativ starke kleinbürgerliche, mittelständische Struktur aufwiesen, doch schnitt sie auch in gutbürgerlichen Gegenden überdurchschnittlich ab. Wie schon bei der Oberbürgermeisterwahl erzielte die NSDAP im Kerngebiet Stuttgarts höhere Erfolge als in den industriell geprägten Vororten.[52]

Bei den etablierten Parteien entstand nach diesem Wahlergebnis die Befürchtung, daß nun neben der KPD auch die NSDAP durch die Möglichkeit von Dringlichkeitsanträgen und Anfragen allgemeinpolitische Themen vermehrt in den Gemeinderat bringen würde, um ihn als Forum für ihre Agitation zu nutzen. Dies versuchte man noch in der alten Zusammensetzung des Gremiums zu verhindern, indem eine breite Koalition eine Änderung der Geschäftsordnung beschloß und eine Begrenzung der Redezeit bei entsprechenden Anträgen und Anfragen einführte.[53]

Nachdem die Ministerialabteilung für Bezirks- und Körperschaftsverwaltung, das staatliche Aufsichtsorgan über die Gemeindeverwaltung, die Wahl und die Sitzverteilung nach verschiedenen Einsprüchen für gültig erklärt hatte, konnten die neugewählten Gemeinderäte am 28. Januar 1932 erstmals an der Sitzung des Gremiums teilnehmen. Für Strölin begann sein neues Amt erfreulich, denn Lautenschlager berichtete noch vor der Verpflichtung Strölins über seine Entschuldigung nach der Oberbürgermeisterwahl und erteilte ihm mehr oder weniger Absolution, als er mit den Worten schloß, »damit ist die Angelegenheit in loyaler Weise aus der Welt geschafft«.[54] Bereits zuvor hatten Partei und Fraktion Strölin zum Fraktionsvorsitzenden und Hugo Kroll zu seinem Stellvertreter bestimmt.

Bei der Diskussion um die Sitzverteilung in den Abteilungen, Ausschüssen, Kommissionen und Ortsschulräten kam Strölins erster Auftritt vor dem Gemeinderat. Nochmals wies er, wie schon im Wahlkampf auf die Bereitschaft seiner Fraktion hin, aktiv und sachlich bei der Behandlung der anstehenden schwierigen Probleme mitwirken zu wollen. Doch gleichzeitig betonte er, daß seine Partei auch auf kommunalpolitischem Gebiet für die Durchsetzung ihrer Ziele kämpfen werde. Neben dieser Erklärung prangerte er das bestehende Gemeindewahlrecht an, das seine Partei besonders benachteilige, da sie nicht entsprechend ihrem Wahlergebnis vertreten sei, weil nur die Hälfte der Gemeinderäte neu gewählt worden war. Zur Sitzverteilung selbst kritisierte er, daß seine Fraktion nicht an den Sitzungen des Ältestenrates habe teilnehmen dürfen und deshalb nicht genügend berücksichtigt worden sei. Da er dies im einzelnen nicht belegen konnte, trat er die Flucht nach vorn an und behauptete schlicht, die Linke sei zu gut behandelt worden. Trotz der heftigen Kritik lehnte seine Fraktion die endgültige Sitzverteilung jedoch nicht ab, sondern enthielt sich der Stimme; eine typische Verhaltensweise in der ersten Zeit im Gemeinderat. Strölins Jungfernrede, die geradezu zum Widerspruch reizte, löste eine kurze Debatte aus, in der er sich von den Sozialdemokraten vorhalten lassen mußte, gerade der einzige nationalsozialistische Abgeordnete im württembergischen Landtag, Christian Mergenthaler, sei für die Wahl der Hälfte der Gemeinderatsmitglieder in dreijährigem Turnus eingetreten. Die Kommunisten dagegen warfen ihm vor, er wolle kapitalistische Kommunalpolitik betreiben, da er bereit sei, aktiv mitzuarbeiten.[55]

Wie es sich für den Fraktionsvorsitzenden gehörte, vertrat Strölin seine Partei in den wichtigsten Abteilungen des Gemeinderats. Als ordentliches Mitglied gehörte er dem Ältestenausschuß, der Inneren-, der Technischen- und der Finanz-Abteilung an sowie einigen anderen weniger bedeutenden. Durch den Sitz in diesen Gremien sicherte er sich die Möglichkeit, über alle wichtigen Verwaltungsvorgänge informiert zu sein.[56] Bei den Wahlen zum Bezirksrat gelang es ihm später, seinen Kandidaten, den nationalsozialistischen Rechtsanwalt Dr. Eugen Glück, durchzubringen. Erfolg und Mißerfolg lagen eng beieinander.

Gleich in der ersten Sitzung brachte die NSDAP einen Dringlichkeitsantrag ein, der die Beschäftigung ausländischer Assistenzärzte an städtischen Kliniken zum Inhalt hatte.[57] In einer kurzen Erläuterung forderte Strölin barsch, »daß heute diese Antwort so klar gegeben wird, daß kein Zweifel mehr darüber besteht, ob der Zustand nunmehr geändert wird, daß ausländische Ärzte – falls das richtig ist – in voll bezahlten Stellungen beschäftigt werden, solange deutsche Ärzte nicht beschäftigt sind.« In der Antwort der Stadtverwaltung bestätigte Bürgermeister Klein die Beschäftigung von Ausländern, die bisher deshalb notwendig war, weil wegen der schlechten Bezahlung kein deutscher Mediziner bereit war, eine solche Stelle zu übernehmen. Dies habe sich nun geändert und die

Stadt werde eine andere Personalpolitik betreiben können. Lautenschlager erregte sich über die mit der Anfrage verbundene unverhohlene Ausländerfeindlichkeit heftigst. Im Hinblick auf ausländische Besucher in Stuttgart und deutsche Ärzte im Ausland attackierte er Strölin und die NSDAP: »Was müssen diese darüber denken, daß man bei uns so kleinbürgerlich und spießig sich gibt, wie das hier unterstellt wurde.« Ob Strölin daraus Lehren zog, muß dahingestellt bleiben; auf jeden Fall blieb dies für lange Zeit der einzige Dringlichkeitsantrag der NSDAP-Fraktion. Anscheinend wollte man sich so schnell nicht wieder blamieren. Selbst der NS-Kurier konnte danach nur kurz mitteilen, die Fraktion werde den Fall auch weiterhin im Auge behalten.[58]

Eine andere Entscheidung bewegte die Gemüter des bürgerlichen Lagers weitaus mehr. Gemeinsam hatten Kommunisten, Sozialdemokraten und Nationalsozialisten sowie ein Vertreter des Zentrums einem KPD-Antrag zugestimmt, sofort die dritte Rate der Winterbeihilfe für Erwerbslose auszubezahlen. In allen bürgerlichen Presseorganen befürchtete man nun ein engeres Zusammengehen der »sozialistischen« Fraktionen und den Verlust der bisher dominierenden Stellung der bürgerlichen Parteien.[59] Wie das spätere Verhalten der NSDAP zeigte, waren die Ängste in der Regel unbegründet. Wahrscheinlich wollte die NSDAP-Fraktion hier einen Beweis für ihr soziales, wenn nicht gar sozialistisches Handeln erbringen, das man im Wahlkampf immer wieder versprochen hatte. Um der Kritik aus dem rechten wie linken Lager zu entgehen, enthielten sich Strölin und seine Fraktion in der nächsten Sitzung bei allen Anträgen der Stimme.[60]

Die Arbeit des Gemeinderats im Jahre 1932 war durch zwei Entwicklungen beeinflußt. Bei rückläufigen Einnahmen mußte die Gemeinde immer höhere Ausgaben für die Unterstützung der ausgesteuerten Erwerbslosen aufbringen. Geld fehlte deshalb im städtischen Haushalt an allen Ecken. Zum anderen fanden allein in diesem Jahr nicht weniger als vier Wahlen mit fünf Wahlgängen statt. Dieser fast permanente Wahlkampf von Ende Februar bis Anfang November 1932 hatte Auswirkungen auf die alltägliche Arbeit des Gemeinderats. Dennoch läßt sich bei Strölin nachweisen, daß er bemüht war, sich eng an seine Wahlversprechungen zu halten. Schon die Auszahlung der dritten Rate der Weihnachtsbeihilfe wies in diese Richtung. Darüber hinaus versuchte die

Fraktion, zunächst Themenkomplexe, die bisher in der Parteiarbeit noch keine Rolle gespielt hatten, arbeitsteilig anzugehen. Je mehr Zeit verging, um so dominierender wurde die Rolle Strölins. Immer häufiger sprach er vor dem Plenum. Dennoch hatte er wie alle Mitglieder der NSDAP-Fraktion Schwierigkeiten, sich in die komplizierte Materie der kommunalen Selbstverwaltung einzuarbeiten. Oftmals fehlten ihm zu Themen, die bereits in früheren Jahren beraten worden waren, einfach die Sachkenntnis. In solchen Fällen sprach Strölin dann häufig von Ablehnung, enthielt sich aber mit seiner Fraktion meist der Stimme.

Das wohl wichtigste Thema des Gemeinderats im Jahre 1932 war der Haushaltsplan, dessen Beratung sich wegen immer neuer Notverordnungen des Reiches und ihrer massiven Auswirkungen auf die kommunalen Finanzen von Ende März bis Mitte Juli hinzog. Entsprechend einem interfraktionellen Antrag, dem nur die Kommunisten nicht zustimmten, beschloß das Plenum zu Beginn der Beratungen, den Entwurf ohne Grundsatzdiskussion zunächst in die Finanzabteilung zur Beratung zu überweisen. Strölin machte in einer kurzen Ausführung zum zustimmenden Verhalten seiner Fraktion jedoch deutlich, daß er eigentlich von solchen demokratischen Formen nichts hielt, da Etatreden auch in der Vergangenheit den Bankrott der Gemeindefinanzen nicht verhindert hätten. Gleichzeitig griff er die Verwaltung auf dem einzigen Gebiet, in dem er sich durch seine Tätigkeit im Gaswerk am besten auskannte, scharf an, weil sie im vorliegenden Entwurf wie schon in den Vorjahren sehr stark auf die Abschreibungserträge der städtischen Eigenbetriebe zurückgegriffen habe.[61]

Zu Beginn der Beratungen in der Finanzabteilung versuchte Strölin, zunächst seine Vorstellungen durch Anträge in die Verhandlungen einfließen zu lassen. So beantragte er, die Abschreibungsbeträge nicht zur Deckung des städtischen Haushaltsdefizits, sondern zur Instandsetzung und Unterhaltung der Betriebe zu verwenden.[62] Darüber hinaus forderte er von der Verwaltung eine Zusammenstellung der städtischen Belegschaft nach Gehalts- und Lohnstufen. Für alle überraschend stellte er zum Abschnitt »Allgemeines« des Einzelplans »Straßen, Dolen, Flüsse« den Antrag, die Höchstgehälter für Beamte auf jährlich 12 000 RM zu begrenzen, nachdem zuvor die Kommunisten gar ein Limit von 6000 RM gefordert hatten.[63] Die Abteilung vertagte jedoch diese Frage.

Damit hatte Strölin eine Sache in die Wege geleitet, die ihm noch einiges Kopfzerbrechen bereiten sollte.

Angesichts des Defizits von annähernd 5 000 000 RM, die der Entwurf aufwies, arteten die Haushaltsberatungen zu einem regelrechten »Streichkonzert« aus, in dem sich vor allem die bürgerlichen Parteien darin zu übertreffen suchten, in vielen Einzelpunkten die veranschlagten Beträge zu kürzen. In dieses Fahrwasser geriet sehr schnell auch Strölin mit seiner Fraktion. In der Folgezeit stellten sie nur Kürzungsanträge.[64] Da sie damit auf Kritik stießen, gingen sie davon rasch wieder ab und forderten fast ausschließlich strukturelle Veränderungen in der Verwaltung. Grundlage dazu bildete ein Gutachten, das Reichssparkommissar Friedrich Sämisch über die Stuttgarter Verwaltung erstellt hatte und das seit dem 16. April gedruckt vorlag.

Im Zusammenhang damit handelte sich Strölin eine heftige Rüge des Stadtvorstandes ein, da er, ohne Lautenschlager davon in Kenntnis zu setzen, mit Sämisch Kontakt aufgenommen hatte, um den Erscheinungstermin des Gutachtens zu erfahren, dessen Vorlage er bereits öfter verlangt hatte. Höflich, wie Strölin war, aber mit wenig Menschenkenntnis, berichtete er Lautenschlager über seinen Schriftwechsel, damit er und die Finanzabteilung dies nicht aus der Presse – sprich dem NS-Kurier – erfahren müßten. Lautenschlager, unterstützt von den Fraktionsvorsitzenden der SPD und des Zentrums, wies auf die Geschäftsordnung des Gemeinderats hin, wonach er wenigstens von dem Vorhaben hätte unterrichtet werden müssen, um Stellung nehmen zu können.[65] Anscheinend störte ihn weniger die Tatsache der Korrespondenz als vielmehr die Art und Weise, wie ihn Strölin unterrichtet hatte, und der unverhohlene Hinweis auf das Ausschlachten des Vorgangs durch die nationalsozialistische Presse. Wie wenig die Nationalsozialisten bereit waren, sich an die Gepflogenheiten der Ratsarbeit zu halten, ging aus den abschließenden Bemerkungen ihrer Fraktion hervor. In aller Offenheit erklärte Paul Sauer, seine Fraktion habe Strölin ausdrücklich verboten, Lautenschlager vor dem Absenden des Briefes zu informieren, und Strölin stellte fest, »er halte es nicht nur für sein Recht, sondern auch für seine *Pflicht*, in Fällen wie dem vorliegenden sich Auskunft einzuholen«.[66] Das danach erstellte Gutachten der Ministerialabteilung für Bezirks- und Körperschaftsverwaltungen stellte später fest, daß Strölin sich keines Verstoßes gegen die Gemeindeordnung schuldig gemacht habe. Sie verschob aber die endgültige Klärung der Frage, ob Gemeinderäte mit anderen Institutionen »dienstlich« korrespondieren dürfen, auf später.[67]

Die Anträge zur Strukturveränderung in den nächsten Tagen und Wochen waren richtungsweisend für die weitere Entwicklung der nationalsozialistischen Kommunalpolitik nach 1933. So machte man sich zunächst einen Antrag des Gemeinderats Wagner zur Errichtung eines zentralen Beschaffungsamtes zueigen.[68] Ferner forderte man zu prüfen, ob nicht Einsparungen erzielt werden könnten, wenn die stadteigenen Wohngebäude in eine vom Gemeinderat unabhängige und privatwirtschaftlich arbeitende städtische Gesellschaft überführt würden.[69] Strölin schlug die Zusammenlegung der Werbeabteilungen von Gas- und Elektrizitätswerk vor, wie er es im Landesverband Württembergischer Gaswerke seit einiger Zeit propagierte, und die Vereinigung des Wohlfahrtsamtes mit dem Fürsorgeamt. Gleichzeitig sollten die Organisationen der freien Wohlfahrtspflege zu einem Verband zusammengefaßt werden, um sie in eine »nähere Beziehung« zum neuen Amt zu bringen.[70] Einen Rückzieher machte die NSDAP-Fraktion dagegen, als es um die Auflösung des Wohungsamtes ging. Hatte man in der Finanzabteilung gemeinsam mit den bürgerlichen Parteien zugestimmt, vertrat man knapp einen Monat später nur noch die Ansicht, daß dieses Amt langsam abgebaut werden solle.[71] Nur in der Frage der Werbeabteilungen konnte sich Strölin durchsetzen.

Einfacher hatte er es mit Anträgen, die sich auf die Unterstützung potentieller Wählerschichten richteten. Zwar gelang es nicht, eine Senkung des Gastarifs durchzusetzen, aber für eine Überprüfung der Stromtarife fand sich eine Mehrheit. Ebenso erfolgreich waren seine Versuche, die Gebühren für die Stände in der Markthalle zu senken und die Richtsätze der Erwerbslosenfürsorge beizubehalten.[72]

Am 11. Mai behandelte die Finanzabteilung schließlich Strölins Antrag über die Reduzierung der Höchstgehälter auf 12000 Reichsmark, den er dahingehend erweiterte, daß auch die Einkommen in der Privatwirtschaft in angemessener Weise denen der Beamten angepaßt werden sollten.[73] Dies veranlaßte den sozialdemokratischen Gemeinderat Josef Hirn, einen sehr präzisen Antrag zu stellen, dem vordergründig die

Intentionen Strölins zugrunde lagen. Ausdrücklich nannte er neben der Privatwirtschaft aber auch selbständige Gewerbetreibende, Landwirte, freie Berufe und Kapitalbesitzer, allerdings wollte er zusätzlich den Gegenwartswert der Pensionsberechtigung der Beamten berücksichtigt sehen. Für alle darüber liegenden Einkünfte forderte er eine Einkommensteuer, um sie restlos »wegzusteuern«.

Dieser Vorschlag erregte jedoch nur noch die Gemüter der bürgerlichen Parteien, die darin einen Angriff auf die freie Wirtschaft sahen. Vor der Abstimmung betonte Strölin nochmals, daß die Nationalsozialisten den Grundsatz des Leistungsprinzips verträten. »Die Not der unteren Schichten sei aber in diesem Jahr besonders groß geworden. Man müsse deshalb die sozialen Spannungen auf ein Mindestmaß zurücksetzen.« Nachdem zunächst ein weitergehender Antrag der Kommunisten abgelehnt worden war, stimmten SPD, KPD, NSDAP und ein Gemeinderat der Zentrums-Fraktion dem Antrag der SPD zu, der damit eine Mehrheit erreicht hatte. Anschließend erklärte Hirn im Namen seiner Fraktion, man habe den Antrag gestellt, um den Nationalsozialisten Gelegenheit zu geben, zu den Ausführungen ihres Sprechers durch Zustimmung zu einem bestimmten Antrag zu stehen. Strölin erwiderte darauf, daß sich seine Fraktion mit dem Antrag der Sozialdemokratie völlig einverstanden erklären könne und verzichtete deshalb auf eine Abstimmung über seinen eigenen Antrag. Damit war die kunstvoll gebastelte Falle Hirns zugeschnappt, ohne daß Strölin zunächst etwas davon bemerkt hätte. Mit seiner Zustimmung und seiner Erklärung löste er einen Sturm der Entrüstung im bürgerlichen Lager und in der bürgerlichen Presse weit über Stuttgart hinaus aus.

In ihren ersten Meldungen verhielt sich die Presse der Deutschen Demokratischen Partei, der Deutschnationalen Volkspartei und der Deutschnationalen noch relativ zurückhaltend, befürchtete jedoch einen »Staatssozialismus«, wenn diese Vorschläge ausgeführt würden.[74] Selbst dem NS-Kurier war die ganze Sache nicht geheuer, denn im Anschluß an seinen Sitzungsbericht wies er darauf hin, daß die Pensionsberechtigung wohl mit 20 bis 25 Prozent zu veranschlagen sei, womit die Höchstgrenze 15 000 RM erreiche. Noch beschwichtigender betonte er, »es könne sich lediglich um eine Notmaßnahme handeln, die zeitlich auf das alleräußerste begrenzt sein muß«.[75]

In den folgenden Tagen häuften sich Artikel und Leserbriefe zu diesem Thema, die meist den gleichen Tenor hatten: Die Beschränkung der oberen Einkommen würde zu einem weiteren Anstieg der Arbeitslosenzahlen führen, da durch die fehlenden finanziellen Mittel diese Bevölkerungskreise nicht mehr in der Lage seien, Luxusgüter zu konsumieren und Hausgehilfinnen zu bezahlen. Dies führe schließlich zum völligen Zusammenbruch jeglicher persönlichen Initiative und zur Kapitalflucht.[76]

Strölin hatte sich zu einem Befürworter einer dirigistischen Wirtschaftspolitik entwickelt. Doch damit stand er nicht allein, sondern folgte der wirtschaftstheoretischen Entwicklung seiner Partei, über die er als Wirtschaftsbeauftragter für Südwestdeutschland bestens informiert war.[77] Übersehen hatte Strölin, daß am Tag bevor er seinen Antrag im Gemeinderat einbrachte, Gregor Strasser im Reichstag eine weithin beachtete Rede gehalten hatte, in der er die liberalistische Wirtschaftsordnung ablehnte und Eingriffe des Staates in die Wirtschaft forderte, sich aber ausdrücklich gegen jede weitere Senkung von Löhnen und Gehältern aussprach, da dies zu einem noch stärkeren Rückgang des privaten Konsums führen würde.[78] Diese Wendung der Parteiführung schien Strölin entgangen zu sein.

Die Kritik der Parteizentrale ließ nicht auf sich warten.[79] Hitler selbst sah sich nach diesem Vorfall, der so breites Aufsehen erregt hatte, genötigt einzugreifen. Im Rahmen der Organisationsreform der Partei Mitte Juni 1932, die zu einer Zentralisierung der innerparteilichen Entscheidungsprozesse führte,[80] erließ er eine Verfügung, nach der Anträge in »parlamentarischen Körperschaften von Gemeinde bis Reichstag, die sich mit grundsätzlichen Fragen auch wirtschaftlichen Charakters befassen oder nach Art ihres Inhalts eine wichtige Stellungnahme der Partei bedeuten oder in der Öffentlichkeit besondere Beachtung finden werden, vor Einreichung dem Reichsorganisationsleiter zuzuleiten seien«. Dieser mußte sie durch den zuständigen Fachbearbeiter prüfen lassen und gegebenenfalls eine Entscheidung Hitlers herbeiführen.[81] Damit waren Alleingänge wie der Strölins ausgeschlossen. Durch Strölins Antrag und das Abstimmungsverhalten der Fraktion im Stuttgarter Gemeinderat wurde jegliche Eigeninitiative in den Parlamenten zu grundlegenden Fragen von Hitler unterbunden.[82]

Im Zusammenhang mit der Reorganisation der Partei verlor Strölin seinen Posten als Wirtschaftsbeauftragter, denn gerade im wirtschaftspolitischen Apparat fand eine starke Veränderung statt. Damit verbunden war der politische Niedergang des Leiters der Wirtschaftspolitischen Abteilung, Otto Wagener, der dem wesentlich industriefreundlicheren Walther Funk, nun Koordinator für sämtliche wirtschaftlichen Fragen und als Berater des Reichsorganisationsleiters, unterstellt wurde. Dies bedeutete gleichzeitig den Anfang vom Ende des ständestaatlichen Konzepts innerhalb der NSDAP.[83]

Während der zweiten und dritten Lesung des Haushaltsplans in der Finanzabteilung hielt sich die NSDAP-Fraktion stark zurück. Lediglich bei zwei Entscheidungen mußte sich Strölin herbe Kritik der Linken gefallen lassen, denn er stimmte sowohl der Streichung einer Winterbeihilfe für Fürsorgeempfänger als auch dem Verkauf von städtischen Immobilien im Wert von zwei Millionen Reichsmark zu.[84] Mit den abschließenden Beratungen über den Haushaltsplan für 1932 konnte erst Anfang Juli begonnen werden, da verschiedene Notverordnungen der Reichs- und der württembergischen Regierung immer neue Änderungen der Planansätze notwendig machten. Die entscheidenden Sitzungen fanden vom 7. bis 11. Juli, also mitten in der heißen Phase des Reichstagswahlkampfs, statt. Wie nicht anders zu erwarten, übernahm Strölin die Aufgabe als Redner seiner Fraktion in der anfänglichen Generaldebatte zu sprechen.

In einer fast zweistündigen Rede, bei der er sich anscheinend eng an sein Manuskript hielt, da er auf Angriffe der Vorredner kaum einging, rechnete er mit der bisherigen Kommunalpolitik ab und stellte seine eigenen Positionen dagegen.[85] Zu Beginn entwickelte er nochmals ausführlich die wirtschaftspolitischen Vorstellungen seiner Partei, benannte dabei aber ausdrücklich die Sozialdemokraten und das Zentrum als die Schuldigen für die Misere. Nach längeren allgemeinen Einführungen kam er auf den Haushaltsplan und die Stuttgarter Kommunalpolitik zu sprechen. Dabei legte er seinen Ausführungen das Gutachten des Reichssparkommissars zugrunde, in dem er viele Punkte seiner Kritik bestätigt sah. Am Anfang des zweiten Teils seiner Rede präzisierte er die allgemeine Position seiner Fraktion zu den Beratungen des Haushaltsplans:

»Die Nationalsozialisten sahen ihre Aufgabe darin, überall da für Abstriche einzutreten, wo nach ihrer Auffassung echte Ersparnisse gemacht werden konnten, ohne damit die Arbeitslosigkeit zu vermehren. Wir konnten uns aber nicht entschließen, Abstriche zu machen, wo die Erhaltung unserer Werke gefährdet oder da, wo die weitere Verelendung der Bevölkerung auf gesundheitlichem, sozialem und kulturellem Gebiet unerträglich geworden wäre.«

Nach diesen wohlgewählten Worten ging er auf seine konkreten Vorstellungen ein. Von der Reduzierung der Höchstgehälter sprach er nicht mehr. Dagegen forderte er die Erhaltung des Berufsbeamtentums und verurteilte die Bevorzugung von Parteimitgliedern bei der Einstellung in den städtischen Dienst; deshalb sollte ein allgemein verbindlicher Stellenplan aufgestellt werden. Neu waren seine Forderungen nach einem Verbot der Nebentätigkeit von Beamten. Ferner schlug er die Einführung der Durcharbeitszeit vor, das heißt eine Reduzierung der bis dahin üblichen zweistündigen Mittagspause auf ein halbe Stunde. Zur Beseitigung der Arbeitslosigkeit hielt er bessere Mittelzuweisungen des Landes für städtische Arbeitsbeschaffungsmaßnahmen und die Einführung eines freiwilligen Arbeitsdienstes auf kommunaler Ebene für erforderlich. In den Theatern wollte er einen nationalen Spielplan sehen und nicht Stücke wie »Schatten über Harlem«, das 1930 zu einem von den Rechten inszenierten Theaterskandal geführt hatte. Auch waren ihm ausländische Lehrer an der Hochschule für Musik suspekt.

Auf sozialpolitischem Gebiet sprach er sich erneut für die Beibehaltung der Richtsätze für die gehobene Fürsorge und die Unterstellung des Wohlfahrts- und des Fürsorgewesens unter einen einzigen Referenten im Bürgermeisteramt aus, plädierte aber weiterhin für die Streichung der Sonderbeihilfen.

Da er in Bodenkäufen und städtischem Grundbesitz kein geeignetes Mittel zur Stadtplanung sah, bekräftigte er die Absicht seiner Fraktion, den Verkauf von städtischen Immobilien im Wert von zwei Millionen Reichsmark zu billigen, um damit zum Ausgleich des Haushalts beizutragen. Entschieden wehrte er sich im Namen seiner Fraktion gegen die Erhöhung der Bürgersteuer um 150 Prozent, da dies die unteren Einkommensgruppen überdurchschnittlich schwer treffen würde und schlug statt dessen die Einführung der Warenhaus- und Filialsteuer vor, die allerdings vom Landtag hätte beschlossen werden müssen. Gerade für diese wirtschaftspolitischen Vorschläge hatte er sich nach seinen schlechten Erfahrungen im Mai und Juni eigens an Fiehler in München gewandt, um sich dort Rückendeckung zu holen.[86]

Zum Schluß seiner Rede verließ er die kommunalpolitischen Niederungen. Zur Beseitigung der Arbeitslosigkeit, appellierte er an seine Gemeinderatskollegen, müsse endlich die Forderung seiner Partei nach Einführung einer allgemeinen Dienstpflicht aller Zwanzig- und Einundzwanzigjährigen in die Tat umgesetzt werden. Hinzu käme die Förderung der Rücksiedlung Arbeitsloser von der Stadt aufs Land. Um all diese Vorhaben finanzieren zu können, empfahl er eine Erhöhung des Kreditvolumens durch die Ausgabe von Steuergutscheinen, wozu die Verstaatlichung der Reichsbank und der Großbanken eine unbedingte Voraussetzung sei. Diese Forderungen entsprachen dem nationalsozialistischen Wirtschaftsprogramm (Sofortprogramm), das für kurze Zeit während des Reichstagswahlkampfs im Juli eine wichtige Rolle spielte, danach aber wieder zurückgezogen wurde.[87]

Insgesamt ließ Strölins Etatrede erkennen, daß er seine Grundpositionen seit der Oberbürgermeisterwahl kaum verändert hatte. Lediglich einige Punkte seines kommunalpolitischen Programms für Stuttgart hatte er nach fast sechsmonatiger Arbeit im Gemeinderat präzisieren müssen. Dabei bleibt jedoch zu berücksichtigen, daß außer den energiepolitischen Fragen, in denen er selbst Fachmann war, der größte Teil der neu vorgebrachten Ideen nicht von ihm stammte, sondern dem Gutachten des Reichssparkommissars entnommen war. Diese Vorstellungen bestimmten auch Strölins weitere Tätigkeit.

Mit seinem Auftritt konnte Strölin erneut einen persönlichen Erfolg verbuchen, denn alle bürgerlichen Zeitungen würdigten seine Rede in längeren Artikeln mit überwiegend positiven Kommentaren und attestierten ihm den Willen zu »ernster und sachlicher Arbeit«.[88] Etwas Besseres konnte der Stuttgarter NSDAP gut drei Wochen vor der Reichstagswahl nicht passieren. Eines ihrer führenden Mitglieder war in der bürgerlichen Presse auch als Stadtrat endgültig salonfähig geworden.

Nachdem allein die Generaldebatte eineinhalb Tage gedauert hatte, begann der Gemeinderat mit der Beratung der Einzelhaushaltspläne. Gleich der erste Punkt hatte die größte Brisanz. Da es um die Begrenzung der Höchsteinkommen ging, wartete man gespannt auf das Verhalten der NSDAP. Nun sicherlich nach Absprache mit München stellte Strölin einen eigenen Antrag, der weiterhin bei Beamten eine Obergrenze von 12 000 RM vorsah. Bei anderen Beschäftigten setzte er wegen der fehlenden Pensionsberechtigung das Limit bei 15 000 RM fest. Mehreinkünfte sollten restlos weggesteuert werden. Allerdings legte er dem Verbrauch die Definition des Einkommensteuergesetzes zugrunde, was bedeutete, daß Einkünfte, die reinvestiert oder zur Rücklagenbildung verwendet würden, nicht einzubeziehen wären.[89] Mit dieser Einschränkung hatte man einen industrie- und mittelstandsfreundlichen Ausweg gefunden. Der so modifizierte Antrag fand schließlich im Gemeinderat eine Mehrheit, nachdem die NSDAP den von ihr mitgetragenen Antrag aus der Finanzabteilung zu Fall gebracht hatte, indem sie sich der Stimme enthielt. Das »sozialistische« Image blieb gewahrt, ohne die eigene Klientel zu verschrecken. Zusätzlich gelang es seiner Fraktion, auch einen Antrag auf Einführung eines freiwilligen Arbeitsdienstes beim Tiefbauamt durchzusetzen.

Damit hatte Strölin sein Pulver fast verschossen. Im weiteren Verlauf der Beratungen überließ er es seinem Stellvertreter Hugo Kroll für die Fraktion zu sprechen, der jedoch meist schwieg. Die Nationalsozialisten blieben bei ihren Entscheidungen aus den Vorberatungen in der Finanzabteilung. Strölin meldete sich lediglich noch einmal zu Wort, als es um die Haushalte der städtischen Versorgungsbetriebe ging.

Ebenso wie die meisten anderen Parteien lehnte die NSDAP am Schluß die Vorschläge des Bürgermeisteramts zur Deckung des Haushaltsdefizits in Höhe von 6 Millionen Reichsmark ab, so daß sich Lautenschlager gezwungen sah, diese durch eine Notverordnung in Kraft zu setzen.[90] In der Zeit des Wahlkampfes wollte keine Partei Entscheidungen treffen, die sich gegen ihre potentiellen Wähler gerichtet hätten.

Obwohl die öffentlichen Haushaltsberatungen Strölin die Möglichkeit geboten hätten, seine Vorstellungen einer »nationalsozialistischen Kommunalpolitik« durch entsprechende Anträge zu verdeutlichen, ließ er diese Chance fast ungenutzt. Ganze vier Anträge stellte seine Fraktion in der letzten Beratungsrunde. Als es um die konkrete Umsetzung der Ideen ging, schwieg man sich aus. Für diese Zurückhaltung dürften mehrere Gründe verantwortlich gewesen sein. In erster Linie muß in diesem Zusammenhang die kommunalpolitische Unerfahrenheit Strölins und der Fraktion genannt werden, denn man wurde nur in den Fällen aktiv, wo man glaubte, sich einigermaßen auszukennen. Zum anderen spielte sicherlich der Ärger, den man sich mit dem Vorstoß bezüglich der Höchstgehälter eingehandelt hatte, und die daraus resultierenden Vorschriften der Partei eine nicht zu unterschätzende Rolle, da sie zu einer gewissen Verunsicherung beitrugen, welche Themen erst nach Rücksprache mit der Parteiführung angesprochen werden durften.

Nach dem Sitzungsmarathon im Juli versank die NSDAP-Fraktion in Schweigen. Außer einigen belanglosen Wortmeldungen geschah von ihrer Seite nichts. Erst nach zweieinhalb Monaten wurde Strölin wieder aktiv. Am 22. September stellte er seinen zweiten Dringlichkeitsantrag, weil für den Ausbau der Staustufe Münster im Rahmen der Neckarkanalisierung die Neckarbaudirektion drei nicht ortsansässige Firmen zur Angebotsabgabe aufgefordert hatte. Ferner forderte er die Vorlage des Vertrags zwischen Stadt, Reich und Neckarbaudirektion über die Staustufe vor dessen Unterzeichnung. Damit griff er jedoch nur Ideen auf, die vorher bereits ausführlich und ohne sein Zutun in nichtöffentlichen Ausschußsitzungen besprochen worden waren.[91] Auch die erneute Ablehnung einer Erhöhung der Bürgersteuer erregte kein Aufsehen, denn damit befand er sich in voller Übereinstimmung mit der überwiegenden Mehrheit des Gemeinderats.[92] Selbst im Vorfeld der Reichstagswahl vom 6. November 1932 blieb er relativ farblos. Zwar versuchte er, im Zusammenhang mit Problemen, die beim Erwerb des ehemaligen Exerzierplatzgeländes auf dem Cannstatter Wasen durch die Stadt entstanden waren, bürgerliche Ressentiments gegen die Verschwendungssucht der Verwaltung und der sie tragenden politischen Parteien zu schüren sowie auf eine Aufhebung der vom Landtag eingeführten Fleischsteuer zu drängen, doch konnte er damit nur wenig erreichen.[93] Zu dieser Zeit zeichnete sich auch bei ihm eine Änderung der politischen Frontstellung ab, wie sie für den Wahlkampf im November 1932 und die Wochen nach der Wahl reichsweit typisch war. Galten bis dahin KPD, SPD und Liberale als Hauptgegner, so verschärften sich nun die Konflikte mit den Deutschnationalen.

Besonders drastisch zeigte sich dies in der Gemeinderatssitzung am 8. Dezember, als es um den Rechnungsabschluß für 1931 ging. Strölin hatte sich auf diesen Tagesordnungspunkt, der früher in Minuten abgehandelt wurde, genauestens vorbereitet und benützte ihn zu einer Generalabrechnung mit der Verwaltung. Vor allem mit dem Finanzreferenten Walter Hirzel, zugleich Landesvorsitzender der Deutschnationalen in Württemberg, ging er heftig ins Gericht.[94] Wiederum gestützt auf das Gutachten des Reichssparkommissars griff er einige Posten heraus und versuchte erneut, seine bekannten kommunalpolitischen Vorstellungen aufzuzeigen. Dem Bürgermeisteramt und dem alten Gemeinderat warf er direkt vor, die Bürger betrogen zu haben. Nicht gerade neu in seiner Argumentation, kritisierte er Hirzels Finanzpolitik wegen ihrer übertriebenen Ausgabenpolitik und der zu hohen Verschuldung.

Die Reaktionen auf die Angriffe zeigten, wie Strölins Auftreten im Gemeinderat von seinen Kollegen gesehen wurde. Wie früher schon andere Redner, bemängelte Hirzel in seiner Antwort hauptsächlich Strölins Überheblichkeit und Besserwisserei, die ihn nicht nur bei der Verwaltung, sondern auch bei seinen Ratskollegen unbeliebt gemacht hatten. Strölin hatte anscheinend Zeit genug, die Vorlagen der Verwaltung und die städtischen Sachakten durchzuarbeiten. Zudem nahm er an Sitzungen von Ausschüssen teil, denen er nicht angehörte. Sein sozialdemokratischer Kontrahent, Hirn, wollte Strölin gar einen halben Zentner alter Rechnungsabschlüsse schenken, »da er bekanntlich eine Freude an möglichst viel bedrucktem Papier habe«.[95] Hirzel hielt Strölin weiter vor, immer neue Forderungen an die Stadtverwaltung zu stellen, ohne sich dabei zu überlegen, wie sie finanziert werden könnten, um dann, wenn die entsprechenden Anträge abgelehnt werden müßten, von einer Mißwirtschaft in der Verwaltung zu sprechen.[96]

Noch bei einem anderen Punkt erregte Strölin Aufsehen. Als es um einen Zuschuß für die Waldorfschule ging, äußerte er sich zunächst sehr skeptisch über deren pädagogisches Konzept und die Unabhängigkeit der Schule von staatlicher Kontrolle. Obwohl er schließlich einem, wenn auch reduzierten, städtischen Beitrag zustimmte, machte er deutlich, daß er und seine Fraktion einer derartigen Subventionspolitik gegenüber Schulen, »die nicht auf dem Boden des Staatslebens stehen«, in Zukunft nicht mehr zustimmen würden.[97]

Der Rest des Jahres 1932 und der Januar 1933 verliefen im Gemeinderat in relativ ruhigen Bahnen.

Nach dem Amtsantritt Hitlers änderte sich dies schnell. Die Nationalsozialisten fühlten sich nun deutlich im Aufwind. Die Gemeinderatssitzung am 9. Februar begann jedoch langweilig. Trotz der veränderten politischen Lage diskutierte man rund zwei Stunden über ein Rauchverbot in der Stadthalle. Schon konfliktgeladener unterhielt man sich anschließend über weitere Arbeitsbeschaffungsmaßnahmen, für die im Rahmen des Gereke-Plans Reichsmittel bereitstanden. Strölin wandte sich erneut gegen eine Ausgabenpolitik und den »Rekordfimmel in Stuttgart«, wobei er die Wohnungs-, Grunderwerbs- und Eingemeindungspolitik als Hauptübel betrachtete.[98] Zwar stimmte er dem Gereke-Plan im Prinzip zu, doch hielt er die darin zur Verfügung gestellten 500 Millionen Reichsmark für die Arbeitsbeschaffung für zu niedrig. Zudem forderte er eine Änderung der Darlehensbedingungen, damit die Gemeinden nicht weiter belastet würden. Dies wollte er dadurch erreichen, daß ein Teil der Mittel als verlorene Zuschüsse gewährt und der Rest nur gering verzinst werden sollte.[99] Noch einmal brachte ihn ein sozialdemokratischer Gemeinderat in arge Verlegenheit. Der Fraktionsvorsitzende Franz Engelhardt stellte unter Berufung auf die nationalsozialistische Forderung nach der »Brechung der Zinsknechtschaft« den Antrag, an die Reichsregierung den Wunsch zu richten, »sie möge die Darlehen aus dem Sofortprogramm den Gemeinden zinslos zur Verfügung stellen«.[100] Damit war Strölin und seine Fraktion wieder in der Zwickmühle. Ihnen blieb schließlich nichts anderes übrig, als diese Forderung, auf die sie sich mehrfach berufen hatten, zu unterstützen. Nach der Annahme machte Strölin jedoch sofort einen Rückzieher und erklärte:

»Ich möchte ausdrücklich feststellen, daß wir zwar dem Antrag zugestimmt haben, es aber grundsätzlich nicht für notwendig halten, daß der nationalen Regierung derartige agitatorische Forderungen und Wünsche zugestellt werden.«[101] Anscheinend war ihm die Tragweite dieser Zustimmung erst zu spät klar geworden.

Danach spitzte sich der Konflikt zu. Zum Knall kam es, als Strölin für den Deutschen Sportklub, eine NSDAP-Organisation, der ausschließlich SA- und SS-Mitglieder angehörten, die Zuweisung von Turnhallen forderte. Bei der Begründung seines Antrags schlug er stark antisemitische Töne an. Sie richteten sich gegen den alten jüdischen Sportklub »Hakoah«, der in einer städtischen Turnhalle seine Übungsstunden abhielt. Es war für Strölin schlicht eine »Ungeheuerlichkeit«, daß man diesen Verein den Nationalsozialisten vorzog.[102] In der anschließenden Diskussion prallten die Meinungen hart aufeinander. Redner von SPD und KPD prangerten das brutale Vorgehen der NSDAP während des laufenden Wahlkampfes an. Durch einen Zwischenruf des nationalsozialistischen Stadtrats Karl Metzger kam es erstmals im Gemeinderat zu derart stürmischen Szenen, daß die Sitzung erst fortgeführt werden konnte, als Metzger nach einem Ordnungsruf von Lautenschlager seine Äußerung mit Bedauern zurücknahm. Die Ruhe war jedoch nur von kurzer Dauer. Zu einem Antrag auf Schluß der Debatte stellte Strölin zurecht fest, daß seine Partei noch nicht zur Sache gesprochen habe.[103] Als daraufhin Paul Sauer das Wort erhielt, verließen SPD, KPD und Zentrum unter Protest den Raum. Damit war der Gemeinderat beschlußunfähig. Strölins Antrag zur Geschäftsordnung war gleichzeitig seine letzte Äußerung in einer öffentlichen Sitzung des freigewählten Gemeinderats. Die letzte Plenarsitzung fand schließlich nichtöffentlich am 23. Februar 1933 statt. Dabei wurden bei allen sechs Tagesordnungspunkten, meist Personalfragen, die Anträge der Verwaltung mit großer Mehrheit oder gar einstimmig angenommen.[104] Weitere für den 9. und 16. März geplanten Sitzungen mußten wegen der veränderten politischen Lage nach dem 5. März abgesagt werden.

Anders als im Reich gelang es der NSDAP und ihrem Koalitionspartner, der deutschnationalen Kampffront Schwarz-Weiß-Rot, in Württemberg und Stuttgart nicht, bei den Reichstagswahlen am 5. März die absolute Mehrheit zu erreichen. Mit zusammen 47,0 Prozent im Land und 43,6 Prozent in der Stadt gegenüber 51,9 Prozent reichsweit blieben sie hinter ihren Erwartungen zurück.[105] Doch auch hier drängten die Nationalsozialisten nun zur Macht. Den ersten Schritt in diese Richtung stellte am 7. März das demonstrative Hissen der Hakenkreuzfahne an öffentlichen Gebäuden dar. Im Stuttgarter Rathaus widersetzte sich Bürgermeister Gottfried Klein, der den abwesenden Lautenschlager vertrat, diesem Vorhaben, mußte aber der Gewalt der SA weichen. Nach heftigen Angriffen sah sich Lautenschlager später gezwungen, Klein wegen seines Protestes zu beurlauben.[106]

Der nächste Schlag erfolgte einen Tag später. Unter Berufung auf die nach dem Reichstagsbrand erlassene Verordnung zum Schutz von Volk und Staat ernannte der nationalsozialistische Reichsinnenminister Wilhelm Frick den SA-Gruppenführer und NSDAP-Reichstagsabgeordneten Dietrich von Jagow zum Reichskommissar für die württembergische Polizei, da angeblich die Sicherheit im Lande nicht mehr gewährleistet sei.[107] Damit hatte die Landesregierung aus Zentrum, Deutscher Demokratischer Partei und Deutscher Volkspartei unter Staatspräsident Eugen Bolz ihre Exekutivgewalt verloren. Jagow ging sofort ans Werk und setzte als verlängerter Arm der Reichsregierung die Verbots- und Verhaftungsmaschinerie in Gang. Am 15. März trat der Landtag nach heftigen internen Auseinandersetzungen zwischen Murr und Mergenthaler zur Neuwahl des Staatspräsidenten zusammen. Für Murr stimmten neben der NSDAP der Württembergische Bauern- und Weingärtnerbund, die Deutschnationalen und der Christliche Volksdienst. Da sich DDP und Zentrum der Stimme enthielten, votierte lediglich die SPD gegen den nationalsozialistischen Kandidaten. Die Kommunistische Partei war durch Aktionen Jagows bereits ausgeschaltet. Murr übernahm neben seinem Amt als Staatspräsident auch das Innen- und das Wirtschaftsministerium. Nach dieser Wahl war auch in Württemberg die Macht in nationalsozialistischer Hand.

## Staatskommissar – Machtergreifung im Rathaus

Obwohl die Gemeinderatssitzung am 16. März abgesagt worden war, erschien Strölin an diesem Nachmittag im Rathaus. Diesmal kam er aber nicht in seiner Funktion als Fraktionsvorsitzender der NSDAP, sondern als der neue starke Mann der Stuttgarter Verwaltung. Dazu wies ihn ein Schreiben von Staatspräsident Murr als Innenminister aus. In zwei dürren Sätzen hatte er den Machtwechsel auf dem Stuttgarter Rathaus niedergelegt:

»Die Zeitverhältnisse zwingen mich, die Verwaltung der Landeshauptstadt Stuttgart kommissarisch in die eigene Hand zu nehmen. Ich bestelle hiermit als Staatskommissar Herrn Stadtrat Dr. Strölin.«[108]

Diese gesetzlich nicht untermauerte Entscheidung Murrs, denn nach der Württembergischen Gemeindeordnung von 1930 konnte die Aufsichtsbehörde nur dann Entscheidungen im Namen von Gemeinden treffen, wenn diese zahlungsunfähig waren oder ihren gesetzlichen Verpflichtungen nicht nachkamen[109], bedeutete nichts anderes als die Kaltstellung des gewählten Oberbürgermeisters Lautenschlager und des Gemeinderats. Lautenschlager hatte wenigstens das Glück, formell auf seinem Posten bleiben zu können und nicht wie andere seiner württembergischen Oberbürgermeisterkollegen abgesetzt, beurlaubt oder gar verhaftet zu werden.[110] Die Stuttgarter und württembergische NSDAP war anscheinend nicht an seiner öffentlichen Demontage interessiert.[111] Strölin und das Innenministerium betonten wohl aus diesem Grund immer wieder, daß durch seine Ernennung die Befugnisse des Gemeinderats auf den Staatskommissar übergegangen seien. Deutlicher drückte der NS-Kurier die wahren Absichten aus, als er seinen kurzen Bericht über die Berufung Strölins mit der Überschrift »Lautenschlager ausgeschaltet« versah. In Zukunft waren Zusammenkünfte des Gemeinderats-Plenums nicht mehr vorgesehen. Die Abteilungen dagegen blieben zunächst erhalten und konnten weiterberaten, wobei sich Strölin ausdrücklich die Festsetzung der zu behandelnden Themen und die Ausführung der Entscheidungen vorbehielt.[112]

Noch am selben Abend nahm Strölin seine Tätigkeit auf. Zunächst vereinbarte er mit Lautenschlager »die Art der Ausübung der gegenseitigen Tätigkeit«.[113] Wie diese Aufgabenverteilung aussah, ging aus einem Erlaß an die städtische Belegschaft vom 23. März hervor. Danach mußte sämtliche Post an Strölin über Lautenschlager geleitet werden, der ebenfalls für Vorbesprechungen zuständig war.[114] Danach entsprach Lautenschlagers Funktion derjenigen eines persönlichen Referenten, der dem neuen Herrn zuarbeiten mußte, ohne – im Gegensatz zu den anderen Bürgermeistern und Referenten – eigenständige Entscheidungen treffen zu dürfen. Dies läßt sich besonders gut an Schriftstücken ersehen, die über ihn an Strölin gesandt wurden. Lapidar vermerkte er darauf: »Gesehen! Lautenschlager«.[115]

Strölin, als langjähriger städtischer Beamter, erkannte von Anfang an, daß eine effiziente Verwaltung selbst unter nationalsozialistischen Vorzeichen nur dann funktionieren konnte, wenn es gelang, wenigstens das

Vertrauen der Bürgermeister und Berichterstatter des Bürgermeisteramts zu gewinnen. Aus diesem Grund traf er sich mit ihnen noch am Abend des 16. März und legte seine Vorstellungen für die Zusammenarbeit dar.[116] Strölin hatte kein Interesse daran, den Handlungsspielraum seiner neuen Mitarbeiter zu sehr einzuschränken. In einer Verfügung legte er daher fest:

»Die Beamten des Bürgermeisteramts werden im Rahmen ihrer bisherigen Zeichnungsbefugnis ermächtigt, Verfügungen und Schreiben in meinem Auftrag zu unterzeichnen. Die Unterschrift lautet: Der Staatskommissar I.V.«

Für sich selbst behielt er »Entscheidungen in Angelegenheiten von wichtiger und grundsätzlicher Art sowie in sämtlichen Personalangelegenheiten« vor.[117] Dies bedeutete, daß von nun an die Referenten in vielen Einzelfragen, die bisher in gemeinderätlichen Abteilungen behandelt werden mußten, relativ eigenständig entscheiden konnten. Davon machten sie entsprechend Gebrauch.[118] So entschied beispielsweise der für Bauangelegenheiten zuständige Bürgermeister Daniel Sigloch in der Folgezeit über Stadtbaupläne, Baugesuche und Bausperren, häufig ohne Strölin einzuschalten.[119] Durch diese weitgehende Entscheidungsfreiheit konnte sich Strölin ihrer Loyalität einigermaßen sicher sein. War die Einschränkung der Gemeinderatsrechte doch eine alte Forderung aus Beamtenkreisen, und auch der Reichssparkommissar hatte in seinem Gutachten über die Stuttgarter Verwaltung ähnliches vertreten. Trotz allem hielt Strölin es zunächst für sicherer, die Referenten einer gewissen Kontrolle zu unterwerfen. Er berief deshalb für einzelne Arbeitsgebiete Kommissare, die ihm direkt unterstanden. Doch schien die Zusammenarbeit zwischen ihnen und den zuständigen Referenten bis auf einige wenige Punkte relativ reibungslos verlaufen zu sein.[120] Nachdem Strölin so die Verwaltungsspitze für sich gewonnen hatte, konnte er beruhigt an die weitere Arbeit gehen. In einem Erlaß an die städtischen Ämter gab er seine Ernennung sowie seinen Amtsantritt bekannt und ordnete an, daß die Geschäfte wie bisher zu erledigen seien, soweit keine anderen Anordnungen getroffen würden.[121]

Ebenfalls am ersten Abend im Rathaus stellte er den Dipl.-Ing. Paul Lutz zur Dienstleistung bei ihm ein, der die Kontrolle der Verwaltung sofort sichern sollte. Am nächsten Tag ließ er Gotthilf Hablizel vom

Tiefbauamt und einen Beamten des Fürsorgeamts seinem neuen Aufgabengebiet zuordnen.[122]

Als eine seiner ersten Amtshandlungen verfügte er am 17. März, den Haushaltsentwurf für 1933 direkt zur Beratung in die Finanzabteilung zu überweisen. Als ersten Tagesordnungspunkt setzte er die Behandlung der Hundesteuer mit der Maßgabe fest, sie herabzusetzen, was bereits im Jahre 1932 fast alle Fraktionen gefordert hatten. Noch am 14. März hatte Hirzel in einer nichtöffentlichen Sitzung der Inneren Abteilung mitgeteilt, daß diese Frage spätestens zu Beginn der nächsten Woche behandelt würde. Damals stimmte Strölin wie alle anderen zu. Mit seiner »Verfügung« bestätigte er also lediglich eine bereits beschlossene Terminplanung.[123] Den Beginn der Behandlung legte er auf den 20. März, denn die Zeit drängte, da die Hundesteuer am 1. April fällig wurde. Nach Bekanntwerden seiner Amtsübernahme hatten sich zudem verschiedene Personen mit diesem Anliegen an ihn gewandt.[124] Gleichzeitig ordnete er an, daß die Verwaltung umgehend mit der Herausgabe ihrer Stellungnahme zum Gutachten des Reichssparkommissars beginnen sollte und verbot das Schächten im Schlachthof. Bei letzterem folgte er jedoch nur einer gleichlautenden Anordnung der württembergischen Regierung.[125]

Am nächsten Tag stellte er dem Deutschen Sportklub die durch das Verbot des sozialdemokratischen Reichsbanners freigewordenen Sportstätten zur Verfügung. Über die Vergabe der früher von den nun verbotenen kommunistischen Sportvereinen genutzten Sportstätten wollte er dagegen erst später entscheiden. Eher nebenbei verbot er noch das Einsammeln von Mitgliedsbeiträgen für marxistisch eingestellte Organisationen auf städtischem Grund, womit er besonders auf die Gewerkschaften im öffentlichen Dienst zielte.[126]

Am Montag, dem 20. März begann im Stuttgarter Rathaus die große Säuberung. Zunächst beurlaubte Strölin »bis auf weiteres« neun höhere Beamte[127]; die meisten davon wegen ihrer Zugehörigkeit zur SPD, für die sie teilweise als Mandatsträger im Landtag oder Gemeinderat saßen oder gesessen hatten. Gegen drei der Betroffenen liefen Disziplinarverfahren. Eine Besonderheit stellte der Fall des Direktors der Bäderverwaltung, Friedrich Fischer, dar. Obwohl er als Sozialdemokrat früher auch dem Gemeinderat angehört hatte, spielte sein hohes Alter von 68 Jahren die entscheidende Rolle. Deshalb hatte der Gemeinderat schon früher mit den Stimmen der SPD mehrfach seine Pensionierung verlangt und am 14. März zur Kenntnis genommen, daß es nun endlich gelungen war, ihn zum Ausscheiden auf den 1. Oktober zu überzeugen.[128] Zu diesen neun kam noch Bürgermeister Klein, dessen Beurlaubung durch Lautenschlager Strölin ausdrücklich bestätigte. Ferner versetzte er Stadtbaurat Faerber vom Bürgermeisteramt ins Stadterweiterungsamt. Ein ähnliches Schicksal ereilte den sozialdemokratischen Gemeinderat Gotthilf Bayh. Obwohl Betriebsratsvorsitzender im Gaswerk, teilte ihn Strölin dem Kraftfahramt zu. Damit nahm er der Arbeitnehmervertretung in diesem Amt, dem er selbst angehörte, den führenden Kopf.[129] Glimpflicher erging es dem Leiter des Marktamtes, den Strölin aufforderte, mit sofortiger Wirkung seine Ämter im Konsumverein niederzulegen.

Noch ging Strölin bei seinen Personalentscheidungen vorsichtig zu Werke, um nicht die gesamte Belegschaft zu verschrecken. Trotzdem sah er sich gezwungen, schon am 21. März in einem Aufruf die städtischen Bediensteten zu beruhigen, aber deutlich den Rahmen seiner zukünftigen Personalpolitik aufzuzeigen:

»Die von mir ausgesprochenen Beurlaubungen, zu denen ich nach Lage der Dinge gezwungen war, haben Unruhe in gewisse Kreise der Beamtenschaft getragen. Hierzu ist kein Grund vorhanden. Ich werde freilich auch weiterhin unnachsichtlich gegen solche Beamte einschreiten, die ihre Pflicht verletzen oder die sich gegen die nationale Regierung betätigen. Wer nicht gewillt ist, an dem Wiederaufbau unseres Vaterlandes auf nationaler Grundlage positiv mitzuarbeiten, von dem erwarte ich, daß er freiwillig aus dem Dienst der Stadt ausscheidet. Alle anderen Beamten, Angestellten und Arbeiter fordere ich auf, ihre ganze Kraft freudig und zuversichtlich in den Dienst der kommenden großen Aufgaben zu stellen.«[130]

Klarer konnte er sich kaum ausdrücken. Politisch Andersdenkende hatten in einer von ihm geleiteten Stadtverwaltung keine Existenzberechtigung.

Noch rigoroser ging er gegen die sozialdemokratische Gemeinderatsfraktion vor, die als einzige noch ein oppositionelles Potential darstellte. Die meisten kommunistischen Stadträte saßen nach der ersten großen Verhaftungswelle am 10. März entweder in den Gefängnissen oder befanden sich auf der Flucht, so daß er sich mit ihnen nicht mehr beschäftigen mußte. Zynisch »empfahl« Strölin fünf SPD-Gemeinderäten am gleichen Tag, »das Rathaus bis auf weiteres nicht mehr zu betreten«.[131] Dieses Rathausverbot bedeutete die Ausschaltung aus der Gemeinderatsarbeit und stellte einen eklatanten Rechtsverstoß dar. Einer der Betroffenen, Karl Großhans, verlor als Vorsitzender des städtischen Gesamtbetriebsrats auch jede Möglichkeit dieses Amt weiter auszuüben. Kaum überraschend kam, daß Strölin den Freidenkern die bisher von der Stadt für den Unterricht und die Jugendweihe zur Verfügung gestellten Schulräume entzog.

Am Abend konnte sich Strölin erstmals vor den Gemeinderäten der Finanzabteilung in seiner Funktion als Staatskommissar präsentieren. Wie am 17. angeordnet, trat das Gremium an diesem Tag zur Beratung des Haushaltsplans für 1933 zusammen. Strölin begann seine Eröffnungsrede mit der Bekanntgabe der Verfügung Murrs und betonte nochmals, daß damit die nach der Gemeindeordnung dem Gemeinderat obliegenden Befugnisse auf ihn übergegangen seien.[132]

Obwohl er in der Verfügung »eine sehr einschneidende Maßnahme« sah und die Schwierigkeiten der Gemeinderäte unter diesen Verhältnissen anerkannte, appellierte er an ihr »Pflichtgefühl« und bat sie, »auch in dieser schwierigen Lage ihre Erfahrung der Stadtverwaltung nicht vorzuenthalten.« Dies waren schöne, aber zugleich inhaltsleere Worte gegenüber Gemeinderäten, die zwar beraten durften, deren Entscheidungen Strölin aber jederzeit kassieren konnte, wenn sie nicht in seine Pläne paßten. Nach seiner Rede ließ er Lautenschlager als Vorsitzenden die Abteilung fragen, ob sie bereit sei, unter diesen Umständen in die Beratung des Haushaltsplans einzutreten. Zum Haushalt selbst trug er seine bekannten Positionen vor. Das Gutachten des Reichssparkommissars müsse aufs sorgfältigste berücksichtigt und »rücksichtsloseste Sparsamkeit« auch in diesem Jahr geübt werden. Daneben erwähnte er noch vier Aspekte, die zu berücksichtigen seien, also Vorschriften gleichkamen. So lehnte er eine Erhöhung der Biersteuer als untragbar ab und wollte die Hundesteuer ermäßigt sehen. Ferner hatten die Gemeinderäte die Beiträge an Vereinigungen daraufhin zu prüfen, ob diese in der Zwischenzeit verboten worden seien. Seinen alten Mittelstandsvorstellungen entsprach das Gebot, wonach alle Aktivitäten der Stadt abzubauen waren, die in Konkurrenz zu Handwerk und Einzelhandel stünden. Abschließend forderte er die Finanzabteilung auf, ihre Arbeit zu beschleunigen und sich auf das zur Sache Gehörende zu beschränken. Im Amtsblatt sollten nur noch die Ergebnisse erscheinen, wobei er sich die Genehmigung der Veröffentlichung vorbehielt.

In den wenigen Sitzungen der Finanzabteilung, die noch stattfanden, erhielten die allermeisten Ansätze der Verwaltung eine Mehrheit. Kein Wunder, eine effektive Opposition war kaum mehr möglich.

Das einzig Erfreuliche für die städtische Belegschaft an diesem Tag war eine Verordnung Strölins, daß am folgenden Tag anläßlich der Eröffnung des Reichstags in Potsdam die städtischen Dienststellen geschlossen blieben, damit alle Gelegenheit hätten, an den nationalen Kundgebungen teilzunehmen.[133]

Am Abend des 21. März veranstaltete die Stuttgarter Kreisleitung eine Kundgebung auf dem Marktplatz mit anschließendem Fackelzug durch die Stadt. Vom Balkon des Rathauses sprachen Hugo Kroll, nun Fraktionsvorsitzender der NSDAP im Gemeinderat, der nationalsozialistische Pfarrer Friedrich Ettwein aus Cannstatt und zum Schluß Strölin. In seiner kurzen Ansprache zog Strölin ein erstes Resümee seiner bisherigen Tätigkeit und versuchte wiederum, die nichtnationalsozialistischen Zuhörer für sich zu gewinnen. Dabei bot er allen die Mitarbeit an, die sich hinter die nationale Regierung stellten, denn der Sieg der nationalen Bewegung sei so groß, daß man keine kleinliche Rache zu nehmen brauche.[134] Dagegen rechtfertigte er sein Vorgehen gegen die Sozialdemokraten und die Turnhallenvergabe als »selbstverständliche Akte ausgleichender Gerechtigkeit und politischer Notwendigkeit«. Da Ettwein von Preußentum, Gottesfurcht, Pflichttreue und Vaterlandsliebe gesprochen hatte, blieb es Strölin überlassen, ein Loblied auf Adolf Hitler anzustimmen. Pathetisch klangen seine Worte:

»Adolf Hitler ist für uns das Symbol der Kraft, des wiedergewonnenen Glaubens an uns selbst und des unbedingten Vertrauens in eine bessere Zukunft. Ihm gelten daher neben dem allverehrten Herrn Reichspräsidenten unser innigster Dank und unsere heißesten Wünsche. Unserem Bekenntnis zu Adolf Hitler wollen wir aber heute noch einen ganz besonderen Ausdruck verleihen. Wir wollen seinen Namen einbrennen für alle Ewigkeit mitten in das Herz Stuttgarts.«

Daraufhin gab er die Umbenennung der Planie zwischen dem Alten und Neuen Schloß in Adolf-Hitler-Straße bekannt und bat das nationale Stuttgart, im Anschluß an die Kundgebung durch die neue Adolf-Hitler-Straße zu ziehen und dabei das Gelöbnis abzulegen:

»Jeder Gedanke, jeder Blutstropfen, jeder Atemzug soll von nun an gewidmet sein dem Wiederaufbau unseres Landes und unserem Führer Adolf Hitler.«

Anschließend nahm Strölin in dieser Straße die Parade der Stuttgarter Parteigliederungen ab. Ganz im Hintergrund standen bei der gesamten Veranstaltung die eigentlichen Organisatoren, der Kreisleiter und der örtliche SA-Führer. Strölin konnte sich als neuer Herrscher Stuttgarts sonnen, wäre nicht der ganze Vorbeimarsch an diesem ersten Frühlingstag durch ein plötzlich einsetzendes, heftiges Schneetreiben beeinträchtigt gewesen.[135]

Nachdem Strölin die einflußreichsten politischen Gegner aus der Stadtverwaltung verdrängt hatte, kümmerte er sich um einzelne Vorgänge. Als erstes erhob er Einspruch gegen ein vom Warenhaus Schocken beim Baupolizeiamt eingereichtes Baugesuch.[136] Damit konnte er seine mittelstandsfreundliche Gesinnung demonstrieren.[137] Seine Vorstellungen von Deutschtum und deutscher Baugesinnung dokumentierte er mit einer Entscheidung über die für den Sommer geplante Bauausstellung »Deutsches Holz für Haus und Wohnung«. Zwar unterstützte er den Grundgedanken der Ausstellung, verfügte aber, daß der Verkauf der Baugrundstücke nur dann in die Wege geleitet werden dürfe, wenn der Ausbauplan und die Baugesuche einem von ihm zu bestimmenden Beirat zur Entscheidung vorgelegt würden und sichergestellt sei, daß die Ausstellung nicht vom Deutschen Werkbund organisiert werde.[138] Der Werkbund war für Strölin und die meisten Rechten allein schon wegen seiner 1927 erstellten Weißenhofsiedlung untragbar. Er sah darin einen »Beweis für den Niedergang der deutschen Baugesinnung während der Nachkriegszeit« und wollte Stuttgart vor einer weiteren Verschandelung bewahren.[139]

Grundlage für dieses Vorgehen war ein Gutachten, das der Stuttgarter Architekturprofessors Paul Schmitthenner Anfang März im Auftrag der NSDAP-Fraktion erstellt hatte. Ohne die endgültige Planung zu kennen, kam er auf der Basis einer Vorplanung des Werkbundes zu dem

Schluß, dem Bebauungsplan fehle die Einheitlichkeit, und die verschiedenartigen Dachlösungen seien unbefriedigend. Zwar wehrte sich der Werkbund gegen das Gutachten, doch Schmitthenner saß mit Strölins Unterstützung am Hebel der Macht. Er mußte sich schließlich zurückziehen, und mit einem im Mai gegründeten »Verein Deutsches Holz für Hausbau und Wohnung« sowie einer Kommission für baukünstlerische Gestaltung, in der Schmitthenner und Paul Bonatz als Vertreter der Stuttgarter Schule den Ton angaben, konnte die Ausstellung schließlich realisiert werden. In Stuttgart wurde nun deutsch gebaut.[140]

Kurz nach Strölins Machtübernahme brach eine wahre Flut von Denunziationen, Stellengesuchen und Bitten über die Stadtverwaltung herein. Immer wieder sah sich Strölin gezwungen, in der Presse auf Auswüchse hinzuweisen und zu warnen. Dies begann am 24. März, als er mitteilen ließ, »daß unterschriftslose Schreiben sofort ungelesen in den Papierkorb fliegen. Die anderen Mitteilungen werden sorgfältig geprüft.« Zugleich drohte er den Denunzianten, »daß sie bei Anzeigen und Verdächtigungen ihre Angaben eidlich zu erhärten haben werden. Gegen leichtfertige Angebereien und Verleumdungen werde er nachdrücklich einschreiten«.[141]

Am selben Tag nahm er Oberbürgermeister Lautenschlager gegen Angriffe im Schwäbischen Merkur in Schutz.[142] Denn kaum hatten die politischen Veränderungen nach der Reichstagswahl in Württemberg begonnen, verlor Lautenschlager fast schlagartig die Unterstützung der Deutschen Volkspartei und ihres Presseorgans, des Schwäbischen Merkurs. Der unter dem Pseudonym Meyer-Scharten schreibende DVP-Gemeinderat Oskar Ahner begann in seiner sonntäglichen Kolumne, »Bürgergespräche«, eine Kampagne gegen Lautenschlager.[143] Strölin ließ mehrmals über einen städtischen Rechtsrat die Angriffe entkräften. Kurze Zeit später wandte er sich selbst im Amtsblatt gegen »unsinnige Gerüchte«, wonach zwei Töchter Lautenschlagers in hochbezahlten Stellungen bei der Stadt beschäftigt seien.[144]

Am 27. März war Strölin wieder ganz in seinem Element. Gemeinsam veranstalteten die Deutschnationalen und die NSDAP eine Mittelstandskundgebung, auf der er als Hauptredner auftrat. Doch Neues konnte er seinen Zuhörern nicht bieten. Vielmehr wiederholte er seine seit zwei Jahren stereotyp vertretenen Positionen über die Ursachen für die schlechte Lage der deutschen Wirtschaft, des Mittelstandes und der Gemeinden. Sehr scharf ging er mit der Erzbergerschen Steuerreform von 1919 ins Gericht. Diese sei ein »Steuer-Bolschewismus«, der jeden klaren Überblick über die Belastungen der einzelnen Wirtschaftsgruppen unmöglich mache. Wie in jenen Tagen auch Hitler verlangte er eine Steuerreform, die eine Vereinfachung des Finanzwesens bringen sollte.[145] Als besonders gefährlich für den Mittelstand im lokalen Bereich prangerte er die große Zahl kommunaler Eigenbetriebe an. Dies bot ihm Gelegenheit, auf seine bisherigen mittelstandsfreundlichen Entscheidungen hinzuweisen. So hatte er der Verwaltung verboten, in Warenhäusern, Konsumvereinen, Einheitspreisgeschäften und Großfilialbetrieben einzukaufen. Desgleichen untersagte er in städtischen Ämtern Vertreterbesuche und den Verkauf von Waren. Um eine »saubere« Verwaltung zu erreichen, versprach er, künftig bei der Vergabe von städtischen Aufträgen streng nach der Reichsverdingungsordnung zu verfahren. Schöne Worte, denen Taten erst folgen mußten. Als schädlich bezeichnete er die bisherige Ausgabenpolitik der Stadt und die schematische Regelung der Fürsorge. Dabei schmeichelte er sich bei den Anwesenden durch die Feststellung ein, der Mittelstand sei »nach seiner ganzen geistigen Haltung nicht gewöhnt, öffentliche Fürsorge in Anspruch zu nehmen«. Hier schürte Strölin ein Ressentiment gegen Arbeiter und Arbeitslose, das schon vor dem Machtwechsel in bürgerlichen Kreisen geherrscht hatte, die in Fürsorgeempfängern nur arbeitsscheue Schmarotzer sahen.

Um all dies verwirklichen zu können, war für ihn eine Reform der Gemeindeverfassung dringend geboten. Dabei sollte der Gemeinderat entpolitisiert, berufsständisch gegliedert und auf 50 oder 40 Sitze reduziert werden. Entsprechend den Vorstellungen seiner Partei mußte für ihn in einer so neu gegliederten Stadtverwaltung unbedingt das Führerprinzip durchgesetzt werden. Da er wußte, daß eine solch umfassende Änderung ihre Zeit brauchen würde, nannte er als die vordringlichste Aufgabe die Gleichschaltung des Gemeinderats mit dem Reichstag und den Ländern. Neuwahlen kämen nicht in Frage, sondern nur eine Umstellung nach dem Ergebnis der Reichstagswahl vom 5. März. Mit diesem Punkt präzisierte er zugleich seine Vorstellungen über die zukünftige Rolle des Gemeinderats.

Er brauchte nicht lange zu warten. Am 31. März verkündete die Reichsregierung das »Gesetz zur Gleichschaltung der Länder mit dem Reich«, das die Auflösung sämtlicher Gemeinde- und Landesparlamente und die Neubildung entsprechend dem Reichstagswahlergebnis vom 5. März vorsah. Strölin machte sich umgehend an die Arbeit und löste am 1. April den Gemeinderat bis auf einige Abteilungen auf, obwohl ein entsprechendes Gesetz der württembergischen Regierung erst am 6. April erging.[146] Als letztes Gremium des alten Gemeinderats beriet am 31. März die Finanzabteilung über den Haushaltsplan.[147]

Nachdem Strölin innerhalb eines halben Monats die wichtigsten politischen Gegner ausgeschaltet und die Verwaltung gleichgeschaltet hatte, konnte er noch ungestörter an die Umsetzung seiner politischen Ziele gehen. Alles verlief jedoch nicht reibungslos. Wohl als Reaktion auf die verschiedensten Aussagen über eine bevorstehende Steuerreform hatte ein Teil der Stuttgarter Steuerpflichtigen die fälligen Zahlungen eingestellt. Strölin sah sich deshalb gezwungen, der Bevölkerung mitzuteilen, »daß auch nach der Ankündigung einer Steuerreform durch Hitler die bisherigen Steuern weiterbezahlt werden müssen.«[148]

In den folgenden Tagen und Wochen konzentrierte Strölin seine Aktivitäten auf den Umbau der Verwaltung. Zwischen dem 5. April und dem 16. Juni erließ er sechs »Verordnungen zur Vereinfachung und Verbilligung der Stadtverwaltung Stuttgart«. Darin versuchte er, einerseits die Ergebnisse, die im Gutachten des Reichssparkommissars festgehalten worden waren, zu übernehmen sowie andererseits eigene Überlegungen und Forderungen aus den letzten zwei Jahren in die Tat umzusetzen. Die überstürzten Entscheidungen führten dazu, daß manche Anordnungen wenig später durch neue relativiert werden mußten. In der ersten Anordnung zentralisierte er die Vermögensverwaltung, ließ die Protokolle des Gemeinderats auf das gesetzliche Mindestmaß reduzieren, die zentrale Aktenverwaltung einschränken und regelmäßige Botengänge innerhalb der Verwaltung einführen. Ferner ordnete er eine zentrale Beschaffung von Webwaren an. Die Außendienste von Wohlfahrts-, Fürsorge- und Gesundheitsamt unterstellte er weitgehend dem Wohlfahrtsamt. Besonders drastisch waren die Regelungen für die künftige Gestaltung der Fürsorge. Das Amt erhielt die Anweisung, einheitliche Grundsätze zu erarbeiten, um die Einkünfte von Hilfsbedürftigen und deren Angehörigen besser auf die Höhe der Unterstützungssätze anrechnen zu können. In Familienfürsorgeheimen lebenden Personen mußten zukünftig die Kosten für die Wohnung und Naturalleistungen von der ohnehin geringen Barunterstützung abgezogen werden. Sachleistungen, wie Bekleidung oder Hilfen bei der Wohnungseinrichtung, waren auf das unbedingt Notwendige zu beschränken, und die Ämter durften sie nur nach strenger individueller Überprüfung gewähren.[149] Damit setzte Strölin seine Versprechungen in der Mittelstandskundgebung in die Tat um. Alle Entscheidungen waren aber auch von Sämisch vorgeschlagen worden.[150]

Die zweite Verordnung konzentrierte sich auf die ärztliche Versorgung von Fürsorge- und Wohlfahrtsempfängern. Diesmal abweichend vom Spargutachten griff Strölin eine alte Forderung der NSDAP und der Ärzteorganisationen auf. Mit seiner Entscheidung schaffte er das System der Fürsorgeärzte ab und ermöglichte kranken Unterstützungsempfängern die freie Arztwahl. Einzige Ausnahme bildeten jüdische Minderbemittelte, für die nur zwei jüdische Ärzte von der Stadt zur Behandlung ihrer Glaubensgenossen zugelassen wurden.[151] Mit dem letzten Punkt konnte Strölin wiederum unter Beweis stellen, daß er auch bereit war, antisemitische Entscheidungen zu treffen.

Die nächsten Veränderungen basierten weniger auf dem Spargutachten als auf den politischen Motivationen und der Verwaltungspraxis Strölins und des Bürgermeisteramtes. So verordnete er am 12. April im Bereich der Bäderverwaltung einige Maßnahmen zur Energieeinsparung und für den Geldverkehr. Bedeutsamer dagegen waren seine Eingriffe bei den Werkstätten der städtischen Ämter und Betriebe. Da diese nur die dringendsten Instandsetzungs- und Instandhaltungsaufgaben wahrnehmen und nicht mit dem Handwerk konkurrieren sollten, forderte er einen möglichst raschen Abbau des Personals. Verschiedene Ämter hatten danach zusammen fünf Schreiner, drei Schmiede, einen Buchbinder und einen Hilfsarbeiter zu entlassen. Hinzu kam die Schließung der Schuhmacherwerkstätten des Gas- und des Elektrizitätswerks. War die Zusammenlegung von Archiv und Verwaltungsbücherei noch als Rationalisierungsmaßnahme verständlich, so wies die angeordnete Überprüfung der bezogenen Periodika eindeutig in politische Richtung.[152]

Am 23. April ordnete er Teile der städtischen Verwaltung neu. Weit über die Vorschläge von Sämisch hinausgehend, der lediglich eine Vereinigung des Wohlfahrts- mit dem Fürsorgeamt empfohlen hatte, schuf Strölin zusätzlich ein Fuhramt, indem er das Reinigungs- mit dem Kraftfahramt fusionierte.[153]

Die gravierendste Veränderung fand bei den städtischen Werken statt. Selbst abweichend von seiner bisher vertretenen Position, die lediglich eine gemeinsame Werbeabteilung von Gas- und Elektrizitätswerk vorsah, schritt er nun zur großen Lösung. Er schuf aus beiden Werken und dem Wasserwerk die Technischen Werke der Stadt Stuttgart, deren Leitung er seinem ehemaligen Chef und Parteigenosse Richard Nübling übertrug.[154]

Besonders deutlich läßt sich hier die Hektik jener Tage ersehen. Strölin hatte seine Entscheidung erst am 21. April dem für die Auswertung des Spargutachtens zuständigen Rechtsrat Gustav Asmuß mitgeteilt. Innerhalb von nur 48 Stunden legte Nübling den Entwurf für die organisatorische Umgestaltung vor und holte mit Asmuß die Genehmigung Strölins ein.[155] Gemäß seinen und Nüblings Forderungen im Landesverband Württembergischer Gaswerke nannte Strölin als Ziele dieser Fusion:

»Vereinfachung und Verbilligung der Verwaltung des technischen Betriebs; die Zusammenlegung der Installationsabteilungen; die Gestaltung der Tarife für Elektrizität und Gas unter einheitlichen Gesichtspunkten, mit dem Ziel, dem Abnehmer die für ihn wirtschaftlichste Versorgung zu ermöglichen; die Vereinheitlichung der Werbung für Elektrizität und Gas und die Verbilligung des Kundendienstes; die Verhinderung von unnötigen Kapitaleinsätzen; die Entlastung der Zentralverwaltung durch Erhöhung der Zuständigkeit des Leiters der vereinigten Werke.«[156]

Damit waren sämtliche von der Stadt kontrollierten Versorgungseinrichtungen in einer Behörde konzentriert. Strölin war seinen Vorstellungen treu geblieben. Eine wesentliche Rolle spielte bei seinen Überlegungen die stärkere Eigenverantwortlichkeit der städtischen Betriebe, die durch die neue Organisation besser vor direkten Eingriffen des Bürgermeisteramtes oder gar des Gemeinderats geschützt waren. In die gleiche Richtung ging in der fünften Verordnung die Neuregelung des Verhältnisses zwischen der Stadtverwaltung und der Stuttgarter Straßenbahn. Darin verzichtete Strölin im Namen der Stadt auf eine Reihe von Einflußmöglichkeiten, die der Stadt rechtlich zustanden. Danach konnte der Aufsichtsrat der SSB den Fahrplan, einen späteren Betriebsschluß, die Tarife und die Festlegung der Haltestellen selbst bestimmen. Lediglich bei wesentlichen Tarifänderungen mußte der Stadtvorstand informiert werden. Die Stadt behielt das Recht, Bestimmungen über die bauliche Gestaltung von Haltestellen und Schutzinseln zu treffen.[157]

Überraschen mußte Strölins Entscheidung über das städtische Wohnungsamt; hatte er doch 1932 für einen allmählichen Abbau dieses Amtes plädiert und wie Sämisch einen Rückzug der Stadt vom Wohnungsmarkt gefordert. Nach seinen neuen Überlegungen sollte es nun die Verwaltung sämtlicher stadteigenen Gebäude übernehmen. Wieder auf eine größere Selbständigkeit der einzelnen Amtsleiter bedacht, gestand er dem Amtsvorstand die Rechte zu, Mieten festzusetzen, die Mieter auszuwählen, Mietverträge abzuschließen und Kündigungen auszusprechen, soweit nicht Mietrückstände die Ursache seien.[158] Im Laufe von zwei Monaten, die er als Staatskommissar fungierte, war ihm bewußt geworden, daß sich die Wohnungsnot in Stuttgart nicht ohne Engagement der öffentlichen Hand beseitigen ließ. Alle weiteren Maßnahmen, die er in diesen Verordnungen traf, fanden sich mehr oder weniger konkretisiert bereits im Gutachten von Sämisch.

Es standen aber noch weitere Punkte auf der Tagesordnung, die nach der Ausschaltung des Gemeinderats dringend entschieden werden mußten. Als erstes ließ er von Hirzel einen Haushaltsplan für das Jahr 1933 ausarbeiten und setzte ihn am 15. April in seiner Funktion als Staatskommissar in Kraft. Um den Plan ausgleichen zu können, ging man in erster Linie von einer Verringerung der Wohlfahrtsausgaben aus, die bereits durch die erlassenen Verordnungen gesenkt werden sollten.[159]

Einen einschneidenden Schritt für die Stuttgarter Stadtentwicklung stellten die überraschenden Eingemeindungen von Feuerbach mit Weilimdorf, Zazenhausen und Mühlhausen dar, die vom Innenministerium zum 1. Mai genehmigt wurde, nachdem sich die Orte mit der Landeshauptstadt auf Eingemeindungsverträge verständigt hatten. Strölin sah darin einen Abschluß der Stuttgarter Eingemeindungspolitik, da die neuen Ortsteile schon bisher ein gemeinsames Wirtschaftsgebiet gebildet hätten und genügend Raum für neue Siedlungen hinzugekommen sei.[160] In gewisser Weise mußte er mit dieser Begründung sein Gesicht wahren, denn im Gemeinderat gehörte er vor 1933 zu den heftigsten Gegnern weiterer Eingemeindungen, da sie seiner Ansicht nach der Stadt und vor allem den Stadtfinanzen nur Folgelasten brächten.

Dazu kam die tägliche Verwaltungsarbeit, die Strölins Arbeitskraft beanspruchte. Zwar arbeiteten die meisten Referenten des Bürgermeisteramtes relativ selbständig, doch legten sie ihm in dieser ersten, unsicheren Zeit viele Entscheidungen zur Kontrolle vor. Sehr aktiv waren im selben Zeitraum die Kommissare Kroll und Lutz, zuständig für verschiedene Aufgabengebiete der früheren Technischen Abteilung. Kroll fungierte in Fragen der Stadtplanung fast wie ein Stellvertreter Siglochs und entschied in Strölins Namen Baugesuche, Stadtbaupläne oder Bausperren, ohne daß man gravierende inhaltliche Unterschiede zwischen ihm und dem zuständigen Referenten feststellen könnte.[161] Lutz dagegen konzentrierte seine Tätigkeit auf die Vergabe städtischer Aufträge. Dabei trat er wiederholt in Gegensatz zu den Vorschlägen der jeweiligen Ämter und setzte immer in Übereinstimmung mit Strölin durch, daß nicht unbedingt die günstigsten Anbieter zum Zuge kamen, sondern in erster Linie Stuttgarter Handwerker und Geschäftsleute. Manche Entscheidungen begründeten beide mit der Behauptung, der eine oder andere Anbieter sei in den letzten Jahren von der Verwaltung benachteiligt worden.[162]

Diese verwaltungsinternen Verfügungen Strölins, bei denen es sich meist um relativ belanglose, für jede Verwaltung alltägliche Fragen handelte, machten allerdings klar, daß er seine Umgestaltung der Verwaltung und der von ihr abhängigen Organisationen und Individuen politisch zielbewußt vorantrieb und immer dort einschritt, wo sich ihm eine Möglichkeit bot. Das fing bei solch harmlosen Fragen wie dem Verkauf von Badeartikeln und Zeitungen im Inselbad an, wo für die angebotenen Zeitungen und Zeitschriften die Genehmigung des Bürgermeisteramtes einzuholen war[163], oder nach der Zerschlagung der Gewerkschaften die Verpachtung des ehemaligen Gewerkschaftshauses in der Eßlinger Straße, das sich im Besitz der Stadt befand, an die Brauerei Wulle. Dabei hielt er in seiner Verfügung ausdrücklich fest, daß er nichts gegen die

»Weiterverwendung« des bisherigen Pächters als nunmehrigen Unterpächter hatte.[164]

Doch Strölin mußte nicht unbedingt von sich aus drängen. Die Verwaltung leistete vorauseilenden Gehorsam, wie beispielsweise die Ausschaltung des Freiwilligen Arbeitsdienstes der Arbeiterwohlfahrt zeigte. In diesem Fall ging die Initiative von der Stadtpflege aus, die sich bei Strölin erkundigte, ob diese »linksgerichtete Organisation« bei der Vergabe von städtischen Aufträgen noch berücksichtigt werden solle.[165]

Nachdem Strölin den Gemeinderat Anfang April in Anlehnung an das Gleichschaltungsgesetz aufgelöst hatte, stand die Neuzusammensetzung an. Am 12. April veröffentlichte die württembergische Regierung dazu eine Ausführungsbestimmung, in der sie die Zahl der Stuttgarter Gemeinderäte von 60 auf 44 reduzierte und die KPD bei der Sitzverteilung ausschloß.[166] Danach entfielen auf die NSDAP 20 Sitze, auf die SPD zwölf, auf Zentrum und Deutschnationale je fünf sowie auf den Christlichen Volksdienst und die DDP je einer.[167] Da Wahlen nicht mehr stattfanden, wurden die einzelnen Parteien aufgefordert, Listen mit Kandidaten einzureichen. Während es bei den Listen der bürgerlichen Parteien keine Schwierigkeiten gab, griff die NSDAP, unterstützt durch Strölin, in die Zusammensetzung der SPD-Fraktion massiv ein. Unter den von der Partei aufgestellten Personen befanden sich auch die beiden bisherigen Gemeinderäte Richard Öchsle und Alois Miller, die schon vor ihrer Nominierung verhaftet worden waren. Da sie vor der Machtübernahme die Nationalsozialisten in Stuttgart vehement bekämpft hatten, lehnte die NSDAP-Fraktion ihre Teilnahme an den Gemeinderatssitzungen ab. Strölin versuchte am 5. Mai über die Ministerialabteilung für Bezirks- und Körperschaftsverwaltung zu erreichen, daß beide ihre Mandate niederlegten.[168] Stichhaltiges konnte er ihnen jedoch nicht vorwerfen. So kritisierte er das Verhalten Öchsles beim Streit um die Turnhallenvergabe für den Deutschen Sportklub und eine nicht näher bezeichnete Äußerung Millers gegen Hitler nach dessen Ernennung zum Reichskanzler. Selbst einem Außenstehenden mußte klar werden, daß hier alte Rechnungen beglichen werden sollten. Da dieser erste Versuch nicht den gewünschten schnellen Erfolg brachte, setzte Strölin den neuen Fraktionsvorsitzenden der SPD, Christian Härle, unter Druck, damit er seine Parteifreunde zum Mandatsverzicht bewege. Um nicht die für den 9. Mai vorgesehene erste Sitzung des Gemeinderats zu gefährden, vermittelte er Härle von seinem Arbeitszimmer aus ein Telefongespräch mit den Gefangenen im Konzentrationslager. Öchsle und Miller verzichteten danach auf Grund der Drohungen Strölins gegen sie und ihre Fraktion vom Heuberg aus auf die Ausübung ihres Mandats. Strölin hatte seine Macht demonstriert und gewonnen.

So konnte am 9. Mai 1933 die erste Sitzung des neuen Gemeinderats in feierlichem Rahmen über die Bühne gehen. Neben der Vereidigung der Gemeinderäte stand die überraschende Verabschiedung Lautenschlagers als wichtigster Punkt auf der Tagesordnung. Obwohl nach einer Neuregelung des Pensionsalters für Beamte vom 24. März Lautenschlager erst am 31. August hätte in Ruhestand gehen können, verkündete er, daß er am 15. Mai, seinem 65. Geburtstag, wegen Erreichens der Altersgrenze aus dem Amt scheiden werde.[169] Versüßt wurde ihm diese Entscheidung durch einen Vertrag, den die Stadt, vertreten allein durch Strölin, am selben Tag mit ihm abgeschlossen hatte. Danach erhielt er bis zum 31. August die vollen Bezüge, mußte jedoch am 1. Juni sein Dienstzimmer im Rathaus geräumt haben. Ferner hielt der Vertrag ausdrücklich fest, Strölin sei damit einverstanden, daß Lautenschlager sein Amt als Aufsichtsratsvorsitzender der Stuttgarter Straßenbahnen »nicht niederlege«.[170] Lautenschlager hatte offenbar erkannt, daß seine Tage gezählt waren, und einen Abschied in Ehren einer weiteren Tätigkeit als Brieföffner Strölins vorgezogen.

In seiner Abschiedsrede zog Lautenschlager eine Bilanz seiner fast zweiundzwanzigjährigen Amtszeit und begrüßte sowohl die von den Nationalsozialisten angestrebte Entpolitisierung des Gemeinderats als auch die beabsichtigte Stärkung der Position des Stadtvorstandes. Obwohl er Strölin attestierte, daß in der Zeit seit dessen Amtsantritt »kein Mißton« und »kein ungutes Wort« die Zusammenarbeit gestört habe, deutete er doch mit den Worten, »soweit sie gemeinsam war«, seinen realen Machtverlust an. Ebenso vorsichtig ließ er erkennen, daß er nicht alle Entscheidungen für richtig hielt und ihm der neue Ton im Rathaus mißfiel, indem er trotz der »freundschaftlichsten Formen« Strölins im kollegialen und dienstlichen Verkehr auf die »Bestimmtheit seiner Anordnungen« hinwies.[171] Strölin konnte sich durch diese geschickten Formulierungen allerdings auch bestätigt fühlen.[172]

Strölin, der Lautenschlager in gewisser Weise bewunderte, dankte ihm im Namen der Stadt für seine verdienstvolle Amtsführung und wies auf die Entwicklung der Stadt in diesen Jahren zu einem modernen Zentrum hin. Besonders lobte er Lautenschlagers persönliche Integrität und seine Verwaltungsführung, die überall Ansehen errungen hätten. Abschließend bat er ihn, die Stadtverwaltung auch weiterhin zu beraten. Mit dieser gut inszenierten Veranstaltung hatten die Stuttgarter NSDAP und Strölin das Problem Lautenschlager auf eine elegante Weise aus der Welt geschafft. Die freundliche, lobende Verabschiedung des Oberbürgermeisters in den Ruhestand konnte die Akzeptanz des neuen Stadtoberhauptes in Verwaltung und Bevölkerung nur stärken.

Hinter den Kulissen hatten sich die Fraktionen mit Ausnahme der SPD bereits auf einen neuen Oberbürgermeister geeinigt. Nach Strölins Dankrede betrat Hugo Kroll, als NSDAP-Fraktionsvorsitzender, das Rednerpult und beantragte auch im Namen der anderen Parteien, da eine allgemeine Wahl nicht mehr in Frage käme, den »Herrn Staatskommissar Dr. Strölin den Landesbehörden als neuen Oberbürgermeister vorzuschlagen«. Lautenschlager, der die Sitzung weiterhin leitete, stellte, da sich kein Widerspruch erhob, fest, daß der Antrag angenommen und Strölin das Vertrauen des Gemeinderats ausgesprochen worden sei.[173] Der wohl nicht zufällig anwesende Staatskommissar für die Ministerialabteilung für Bezirks- und Körperschaftsverwaltung ergriff daraufhin das Wort und teilte mit, die Entscheidung decke sich mit den Absichten der zuständigen Stellen. Er sähe sich deshalb in der Lage, Strölin mit sofortiger Wirkung »die Ausübung sämtlicher Befugnisse des Ortsvorstehers« zu übertragen.[174] Auf die offizielle Ernennung zum Oberbürgermeister mußte Strölin noch einige Zeit warten, da die rechtliche Grundlage dazu noch fehlte.

Nun mit wirklich aller Macht ausgestattet, konnte er seine Arbeit fortsetzen. Doch den größten Teil der einschneidenden Maßnahmen hatte er bereits in den ersten sechs Wochen seiner Tätigkeit angeordnet oder in die Wege geleitet. So folgten nach dem 9. Mai die letzten Anordnungen zur Vereinfachung und Verbilligung der Verwaltung, die Strölin weiterhin in seiner Funktion als Staatskommissar zeichnete.

Ebenfalls in den Rahmen der Verwaltungsreform gehörte ein neuer Geschäftsverteilungsplan für das Bürgermeisteramt.[175] Schon am

12. Mai hatte er den deutschnationalen Walter Hirzel mit dem Titel Stadtkämmerer zu seinem Stellvertreter ernannt. An der Spitze der neu geschaffenen neun Referate standen die alten Berichterstatter; die Kontinuität blieb zunächst gewahrt. Seine Vorstellungen einer nach dem Führerprinzip geordneten Verwaltung verdeutlichte er jedoch in der Errichtung der Kanzlei des Oberbürgermeisters, die er seinem nationalsozialistischen Kampfgefährten, Gotthilf Hablizel, gleichzeitig Kreisamtsleiter für Beamte, übertrug. Da Hablizel die Registratur, das Nachrichtenamt, die Botenmeisterei und die Geschäftsstellen in den Stadtbezirken unterstanden, mußte der gesamte Schriftverkehr mit Strölin über ihn abgewickelt werden, darüber hinaus war er für alle Verbindungen der Stadtverwaltung zur Partei und ihren Unterorganisationen zuständig, was ihm eine gewisse Machtposition in der Verwaltungshierarchie einbrachte. Entgegen seinen stets vorgebrachten Forderungen nach einer Verbilligung der Verwaltung und nach Einhaltung von laufbahnrechtlichen Vorschriften bei der Ernennung und Beförderung von Berufsbeamten verlieh Strölin Hablizel den Titel Verwaltungsdirektor und stufte ihn um sieben Gehaltsstufen höher.[176]

Ganz in Anlehnung an seine frühere Tätigkeit im Gaswerk schuf er ein Organisationsreferat, das von seiner Aufgabenstellung her eher den Charakter eines persönlichen Arbeitsstabes hatte. Obwohl es für bestimmte organisatorische und statistische Fragen innerhalb der Verwaltung zuständig war, konnte es jederzeit mit dringenden Aufträgen Strölins versehen werden. Gustav Asmuß, der die Leitung dieses Referats übernahm, war später meist der Ansprechpartner Strölins, wenn es galt, in seinen verschiedensten Tätigkeitsbereichen neue Initiativen zu ergreifen.[177]

In zunächst beschränktem Umfang schaltete sich Strölin erstmals in das Wohnungs- und Siedlungswesen ein. Bereits Anfang April hatte er die Architekten Oswald Bareiß und Regierungsrat Eberhard Kuen zu Kommissaren für die Stadtrandsiedlungen ernannt sowie den städtischen Rechtsassessor Eduard Könekamp mit der Überprüfung des sozialdemokratisch geführten Bau- und Heimstätten-Vereins (BHV) beauftragt. Doch die Entwicklungen auf diesem Gebiet waren derart rasant, daß er sich bereits am 27. April gezwungen sah, sämtliche Siedlungsangelegenheiten zentral von Könekamp bearbeiten zu lassen. Dieser setzte alles daran, den Bau- und Heimstätten-Verein unter seine Kontrolle zu bringen, wobei er sich der Rückendeckung Strölins sicher sein konnte. So verkaufte Strölin auf Vorarbeit Könekamps beispielsweise das Höhenrestaurant Schönblick, dessen Betreibergesellschaft sich in Zahlungsschwierigkeiten befand. Damit wollte er die Passivseite der Vereinsbilanz entlasten, da der Bau- und Heimstätten-Verein für Kredite der Schönblickgesellschaft gehaftet hatte. Doch der Verkauf war nicht einfach zu tätigen, denn die Stadt mußte für die kaufbereite Brauerei zusätzlich ein Nachbargebäude erwerben und es ihr als Pächterin überlassen.[178]

Um die Siedlungstätigkeit, die bisher meist linksorientierte oder kirchliche Genossenschaften und Vereine betrieben hatten, künftig besser kontrollieren zu können, genehmigte Strölin die Gründung der Stuttgarter Siedlungsgesellschaft mbH, die gemeinsam von der Stadt und dem Nationalen Hilfsdienst getragen werden sollte.[179]

Als besonders einschneidend erwiesen sich für die Beschäftigten der Stadtverwaltung die Folgen des Gesetzes zur Wiederherstellung des Berufsbeamtentums vom 7. April 1933, das die Entlassung von Beamten aus politischen Gründen ermöglichte, wenn sie nicht die Gewähr dafür boten, jederzeit rückhaltlos für den nationalen Staat einzutreten, aber auch die Gelegenheit schuf, Beamte aus dienstlichen und rassischen Gründen vorzeitig in Ruhestand zu schicken.[180] Strölin begann mit der Umsetzung dieses Gesetzes am 6. Mai. Er ließ dazu vier Beamte für »einen Sonderauftrag für 8–10 Tage« zu seiner Verfügung abordnen, nachdem er bereits früher mit ihnen gesprochen hatte.[181] In Absprache mit Strölin arbeiteten sie einen sechsseitigen Fragebogen aus,[182] den im Juni und Juli alle Beamten, Angestellten und Arbeiter der Stadtverwaltung ausfüllen mußten. In ihm standen neben Fragen zur früheren Zugehörigkeit zu Organisationen der Arbeiterbewegung besonders solche zur arischen Abstammung und zur Militärdienstzeit während des Weltkrieges im Vordergrund. Da sich die Säuberungsaktion als arbeitsaufwendiger erwies, als zunächst angenommen, stellte Strölin am 26. Juni drei weitere städtische Bedienstete ab.[183] Strölin selbst stand in engem Kontakt mit der Prüfungskommission. Von deren Leiter, Wilhelm Hurlebaus, ließ er sich täglich über den Fortgang der Arbeiten informieren.[184] Die letzte Entscheidung in den Fällen der Angestellten und Arbeiter behielt er sich selbst vor, während bei den Beamten die Ministerialabteilung für Bezirks- und Körperschaftsverwaltungen in Absprache mit Murr entschied. In den folgenden Monaten entließ die Stadt 159 Arbeiter, sechs Angestellte und 25 Beamte meist wegen früherer Zugehörigkeit zu inzwischen verbotenen oder aufgelösten Parteien. Rund 250 Beschäftigte mußten Versetzungen, Verwarnungen oder Beförderungssperren und andere Disziplinarmaßnahmen über sich ergehen lassen.[185] Ob die hohe Zahl der Entlassungen, fast die Hälfte aller in ganz Württemberg, jedoch auf ein besonders scharfes Vorgehen in Stuttgart zurückzuführen war oder auf einen überproportional hohen Anteil von Beschäftigten, die der KPD oder SPD in deren Hochburgen angehörten und kaum in höheren Verwaltungen vorkamen, müßte noch genauer untersucht werden. Fest steht dagegen, daß im Zusammenhang mit den Strafmaßnahmen gegen Beamte die dafür zuständige Landesstelle vielfach die Vorschläge der Stadt, die auch Strölin für angemessen hielt, abmilderte.[186]

Strölins Interesse beschränkte sich nicht auf Stuttgart. Schon als Staatskommissar ließ er regionale, nationale und internationale Ambitionen erkennen. Im Deutschen und Preußischen Städtetag übernahm er als Nachfolger Lautenschlagers am 28. März einen Sitz im Arbeitsausschuß, wie sich der Vorstand seit dem 17. März nannte. Damit kam er in engen Kontakt zu führenden konservativen Kommunalpolitikern, die in ihren Ämtern hatten verbleiben können. So gehörten dem Gremium unter anderen die Oberbürgermeister von Berlin, Heinrich Sahm, Leipzig, Carl Goerdeler, und Hannover, Arthur Menge an.[187] Davon unberührt blieben seine Beziehungen zu Karl Fiehler, dem neuen Münchner Oberbürgermeister und kommunalpolitischen Beauftragten der NSDAP-Reichsleitung. Mit ihm und anderen nationalsozialistischen Größen traf sich Strölin am 6. Mai in Berlin, um über die Bildung eines einheitlichen Reichskommunalverbands aus den Einzelorganisationen der Groß-, Mittel- und Kleinstädte sowie der Landgemeinden zu beraten. Am 22. des gleichen Monats vollzog sich die Gründung des nun Deutscher Gemeindetag genannten Verbandes, zu dessen kommissarischem Leiter Fiehler berufen wurde.[188] Vier Tage später übernahm Strölin als Beauftragter Fiehlers den Vorsitz des Württembergischen Städtetags und kündigte die Gleichschaltung aller württembergischen Kommunalverbände an.[189]

Die Kontakte nach Berlin führten auch zu Strölins erstem internationalen Auftreten. Hauptsächlich die Tatsache, daß Strölin einer der wenigen verwaltungs- und wirtschaftspolitisch erfahrenen Nationalsozialisten im kommunalpolitischen Bereich war, dürfte zu seiner Berufung in die deutsche Kommission für die Verhandlungen über das Kreditabkommen für deutsche öffentliche Schuldner Mitte Juni in London als Vertreter der Gemeinden gewesen sein. Strölin bot sich so die Möglichkeit, eine ganze Reihe von Persönlichkeiten aus der Führungsschicht des Reiches kennenzulernen, mit denen er später immer wieder zusammenkam. Dabei handelte es sich meist um konservative Politiker wie Außenminister Konstantin von Neurath oder Reichsbankpräsident Hjalmar Schacht.

Seine neue Position brachte ihn auch in Stuttgart verstärkt in Kontakt mit Ausländern, da es nun seine Aufgabe war, diese im Namen der Stadt zu begrüßen. Die ersten derartigen Besuchergruppen bildeten Abordnungen verschiedener nordamerikanischer Schwabenvereine, die sich aus Anlaß der Schwäbischen Heimattage Anfang Juni in Stuttgart aufhielten. Dabei unterstrich Strölin besonders die guten Beziehungen zwischen dem nationalsozialistischen Deutschland und Amerika.[190]

Ende Juni begann die letzte Phase von Strölins Staatskommissariat. Wieder einmal überschlugen sich die Ereignisse. Zunächst verloren am 24. Juni, wie überall im Reich und in Württemberg, die sozialdemokratischen Gemeinderäte ihre Sitze im Stadtparlament, nachdem die Partei verboten worden war. Damit war die letzte Opposition ausgeschaltet. Der Gemeinderat hatte faktisch schon am 9. Mai aufgehört zu existieren. Vollversammlungen fanden mit der Begründung, die neuen Gemeinderäte müßten zunächst über die Aufgaben der Verwaltung informiert werden, nur noch in Form von Besichtigungen städtischer Einrichtungen statt.[191] Strölin kontrollierte die Verwaltung von oben. Einen entscheidenden Wandel brachte schließlich am 28. Juni das württembergische Gesetz über die Ortsvorsteher.[192] Danach wurde die Rolle des Gemeindevorstands gegenüber dem Gemeinderat wesentlich gestärkt, indem es den Ortsvorsteher zum Führer und einzig verantwortlichen Repräsentanten der Stadt machte. Nicht mehr die Bevölkerung bestimmte nun, wer als Stadtvorstand fungierte, sondern das Staats- beziehungsweise das Innenministerium berief die Oberbürgermeister und

Bürgermeister. Auf Grund dieser rechtlichen Grundlage ernannte das Staatsministerium auf Vorschlag des Innenressorts Strölin am 30. Juni ab dem 1. Juli zum »Oberbürgermeister auf Lebenszeit für die Stadt Stuttgart«.[193]

Ob Strölin den genauen Zeitpunkt der Ernennung kannte, läßt sich aus den Akten nicht ersehen, aber es spricht einiges dafür, denn noch am 30. Juni erließ er in seiner Funktion als Staatskommissar Anordnungen, die das künftige Verhältnis zwischen Stadtvorstand und Gemeinderat neu regelten.[194] Durch diese Anordnung ging das Recht, Entschließungen in Angelegenheiten des »laufenden Verwaltungsvollzugs« zu fassen, für die selbst nach Strölins Änderungen der Gemeindesatzung vom 29. April, 8. Mai und 23. Juni eigentlich die gemeinderätlichen Abteilungen zuständig gewesen wären, auf den Stadtvorstand und in genau festgelegten Fällen auf den zuständigen Berichterstatter des Bürgermeisteramtes oder die Leiter der einzelnen Ämter über. In einer am 3. Juli nachgeschobenen Begründung, die unter dem Titel »Bekanntmachung über die Verwaltung der Stadt Stuttgart« in den internen Mitteilungen des Bürgermeisteramts der Veröffentlichung der Anordnung vom 30. Juni vorangestellt wurde, legte er seine Absichten der städtischen Belegschaft relativ offen dar:

»Die Neuordnung des Aufgabenkreises der verschiedenen Gemeindeorgane, insbesondere die Neuverteilung der Zuständigkeit zwischen Ortsvorsteher und Gemeinderat im Sinne der Verwirklichung des Führergedankens, ist zurzeit Gegenstand gesetzgeberischer Arbeiten. Bis zu deren Abschluß werden voraussichtlich noch 2–3 Monate hingehen. Um in der Stadtverwaltung Stuttgart den Übergang in die neue kommunale Ordnung zu erleichtern, ist es notwendig, die Abteilungen des Gemeinderats schon jetzt von Einzelgeschäften zu entlasten, die als Angelegenheiten des laufenden Verwaltungsvollzugs anzusehen sind. Der Gemeinderat und seine Abteilungen sollen dadurch für ihre eigentliche Aufgabe, an den wichtigen und richtunggebenden Entscheidungen mitzuwirken, frei gemacht werden.«[195]

Strölin hatte damit praktisch ein eigenes Ermächtigungsgesetz für die Stuttgarter Verwaltung erlassen, dessen er sich ab dem nächsten Tag in seiner neuen Funktion als Oberbürgermeister bedienen konnte. Damit war es ihm bis zur Einführung der neuen Deutschen Gemeindeordnung

1935 möglich, relativ unabhängig zu agieren, auch wenn die württembergische Regierung am 29. Januar 1934 durch eine Änderung der Landes-Gemeindeordnung die Kompetenzen zwischen Stadtvorstand und Gemeinderat neu regelte.[196] Danach konnte auch Strölin nur bei dringenden Angelegenheiten, die keinen Aufschub duldeten, ohne den Gemeinderat entscheiden, mußte ihn aber später informieren. An der täglichen Praxis änderte dies jedoch wenig, da er nun viele Anordnungen mit deren Eilbedürftigkeit begründete.[197]

Strölin hatte die ersten dreieinhalb Monate als neuer Herr im Rathaus mit Energie zu nutzen verstanden. Noch hatte er dabei einen relativ großen Spielraum, da in dieser Umbruchphase sowohl die Aufsichtsbehörde als auch die württembergische Landesregierung mit sich selbst beschäftigt waren. In dieser Zeit konnte Strölin die Kernpunkte seiner kommunalpolitischen Forderungen, die er seit 1931 vertreten hatte, ungestört in die Tat umsetzen. Dabei spielten die Ausschaltung der politischen Gegner, eine mittelstandsfreundliche Gemeindepolitik sowie verwaltungsinterne Reformen eine besonders wichtige Rolle. Schnell war es ihm gelungen, die Spitze der Verwaltungshierarchie für eine Zusammenarbeit zu gewinnen.[198] Mit seiner Berufung zum Oberbürgermeister endete die Phase der »nationalsozialistischen Revolution« in Stuttgart, ungefähr zu der Zeit, als sie auch Hitler offiziell für beendet erklärte.

# Oberbürgermeister –
# Die dritte Karriere

## Empor zum Gipfel der Macht (1933 bis 1938)

### Kommunalpolitik in Stuttgart

*Kommunale Selbstverwaltung, Gemeinderat und Stadtverwaltung*

Mit Strölins Ernennung zum Oberbürgermeister änderte sich schlagartig das Erscheinungsbild der Stadtverwaltung. Waren zwischen März und Juni 1933 fast sämtliche öffentliche und interne Bekanntmachungen der Stadt mit der Unterschrift »Der Staatskommissar für die Verwaltung der Stadt Stuttgart« veröffentlicht worden, so zeichneten ab dem 1. Juli wieder wie zu Zeiten Lautenschlagers die zuständigen Ämter oder der Oberbürgermeister dafür verantwortlich.[1]

Aus Anlaß seiner Ernennung veröffentlichte Strölin am 1. und 3. Juli im NS-Kurier einen umfangreichen Beitrag mit dem Titel »Nationalsozialismus und Gemeindepolitik«, aus dem hervorgeht, daß sich seine Positionen seit der Oberbürgermeisterwahl 1931 kaum verändert hatten.[2] Fast wörtlich fanden sich dort Abschnitte zur wirtschaftlichen Lage in Deutschland und den wirtschaftlichen Vorstellungen der Nationalsozialisten wieder, die er schon in früheren Artikeln oder Reden benutzt hatte. Nochmals forderte er vehement ein neues organisches Denken, dem er das vermeintlich egoistische des Liberalismus und Marxismus gegenüberstellte. Vier Punkte waren jedoch neu oder stärker akzentuiert als früher. So betonte er nun, entsprechend der neuen gesetzlichen Regelung, stärker als früher die Rolle der Ortsvorstehers als Führer der Gemeindeverwaltung. Dies erschien ihm als der deutlichste Ausdruck für die Überwindung des parlamentarisch-demokratischen Gedankens und der Abhängigkeit der Verwaltung von den Entscheidungen des Gemeinderats. Zwar sprach er von einer erhöhten Verantwortlichkeit der zukünftigen Gemeinderäte, aber er beschränkte sich auf Leerformeln, worin diese bestehen sollte. Das Problem wollte er erst in Zukunft gelöst sehen, wenn der Gemeinderat auf berufsständischer Grundlage als beratendes Organ neu gebildet worden sei. Nur so werde die sachgemäße, fruchtbare Zusammenarbeit von Fachleuten aller Art und von Laien ermöglicht.

So wie diese Vorstellung auf die alten ständischen Überlegungen zurückgingen, kam er auch in den zwei wichtigsten Punkten, in denen er Schwerpunkte seiner zukünftigen Tätigkeit sah, nicht weit über seine früheren Ideen hinaus. Im Bereich der Bau- und Siedlungspolitik forderte er die unbedingte Einhaltung der Ortsbaupläne, da die Einzelinteressen der Bauwilligen hinter den Interessen der Allgemeinheit zurückstehen müßten. Differenzierter als früher drückte er sich zur Siedlungspolitik aus. Hatte er bisher Stadtrandsiedlungen abgelehnt, so gestand er ihnen nun eine gewisse Berechtigung zu. Die eigentliche Siedlung sollte aber nach wie vor auf dem dünnbesiedelten Land stattfinden, da nur dort die Siedler eine selbständige Existenz aufbauen könnten.

Ein weiteres Aufgabengebiet hatte er in der öffentlichen Energiewirtschaft ausgemacht. In seinem Artikel ging er kurz auf die Konflikte zwischen den einzelnen Energieformen und die Auseinandersetzungen zwischen gemeindlichen Energieversorgungsunternehmen und den Überlandwerken ein. Konkrete Vorschläge machte er dagegen nur für die Gasversorgung. Die kleineren Gaswerke sollten ihren Betrieb einstellen und die Gemeinden von größeren, benachbarten kommunalen Unternehmen versorgt werden. Dies entsprach im Prinzip den Überlegungen, wie sie seit 1928 vom Zweckverband Württembergischer Gaswerke vertreten worden waren.

Aus seinen Überlegungen leitete er eine nationalsozialistische Definition der kommunalen Selbstverwaltung ab:

»Diese neue geistige Einstellung, die wir Nationalsozialisten formuliert haben mit dem Satz: ›Gemeinnutz geht vor Eigennutz‹, führt auch zu einem neuen Inhalt der kommunalen Selbstverwaltung. Das kommunale Eigenleben ist dabei nicht mehr Selbstzweck, sondern Mittel zum Zweck des Gedeihens von Volk und Staat. Die Gemeinden sind Glieder, Organe am Körper des Staates, eingeordnet in die großen Zusammenhänge, aber mit Aufgaben, mit Funktionen betraut, die ihnen und nur gerade ihnen zukommen. Auf den Gemeinden als Fundament des staatlichen Lebens bauen sich Reich und Länder auf. [...] Die Frage ist vielmehr, welche Aufgaben im Gesamtbereich des staatlichen Lebens am besten in den Gemeinden erledigt werden, die unter allen Organen der öffentlichen Verwaltung mit der Bevölkerung in unmittelbarster, lebendigster und vielseitigster Verbindung stehen.«[3] Am Ende des Artikels betonte er nochmals unmißverständlich: »Das Wohl und der Wille von Reich und Land muß oberstes Gesetz auch für die Gemeindeverwaltung sein.«[4]

Die Gemeinden, dem Willen übergeordneter Regierungen verpflichtet, sollten nur noch in einem fest umrissenen Bereich Aufgaben übernehmen. Darunter verstand er die Bau- und Siedlungspolitik, die öffentliche Energieversorgung, die Entsorgung und mit Abstrichen die Kulturpflege. Aber auch dabei blieb sie Erfüllungsorgan des vorgegebenen nationalen Willens. Diese Position enthielt bereits den Zündstoff für vielseitige Konflikte mit übergeordneten Behörden. Der Widerspruch zwischen Strölins Führungsanspruch in der Gemeinde und seiner Unterstellung unter den Willen der Reichs- und der Landesregierung mußte in dem Moment zum Streit führen, sobald sich seine Intentionen nicht mit denen der anderen deckten. Ob ihm dies selbst schon klar war, muß bezweifelt werden. Zu sehr glaubte er an die Idee einer konfliktlosen, am Gemeinwohl orientierten Verwaltung und die Entwicklung der Gesellschaft zur Volksgemeinschaft.

In den nächsten beiden Jahren konnte er sich zunächst bestätigt fühlen, denn er war als Führer der Stuttgarter Stadtverwaltung relativ frei in seinen Entscheidungen. Die Zusammenarbeit mit den Landesbehörden, dem Reichsstatthalter und der NSDAP funktionierte in der Regel reibungslos. Die von Strölin geforderte Unterordnung der kommunalen Interessen unter die des Reiches schien einen guten Schritt voranzukommen.

Die Deutsche Gemeindeordnung (DGO), die am 30. Januar 1935 erlassen worden war, schuf erstmals ein einheitliches Kommunalrecht in

Deutschland. Strölin, der in die Vorberatungen eingegriffen hatte, begrüßte dieses Gesetz aus vollem Herzen; enthielt es doch eine Vielzahl von Regelungen, für die er sich in früheren Jahren eingesetzt hatte.[5] In dem starken Einfluß, den nun das Reichsinnenministerium auf die Kommunalverwaltungen besonders der Großstädte ausüben konnte, sah er einen wichtigen Schritt zur »Gleichordnung der gesamten öffentlichen Verwaltung«, um zu erreichen, daß »Maßnahmen der einzelnen Gemeinde dem Wohl anderer Gemeinden, dem Wohle des Landes, des Reiches und der Partei nicht zuwiderlaufen«.[6] Natürlich verkannte er nicht, daß es weiterhin zu Interessenkonflikten zwischen den verschiedenen öffentlichen Körperschaften kommen werde, doch bei den Auseinandersetzungen müßten die Bedürfnisse und Notwendigkeiten der anderen Beteiligten berücksichtigt werden, damit man zu einem gerechten Ausgleich käme. Ebenso befürwortete er die Einbindung der NSDAP in die Selbstverwaltung durch die Berufung eines »Beauftragten der NSDAP«. Dieses Amt war durch die Gemeindeordnung geschaffen worden, um die Verbindung zwischen Lokalverwaltung und Partei zu sichern. Seine Einflußmöglichkeiten beschränkten sich jedoch nominell auf die Mitwirkung bei der Berufung des Ortsvorstehers, der Beigeordneten, der Ratsherren und dem Erlaß der Hauptsatzung.

Die Wirklichkeit der täglichen Verwaltungsarbeit holte Strölin schnell wieder auf den Boden der Realitäten zurück. In seiner Euphorie hatte er einige problematische Stellen im Gesetz nicht klar genug erkannt, die sich nun negativ auf die Praxis auswirkten. Durch die Vielzahl der Stellen, die nach dem Gesetz Aufsichtsrechte über die kommunalen Verwaltungen hatten, stellte sich für ihn bereits 1936 die Frage nach der »Abgrenzung der Selbstverwaltung der Gemeinden«. Unter diesem Titel sandte er im Frühjahr 1936 eine längere Denkschrift an das Hauptamt für Kommunalpolitik der NSDAP-Reichsleitung, in dem er seit 1935 als Hauptstellenleiter für energiewirtschaftliche Fragen zuständig war. Darin listete er stichwortartig all jene Problemfelder auf, in denen sich bereits im ersten Jahr nach Einführung der Gemeindeordnung Anzeichen für eine Schwächung der Selbstverwaltung ergeben hatten.[7] Ausgehend von § 2 Abs. 2 der Deutschen Gemeindeordnung, der festlegte, daß die Gemeinden in ihrem Gebiet alle öffentlichen Aufgaben in eigener Verantwortung zu verwalten hätten, soweit nicht andere Gesetze dem entgegenstünden, erschien es ihm unerläßlich, »grundsätzlich die Frage der Abgrenzung der Selbstverwaltung aufzuwerfen«, da sich nun die nach der Machtübernahme geschaffenen Verhältnisse in der kommunalen Politik weitgehend konsolidiert hätten. Die Einschränkungen der Gemeindeverwaltungen sah er in zwei Entwicklungen:

»Einmal werden der Gemeindeverwaltung bestimmte Aufgaben der örtlichen Verwaltung völlig entzogen und auf andere Behörden oder Organisationen übertragen. Sodann werden anderen, insbesondere übergeordneten Behörden sowie sonstigen Organisationen Einwirkungsrechte der verschiedensten Art auf Angelegenheiten der Gemeindeverwaltung eingeräumt.«

Schwerpunkte seiner Kritik bildeten einerseits die starre Bindung der Stadtverwaltung an die Aufsichtsbehörde und die Partei in Fragen der Hauptsatzung, der Berufung von Bürgermeistern und Beigeordneten, im Finanzwesen und in der Personalpolitik. Andererseits zeigte er Entwicklungen im Steuerwesen, der Allgemeinen Verwaltung, des Fremdenverkehrs, des Wohlfahrtswesens und in anderen Bereichen auf, in denen die Gemeinden entweder an die Weisungen von übergeordneten Stellen, Parteiorganisationen oder neuen Zentralverwaltungen gebunden waren. Als Beispiele führte er die NSV und die Reichsstelle für Raumplanung an, die bisherige kommunale Tätigkeitsfelder zu übernehmen drohten.[8] Bis auf wenige konkrete Anregungen im Einzelfall wollte er damit nicht »grundsätzlich zu der Frage Stellung nehmen, ob diese Begrenzungen auf die Dauer richtig sei oder ob etwa da und dort eine Änderung wünschenswert wäre«. Dennoch gab er zu bedenken, ob man statt zur Genehmigungspraxis nicht besser zur Anzeigepflicht übergehen sollte. Strölin sah schon deutlich eine Aushöhlung der kommunalen Selbstverwaltung, doch glaubte er noch, daß durch gesetzliche Regelungen richtungweisende Korrekturen möglich wären. Immerhin konnte er sich mit Einschränkungen weiterhin als der mächtigste Mann der Stadt fühlen, aber jeder auch noch so geringe Verlust an Einflußmöglichkeiten bedeutete eine Schmälerung seiner persönlichen Herrschaft und seines fast absoluten Führungsanspruchs. Auch aus dieser Motivation heraus muß Strölins Eintreten für eine rechtliche Abgrenzung und Erhaltung der Kommunalen Selbstverwaltung gesehen werden.

Bis zum Inkrafttreten der Deutschen Gemeindeordnung stand, rein rechtlich gesehen, der Gemeinderat als wichtiges Gremium der Stadtverwaltung Strölin gegenüber und hätte ihm vielleicht gefährlich werden können. Doch auch hier fand er Mittel und Wege, um seine Position als Ortsvorsteher und einziger Repräsentant der Stadt nach außen zu festigen. Hatte er schon in seinem Ermächtigungserlaß die Rechte des Gemeinderats zugunsten der Verwaltung drastisch beschnitten, so verbot er am 7. August 1933 im Einvernehmen mit der NSDAP-Fraktion sämtliche Abstimmungen, da es ausreiche, wenn zwischen Verwaltung und Gemeinderat Übereinstimmung festgestellt würde.[9] Die eigentliche Arbeit der Gemeinderäte fand in der folgenden Zeit in den einzelnen Abteilungen statt, die ausschließlich nichtöffentlich tagten. Das Plenum trat zwischen Ende 1933 und Mitte 1935 insgesamt nur sechsmal zusammen.[10] Ebenso nahm die Zahl der Ausschußsitzungen und der behandelten Tagesordnungspunkte sowie die Sitzungsdauer in diesen beiden Jahren gegenüber früher deutlich ab. Strölin regierte weiterhin zum großen Teil mit »dringenden Anordnungen«, deren Inhalt jedoch meist in früheren Sitzungen der jeweiligen Gemeinderatsgremien besprochen worden war. Dies bedeutete keinesfalls, daß Strölin und seine Verwaltung sich unbedingt an die Vorstellungen der Gemeinderäte hielten. Nicht selten entschied die Verwaltung nach ihrer eigenen Meinung. Dies entsprach auch Strölins Vorstellung über die Rolle der Gemeinderäte. Er billigte ihnen lediglich eine beratende Funktion zu, wollte aber selbst keine »Diktatur des Stadtvorstandes gegenüber dem Gemeinderat«, sondern eine »rein sachliche Zusammenarbeit zwischen dem Stadtvorstand, der beamteten Verwaltung und dem Gemeinderat, die getragen sei von den Grundsätzen des Nationalsozialismus«.[11] Diskussionen über kontroverse Fragen, die in der Öffentlichkeit nicht mehr möglich waren, fanden deshalb in den Abteilungssitzungen statt, wobei der überwiegende Teil der Verwaltungsvorlagen problemlos und minutenschnell von den Gemeinderäten »zur Kenntnis genommen« wurde. In den Protokollen wußte man fein zu unterscheiden, ob dies »mit Interesse« oder »zustimmend« oder »ohne Bedenken« geschah.[12]

Strölins Forderung an die Gemeinderäte, ihn bei seiner Arbeit zu beraten, entsprach seinem wirklichen Wunsche. Dies läßt sich auch an der Schaffung eines Frauenbeirats ersehen, den Strölin zu dem Zeitpunkt ins Leben rief, als die letzten Frauen Ende 1933 aus dem Gemeinderat ausgeschieden waren. Damit sollte nach seinen Vorstellungen den Frauen eine Möglichkeit geboten werden, im neuen Staat aktiv mitzuarbeiten. Besonderen Wert für die Stadtverwaltung maß er einem solchen Beratungsgremium, das sich nur aus Frauen zusammensetzte, aber von einem Mann geleitet wurde, »in den Fragen des Fürsorgewesens, der Jugendpflege, der Volksbildung und der Volksgesundheit sowie in zahlreichen wirtschaftlichen Angelegenheiten« bei.[13] Damit wies er den Frauen gleichzeitig die Rolle zu, die sie in Zukunft zu spielen hatten.

Als 1934 die Beratungen für die neue Deutsche Gemeindeordnung begonnen hatten, wandte sich Strölin unter anderem gegen eine zu starke Beteiligung der Gemeinderäte an den Entscheidungen der Verwaltung. Schon gar nicht wollte er, daß die Gemeinderäte mittels Abstimmungen wieder Einfluß gewinnen könnten, wie dies ein Entwurf Carl Goerdelers vorsah. Strölin hielt eine solche Regelung für überflüssig und unnationalsozialistisch. Vielmehr sah er darin einen »Rückfall in den Liberalismus«.[14] Seine Interventionen hatten Erfolg, denn das Gesetz sah keine Abstimmungen mehr vor und entzog den Gemeinderäten, in den Städten nun Ratsherren genannt, jegliches Recht zur Eigeninitiative. Zukünftig sollten sie den Oberbürgermeister nur noch beraten und in der Bevölkerung Verständnis für die Maßnahmen der Gemeindeverwaltung schaffen. Trotzdem wuchs ihnen eine gewisse Macht zu, da sie von der Verwaltung über alle wichtigen Entscheidungen informiert und angehört werden mußten.[15]

Strölin begrüßte die neue Stellung der Gemeinderäte wärmstens, denn sie entsprach weitgehend seinen Überlegungen und seiner Praxis in Stuttgart. Mit der nun gefundenen Regelung schwand für ihn die Gefahr einer Diktatur des Stadtvorstandes, denn die Gemeinderäte stünden nun als »Sprachrohr der Bürgerschaft« in ständiger Verbindung mit der Volksmeinung und wären als Mitglieder der NSDAP und ihrer Gliederungen ein weiteres Bindeglied zur Partei.[16]

Da nach der Einführung der Gemeindeordnung die Zahl der Stuttgarter Gemeinderäte von 44 auf 36 reduziert werden mußte, drängten viele zu den neuen Posten. Schon am 22. März 1935 erklärte Strölin den alten Gemeinderäten, daß ein Teil von ihnen ausscheiden müsse und bat sie, ohne Kränkung Verständnis zu zeigen.[17] Doch so schnell, wie geplant, ließ sich der Gemeinderat nicht umbilden, weshalb noch die alten Räte einen guten Monat später über die ebenfalls notwendige Änderung der Hauptsatzung der Stadt berieten und sie ohne größere Einwendungen akzeptierten.[18] Erstmals nahm an dieser Sitzung Kreisleiter Adolf Mauer teil, der die Funktion des Beauftragten der NSDAP bekleidete. Mauer sprach dabei auch die Frage der Beigeordneten an, die ebenfalls neu zu berufen waren. Allerdings betonte er, daß die letzte Entscheidung beim Reichsstatthalter und Reichsinnenminister liege.

Am 5. Juli trat der Gemeinderat endlich zu seiner konstituierenden Sitzung zusammen, nachdem Differenzen über die Postenvergabe im Hintergrund beseitigt worden waren.[19] Oberbürgermeister, Kreisleiter und vermutlich auch der Gauleiter hatten ein Gremium geschaffen, das in seiner personellen Zusammensetzung sehr stark an Strölins ständestaatliche Forderungen erinnerte. Alle wichtigen gesellschaftlichen Gruppen und Parteigliederungen waren nun vertreten und konnten dort die Interessen ihrer Organisation oder ihrer Klientel artikulieren. Umgekehrt hoffte Strölin darauf, daß sie in ihren Verbänden Verständnis für die Lage der Stadt erzeugen würden.

Im Gegensatz zu den Jahren 1933 und 1934 traf sich der Gemeinderat anschließend wieder regelmäßiger zu Plenarsitzungen, die jedoch meist nichtöffentlich stattfanden. Die öffentlichen Sitzungen waren normalerweise von Anfang bis Ende durchgeplant und die Redner zu den einzelnen Punkten vorbestimmt. So geschah es, daß anläßlich der Einbringung des Haushaltsplans 1934 und 1935 Gemeinderat Paul Sauer fast die gleiche Rede hielt.[20] In den nichtöffentlichen Sitzungen konnte dagegen offen gesprochen und Kritik geübt werden. Davon machten die Ratsherren reichlich Gebrauch. Als beispielsweise im Herbst 1935 die Fleisch- und Fettversorgung in Stuttgart einen äußerst kritischen Stand erreichte, ließen die Ratsherren ihrer Meinung vollen Lauf und beauftragten Strölin, gegenüber dem Landesbauernführer und anderen Stellen ihre »Erregung« zum Ausdruck zu bringen.[21] Falls die Meinungen zwischen Verwaltung und Ratsherren oder zwischen einzelnen Interessengruppen im Gemeinderat zu kontrovers aufeinanderprallten, setzte man zuweilen die Beratungen unter Ausschluß der Protokollführer fort. Zudem stieg in den folgenden Jahren die Zahl der Abteilungssitzungen, nun Beiräte genannt, wieder an, woraus sich eine stärkere Einbindung der Ratsherren in die Verwaltungsarbeit ersehen läßt. Strölin schien zunächst mit der Tätigkeit des Gemeinderats vollauf zufrieden zu sein. Selbst in seiner Denkschrift an das Hauptamt für Kommunalpolitik vom Mai 1936 sah er in der Berufung der Gemeinderäte durch den Bürgermeister und die Partei eine Stärkung der gemeindlichen Selbstverwaltung.[22]

Ungefähr zur gleichen Zeit entschloß er sich, den Gemeinderat und die Beiräte noch stärker an die Verwaltungsarbeit heranzuführen. Dazu sollte eine umfassendere Information der Gemeinderäte über Vorgänge in der Verwaltung dienen, die über die Vorschriften des § 55 der Deutschen Gemeindeordnung, der festlegte, was mit den Räten zu behandeln sei, weit hinausgingen.[23] Allerdings mußte er sie dabei auf die Vertraulichkeit dieser noch laufenden Verwaltungsvorgänge aufmerksam machen. Ferner forderte er sie auf, auch außerhalb der Tagesordnung Anfragen, Anregungen oder Beschwerden vorzubringen, wobei er darum bat, solche Angelegenheit besonders bei Ratsherrensitzungen vorher der Verwaltung mitzuteilen. Strölin tat dies selbstverständlich nicht ohne Hintergedanken, wollte er doch damit erreichen, daß die Ratsherren die Stadtverwaltung gegen Angriffe von außen, aus der Bevölkerung oder aus der NSDAP, verteidigten. Besonders dann, wenn sich die Stadt angegriffen fühlte, spielte Strölin im Gemeinderat meist mit offenen Karten und ließ die Ratsherren möglichst ausführlich unterrichten. Er selbst berichtete über seine größeren Auslandsreisen und über politische Entwicklungen, die Stuttgart allgemein tangierten.[24] Trotz dieser Bemühungen konnte es Strölin wegen der teilweise konträren Positionen der Stadtverwaltung und einzelner Organisationen, denen die Ratsherren in leitenden Positionen angehörten, nicht verhindern, daß es zu heftigen Konflikten kam, da besonders die NS-Volkswohlfahrt, das Amt für Technik, die Hitlerjugend und teilweise der NS-Ärztebund, die alle durch ihre Kreisführer im Gemeinderat vertreten waren, mit der Stadt um Kompetenzen in ihren Bereichen stritten.

Strölins Offenheit bedeutete nicht, daß er sich der Meinung seiner Ratsherren untergeordnet hätte. Es war eher ein geschickter Schachzug, denn er und seine Verwaltung entschieden nicht selten anders, als es die Ratsherren in ihren Sitzungen zum Ausdruck gebracht hatten. So galt der Gemeinderat im Kreise der Beigeordneten und auch in den Augen

Strölins als »Quasselbude«, während man die Entschließungen im Interesse der Stadt und ihrer Bevölkerung zu treffen beabsichtigte.²⁵ Dies traf für die erste Phase nach dem Erlaß der Deutschen Gemeindeordnung nicht ganz zu. Je stärker aber die Auseinandersetzungen mit der Partei wurden, um so deutlicher zeigte sich, daß Strölin dem Gemeinderat nicht mehr die anfängliche Bedeutung zumaß. Strölin gestand dem Gemeinderat trotz seiner Aversionen gegen parlamentarische Gremien zwar ein gewisses Beratungsrecht zu, benutzte ihn aber eher als Mittel seiner Politik. Dabei versuchte er, einerseits nach außen den Eindruck einer Geschlossenheit zwischen Verwaltung und Partei zu demonstrieren sowie andererseits führende Personen der lokalen Parteigliederungen an die Stadtverwaltung zu binden.

Ganz anders gestaltete sich sein Verhältnis zu den leitenden Beamten. Strölin, der durch Zugeständnisse und Kontrolle ihre Loyalität erreicht hatte, konnte sich ihrer Unterstützung einigermaßen sicher sein. Dennoch suchte er seine Position dadurch zu stärken, daß er in den Monaten nach seiner Ernennung zum Oberbürgermeister neue, ihm und der Partei ergebene Mitarbeiter in die Verwaltungsspitze holte. Begonnen damit hatte er bereits Ende Mai 1933, als er den evangelischen Pfarrer und prominenten Vertreter der Deutschen Christen in Stuttgart, Friedrich Ettwein, zum Wohlfahrtsreferenten berief.²⁶ Im Herbst übernahm mit dem promovierten Juristen Albert Locher, den Strölin zum Personalreferenten ernannte, ein weiterer Nationalsozialist eines der wichtigsten Referate. Ihm folgten in den nächsten Monaten mit Eduard Könekamp als Rechtsrat zur besonderen Verfügung und mit NSDAP-Kreispropagandaleiter Fritz Cuhorst als Referent für kulturelle Angelegenheiten weitere profilierte Parteigenossen, ohne daß man von einer Säuberungswelle sprechen könnte, denn die alten Bürgermeister der Lautenschlagerära zogen es vor, in den Ruhestand zu gehen. Lediglich Kämmerer Hirzel, Baubürgermeister Sigloch und der Leiter des Rechtsreferats, Ernst Waidelich, behielten ihre Ämter.²⁷

Nach Einführung der Deutschen Gemeindeordnung 1935 mußten die Referenten, die nun den Titel Beigeordnete erhielten, mit Zustimmung des als Beauftragten der NSDAP fungierenden Kreisleiters Mauer, des Gauleiters und selbstverständlich Strölins sowie nach Anhörung der Ratsherren in ihren Ämtern bestätigt werden. Dies bereitete in Stuttgart anscheinend keinerlei Probleme, denn alle behielten ihre Posten. Hinzu stieß Hugo Kroll. Als ehrenamtlichem Beigeordneten übertrug ihm Strölin einige untergeordnete Aufgaben wie den Frauenbeirat.[28]

Das nächste Jahr verlief noch relativ ruhig. Doch dann begann ein wohlinszenierter Kampf gegen den letzten Bürgermeister aus der Zeit vor der Machtübernahme. Im September 1936 eröffnete das NSDAP Gauamt für Technik ein wahres Kesseltreiben gegen Sigloch. Die Zeitschrift des Amtes veröffentlichte einen anonymen Artikel, in dem Sigloch persönliche und sachliche Unzulänglichkeiten vorgeworfen wurden. Besonders seine Beziehungen zu Juden und deren angebliche Bevorzugung bei Bauvorhaben stellte der Aufsatz groß heraus.[29] Der ganze Artikel zielte darauf, Sigloch von seinem Posten zu verdrängen. Wahrscheinlich machte sich der Kreisleiter des Amtes oder der Gauamtsleiter Hoffnungen auf diese gut dotierte Stelle. Selbst Interventionen Strölins bei Gauleiter Murr[30] zugunsten Siglochs und die einhellige Unterstützung der Ratsherren konnten nicht verhindern, daß der seit über 25 Jahren amtierende Bürgermeister nicht mehr tragbar war und anscheinend nicht mehr gegen die Angriffe ankämpfen wollte. Da sowohl Strölin als auch Murr eine zu schnelle Verabschiedung für nicht opportun hielten, erfolgte die Zurruhesetzung erst zum 30. Juni 1937.[31] In gewisser Weise hatte Strölin zum Sturz seines Baubürgermeisters beigetragen. Während der Konflikt seinem Höhepunkt zusteuerte, beriet der Gemeinderat ein von Strölin initiiertes Aktionsprogramm zur Behandlung der Judenfrage durch die Stuttgarter Verwaltung. Dabei wurde gerade eine sehr restriktive Haltung bei der Bearbeitung von Gesuchen jüdischer Bauherren und Architekten festgeschrieben.[32] Als Nachfolger einigte man sich hinter den Kulissen auf Otto Schwarz, der schon als Aufpasser in Siglochs Referat tätig war. Die Intriganten des Amtes für Technik kamen nicht zum Zuge. Eine Zusammenarbeit mit einem von ihnen wäre Strölin kaum möglich gewesen, denn schon seit längerem versuchte gerade dieses Parteiamt, seinen Einfluß auf die Stadtverwaltung auszuweiten.[33]

Nach dieser Veränderung blieb die Zusammensetzung der Beigeordneten fast unverändert. Lediglich nach dem plötzlichen Tod von Ettwein beauftragte Strölin im Oktober 1937 den aus der Stadtverwaltung kommenden Rechtsrat Felix Mayer mit der Wahrnehmung der Aufgaben des

Wohlfahrtsreferenten. Auf elegante Weise schaltete er so Murr, der im Juli die Funktion des Beauftragten der NSDAP selbst übernommen hatte und dem damit bei der Berufung von Beigeordneten ein entscheidendes Mitspracherecht zustand, und die Gemeinderäte in dieser Angelegenheit aus. Der Trick war denkbar einfach, denn, da Mayer nie offiziell zum Wohlfahrtsreferenten berufen wurde, mußten die nach der Gemeindeordnung erforderlichen Zustimmungen nie eingeholt werden. Zwar sprach 1938 Ratsherr Häffner dieses Problem in einer Sitzung der Verwaltungsbeiräte an,[34] aber dennoch konnte Mayer das ihm übertragene Amt bis Kriegsende ausüben. Strölin wollte durch diese Regelung vermutlich vermeiden, daß ein erneuter Machtkampf um die Neubesetzung der Stelle ausbrach, wie dies im Fall Sigloch geschehen war. Sicher machte sich der eine oder andere aus dem NSDAP Amt für Volkswohlfahrt Hoffnungen.

Obwohl Strölin mit seinen Personalentscheidungen in der Führungsspitze der Verwaltung die Zahl der nationalsozialistischen Beigeordneten drastisch erhöht hatte, stand für ihn im Vordergrund, qualifizierte und motivierte Mitarbeiter zu gewinnen, die viele seiner Meinungen teilten und auf die er sich fast blindlings verlassen konnte. Dies kam seinem Führungsstil sehr entgegen, denn er wünschte von ihnen möglichst eigenverantwortliches Handeln und Eigeninitiative, soweit sie mit seinen Vorstellungen und Ideen übereinstimmten. Gerade deshalb ließ er sich die Entscheidungskompetenz nicht aus der Hand nehmen, sondern besprach mit den jeweiligen Beigeordneten einmal wöchentlich in festen Sprechstunden die Probleme des jeweiligen Referats.[35] Erst ab Ende 1936 fanden gelegentlich gemeinsame Besprechungen der Beigeordneten statt, damit sie sich, ihrem Wunsch entsprechend, über die Entwicklungen und Probleme der anderen Referate informieren konnten.[36]

Die große Selbständigkeit seiner engeren Mitarbeiter und ihr loyales Verhalten förderten einen fast reibungslosen Verwaltungsablauf, so daß Strölin in der Lage war, sich auf die wichtigsten Aufgaben in der Verwaltung zu konzentrieren und selbst neue Initiativen einzubringen, die seine Untergebenen weiterverfolgten. Erst diese Konstellation ermöglichte ihm, seinen vielfachen, außerhalb der Verwaltung liegenden Verpflichtungen und Aktivitäten mit der notwendigen Ernsthaftigkeit nachzugehen. Mit Könekamp und Asmuß hatte er zudem zwei Referenten, die er im Zusammenhang mit dem Deutschen Auslandsinstitut beziehungsweise der Energieversorgung oder anderen externen Aktivitäten für die dabei anfallenden Probleme und Fragen einsetzen konnte.[37] Beide wie auch andere Mitarbeiter der Verwaltung schrieben für Strölin Entwürfe zu Aufsätzen, die unter seinem Namen in bekannten Fachzeitschriften erschienen und seinen Ruf als Fachmann festigten.[38]

Insgesamt entwickelte die Führungsspitze im Rathaus unter Strölins Leitung eine Art von Korpsgeist, der meistens ein geschlossenes Auftreten nach außen ermöglichte. Ein solcher Führungsstil entsprach den Vorstellungen von Menschenführung, die er gelernt hatte.

Ähnliches verlangte er von sämtlichen Vorgesetzten in der Verwaltung. Sie sollten »ihre Untergebenen sozial, das heißt gerecht behandeln und niemals über dem Untergebenen den Menschen vergessen«. Jeder Vorgesetzte müsse sich »darüber im klaren sein, daß ein bestimmt aber freundlich gegebener Befehl sehr viel williger und besser ausgeführt wird als ein überheblicher und hochfahrender.«[39] Er forderte sogar, daß ein »persönliches Vertrauensverhältnis die ganze kommunale Gefolgschaft an den [Ober]bürgermeister als ihren Führer binden« müsse.[40]

Entsprechend hätte eigentlich auch seine Personalpolitik ausgerichtet sein müssen. Doch dem standen politische Entwicklungen im Wege. Nach der Machtübernahme drängten die arbeitslosen NSDAP- und SA-Mitglieder darauf, sie mit Stellen zu versorgen. Auch andere glaubten, daß sie eine gut dotierte Position in den öffentlichen Verwaltungen beanspruchen könnten. Diesen Wünschen, die von der NSDAP-Gauleitung unterstützt wurden, mußte sich die Stadt beugen. Hinzu kam, daß sie in ihrem Bereich über eine große Anzahl von einfachen Arbeitsplätzen verfügte, die für ungelernte oder kaum qualifizierte Arbeiter geeignet waren. Strölin kam diesen Forderungen anfangs wohlwollend nach, denn die »bewährten Kämpfer« schienen ihm die Möglichkeit zu bieten, seine Ideen von der Führung einer Gemeinde schnell zu verwirklichen. Deshalb stellte die Verwaltung bis 1936 eine große Anzahl alter Nationalsozialisten ein,[41] dazu boten sich die Stellen der nach dem Berufsbeamtengesetz Entlassenen und von 200 Frauen an, denen wegen »Doppelverdienertums« gekündigt worden war. Der Stadtverwaltung bereiteten die braunen Mitarbeiter jedoch nicht nur Freude.[42] Viele erwarteten, gut bezahlt zu werden, und zeigten sich hinterher enttäuscht. Bei anderen ließen die Arbeitsleistungen zu wünschen übrig, so daß es immer wieder zu Streitigkeiten kam, in die sich auch die Kreis- und Gauleitung einschalteten, denen die Einstellungspraxis der Stadt und die Besoldung nicht ausreichend erschien. Strölin, sein Personalreferent Locher und Kanzleileiter Hablizel sahen sich des öfteren gezwungen, ihre Positionen gegenüber der Partei zu vertreten.[43] Sie machten dabei immer wieder deutlich, daß die Stadt durch diese Einstellungen, durch außerplanmäßige Beförderungen und die Anrechnung der »Kampfzeit« auf das Dienstalter und somit die Höhe der Bezüge zusätzliche Mittel in Höhe von jährlich 500 000 RM aufbringen müsse.[44] Grundsätzlich lehnte Strölin diese Einstellungspraxis jedoch nicht ab, sondern wies höchstens auf einzelne Fälle hin, die besonders kraß waren. So mußte die Stadt beispielsweise auf mehrfachen Wunsch der Gauleitung einen Angestellten weiterbeschäftigen, der wegen Unterschlagung von Parteigeldern aus der NSDAP ausgeschlossen worden war. Ebenfalls auf Druck der Partei beschäftigte man eine alte Parteigenossin, obwohl sie nicht mehr hören konnte, als Aushilfsangestellte und einen alten Kämpfer als Kanzleiangestellten, für den selbst der Gerichtsarzt eine Anstaltsverwahrung für notwendig hielt.[45]

Trotzdem legte Strölin großen Wert auf solide Qualifikation des Personals, besonders der Beamten. Damit konnte ein großer Teil der alten Nationalsozialisten nicht dienen. Deshalb kam es zu Konflikten mit einzelnen Gemeinderäten, die eine besondere Ausbildung für den Verwaltungsdienst nicht für erforderlich hielten.[46]

Problematischer erwiesen sich für Strölin dagegen die vielfältigen Versuche von seiten der Partei, in die Stellenbesetzung einzugreifen oder Einfluß auf Beförderungen einzelner Beschäftigter zu nehmen. Dies bedeutete für ihn eine starke Einschränkung seiner Position als alleiniger Führer der Verwaltung. Dementsprechend forderte er, daß ihm die letzte Entscheidung in allen Personalangelegenheiten, soweit er sie für wichtig erachtete, überlassen bleibe. Sehr genau erkannte er, daß durch ein stärkeres Mitspracherecht der Partei seine Autorität gegenüber dem städtischen Personal in Gefahr geriet. Mit dieser hohen Forderung konnte er sich allerdings nur zu Beginn seiner Herrschaft durchsetzen. Je stärker die einzelnen Parteiämter wurden, um so mehr sah sich Strölin gezwungen, Kompromisse einzugehen. Mit Hablizel und Locher hatte er jedoch zwei Mitarbeiter, die sich gegen allzu große Eingriffe zur Wehr setzten. Dennoch mußte bei jeder Einstellung Hablizel mit seinen Vertrauensleuten des Kreisamtes die politische Zuverlässigkeit der Bewerber prüfen.[47] Je höher die zu besetzende Position war, desto häufiger schalteten sich neben den Fachämtern der Partei weitere Landes- oder gar Reichsstellen ein, so daß sich die Stellen erst nach zeitraubenden Auseinandersetzungen besetzen ließen, wobei sich nachträglich nicht immer ersehen läßt, wer oder welche Argumente letztlich den Ausschlag gaben.[48] Insgesamt konnte sich Strölin in seiner Personalpolitik weitgehend gegenüber der Partei behaupten, auch wenn die Kritik nie verstummte. Trotz aller Versuche, von außen auf die Beschäftigten der Stadt einzuwirken, konnte Strölin seine Autorität in starkem Maße wahren. Nicht unerheblich trug dazu der Umstand bei, daß er fachlich qualifizierte Nichtparteimitglieder in ihrem beruflichen Werdegang förderte und ihnen sogar Aufgaben übertrug, die direkt mit seiner Parteitätigkeit in Zusammenhang standen. So ließ er einen Teil seiner energiewirtschaftlichen Aufgaben, die auf ihn als Hauptstellenleiter im Hauptamt für Kommunalpolitik zukamen, von einem Beschäftigten der TWS bearbeiten, dem er erst später empfahl, der Partei beizutreten.[49] Dies zeigt deutlich Strölins Vorstellung von einem Beamten, der in preußischer Tradition »Diener des Staates« sein sollte.[50] Damit blieb für parteipolitische Vorgaben, die Strölin durchaus nicht ablehnte, wenig Raum in der täglichen Verwaltungspraxis. Konflikte waren daher fast unvermeidlich, da das Konzept der nationalsozialistischen Menschenführung keinen Wert auf rechtliche Vorschriften legte.[51]

## *»Karl baut Wohnungen« – Wohnungspolitik*

Wie in allen Großstädten des Deutschen Reiches herrschte in Stuttgart das ganze 20. Jahrhundert hindurch eine Wohnungsnot, die durch den Anstieg der Bevölkerung seit Mitte des 19. Jahrhunderts bedingt war. Allein zwischen 1900 und 1933 stieg die Einwohnerzahl Stuttgarts von 176 699 auf 388 727.[52] Damit konnte weder der öffentliche noch der private Wohnungsbau Schritt halten. Schon in der Weimarer Republik beherrschte das Thema immer wieder die politische Diskussion. In vielfältigen Formen versuchte die Stadtverwaltung, das Problem in den Griff zu bekommen oder wenigstens die Not zu mildern. So gab es bis zum 1. April 1933 in Stuttgart eine Wohnraumzwangsbewirtschaftung.[53] Daneben engagierte sich die Verwaltung stark im sozialen Wohnungsbau und bei der Erstellung von vorstädtischen Siedlungen.

Als Strölin nach seiner Machtübernahme direkter als zuvor mit den Problemen der Wohnungsnot konfrontiert wurde, erkannte er sehr schnell, daß es sich dabei um eines der Aufgabengebiete handelte, die ihn am meisten beschäftigen würden. So ist es nicht verwunderlich, daß er nach der Ernennung zum Oberbürgermeister das Wohnungs- und Siedlungswesen sowie die Stadtplanung als einen der beiden wichtigsten Schwerpunkte seiner zukünftigen Tätigkeit bezeichnete.[54] Ganz im Gegensatz zum Gutachten des Reichssparkommissars, das für ihn zu dieser Zeit in vielen Bereichen, von denen er wenig verstand, das Maß aller Dinge darstellte und seinen früheren Aussagen zu diesem Thema, griff er nun sehr aktiv auf dem Wohnungssektor ein.

Die raschen Eingemeindungen von Feuerbach, Weilimdorf, Mühlhausen und Zazenhausen zum 1. Mai 1933 vergrößerten das Stadtgebiet erheblich und brachten Raum für neue Kleinsiedlungen, die er nun für wichtig erachtete, nachdem er sie früher wie andere NSDAP-Fraktionskollegen als »Blumentopfsiedlungen« abgelehnt hatte. Damit setzte er fast nahtlos die Politik seines Vorgängers und eines Teils der alten Rathausparteien, besonders von SPD und Zentrum, fort. Unter Strölins Herrschaft bekamen die Siedlungen jedoch eine andere Bedeutung. Ganz im Sinne der Blut-und-Boden-Ideologie postulierte er: »Der nationalsozialistische Staat erblickt in der Kleinsiedlung vor allem auch ein Mittel der Bevölkerungspolitik. Es gilt, die rassisch wertvollsten Volksgenossen wieder mit Grund und Boden zu verbinden, sie krisenfester zu machen und ihnen insbesondere eine Heimstätte zu verschaffen.«[55] Dafür kamen selbstverständlich nur rassisch hochstehende Bewerber in Betracht, die ihre Siedlerstellen erst nach einer erbbiologischen Untersuchung durch das Gesundheitsamt erhielten, der sich die gesamte Familien unterziehen mußte.[56] Auf dieser Grundlage entstanden in den folgenden Jahren mehrere Siedlungen. Strölins rassenbiologische Vorstellungen führten zu einer entscheidenden Änderung. Während der Weltwirtschaftskrise hatte man die meisten Siedlungen für Arbeitslose geplant, denen damit wenigstens die Sicherung ihrer eigenen Ernährung durch das zur Siedlerstelle gehörende Gartengrundstück ermöglicht werden sollte. Strölin plädierte dagegen bereits seit 1933 dafür, diese Siedlungen nur noch für Vollarbeiter zu errichten, da sie die rassisch wertvollsten seien.[57] Um die Siedlung für diese Arbeiterkreise interessant zu machen, ging man dazu über, die Grundstücke den Siedlern nicht mehr, wie bisher üblich, in Erbpacht zu überlassen, sondern ihnen zu übereignen. Auch bei der Finanzierung suchte man neue Wege. So mußten die Bauwilligen je nach Größe der genormten Häuser zwischen 600 und 1500 RM Eigenkapital aufbringen und von ihren Arbeitgebern ein Darlehen in gleicher Höhe erhalten. Damit wollte Strölin gewährleisten, daß nur tüchtige Arbeiter zum Zuge kamen.[58] Für die Beseitigung der Wohnungsnot bedeutete dies nur einen Tropfen auf den heißen Stein.

Ähnliche rassenhygienische Überlegungen prägten auch sein Denken bei der Altstadtsanierung. In einem grundlegenden Aufsatz stellte er 1935 seine Position dazu dar.[59] »Bei allen städtebaulichen Sanierungsmaßnahmen steht im Vordergrund die Sorge um die rassische Zukunft unseres Volkes. Dieser bevölkerungspolitische Gesichtspunkt erfordert dringend die Beseitigung der schlechten, licht- und luftlosen und zum großen Teil auch baufälligen Wohngebäude in den sogenannten Elendsquartieren. Diese sind nicht nur die Brutstätten vieler körperlicher Krankheiten; sie sind vielmehr auch soziale und staatspolitische Krankheitsherde der schlimmsten Art.« Um dieses Problem zu lösen, kam für ihn nur ein Abriß des Sanierungsgebiets in Frage, wobei er Wert darauf legte, die asozialen Elemente nicht in Stadtrandsiedlungen unterzubringen, da diese für die »rassisch wertvollsten Volkskreise« gedacht seien. Vielmehr plädierte er für die genaueste Überprüfung der Bewohner. »Die ausgesprochen asozialen Elemente müssen mit aller Schärfe angefaßt und dorthin gebracht werden, wo sie entweder noch erzogen oder, wenn das nicht mehr möglich ist, auf Dauer verwahrt werden, also in Beschäftigungsanstalten, Arbeitshäuser u. dgl. geschlossene Einrichtungen.« Für die Gebiete, in denen die Gebäude abgerissen werden sollten, forderte er eine großzügige Neubebauung, die seinen Vorstellungen von einer aufgelockerten Großstadt aus bevölkerungspolitischen und aus Gründen des Luftschutzes entsprachen. Wie auch in anderen Fällen erlaubte die Stuttgarter Wohnungssituation keine derartige Altstadtsanierung. Zwar schmiedete man große Pläne, die jedoch in den Schubladen liegen blieben.

Um den Wohnungsbau zu fördern, entwickelte Strölin und seine Verwaltung ein ganzes Bündel von Maßnahmen, ohne jedoch selbst in größerem Umfang als Bauherr aufzutreten. Von den zwischen 1933 und 1938 gebauten 467 städtischen Wohnungen dienten die meisten dazu, einfache Unterkünfte für sozial Schwache und Kinderreiche zu schaffen, die sonst keine Aussicht hatten, auf dem freien Markt eine Wohnung zu finden.[60] Vielmehr setzte Strölin auf die gemeinnützigen Baugenossenschaften, denen die Stadt zu günstigen Konditionen Grundstücke für den Bau von mehrgeschossigen Wohnhäusern überließ und Zinsvergünstigungen gewährte. Damit sollte besonders der Mangel an kleineren, billigen Wohnungen gelindert werden, da bei großen und teuren sogar ein Überangebot herrschte.[61] Um möglichst billig bauen zu können, sollte die Qualität der Wohnungen herabgesetzt werden. Bäder gehörten in solchen Wohnungen nicht mehr zum Standard. Obwohl man von seiten des Reiches im sozialen Wohnungsbau zunehmend den Bau von Etagenwohnungen favorisierte, hielt es Strölin in Stuttgart entgegen den Vorstellungen einiger Gemeinderäte für richtiger, in Zukunft sowohl diese Gebäudetypen zu errichten, als auch an den Kleinsiedlungen festzuhalten. Immer noch schreckte ihn die Vision von neu entstehenden Mietskasernen ab, die er für ganz und gar ungesund und unerwünscht hielt.[62]

Trotz aller Anstrengungen der Stadt und der gemeinnützigen Baugenossenschaften wurden zwischen 1933 und 1938 über 81 Prozent der Wohnungsneubauten von privater Seite erstellt.[63] Strölin sah darin eigentlich den einzigen Weg, um die Wohnungsnot zu beseitigen. Doch schnell mußte er seine idealistischen Träume aufgeben, auf diese Weise die Wohnungsprobleme der einkommensschwachen Volksschichten lösen zu können. Nach wie vor war den Stuttgarter Bauherren an einer hohen Rendite ihres Kapitals mehr gelegen als an einem Wohnungsbau, der den sozialen Bedürfnissen entsprach. Durch die stetig steigende Nachfrage nach Wohnraum kletterten die Mieten immer höher, was in der Bevölkerung, die über kein Wohneigentum verfügte, zu heftigen Protesten führte. Strölin, der selbst zur Miete wohnte, schlug sich in dieser Frage stets auf die Seite der Schwächeren, doch mußte er sich dabei heftige Kritik einiger Ratsherren gefallen lassen, die auf die hohen Boden- und Baupreise in der Stadt hinwiesen, die ein billiges Bauen und Vermieten einfach nicht möglich machten.[64]

Dennoch betrieb Strölin eine Politik, die entsprechend seinen Vorstellungen von der Volksgemeinschaft auf eine Überwindung der Konflikte zwischen Vermietern und Mietern hinauslaufen sollte. Zu diesem Zweck richtete er Anfang Oktober 1933 beim Wohnungsamt eine Schlichtungsstelle für Mietstreitigkeiten ein, die bis Ende 1934 in 1370 Fällen in Anspruch genommen wurde.[65] Allerdings mußte die Einrichtung Ende März 1936 auf Anordnung des Reiches ihren Betrieb einstellen.[66] Strölin benutzte diesen Umstand, um das Wohnungsamt offiziell mit der »Nachprüfung der Mietzinsen« zu beauftragen. In der Stadt war der Unmut über die steigenden Mietpreise bei gleichzeitigem Lohnstopp derart angewachsen, daß man sich zum Handeln gezwungen sah. Nur begrüßen konnte Strölin daher, daß die Reichsregierung noch im gleichen Jahr ein generelles Verbot von Mieterhöhungen erließ. Nachdem 1937 die rechtlichen Möglichkeiten geschaffen worden waren, bestimmte Strölin das Wirtschaftsreferat I und das Wohnungsamt zur »Preisbildungsstelle für Miet- und Pachtfestsetzung«. Dieser Behörde oblag nun hauptsächlich, das Verbot von Mietpreiserhöhungen zu überwachen.[67]

In all den Jahren sah sich Strölin immer wieder gezwungen, Aufrufe an die Vermieter zu erlassen, die Mieten nicht weiter zu erhöhen. Damit verband er die deutliche Drohung, daß man andernfalls zu Zwangsmaßnahmen schreiten müsse. Ähnliche Aufrufe ergingen von ihm zum Problem der kinderreichen Familien, die auf dem Stuttgarter Wohnungsmarkt nur schwer bezahlbaren Wohnraum finden konnten. Mit diesen Aufforderungen und Kontrollmitteln ließ sich jedoch die von Jahr zu Jahr schlimmer werdende Wohnungsnot nicht in den Griff bekommen.

Um den privaten Wohnungsbau zu erhöhen, beschleunigte man 1935 das baupolizeiliche Genehmigungsverfahren und erlaubte den Ausbau von Dachgeschoßen. Dies hatte man erst kurz zuvor in der neuen Ortsbausatzung verboten.[68] In bestimmten Fällen konnten Wohnungsbauten durch Zinszuschüsse oder teilweisen Nachlaß der Erschließungskosten gefördert werden.

Strölins Engagement auf diesem Gebiet sprach sich schnell über Stuttgart hinaus herum. Wohl deswegen erhielt er am 8. Dezember 1934 überraschend das Angebot, als Nachfolger von Gottfried Feder Staatssekretär für Siedlungs- und Wohnungswesen im Reichsarbeitsministerium zu werden.[69] Strölin, der von Staatssekretär Krohn benachrichtigt worden war, äußerte sofort, daß er nicht die Absicht habe, seinen Posten in Stuttgart aufzugeben. Dennoch ließ er sich überreden, nach Berlin zu fahren und die Frage mit Arbeitsminister Franz Seldte zu besprechen. Völlig überrascht schien Strölin, als man ihm den Vorschlag machte, er könne neben seinem Posten als Staatssekretär sein Amt als Oberbürgermeister weiter versehen. Dies schmeichelte ihm, denn auch Schacht, den er von den Sitzungen der Gläubigerkonferenz her kannte, hatte ihm gegenüber zum Ausdruck gebracht, daß er sich sehr freuen würde, wenn er nach Berlin käme. Strölin brauchte zwei Tage, bis er sich entschied, das Angebot mit der Begründung abzulehnen, daß »es nicht möglich sei, zwei so wichtige Ämter gleichzeitig voll verantwortlich zu verwalten«.[70] Eine wichtige Rolle dürfte dabei die relative Selbständigkeit gespielt haben, mit der er in Stuttgart handeln konnte. In Berlin dagegen wäre er stärker in die Reichsverwaltung eingebunden gewesen, in der das Arbeitsministerium nicht gerade eine führende Stellung einnahm. Zudem erkannte er, daß er in dieser Position über keine klar abgegrenzten Kompetenzen verfügt hätte, was er Seldte in einer Denkschrift, die er seinem Ablehnungsschreiben beilegte, verdeutlichte.[71]

Trotz der Ablehnung blieben die Beziehungen zwischen ihm und Seldte sowie dessen Ministerium ausgezeichnet. Von dort kam 1935 der Vorschlag, Strölin zum deutschen stellvertretenden Vorsitzenden des Internationalen Verbandes für Wohnungswesen und Städtebau und später zu dessen Präsidenten zu machen.[72]

Bis 1938 konnte sich der Wohnungsneubau in Stuttgart wirklich sehen lassen. 17 098 neuerstellte Wohnungen seit 1933 bedeuteten, daß über 13 Prozent des gesamten Wohnungsbestandes in den ersten sechs Jahren der Herrschaft Strölins gebaut worden waren.[73] Stuttgart lag damit, umgerechnet auf Neubauten je 1000 Einwohner, im Reich an erster Stelle.[74] Für dieses positive Ergebnis zeichnete jedoch nicht nur die Stadtverwaltung verantwortlich, ein großer Teil der Neubauinvestitionen ging auf das Konto des Konjunkturaufschwungs.

Einige Stuttgarter bedankten sich bei Strölin auf eine besondere Art für seine Bemühungen. Beim Faschingsumzug 1936 konnte er auf einem Festwagen sein überlebensgroßes Konterfei mit der Maurerkelle in der Hand auf neu erstellten Hausmauern bewundern. Auf einem Schild stand groß zu lesen: »Karl baut Wohnungen«. Allerdings wiesen sie dabei noch sehr süffisant auf die Ehelosigkeit des Stadtoberhauptes hin, indem sie das ganze Unternehmen als »Bauhütte Junggeselle« karikierten.[75]

## Stadtplanung und Stadtentwicklung

Mit dem Wohnungsmangel waren Strölins Vorstellungen von der zukünftigen Gestaltung der Stadt verbunden. Sie wurzelten tief in der Ideologie des Nationalsozialismus und den Gedankengängen der bürgerlichen Sozialreformbewegung, die er zu vereinen suchte.

So war für ihn »Erhaltung des Lebens und der Gesundheit des deutschen Volkes« der wichtigste Aspekt seiner Stadtentwicklungspolitik.[76] Dies sollte durch eine Auflockerung der Großstadt sowie eine »Wiederverbindung« der arbeitenden Bevölkerung mit Grund und Boden erreicht werden. Anzustreben war für ihn die Gartenstadt, wie sie von den Vereinen für Wohnungsreform und Bodenreform seit langem propagiert wurde.[77]

Schon im Mai 1933 berief er eine Kommission, um eine neue Ortsbausatzung entwerfen zu lassen, da die alte seinen Vorstellungen bei weitem nicht entsprach. Typisch für Strölin war dabei, daß er sich nicht nur auf die Überlegungen der Fachleute in Stuttgart verließ, sondern mit einer kleinen Delegation nach Zürich reiste, um sich dort über die Probleme der Hangbebauung zu informieren.[78] Dabei griff er auf die engen Beziehungen zu Zürich zurück, die Lautenschlager aufgebaut hatte. In keiner Weise störte es ihn, daß der Zürcher Stadtpräsident Emil Klöti zu den prominentesten Schweizer Sozialdemokraten gehörte.

Die 1935 erlassene Ortsbausatzung mit ihrer genauen Festlegung von Bauverboten, Baustaffeln, Baulinien, Dachformen, Dachneigung und ähnlichem sollte Strölins Meinung nach eine nationalsozialistische Grundlage für die harmonische Entwicklung des Stadtbildes schaffen.

Nicht mehr das einzelne Gebäude galt für ihn als Maßstab, sondern das Ensemble einer Bebauung und der Gesamteindruck der Stadtlandschaft. Wieder griff Strölin auf seine organischen, auf Harmonie zielenden und oftmals romantischen Vorstellungen zurück. Mit der Ortsbausatzung wollte er eine städtebauliche Entwicklung einleiten, die, ausgehend »von dem Volksganzen, von dem Gemeinnutz als oberstem Gesetz, von der Boden- und Blutsverbundenheit der Volksgenossen«, eine geschlossene Ausdrucksform einer einheitlichen nationalsozialistischen Weltanschauung zum Ausdruck brächte.[79] Als Beispiele einer solchen einheitlichen »Baugesinnung« nannte er Romanik, Gotik, Renaissance und Barock. Erst die liberalistische, materialistische Weltanschauung des 19. Jahrhunderts hätte zu einer Auflösung dieser Einheitlichkeit und zur Überbetonung des individualistischen Baustils geführt, der sein abschreckendstes Beispiel in der Weißenhofsiedlung gefunden habe. Dabei dachte er wohl eher wie sein Führer an große Repräsentationsbauten als an Privathäuser.[80]

Obwohl Strölin in seinem Gemeinderat auf volle Zustimmung traf, mußte er sich doch von seiten der Architekten den Vorwurf gefallen lassen, daß ihnen die Vielzahl der Beschränkungen, die in der neuen Ortsbausatzung vorgesehen waren, eine kreative, künstlerische Baugestaltung fast unmöglich mache, was eine Uniformierung und Schablonisierung des Bauens zur Folge habe. Dieses Argument wollte er jedoch nicht gelten lassen, denn ein Architekt, so ließ er die Gemeinderäte wissen, könne schließlich im Rahmen der städtebaulichen Vorgaben noch genügend eigene »Schöpfung« einbringen.[81] Um der zu erwartenden Kritik zu begegnen, hatte er die Gemeinderäte der Technischen Abteilung im Herbst 1934 beauftragt, während der gesetzlich vorgeschriebenen öffentlichen Auflegungsfrist im gesamten Stadtgebiet Diavorträge über die Neuregelungen zu halten.[82]

Mit der Genehmigung der Ortsbausatzung durch die Aufsichtsbehörde und ihrem Inkrafttreten im Frühjahr 1935 war Strölin in Richtung einer Gartenstadt Stuttgart einen guten Schritt vorangekommen. Zudem hatten seine Aktivitäten über die Stadt hinaus seinen Ruf als Kommunalpolitiker nur noch gestärkt. Voller Stolz konnte er in einer öffentlichen Gemeinderatssitzung mitteilen, daß Reichsarbeitsminister Seldte, dem das Wohnungswesen und die Raumplanung unterstand, ihm in einem Brief bescheinigt habe, »die Maßnahmen der Stadt Stuttgart [...] seien ein Beweis dafür, daß auch heute schon durch örtliche Maßnahmen die städtebaulichen Grundsätze und Ziele des nationalsozialistischen Staates ihrer Verwirklichung nähergebracht werden können«.[83]

Neben der Ortsbausatzung entwickelte die Stuttgarter Verwaltung im Auftrage Strölins noch eine ganze Reihe von Ideen, um das städtebauliche Instrumentarium der öffentlichen Hand zu verbessern. Dabei stießen besonders zwei Initiativen auf breites Gehör.

Da es für die Gemeinden immer kostspieliger wurde, günstigen Boden für ihre Bauprojekte zu erwerben, forderte Strölin 1934 in einem Antrag an die Reichsregierung, den er pikanterweise auch veröffentlichte, eine Novellierung des Enteignungsrechts. Die Kommunen sollten dadurch in die Lage versetzt werden, die von ihnen benötigten Immobilien nach dem Steuerwert und nicht nach dem Verkehrswert zwangsenteignen zu können. Unter Berufung auf das Parteiprogramm wollte er damit der Bodenspekulation einen Riegel vorschieben.[84] Damit erntete er besonders aus den Reihen der Bodenreformer Lob.[85] Ähnlich verhielt es sich mit dem zweiten Vorschlag, der auf dem ersten aufbaute und hauptsächlich durch die Probleme der Altstadtsanierung zustande gekommen war. Asmuß hatte in Strölins Auftrag eine Denkschrift erarbeitet, die sich mit der Abschreibung von Wohngebäuden und einer zwangsweisen Rücklagenbildung der Hauseigentümer beschäftigte.[86] Danach sollten Häuser getrennt von den Grundstücken entsprechend ihrem Wertverlust abgeschrieben und der Steuerwert analog dazu verringert werden. Dieser war dann der Richtwert für die Brandversicherung, Beleihung und Enteignung. Damit der Besitzer nach vollständigem Verschleiß des Hauses über das notwendige Kapital für einen Neubau verfüge, schlug die Denkschrift vor, eine gesetzliche Zwangsrücklage der Hauseigentümer festzulegen, die von den Sparkassen oder den Hausbesitzerorganisationen als »Erneuerungsfonds« verwaltet werden sollte. Gerade der letzte Punkt stieß auf Kritik der Hausbesitzer, die es als nicht vertretbar bezeichneten, jährlich hunderte von Millionen Mark zurücklegen zu müssen. Selbst Strölins Freunde aus der Reformbewegung hielten dies für unrealistisch, während sie seine bodenreformerischen Gedanken weiterhin mit Freude betrachteten.[87] Beiden Vorstößen war jedoch, außer daß sie Strölin weiter bekannt machten, kein Erfolg beschieden. Die Reichsregierung sah keinerlei Veranlassung, auf die Vorschläge des Stuttgarter Oberbürgermeisters einzugehen.

Strölins städtebauliche Vorstellungen mußten zu einem doppelten Dilemma führen, für das es angesichts der Verhältnisse keine Lösung geben konnte. Das größte Problem stellte die auf den völkischen Ideen beruhende Großstadtfeindlichkeit vieler führender Nationalsozialisten dar. Noch Mitte 1934 hatte Strölin selbst in einem Zeitschriftenartikel den Standpunkt vertreten, daß die »Großstadt in ihrer heutigen Form zum Volkstod führen werde«.[88] Deshalb hielt er es für notwendig, die Städter auf das Land »wegzuversetzen«, entweder auf Bauernstellen oder die Arbeiter in neu zu errichtende Landgemeinden oder kleine Städte. Die weiterhin in der Großstadt Beschäftigten sollten in den Randgebieten oder in Nachbargemeinden angesiedelt werden. Gleichzeitig müsse verhindert werden, »daß die Großstadt sich nach allen Seiten uferlos ausdehnt und ohne weiteres die vorhandenen Siedlungskerne in sich aufnimmt«.[89] Ein knappes halbes Jahr später hatte er diese Überlegungen zu den Akten gelegt, denn nun forderte er in einer Denkschrift an Seldte, daß den Städten durch Eingemeindungen Ausdehnungsmöglichkeiten geschaffen werden müßten.[90] Bei der tendenziellen Großstadtfeindlichkeit und seinen eigenen widersprüchlichen Aussagen mußte es zu Widerständen kommen. Zudem schien der Stuttgarter Eigennutz nicht dem württembergischen Gemeinnutz zu entsprechen.

Trotz der Eingemeindungen vom Mai 1933 fehlten der Stadt weiterhin Flächen, um ihr Konzept einer Auflockerung der Großstadt in die Tat umsetzen zu können. Zunächst blieb es bei schönen Worten. »Großstadt zwischen Wald und Reben«, der Slogan, mit dem die Stadt seit der Ausstellung »Die deutsche Gemeinde« im Sommer 1936 für sich warb, trug eher programmatische Züge. Auch wenn die Stadt relativ viel Grünflächen in den Hang- und Randlagen besaß, gehörten doch Teile wie der Stuttgarter Westen zu den am dichtestbesiedelten Gebieten in Deutschland. Einen Ausweg sah man im Rathaus nur in weiteren Eingemeindungen, um so an billiges Bauland zu gelangen, da die Grundstückspreise in der Stadt ein so hohes Niveau erreicht hatten, daß eine Erstellung preisgünstiger Wohnungen nicht mehr möglich war. Mitte 1936 legte Strölin eine umfangreiche Liste von Orten vor, deren Eingemeindung er für dringend notwendig hielt, wenn die Probleme der

Stadt langfristig beseitigt werden sollten. Im einzelnen dachte er an die Eingemeindung von Möhringen, dem zu Echterdingen gehörenden Fasanenhof, Sillenbuch, Heumaden, Rohracker, Ruit, Kemnat, Riedenberg, Teilen von Scharnhausen und Nellingen, Schmiden, Öffingen, Stammheim, Korntal, Münchingen, Gerlingen sowie Teilen von Schwieberdingen, Eltingen und Leonberg. Nach zwei bis drei Jahren sollten Vaihingen mit Rohr, Birkach, Plieningen, Uhlbach, Fellbach, Hegnach, Aldingen und Ditzingen folgen.[91] Mit diesem Ausdehnungsdrang stieß er jedoch allenthalben auf Kritik und Ablehnung. Murr machte ihm schnell klar, daß er davon sehr wenig hielt, auch wenn er noch zusätzliche Untersuchungen anstellen lassen wollte. Seiner Meinung nach war es nicht notwendig, daß die Stuttgarter Beschäftigten innerhalb der Stadtgrenzen wohnen mußten.[92] Nach längeren Verhandlungen konnte Strölin wenigstens einen Achtungserfolg erzielen. Mit Wirkung vom 1. April 1937 ordnete Murr die Eingemeindung von Sillenbuch, Heumaden, Rohracker und Uhlbach an. Die Raumprobleme der Stadt waren damit jedoch bei weitem nicht gelöst.

In der Denkschrift für Seldte forderte Strölin klare Kompetenzen im Bereich der Raumplanung, ein einheitliches Reichsplanungsgesetz und die Erstellung eines Generalsiedlungs- und Wirtschaftsplans. Dabei griff er auf Erfahrungen zurück, die er in seiner Tätigkeit als Leiter des Bezirksplanungsverbandes Stuttgart gewonnen hatte. Dem 1931 von Stuttgart und den umliegenden Gemeinden gegründeten Verband oblag die Koordinierung der überörtlichen Planung in einem Umkreis von 20 km um die Landeshauptstadt. Mit diesen Vorschlägen hatte er vollen Erfolg, doch in einer ganz anderen Richtung, als er sich vorgestellt hatte. Durch mehrere Führererlasse übernahm das Reich 1935 alle Kompetenzen für die überörtliche Planung. In den Ländern entstanden Landesplanungsgemeinschaften, die den Reichsstatthaltern unterstanden.[93] Zum Landesplaner ernannte Murr daraufhin August Bohnert. Damit war die Stadt weitgehend aus der Raumplanung ausgeschaltet, auch wenn Strölin die Leitung der neugebildeten, gegenüber dem Bezirksplanungsverband stark vergrößerten Bezirksplanungsgemeinschaft Stuttgart übernahm. Die letzten Entscheidungen fällten jedoch die Landes- und Reichsbehörden. Strölins einzige Vorteile blieben seine engen Beziehungen zum Reichsarbeitsministerium und den anderen Raumplanungsinstitutionen des Reiches, die er als Präsident des Internationalen Verbandes für Wohnungswesen und Städtebau intensiv pflegte. Hier konnte er das eine oder andere im Interesse der Stadt lancieren, um so Murr und Bohnert zu umgehen.

Mit den fehlenden Bauflächen war das zweite Dilemma Strölins verbunden: die Gestaltung der Innenstadt. Hier sahen seine Überlegungen nur noch repräsentative Verwaltungs-, Geschäfts- und Parteibauten sowie die notwendigen Verkehrs- und Freiflächen vor. Wohnungen hatten dort keinen Platz mehr.[94] Dies Ziel mußte jedoch daran scheitern, daß im Zentrum noch ungefähr ein Zehntel der Bevölkerung wohnte. Die Stadtverwaltung, an die Weisungen ihres Chefs gebunden, entwickelte daraufhin eine Vielzahl von Vorschlägen, die sich mit einer Neugestaltung der Innenstadt beschäftigten. Fast alle blieben jedoch in den Schubladen liegen. Im Hochbau konnte man gerade mit dem Haus der Technischen Werke in der Lautenschlagerstraße und dem Neubau der Städtischen Sparkasse in der Königstraße seine Vorstellungen von nationalsozialistischer Architektur im Stadtzentrum dokumentieren. Etwas mehr erreichte man im Verkehrsbereich. Hier sahen die Planungen die Schaffung eines großzügigen Innenstadtrings vor, dessen Realisierung allerdings noch eine Vielzahl von Gebäuden im Wege stand. Seit 1934 versuchte die Stadt deshalb, die entsprechenden Gebäude aufzukaufen, um sie abbrechen zu können. Besonders im Bereich des Alten Postplatzes und in der Holzstraße zwischen Hauptstätterstraße und Charlottenplatz (damals Danziger Freiheit) gelang dies teilweise noch vor Kriegsbeginn.[95] Erst die Zerstörungen des Krieges ermöglichten die Ausführung der Pläne.

## *Gegen Fürsorgegesinnung und Frauenarbeit – Die Bekämpfung der Arbeitslosigkeit*

Die Arbeitslosigkeit in Stuttgart hatte im Februar 1933 ihren Höhepunkt erreicht und ging bereits im März leicht zurück. Mit 41 500 gemeldeten Arbeitsuchenden waren rund 10 Prozent der Stadtbewohner ohne Beschäftigung.[96] Neben allen politischen Problemen, die in dieser Zeit der Veränderung die Verwaltung beschäftigten, war die Beseitigung der

Arbeitslosigkeit das Wichtigste, denn wie während der Wirtschaftskrise verschlangen die Kosten, die von der Stadt aufgebracht werden mußten, einen beträchtlichen Teil der Finanzen. Je länger Arbeitslosigkeit dauerte, desto mehr mußte die Kommune dafür aufkommen. So beliefen sich die Ausgaben im Rechnungsjahr 1932/33 auf fast 9,5 Millionen RM, was knapp 31 Prozent der Steuereinnahmen der Gemeinde und 7 Prozent des Gesamthaushalts entsprach.

Strölin, der vor 1933 die kollektive Form der Arbeitslosenunterstützung heftig kritisiert hatte und im nationalsozialistischen Staat einen Arbeits- und keinen Wohlfahrtsstaat sah, ging das Problem schon als Staatskommissar an. Wie oben dargestellt, konzentrierte er sämtliche Wohlfahrtseinrichtungen der Stadt in einem Amt und berief mit Ettwein einen Referenten im Bürgermeisteramt für dieses Arbeitsgebiet. Zugleich ordnete er an, daß bei der Gewährung von städtischen Leistungen die Vermögensverhältnisse des Betroffenen in die Berechnung einbezogen werden mußten.[97] Die großen Veränderungen fanden aber erst später statt. Basierend auf der gerade in bürgerlichen Kreisen immer wieder behaupteten »Fürsorgegesinnung« vieler Arbeitsloser, gingen Strölin und Ettwein daran, das System der gemeindlichen Arbeitslosenfürsorge grundlegend umzubauen. Als erstes entstand im Wohlfahrtsamt eine Geschäftsstelle Familienfürsorge, in der alle bisher getrennten Fürsorgeformen zusammengefaßt wurden. Damit war der Arbeitslose bei der Behandlung seines Falles mit den unterstützten Kleinrentnern und den Empfängern von Armenfürsorge gleichgestellt. Auch wenn Strölin behauptete, daß er damit bezwecke, die Forderung nach Volksgemeinschaft in die Tat umzusetzen, schien er eher eine Unattraktivität dieser Form von Fürsorge angestrebt zu haben.[98] Dafür sprachen die späteren Veränderungen, die er im Bereich der unterstützenden Fürsorge ergriff oder wenigstens sanktionierte und am 15. September 1933 in Kraft setzte. Wohlfahrtserwerbslose mußten danach teilweise empfindliche Kürzungen ihrer Unterstützung hinnehmen, denn nun erhielten sie entgegen der bisherigen Regelung nicht mehr die höheren Richtsätze der gehobenen Fürsorge, sondern nur noch die der allgemeinen Fürsorge.[99] Auf diese Weise sollten die Arbeitslosen dazu gebracht werden, sich um Arbeit zu bemühen. Ende des Jahres verfiel man auf eine neue Idee, die Ausgaben zu senken. Frauen, bis dahin den Männern gleichgestellt, erhielten nun eine niedrigere Unterstützung, da ihr normaler Lohn niedriger lag und »die Frau«, wie Strölin sich ausdrückte, »eine Reihe von Arbeiten (Waschen, Kochen, Flicken, Nähen u. a.) selbst erledigen kann, wofür dem Mann besondere Auslagen entstehen«.[100]

Damit verwies Strölin indirekt auf einen weiteren Schwerpunkt der Stadtverwaltung zur Verringerung der Arbeitslosigkeit. Frauen sollten möglichst aus dem Berufsleben im gewerblichen Bereich entfernt werden, um auf dem Arbeitsmarkt nicht in Konkurrenz zu Männern zu treten. Strölin versuchte so, auch sein Frauenbild, das in allen Bereichen der nationalsozialistischen Doktrin entsprach, in die Wirklichkeit zu übertragen. Frauen hatten für ihn andere Fähigkeiten als Männer. Ihnen lag nicht der Kampf um die tägliche Existenz im Blute, sondern Mütterlichkeit, Häuslichkeit und das Pflegerische. In diesen Bereichen gestand er ihnen sogar eine Überlegenheit zu.[101] Neben der NS-Ideologie dürfte für diese Einstellung auch das überaus enge Verhältnis zu seiner Mutter von Bedeutung gewesen sein, mit der er von 1923 bis weit in den Zweiten Weltkrieg hinein die gemeinsame Wohnung teilte. So wurde die Hausfrau und Mutter, der in besseren Kreisen selbstverständlich eine Hausgehilfin zur Seite stand, sein Idealbild.

Unter seiner Leitung entwickelte die Verwaltung eine Reihe von Maßnahmen, um Frauen zur Aufgabe ihres Berufes zu veranlassen. Obwohl er viel von Freiwilligkeit sprach, basierten die meisten auf Zwang. Am Beginn stand eine Kampagne gegen das »Doppelverdienertum«, womit er nichts Neues vertrat, sondern eine alte Forderung aus der Weimarer Republik aufgriff, die selbst in den Gewerkschaften und der SPD ihre Anhänger gehabt hatte. Entsprechend forderte er solche Frauen auf, ihre Berufstätigkeit zugunsten Arbeitsloser aufzugeben. Dort wo er selbst Einfluß hatte, in der Stadtverwaltung, entließ er nach Überprüfung der Einzelfälle Frauen, um an ihrer Stelle nicht selten alte NSDAP-Parteigenossen einzustellen.[102] Als er die Präsidentschaft im Deutschen Auslandsinstitut übernahm, fiel ihm sofort der hohe Anteil von weiblichen Beschäftigten auf. Umgehend schrieb er an den Geschäftsführer Csaki: »Ich bitte aber doch, mit mir bei der nächsten Besprechung die Frage eingehend zu prüfen, an welchen Stellen entsprechend unserer nationalsozialistischen Grundauffassung männliche Arbeitskräfte, womöglich Kriegsteilnehmer und Kriegsbeschädigte eingesetzt werden können«.[103] Um seinem Wunsch Nachdruck zu verleihen, sandte er eine Abschrift an Kreisleiter Maier.

Zudem nahm er Kontakt zur örtlichen Industrie auf und ließ in den 200 größten Betrieben der Stadt nach Doppelverdienerinnen forschen, die entsprechend unter Druck gesetzt wurden oder die man nach den Richtlinien des Reichsarbeitsministers vom 22. November 1933 entließ.[104] Die Zusammenarbeit mit der Wirtschaft schien ausgezeichnet zu funktionieren.

Eine eher freiwillige Variante stellte die Vergabe von zinsgünstigen Ehestandsdarlehen an Hochzeitspaare dar, die mit der Auflage vergeben wurden, daß die Ehefrau nach der Heirat aus dem Berufsleben ausschied. Doch gingen diese Initiativen nicht von Strölin aus; sie folgten den gesetzlichen Vorgaben des Reiches.[105]

Der materielle Anreiz blieb bei der Behandlung der Frauen die Ausnahme; der Zwang überwog bei weitem. So ergriff man im Sommer 1933 eiligst die durch eine Anordnung des Präsidenten der Reichsanstalt für Arbeitsvermittlung gebotene Möglichkeit, um weibliche Beschäftigte unter 25 Jahren aus den Betrieben zu verdrängen. Besonders im Bereich der Textilindustrie gelang dies bereits vor Erlaß der entsprechenden Regelung. Da die Domäne der Frau hauptsächlich im häuslichen Bereich liegen sollte, bildete dieser den Schwerpunkt der weiteren Aktivitäten der Stadt. Alle vom Arbeitsamt oder dem Wohlfahrtsamt unterstützen Frauen unter 30 mußten seit Herbst an Pflichtkursen in Hauswirtschaft teilnehmen, die von der Volkshochschule, der Berufsorganisation der Hausfrauen und den konfessionellen Hausfrauenorganisationen organisiert und teilweise von der Stadt finanziert wurden. Alle anderen bis zum 65. Lebensjahr hatten Pflichtarbeit in Tagheimen der oben genannten Organisationen zu leisten, die meist im Stopfen und Flicken von Kleiderspenden für das Winterhilfswerks bestand.[106] Ziel dabei war wohl in erster Linie, die Frauen aus der Statistik der gemeldeten Arbeitslosen herauszubekommen, da sich viele dazu entschlossen, die Pflichtarbeit abzubrechen und in die Familie zurückzugehen, was gleichzeitig einen Verzicht auf die finanzielle Unterstützung bedeutete. Von rund 3000 Pflichtarbeiterinnen bis Frühjahr 1934 blieben allein 1342 im Oktober und November 1933 der ihnen zugewiesenen Zwangsbeschäftigung fern. Strölin sah darin einen eindeutigen Erfolg der ergriffenen Maßnahmen.[107] Für jüngere Frauen hatte man sich als Besonderheit noch die Stuttgarter Haushilfe ausgedacht. Da Hausgehilfinnen in größerem Umfang gesucht wurden, gewährte man Familien, die eine Stuttgarter Arbeitslose einstellten, eine städtische Beihilfe. Allerdings konnte diese Maßnahme wegen der guten wirtschaftlichen Entwicklung bereits im Frühjahr 1934 wieder eingestellt werden.

Ähnlich wie bei den Frauen setzte die Stadt 1933 und 1934 auch bei den männlichen Arbeitslosen zunehmend auf Zwang. Die Aktivitäten, die sie dabei ergriff, liefen jedoch zum Teil auf eine qualifizierende Weiterbildung hinaus. So richtete sie Pflichtkurse ein, in denen Angehörigen von Berufsgruppen, die als anfällig für Schwarzarbeit galten, 9 Stunden wöchentlich Berufskunde vermittelt wurde. Die Stadt nützte diese Kurse zur nationalsozialistischen Indoktrination der Teilnehmer, die wöchentlich auch 6 Stunden Einführung in das nationalsozialistische Gedankengut über sich ergehen lassen mußten.

Da auch bei den Männern die Unterstützung gestrichen wurde, wenn sie den Kursen fernblieben, konnte Strölin positiv vermerken, daß manche, »die eine Abneigung gegen solche Pflichtkurse hatten, es vorzogen, aus dem Heer der Unterstützten und der Arbeitslosen auszuscheiden«.[108]

Nachdem die Arbeitslosenzahl bis Ende 1933 auf rund 25 000 gesunken war, ging die Stadt im Januar 1934 fast vollständig zur Pflichtarbeit über, die hauptsächlich in Bodenbewegungsarbeiten bestand und die Arbeitslosen wieder an Arbeitsdisziplin gewöhnen sollte. Da von den 5000 »einberufenen« Unterstützungsempfängern rund die Hälfte der Aufforderung nicht nachkam, konnte wenigstens ein Rückgang in der Arbeitslosenstatistik erreicht werden.[109] Während die meisten Pflichtarbeiter ein normales Privatleben führten, waren »asoziale«, was immer man darunter verstehen wollte, in zwei Arbeitslagern für jeweils ein halbes Jahr kaserniert. 1934 wurde für diesen Personenkreis eigens ein Lager in Göttelfingen bei Freudenstadt errichtet, das schon in kürzester Zeit überbelegt war. Die Stadt erwarb daraufhin ein Gut in Buttenhausen und errichtete dort ein Beschäftigungs- und Bewahrheim, das fast Gefängnischarakter hatte. Die zwangsweise Eingewiesenen sahen sich mit teilweise bewaffneten Aufsehern konfrontiert.[110] Lächerlich mußte den Insassen das wöchentliche Taschengeld zwischen 0,70 und 1,20 RM erschienen sein. Strölin betrachtete diese Maßnahme jedoch als eine der besten Möglichkeiten, um die »arbeitsscheuen Elemente« wieder in den Arbeitsprozeß einzugliedern und die Stadtkasse zu entlasten. So hielt er das Lager in Buttenhausen auch in den Jahren der Vollbeschäftigung für notwendig, um Erfolge im Kampf gegen die Asozialen erreichen zu können, wobei er wegen des rigorosen Vorgehens der Stadt selbst mit dem Innenministerium in Konflikt geriet.[111]

Ferner versuchte die Stadtverwaltung noch auf anderen Gebieten, zur Beseitigung der Arbeitslosigkeit beizutragen. Dazu gehörten einerseits die Fortführung klassischer Notstandsarbeiten, wie Verbesserung der Kanalisation, Straßenbauarbeiten, die Erstellung von Sportplätzen, Bachregulierungen und anderes, die bereits lange vor dem März 1933 in die Wege geleitet worden waren. Andererseits entwickelte man auch Konzepte, die eindeutig auf die nationalsozialistische Ideologie zurückgingen. So propagierte Strölin gemeinsam mit Landesbauernführer Alfred Arnold die Stuttgarter Landhilfe. Arbeitslose sollten als landwirtschaftliche Arbeiter, an denen angeblich großer Mangel herrschte, bei Bauern eingesetzt werden, die dafür Zuschüsse aus der Stadtkasse erhielten.[112] Als flankierende Maßnahme, die gleichzeitig die Landflucht begrenzen sollte, versuchte man in Zusammenarbeit mit dem Landesarbeitsamt, ehemals in der Landwirtschaft tätige Personen aus der gewerblichen Wirtschaft zu entfernen und wieder in die Landwirtschaft zu integrieren. Zudem erschwerte man den Zuzug nach Stuttgart, indem man Personen und Familien, die sich nach dem 1. März 1934 in Stuttgart angesiedelt hatten und innerhalb eines Jahres unterstützungsbedürftig wurden, keine offene Fürsorge mehr gewährte, sondern sie in die städtischen Fürsorgeheime einwies.[113] Strölin verstand diese Maßnahmen auch als einen Beitrag zur Blut-und-Boden-Ideologie des Nationalsozialismus, der »die dauernde Erhaltung des Bauerntums als der Blutquelle des Volkes sichere und auch darüber hinaus die Wiederverbindung der rassisch wertvollen Volksgenossen mit Grund und Boden verlange.«[114]

Propagandistisch sehr geschickt versuchten die Stadtverwaltung und Strölin ferner, fast alle Investitionen der ersten Jahre als Beitrag der Stadt zur Beseitigung der Arbeitslosigkeit darzustellen, obwohl es sich dabei häufig um Projekte handelte, die vor der Machtübernahme beschlossen worden oder so dringlich waren, daß sie nicht zurückgestellt werden konnten.

Wichtiger jedoch als die städtischen Maßnahmen erwies sich die allgemeine wirtschaftliche Entwicklung, von der besonders die großen Stuttgarter Unternehmen der metallverarbeitenden und elektrotechnischen Industrie profitierten. Die Aussetzung der KfZ-Steuer durch die Regierung Hitler und andere Förderungsmaßnahmen zugunsten der Automobilindustrie lösten in dieser und der in Stuttgart starken Zulieferindustrie einen starken Auftragseingang aus, so daß in diesen Bereichen bereits 1934 ein Facharbeitermangel einsetzte.[115] Spätestens 1935 konnte man in Stuttgart von Vollbeschäftigung sprechen. Es ist deshalb verwunderlich, daß Strölin noch Mitte 1936 meinte, der Kampf gegen die Arbeitslosigkeit müsse weitergeführt werden. Im April gab es gerade noch 1107 Arbeitslose.[116]

Doch Strölin kümmerte sich auch um die Beschäftigten. Als 1935 von seiten der Arbeiter und der DAF massive Kritik an den Preissteigerungen bei gleichzeitigem Lohnstopp geübt wurde,[117] wandte er sich an den Staatssekretär in der Reichskanzlei Heinrich Lammers und übersandte ihm eine Ausarbeitung des Statistischen Amtes über die Steigerungen der Lebensmittel- und Bekleidungspreise. Warnend schloß er seinen Brief mit den Worten: »Es ist zweifellos gerade für die nächste Zeit von größter staatspolitischer Bedeutung, diese Preisbewegung aufzuhalten und damit der Arbeiterschaft den gegenwärtigen Stand ihrer Reallöhne zu sichern.«[118] Lammers hielt dies für derart wichtig, daß er noch mehr Exemplare der Statistik anforderte und das Problem Hitler persönlich vortrug. Dieser erkannte anscheinend ebenfalls die Brisanz der Entwicklung und beauftragte seinen Staatssekretär, die zuständigen Reichsminister auf die Bedeutung von Strölins Bericht hinzuweisen.[119]

Das Arbeitslosenproblem brachte Strölin 1936 einen internationalen Achtungserfolg, der natürlich auch zu Hause wirken sollte. Nach zähen Verhandlungen war es den Deutschen gelungen, im Olympiajahr die Tagung des Internationalen Gemeindeverbandes in Berlin und München ausrichten zu können. Strölin kam dabei die Ehre zu, gemeinsam mit dem englischen Professor Hilton den Generalbericht über »Die Bekämpfung der Arbeitslosigkeit durch die Lokalverwaltungen« zu halten. Dies bedeutete, aus den beim Verband eingehenden Berichten der verschiedenen Mitgliedsländer eine zusammenfassende Darstellung zu erarbeiten. Strölin erfüllte diese Aufgabe zur vollsten Zufriedenheit aller Anwesenden. So legte er neben seinem Vortrag am 9. Juni 1936 in Berlin eine noch ausführlichere schriftliche Darstellung vor.[120]

In beiden Arbeiten konnte er sich als der neutrale Berichterstatter profilieren, da Goerdeler über die speziellen Maßnahmen im nationalsozialistischen Deutschland referierte. Äußerst objektiv stellte Strölin die verschiedenen Modelle der Arbeitslosenunterstützung und der Bekämpfung der Arbeitslosigkeit durch die Gemeinden der einzelnen Länder dar und versuchte, Gemeinsamkeiten und Unterschiede herauszuarbeiten, ohne Wertungen vorzunehmen. Deutlich wurde, auch wenn er es nicht aussprach, daß unabhängig von der politischen Ausrichtung eines Landes die Gemeinden ähnliche Wege in der Arbeitslosenfrage gingen. Dies dürfte für ihn die wichtigste Erkenntnis gewesen sein, denn stärker als zuvor setzte er nun auf eine Verbesserung des internationalen Meinungsaustausches auf kommunaler Ebene.[121]

In Stuttgart hatte sich das Beschäftigungsproblem inzwischen völlig umgekehrt. Die zunehmende Aufrüstung verschärfte die Lage. Wesentlich schlechter sah es in der ebenfalls starken Textilindustrie aus, die vom Wirtschaftsaufschwung kaum profitierte. Die Stadt verstärkte deshalb ihre 1935 begonnenen Bemühungen, Arbeitslose für die besonders gefragten Metallberufe umzuschulen, wobei der Schwerpunkt auf den Flugzeugbau ausgerichtet wurde, da man in ihm die zukunftssicherste Branche sah. In einer städtischen Lehrwerkstatt zunächst in Zuffenhausen, später in Mühlhausen, fanden entsprechende Kurse statt, an denen seit 1936 auch Arbeitslose aus umliegenden Gemeinden teilnahmen.[122] Von den so Weiterqualifizierten konnte der größte Teil nach der Umschulung vermittelt werden, was eine weitere Entlastung des Wohlfahrtsetats zur Folge hatte. Im Frühjahr 1938 schloß auch diese Einrichtung ihre Pforten, weil es in Stuttgart und Württemberg nicht mehr genügend umschulungsfähige Arbeitslose gab.[123]

## Zwischen Partei und Verwaltung

Strölin sah sich bereits kurz nach seiner Ernennung zum Staatskommissar mit den verschiedensten Forderungen der lokalen NSDAP-Gliederungen konfrontiert. Meist wandten sie sich mit der Bitte um finanzielle Unterstützung an ihn. Strölin kam dem in der ersten Zeit gern nach, da es sich in der Regel um kleinere Beträge handelte und er die Arbeit der Partei vor 1933 honorieren wollte. Bei den kleinen Summen blieb es jedoch nicht lange; immer umfangreicher wurden die Forderungen an die Stadtverwaltung. Allein von März 1933 bis Juni 1936 beliefen sich die Spenden, Beiträge, verlorenen Zuschüsse und Nachlässe der Stadt für die Partei auf über eine Million Reichsmark.[124] Dies schien jedoch noch immer nicht genug zu sein. Einzelne Parteiführer beschwerten sich bei Murr und warfen der Stadt und damit Strölin »mangelndes Entgegenkommen und mangelndes Verständnis für die Partei bzw. ihre Gliederungen« vor.[125] Murr wandte sich mit diesen Vorwürfen sofort an Strölin, der ihm jedoch anhand der Zahlen klarmachte, daß ihm durch einen Erlaß des Reichsinnenministers die Hände gebunden seien. Mit Rücksicht auf den städtischen Haushalt könne er ohnehin nicht alle Forderungen erfüllen.[126] Murr machte in einem weiteren Schreiben deutlich, wie er sich das zukünftige Verhalten der Stadt in dieser Frage vorstellte:

»Ich sehe das Merkmal eines nationalsozialistischen Beamten nicht darin, daß er hundert Paragraphen und Bedenken auskramt, sondern darin, daß er nach einem gangbaren Weg durch das Gestrüpp von Paragraphen und Bedenken sucht, um Wünsche zu erfüllen. Die Partei muß es sich grundsätzlich versagen, in der Erfüllung ihrer Wünsche seitens der Behörden auch nur ein Entgegenkommen zu erblicken. Sie muß vielmehr erwarten, daß die Behörden es als eine Ehre und selbstverständliche Anstandspflicht ansehen, der Partei bei der Erfüllung ihrer Aufgaben behilflich zu sein.«[127] Strölin dachte jedoch nicht daran, alle Wünsche zu befriedigen, so daß es zu Konflikten zwischen ihm und einzelnen Parteigliederungen kam. Da in der Regel die Zusammenarbeit zwischen Strölin und den Kreisleitern gut funktionierte, trugen einzelne Parteifunktionäre den Streit in die Öffentlichkeit. Als Beispiele dafür seien hier nur die Frage der Heimbeschaffung für die Hitlerjugend (HJ) und die Forderung nach einem Ausbau der Solitude-Rennstrecke angeführt. In beiden Fällen mußten sich Strölin und seine Verwaltung in der Presse und intern heftige Kritik gefallen lassen.

Obwohl die Stadt bis 1937 für die Zwecke der HJ bereits rund eine Million Mark ausgegeben hatte, verstummten die Stimmen nicht, die ein schnelleres Vorgehen bei der Heimbeschaffung und gleichzeitig eine bessere Ausstattung der Gebäude verlangten.[128] Strölin konterte diese Vorwürfe in aller Öffentlichkeit, als er anläßlich der Übergabe des Verwaltungsberichts für 1937 im Gemeinderat die Leistungen der Stadt darstellte, gleichzeitig aber deutlich machte: »Auf zwei Gesichtspunkte muß ich dabei allerdings nachdrücklich hinweisen. Einmal ist die Heimbeschaffung für die HJ nicht die einzige Aufgabe der Stadt. [...] Die Stadt kann deshalb auch für die Heimbeschaffung Mittel nur in dem Umfang zur Verfügung stellen, wie dies die Gesamtheit ihrer Aufgaben gestattet.«[129] Unter dem Beifall seiner Ratsherren führte er weiter aus: »Auf der anderen Seite ist die Heimbeschaffung für die Stuttgarter Hitlerjugend in ihrer Gesamtheit eine so außergewöhnlich große Aufgabe, daß sie überhaupt nur dann in vollem Umfang durchgeführt werden kann, wenn bei der Erstellung der einzelnen Heime mit größter Sparsamkeit verfahren wird. Manche Wünsche nach architektonischer und künstlerischer Ausgestaltung der einzelnen Heime werden daher zurückgestellt werden müssen.« An diese Regeln hielt sich die Stadt auch in Zukunft. Strölin hatte sich gegen die Jugendorganisation durchsetzen können.

Noch erfolgreicher war sein Kampf gegen das Nationalsozialistische Kraftfahrkorps (NSKK), das 1937 die Stadt dazu drängen wollte, die Solitude-Rennstrecke mit einem Kostenaufwand von zwei bis drei Millionen Mark auszubauen, damit dort Motorrad- und möglichst auch Autorennen veranstaltet werden könnten. Strölin lehnte das Ansinnen, gestützt auf seinen Gemeinderat, mit der Begründung ab, die Stadt habe dafür kein Geld und außerdem seien die vorgelegten Pläne nicht landschaftsverträglich. Zudem hatte Korpsführer Hühnlein Strölin mitgeteilt, daß die Autorennen nur auf dem Nürburgring und der Avus stattfinden würden. Das württembergische Nationalsozialistische Kraftfahr-Korps hatte daraufhin zunächst auf einen Ausbau verzichtet.[130] Im Dezember jedoch griff man plötzlich die Stadt in der Presse wegen ihrer Ablehnung heftig an. Strölin reagierte so verärgert, daß er das Thema auf der ersten Sitzung des Gemeinderats 1938 als ersten Tagesordnungspunkt öffentlich behandeln ließ. Dort legte er den ganzen Verlauf der bisherigen Beratungen offen und verwies auf die städtischen Finanzen, die einem solchen Ausbau entgegenstünden. Trotzdem stellte er einen städtischen Zuschuß in Aussicht, falls es dem Nationalsozialistischen Kraftfahr-Korps in Zusammenarbeit mit der Industrie gelingen würde, die Strecke weitgehend zu finanzieren und eine landschaftsverträgliche Streckenführung zu finden.[131] Damit hatte er sich äußerst elegant aus der Affäre gezogen, denn im nichtöffentlichen Teil der Sitzung erfuhren die Ratsherren, daß geplant sei, den Hockenheimring mit einem Kostenaufwand von nur 400 000 Mark umzubauen.[132] Damit war das Thema endgültig vom Tisch.

Nicht so leicht wie in diesen und ähnlichen Fällen gelang es, Forderungen von einzelnen Parteigliederungen abzuwehren, die bestrebt waren, Aufgaben an sich zu ziehen, die bisher fast ausschließlich von der Stadt wahrgenommen wurden. Besonders im Fürsorgebereich drängten Nationalsozialistische Volkswohlfahrt (NSV) und HJ auf mehr Einflußmöglichkeiten. Um seine Position behaupten zu können, mußte Strölin mit diesen Organisationen Kompromisse eingehen. In der Jugendfürsorge arbeiteten das städtische Wohlfahrtsamt deshalb mit den Referenten der HJ und der NSV aufs engste zusammen.[133] Strölin erkannte im Vorgehen der NSV jedoch sehr schnell, daß sich hier Tendenzen entwickelten, die zu einer Aushöhlung der kommunalen Selbstverwaltung führen könnten.[134] Im großen und ganzen gelang es Strölin bis 1938 relativ leicht, sich gegen das Eindringen der Partei in seine Verwaltung und eine zu starke Einflußnahme auf seine Entscheidungen zu wehren. Von entscheidender Bedeutung dafür waren regelmäßige Gespräche mit den Kreisleitern. Schon Ende 1935 hatte man eine Vereinbarung getroffen, daß alle Fragen zwischen der Stadt und der Partei nur der Kreisleiter mit dem Oberbürgermeister regeln durfte. Ortsgruppen und Ämtern war es danach verboten, miteinander zu korrespondieren. Lediglich die NSV und das Wohlfahrtsamt, die in konkreten Fällen unmittelbar zusammenarbeiteten, bildeten ein Ausnahme.[135] Zudem richtete der Kreis in jeder Ortsgruppe kommunalpolitische Fachberater ein, die Kroll, dem Kreisamtsleiter für Kommunalpolitik, unterstanden. Damit wollte man einerseits erreichen, daß Forderungen aus der Partei in kommunalen

Angelegenheiten schnell bearbeitet würden.[136] Andererseits hoffte Strölin, mit ihnen die Probleme der Stadtverwaltung der Partei näherbringen zu können. In gewisser Weise hatte er damit zunächst Erfolg.

Bei allen Konflikten, die zwischen Strölin und der Partei aufbrachen, darf nicht außer acht gelassen werden, daß er selbst Mitglied und Funktionär der NSDAP war und ihre Ziele mittrug. In all diesen Auseinandersetzungen wandte er sich trotz aller Härte, mit der er seine Positionen verfocht, nicht gegen die Partei, sondern bemühte sich stets, dort, wo es finanziell möglich war und wo es seinen eigenen Vorstellungen entsprach, ihr alle Unterstützung zukommen zu lassen. Schließlich war er 1933 mit dem Ziel angetreten, den Nationalsozialismus in Stuttgart zu verankern. Dies bezeugte er dadurch, daß er die städtischen Beschäftigten wiederholt aufforderte, aktiv in der Partei mitzuarbeiten. Das Personalamt für die Beamten und Angestellten sowie die einzelnen Ämter für die Arbeiter mußten in den Personalakten gar die Parteiaktivitäten dokumentieren.[137]

## *Rassentheoretische Vorstellungen*

### *»Qualitative und quantitative Bevölkerungspolitik«*

Da sich Strölin ein starkes und wehrhaftes deutsches Volk wünschte, war es naheliegend, daß er alle Maßnahmen unterstützte, die diesem Ziel dienten. Gerade in den Kreisen der bürgerlichen Sozialreformbewegung, zu denen er spätestens seit seinem Studium engen Kontakt hatte, spielten seit Beginn des Jahrhunderts eugenische und rassenhygienische Überlegungen eine wichtige Rolle.[138] Absicht dieser Leute war es, das deutsche Volk vor einer angeblichen Degeneration zu bewahren. Aus diesem Grund sollten möglichst nur noch rassisch Hochwertige die Möglichkeiten zur Fortpflanzung haben. Dies bedeutete, daß dafür ungeeignete Personen wie Geisteskranke, Asoziale, Alkoholiker und Erbkranke an der Fortpflanzung gehindert werden müßten. Zwar war man sich meistens über die Notwendigkeit einig; der Weg blieb jedoch heftig umstritten.[139]

Mit der Machtübernahme der Nationalsozialisten setzte sich die Gruppe durch, die eine zwangsweise Sterilisierung der Betroffenen befürwortete. Sehr schnell griff die Regierung das Thema auf und erließ am 14. Juli 1933 das Gesetz zur Verhütung erbkranken Nachwuchses, das in bestimmten Fällen die Unfruchtbarmachung vorschrieb.[140] Strölin begrüßte die Regelung, da »der nationalsozialistische Staat in der Erhaltung der Rasse als sein wichtigstes Ziel sehe«.[141] Alle damit zusammenhängenden Aufgaben übertrug er dem städtischen Gesundheitsamt und in kleinerem Umfang dem Standesamt. Dabei definierte er die Aufgabe des Gesundheitsamts doppelt: »Einmal handelt es sich darum, die Geburtenzahl wieder zu steigern (quantitative Bevölkerungspolitik); sodann aber muß dafür gesorgt werden, daß die Steigerung der Zahl nicht auf Kosten der Qualität geht, daß vielmehr entgegen dem bisher bestehenden Zustand die rassisch wertvollsten Volksteile sich am stärksten vermehren und die Vermehrung der rassisch minderwertigen Volksteile hintangehalten wird (qualitative Bevölkerungspolitik).«[142]

Strölin und seine Berater im Gesundheitsamt strebten danach, möglichst die gesamte Bevölkerung rassenbiologisch zu untersuchen und auf Karteikarten zu erfassen. Dabei begann man auf den Gebieten, die den städtischen Behörden am leichtesten zugänglich waren. Auch wenn sie auf den ersten Blick nicht direkt mit dem Gesetz zur Verhütung erbkranken Nachwuchses in Zusammenhang standen, konnten die Ergebnisse für den einzelnen unangenehme Folgen haben. So schrieb Strölin vor, daß alle Bewerber für eine Siedlerstelle in den neu zu errichtenden Vorstadtsiedlungen und ihre Familien durch das Gesundheitsamt auf Erbkrankheiten hin zu untersuchen seien.[143] Der gleichen Prozedur unterwarf er Familien, die ein Ehestandsdarlehen beantragten oder die nach der Geburt des vierten Kindes ein Anrecht auf eine städtische Ehrenpatenschaft hatten.[144] In diesem Kontext müssen auch die von ihm stark unterstützten Maßnahmen gegen Asoziale, Bettler, Landstreicher und Hausierer gesehen werden, die schließlich zur Errichtung der städtischen Arbeitslager in Göttelfingen und Buttenhausen führten.

Um das Verfahren »bei der großen Bedeutung der Unfruchtbarmachung« noch zu beschleunigen, wandte er sich im Februar 1934 an das württembergische Innenministerium und beantragte, daß die Stadtärzte

Alfred Gastpar und Karl Lempp in ihrer Funktion als Schulärzte Anträge auf Sterilisation an das Erbgesundheitsgericht stellen dürften und nicht erst den Amtsarzt des staatlichen Gesundheitsamtes einschalten müßten.[145] Den Vorteil sah er darin, daß ihnen als Schulärzte und Beisitzer im Jugendamt die schwachsinnigen Kinder und vor allem jene mit schweren körperlichen und geistigen Erkrankungen bekannt und in ihren Karteien verzeichnet waren. Demnach schwebte ihm eine lückenlose Überprüfung aller Kinder und Jugendlichen vor, die Schulen besuchten oder die in irgendeiner Weise mit den städtischen Wohlfahrtsbehörden in Berührung kamen. Rund ein Jahr später konnte Strölin berichten, daß vom Gesundheitsamt im Jahr 1934 insgesamt 281 Fälle im Rahmen des »Gesetzes zur Verhütung erbkranken Nachwuchses« bearbeitet wurden. Bei den Vorgaben war es nicht überraschend, daß es sich hauptsächlich um Kinder und Jugendliche handelte.[146] In den folgenden Jahren bis 1937 schnellten diese Zahlen gewaltig in die Höhe. In Stuttgart hatte man ganze Arbeit geleistet, so daß Strölin zu Beginn des Jahres 1939 der Öffentlichkeit mitteilen konnte: »Während in der Abteilung für Erb- und Rassenpflege in den letzten Jahren die Untersuchungen zur ausmerzenden Erbpflege noch einen großen Raum einnahmen, ist die Zahl dieser Untersuchungen jetzt erheblich zurückgegangen. Das ist darauf zurückzuführen, daß die Erbkranken in den früheren Jahren bereits weitgehend erfaßt worden sind.«[147] Immerhin besaß das Gesundheitsamt nun eine vom Reichsinnenministerium vorgeschriebene Kartei mit den erbbiologischen Daten von 260 000 Personen.

Überall dort, wo Strölin auf rassenhygienische Entwicklungen Einfluß nehmen konnte, ordnete er ein gründliches Vorgehen an. In diesem Verhalten bestärkten ihn die im Gemeinderat vertretenen Ärzte. Welch wichtige Rolle die Rassenhygiene in der Tätigkeit des Gesundheitsamts einnahm, zeigte sich 1938 bei der Neubesetzung der Leiterstelle. Für diesen Posten kamen ernsthaft nur zwei Bewerber in Frage, die sich beide bereits auf diesem Gebiet profiliert hatten. Professor Walter Saleck las bereits vor 1933 an der Tübinger Universität über Rassen- und Sozialhygiene, während sein Widerpart, Paul Lechler, das Rassenpolitische Gauamt der NSDAP leitete.[148] Wenn auch Saleck schließlich den Posten erhielt, konnte Lechler von seinem Parteiamt und von seiner Position als Ratsherr aus immer noch starken Einfluß nehmen.

Die geforderte Steigerung der Geburtenzahlen förderte die Stadt durch eine ganze Reihe von Maßnahmen. Neben den bereits erwähnten Ehestandsdarlehen und Ehrenpatenschaften baute man besonders die Beratung für Mütter und Kinder stark aus, wozu man sich jedoch der vorhandenen Einrichtungen privater und öffentlicher Träger bediente. Im Laufe der Jahre gelang es, eine fürsorgerische Betreuung der Kinder und ihrer Eltern von der Schwangerschaft bis zum Erwachsenwerden zu installieren. Da man sich hierbei positive Auswirkungen auf die Struktur der städtischen Bevölkerung versprach, waren die meisten Vorsorge- und Betreuungsmaßnahmen mit finanziellen Anreizen verbunden, was die Akzeptanz in der Bevölkerung verstärkte.[149] Wollte man die Bevölkerung für sich gewinnen, waren positive Anreize wichtiger als Drohung. Da jedoch mit all diesen Maßnahmen zur »quantitativen Bevölkerungspolitik« immer ärztliche Untersuchungen verbunden waren, konnte man gleichzeitig jener Fälle habhaft werden, die es auszumerzen galt.[150]

*Zwischen bürokratischer Verdrängung und Toleranz –
Die Behandlung der Stuttgarter Juden*

Der entscheidendste Unterschied zwischen den Nationalsozialisten und den anderen politischen Strömungen in Deutschland vor 1933 war der dezidiert antisemitische Teil ihres Programms. Strölin selbst hielt sich bis zu seiner Ernennung als Staatskommissar in dieser Frage auffallend zurück. Nur wenige antisemitische Äußerungen von ihm lassen sich in dieser Zeit nachweisen.[151] Daß Strölin nicht unbedingt als strammer Antisemit anzusehen war, bewies auch seine Äußerung auf der Vorstandssitzung des Deutschen Auslands-Instituts am 10. März, als er dort die Gleichschaltung dieser Institution forderte. Fast zu seinem Bedauern mußte er feststellen, daß er für den bisherigen Generalsekretär Fritz Wertheimer nichts tun könne, da er von der Partei als Jude abgelehnt werde. Über sich selbst stellte er dabei fest, daß er in der Judenfrage »verhältnismäßig tolerant« sei.[152]

Dies änderte sich teilweise, nachdem er im Rathaus die Macht übernommen hatte. Einige seiner ersten Verordnungen richteten sich eindeutig gegen jüdische Ärzte und Unternehmen.[153] Ob er damit nur Konzessionen an die herrschende Stimmung machte oder ob sie seiner eigenen Einstellung entstammten, läßt sich nur schwer nachvollziehen. Anläßlich des ersten reichsweiten Judenboykotts am 1. April 1933 war von Strölin keine Reaktion zu vernehmen.

Nach diesen ersten Ausbrüchen eines militanten Antisemitismus herrschte in den nächsten Jahren zunächst relative Ruhe. Dies bedeutete jedoch nicht, daß sich die Juden in der Stadt sicher fühlen konnten. Dafür sorgten eine Vielzahl von Maßnahmen, die ihnen das alltägliche Leben erschwerten.[154] In der Stadtverwaltung mußte Strölin zunächst nur drei Juden nach dem Berufsbeamtengesetz entlassen.[155]

Antisemitische Aktionen gingen in der Regel nicht von der Stadtverwaltung aus. Vielmehr waren es die NSDAP und deren Gliederungen, die die Rassenhetze schürten. Im Sommer 1935 brach im Vorfeld des Nürnberger Parteitags eine neue Welle antisemitischer Propaganda und Judenverfolgung über Deutschland und Stuttgart herein. Dabei wurden auch Strölin und seine Verwaltung heftig kritisiert. Anfang Juli erschien ein Artikel im NS-Kurier, der berichtete, daß in der Woche zuvor ein paar jüdische Frauen »ob ihres frechen Betragens« aus einem Stuttgarter Freibad gewiesen werden mußten.[156] Dabei stellte der Verfasser fest, daß im Gegensatz zu anderen deutschen Städten in Stuttgart an keinem Freibad ein Schild angebracht sei, das Juden den Besuch verbiete. Eindeutig forderte er zum Schluß: »Die Forderung ist selbstverständlich. [...] In unseren Freibädern haben Juden nichts verloren.« Zwölf Tage später konnte man in der gleichen Zeitung vermelden, daß nun beim Freibad des Schwimmvereins Cannstatt ein entsprechendes Schild aufgestellt worden sei.[157] In der Zwischenzeit hatten Unbekannte eine ähnliche Tafel auch beim Stausee in Hofen angebracht, die Strölin sofort entfernen ließ. Drei Tage später stand das Thema auf der Tagesordnung der Verwaltungsbeiräte, wo es zu einer heftigen Auseinandersetzung zwischen Strölin und Ratsherrn Paul Sauer kam.[158] Strölin sah keinen hinreichenden Anlaß, ein Badeverbot für Juden in Stuttgart einzuführen. Dies war auch die Meinung der verschiedenen Parteidienststellen. Trotzdem hatte er die Bäderverwaltung schriftlich beauftragt, die Sache zu verfolgen und ihm bei »Anstandsfällen« sofort Bericht zu erstatten. Sauer ging dies nicht weit genug, da er ein »unverschämtes und herausforderndes Auftreten von Juden in Kaffees und Wirtschaften« ausgemacht haben wollte, das die Stimmung der Bevölkerung beeinträchtige. Strölin antwortete ihm darauf, daß »diese Frage der sorgfältigsten Behandlung bedürfe, da sie nicht nur von innenpolitischer, sondern vor allem auch von größter außenpolitischer Bedeutung sei«. Außerdem hielt er ein Vorgehen eines einzelnen Oberbürgermeisters für »grundfalsch«. Sauer ergriff daraufhin erneut das Wort und betonte, man mache mit der Judenfrage viel zu viel Aufhebens und behandle diese Juden viel zu schonend. Dabei schlug er vor, man solle sich am russischen Vorgehen ein Vorbild nehmen. Nach diesen erneuten Angriffen, als die Strölin Sauers Ausführungen auffassen mußte, schien er einen seiner Wutanfälle bekommen zu haben, was der Ratsschreiber vorsichtig damit ausdrückte: »Der Vorsitzende betont wiederholt, daß er sich nicht durch die Presse noch durch die Straße in irgend ein Unternehmen hineinmanövrieren lasse.« Damit war das Thema beendet, wenn auch Ratsherr Häffner noch versuchte, die Wogen zu glätten und empfahl, im nächsten Jahr frühzeitig über entsprechende Schritte zu beraten. Strölin wollte also anscheinend von sich aus in der Judenfrage keinerlei Aktionen starten, die nicht rechtlich sanktioniert waren oder wenigstens die Zustimmung der Reichsstellen hatten. Vor diesem Hintergrund ist es auch verständlich, daß er die auf dem NSDAP-Parteitag verabschiedeten Nürnberger Gesetze entschieden begrüßte, da er nun eine Handhabe gegen Mischehen hatte, die für ihn und sein Standesamt ein großes Problem darstellten.[159]

Nach einem Jahr stand die Frage eines Besuchsverbots für Juden in städtischen Bädern erneut auf der Tagesordnung. Nur wenige Tage nach dem Ende der Olympischen Spiele hielt man auch in Stuttgart die Zeit für gekommen, das Verhalten gegenüber den Juden zu verschärfen. Den Anlaß dazu bot die angebliche Rassenschande, die ein jüdischer Arzt auf einer Terrasse im Freibad am Stausee in Hofen begangen haben sollte. Strölin ordnete daraufhin sofort an, Juden den Zutritt zu den städtischen Freibädern zu verwehren.[160] Da die Freibadsaison zu Ende ging, erweiterte er das Verbot auch auf die Hallenbäder. Dieses Vorgehen stieß zwar auf allgemeine Zustimmung in der Presse, doch die Zeitschrift »Flammenzeichen«, das württembergische Pendant zum »Stürmer«, hielt es für nötig, die Stadtverwaltung wegen ihres zögerlichen Vorgehens anzugreifen. Nochmals wies sie auf die Ereignisse des letzten Jahres hin und bezichtigte die Stadt eines weichlichen Verhaltens.[161] Damit hatte sie Strölin an seiner verwundbarsten Stelle getroffen. Im Gemeinderat schob er zunächst Hablizel als Berichterstatter vor, der ausführlich über das Handeln der Stadt und ihres Oberbürgermeisters in dieser Frage Auskunft gab. Er hob hervor, daß alle Entscheidungen in engstem Einvernehmen mit Murr getroffen worden seien, da man besondere Rücksicht auf die außenpolitischen Wirkungen nehmen mußte. Nach Hablizel ergriff Strölin sichtlich verärgert das Wort. Deutlicher als sein Vorredner machte er seinen Ratsherren klar, daß sein Handeln direkt auf Anordnungen Hitlers zurückging, wonach alles vermieden werden müsse, was die Austragung der Olympischen Spiele in Berlin gefährden und die schwierige außenpolitische Lage des Reiches verschlechtern könne.[162] Deshalb bestehe in Berlin und in München kein Badeverbot für Juden. Mehrmals machte er zu seiner persönlichen Einstellung in der Judenfrage deutlich, daß er sich »bei keiner Maßnahme irgendwie von weichlichen Gefühlen« leiten lasse.[163] Die Judenfrage aber könne nicht durch Maßnahmen irgendeines Oberbürgermeisters, sondern nur durch eine klare Regelung von oben gelöst werden.

Knapp drei Wochen später hatte Strölin begriffen, daß sich das Blatt in der Behandlung der Juden gewendet hatte. Nun hielt er die Judenfrage bereits für das wichtigste Problem, dem die Stadtverwaltung in absehbarer Zeit gegenüberstehe. Dabei ging es ihm darum, »durch welche Maßnahmen der Stadtverwaltung die Juden in noch stärkerem Maße als bisher aus dem öffentlichen und vor allem aus dem wirtschaftlichen Leben zurückgedrängt werden können«.[164] Nun hatte er freie Hand und konnte handeln. Mit der Bearbeitung der möglichen städtischen Maßnahmen betraute er Hablizel, denn er selbst mußte zu seiner Reise in die USA aufbrechen, wo er sich sehr stark für die Judenfrage interessierte. Dafür und für das Farbigenproblem hatte er sich in New York eigens zwei Tage Zeit genommen.

Nach Abschluß seiner Reise konnte er seinen Stuttgarter Mitbürgern berichten, »daß der Amerikaner instinktiv Antisemit ist.«[165] Dank seiner genauen Beobachtungsgabe charakterisierte er den in den USA und New York tatsächlich vorhandenen latenten Antisemitismus ziemlich präzise.[166] Dabei wies er besonders auf die subtilen »praktischen« Formen hin, mit denen man dort den Juden ablehnend begegnete, wenn einzelne Firmen beispielsweise prinzipiell keine Juden einstellten, wobei er Henry Ford als leuchtendes Beispiel anführte[167], wenn man ihnen die Mitgliedschaft in Clubs zwar nicht verbot, aber ihre Aufnahmeanträge einfach nicht bearbeitete oder wenn man ihnen in Gaststätten sehr dezent deutlich machte, daß sie unerwünscht seien. Anscheinend hielt er diese leisen, aber wirkungsvollen Methoden für wesentlich besser als die lauten Töne, die in Deutschland angeschlagen wurden.

Einen besonderen Umfang nahm in seinem Reisebericht die Rolle der Juden in Presse und Politik ein. Hier sah er geradezu eine Verschwörung des amerikanischen Judentums gegenüber Deutschland und den »volksbewußten und staatstreuen Deutschen« in den USA. Sie waren für ihn die Organisatoren einer unglaublichen Hetz- und Lügenpropaganda, die in Deutschland eine ständige Kriegsgefahr sahen und das Reich nur im schlechtesten Lichte darstellten.[168]

Anders als bei den Farbigen, von denen er seinen Zuhörern ganz im Sinne der nationalsozialistischen Rassenideologie zu berichten wußte, »als Neger« gelte, »von dem bekannt ist, daß nur ein Tropfen Negerblut in seinen Adern fließt«, sah er sich nicht genötigt, bei Juden ähnliche Feststellungen hinsichtlich ihrer Rassenzugehörigkeit zu machen. Darüber sprach er nie in der Öffentlichkeit.

Noch bevor er seinen Reisebericht in der Liederhalle vorgetragen hatte, waren im Stuttgarter Rathaus die Entscheidungen über das weitere Verhalten der Stadt gegenüber den Juden gefallen. Am 5. November präsentierte die Stadtverwaltung eine von Hablizel ausgearbeitete Liste mit 30 Punkten, die das Verhältnis regeln sollten.[169]

Neben vielen teilweise bereits seit Jahren durchgeführten Maßnahmen enthielt die Liste weitere Verschärfungen besonders hinsichtlich der wirtschaftlichen Beziehungen. So durften zukünftig keine Liegenschaften der Stadt an Juden verkauft oder verpachtet sowie keinerlei Waren von ihnen ge- oder an sie verkauft werden. Auf Schwierigkeiten stieß man dabei beim Verkauf von Altmetallen, da es so gut wie keine arischen Schrotthändler gab. Soweit jüdische Stiftungen vorhanden waren, deren Erträge Juden zufließen sollten, beabsichtigte man, diese an die jüdische Gemeinde abzugeben. Um den Juden zu zeigen, daß auch bei der Stadt ein neuer Wind wehte, verbot man allen Mitarbeitern den gesellschaftlichen Umgang mit ihnen. Zu städtischen Empfängen durften sie nicht mehr eingeladen werden; Glückwunschschreiben an jüdische Jubilare und Firmen hatten zu unterbleiben.

Erstmals legte man auch fest, daß auf Messen und Märkten Juden nicht mehr zugelassen werden dürften. Hinsichtlich des bevorstehenden Weihnachtsmarktes hatte man den jüdischen Antragstellern bereits eine Absage erteilt, die man mit einer Verringerung der aufzustellenden Buden begründete. Strölin hielt dieses Vorgehen für besonders gut, da sich mit dieser Begründung auch die verwickeltsten Fälle lösen ließen. Ganz entschieden lehnte er es ab, einen besonderen Teil des Marktes den jüdischen Händlern zuzuweisen, denn er glaubte, daß seine Stuttgarter dann diesen Bereich viel stärker aufsuchen würden als den übrigen Markt.[170] So stark schien der Antisemitismus in der Stuttgarter Bevölkerung nach Einschätzung Strölins nicht zu sein. Andere Maßnahmen liefen darauf hinaus, in städtischen Einrichtungen ein Zusammentreffen von Juden und Ariern zu verhindern. Deshalb mußten beispielsweise die Juden in städtischen Krankenhäusern gesondert untergebracht werden.

Mit dieser Liste konnte man in den nächsten Jahren ganz gut zurecht kommen, denn die weiteren Verschärfungen der Lage für die in Deutschland verbliebenen Juden wurden von den Reichsstellen angeordnet, so daß die Stadt sie nur auszuführen brauchte, wenn sie dazu überhaupt herangezogen wurde. Die von Strölin geforderte einheitliche Regelung von oben setzte ein, und man konnte nach »rechtsstaatlichen« Grundsätzen handeln, ohne sich groß Gedanken machen zu müssen. Obwohl Strölin selbst kein überzeugter Antisemit war und bei seinen vielen Auslandsaufenthalten die negativen Auswirkungen dieser Politik für das Ansehen Deutschlands kennengelernt hatte, führte er dennoch alle Maßnahmen, die sich gegen die jüdische Bevölkerung der Stadt richteten, treu aus und leistete in manchen Fällen nach 1936 gar vorauseilenden Gehorsam. Über seine Motive hat er sich weder damals noch später geäußert. Ein wichtiger Aspekt dürfte jedoch Opportunismus gewesen sein, da er an seinem Amt als Oberbürgermeister hing und diesen Posten nicht wegen Juden aufs Spiel setzen wollte. Die Karriere schien in diesem Fall vor dem Schicksal der Mitbürger zu stehen.

## Stuttgart wird zu klein – Nationale Aktivitäten

### »Deutsches Gas und deutsche Elektrizität marschieren friedlich nebeneinander«

Vor dem Hintergrund seines beruflichen Werdegangs war es nicht überraschend, daß sich Strölin nach der Ernennung zum Oberbürgermeister weiterhin intensiv mit den Problemen der Energieversorgung beschäftigte. Kein anderer Nationalsozialist im kommunalen Bereich konnte ein derart fundiertes Fachwissen auf diesem Gebiet vorweisen. Auf seinen Erfahrungen aus der Tätigkeit in der kommunalen Gasversorgung aufbauend, sah er zudem gerade in den Ver- und Entsorgungseinrichtungen eines der wichtiges Aufgabengebiete der Gemeinden.[171] Von vornherein erkannte er jedoch, daß auch nach der Machtübernahme die Konzentrationsbestrebungen in der Energiewirtschaft fortdauern würden, auf die schon seine Aktivitäten im Landesverband Württembergischer Gaswerke seit 1928 zurückgingen. Damit sollte er recht behalten, denn der alte Streit über die Vorzüge privatwirtschaftlicher gegenüber den öffentlichen Energieversorgungsunternehmen nahm eher noch an Schärfe zu. Dabei mußten sich die Gemeinden vor allem gegen Angriffe wehren, die sich auf die Verwendung von Betriebsgewinnen und Abschreibungsmitteln zum Ausgleich der Haushalte bezogen. Dadurch, so warf man ihnen vor, seien die Energiepreise überteuert, die Tarifpolitik unstetig und durch fehlende Rücklagenbildung ein Ausbau oder eine Erneuerung von Anlagen unterblieben. Natürlich durfte der Standardvorwurf nicht fehlen, daß Betriebe der öffentlichen Hand in ihrer Betriebsführung zu schwerfällig seien und sich nicht den Bedürfnissen der Wirtschaft anpassen könnten.[172] Strölin gestand diesen Argumenten zwar eine teilweise Berechtigung zu, doch führte er die Mißstände vor allem auf die »unsachlichen Einflüsse des Parlamentarismus« zurück, der durch den Sieg des Nationalsozialismus überwunden sei.[173]

Mit der Gründung der Technischen Werke hatte Strölin in Stuttgart eine weitere Position verdeutlicht, die sein ganzes energiepolitisches Denken bestimmte. Die verschiedenen leitungsabhängigen Energiearten, Elektrizität, Gas, Fernwärme und Wasser, sollten sinnvoll eingesetzt werden und nicht in Konkurrenz zueinander treten. Von seinem Stuttgarter Rathaussessel aus konnte er in dieser Angelegenheit allerdings wenig erreichen, weshalb er reichsweit aktiv werden mußte.

Schon früh erkannte der Leiter des Deutschen Gemeindetages und des Amtes für Kommunalpolitik der NSDAP, Karl Fiehler, daß Strölin der ideale Berater für energiewirtschaftliche Fragen war, wenn es darum ging, die Position der Gemeinden gegenüber anderen Organisationen zu vertreten. Strölin wurde deshalb von ihm und seinem Amt sowie vom Gemeindetag laufend über die Entwicklungen in diesem Bereich informiert und um Stellungnahmen gebeten. So ließ Fiehler Strölin Mitte 1934 nach seiner Meinung zu einem beabsichtigten Erlaß an die Gauamtsleiter fragen, in dem er diesen auferlegen wollte, daß Verträge über die Versorgung mit elektrischer Energie von den Gemeinden nur in Übereinstimmung mit der Gauleitung beziehungsweise dem Gauamt für Kommunalpolitik abgeschlossen werden sollten. Strölin war dies viel zu wenig. Er schlug vor, den Erlaß auch auf die Gasversorgung auszudehnen. Dabei stellte er klar, daß die Gemeinden die Versorgung der Bevölkerung und Wirtschaft mit Gas, Wasser und Elektrizität als eine »Hoheitsangelegenheit gemeinwirtschaftlichen Charakters übernehmen müßten«, fügte aber einschränkend hinzu, dies habe nur für die Verteilung, nicht jedoch für die Erzeugung zu gelten.[174] Über solch kleine Aufgaben hinaus beauftragte ihn Fiehler, Gutachten zu verschiedenen Entwürfen des geplanten Energiewirtschaftsgesetzes anzufertigen, wobei Strölin besonders auf die fehlende Zielrichtung des Gesetzes, die schlechte Position der öffentlichen Betriebe und den sinnlosen Konkurrenzkampf zwischen den verschiedenen Energiearten hinwies und entsprechende rechtliche Regelungen verlangte.[175] Das Vertrauensverhältnis zwischen Strölin und Fiehler sowie seine engen Kontakte zu bestimmten Berliner Ministerien führten schließlich zu einem ersten Karrieresprung Strölins in der deutschen Energiewirtschaft. Als am 5. Juni 1934 die gesamte Energiewirtschaft als Hauptgruppe XIII in die Organisation der gewerblichen Wirtschaft eingegliedert wurde, die der Direktor der Berliner Kraft- und Licht-AG (BEWAG), Carl Krecke, leitete,[176] berief das Reichswirtschaftsministerium Strölin zu dessen Stellvertreter.[177] Der Stuttgarter Oberbürgermeister hatte jedoch schon im Vorfeld dieser Berufung aktiv Einfluß auf die geplante ständische Neugliederung genommen. Mitte März 1934 war ihm zu Ohren gekommen, daß die Elektrizitäts- und die Gaswirtschaft in verschiedene Hauptgruppen eingegliedert werden sollten. Um dies zu verhindern und seiner Forderung nach einer einheitlichen Energiewirtschaft Nachdruck zu verleihen, setzte er sich umgehend mit Fiehler in Verbindung und forderte ihn auf, entsprechend auf Rudolf Heß als Stellvertreter des Führers einzuwirken. Nur wenn die gesamte Energiewirtschaft zusammengefaßt würde, glaubte er, daß die Interessen der kommunalen Energieversorgungsunternehmen gegenüber den Großkonzernen gewahrt werden könnten und eine planmäßige Steuerung der energiepolitischen Entwicklung möglich wäre.[178] Anscheinend kam Fiehler diesem Verlangen Strölins nach und wurde innerhalb der Partei aktiv, denn die endgültige Regelung entsprach ganz den Vorstellungen aus Stuttgart.

Sehr schnell mußte Strölin erkennen, daß Krecke als Leiter der Reichsgruppe einerseits stark die Interessen der privatwirtschaftlich organisierten Energieversorgungsunternehmen vertrat. Andererseits war er kaum gewillt, seinen Stellvertreter über die Vorgänge in seiner Dienststelle zu informieren oder ihn gar in die Entscheidungsprozesse einzubeziehen. Zwar machte er in einer Besprechung mit Strölin und Dr. Meyer vom Gemeindetag Anfang März 1935 den Vorschlag, der Gemeindetag und das Hauptamt für Kommunalpolitik sollten alle an sie herangetragenen laufenden energiewirtschaftlichen Fragen an die Reichsgruppe weiterleiten und sie nur in gegenseitigem Einvernehmen entscheiden. Ein Einfluß der Partei sei schon durch die Zugehörigkeit von Strölin als Vertrautem Fiehlers sowie von Georg Seebauer als Vertreter des NSDAP-Hauptamtes für Technik gewährleistet. Konkret schlug er deshalb vor, alle Angelegenheiten an Strölin als seinem Stellvertreter zu leiten. Dieser erklärte sich einverstanden, wie Meyer umgehend an Fiehler berichtete.[179] Nachdem aus München zunächst keine Reaktion kam, wandte sich Strölin am 27. März nochmals an Fiehler, um von ihm eine Stellungnahme zu den Vorschlägen Kreckes zu verlangen.[180]

In München war man nicht untätig geblieben. Fiehler hatte erkannt, daß, falls es zu der vorgeschlagenen Lösung kommen würde, das Hauptamt für Kommunalpolitik und der Deutsche Gemeindetag sehr leicht aus energiewirtschaftlichen Entscheidungen hinausgedrängt werden könnten. Er ließ deshalb Strölin am 26. März durch den Geschäftsführer des Hauptamtes Waldemar Schön in seinem Namen mitteilen, er wolle ihn als Mitarbeiter in das Hauptamt für Kommunalpolitik berufen, wo er für die Behandlung der energiewirtschaftlichen Fragen zuständig sein sollte.[181] Strölin fühlte sich selbstverständlich geehrt und erklärte sich »im Grundsatz bereit«, die Aufgabe zu übernehmen, doch fragte er gleichzeitig nach, ob damit eine »rangmäßige Einordnung in die politische Organisation« verbunden sei.[182] Einen Parteirang hatte er zu dieser Zeit noch nicht. Nachdem ihm Fiehler hatte mitteilen lassen, es handle sich dabei vermutlich um den Rang eines Reichsstellen- oder Reichshauptstellenleiters, was jedoch nicht in seinem Ermessen liege, brauchte Strölin noch einige Tage Bedenkzeit, ob er das Angebot Fiehlers annehmen sollte.[183]

Bezeichnenderweise setzte er sich in der Zwischenzeit mit Krecke in Verbindung und wollte von ihm detaillierte Informationen über den Stand der Entwicklung auf dem Gebiet der Energiewirtschaft. In seinem Schreiben beschwerte er sich nachdrücklich darüber, daß er trotz seiner Funktion als stellvertretender Leiter der Reichsgruppe sowie dem ständigen Kontakt zwischen der Reichsgruppe und dem Gemeindetag nur sehr mangelhaft darüber unterrichtet werde, »was eigentlich vorgeht«. Die geringen Fortschritte beim Aufbau der Reichsgruppe und des geplanten Energiewirtschaftsgesetzes führte er auf gewisse Kräfte zurück, die »ein Interesse daran haben, unsere Arbeit zu verzögern und die versuchen, noch allerhand zu erreichen, bevor gesetzliche Maßnahmen die notwendigen Erschwernisse für eine einseitige Interessenpolitik schaffen«. Damit sprach er, wenn auch verklausuliert, die Versuche von großen Energieversorgungsunternehmen an, kleinere kommunale Werke, teilweise durch massiven wirtschaftlichen und politischen Druck, zu übernehmen. Um sein Informationsdefizit zu beseitigen, bat er Krecke eindringlich um eine Unterredung und um detaillierte Informationen zu acht Themenkomplexen, die sich mit allgemeinen energiepolitischen Fragen, aber auch mit dem konkreten organisatorischen Aufbau der Reichsgruppe, ihrer Mitarbeiter und ihrer Finanzierung beschäftigten. Schließlich forderte er ausdrücklich, in Abwesenheit von Krecke von allen wichtigen Schreiben, die von der Geschäftsstelle ausgingen, Durchschläge zu bekommen, da dies trotz seines entsprechenden Wunsches nicht geschehen sei.[184]

Die Antwort aus Berlin muß nicht gerade erfreulich gewesen sein, denn am 6. Mai schrieb Strölin an das Hauptamt für Kommunalpolitik und bekräftigte nochmals seine grundsätzliche Bereitschaft zur Mitarbeit, die er nun an die formelle Berufung zum Reichshauptstellenleiter knüpfte. Dies begründete er mit der aktuellen Situation auf dem Energiesektor:

»Nur dann hätte ich die notwendige Autorität und Stoßkraft, um in diesen durchaus komplizierten und schwierigen Fragen die Ansicht des Hauptamtes für Kommunalpolitik mit Erfolg zu vertreten. Dabei darf ich darauf hinweisen, daß gerade auf dem Gebiet der Energiewirtschaft heute noch überaus machtvolle kapitalistische Organisationen bestehen, die nicht ohne weiteres gewillt sind, ihre Sonderinteressen dem Gemeinwohl unterzuordnen.«[185]

Damit machte Strölin erneut deutlich, wo er die Hauptgegner einer zukünftigen einheitlichen Energiepolitik sah. Am 8. Juli berichtete ihm Schön schließlich, daß im NSDAP-Hauptamt für Kommunalpolitik (HAfK) eine entsprechende Hauptstelle geschaffen worden sei, und Fiehler beabsichtige, ihn als deren Leiter zu berufen.[186] Doch so schnell konnte sich Strölin nicht mit dem neuen Rang schmücken; die Berufung zog sich hin. Zudem lehnte das Hauptamt die Zahlung einer Hilfskraft für Strölin aus finanziellen Gründen ab und verwies ihn an das Gauamt für Kommunalpolitik in Stuttgart.[187]

Eine plötzliche Wende in der Entwicklung trat ein, als Strölin am 8. Oktober dem Hauptamt und Fiehler mitteilte, man möge wegen seiner großen Verpflichtungen, die er außerhalb seiner Funktion als Oberbürgermeister übernommen habe, und der vorauszusehenden Fülle von Problemen, die in nächster Zeit im Energiesektor auftreten werden, von seiner Berufung zum Hauptstellenleiter absehen.[188] Unklar ist, ob er dies wirklich aus Arbeitsüberlastung tat oder ob er damit seine Berufung beschleunigen wollte. Denn als ihn Fiehler in einem persönlich gehaltenen Schreiben Mitte November bat, die Stelle doch zu übernehmen, da er keinen geeigneten Ersatz finden könne, erklärte er sich wenige Tage später einverstanden.[189] Seine endgültige Ernennung zog sich trotz mehrerer Vorstöße bis zum 4. September 1936 hin. Vorsichtshalber hatte sich Strölin jedoch einen provisorischen Hauptstellenleiter-Ausweis ausstellen lassen, um seine Position nach außen zur Geltung bringen zu können.[190] Die vorgesetzten württembergischen Behörden informierte er erst am 12. Juli 1937 über seine Ernennung. Vielleicht wußte er, warum, denn im Februar 1938 mußte er sich an Staatssekretär Karl Waldmann im Staatsministerium wenden, um sich gegen Vorwürfe wegen seiner Ämtervielfalt zu wehren. Dabei zahlte sich sein anfängliches Zögern aus, denn nun konnte er sich darauf berufen, daß er sich nicht aufgedrängt habe, sondern erst auf wiederholtes Bitten Fiehlers der Amtsübernahme zugestimmt habe. Deshalb forderte er von Waldmann, er möge in Zukunft auf »Persönlichkeiten, die hier offenbar eine andere Meinung haben, aufklärerisch wirken«.[191] Zwar sagte er nicht deutlich, wer damit gemeint war, aber alles deutete auf Murr hin, der die vielfältigen außerdienstlichen Aktivitäten des Stuttgarter Oberbürgermeisters mit Argwohn verfolgte.

In der Zwischenzeit hatte Strölin eine erste Niederlage einstecken müssen. In der Reichsgruppe Energiewirtschaft verlor er seinen Posten als Stellvertretender Führer und mußte sich mit einem einfachen Sitz im Beirat zufrieden geben. Seine Versuche, stärker in die Entscheidungsprozesse der Reichsgruppe einzugreifen, waren wohl bei Krecke nicht auf sonderliche Gegenliebe gestoßen, so daß er versuchte, den Konkurrenten, der die Position der öffentlichen Hand verteidigte, loszuwerden.[192]

In dieser Zeit sah sich das Richsinnenministerium gezwungen, in einem Runderlaß den Gemeinden beim Abschluß von Verträgen auf dem Gebiet der Energiewirtschaft und bei der Veränderung von Anlagen eine »grundsätzliche Zurückhaltung« anzuordnen.[193] Ursache dafür war die steigende Zahl von Verkäufen kommunaler Betriebe an Großunternehmen und der Abschluß langfristiger Lieferverträge, zu denen sich einzelne Gemeinden wegen ihrer schlechten finanziellen Lage gezwungen sahen. Strölin begrüßte den Erlaß, denn dadurch sei gewährleistet, daß »der kommunalpolitisch so wichtige Einfluß der Gemeinden und der Gemeindeverbände auf die Energieversorgung von Volk und Wirtschaft« nicht Zug um Zug geschmälert und der vorgesehenen planvollen Gestaltung der deutschen Energiewirtschaft nicht zuungunsten der Gemeinden vorgegriffen werde.[194]

Ab Sommer 1935 arbeitete Strölin regelmäßig für das Hauptamt, das ihm nun alle energiewirtschaftlichen Probleme und Fragen der wirtschaftlichen Betätigung von Gemeinden, die bei ihm von den einzelnen

Gauämtern eingingen, zur Begutachtung übersandte. Das Themenspektrum der zu bearbeitenden Fälle variierte dabei von dem Streitfall, ob die Errichtung eines Gewächshauses durch eine Gemeinde bereits ein Eigenbetrieb sei, bis hin zu Gutachten über die Energietarife in Hamburg oder die Energieversorgung des Ruhrgebiets, wo der Kampf zwischen einzelnen Gemeinden und den Rheinisch-Westfälischen Elektrizitätswerken (RWE) heftig tobte.[195]

Seinen ersten größeren Erfolg in der neuen Position konnte er bereits nach wenigen Monaten verbuchen. Die Beratungen zum neuen Energiewirtschaftsgesetz befanden sich in der zweiten Hälfte des Jahres 1935 in ihrem entscheidenden Stadium. Strölin erneuerte nun seine Kritik über die fehlende Zielsetzung des Gesetzes, die auch von den meisten kommunalen Vertretern der Partei und des Gemeindetags geteilt wurde. In einer internen Besprechung am 5. Oktober 1935 machte er gegenüber Fiehler und anderen den Vorschlag, dieses Manko durch eine Präambel zu beseitigen, in der die wichtige Stellung der öffentlichen Hand in der Energiewirtschaft betont würde. Fiehler griff diesen Vorschlag umgehend auf und setzte sich mit Heß in Verbindung, der bei den Beratungen des Gesetzes im Reichskabinett entsprechend wirken sollte. Somit ging der Vorspruch zu dem am 13. Dezember des gleichen Jahres erlassenen Gesetzes auf Strölin zurück.[196] In den Beratungen sprach er sich zudem für eine Stärkung des Aufsichtsrechts des Reichsinnenministeriums aus, da der ursprüngliche Entwurf die Aufsicht allein dem Reichswirtschaftsministerium übertragen wollte. Auch hier kam es schließlich zu einem Kompromiß, mit dem sich einigermaßen leben ließ und der den Gemeinden einen Spielraum ermöglichte, da bei energiewirtschaftlichen Angelegenheiten, die Kommunen betrafen, das Reichswirtschaftsministerium nur in Übereinstimmung mit dem Reichsinnenministerium Verfügungen erlassen konnte. Damit war aber auch die Grundlage für Konflikte zwischen den Reichsinstanzen gelegt.

Trotz und teilweise wegen der neuen gesetzlichen Regelung häuften sich in den folgenden Monaten die Konflikte von Gemeinden mit den Energieversorgungsunternehmen. In diesem Spannungsfeld bewegte sich in den nächsten Jahren hauptsächlich die Tätigkeit Strölins für das Hauptamt für Kommunalpolitik. Sein erster öffentlicher Auftritt als Hauptstellenleiter erfolgte im Januar 1936 auf der Reichstagung des

Hauptamtes in Quedlinburg, wo er auf Wunsch Fiehlers einen eineinhalbstündigen Vortrag über Fragen der Energieversorgung hielt.[197]

Erneut führte Strölin die gesamten Fehlentwicklungen der Vergangenheit auf das liberalistische System zurück, unter dessen »mechanistischer Auffassung aller Dinge« eine einheitliche Energiepolitik nicht entwickelt werden konnte.[198] Allerdings mußte er zugeben, daß auch nach 1933 der Kampf um Macht- und Marktpositionen in der Energiewirtschaft unverändert weiterging, wobei besonders die großen Konzerne mit allen Mitteln versuchten, die Energieerzeugungsanlagen der Gemeinden unter ihre Kontrolle zu bringen.

Seine ganze Hoffnung für die Zukunft setzte Strölin deshalb auf das Energiewirtschaftsgesetz, da in ihm, entsprechend den Grundgedanken des Nationalsozialismus, ein organischer Ausgleich zwischen den verschiedenen Energiearten und den unterschiedlichen Rechtsformen der Energieversorgungsunternehmen gefunden worden sei. Daher stellte sich für ihn die Frage nicht mehr, ob die Unternehmen privatwirtschaftlich oder in kommunaler Regie geführt werden sollten. Da die Versorgungsunternehmen am Ort gegenüber dem Kunden quasi als Monopolisten auftraten, hielt er einen entscheidenden Einfluß der Kommunen für notwendig. Nur so sei die vom Gesetz herausgestellte »wirtschaftliche und soziale« Komponente der Energieversorgung sicherzustellen. Dabei spielte einerseits eine Rolle, daß die meisten Gemeinden auf die Einnahmen aus den Versorgungsbetrieben angewiesen waren. Andererseits betonte er, daß eine gemeindliche Energieversorgung die Grundlage für verschiedene städteplanerische Aufgaben wie beispielsweise das Siedlungswesen sei, denn nur so könne eine ausreichende Versorgung dieser Gebiete gewährleistet werden, die zwar kapitalintensiv sei, bei denen aber eher mit Verlusten gerechnet werden müßte, weshalb kapitalistisch organisierte Betriebe daran kein besonderes Interesse hätten.

Insgesamt begrüßte Strölin die Steuerungsmechanismen, die dem Reich bei energiewirtschaftlichen Entscheidungen einzelner Unternehmen zur Verfügung standen. Von größter Wichtigkeit war für ihn zu diesem Zeitpunkt die Vision einer Verbundwirtschaft, in der bei einer stark dezentralisierten Erzeugung und kommunalen Verteilung alle bestehenden wirtschaftlich und technisch leistungsfähigen Werke ihre

Selbständigkeit bewahren konnten und zum Zweck des Energieausgleichs zusammenarbeiten sollten. Dies erschien ihm auch »vom wehrpolitischen Standpunkt aus betrachtet von größter Bedeutung«.[199] Zugleich betonte er deutlich, es sei nicht notwendig, daß im Zuge der Verbundwirtschaft die Betriebe kapitalmäßig zusammengefaßt würden. Trotz allem sah er weiterhin Gefahren für Gemeinden, in ihren energiewirtschaftlichen und damit auch planerischen Entscheidungen von den großen Konzernen abhängig zu werden.

Für die zukünftige Rolle der Gemeinden postulierte er, daß möglichst eine Eigenerzeugung, mindestens jedoch eine Eigenverteilung stattfinden sollte. Dort wo reine Konzessionsverträge bestanden, die Gemeinde also ihre Rechte gegen einen Finanzausgleich an ein Energieversorgungsunternehmen abgegeben hatte, empfahl er, diese nicht zu verlängern, sondern das örtliche Versorgungsnetz »unter günstigen Bedingungen aufzukaufen«. Bei der Überlandversorgung plädierte er für ein stärkeres Engagement der Gemeindeverbände, um so wieder die öffentliche Position zu stärken.[200]

Da er die Schwächen der kommunalen Energieversorgung nicht übersah, machte er seinen Zuhörern deutlich, daß sich die Stellung der Gemeinden nur dann auf Dauer sichern ließ, wenn es ihnen gelänge, den energiewirtschaftlichen Aufgaben voll gerecht zu werden. Dies konnte seiner Meinung nach am sichersten durch Maßnahmen erreicht werden, wie er sie bereits in Stuttgart ergriffen hatte. In erster Linie dachte er dabei an eine Zusammenlegung der öffentlichen Versorgungswerke unter einheitlicher Leitung sowie eine wesentliche Stärkung der Position des Werksleiters, der weiterhin dem Bürgermeister direkt unterstellt sein sollte, aber in seinem Aufgabenbereich weitestgehende Handlungsfreiheiten in wirtschaftlichen und technischen Fragen haben müsse. Neben diesen organisatorisch-betrieblichen Vorschlägen forderte eine abnehmerorientierte und absatzfördernde Tarifpolitik der Gemeinden, die nicht kurzsichtig mit Blick auf die Einnahmen für den Haushalt betrieben werden dürfe, sondern die in der Lage sei, durch gezielte Herabsetzung der Preise einen Mehrverbrauch und somit Mehreinnahmen zu erzielen.[201] Gerade die Gemeinden und natürlich das Hauptamt für Kommunalpolitik sollten die Garanten dafür sein, daß dies unter nationalsozialistischen Vorzeichen geschehe.

Diese Grundüberzeugungen bestimmten in den nächsten Jahren Strölins Aktivitäten im energiewirtschaftlichen Bereich. In Stuttgart betraute er zunächst seinen Organisationsreferenten Asmuß mit sämtlichen Angelegenheiten, die das NSDAP-Hauptamt für Kommunalpolitik betrafen. Ab Frühjahr 1937 fungierten dabei die Technischen Werke als sachbearbeitende Stelle, wo in der zweiten Jahreshälfte der Diplom-Ingenieur Eduard Doka, der zunächst nicht der NSDAP angehörte, die einzelnen Themen nach Strölins Vorgaben selbständig bearbeitete, Entwürfe zu Briefen, Stellungnahmen, Gutachten, Reden, Zeitschriftenaufsätze und das monatliche Mitteilungsblatt für die Gauamtsleiter erstellte und über Asmuß dem Oberbürgermeister zuleitete.[202] Erst als es sich für sinnvoll erwies, daß Doka direkt mit den Parteistellen in München und den verschiedenen Reichsstellen in Strölins Namen verhandeln würde, bewegte er ihn, in die Partei einzutreten.[203]

Schnell schien sich ein enges Vertrauensverhältnis zwischen Strölin und Doka aufgebaut zu haben, denn bereits am 13. Dezember 1937 führte Doka im Auftrag Strölins mit Schön in München ein ausführliches Gespräch über die zukünftige Ausgestaltung des Arbeitsbereichs seines Chefs.[204] Der umfangreiche Schriftverkehr machte es erforderlich, daß Strölin, um Zeitverluste zu vermeiden, anordnete, Unterlagen für Doka unter Umgehung des Dienstweges per Boten überbringen zu lassen. Ohne seinen Sachbearbeiter konnte er bald nicht mehr auskommen, was sich kurz nach Kriegsbeginn deutlich daran zeigte, daß er alle Hebel in Bewegung setzte, um den zum Militärdienst eingezogenen Doka wieder nach Stuttgart zu bekommen, damit »die Frage der Energiewirtschaft von einer Stelle betrieben werden könne«.[205] Dies gelang ihm zwar, doch schied Doka 1942 freiwillig aus, um sich, wie er sich ausdrückte, in seinem eigentlichen Beruf als Diplom-Ingenieur weiterzubilden und den Kontakt zur Praxis nicht zu verlieren, da er seit 1937 nur theoretisch für Strölin tätig war und er sich bei seinem Eintritt in die Stadtverwaltung andere Vorstellungen über seine berufliche Tätigkeit gemacht habe. Strölin suchte händeringend nach einem Ersatz, den er aber nicht finden konnte, obwohl er einem Sachbearbeiter 150 RM monatlich zusätzlich zur Verfügung stellen wollte.[206]

An diesem Vorgang ist für Strölin bezeichnend, daß er sich kompetenter Fachleute bediente und sie möglichst selbständig arbeiten ließ.

Als Korrektiv wirkten jedoch er selbst und gelegentlich Asmuß. Doch gerade durch diese Großzügigkeit konnte er sich der Loyalität Dokas sicher sein. Da er die Vorstellungen Strölins zu energiepolitischen Fragen und seine Argumentationsweise genauestens kannte, lieferte er entsprechende Entwürfe, die Strölin meist mit geringen stilistischen Abänderungen verwenden konnte.

Nach der erwähnten Besprechung Dokas mit Schön am 13. Dezember 1937 in München entwarf Strölin mit ihm, da sich seinen ursprünglichen Ideen Schwierigkeiten entgegenstellten, einen Plan über die zukünftige Ausgestaltung seiner Tätigkeit als Reichshauptstellenleiter, den er am 17. Dezember dem NSDAP-Hauptamt für Kommunalpolitik übermittelte.[207] Diese bezogen sich hauptsächlich auf die Zusammenarbeit seiner Hauptstelle mit den einzelnen Gauämtern für Kommunalpolitik. So schlug er vor, dort möglichst Sachbearbeiter für Ernergiefragen zu etablieren. Da sich dies aus finanziellen und personellen Gründen nicht realisieren ließ, bearbeiteten die Gauamtsleiter selbst die Themen aus Strölins Arbeitsbereich. Um enge Fühlung mit ihnen zu halten, erbat er sich eine Liste sämtlicher Gauamtsleiter, damit er mit ihnen anläßlich seiner verschiedensten Dienstreisen persönlich Kontakt aufnehmen könne. Darüber hinaus sollten sie verpflichtet werden, regelmäßig zu Quartalsende über die Entwicklungen auf dem Energiesektor in ihrem Gau zu berichten und sich in dringenden Fällen direkt mit Strölin in Verbindung zu setzen. Um die Gauamtsleiter über allgemeine Entwicklungen zu informieren, bot er die Herausgabe eines eigenen, internen monatlichen Nachrichtendienstes zu energiewirtschaftlichen Fragen an. Da es sich in der Vergangenheit häufig gezeigt hatte, daß verschiedene Ämter der NSDAP-Reichsleitung mit unterschiedlichen Positionen in Verhandlungen gegangen waren, entwickelte er die Idee einer internen Arbeitsgemeinschaft aus Vertretern des Hauptamtes für Kommunalpolitik, des Hauptamtes für Technik und der Kommission für Wirtschaftspolitik, damit ein einheitliches Auftreten nach außen sichergestellt sei. Alle diese Vorschläge wurden in München dankbar aufgenommen.

Noch im gleichen Monat gab Strölin den ersten »Monatsbericht über die Lage in der Energiewirtschaft« heraus. Die ausdrücklich mit dem Vermerk »Vertraulich« versehenen acht- bis elfseitigen Berichte, die nur an einen kleinen Kreis versandt wurden und bis Kriegsbeginn regelmäßig erschienen, informierten ihre Empfänger über alle wichtigen nationalen und regionalen Entwicklungen in der Energiewirtschaft und die sie betreffenden Gesetzgebung.[208] Dabei stand immer die Stellung der Gemeinden im Vordergrund. Gerade der kleine Empfängerkreis ermöglichte es ihm, selbst Stellung zu beziehen und zu versuchen, die Gauamtsleiter auf seine Position festzulegen. So brachte er im ersten Bericht zum Ausdruck, daß eigentlich über die Ziele und Pläne der zuständigen Reichsstellen (Reichswirtschaftsministerium, Reichsgruppe Energiewirtschaft und Beauftragter für den Vierjahresplan) nichts bekannt und die Lage in der Energiewirtschaft völlig ungeklärt sei. Aus seinen Ausführungen ließ sich jedoch unschwer ersehen, daß die Versuche der kommunalen Organisationen zur Schaffung leistungsfähiger Gebietsorganisationen in Berlin mit Argwohn verfolgt wurden.[209]

In gewisser Weise dachte Strölin im folgenden Jahr um. Hatte er sich bisher vehement für einen Erhalt der kommunalen Betriebe eingesetzt, so änderte er seine Meinung dahingehend, daß er nun lediglich eine Wahrung des Besitzstandes der Gemeinden für notwendig erachtete. Dies war eigentlich eine logische Konsequenz aus der Hinwendung zu den von ihm propagierten regionalen Zusammenschlüssen der Gemeinden zur Sicherung ihrer eigenen Position. Da die in den Versorgungsunternehmen getätigten Investitionen einen nicht unbeträchtlichen Anteil am Vermögen der Gemeinden darstellten, forderte er eine entsprechende Kapitalbeteiligung der Kommunen an den überörtlich agierenden Gesellschaften. Durch Sitze in den Aufsichtsgremien sollten die kommunalen Interessen gewahrt werden.[210] Trotz dieser Meinungsänderung trat er weiterhin für den Erhalt großer Gemeindewerke ein, wenn sie in der Lage waren, ihre Aufgaben entsprechend dem Energiewirtschaftsgesetz zu erfüllen.

Insgesamt hatte sich Strölin bis Mitte 1938 im Hauptamt für Kommunalpolitik und somit in der Reichsleitung der NSDAP eine Position geschaffen, die es ihm ermöglichte, einerseits über Fiehler und Heß sowie andererseits durch direkte Verhandlungen mit Berliner Ministerien und anderen Organisationen Einfluß auf die gesetzliche Entwicklung im Energiebereich zu nehmen. So war er neben dem Energiewirtschaftsgesetz auch an den Vorbereitungen zur Eigenbetriebsverordnung beteiligt, die den Gemeindebetrieben größere Freiheiten einräumte, da sie danach nicht mehr an die strengen Haushaltsvorschriften der Deutschen Gemeindeordnung und der Gemeindehaushaltsverordnung gebunden waren.[211] Ferner wirkte er bei der Ausarbeitung des Zweckverbandsgesetzes vom 7. Juni 1939 mit, das die bis dahin landesrechtlichen Bestimmungen zur zwischengemeindlichen Zusammenarbeit auf öffentlich-rechtlicher Grundlage durch eine reichseinheitliche Regelung ablöste.[212]

In der Partei fühlte er sich in energiewirtschaftlichen Fragen stark genug, um ein Mitspracherecht gegenüber anderen Hauptämtern einzufordern, wenn es um die Belange der Gemeinden ging. Besonders starke Differenzen traten dabei zum Hauptamt für Technik und dessen Leiter Fritz Todt auf, das eine wesentlich zentralistischere, staatliche Organisation der Energiewirtschaft befürwortete und für eine Aufgabe der kommunalen Versorgungsbetriebe eintrat. Dies wurde noch dadurch verschärft, daß einerseits die Energiewirtschaft neben dem Straßenbau die einzige öffentliche Domäne dieser Parteigliederung war, in der sie auf politische Entscheidungen Einfluß nehmen konnte. Andererseits forderte sie eine Stärkung der Stellung der Ingenieure und Techniker in den öffentlichen Verwaltungen, wobei besonders die Gemeinden ein Hauptangriffsziel bildeten, da dort meist die Technischen Referate und die Betriebe Juristen und nicht Ingenieuren unterstanden.[213]

Immer wieder kam es deshalb zu Besprechungen zwischen beiden Ämtern, auf denen man versuchte, einen Konsens zu erreichen.[214] Trotz aller Gegensätze gelang dies bis 1938 noch relativ gut, doch der Ton war teilweise bereits sehr rauh. Als Todt Mitte 1938 auf einer gemeinsamen Beratung der Hauptämter für Kommunalpolitik und Technik sowie der Wirtschaftspolitischen Kommission mit der Ausarbeitung eines Gutachtens zur Energiewirtschaftsfrage beauftragt worden war, schrieb ihm Strölin in seiner Funktion als Reichshauptstellenleiter und forderte ihn unmißverständlich auf: »Ich darf doch davon ausgehen, daß die Denkschrift [...] mir vor ihrer endgültigen Fassung zugestellt wird«. Sein Verlangen begründete er damit, »daß auch in Kreisen der Partei Meinungen hinsichtlich der Betätigung der Gemeinden auf energiewirtschaftlichem Gebiet vertreten werden, die von falschen Voraussetzungen und ungenügender Kenntnis der tatsächlichen Verhältnisse ausgehen. Es wäre zweifellos richtiger, wenn solche irrtümlichen Vorstellungen klargestellt werden, bevor sie in einer Denkschrift verankert sind.«[215] Pikanterweise adressierte er den Brief, der eindeutig auf die Parteifunktion abhob, nicht an den Hauptamtsleiter Todt, sondern an ihn in seiner Funktion als Generalinspektor für das deutsche Straßenwesen.

Zusätzlich hielt es Strölin für notwendig, gerade in Beamtenkreisen auf die wichtige Rolle der kommunalen Energieversorgung hinzuweisen. Dazu entfaltete er im zweiten Halbjahr 1938 eine rege Vortragstätigkeit an Verwaltungshochschulen und veröffentlichte seinen umfangreichsten Artikel zu diesem Themenkomplex im Jahrbuch für Kommunalwissenschaft.[216] Bei all diesen Gelegenheiten vertrat er fast die gleichen Positionen wie schon 1936 in seinem Vortrag in Quedlinburg. Der wichtigste Unterschied war jedoch, daß er nun nicht mehr unbedingt an der Eigenerzeugung auch der kleineren Werke festhalten wollte, sondern eine gemäßigte »Flurbereinigung« unter den rund 14 000 Energieversorgungsunternehmen für dringend notwendig erachtete, um die kommunalen Positionen zu sichern und die Werke effektiv zu führen.[217]

Obwohl Strölin durch seine Funktionen im Hauptamt für Kommunalpolitik und in der Reichsgruppe Energiewirtschaft sich einen gewissen Einfluß auf reichsweite Entscheidungen sichern konnte, gestaltete sich die konkrete Umsetzung seiner Vorstellungen in Stuttgart selbst wesentlich schwieriger. Als die Stadt 1935 ihr Dampfkraftwerk in Münster wegen des stark gestiegenen Strombedarfs erweitern wollte, verbot dies das Reichswirtschaftsministerium entsprechend den Richtlinien des Energiewirtschaftsgesetzes aus wehrpolitischen Gründen. Die Empfehlung, die Stadt solle sich an die Überlandleitung der Rheinisch-Westfälischen Elektrizitätswerke anschließen, machte jedoch die Absichten deutlich. Über einen Einstieg in Stuttgart sollte den Rheinisch-Westfälischen Elektrizitätswerken eine Stärkung ihrer Position im württembergischen Raum ermöglicht werden. Allerdings hatte sich Strölin in gewisser Weise selbst gefangen, da er gerade in dieser Zeit für eine Stärkung der Verbundwirtschaft plädierte. Ihm blieb deshalb zähneknirschend nichts anderes übrig, als den Anschluß an die Fernleitung der Rheinisch-Westfälischen Elektrizitätswerke zu beschließen. Dabei gelang es ihm jedoch, die Genehmigung für den geplanten Ausbau in Münster zu erreichen.[218] Als einige Zeit später der Landesplaner und das Gauamt für Technik den Vorschlag machten, das Kraftwerk außerhalb Stuttgarts zu errichten, stimmte die Stadt sofort zu, da sie hoffte, so vielleicht doch auf die Einbeziehung in den Verbund der Rheinisch-Westfälischen Eletrizitätswerke verzichten zu können.[219] Dabei spielten auch regionale Überlegungen eine Rolle, denn schon zu Beginn des Jahres 1935 hatte sich die Stadt an der auf Veranlassung von Wirtschaftsminister Oswald Lehnich gegründeten Elektrizitätsversorgung Württemberg (EVW) finanziell beteiligt, die einen Landesverbund bei Erhaltung der Selbständigkeit der einzelnen Werke aufbauen sollte. Dies entsprach ganz den Vorstellungen Strölins. Trotz aller Schwierigkeiten und gelegentlichen Betriebsstörungen hielt es Strölin noch 1938 für notwendig, daß Stuttgart »sich in die Verbundwirtschaft eingliedere, weil ihr die höheren Gesichtspunkte einer sinnvollen Verbundwirtschaft wichtig und bedeutsam erschienen«.[220] Bis auf kleinere Auseinandersetzungen war es Strölin also auch in Württemberg möglich, seine Positionen durchzusetzen.

Gegen Ende 1938 zeichnete sich für ihn ein weiterer Sprung in der Parteihierarchie ab, denn im Münchner Hauptamt plante man, für Strölin ein eigenes Amt mit mehreren Hauptstellen einzurichten. Doch wie schon 1935 bei seiner Berufung in die Reichsleitung lehnte er das Ansinnen wegen Arbeitsüberlastung zunächst ab. Auf Schöns wiederholtes Zureden erklärte er sich am 24. Dezember 1938 schließlich bereit, den Posten eines Reichsamtsleiters für »Kommunale Wirtschaftspolitik« zu übernehmen. Doch vergaß er nicht hinzuzufügen: »Meine Berufung zum Reichsamtsleiter würde ich deshalb begrüßen, weil ich mir davon eine Stärkung meiner Position und damit der Stellung des Hauptamtes für Kommunalpolitik versprechen würde. Gerade in der Gegenwart handelt es sich ja darum, die grundsätzliche Gestaltung der gesamten deutschen Energiewirtschaft für die Zukunft zu bestimmen. In diesem Zeitpunkt ist es besonders wichtig, daß auch im Bereich der Partei die Fragen der gemeindlichen Energiewirtschaft mit der notwendigen Autorität nach innen und nach außen bearbeitet werden.«[221]

## Ein schwäbischer Mittellandkanal – Der Rhein-Neckar-Donau-Bodensee-Kanal

Die schlechte Verkehrsanbindung Stuttgarts bereitete schon lange vor 1933 den Verantwortlichen der Stadtverwaltung, aber auch der Industrie Kopfzerbrechen, da die württembergische Landeshauptstadt mehr oder weniger gut nur an das Eisenbahnnetz angebunden war. Dies führte bei der Industriestruktur der Region, die auf Verarbeitung ausgerichtet war, zu relativ hohen Transportkosten für Rohstoffe. Bereits im 19. Jahrhundert machte man sich Gedanken über eine Schiffbarmachung des Neckars.[222] Einen gewaltigen Schub für dieses Vorhaben bedeutete eine 17-Millionen-Stiftung, die Robert Bosch 1916 für die Kanalisierung des Flusses von Mannheim nach Esslingen errichtete.[223] Im gleichen Jahr kam es zur Gründung des »Südwestdeutschen Kanalvereins für Rhein, Neckar und Donau e.V.«, dessen Ziel die Propagierung der Schiffbarmachung dieser Flüsse und die Verbindung zwischen ihnen durch einen Kanal über die Schwäbische Alb und einen weiteren durch Oberschwaben mit dem Bodensee war.[224] Im Jahre 1921 einigten sich das Reich, Baden, Hessen und Württemberg sowie Gemeinden, Banken und Elektrizitätsunternehmen auf den Ausbau des Flusses und die weitere Verbindung nach Ulm, wozu man die Neckar AG gründete.[225] Umgehend begann man mit den Bauarbeiten am Unterlauf des Flusses. Vor allem in Stuttgart nahm man den Vertragsabschluß zum Anlaß, um aus Gründen des Hochwasserschutzes und der Arbeitsbeschaffung die Kanalisierung des Flusses mit dem Bau von Stauwerken im Stadtgebiet in die Wege zu leiten. Bis 1933 war der Ausbau soweit vorangeschritten, daß man mit der Fertigstellung des Kanals bis Heilbronn zirka 1935/36 rechnen konnte.

Noch 1933 übernahm Strölin unter nicht näher zu klärenden Umständen den Vorsitz im Südwestdeutschen Kanalverein. Obwohl Wirtschaftsminister Oswald Lehnich noch im Mai 1933 den Wunsch äußerte, der Heilbronner Silberwarenfabrikant und DDP-Landtagsabgeordnete Peter Bruckmann, der seit 1917 den Verein leitete, möge wegen seiner Verdienste um die Neckarkanalisierung im Amt bleiben, erschien in der Novemberausgabe der Vereinszeitschrift »Süd-West Deutschland« ein

Bericht über eine Vorstandssitzung, die am 24. Oktober in Heidelberg stattgefunden hatte. Dort präsentierte sich Strölin als der neue Vorsitzende.[226] Es kann nur vermutet werden, daß der alte Vorsitzende vor allem für die aufstrebenden württembergischen Nationalsozialisten wegen seiner Parteizugehörigkeit nicht mehr tragbar war. Zudem hatte die Stadt Stuttgart im Kanalverein immer eine äußerst wichtige Rolle gespielt und Lautenschlager über Jahre hinweg das Amt des stellvertretenden Vorsitzenden ausgeübt, so daß Strölin seinen Vorgänger auch in diesem Amt beerbte. Hinzu kam, daß der mit den württembergischen Plänen rivalisierende bayerische Kanalverein, der den Rhein-Main-Donau-Kanal propagierte, ebenfalls einen neuen Vorsitzenden bekommen hatte, Strölins nationalsozialistischen Nürnberger Amtskollegen Willy Liebel. Strölin baute in den folgenden Wochen den Südwestdeutschen Kanalverein entsprechend dem Führerprinzip grundlegend um. Auf der ersten Mitgliederversammlung im Januar 1934 ließ er eine neue Satzung verabschieden, die ihm die alleinige Entscheidungsbefugnis zugestand. Zwar bildete man einen vierköpfigen »Führerbeirat« und einen »Ausschuß«, doch diese Gremien hatten nur beratende Funktion. In den Führerbeirat berief Strölin seinen Stadtkämmerer Hirzel, den er gleichzeitig zu seinem Stellvertreter ernannte, den Vorsitzenden des Württembergischen Industrie- und Handelstages Fritz Kiehn, Strombaudirektor Otto Konz von der Neckar AG und den Mannheimer Oberbürgermeister Karl Renninger.[227] In den nächsten Jahren versuchte Strölin, den weiteren Ausbau des Neckars wenigstens bis nach Plochingen voranzutreiben. Allerdings hatte er als Vereinsvorsitzender keinen sehr großen Einfluß, was ihn jedoch nicht hinderte, mit allen in Frage kommenden Stellen zu korrespondieren und konferieren.[228]

Wie üblich, kam es auch auf diesem Gebiet zu Kontroversen mit verschiedenen Stellen. Einmal mehr erwies sich der Gauamtsleiter für Technik als Strölins größter Widersacher. Solange die württembergische Landesregierung und damit auch Murr als Gauleiter keine verbindliche Stellung zu diesem Thema bezogen hatte, konnte er 1934 und 35 heftig gegen den geplanten Neckarausbau über Heilbronn hinaus zu Felde ziehen. Dabei richteten sich seine Angriffe in erster Linie gegen die Stadt Stuttgart, deren Energiebetriebe wegen der billigeren Frachtraten für Kohle den einzigen Vorteil aus dem Ausbau hätten. Ganz im Sinne seines Hauptamtsleiters Fritz Todt, dem als Generalsinspektor das deutsche Straßenwesen unterstand, plädierte Rudolf Rohrbach für einen noch rascheren Ausbau des Fernstraßennetzes. In Stuttgart wollte man jedoch das eine tun, ohne das andere zu lassen.

Strölin hatte in dieser Auseinandersetzung die stärkere Position, denn neben Finanzminister Dehlinger fand er Unterstützung in Teilen der württembergischen Wirtschaft.[229] Darüber hinaus hielt man auch im Reichsverkehrsministerium den Weiterbau für dringend geboten, wie Strölin einem Gespräch mit dessen Vertretern am 17. Januar 1934 in Berlin entnehmen konnte.[230] Im Oktober und November 1934 erreichte der Konflikt seinen Höhepunkt. Nachdem Rohrbach versucht hatte, im NS-Kurier eine Sondernummer über den Neckarkanal zu verhindern, und Strölin dabei sehr persönlich angriff, wandte sich dieser im Dezember an Murr und drängte darauf, daß die Landesregierung unmißverständlich ihre Position zum Ausbau des Neckars bis Plochingen darlege. Die Notwendigkeit dazu begründete er mit der zunehmenden Propagandatätigkeit Bayerns für den Rhein-Main-Donau-Kanal.[231] Doch noch andere Widersacher waren in der Zwischenzeit aufgetreten. Der Heilbronner Oberbürgermeister Gültig versuchte in enger Zusammenarbeit mit seinem Kreisleiter Drauz, den Weiterbau des Kanals zu verhindern, um so Heilbronn als Endhafen einen Standortvorteil zu sichern.

Mit Zufriedenheit konnte Strölin im Dezember einen Beschluß des Staatsministeriums zur Kenntnis nehmen, der den Ausbau bis Plochingen als Ziel der Landespolitik grundsätzlich festschrieb, da der Kanal ihrer Ansicht nach ohne eine Fortführung bis Plochingen nur Stückwerk bleiben würde und die bereits investierten Mittel für die Regulierung zwischen Heilbronn und Plochingen unnütz ausgegeben worden wären.[232] Murr bestand jedoch darauf, die Propaganda für den Neckarausbau in Grenzen zu halten. Zwar sollte das württembergische Kanalprojekt nicht ins Hintertreffen gegenüber anderen kommen, doch sollte auch darauf Rücksicht genommen werden, daß im Bereich der Verbesserung der Straßenverbindungen wichtige Entscheidungen anstünden, bei denen das Land natürlich nicht benachteiligt werden dürfe.

Obwohl Strölin die Entscheidung begrüßte, drang er bei der Landesregierung darauf, nun Nägel mit Köpfen zu machen und bei der Reichsregierung die entsprechenden Mittel für den Weiterbau zu beantragen.[233]

Mit seinen Interventionen hatte er Erfolg, denn noch im Mai beschlossen Vertreter des Reiches sowie der betroffenen Länder den Ausbau bis Plochingen, ohne jedoch einen Zeitrahmen für den Baubeginn oder gar die Fertigstellung festzulegen.[234] Auch die Frage der Finanzierung blieb offen.

Erst als es sich nach Fertigstellung des Abschnitts bis Heilbronn zeigte, daß sich die Frachtentwicklung unerwartet gut anließ, beschlossen die Reichs- und Landesregierung im Sommer 1937 einen Finanzplan für den beschleunigten Ausbau. Da sich die Vertreter des Reiches außerstande sahen, die über den bisher geleisteten Beitrag hinausgehenden Kosten zu übernehmen, erklärte sich das Land bereit, diese Mittel bis 1940 vorzuschießen. Die Stadt Stuttgart, die das größte Interesse an einer beschleunigten Ausführung der Pläne hatte, übernahm den Schuldendienst in Höhe von 1,5 Millionen Mark für die Mehrleistungen des Landes.[235] Ein solches Entgegenkommen der Stadt hatte Strölin bereits im März 1935 in Aussicht gestellt.[236]

Strölin und seine Mitstreiter im Südwestdeutschen Kanalverein dachten jedoch weiter. Nachdem der Ausbau bis Plochingen gesichert schien, gingen sie daran, eine rege Propagandatätigkeit für den Neckar-Donau-Kanal zu betreiben. Dem diente im Mai 1936 eine Donau-Tagung in Stuttgart, an der auch Vertreter des Verbandes Obere Donau teilnahmen, der die gleichen Ziele verfolgte. Bei dieser Gelegenheit diskutierte man neben der Schiffbarmachung der Donau bis Ulm auch den Plan einer Kanalverbindung von Plochingen über die Schwäbische Alb nach Ulm, um so ein zusammenhängendes Kanalsystem im süddeutschen Raum zu erreichen. Überlegungen zu einem solchen Vorhaben hatte es schon im 19. Jahrhundert gegeben, doch hatte man sie wegen der enormen technischen Schwierigkeiten, die der Albaufstieg mit sich brachte, nie weiter verfolgt. Nun galt es jedoch, mit konkreten Plänen aufzuwarten, um nicht gegenüber dem Rhein-Main-Donau-Kanal ins Hintertreffen zu geraten.[237] Einen Höhepunkt erreichte die Kampagne, als es Strölin gelang, am 17. April 1937 eine Versammlung des Vereins zu organisieren, an dem die beiden beteiligen Reichsstatthalter aus Bayern und Württemberg, Epp und Murr, teilnahmen. Neben ihnen war die württembergische Landesregierung fast vollständig vertreten. Erstmals propagierte man auf dieser Veranstaltung die Idee eines Süddeutschen Mittellandkanals, der von

Saarbrücken ausgehend über Mannheim, den Neckar, die Alb zur Donau bei Ulm geführt werden sollte.[238] Schützenhilfe hatte man sich in der Saar-Pfalz gesichert, weshalb sich der Saarbrücker Großindustrielle Röchling auf dieser Veranstaltung in einem Vortrag für das Projekt einsetzte. Schließlich mußte sich die bis zum Anschluß an das Reich 1935 nach Frankreich orientierte saarländische Montanindustrie nun nach Osten wenden, wobei für sie aus verschiedenen Gründen der Südwestdeutsche Raum geeignet erschien. Spätestens mit dieser Veranstaltung gelang es Strölin, Murr von der Notwendigkeit des Projekts zu überzeugen. Mit einer solchen Rückendeckung konnte er seine Propaganda auch gegen den Widerstand von Gauamtsleiter Rohrbach weiterführen.

Die weitere Entwicklung entsprach jedoch ganz und gar nicht seinen Vorstellungen. Gegen Ende des Jahres wiesen verschiedene Indizien daraufhin, daß man in der Reichsverwaltung zu einem raschen Ausbau des Rhein-Main-Donau-Kanals tendierte und die südwestdeutschen Projekte, soweit sie vertraglich beschlossen waren, zwar weiterführen, aber keine neuen Kanäle in Angriff nehmen wollte. Sowohl Strölin als auch die württembergische Landesregierung intervenierten in Berlin, um eine Absicherung ihrer Pläne zu erreichen.[239] Doch blieben all diese Vorstöße erfolglos.

Als Hitler am 1. April 1938 auf seiner Wahlkampfreise nach dem Anschluß Österreichs zu einem Besuch nach Stuttgart kam, sah Strölin eine ausgezeichnete Chance, zu einer Meinungsäußerung Hitlers zu kommen. Dabei konnte er auf die Unterstützung durch Murr rechnen, der sich genauestens darüber informieren ließ, welche Pläne Hitler vorgelegt werden sollten.[240] Neben verschiedenen städtischen Planungen präsentierte Strölin im Beisein Murrs seinem Führer den Plan des Saar-Rhein-Neckar-Donau-Kanals. Das Ergebnis schien durchaus erfreulich. Hitler stimmte den vorgestellten Überlegungen zu, selbstverständlich ohne irgendeine bindenden Zusage. Strölin war nun ein gebranntes Kind und wußte, daß er mit einer solchen Aussage Hitlers möglichst schnell handeln mußte. Deshalb sandte er sofort seinen Technischen Referenten Schwarz nach Berlin, um dort die Aussagen Hitlers bekannt zu machen und die Weichen für seinen Albkanal zu stellen.[241] Trotz seiner Schnelligkeit konnte er jedoch nicht verhindern, daß gut einen Monat später der Rhein-Main-Donau-Kanal die absolute Priorität erhielt.

# Hinaus in die weite Welt

Selbst durch seine reichsweite Tätigkeit auf dem Gebiet der Energieversorgung fühlte sich Strölin nicht voll ausgelastet. Er strebte zu Höherem, zu internationaler Anerkennung.

Als Staatskommissar hatte er im Juni 1933 in London auf der Schuldnerkonferenz für öffentliche Gläubiger als Mitglied der deutschen Delegation die Interessen der Gemeinden vertreten. Das brachte ihn erstmals mit dem Auswärtigen Amt und dessen Chef Konstantin von Neurath in Kontakt. Die württembergische Tradition schien beide zu verbinden, denn sie kamen sich im Laufe der Jahre sowohl in ihren politischen Einschätzungen als auch persönlich immer näher. Vielleicht war diese Bekanntschaft und die Bewunderung, die Strölin dem Diplomaten alter Schule entgegenbrachte, ein entscheidender Aspekt, weshalb sich Strölin mehr und mehr für internationale Themen zu interessieren begann. Dabei konzentrierte er sich auf zwei Bereiche, die eng mit seiner Tätigkeit als Oberbürgermeister zusammenhingen. Einerseits galt sein Interesse dem Deutschen Auslands-Institut, das in Stuttgart angesiedelt war, und den dort bearbeiteten Fragen der Deutschstämmigen im Ausland. Andererseits versuchte er, auf dem Gebiet des Wohnungswesens und der Stadtplanung internationales Ansehen zu erlangen.

## *Stuttgart – Zentrum für die Deutschen in aller Welt*

Seit 1917 beherbergte Stuttgart mit dem Deutschen Auslands-Institut eine Stelle, die es sich zur Aufgabe gemacht hatte, die Verbindung des »Deutschtums« mit der »Heimat« aufrecht zu erhalten und dessen Interessen zu fördern sowie die Auslandskunde allgemein zu verbreiten.[242] Daran orientierte sich während der gesamten Weimarer Republik die Arbeit des Instituts, das unter der Leitung von Theodor Wanner und Generalsekretär Fritz Wertheimer, die beide liberale Positionen vertraten, zu einer der führenden Einrichtungen der Volkstumspolitik in Deutschland wurde.

Die Machtübernahme der Nationalsozialisten bedeutete auch für das Deutsche Auslands-Institut eine Zäsur. Noch ehe in Württemberg die letzten Entscheidungen gefallen waren, begann man in Stuttgart mit der Übernahme des Instituts. Generalsekretär Fritz Wertheimer wurde am 8. März 1933 wegen seiner jüdischen Abstammung vom Hausmeister am Betreten des Gebäudes gehindert. Daraufhin fand unter Wanners Leitung am 10. März eine eilends zusammengerufene Vorstandssitzung statt, auf der Strölin als Mitglied des Verwaltungsrats, dem er als Gemeinderat angehörte, und als »Beauftragter der NSDAP« gemeinsam mit Graf Westerholt die Unterordnung des Deutschen Auslands-Instituts unter die neue Regierung forderte.[243] Die anwesenden Vorstandsmitglieder gaben dem Druck nach und beriefen Strölin, den Adjutanten Hitlers, Brückner, und den Historiker an der Technischen Hochschule in Stuttgart, Helmut Göring, in ihr Gremium.

Damit waren die Vorstellungen der Nationalsozialisten für die zukünftige Ausgestaltung des Instituts jedoch längst nicht erfüllt. Obwohl Strölin die Arbeit des Deutschen Auslands-Instituts wohlwollend lobte, konnte und wollte auch er Wertheimer und Wanner auf Dauer nicht als Repräsentanten des Instituts beibehalten. Während Wertheimer nach dem Hausverbot nicht mehr in sein Amt zurückkehrte, mußte bei Wanner ernsthafter Druck ausgeübt werden, um ihn gefügig zu machen. Am Abend des 13. März wurde er in seiner Wohnung von braunen Schlägern überfallen und mißhandelt. Doch selbst davon ließ sich Wanner zunächst nicht beeindrucken. Erst nachdem sich im Sommer die Fronten in der Volkstumsarbeit geklärt hatten, begann die nationalsozialistische Umgestaltung des Deutschen Auslands-Instituts. Auch das Außenministerium ließ Wanner nun wie eine heiße Kartoffel fallen. Zunächst beriefen Auswärtiges Amt und Reichsinnenministerium, die sich auf eine Weiterführung des Instituts in Stuttgart geeinigt hatten, einen Reorganisationsausschuß, dem als Leiter Hans Steinacher, der Vorsitzende des Volksbundes für das Deutschtum im Ausland, sowie Hans Krehl und der Vorsitzende des Deutschen Schutzbundes, Robert Ernst, angehörten.[244]

In kurzer Zeit gelang es ihnen, in Zusammenarbeit mit den Reichs- und Landesstellen die Führungsgremien des Instituts neu zu besetzen. Da man in Württemberg besonderen Wert darauf legte, daß der Einfluß des Landes gesichert blieb, und befürchtete, einen Vorsitzenden von außen zu bekommen, griff Mergenthaler persönlich ein und ließ am 12. September bei Strölin anfragen, ob er nicht bereit sei, den Vorsitz zu übernehmen. Um ihn von den anfallenden Arbeiten weitgehend zu entlasten, schlug er vor, den ohnehin durch die Auflösung des württembergischen Landtags freigewordenen Landtagsdirektor Eisenmann zu seinem Stellvertreter zu berufen.[245] Nach kurzer Bedenkzeit stimmte Strölin dem zu. Schon eine Woche später fand die Jahrestagung des Instituts statt, auf der Strölin in sein neues Amt eingeführt wurde.[246]

Anläßlich seiner Amtsübernahme konzipierte er kurz die künftigen Schwerpunkte der Institutsarbeit. Dabei griff er größtenteils auf die Vorstellungen Wanners und Wertheimers zurück, ohne dies jedoch deutlich zu machen. So forderte er entsprechend einer Lieblingsidee Wanners einen »gesamtdeutschen Binnenmarkt«[247], mit dem die wirtschaftlichen Beziehungen zwischen dem Deutschtum im Ausland und der Wirtschaft des »Mutterlandes« gefördert werden sollten. Ähnliches traf auch für die Grenzlandarbeit und das Auswanderungs- und Siedlungswesen zu.

Doch Strölin wies dem Institut auch neue, seinem nationalsozialistischen Denken entsprechende Aufgaben zu. Von vornherein unrealistisch mag seine Forderung gewesen sein, im Deutschen Auslands-Institut sämtliche Verbände, Organisationen und Gruppen zusammenzufassen, die sich mit dem Deutschtum im Ausland beschäftigten. Wichtiger, und später konsequent in die Tat umgesetzt, war dagegen sein Vorhaben, das Institut wegen seiner vielfältigen Kontakte zu Deutschstämmigen als Propagandainstrument für das nationalsozialistische Deutschland einzusetzen.[248] Hier lag der entscheidende Richtungswechsel, da sich das Deutsche Auslands-Institut während der Weimarer Republik fast nie politisch betätigt hatte. Die stärker politische Ausrichtung fand ihren Niederschlag auch in der Berufung des Rumäniendeutschen Richard Csaki zum Institutsleiter, der in seinem Heimatland durch konservative Positionen auf sich aufmerksam gemacht hatte.[249]

Wie immer, wenn Strölin eine neue Aufgabe übernahm, beauftragte er mit der Wahrnehmung der Aufgaben in diesem Zusammenhang einen seiner Referenten im Bürgermeisteramt. Obwohl er mit Eisenmann einen qualifizierten Verwaltungsfachmann als Stellvertreter im Deutschen Auslands-Institut hatte, übertrug er dennoch Rechtsrat Eduard Könekamp, der sich bereits bei der Gleichschaltung der Stuttgarter gemeinnützigen Wohnungs- und Siedlungsgesellschaften verdient gemacht hatte, die Aufgaben des Verbindungsmanns zum Institut. Daß er damit einen Glücksgriff getan hatte, sollte sich in den folgenden Jahren zeigen. Strölin interessierte sich zwar immer für die Arbeit des Deutschen Auslands-Instituts und die auslanddeutschen Fragen, doch ließ er seinem Referenten sehr viel Spielraum für eigene Aktivitäten. Allerdings gab Strölin den größeren Rahmen vor, in dem dies geschehen konnte, und ließ sich sowohl von ihm als auch Csaki in den wöchentlichen Sprechstunden regelmäßig Bericht erstatten.[250] Könekamp als alter Nationalsozialist stellte darüber hinaus die Kontrolle der Partei im Institut sicher, da von den führenden Köpfen mit Ausnahme Strölins keiner vor 1933 der Partei angehört hatte. Zwar konnten sie teilweise auf eine Mitgliedschaft in der Deutschnationalen Volkspartei verweisen und taten sich schon im März 1933 als Ankläger gegen »liberalistische« Positionen Wanners hervor[251], doch Strölin schien ihnen zunächst nicht ganz zu vertrauen.

Ab Ende September traf Strölin regelmäßig mit Csaki und Könekamp zusammen, um über die zukünftige Ausgestaltung des Deutschen Auslands-Instituts zu beraten. Zunächst blieb alles beim Alten, da man nichts überstürzen wollte.[252]

Strölin mußte noch bis zum 8. Dezember warten, ehe er in einer Feierstunde offiziell die Geschäfte des Instituts übernehmen konnte, obwohl man diesen Akt bereits für früher geplant hatte. In seiner kurze Rede, die er aus diesem Anlaß hielt, zu dem sich auch Murr eingefunden hatte, präzisierte er seine Vorstellungen von Volkstum und der Zielsetzung des Instituts. Wenig war nun nach außen noch von den Ideen Wanners und Wertheimers übriggeblieben. Im Vordergrund stand die nationalsozialistische Konzeption von Volkstum, das Strölin entsprechend definierte:

»Da ist auch uns Deutschen endlich der Begriff des Volkstums aufgegangen als einer seelischen, geistigen und kulturellen Wesensgemeinschaft, die über alle staatsbürgerlichen Unterschiede und räumlichen Grenzen hinweg sich ausdrückt in der Gemeinsamkeit von Sprache und Blut, Kultur und Sitte.«[253]

Daraus leitete er als wichtigste Aufgabe des Deutschen Auslands-Instituts die Pflege und Stärkung der Gemeinschaft zwischen den Deutschen im Ausland und im Mutterland ab. Vehement trat er gegen eine Assimilation der deutschen Auswanderer in fremden Staaten ein und forderte, daß »dieses Blut von nun an dem deutschen Volkstum restlos erhalten bleiben« solle. Neue, martialische Töne schlug er hinsichtlich der Behandlung von Deutschen im Ausland an, die nach seinen Worten als »unbekannte Soldaten des Auslanddeutschtums«[254] mehr oder weniger in einem ständigen Kampf um ihr Deutschtum und die gehässigen Vorwürfe gegenüber dem Nationalsozialismus stünden. Gerade in der Unterstützung des Volkstumkampfes und der Aufklärung über das »neue Deutschland« sah er weitere Schwerpunkte der zukünftigen Arbeit. Um dies politisch abzusichern und eventuell finanzielle Unterstützung zu erhalten, hatte er bereits Kontakte zum Reichspropagandaministerium knüpfen lassen.[255]

Wenn er unter Berufung auf Hitler versicherte, daß sich der Nationalsozialismus nicht in die inneren Angelegenheiten fremder Länder einmischen werde, so war dies nach seinen vorangegangenen Aussagen wohl eher Rhetorik, denn die Politik der Reichsregierung hinsichtlich der deutschen Minderheiten in Osteuropa hatte gerade in den vorangegangenen Monaten in verschiedenen Ländern diese Befürchtung geweckt oder verstärkt.[256] Immer häufiger mischte sich das Deutsche Auslands-Institut in die Kämpfe der Deutschen mit den Regierungen ihrer Länder ein, wobei man sich nicht mehr nur auf den Schutz von deutschen Minderheiten konzentrierte, sondern im Sinne einer aktiven Volksgruppenpolitik, wie sie von der NSDAP und ihrer Auslandsorganisation betrieben wurde, für einen Sonderstatus der »gleichgeschalteten« deutschen Volksgruppe unter Führung der NSDAP im jeweiligen Land einsetzte.[257]

Die Geschäftsübernahme stand zudem unter dem Zeichen einer Schwabentümelei, Strölin hob ausführlich die bedeutende Rolle der Schwaben unter den Auslanddeutschen und die hervorragende Rolle Stuttgarts in den Beziehungen zu ihnen hervor. Das ganze gipfelte darin, daß Murr in einer kurzen und moderaten Ansprache Stuttgart schlechthin als die »Stadt des Auslanddeutschtums« bezeichnete, was von den Anwesenden besonders mit Beifall bedacht wurde.[258] Damit war eine Entwicklung angestoßen, die in den nächsten Jahren für die Stadt von

Bedeutung sein sollte, denn immer häufiger benützten Strölin, die Stadtverwaltung und das Deutsche Auslands-Institut diese Bezeichnung in ihren Reden und Veröffentlichungen.

Bei dem feierlichen Akt ging Strölin mit keinem Wort auf die Verdienste von Wanner und Wertheimer ein, obwohl er dies noch im September und Oktober plante.[259] Doch schon damals wollte er den Dank nur mündlich aussprechen und nicht veröffentlicht sehen.

Trotz Strölins Ankündigungen, das Deutsche Auslands-Institut besonders auf die Unterstützung der Deutschen in Volkstumskonflikten und die Werbung für den Nationalsozialismus auszurichten, blieb vieles in der Arbeit des Instituts während der nächsten Jahre fast unverändert. Dies mag vor allem an der personellen Kontinuität gelegen haben, da mit Ausnahme der Leitung das Personal weitgehend übernommen wurde. So dominierten bei der Auswandererberatung weiterhin die Ideen der Abteilungsleiter Griesbach und Drascher, nach denen zukünftig eine, wenn auch verminderte, Auswanderung von Reichsdeutschen nach Übersee erwünscht war, um in den Gastländern das dort lebende Deutschtum zu stärken.[260]

Den eigentlichen Kern des Instituts bildeten jedoch das Archiv und die Bibliothek. Auch in diesem Bereich setzte man nach 1933 die Tätigkeit zunächst in der gewohnten Weise fort. Im Laufe der Jahre hatte das Institut ein weltweites Korrespondentennetz aufgebaut, das die Stuttgarter Zentrale laufend, wenn auch nicht regelmäßig, über die Entwicklung der deutschen Volksgruppen unterrichtete. Allerdings fand mit Ausnahme der vom Reichspropagandaministerium finanzierten Sammlung aller deutschsprachigen Zeitungen im Ausland keine systematische Arbeit statt, sondern man vertraute eher auf den Zufall.

Strölin ließ nichts unversucht, um die Wichtigkeit der Arbeit des Deutschen Auslands-Instituts und die Rolle Stuttgarts als Stadt der Auslanddeutschen den höchsten Reichsstellen nahezubringen. Schon kurz nach seiner Berufung zum Präsidenten ließ er Csaki ein Programm für eine Berlin-Reise ausarbeiten, bei der Hindenburg, Hitler und Reichsbehörden aufgesucht werden sollten.[261] Doch Strölin hatte es sich in seinem Tatendrang wohl zu leicht vorgestellt. Innerhalb kurzer Zeit konnte er lediglich einen Termin bei Hindenburg bekommen, mit dem er am 26. Oktober anläßlich der Überreichung des Ehrenbürgerbriefes auch über das Deutsche Auslands-Institut sprach.[262] Fast genau ein Jahr mußte er warten, ehe er Hitler über die Arbeit des Instituts berichten durfte.[263] Viel brachten die Unterredungen nicht. Auch Neurath und sein Ministerium setzten sich nicht stärker ein als früher.[264]

Mit Macht versuchte Strölin, das Institut zur führenden Einrichtung in der Volkstumsarbeit auszugestalten. Besonders gegenüber dem fast übermächtigen Volksbund für das Deutschtum im Ausland galt es die Position zu behaupten. Als 1934 das württembergische Innenministerium einen Erlaß veröffentlichte, in dem die Gemeinden zum Eintritt in den Volksbund für das Deutschtum im Ausland aufgefordert wurden,[265] reagierte Strölin umgehend und schrieb als Präsident des Deutschen Auslands-Instituts einen Brief an sich selbst als Vorsitzender der Landesdienststelle Württemberg des Deutschen Gemeindetages, in dem er um eine Unterstützung in Höhe von 20 000 RM nachsuchte. Bei der Gewährung dieses Betrages hielt er dann eine Werbung bei den einzelnen Gemeinden nicht mehr für nötig.[266] Das württembergische Innenministerium als Aufsichtsorgan der Landesdienststelle genehmigte den Betrag, der aus der Liquidationsmasse des Württembergischen Städtetages genommen wurde.

Mehr Erfolg hatte Strölin in seinen Bemühungen, für Stuttgart den Titel »Stadt der Auslanddeutschen« zu erlangen. Hier konnte er auf die Unterstützung durch Murr und die Landesregierung sowie durch Neurath rechnen. Doch er hatte noch einen anderen, fast stärkeren Bündnispartner gewinnen können: die Auslandsorganisation der NSDAP (AO). Eigentlich nur für die Betreuung von reichsdeutschen Parteimitgliedern außerhalb der Grenzen des Deutschen Reiches zuständig, hatte deren Gauleiter Ernst Wilhelm Bohle seit der Machtübernahme versucht, die gesamten Volkstumsaktivitäten unter seine Kontrolle zu bringen.[267] Dabei war es unausweichlich zu Konflikten mit dem Auswärtigen Amt und anderen außenpolitisch und volkstumspolitisch aktiven Organisationen innerhalb und außerhalb der NSDAP gekommen. Wie ein Geschenk des Himmels müssen ihm da die Avancen Strölins und des Deutschen Auslands-Instituts gekommen sein, ihn zu unterstützen. Zugleich stellte dies ein Zweckbündnis dar, da beide Organisationen nicht in dem von Heß eingesetzten Volksdeutschen Rat vertreten waren, der die Aktivitäten gegenüber den Deutschen im Ausland koordinieren sollte. Aber auch in ihren inhaltlichen Konzeptionen, die auf eine weltweite Aktivität im Sinne der nationalsozialistischen Ideologie abzielten, standen sie sich im Gegensatz zu den eher kontinentaleuropäisch denkenden Gruppierungen sehr nahe. Durch die enge Zusammenarbeit mit dem »Gau Ausland« der NSDAP konnte zugleich Parteinähe demonstriert werden. Kaum ein Tag verging nach 1934, an dem nicht Schreiben zwischen den beiden Institutionen ausgetauscht wurden.[268] Dabei interessierte sich die NSDAP-Auslandsorganisation weniger für die wissenschaftlichen Aktivitäten, die einen wesentlichen Teil der Arbeit des Deutschen Auslands-Instituts ausmachten. Sie war vielmehr an dem Korrespondentennetz interessiert, über das sie Informationen aus allen Ländern erhalten konnte, auch aus jenen, in denen ihre eigenen Handlungsmöglichkeiten, wie im Falle der USA, eingeschränkt waren. Das Deutsche Auslands-Institut stellte diese Nachrichtenquelle gern zur Verfügung und fand auch nichts Schändliches daran, einzelne Personen bei der NSDAP-Auslandsorganisation zu denunzieren.

Strölin hatte bei seinen Annäherungen an die NSDAP-Auslandsorganisation vollkommen richtig gelegen. Dank ihrem Status als Parteigliederung und der starken Unterstützung durch Heß schien es zunächst so, als könne sie die von ihr angestrebte Zusammenfassung der gesamten Volkstumsarbeit im Ausland unter ihre Kontrolle bringen. Aus diesem Grund erklärte sich Bohle auch bereit, die zukünftige Arbeit des Deutschen Auslands-Instituts und die Aktivitäten der Stadt Stuttgart zur Erlangung des Titels »Stadt der Auslanddeutschen« zu unterstützen. Stadt, Land und der Reichsstatthalter zogen in der letzteren Frage einträchtig an einem Strang und versuchten, das Vorhaben voranzutreiben. Dabei ging es zunächst weniger um die Inhalte, sondern darum, rechtzeitig eine Sonderaufgabe zu bekommen, um im »Konkurrenzkampf der Städte« bestehen zu können.[269]

Einen vollen Erfolg konnte Strölin am 27. August 1936 verbuchen. Anläßlich der Einweihung des Wilhelmspalais als »Ehrenmal der deutschen Leistung im Ausland«, einem seit 1934 geplanten Museum über das Leben der Volksdeutschen, gab Gauleiter Murr den Versammelten, zu denen auch Außenminister Neurath gehörte, die offizielle Ernennung Stuttgarts zur »Stadt der Auslandsdeutschen« durch Hitler bekannt, der einen Besuch in Stuttgart kurzfristig abgesagt hatte.[270] Dabei hatte Strölin schon seit Beginn des Jahres versucht, den Termin besonders günstig zwischen das Ende der Olympischen Spiele und den Beginn des Reichsparteitages zu plazieren.[271] Die Stadt besaß nun einen Titel, mit dem sie nach außen werben und auf den sie zurückgreifen konnte, wenn es darum ging, bei den Reichsstellen finanzielle Unterstützung für bestimmte Projekte zu verlangen.[272] Doch hatte die Benennung einen Pferdefuß. Im Gegensatz zu dem ursprünglich gewünschten Titel »Stadt der Auslanddeutschen« oder »Stadt des Auslanddeutschtums« fand sich ein zusätzliches »s« im Namen.

Die Stadtverwaltung ging sofort daran, ein umfangreiches Konzept zu erarbeiten, mit dem die neue Würde zum Ausdruck gebracht werden sollte. Unter Könekamps Federführung entstand ein 79 Punkte umfassendes Aufgabenprogramm, das bei der Neugestaltung der Briefköpfe der Stadt anfing und bis zur Gestaltung des Stadtbildes nach auslandsdeutschen Gesichtspunkten reichte.[273] Um auf die Anliegen der Deutschen im Ausland und ihre Schwierigkeiten aufmerksam zu machen, hatte die Stadt in Zusammenarbeit mit dem Deutschen Auslands-Institut bereits vorher einige Heime für Auslandsdeutsche in Stuttgart aufgebaut.

Strölin selbst profitierte in besonderer Weise von seinen Bemühungen um eine enge Zusammenarbeit mit der NSDAP-Auslandsorganisation und deren Unterstützung durch die Stadt. Während der Eröffnungsfeiern für das Ehrenmal erhielt er über die NSDAP-Auslandsorganisation eine Einladung, am 4. Oktober 1936 auf dem Deutschen Tag in New York zu sprechen. Darin sah er eine besondere Ehre. Zudem befriedigte die Einladung seinen Wunsch nach häufigen Auslandsreisen, an denen er immer mehr Geschmack fand. 1935 war sein Versuch gescheitert, als Präsident des Deutschen Auslands-Instituts einen Freiplatz auf einem Flug des Luftschiffes Graf Zeppelin nach Südamerika zu erhalten.[274] Sowohl das Luftfahrtministerium als auch das Auswärtige Amt lehnten das Ansinnen ab.

Auf der Überfahrt nach New York befand er sich in Begleitung von Fritz Kuhn, dem Führer des Amerikadeutschen Volksbundes, der es sich, teilweise mit Rückendeckung von deutschen Stellen, zur Aufgabe gemacht hatte, die deutschen Vereine in den USA nationalsozialistisch auszurichten.[275] Bereits im August hatte Kuhn nach einer Reise zu den

Olympischen Spielen mit einer rund hundertköpfigen Anhängerschaft Stuttgart besucht und war mit seinen Leuten in geschlossener Formation durch die Stadt gezogen. Strölin hatte ihm aus diesem Anlaß ausdrücklich für sein Eintreten für die Interessen des neuen Deutschland gedankt.[276]

Die Rede Strölins in New York fand unter besonderen Umständen statt. Nach langen Verhandlungen war es dem deutschen Generalkonsul Borchers gelungen, mit Ausnahme der einflußreichen Steuben-Gesellschaft alle wichtigen deutschen Vereinigungen New Yorks zu einer gemeinsamen Veranstaltung zusammenzubringen, die den Eindruck einer Einigung des deutschen Volkstums erwecken sollte.[277] Unter dem Schutz von 300 Polizisten, davon 60 berittenen, und begleitet von einer Gegenkundgebung trat Strölin, als Oberbürgermeister der Stadt der Auslandsdeutschen, gemeinsam mit dem deutschen Botschafter Hans Luther und dem Präsidenten des Amerikanischen Olympischen Komitees Avery Brundage, der die Teilnahme der USA an den gerade beendeten Olympischen Sommerspielen in Berlin durchgesetzt hatte, als Festredner im Madison Square Garden auf.[278] Die Veranstaltung trug das Gepräge nationalsozialistischer Feiern, wie sie im Reich üblich waren. In einer mit dem Auswärtigen Amt abgestimmten Rede vor über 20 000 Zuhörern, die unter dem Motto »Wir bauen auf« stand, beschwor er die »unlösbare Schicksals- und Kulturgemeinschaft eines einigen Deutschtums mit der Heimat«.[279] Ziel seiner auf deutsch gehaltenen Ausführungen war es, die Anwesenden für das nationalsozialistische Deutschland zu gewinnen. Dazu benützte er auf ausdrücklichen Wunsch seiner Gastgeber die kommunalpolitischen Neuerungen nach Einführung der Deutschen Gemeindeordnung und die sozialen Errungenschaften. Das Bild, das er von der Selbstverwaltung zeichnete, entsprach jedoch keineswegs der Wirklichkeit in Deutschland, sondern war am demokratischen Umfeld seiner amerikanischen Zuhörerschaft orientiert, da dort in den Zeitungen offen davon gesprochen wurde, daß mit der Deutschen Gemeindeordnung die Selbstverwaltung der Gemeinden beseitigt worden sei. Strölin ließ dieses Argument nicht gelten, sondern meinte, sie habe sich nur »in ihrer äußeren Form den politischen Verhältnissen anpassen müssen«. Davon aber, daß die Gemeinderäte »durch Wahl aus der Einwohnerschaft hervorgingen« und die »Verwaltung in engster und ständiger Verbindung mit der Bevölkerung geführt werde«, konnte im nationalsozialistischen Deutschland nicht die Rede sein. Ähnlich euphemistisch stellte er die Hochachtung der Frauen in der Politik durch die nationalsozialistischen Männer dar, wobei er auf seinen Stuttgarter Frauenbeirat verweisen konnte. Die Lobhudelei in eigener Sache ging selbst der wohlwollenden New Yorker Staats-Zeitung zu weit, als er die Schaffung eines Rechnungsprüfungsamtes in Stuttgart als Beispiel für die Sauberkeit der nationalsozialistischen Stadtverwaltung hervorhob. In einer Anmerkung stellte sie klar, daß es auch in der New Yorker Verwaltung eine vergleichbare Stelle gebe.[280] Ähnlich positiv stellte er die sozialen Leistungen des Reiches und der Kommunen dar. Hinsichtlich der Volkstumsfrage in den USA bekräftigte er abschließend nochmals seine Position, wonach die Einigkeit des Auslanddeutschtums gefördert und erhalten werden müsse, und schloß mit »Sieg Heil!«.[281]

Strölin konnte die folgende Rede von Avery Brundage nur als Bestätigung empfinden, denn Brundage warnte die Zuhörer vor den großen Gefahren des Weltkommunismus und stellte den Kampf gegen die Kommunisten in Deutschland, auch wenn dazu Internierung und Deportation notwendig gewesen seien, als Vorbild für die USA hin.[282]

In New York fand Strölin den Ordnungsdienst, den Kuhn und seine Vorgänger nach SA-Muster aufgezogen hatten und mit deren Methoden vorging, besonders eindrucksvoll, so daß er im Amerikadeutschen Volksbund die Organisation sah, die am besten die Interessen Deutschlands in den USA vertreten könnte.[283] Nach seiner Rückkehr hielt er über das Deutsche Auslands-Institut weiterhin Kontakt zu Kuhn.

Im Anschluß an den Auftritt in New York begab sich Strölin auf eine knapp zweiwöchige Studienreise, die ihn nach Washington, Baltimore, Chicago, Detroit und Buffalo führte.[284] Die Eindrücke dieser Reise, die für einen nationalsozialistischen Oberbürgermeister, ja selbst für Mitglieder der NS-Führungselite damals eine Ausnahme war, vermittelten ihm Einsicht in die Ressourcen und Möglichkeiten der USA. Strölin bereiste das Land mit offenen Augen, doch ließ er sich bei der Verarbeitung des Gesehenen stets von seinen nationalsozialistischen Vorstellungen leiten. Alles was er wahrnahm, maß er an den Zuständen in Deutschland. Sein besonderes Interesse galt den allgemeinpolitischen, kommunalpolitischen und sozialen Problemen, wo er große Unterschiede, aber auch viele Parallelen zur gleichen Thematik in Deutschland feststellen konnte. Manches jedoch konnte oder wollte einfach nicht in seinen Kopf, was besonders die Allgegenwart von Farbigen betraf. So erwähnte er später in seinem Reisebericht voller Erstaunen, daß ihm auf einer Wahlveranstaltung des republikanischen Präsidentschaftskandidaten Alfred M. Landon, die er aus Interesse besuchte, eine »ganze Stuhlreihe von Negern im Smoking auffiel, die offenbar zum Festkomitee gehörten«.[285]

In Chicago und Detroit suchte er die Bürgermeister auf, die beide deutsche Vorfahren hatten, um sich von ihnen aus erster Hand über kommunale Angelegenheiten und die Entwicklung ihrer Städte informieren zu lassen.[286] Auf sein besonderes Interesse stießen städtebaulichen Fragen, die mit dem Hochhausbau, der Verkehrsplanung und den sozialen Aufgaben der Gemeinden zusammenhingen. Hier wollte er sich Denkanstöße für Stuttgart holen. Immer wieder schwärmte er von den fast unbegrenzten Ausdehnungsmöglichkeiten der Städte, was in seiner Talkesselstadt nicht möglich war. Besonders die Untertunnelung von verkehrsreichen Plätzen und der Bau von Parkhäusern fanden seine ungeteilte Bewunderung, während er dagegen die starke Beschattung der Straßen durch Hochhäuser scharf kritisierte.

Energiepolitischen wie touristischen Interessen galt der Besuch in Buffalo, wo er die Niagara-Fälle und das Kraftwerk besichtigte.

Vor seiner Rückfahrt nach Deutschland beschäftigte er sich in New York noch zwei Tage mit dem Neger- und Judenproblem; diesmal allerdings ohne den Bürgermeister aufzusuchen. Da Bürgermeister Fiorello LaGuardia Halbjude war und dem Nationalsozialismus äußerst kritisch gegenüberstand, verbot sich für Strölin ein Treffen.[287] In diesem Zusammenhang fallen besonders stark antisemitische Ressentiments Strölins gegenüber den amerikanischen Juden auf.[288]

Einen weiteren Schwerpunkt seiner Reise bildeten die Treffen mit Auslandsdeutschen, wobei er sich besonders um die Schwabenvereine in Chicago und Detroit kümmerte.[289] In Chicago hielt er fast die gleiche Rede wie in New York, doch ersetzte er die kommunalpolitischen Teile durch wirtschaftspolitische Punkte. Der Deutsche Weckruf, das Blatt der Chicagoer Nationalsozialisten, hob besonders jenen Abschnitt hervor, in dem Strölin über seinen »jüngsten Besuch« bei Hitler, als er ihm den

Deutschen Ring des Deutschen Auslands-Instituts überreichte, berichtete und wie dieser sich anerkennend über die Leistungen der Auslandsdeutschen ausgelassen habe. Ausgelassen hatte Strölin jedoch, daß dieser Besuch bereits zwei Jahre zurücklag. Da ihm auf seiner Reise besonders die Einheit des amerikanischen Deutschtums am Herzen lag, konnte er später verkünden, daß es ihm gelungen sei, die zwei rivalisierenden Schwabenvereine von Detroit zu Einigungsverhandlungen zusammenzubringen, nachdem er die Vorstände zu sich gebeten und ihnen ins Gewissen geredet hatte.[290]

An seinen Stuttgarter Schreibtisch zurückgekehrt, begann er mit einer umfassenden Aufarbeitung seiner Reiseeindrücke. In den nächsten Monaten schrieb er eine ganze Reihe von Denkschriften und hielt in der Liederhalle einen großen öffentlichen Vortrag über seine Erfahrungen, den er anschließend in zwei Zeitschriften veröffentlichte.[291] Von besonderer Bedeutung waren zwei Berichte, die er an Hitler und Außenminister Neurath sandte.[292] Darin entwarf er auf Grund seiner Erfahrungen Vorschläge, wie man in Zukunft mit den Deutschstämmigen in den USA umgehen solle, um sie als Mittler zwischen dem Reich und ihrem neuen Heimatland zu gewinnen.[293] Damit sollte hauptsächlich verhindert werden, »daß die Vereinigten Staaten jemals wieder in eine Front gegen Deutschland eintreten«.[294] Für diese Mittlerrolle hielt er den Amerikadeutschen Volksbund für besonders geeignet, denn er habe einen guten Willen, wenn er auch politisch unerfahren sei. Die anderen deutschen Vereinigungen kämen dafür nicht in Frage, da sie keine einheitliche politische Linie verträten und die politische Zusammensetzung immer noch die gleiche sei wie 1928/1929. Deshalb sei es notwendig, besonders die Führung des Amerikadeutschen Volksbundes zu unterstützen.[295] Allerdings war sein Aufenthalt zu kurz gewesen, um sämtliche Probleme, die sich einer Deutschtumsarbeit in den USA in den Weg stellten, überblicken zu können. Zwar war ihm aufgefallen, daß die meisten Amerikaner deutscher Abstammung nicht mit den Zielen der Nationalsozialisten übereinstimmten und die einflußreichen auch nicht den deutschen Vereinigungen angehörten, doch glaubte er, daß sie trotz allem ein reges Interesse an Deutschland hätten. Hier sah er eine gute Möglichkeit, um über persönliche und verwandtschaftliche Beziehungen die Aufklärungsarbeit für das nationalsozialistische Deutschland zu verstärken.

Darüber hinaus dachte er über eine direktere Einflußnahme des Reiches nach. Aus vielen Gesprächen war ihm klar geworden, daß reichsdeutsche Personen für eine solche Aufgabe nicht in Frage kamen, da sie den Argwohn der amerikanischen Stellen auf sich ziehen und das deutsch-amerikanische Verhältnis verschlechtern könnten, wie dies zwischen 1933 und 1935 durch das massive Auftreten des nationalsozialistisch orientierten »Bundes der Freunde des neuen Deutschlands« geschehen war, der Vorläuferorganisation des Amerikadeutschen Volksbundes.[296] Die führenden Mitglieder des Bundes, Fritz Gissibl und Walter Kappe und Joseph Schuster, die nach Deutschland zurückgekehrt waren, fanden beim Deutschen Auslands-Institut eine Anstellung.[297]

Wenn Strölin auch die Ablehnung von Einmischungsversuchen in inneramerikanische Angelegenheiten durch die Mehrzahl der amerikanischen Bürger als Gründe für das Scheitern des Bundes erkannt hatte, so schien er daraus keine Lehren zu ziehen, denn neben der Unterstützung des Amerikadeutschen Volksbundes hielt er den Aufbau eines Aufklärungs- und Nachrichtendienstes, der von einer nichtoffiziellen amerikanischen Persönlichkeit geleitet werden sollte, für wünschenswert, um so über alle Entwicklungen in den Vereinigten Staaten und über das Deutschtum dort laufend unterrichtet zu sein.[298] Die Verwirklichung eines solchen Planes mußte auf die Skepsis und die Gegenwehr amerikanischer Stellen stoßen. Es war deshalb kein Wunder, daß Neurath die Vorschläge umgehend ablehnte, da dies nur zu einer Verschlechterung der Beziehungen mit den USA führen könnte.[299] Trotz aller Wertschätzung, die Strölin für Neurath hegte, baute das Deutsche Auslands-Institut sein Korrespondentennetz gerade in den USA weiter aus, wobei es auch Mitglieder des Amerikadeutschen Volksbunds heranzog. Die von Neurath befürchteten Reaktionen der US-Administration blieben nicht aus. Seit 1934 beschäftigten sich mehrere Senatskomitees, auf Betreiben von Senator Samuel Dickstein, mit den Aktivitäten der Nationalsozialisten in den USA und ihren Kontakten zum Deutschen Reich beziehungsweise zur NSDAP und ihrer Auslandsorganisation. In diesem Zusammenhang gerieten das Deutsche Auslands-Institut und damit Strölin als sein Präsident in den Verdacht, die Zentrale einer gegen die USA gerichteten »Fünften Kolonne« zu sein.[300] Aber auch in anderen Ländern setzte sich dieser Eindruck fest.[301]

Zwar arbeitete das Institut nie gezielt als Spionageorganisation, doch stellte es allen interessierten deutschen Stellen seine umfangreichen Archivbestände über Wirtschaft und Deutschtum in aller Welt zur Verfügung.[302] Die häufige Erwähnung des Deutschen Auslands-Instituts in den Zeitungen des Amerikadeutschen Volksbunds, die Betonung der engen Zusammenarbeit zwischen beiden Organisationen sowie das öffentliche Auftreten Strölins mußte jedoch den Eindruck erwecken, als betätige sich das Institut subversiv.[303]

Die USA-Reise und der neue Titel der Stadt hatten direkte Auswirkungen auf das Deutsche Auslands-Institut. Noch stärker sollte das Institut nun in den Dienst des »Volkstumskampfes« gestellt werden. Am 19. November legte Könekamp Strölin eine Liste mit Besprechungspunkten vor, die mit dem Institut geklärt werden sollten. Ziel war es, die Schlagkraft des Deutschen Auslands-Instituts zu stärken. Angesichts der Kritik, die aus der Vorlage ersichtlich ist, schien es noch nicht gelungen zu sein, aus dem »Sarg von Büchern und Bildern und Zeitschriften, die da ziemlich planlos hineingestopft wurden, neues Leben zu erwekken«.[304] In allen Bereichen machte Könekamp gravierende Mängel aus, wobei er besonders die fehlende politische und völkische Ausrichtung der Institutsarbeit betonte.[305]

Die künftige Tätigkeit des Deutschen Auslands-Instituts sollte sich verstärkt in diese Richtung bewegen, denn es sei »keine Versorgungsanstalt, sondern ein Kampfinstrument«. Dazu wollte er keine sammelnden Akademiker, sondern erprobte volksdeutsche Kämpfer; besonders unangenehm war aufgefallen, daß nur ein Abteilungsleiter Dienst in der Partei machte. Ebenso notwendig erschien ihm die Ausrichtung von Archiv und Bücherei nach volkstumspolitischen Gesichtspunkten, wobei in Zukunft das systematische Sammeln von wichtigen Informationen im Vordergrund stehen müsse und nicht das wahllose Zusammentragen. Strölin entzog sich diesen Vorschlägen nicht, und tatsächlich begann eine wesentlich systematischere Arbeit des Deutschen Auslands-Instituts.[306]

Mit dem Titel »Stadt der Auslandsdeutschen« und der Patenschaft für die Stadt durch die NSDAP-Auslandsorganisation kam eine weitere Aufgabe auf Stuttgart zu. Die NSDAP-Auslandsorganisation plante, ab 1937 ihre jährlichen Treffen in Stuttgart abzuhalten. Nachdem 1936 der

Gau Ausland des Nationalsozialistischen Lehrerbundes seine Jahrestagung in Stuttgart abgehalten hatte, fand erstmals vom 29. August bis 5. September 1937 die 5. Reichstagung der Auslandsdeutschen in Stuttgart statt, die ähnlich wie der anschließende Reichsparteitag in Nürnberg aufgezogen war. Während des acht Tage dauernden Spektakels traten mit Ausnahme Hitlers fast alle wichtigen NS-Größen wie Rudolf Heß, Konstantin von Neurath, Ernst Wilhelm Bohle, Robert Ley, Heinrich Himmler, Baldur von Schirach, Hermann Göring, Arthur Lutze und als krönender Abschluß Joseph Goebbels auf.[307]

Im Gegensatz zum Vorjahr war eine Änderung eingetreten, die den Verlauf bestimmte. Als Auslandsdeutsche galten nur noch die deutschen Staatsbürger, die im Ausland lebten und nicht mehr auch die Volksdeutschen. Alle Redner hoben dies hervor.[308] In der Zwischenzeit hatten sich die Machtverhältnisse in der Volkstumsarbeit im Reich grundlegend verändert. Langsam, aber zielstrebig vergrößerte die SS auf Kosten der NSDAP-Auslandsorganisation ihren Einfluß auf diesem Gebiet. Dazu diente ihr die Volksdeutsche Mittelstelle, deren Aufgabe es war, die unterschiedlichen Strömungen in der Volkstumsarbeit und der deutschen Volksgruppen einheitlich auszurichten.[309]

Am 1. Februar 1937 nahm die Stelle, die Hitler persönlich unterstellt war, unter Leitung des SS-Obergruppenführers Werner Lorenz ihre Arbeit auf. Csaki, der als Vertreter des Deutschen Auslands-Instituts dem Volksdeutschen Arbeitskreis[310] angehörte, hatte bei der Amtseinführung von Lorenz Näheres über seine Kompetenzen erfahren. Schon am 23. April 1937 trafen sich Strölin und Csaki in Berlin mit Lorenz und seinem Stellvertreter Hermann Behrends, um über die geänderte Situation zu beraten, schließlich waren die Interessen des Deutschen Auslands-Instituts und Stuttgarts betroffen.[311] Lorenz machte dabei deutlich, daß er die oberste Befehlsstelle für sämtliche volksdeutschen Angelegenheiten sei. Wie prekär die Lage für Stuttgart war, zeigte sich, als er zwar die engen Beziehungen, die sich auf Grund der umfassenden Aufgabenstellung des Deutschen Auslands-Instituts zu Reichsdeutschen im Ausland und zur NSDAP-Auslandsorganisation ergaben, einsah, gleichzeitig aber sein Aufgabengebiet scharf gegenüber der NSDAP-Auslandsorganisation abgrenzte. Noch deutlicher stellte er den Volksdeutschen Arbeitskreis als Durchführungsorgan seiner Befehle dar.

Strölin mag die forsche Art von Lorenz gefallen haben; beide verband eine gemeinsame Kadettenzeit und ein ähnlicher militärischer Werdegang.[312] Dennoch war allen Beteiligten in Stuttgart klar, daß es nun darum ging, die Selbständigkeit des Instituts zu wahren. Strölin machte Lorenz einen Monat später eine Reihe von Vorschlägen, welche Aufgaben das Deutsche Auslands-Institut zukünftig übernehmen solle, wobei er das Deutsche Auslands-Institut als »Dachorganisation« für die Sammlung und Auswertung des auslandsdeutschen und auslandskundlichen Stoffes empfahl.[313] Damit hatte er vollen Erfolg; 1938 wurden der Hauptstelle für Sippenkunde des Instituts sämtliche regionalen Forschungsstellen unterstellt, die sich mit der Abstammung von Ausgewanderten beschäftigten.[314] Allerdings mußte sie ihre Arbeit ganz nach den Anforderungen der Volksdeutschen Mittelstelle ausrichten. In volksdeutschen Fragen hatte damit das Deutsche Auslands-Institut seine Selbständigkeit eingebüßt.[315]

Strölin versuchte nun, als sich die neue Lage abzeichnete, mehrgleisig zu fahren. Noch immer bestanden beste Kontakte zur NSDAP-Auslandsorganisation. Darüber hinaus bemühte man sich, das Verhältnis zum Auswärtigen Amt, zum Reichspropagandaministerium, zum Außenpolitischen Amt der NSDAP unter Alfred Rosenberg, zur Dienststelle Ribbentrop, zum Reichskolonialbund und zu anderen Organisationen, die auf diesem Gebiet tätig waren, zu verstärken.[316] Besonderes Augenmerk legte man auf die Beziehungen zum Heer und zur Kriegsmarine, mit der man seit Jahren zusammenarbeitete.[317] Neben der Reichstagung baute man deshalb die Jahrestagungen des Deutschen Auslands-Instituts stärker aus und verlegte sie vom August in den Juni, um die Trennung zwischen volksdeutscher und auslandsdeutscher Arbeit deutlich zu machen.

Den Höhepunkt dieser Entwicklungen stellte das Jahr 1938 dar. Der erste Versuch erwies sich allerdings als Fehlschlag. Am 3. Februar teilte Strölin seinen Gemeinderäten mit, daß er beabsichtige, Außenminister von Neurath aus Anlaß seines vierzigjährigen Dienstjubiläums, das er am selben Tag beging, die Ehrenbürgerschaft der Stadt zu verleihen.[318] Zum Glück fand diese Ankündigung nichtöffentlich statt, denn bereits einen Tag später mußte er erfahren, daß Neurath seines Postens enthoben und durch Joachim Ribbentrop ersetzt worden sei. Da Neurath jedoch den wohlklingenden, aber einflußlosen Posten des Chefs des Geheimen Reichskabinettsrates bekam, hielt man an der Ehrung fest. Doch mit engeren Beziehungen zum Auswärtigen Amt schien es nichts zu werden.

Das Glück stand Strölin jedoch zur Seite. Nachfolger des ebenfalls ausgewechselten Staatssekretärs im Auswärtigen Amt wurde mit Ernst von Weizsäcker wiederum ein Württemberger, zu dem Strölin über seinen Freund, den Bildhauer Fritz von Grävenitz, durch dessen verwandtschaftliche Beziehungen sehr bald in einen noch engeren Kontakt kam als mit Neurath.

Zwei andere Ereignisse dämpften den Optimismus der Stadt und des Deutschen Auslands-Instituts in der Volkstumsarbeit. Nach dem Anschluß Österreichs erkannte man, daß versucht werden würde, die Arbeit mit den deutschen Volksgruppen in Südosteuropa nach dort zu ziehen.[319]

Kläglich scheiterte auch Strölins Versuch, als Oberbürgermeister der Stadt der Auslandsdeutschen und Präsident des Deutschen Auslands-Instituts über das württembergische Kontingent in den ersten Großdeutschen Reichstag einzuziehen. So wichtig hielt die Gauleitung seine Position nun auch wieder nicht, um ihn zu nominieren.[320]

Eine Ehre stellte für Strölin die Einladung der NSDAP-Auslandsorganisation zur Teilnahme an der Reise Hitlers nach Rom am 1. Mai 1938 dar. Die Freude wurde jedoch durch die Vereinbarung zwischen Hitler und Mussolini über die Lösung der Südtriolfrage getrübt. Hatte sich doch das Deutsche Auslands-Institut immer für die Stärkung des deutschen Volkstums und einen Anschluß nach Österreich eingesetzt. Noch im Jahr zuvor hatte Strölin nach einer Reise durch Südtirol feststellen müssen, daß »die Deutschen über eine systematische Unterdrückung durch die Italiener klagten«.[321] Doch man reagierte in Stuttgart prompt. Die Südtirol betreffenden Teile der Ausstellung im Wilhelmspalais verschwanden ebenso schnell wie die Südtiroler aus den auslandsdeutschen Heimen.

Dies beunruhigte Strölin zunächst nicht; Niederlagen, das war er gewohnt, mußten verkraftet werden. Schließlich gab es noch die Großveranstaltungen, mit denen man die wichtige Rolle der Stadt demonstrieren konnte. In großem Rahmen fand die Jahrestagung des Instituts statt. Erstmals tagten alle 25 regionalen Sippenforschungseinrichtungen gemeinsam unter dem Vorsitz des Stuttgarter Ratsherren Karl Götz.[322] Die Hauptkundgebung stand ganz im Zeichen des Anschlusses, weshalb als Redner der österreichische Reichsstatthalter Arthur Seyß-Inquart, Minister Hueber und der Wiener Bürgermeister Neubacher sprachen. Strölin wies erneut die Vorwürfe über eine Spionagetätigkeit des Instituts zurück.[323]

Zwei Monate später fand die 6. Reichstagung der Auslandsdeutschen statt, die sich ganz auf die deutschen Staatsangehörigen im Ausland konzentrierte. Wie schon im Vorjahr hatte Strölin vor verschiedenen reichsdeutschen Kolonien gesprochen und für die Tagung geworben. Zwischen dem 28. August und 4. September traten erneut die Größen der NSDAP in verschiedenen Kundgebungen auf.[324] Strölin konnte sich wieder in der Würde des Oberhauptes jener Stadt sonnen, die sich als Heimat aller Auslandsdeutschen verstand.

## *Der Internationale Verband für Wohnungswesen und Städtebau*

Ganz und gar nicht bewußt geplant oder initiiert begann eine andere Tätigkeit Strölins auf internationalem Gebiet. Es fing harmlos an – mit einer Einladung zum Internationalen Wohnungs- und Städtebaukongreß vom 16. bis 20. Juli 1935 in London, die Strölin Ende Mai erhielt. Ohne Ambitionen leitete er sie an Sigloch weiter. Danach müssen bei verschiedenen deutschen Stellen Gespräche im Vorfeld des Kongresses stattgefunden haben, in denen man Strölin, der sich in Wohnungsbaufragen längst einen nationalen Ruf erworben hatte, die deutsche Vizepräsidentschaft des veranstaltenden Internationalen Verbands für Wohnungswesen und Städtebau mit Sitz in London anbot. Als Sigloch ihn nämlich am 22. Juni über den Ablauf der früheren Kongresse informierte, legte er ihm nahe, »nicht nur zum Vizepräsident bestellt zu werden, sondern möglichst auch zum Führer der deutschen Delegation«.[325] Da bisher von der Stadtverwaltung lediglich Sigloch und Stöckle angemeldet worden waren, verzichtete Sigloch freiwillig zugunsten seines Chefs. Noch am gleichen Tag telefonierte Strölin mit dem Deutschen

Gemeindetag, der ihn daraufhin als seinen offiziellen Vertreter nach London entsandte.[326] Dort wurde ihm, wie geplant, das Amt eines Vizepräsidenten übertragen. Eine Wahl war nicht nötig, da es sich um ein reines Ehrenamt ohne Einflußmöglichkeit auf die Verbandsführung handelte und die nationalen Verbände die entsprechenden Persönlichkeiten bestimmten.

Obwohl Strölin dies aus den Akten hätte ersehen können, glaubte er, eine einflußreiche Position errungen zu haben. Nach der Rückkehr schrieb er an den Generalsekretär des Verbandes und forderte, ihn über die Arbeiten und Vorhaben des Verbandes laufend zu unterrichten, was dieser unter Hinweis auf die ehrenamtliche Stellung Strölins ablehnte.[327] Für Strölin blieb zunächst nur ein schöner Titel.

Doch auch der Deutsche Gemeindetag schien über die Einflußmöglichkeiten Strölins nicht sonderlich vertraut zu sein, denn am 22. Januar 1936 lud man ihn zu einer Sitzung nach Berlin ein, auf der über die freien, Deutschland zustehenden Sitze im beschlußfassenden »Council« des Verbandes gesprochen werden sollte. Darüber hinaus galt es die Beziehungen zum in Frankfurt residierenden Internationalen Verband für Wohnungswesen zu klären, der inhaltlich fast die gleichen Ziele verfolgte.[328] In seiner Antwort schlug Strölin vor, der Deutsche Gemeindetag solle darauf hinwirken, beide Verbände zusammenzulegen, und bot seine Unterstützung als Vizepräsident an.[329] Die gleiche Position vertrat auch das Reichsarbeitsministerium, dessen führende Beamte seit Jahren in beiden Organisationen mitarbeiteten. Aber nicht nur in Deutschland herrschte ein Mißbehagen über die Konkurrenz zweier ähnlicher internationaler Verbände, so daß man auch in anderen Ländern einen Zusammenschluß befürwortete.

Die Exekutivorgane beider Verbände kamen überein, vom 5. bis 11. Juli 1937 in Paris anläßlich der Weltausstellung einen gemeinsamen Kongreß abzuhalten, auf dem über die zukünftige Zusammenarbeit oder einen Zusammenschluß beraten werden sollte. Im Vorfeld des Kongresses fanden Besprechungen zwischen den Vertretern beider Verbände statt, wobei der Geschäftsführende Präsident des Deutschen Gemeindetages, Jeserich, eine Vermittlerrolle einnahm. Auf Grund der hohen Mitgliederzahl forderten die deutschen Vertreter, nachdem bisher ein Engländer der Londoner Organisation vorgestanden war, den Präsidentenposten des neuen Gesamtverbandes, was man ihnen zugestand.[330]

Nachdem der zunächst als Präsident vorgesehene Robert Schmidt vom Ruhrsiedlungs-Verband, der international hohes Ansehen genoß, abgelehnt hatte,[331] einigten sich die konkurrierenden Reichsstellen – Arbeitsministerium, Deutscher Gemeindetag, Deutsche Akademie für Städtebau und der Verein für Wohnungsreform – auf zwei Personen, die als Präsidenten in Frage kämen: Strölin und der Hannoveraner Stadtbaurat Professor Elkart.[332]

Die nationalsozialistisch orientierten Vertreter sprachen sich für Strölin aus, da er ihrer Meinung nach eher gewährleistete, die politischen Vorstellungen des Regimes in die Verbandsarbeit einzubringen. Gleichzeitig intrigierten sie gegen Elkart, zwar nicht mit Strölins Unterstützung, wohl aber mit seinem Wissen, indem sie ihm eine unbewiesene frühere Freimaurertätigkeit vorwarfen.[333] Damit war der Weg für Strölin frei.

Am 9. Juli 1937 beschlossen die Vertreter der Verbände in Paris die Fusion und die bis dahin ausgehandelte personelle Zusammensetzung des neuen Vorstandes. Danach sollte der amtierende Präsident des Londoner Verbandes, George L. Pepler, Abteilungsleiter für Stadt- und Landesplanung im britischen Gesundheitsministerium, bis nach dem für den Spätsommer 1938 geplanten Kongreß in Mexiko im Amt bleiben und danach von Strölin abgelöst werden.[334] Allerdings mußte noch eine weitere Arbeitsausschußsitzung die neue Satzung beschließen und die darin vorgesehenen Führungsposten besetzen.

Obwohl Strölin wußte, daß seine Wahl in Paris noch nicht endgültig war, benützte er bereits gegenüber deutschen Regierungsstellen den neuen Titel des Präsidenten. So wandte sich die Dienststelle des württembergischen Reichsstatthalters am 8. Dezember 1937 an die Reichskanzlei mit der Bitte, zu prüfen, ob eine Reise, die Strölin mit Murr zur Jahrestagung der Deutschen Handelskammer in London unternehmen wollte, genehmigungspflichtig sei, wenn er den Aufenthalt »mit dienstlichen Besprechungen, die er in seiner Eigenschaft als Präsident des Internationalen Verbandes für Wohnungswesen [sic!] in London und Brüssel führen will«, verbände.[335] In der Reichskanzlei fiel die Amtsanmaßung nicht auf und man genehmigte die Reise, wenn dem Auftreten in der Öffentlichkeit keine Bedeutung geschenkt werde, die sich aus seiner Stellung als Oberbürgermeister ergäbe.[336]

In London nahm Strölin mit Murr und dem Deutschen Botschafter Joachim von Ribbentrop als Repräsentant Stuttgarts lediglich am Dinner der Handelskammer teil, ohne das Wort zu ergreifen. Wichtiger waren für ihn die Gespräche mit Pepler und Generalsekretär Murray, in denen es um Fragen der zukünftigen Besetzung der Gremien und die neue Satzung des Verbandes ging. Dabei stellte er fest, daß Jeserich mit Pepler in Fragen des Verbandes korrespondiert hatte, ohne ihn zu informieren. Zwar waren dies seiner Einschätzung nach »belanglose Sachen«, doch konnte er sich das als designierter Präsident nicht bieten lassen, wobei er wohl die Gefahr sah, von anderen Stellen bei Fragen des Internationalen Verbandes für Wohnungswesen und Städtebau (IVWS) übergangen zu werden – eine Erfahrung, die er in seiner kommunalpolitischen Tätigkeit fast täglich machen mußte und die seinem Verständnis von Führerschaft auch in einem internationalen Verband entgegenstand. Unmittelbar nach seiner Rückkehr beauftragte er deshalb seinen Sachbearbeiter Asmuß in einem Vermerk »Wir wollen deswegen monieren« mit dem Entwurf eines Schreibens an Jeserich. Sehr diplomatisch formulierte dieser dann für Strölin: »Ich wäre dankbar, wenn Sie mir jeweils Abschriften in der Korrespondenz schicken würden«.[337] Dies scheint funktioniert zu haben, denn ähnliche Mißstimmungen traten nicht mehr auf. Vielmehr stimmten in Zukunft die deutschen Mitglieder regelmäßig vor wichtigen Sitzungen ihr Vorgehen ab, wobei mehrmals das mangelnde Demokratieverständnis zu Fehlentscheidungen führten, die umständlich korrigiert werden mußten.[338]

Die für die endgültige Gründung des Einheitsverbandes notwendigen Sitzungen der Exekutivgremien fanden am 11. und 12. Februar 1938 in Brüssel statt und bestätigten die neue Satzung sowie die personellen Beschlüsse von Paris. Danach wurde die Übernahme der Präsidentschaft durch Strölin auf den 1. Oktober 1938 terminiert. Als Mitglieder des Vorstandes, Büro genannt, standen Strölin L. S. P. Scheffer aus Holland als Schatzmeister sowie F. C. Boldsen aus Dänemark, Henri Sellier aus Frankreich und Emile Vinck aus Belgien zur Seite. Wie schon im alten Londoner Verband hatte man das Amt von Ländervizepräsidenten geschaffen, die dem Verband durch ihr Renommee zu Ansehen verhelfen sollten. Dies traf wohl weniger auf den deutschen Vertreter Ministerialdirektor Dr. Knoll aus dem Arbeitsministerium zu, als auf den britischen Premierminister Neville Chamberlain, der durch seine frühere Tätigkeit als Bürgermeister von Birmingham mit dem Verband in Kontakt gekommen war.[339]

Als vollbezahlte Kräfte beschäftigte der Internationale Verband für Wohnungswesen und Städtebau in seinem neuen Generalsekretariat in Brüssel als Generalsekretär C. L. Murray und als Sekretärin für Archiv und Veröffentlichungen Paula Schäfer, die frühere Sekretärin des Frankfurter Verbandes, sowie einige Hilfskräfte.

Strölin befand sich in einem illustren Kreis, der eigentlich kaum seinen politischen Ideen entsprach. Während es sich bei Scheffer und Boldsen um anerkannte Fachleute handelte, die wichtige Wohnungsbauunternehmen ihrer Länder leiteten, waren Vinck und Sellier Vollblutpolitiker der belgischen und französischen sozialistischen Partei. Henri Sellier, Absolvent der Haute Ecole de Commerce in Paris, der sich als Bürgermeister von Suresne, einem Pariser Arbeitervorort, in Frankreich einen Ruf als Stadtplaner wegen der dort errichteten Gartenstädte und der von ihm initiierten sozialhygienischen Maßnahmen erworben hatte und als Senator das Département de la Seine vertrat, gehörte als Gesundheitsminister 1936/37 dem ersten Volksfrontkabinett unter Léon Blum an. Darüber hinaus war er in einer Vielzahl von nationalen und internationalen kommunalpolitischen, sozialpolitischen und stadtplanerischen Organisationen tätig.[340] Gerade zu ihm entwickelte Strölin besonders freundschaftliche Beziehungen, da sie, trotz ihrer unterschiedlichen politischen Grundeinstellung, viele sozialreformerische Überlegungen verband. So besuchte Strölin 1938 Sellier in Suresne, der ein Jahr später nach Stuttgart kam. Beide hatten ein ähnliches Problem; als Bürgermeister standen sie in dauernder Auseinandersetzung mit den zentralen Bürokratien. Sowohl in Frankreich als auch in Deutschland war es notwendig, in der politischen Hierarchie eine hohe Position einzunehmen, um die Interessen der Gemeinde vertreten zu können.[341]

Wie Sellier repräsentierte Emile Vinck als promovierter Jurist jene Intellektuellen, die sich Ende des letzten Jahrhunderts aus politischer Überzeugung der sozialistischen Bewegung angeschlossen hatten. In Belgien galt er als einer der aktivsten Streiter für mehr Rechte der Kommunalverwaltungen und war Initiator der 1913 gegründeten »Union des Villes et des Communes belges«. Seit 1912 vertrat er seine Partei im belgischen Senat und war von 1914 bis 1918 Mitglied des »Comité restreint«, das im Untergrund die belgische Regierung während der deutschen Besetzung repräsentierte. 1932 wählte ihn der Senat zum Vizepräsidenten. Enorm war ferner die Vielzahl von Organisationen, denen er vorstand oder in denen er mitarbeitete.[342] Als Generalsekretär des Internationalen Gemeindeverbandes mit Sitz in Brüssel verfügte er über weit verzweigte internationale Verbindungen. Sellier und Vinck, die eng befreundet waren, plädierten für eine enge internationale Zusammenarbeit der Kommunen auch unter Beteiligung Deutschlands und hatten wie der frühere französische Minister Edouard Herriot, der Vorsitzende des französischen Städtetages, maßgeblich dazu beigetragen, daß der VI. Internationale Gemeindekongreß 1936 im Vorfeld der Olympiade in Berlin tagte.[343]

Als dritter in dieser Gruppe sozialistischer Intellektueller, mit denen Strölin als Präsident in engeren Kontakt kam, sei noch der damalige Stadtpräsident von Zürich, Emil Klöti, genannt, der als Schweizer Ehrenvizepräsident gleichzeitig einen Sitz im Arbeitsausschuß einnahm. Beide kannten sich von früheren Besuchen Stuttgarter Kommunalpolitiker in Zürich.[344] Alle drei wurden, trotz der unterschiedlichen politischen und ideologischen Vorstellungen, die wichtigsten ausländischen Kontaktpersonen Strölins im Internationalen Verband für Wohnungswesen und Städtebau. Auf Grund ihrer sozialistischen Einstellung tendierten sie im Gegensatz zu den deutschen Nationalsozialisten wesentlich stärker zu einer internationalen Zusammenarbeit im Internationalen Verband für Wohnungswesen und Städtebau und sahen darin weniger ein Propagandawerkzeug für die Leistungen und die Leistungsfähigkeit der eigenen Nation, sondern standen den eigenen nationalen Entwicklungen kritisch gegenüber, was sich auf ihre Arbeit und auf Strölin auswirkte. Vermutlich lag hierin eine Ursache dafür, daß er die Entwicklungen in Deutschland kritischer betrachtete als andere deutsche Kommunalpolitiker.

Strölin, der durch seine endgültige Wahl zum Präsidenten das Recht erhalten hatte, bereits vor seiner Amtsübernahme an den Bürositzungen teilzunehmen, konnte dieses Zugeständnis jedoch nicht wahrnehmen, da die einzige Sitzung aus terminlichen Gründen verlegt werden mußte. Dennoch korrespondierte er häufig mit der deutschen Sekretärin über verschiedene Angelegenheiten und über die bisherige Arbeit der beiden Verbände, da sie bei der Neuorganisation des Generalsekretariats in Brüssel die Hauptarbeit leistete, während der Generalsekretär mit der Vorbereitung des Kongresses in Mexiko beschäftigt war.

Besonders bemühte sich Strölin einen passenden Rahmen für seine Amtsübernahme zu finden, die nach Absprache mit Pepler für Anfang Oktober 1938 geplant war. Doch Strölins Tätigkeit im Internationalen Verband für Wohnungswesen und Städtebau war schon im letzten Friedensjahr häufig durch die Zunahme der internationalen Spannungen gekennzeichnet. So scheiterte der erste Termin der Amtsübernahme, die auf einer Sitzung anläßlich der Deutschen Bau- und Siedlungsausstellung am 7. und 8. Oktober 1938 in Frankfurt stattfinden sollte, an der Sudetenkrise. Viele Mitglieder durften im September ihre Länder nicht verlassen, weshalb Strölin und Pepler fast gleichzeitig Ende des Monats, als die Lösung des Konflikts durch das Münchner Abkommen noch nicht in Sicht war, für eine Verschiebung der geplanten Sitzungen plädierten.[345]

Doch schon in der ersten Oktoberwoche einigten sie sich brieflich darauf, die Sitzung am 28. und 29. Oktober in Brüssel nachzuholen. Fast hätte Strölin auch diesen Termin nicht wahrnehmen können; er hatte große Schwierigkeiten die notwendige Reisegenehmigung, die jede führende Persönlichkeit bei Auslandsaufenthalten über die Reichskanzlei bei Hitler einholen mußte, zu erhalten. Lammers hatte zwar im März Reisen zu internen Besprechungen genehmigt, nun handelte es sich allerdings um ein Auftreten, das auch in der Öffentlichkeit Resonanz finden würde, weshalb Strölin einen gesonderten Antrag stellen mußte, was bereits am 5. Oktober geschah.[346] Danach herrschte Schweigen. Erst als sein Sachbearbeiter, Rechtsassessor Kienmoser, am 25. Oktober in der Reichskanzlei anrief und sich nach dem Stand der Dinge informierte, wurde man dort aktiv. Es dauerte jedoch bis zum Abend des 26., ehe die Genehmigung vorlag.[347]

So konnte Strölin auf der Verbandsratssitzung am 29. Oktober das Amt übernehmen. Pepler, der in seiner Abschiedsrede hauptsächlich auf die Gründung des Einheitsverbandes einging, erwähnte die Siedlungsbauten und die Stuttgarter Ortsbausatzung als Strölins besondere Leistungen auf dem Wohnungs- und Stadtplanungssektor und wünschte ihm Erfolg für seine Arbeit.[348] Strölin dankte ihm für alles, was er während seiner dreijährigen Präsidentschaft geleistet habe. Nach weiteren Worten des Dankes an den Verbandsrat für das Vertrauen, das er in seine Person gesetzt habe, forderte er zur weiteren praktischen Mitarbeit im Verband auf, da nur so jedes Mitglied auch Vorteile aus dem Wirken des Verbandes ziehen könne. Wichtigste Aufgabe sei es, möglichst viele neue Mitglieder zu werben, um die Organisation finanziell zu stärken. Nicht ohne Anflug von Eigenlob fügte er hinzu, daß es ihm bereits gelungen sei, einen Betrag von 2000 RM vom Reichsarbeitsministerium für die Veröffentlichungen des Verbandes erhalten zu haben. Gegen Ende wies er auf die Wichtigkeit der Arbeit bei der Lösung planerischer und wohnungsbaupolitischer Probleme hin und schloß mit den fast pathetischen Worten:

»Wir wissen alle, daß in der Mehrzahl der Länder, die immer noch vorhandene Wohnungsnot und die Elendswohnungen die Ursachen von Unzufriedenheit, Unruhe und Störungen sind. Ich glaube deshalb nicht zu übertreiben, wenn ich behaupte, daß unsere Arbeit der gesamten Menschheit und in erster Linie dem Weltfrieden dient. In diesem Sinne betrachte ich meine Arbeit und ich bitte Sie, mir dabei mit allen Ihren Kräften zu helfen.«[349]

Vom Weltfrieden war dagegen in dem von ihm korrigierten Protokoll der Sitzung nichts mehr zu lesen. Danach diente die Beseitigung der Wohnungsnot, auch die Elendswohnungen fehlten, nun der »Wohlfahrt in der Welt.«[350]

Wenige Tage nach der Rückkehr aus Brüssel teilte er den wichtigsten Reichs-, Landes- und Parteistellen seine Übernahme der Präsidentschaft mit.

Wieder hatte er eine Position, deren Ansehen ihm vielleicht mehr Gewicht in den alltäglichen Auseinandersetzungen verschaffte und die Möglichkeit bot, dem Alltag des Dritten Reiches wenigstens hin und wieder zu entfliehen. An erster Stelle der Adressaten stand Adolf Hitler persönlich, dem er mit einem Schreiben vom 9. November 1938 seinen Amtsantritt »meldete« und ihn äußerst knapp über den Verband unterrichtete. In seiner zukünftigen Arbeit sehe er eine Möglichkeit, »zur

Verständigung unter den Völkern beizutragen« und »auf die großen Leistungen hinzuweisen, die in Deutschland auf dem Gebiete des Wohnungswesens und vor allem des Städtebaus unter Ihrer Führung vollbracht worden sind.« Das wichtigste Anliegen hatte er sich für den Schluß aufbewahrt. Er wollte seine neue Position benützen, um ein Gespräch mit Hitler zu erreichen.[351] In einem Begleitschreiben an Lammers bat er um Vermittlung eines Termins.

Das Pogrom gegen die Juden in der folgenden Nacht und die Reaktionen im Ausland zeigten Strölin deutlich, daß er im internationalen Bereich mit Schwierigkeiten rechnen mußte. Auch stellte sich die Frage, ob die Reichsführung eine Mitarbeit in internationalen Organisationen weiter für wünschenswert erachtete. Auf einen Brief von Lammers, der ihn nach den Ergänzungswahlen zum Großdeutschen Reichstag vertröstete, antwortete Strölin am 23. November offen und irritiert:

»Ich muß Ihnen gestehen, daß die Aufgabe, Präsident eines solchen internationalen Verbandes zu sein, keineswegs angenehm ist. [...] Ich halte es aber trotzdem in der gegenwärtigen politischen Lage für unbedingt notwendig, die noch bestehenden internationalen Verbindungen zu unterhalten; bieten sich doch gerade auf dem Gebiete des Städtebaues und des Wohnungswesens wesentliche Berührungspunkte zwischen den verschiedenen Staaten. Im Hinblick auf die Schwierigkeit dieser Aufgabe wäre es mir aber sehr erwünscht, wenn ich wüßte, daß der Führer selbst eine solche Beschäftigung auf internationalem Gebiete für zweckmäßig hält und welche Gesichtspunkte er dabei zu geben hätte.«[352] Natürlich wiederholte er auch die Bitte nach einer Unterredung mit Hitler. In Berlin sah man jedoch keinen Handlungsbedarf. Weder kam der Besuch zustande, noch wollte man die Frage der internationalen Zusammenarbeit regeln.[353]

Strölin mußte nun entscheiden, wie er weiter vorgehen sollte. Mit Unterstützung Hitlers oder der Reichskanzlei konnte er nicht rechnen. Noch bevor er mit der Arbeit beginnen konnte, zeichnete sich das Ende der Verständigungspolitik ab. Die Zeiten internationaler Zusammenarbeit waren vorüber, als Strölin sein Amt als Präsident des Internationalen Verbandes für Wohnungswesen und Städtebau antrat.

# Das unaufhaltsame Ende (1938 bis 1945)

## Kommunalpolitik ohne kommunale Selbstverwaltung

### *Im Dschungel der Sonderverwaltungen*

Konnte Strölin bis Ende 1938 noch fast selbständig Kommunalpolitik betreiben, so änderte sich dies in den folgenden Jahren drastisch. Nun begannen Entwicklungen, die charakteristisch für das Verwaltungssystem des nationalsozialistischen Deutschland waren. Neben den Parteidienststellen entwickelte sich eine Vielzahl von Sonderbehörden, die entweder der Reichsregierung oder Hitler persönlich unterstellt waren. Alle diese Organisationen versuchten mit mehr oder weniger Erfolg, eine vertikale Verwaltungsgliederung bis auf die unterste politische Ebene aufzubauen, um ihren Einfluß geltend machen zu können.[1] Strölin waren diese Tendenzen schon früh aufgefallen; bereits 1936 hatte er in einer Denkschrift an das Hauptamt für Kommunalpolitik darauf hingewiesen, daß besonders die NSV und die Reichsstelle für Raumordnung bestrebt seien, Kompetenzen der Gemeinden an sich zu ziehen. Darin sah er eine Bedrohung der Selbstverwaltung, die erst kurz zuvor in der Deutschen Gemeindeordnung als Maßstab der Kommunalverwaltung nochmals festgeschrieben worden war.[2] Solange jedoch seine Entscheidungsfreiheit und seine Position als Führer der Gemeinde nicht in größerem Umfang in Frage gestellt war, glaubte er, damit leicht fertig werden zu können. Zudem verfügte er über ein Parteiamt und beste Beziehungen nach Berlin.

Ab 1938 veränderte sich die Situation zunehmend zuungunsten der kommunalen Verwaltungen. Mehr und mehr Kompetenzen gingen verloren. Die von Strölin bereits 1936 mit Argusaugen beobachtete Reichsstelle für Raumordnung und die ihr nachgeordneten Landesplanungsgemeinschaften dehnten ihren Einfluß auf die überörtliche und lokale Planung stetig aus, so daß ohne ihre Zustimmung fast keine größeren Vorhaben der Gemeinden realisiert werden konnten. Parallel dazu versuchte das NSDAP Hauptamt für Technik mit seiner vertikalen Gliederung, in die kommunalen Entscheidungsprozesse im Bereich der Stadtplanung und bei allen technischen Angelegenheiten einzugreifen. Wesentlich eingeengt wurde der Spielraum der Gemeinden zudem durch die Behörden des Vierjahresplans, denen die Verteilung der knappen Ressourcen übertragen worden waren. Zwar durften die Gemeinden weiterhin planen, die Realisierung hing jedoch von den Entscheidungen anderer Stellen ab.[3] Nach Beginn des Krieges steigerte sich das Kompetenzchaos. Im Luftschutz, im Wohnungswesen und der Energieversorgung, um nur einige Bereiche zu nennen, entstand eine Vielzahl von Organisationen, die mit mehr oder weniger klar umrissenen Aufgaben das Recht beanspruchten, für die einzelnen Gemeinden verbindliche Entscheidungen zu treffen. Von einer, wenn auch eingeschränkten Selbstverwaltung, wie sie Strölin noch 1933 gefordert hatte, blieb wenig übrig.[4] Die Kommunalpolitik entwickelte sich zusehends zu einem Schlachtfeld, auf dem verschiedenste Organisationen um Macht und Einfluß kämpften.

Verschärft wurde dies noch durch den gesetzlich geregelten Dualismus zwischen der staatlichen Verwaltung und der NSDAP, die bei allen wichtigen Entscheidungen wenigstens gehört werden wollte. Unter dem Postulat der Menschenführung tendierte sie dazu, in immer stärkerem Umfang Aufgaben zu übernehmen, die bisher den Gemeinden oder dem Staat oblegen hatten.[5]

Ein weiterer Faktor trug zum Niedergang der Selbstverwaltung vor allem in den Großstädten bei. Durch einen vielleicht beabsichtigten Konstruktionsfehler der Deutschen Gemeindeordnung von 1935 befanden sich gerade diese Gemeinden in einer Zwitterstellung zwischen dem Reich, den jeweiligen Landesregierungen und den Reichsstatthaltern. In vielen Fällen unterstanden sie unmittelbar der Kommunalaufsicht des Reichsinnenministeriums, während in anderen die jeweiligen Landesministerien und deren Behörden das Aufsichtsrecht besaßen. Konflikte waren so vorprogrammiert, besonders wenn die Gemeinden sich nicht stillschweigend den Entscheidungen der regionalen Stellen beugten, sondern alles daransetzten, sie durch das Reichsministerium des Inneren korrigieren zu lassen. Die ohnehin in ihren Kompetenzen stark beschnittenen Landesverwaltungen, aber auch die Reichsstatthalter kämpften darum, ihren Einfluß auf die Gemeinden aufrechtzuerhalten.

Großstädtische Kommunalpolitik entwickelte sich so nach 1938 zu einer beständigen Suche nach Koalitionspartnern, um im Kompetenzengewirr der verschiedenen Verwaltungen und NSDAP-Gliederungen die Interessen der Gemeinde durchzusetzen. Strölin war sich dessen bewußt. Bereits 1938 antwortete er auf die Kritik seiner Ratsherren, daß bestimmte Planungen unverhältnismäßig lange dauerten, damit, daß zu viele Gruppen versuchten, in die städtischen Entscheidungen hineinzureden. Es habe gar keinen Sinn mehr, sich darüber aufzuregen.[6] Obwohl Strölin bei öffentlichen Auftritten immer wieder die gute und vertrauensvolle Zusammenarbeit mit allen anderen Stellen hervorhob, tobte hinter verschlossenen Türen ein unerbittlicher Kampf.

Die Einschränkungen der Verwaltung durch verschiedene Rechtsvorschriften nach Kriegsbeginn bedeuteten faktisch das Ende der kommunalen Selbstverwaltung. Die Gemeinden wurden zu unteren Verwaltungsorganen, die an die Weisungen der Reichs- und Landesbehörden sowie der nun als Reichsverteidigungskommissare wirkenden Reichsstatthalter gebunden waren.[7] Der Spielraum für eigene Initiativen schmolz dahin. Entsprechend war auch die Stimmung der Oberbürgermeister, die sich fast nur noch als Handlanger anderer Behörden und von Parteiorganisationen fühlten. Sarkastisch meinte dazu der Frankfurter Oberbürgermeister in einem Telefongespräch mit Strölin, er selber sei nur noch »Markenverteiler«.[8] Andere sahen die Selbstverwaltung ohnehin als verloren und hielten es für überflüssig, dafür zu kämpfen.[9] Strölin war nicht dieser Meinung, sondern hielt es für notwendig, wo er nur konnte, für den Erhalt und die Stärkung der Selbstverwaltung einzutreten. Sein Handeln kurz vor Beginn und während des Krieges spielte sich vor dieser allgemeinpolitischen Entwicklung ab. Eine Persönlichkeit wie er, der angetreten war, als Führer der Stadt die Geschicke Stuttgarts zu lenken, konnte und wollte sich nicht ins dritte oder vierte Glied zurückdrängen lassen, sondern weiterhin eine aktive Rolle in der Kommunalpolitik spielen.

# Kommunalpolitik
# im Vorfeld und unter den Bedingungen des Krieges

## Kampf um jeden Mann und jede Mark –
## Die städtische Verwaltung

Strölins Personalpolitik bewährte sich auch in den Jahren kurz vor Beginn und während des Krieges. Zwar nahmen die Versuche der Partei, mehr Einfluß auf die Anstellung städtischer Bediensteter zu erhalten, ständig zu, doch mit Locher und Hablizel verfügte er in der Personalverwaltung über zwei Nationalsozialisten, die bremsend wirkten.

Ab 1938 verschärften zwei andere Entwicklungen die Personalsituation in der Verwaltung. In Stuttgart wie im Reich herrschte Arbeitskräftemangel. Da jedoch im Gegensatz zur Privatwirtschaft in der öffentlichen Verwaltung die Gehaltskürzungen der Jahre 1931 und 1932 nicht zurückgenommen worden waren, wechselten nun besonders qualifizierte Beamte und Angestellte in die freie Wirtschaft, da sie dort wesentlich mehr verdienen konnten. Nachwuchs vor allem im technischen Bereich war fast nicht mehr zu bekommen. Strölin verhandelte deshalb mit allen möglichen Stellen in Berlin und schaltete das Hauptamt für Kommunalpolitik ein, um zu erreichen, daß die starren Besoldungsvorschriften für den öffentlichen Dienst gelockert würden. Zu sehr zeichnete sich für ihn die Gefahr ab, daß die Kommunalverwaltungen nur noch zweit- oder drittklassiges Personal anstellen könnten.[10] Zusammen mit Locher entwarf er eine ganze Reihe von Vorschlägen, um das Problem zu lindern und einen »geordneten Gang der Verwaltung sicherzustellen«. So beantragte er 1938 beim Reichsministerium des Inneren eine Änderung der Notverordnungskürzungen um 6 Prozent, gleiche Kinderzuschläge für Arbeiter, Angestellte und Beamte, 30 Prozent Zuschlag für besonders tüchtige Arbeiter auf den Tariflohn und eine Neuregelung der Tarifordnung für hochqualifizierte Fachkräfte bei den Betrieben.[11] Angesichts der angespannten Finanzlage des Reiches dachte das Reichsministerium des Inneren nicht daran, diesen Forderungen nachzukommen.[12] Auch die Interventionen über das Hauptamt für Kommunalpolitik und den Deutschen Gemeindetag blieben erfolglos. Erst während des Krieges kam es zu einer teilweisen Zurücknahme der Notverordnungen und anderen Änderungen in der Besoldungsordnung.[13] Noch 1940 bekam Strölin Ärger mit der Ministerialabteilung für Bezirks- und Körperschaftsverwaltungen und dem Innenministerium, weil er trickreich der gesamten Belegschaft zu Weihnachten eine »Notstandsbeihilfe« von 10 beziehungsweise 20 RM gewährt hatte. Weihnachtszuwendungen waren jedoch im Gegensatz zur Privatwirtschaft untersagt.[14]

Eine weitere Verschärfung der Personalsituation brachte im Juni 1938 ein Erlaß Görings, der die Dienstverpflichtung von Arbeitskräften zur Sicherstellung staatspolitisch wichtiger Aufgaben ermöglichte.[15] Das Arbeitsamt forderte umgehend von der Stadtverwaltung eine ganze Reihe von Arbeitern an, die beim Bau des Westwalls eingesetzt werden sollten. Zwar gelang es Strölin, die Zahlen herunterzudrücken, doch konnte er sich nicht grundsätzlich dagegen wehren. Als 1939 die Dienstverpflichtungen zunahmen, sah er sich gezwungen, den Präsidenten des Landesarbeitsamtes davon in Kenntnis zu setzen, daß der Betrieb der Technischen Werke wegen des Mangels an Arbeitskräften gefährdet sei.[16]

Dies war jedoch nur ein Vorspiel. Für den Feldzug gegen Polen wurden bis Anfang September 1939 rund 15 Prozent der städtischen Belegschaft eingezogen. Strölin und die Referenten erachteten diese Zahlen noch als erträglich, doch machte man sich bereits Gedanken, wie die Personalsituation bei weiteren Einberufungen verbessert werden könne.[17] Schon bald sah man sich gezwungen, beim Arbeitsamt Kräfte anzufordern. Zudem reaktivierte man pensionierte Beamte und hob Einschränkungen für die Beschäftigung von Frauen auf.[18] Strölin selbst versuchte immer wieder, besonders für seine Referenten UK-Stellungen zu erreichen, da er sich von einer funktionierenden Verwaltungsspitze eine effizientere Arbeit der Verwaltung versprach.[19] Ein weiteres Problem stellte die Abordnung von Beschäftigten für die Verwaltung der eroberten Gebiete dar. Dabei mußte sich Strölin besonders heftig gegen seinen guten Bekannten und Stuttgarter Ehrenbürger von Neurath zur Wehr setzen, der als Reichsprotektor von Böhmen und Mähren immer wieder in Stuttgart anfragte, ob er nicht den einen oder anderen leitenden Beamten für die Prager Stadtverwaltung bekommen könne. So wollte er zunächst Hirzel als Stadtkämmerer und später Stroebel als Stadtplaner.[20] In beiden Fällen lehnte Strölin ab. Die Angelegenheit des Stadtkämmerers nützte er geschickt, indem er als Ersatz für Hirzel den Vaihinger Bürgermeister Walter Heller vorschlug, der auch zum Zuge kam. Damit hatte er sich gleichzeitig eines gefährlichen Opponenten gegen die von ihm betriebene Eingemeindung Vaihingens entledigt.[21] Auf den Vorschlag Neuraths, ihn selbst nach Kriegsende zum Oberbürgermeister von Prag zu machen, ließ er ihm höflich aber bestimmt mitteilen, daß er »grundsätzlich keine Neigung dazu habe«.[22]

Während des Krieges hatten Strölin und sein Personalreferent alle Hände voll zu tun, genügend Arbeitskräfte für einen einigermaßen geordneten Verwaltungsablauf zu erhalten.

Strölins Personalpolitik in der Verwaltungsspitze zahlte sich aus. Im allgemeinen konnte er sich der Loyalität seiner Beigeordneten sicher sein. Nach 1939 band er sie, auch über ihren eigenen Aufgabenbereich hinaus, in relativ regelmäßigen Beigeordnetenbesprechungen noch stärker in die Entscheidungsfindung ein. Dennoch versuchte er, die Zügel in der Hand zu behalten, was nicht einfach war, da Parteigruppierungen bemüht waren, ihren Einfluß auf die Stadtverwaltung auszudehnen und Kräfte fanden, die sie unterstützten. Im technischen Bereich tat sich dabei besonders der Technische Referent Otto Schwarz hervor, der anscheinend mit Rückendeckung durch das Amt für Technik alles daransetzte, seine eigene Position gegenüber seinem Konkurrenten Richard Scheuerle, dem Leiter des Technischen Referats II, auszubauen. Die Konflikte zwischen beiden nahmen teilweise derart heftige Züge an, daß Strölin tagelang verhandeln mußte, um beide zu einer meist nur kurzfristigen Einigung zu bewegen.[23] Im Frühjahr 1943 verschärften sich die Konflikte so, daß Strölin zu der Überzeugung kam, Schwarz, der anscheinend wieder mit Rohrbach und Blind intrigiert hatte, wolle sich nicht mehr in die Verwaltung einfügen. Mit Landesrat Niemeyer von der Reichsstelle für Raumordnung, den er durch seine Tätigkeit als Präsident des Internationalen Verbandes für Wohnungswesen und Städtebau gut kannte, beriet er eine passende Verwendung für Schwarz außerhalb der Stadtverwaltung.[24] Wer sich dem Korpsgeist, den Strölin forderte, nicht unterwarf, sollte in der Stadtverwaltung nichts zu suchen haben.

Ähnliche Kämpfe hatte Strölin mit den städtischen Ärzten auszustehen, die sich nicht länger der Disziplinargewalt der Verwaltung unterstellt sehen wollten. Dabei gingen diese Bestrebungen nicht von den Ärzten am Ort aus, sondern entsprachen der Politik des NS-Ärztebundes und des Reichsärzteführers Leonardo Conti, der bestrebt war, das gesamte Gesundheitswesen unter seine Kontrolle zu bringen. Er drängte darauf, daß Ärzte nur noch den Vorschriften ihres Berufsstandes unterworfen sein sollten.[25] Dies mußte zu Auseinandersetzungen mit den Kommunen als Krankenhausträgern führen. Immer wieder wies Strölin die Ärzte der städtischen Krankenhäuser und des Gesundheitsamtes auf die Einhaltung des Dienstweges hin, da sie nicht selten mit ihrer Parteiorganisation über die Verhältnisse an ihrem Arbeitsplatz konferierten.[26] Massiv setzte Conti Strölin unter Druck, um zu erreichen, daß der Leiter des Gesundheitsamtes als Beigeordneter in das Bürgermeisteramt aufgenommen werde. Dabei schaltete er sogar den Höheren Polizei- und SS-Führer ein, der Strölin in einem Gespräch dringend nahelegte, Saleck zum Beigeordneten zu machen, »da man ihn sonst wegnehme, wenn die Stadt nicht pariere«.[27] Strölin begründete seine Haltung mit der fehlenden Stelle für einen weiteren Beigeordneten und hatte Erfolg.[28]

Insgesamt blieb Strölin der unangetastete Führer der Stuttgarter Verwaltung, ohne den nichts Wichtiges geschehen konnte. Dies machte er gegenüber seinen Beigeordneten deutlich, denen er beispielsweise im Oktober 1942 einschärfte, ihn über alle wichtigen Gespräche, die sie mit vorgesetzten Dienststellen über grundsätzliche Fragen führten oder über Besprechungen, zu denen sie eingeladen seien, sofort zu unterrichten. Ebenso wollte er alle grundsätzlichen Anordnungen, die unter der Bezeichnung »Der Oberbürgermeister« veröffentlicht werden sollten, »wegen der stimmungsmäßigen Auswirkung« vorher einsehen.[29]

Die Stimmung der Bevölkerung lag ihm besonders am Herzen. Schon in der ersten Beigeordnetenbesprechung nach Kriegsausbruch teilte er seinen Referenten mit, daß der Sicherheitsdienst der SS (SD) laufende Stimmungsberichte erstelle, und bat sie, ihm aus ihren Arbeitsbereichen offen zu berichten, da nur dann »die Berichttätigkeit einen Sinn habe«.[30] Er selbst gab seine Informationen an den Sicherheitsdienst weiter. Als dieser im Oktober 1939 die Lieferung der Berichte an ihn einstellte, bat er sofort darum, sie wieder regelmäßig zu erhalten.[31] 1943 ordnete er eine tägliche Sammlung der Gerüchte durch die Botenmeisterei an, da er erfahren hatte, daß in der Stadt teilweise gehässige Gerüchte über ihn im Umlauf waren.[32] Schließlich wollte er wissen, was die Bevölkerung bewegte, und seine Politik und Propaganda entsprechend ausrichten.

Völlig neue Wege ging er bei der Verwaltung der 1942 eingemeindeten Ortsteile, wobei er gleichzeitig seine Forderung nach einer stärkeren Dezentralisation der Verwaltung zum Ausdruck brachte. Im Gegensatz zu früher richtete man in den alten Rathäusern Ortsämter der Stadtverwaltung ein, die für alle Angelegenheiten des Ortsteils verantwortlich waren. Als Leiter dieser Ämter, der im Stadtteil den Oberbürgermeister und die Beigeordneten vertrat, berief Strölin mit Ausnahme Vaihingens die ehemaligen Bürgermeister. Ihnen standen zwei bis fünf Beiräte zur Seite, darunter meist die Ortsgruppenleiter und der Ortsbauernführer. Strölin wollte damit eine dezentralisiertere Verwaltung schaffen, damit in den abgelegeneren Stadtgebieten effektiver gearbeitet werden könne.[33] Nach den ersten schweren Luftangriffen, die besonders Vaihingen und Möhringen trafen, sah er sich in dieser Überzeugung bestärkt, denn die Schadensmeldungen von dort gingen wesentlich schneller ein als die aus den zentral verwalteten Stadtbezirken.

Problematisch gestaltete sich auch die finanzielle Lage der Stadt. Zur Finanzierung der Kriegsvorbereitungen entzog die Reichsregierung in verstärktem Maße den Gemeinden Einkünfte aus bestimmten Steuern und schrieb ihnen vor, Rücklagen in Reichsanleihen anzulegen.[34] Damit wurden den Gemeinden Investitionen aufs äußerste erschwert. Als Strölin im Januar 1939 seinen Verwaltungsbericht für 1938 dem Gemeinderat vorstellte, kritisierte er in aller Öffentlichkeit diese Politik, die in Stuttgart noch dadurch verschärft wurde, daß die württembergische Regierung eine Neuregelung des Finanz- und Lastenausgleichs anstrebte, der weitere Einnahmeeinbußen für die Stadt bringen sollte. Trotz aller nationalsozialistischen Phraseologie, die seine Ausführungen begleitete, führte er unter dem Beifall der Gemeinderäte aus: »Es muß aber ebenso klar und eindeutig erkannt werden, daß diese Entziehung laufender Einnahmen und flüssiger Mittel zu Lasten der Großstadt eine gewisse Grenze hat.«[35] Auf Grund der unübersichtlichen Finanzlage machte er deutlich, daß ein ordentlicher Haushalt für 1939 nicht mehr aufgestellt werden könne. Deshalb beabsichtige man, nur noch eine Art Generalplan zu erstellen.

Mit Kriegsbeginn trat eine erneute Verschlechterung der Finanzen ein, da das Reich von den Gemeinden einen »Kriegsbeitrag« erhob, der in Stuttgart ungefähr ein Drittel der bisherigen Einkünfte betrug.[36] Nur durch eine konsequente Verwaltungsvereinfachung glaubte man, mit den Problemen fertig werden zu können. An die Realisierung größerer Investitionsvorhaben mit Ausnahme des Wohnungsbaus war nicht mehr zu denken. Während des Krieges ging es der Stadt wie den Privatpersonen: Man hatte zwar Geld, konnte es jedoch nicht ausgeben.

Fast vollkommen an Einfluß verlor der Gemeinderat, da der größte Teil der städtischen Aufgaben weisungsgebunden war. Strölin schränkte die Zahl der Sitzungen zunächst stark ein, was jedoch zu heftiger Kritik der Ratsherren führte, die sich darüber beschwerten, nicht genügend eingeschaltet zu sein. Obwohl Strölin die Meinung vertrat, daß im Krieg naturgemäß die Selbstverwaltung hinter die Durchführung übertragener Staatsaufgaben zurücktrete, hielt er es nach einem Gespräch mit Kroll und Asmuß doch für besser, alles beim alten zu lassen und mehr Sitzungen abzuhalten.[37] Die meisten Forderungen aus dem Gremium konnte Strölin leicht damit abtun, daß sie nicht den gesetzlichen Vorschriften oder den Weisungen übergeordneter Behörden entsprächen.

*Der Oberbürgermeister als Kaninchenzüchter und Schweinemäster –*
*Die Sicherstellung der Versorgung*

Nicht erst die Mobilmachung konfrontierte die Stadt mit der Notwendigkeit, sich Gedanken über die Versorgung mit Lebensmitteln zu machen. Seit Mitte 1935 zeigte sich Mangel an Frischfleisch und Fetten. Die dramatischen Rückgänge im Angebot an Schlachttieren hatten vielfache Ursachen, die fast alle auf die Rüstungsorientierung der deutschen Wirtschaft zurückzuführen waren. Komplettiert wurde das Chaos durch eine Reglementierung des Schlachtviehmarktes.[38] Im Rathaus jagte eine Krisensitzung die andere; man überlegte, was unternommen werden könnte, um den Mangel zu beseitigen, der in der Bevölkerung zu Unmut führte.[39]

Strölin hatte den Schuldigen schnell ausgemacht. In seinen Augen betrieben die Verantwortlichen des Reichsnährstandes eine unnationalsozialistische Politik, die nicht auf den Ausgleich von Interessen hinauslaufe, sondern lediglich die der Bauernschaft stärke.[40] Vehement wandte er sich gegen die Einführung einer »Teilplanwirtschaft«. Obwohl man sich mit allen Stellen in Verbindung setzte, konnte das Problem nicht gelöst werden, da es sich um einen reichsweiten Mangel handelte, was man in Stuttgart zunächst nicht einsehen wollte. Um eine einigermaßen gerechte Verteilung zu erreichen, führte man Kundenlisten ein, so daß jeder nur noch in einem Laden einkaufen durfte. Zwar entspannte sich die Lage bei Frischfleisch im nächsten Jahr leicht, doch bei Fetten blieb der Mangel bestehen.

Im Rahmen des Vierjahresplans, der auch Autarkie auf dem Ernährungssektor anstrebte, und des Fleischmangels gründete die NSV 1937 ein »Ernährungshilfswerk«, das die Sammlung aller Küchenabfälle vorsah, mit denen Schweine gemästet werden sollten. Wie auch in anderen Fällen versuchte die NSV, den Erfolg der Aktion für sich zu verbuchen, während sie die Kosten auf die Stadt abwälzte. Doch Strölin schien von dem Vorhaben derart angetan zu sein, daß er sich rühmte, welche Summen die Stadt für die Errichtung von Schweineställen aufwandte. Allein 1937/38 mußte sie rund 205 000 RM aufbringen, damit Platz für 1300 Schweine geschaffen werden konnte. Hinzu kamen die Kosten für die Sammlung der Küchenabfälle.[41]

Als es im Frühjahr 1939 erneut zu Versorgungsschwierigkeiten kam, ließ Strölin den Ratsherren in nichtöffentlicher Sitzung mitteilen, daß diese »mit der Vorratswirtschaft aus Gründen der Landesverteidigung zusammenhingen«.[42]

Während der Mobilmachungsmaßnahmen entstand für Strölin auf diesem Gebiet wenig Arbeit. Entsprechend dem städtischen Mobilmachungskalender liefen die vorbereiteten Maßnahmen am 27. August an. Um die der Stadtverwaltung übertragenen Aufgaben bei der Lebensmittel- und Warenversorgung zu organisieren, errichtete man ein Ernährungs- und ein Wirtschaftsamt. Dem ersteren oblag die Versorgung mit kartenpflichtigen Lebensmitteln. Das letztere war für bezugsscheinpflichtige Waren wie Textilien, Schuhe, Treibstoffe zuständig. Da die Organisation der Lebensmittelversorgung in erster Linie vom Reich geregelt wurde und die städtischen Ämter entsprechend den Richtlinien aus Berlin arbeiten mußten, blieb die Rolle der Stadt eher marginal.[43] Hinzu kam, daß sich das Personal des Ernährungsamtes, dem die Lebensmittelbeschaffung für Stuttgart unterstand, nicht aus den Reihen der städtischen Beamten rekrutierte, sondern von der Kreisbauernschaft abgeordnet wurde.[44] Die seit 1933 stufenweise eingeführte Marktregelung für Lebensmittel unter Federführung des Reichsnährstandes, die Strölin 1935 noch heftig kritisiert hatte, ging in die Kriegsversorgung über.

Nach Absprache zwischen Strölin und Kreisleiter Wilhelm Fischer übernahmen die Ortsgruppen der Partei und die NS-Frauenschaft wie allgemein üblich die Verteilung der Lebensmittelkarten an die einzelnen Haushalte. Der Stadtverwaltung blieb die undankbare Aufgabe, die Bedarfsdeckungsscheine für Textilien, Schuhe und andere bewirtschaftete Waren auszustellen. Hier kam es immer wieder zu heftiger Kritik am Verhalten der Stadt, obwohl diese lediglich den Mangel verwalten mußte. Sehr schnell witterten die Stadtoberhäupter darin ein abgekartetes Spiel und befürchteten, daß alle unpopulären Maßnahmen auf die Gemeinden abgewälzt werden sollten, um ihnen Leistungsunfähigkeit vorzuwerfen.[45]

Strölins Aufgaben in den nächsten Jahren bestanden vor allem in der Förderung von flankierenden Maßnahmen und in Interventionen, wenn die Versorgung nicht funktionierte. Wichtigstes Anliegen war, die Eigenversorgung der Bevölkerung mit Gemüse soweit wie möglich auszubauen. Überall versuchte die Stadt, Kleingärten an die Bevölkerung zu verteilen. Selbst das Killesberggelände wurde einbezogen. Die Stadt baute dort Heilpflanzen, Gemüse und Ölfrüchte an.[46] Zudem richtete das städtische Amt für Tierpflege auf einem Teil des Geländes eine Kaninchenzuchtanlage ein. Damit sollte nach Strölins Meinung ein praktischer Beitrag zur Kleintierhaltung geleistet werden.[47] Verstärkt setzte man auch die Bemühungen zur Schweinemast im Rahmen des Ernährungshilfswerks fort und errichtete neue Schweinemastanlagen.[48]

Stärker gefragt war Strölin, wenn es darum ging, bei auftretenden Engpässen mit den zuständigen Reichs- und Landesstellen zu verhandeln. Schon im ersten Kriegswinter zeigten sich massive Versorgungsschwierigkeiten vor allem bei Kartoffeln und Kohle.[49] Trotz aller Bemühungen konnten die Probleme nur sehr unzureichend gelöst werden. Sowohl bei Kartoffeln als bei Kohle, an der die Strom und Gasversorgung der Stadt hing, lebte man von der Hand in den Mund. Um die notwendigsten Kohlemengen zu erhalten, entsandte Strölin im Winter 1939/40 eigens einen Sonderbeauftragten ins Ruhrgebiet, der organisieren sollte, was er nur konnte.[50] Während bei der Kohle noch einiges zu machen war, stießen seine Bemühungen in der Lebensmittelversorgung meist auf unüberbrückbare Hindernisse. Die reichseinheitlichen Vorschriften ließen kaum Spielraum für Eigeninitiativen der Gemeinden. Man konnte sich zwar im internen Rahmen des Deutschen Gemeindetages oder des Hauptamtes für Kommunalpolitik immer wieder über die Unzulänglichkeiten aufregen, Folgen hatte dies kaum.[51]

Sehr genau registrierte Strölin, daß die Versorgungsschwierigkeiten den Gemeinden zur Last gelegt wurden, die einerseits Ansprechpartner der Bevölkerung waren und unpopuläre Maßnahmen zu treffen hatten. Andererseits hielt man es in Berlin häufig nicht für notwendig, bei Änderungen der Bewirtschaftungsvorschriften die Gemeinden rechtzeitig zu informieren, so daß sie die Neuerungen erst aus der Presse erfuhren, was zu neuem Ärger über die »Bürokratie« führte.[52] Die Landesbehörden folgten diesem Beispiel und informierten die Stadt in manchen Fällen nicht über ihre Pläne. Erstaunt mußte Strölin beispielsweise am 9. November 1941, einem Sonntag, im NS-Kurier lesen, daß eine Neuregelung des Tabakwarenverkaufs vorgenommen worden sei. Doch weder sein Referent Waldmüller noch der Direktor des Wirtschaftsamtes, die er beide anrief, wußten davon. Verärgert notierte sich der starke Raucher: »Die Frage wurde offenbar ganz über unseren Kopf hinweg behandelt«.[53]

Zu den unpopulären Maßnahmen zählte besonders die Bestrafung von Personen wegen Vergehen gegen die Bewirtschaftungsvorschriften. Dies steigerte nicht das Ansehen der Verwaltung, da doch jeder versuchte, das eine oder andere schwarz zu organisieren. Besonders peinlich wurde es für Strölin dann, wenn er einen seiner Beigeordneten oder gar den Vorsitzenden des Arbeitsamtes maßregeln mußte.[54] In den folgenden Jahren blieb Strölin in diesem Bereich nichts weiter übrig, als immer wieder auf einzelne organisatorische Mißstände hinzuweisen und mit mehr oder weniger Erfolg auf Abhilfe zu drängen.

## Wohnungsnot und Stadtplanung

Obwohl bis 1938 in der Stadt eine rege Bautätigkeit geherrscht hatte, nahm die Wohungsnot immer schlimmere Formen an. Die Neubauten konnten den Bedarf der nach Stuttgart strömenden Beschäftigten bei weitem nicht befriedigen. Zwar legte die Stadt ehrgeizige Programme vor, doch die politische Entwicklung machte sie schnell zu Makulatur. Schon Anfang 1937, als die Rohstoffbewirtschaftung im Rahmen des Vierjahresplans begann, mußte Strölin die Ratsherren davon in Kenntnis setzen, daß in Zukunft alle Bauvorhaben nur mit großen Schwierigkeiten zu verwirklichen sein würden.[55] Für den Wohnungsbau rechnete er nur noch mit einer Zuteilung von 15 Prozent des benötigten Materials. Zwar blieb das Bauvolumen 1937 noch ungefähr wie im Vorjahr, doch ein Jahr später sank die Zahl der neuerstellten Wohnungen drastisch. Anfang 1939 kam der Wohnungsbau fast vollständig zum Erliegen.

Da die Stadt weiterhin eine hohe Zuwanderung und starken Geburtenüberschuß hatte, brach der Stuttgarter Wohnungsmarkt zusammen. Im April 1939 bezifferte Strölin die Zahl der Wohnungssuchenden auf 6000 und 8000.[56] Angesichts dieser Lage tendierte Strölin immer stärker zu einer Zwangsbewirtschaftung des Wohnungsmarktes.

Erste Anzeichen dafür, daß er sich durchaus den Einsatz dirigistischer Mittel vorstellen konnte, ließen sich bereits in früheren Jahren erkennen. Doch stand ihm nur ein begrenztes Instrumentarium zur Verfügung. Noch am ehesten konnte er auf die rund 7400 stadteigenen Wohnungen zurückgreifen, um seine Vorstellungen umzusetzen. Als erste bekamen die alleinstehenden Mieter der Stadt ab 1936 den Umschwung zu spüren. Ihnen allen legte man eindringlich nahe, sich auf dem privaten Markt nach Räumlichkeiten umzusehen, da man die Wohnungen an Kinderreiche vermieten wollte.[57] Dies Verfahren behielt man auch in den folgenden Jahren bei. Wer beispielsweise seinen Lebensgefährten verlor, mußte damit rechnen, von der Stadt die Kündigung zu erhalten. Da dies nicht gerade zum sozialen Frieden beitrug, ließ man sich dazu herab, in solchen Fällen Zuschüsse zu den Umzugskosten zu gewähren. Zwischen 1936 und 1942 konnten »über 500 Wohnungen wieder Familien mit Kindern zugeführt werden«.[58] Der Zweck heiligte die Mittel.

Im Frühjahr 1939 mußte die Stadt den Bankrott ihrer Wohnungspolitik eingestehen. Die Lage hatte sich in der Zwischenzeit derart zugespitzt, daß nur noch Zwangsmaßnahmen Linderung bringen konnten. Deutlich wurde dies in einer Gemeinderatssitzung am 19. Mai.[59] Zwar plante die Stadt nochmals den Bau von rund 1000 städtischen Volkswohnungen auf dem Hallschlag in Cannstatt, doch damit waren alle konkreten Vorhaben erschöpft.[60] Ob die Wohnungen angesichts der schwierigen Rohstofflage überhaupt gebaut werden könnten, blieb offen. Strölin wollte jedenfalls alles daransetzen, um die Zuteilung von Baumaterialien zu sichern.

Einen wesentlich größeren Umfang nahmen dirigistische Maßnahmen ein. So forderte Strölin kategorisch die Räumung größerer Wohnungen, in denen Alleinstehende lebten, wobei er auch den privaten Wohnungsbesitz einbezog. Um die Räumungen zu erleichtern, plante er den Bau städtischer Altersheime, in denen die aus ihren Wohnungen vertriebenen Personen eine neue Unterkunft finden sollten. Offen sprach er davon, daß allgemein auf die Vermieter Druck ausgeübt werden müsse, damit sie an Familien mit mehreren Kindern vermieteten. Als letzte Maßnahme forderte er, den Zuzug nach Stuttgart zu verhindern. Zwar hatte die Verordnung von 1934, mit der dies beabsichtigt war, noch immer Gültigkeit, doch in einer Zeit chronischen Arbeitskräftemangels ließ sich niemand mehr davon abhalten, nach Stuttgart zu ziehen, da sich hier die besten Verdienstmöglichkeiten boten.

Strölins Vorschlag, alle Stuttgarter Familien, die bereit waren, aus der Stadt aufs Land zu ziehen, mit Zuschüssen (»Siedlungsbeihilfe«) zu unterstützen, war deshalb von vornherein zum Scheitern verurteilt. Zudem brachte Strölin den älteren Gedanken ins Spiel, ob man nicht in den noch nicht eingemeindeten Vororten größere von der Stadt finanzierte Siedlungen in Betracht ziehen sollte.

Der Ausbruch des Krieges führte zu einer Verschärfung der Lage auf dem Wohnungsmarkt, da nun die Stuttgarter Rüstungsindustrie verstärkt Arbeitskräfte benötigte. Zudem stieg der Raumbedarf der militärischen Organisationen. Von Neubau konnte fast nicht mehr die Rede sein, auch wenn noch mehrere hundert Wohnungen für Rüstungsarbeiter erstellt wurden.[61] Großprojekte, wie die von Gottfried Feder entworfene nationalsozialistische Mustersiedlung für 10 000 Einwohner auf dem von der Stadt erworbenen Fasanenhof in Echterdingen, kamen nicht über das Planungsstadium hinaus.[62]

Strölin und seinen Beamten blieb nichts anderes übrig, als den vorhandenen Wohnraum einigermaßen gerecht zu verteilen, obwohl er dazu nur sehr wenige Möglichkeiten hatte, wie er sich selbst eingestehen mußte. Zudem lehnten die Berliner Stellen jegliche Initiative ab, die auch nur auf eine Wohnungszwangsbewirtschaftung hindeuten konnte.[63] Strölin fuhr deshalb zweigleisig. Zum einen versuchte er, auf »freiwilliger« Basis Wohnungen frei zu bekommen; zum anderen wandte er sich an eine Vielzahl von Dienststellen des Landes und des Reiches, damit dort die rechtlichen Grundlagen für eine Zwangsbewirtschaftung geschaffen würden.

In der Stadt setzte Strölin weiter auf die Räumung von Wohnungen Alleinstehender. Gemeinsam mit der lokalen NSDAP ging man dazu über, auch Privatwohnungen miteinzubeziehen. Die Blockleiter der Partei erhielten den Auftrag, die Lebensumstände von Alleinstehenden festzustellen.[64] Zwar konnten einige Personen mit mehr oder weniger Zwang dazu überredet werden, ihre Wohnungen aufzugeben, doch da es zu Schwierigkeiten kam und keine gesetzliche Grundlage vorhanden war, mußte die Aktion bald »mit negativem Erfolg« eingestellt werden.[65]

An fehlenden Baumaterialien und Arbeitskräften scheiterte der Versuch, die Aufteilung von Großwohnungen finanziell zu unterstützen. Selbst die Einrichtung einer städtischen Wohnungstauschstelle und die Einführung der Anordnung des Reiches über die bevorzugte Unterbringung von kinderreichen Familien brachten keine nennenswerte Entlastung. Trotz aller Bemühungen der Stadt, die Umwandlung von Wohn- in Geschäftsraum zu verhindern, führte der während des Krieges ständig steigende Raumbedarf von Wehrmacht, SS, Polizei und anderen Behörden eher zu einem Verlust von Wohnungen. Als größten Erfolg in der Bekämpfung der Wohnungsnot konnte Strölin nur die Freimachung von rund 600 »Judenwohnungen« verzeichnen.

Die Lage auf dem Wohnungsmarkt wurde katastrophal. Am 1. Juli 1942 waren beim Wohnungsamt über 10 000 wohnungssuchende Familien registriert, von denen über 5500 über gar keine Wohnung verfügten oder in unzulänglichen Behausungen lebten.

Der Unmut der Bevölkerung bestärkte Strölin in der Ansicht, daß nur noch gelenkte Wohnraumverteilung das Übel einigermaßen verbessern könne. Um dies bei den Reichsstellen zu erreichen, setzte er seinen ganzen Einfluß ein. So führte er mit dem im Reichsarbeitsministerium zuständigen Ministerialdirektor Durst Gespräche als Vorstandsmitglied des Deutschen Gemeindetages, als Reichsamtsleiter der NSDAP und als Präsident des Internationalen Verbandes für Wohnungswesen und Städtebau.[66] Der Tenor seiner Vorschläge und Anträge, die er auch an das württembergische Innenministerium und an den Reichsstatthalter richtete, war immer der gleiche. Die Vermietung freiwerdender Wohnungen sollte grundsätzlich von der Genehmigung durch die Gemeinden abhängig gemacht werden. Ferner hielt er es für notwendig, den Kommunen ein Beschlagnahmerecht für Zweitwohnungen, leerstehende, ungenügend genutzte und von Alleinstehenden bewohnte Räumlichkeiten sowie ein Kündigungsrecht gegenüber solchen Mietern einzuräumen. All diese Versuche scheiterten jedoch daran, daß man in der Reichsregierung nichts von Zwangsbewirtschaftung wissen wollte. 1943 ging Strölin noch weiter. Nun wollte er nicht nur Mieter, die seiner Ansicht nach zuviel Wohnraum in Anspruch nahmen, aus ihren Wohnungen entfernen, sondern auch bei alleinstehenden Hausbesitzern überflüssigen Raum erfassen.[67] Strölin sah durchaus ein, daß es sich um unpopuläre Maßnahmen handelte, die den Gemeinden keine neuen Freunde bringen würden. Ganz im Sinne seiner Vorstellung sah er hierin jedoch die einzige Möglichkeit, zu einer sozial vertretbaren Verteilung des Wohnraums zu kommen. Für dringend notwendig hielt er, daß die Maßnahmen, die er vorschlug, von der Partei bis hin zu den einzelnen Ortsgruppen mitgetragen würden, damit Partei und Staat ein einheitliches Bild zeigten.

Der Krieg überholte die Vorschläge. Nach den zunehmenden Zerstörungen durch Luftangriffe konnten die Gemeinden mit Hilfe des Reichsleistungsgesetzes Wohnungen ganz oder teilweise beschlagnahmen und Obdachlose einweisen. Allerdings ging die Zuständigkeit für die Betreuung der Obdachlosen in die Hände der NSV über.

Trotz seiner Aktivitäten konnte Strölin so gut wie nichts erreichen. Zu sehr unterschieden sich seine idealistischen Vorstellungen von der Politik der Reichsregierung. Schon im Januar 1940 hatte Strölin halb resignierend in sein Tagebuch geschrieben: »Es ist immer wieder dasselbe: Bauen kann man nicht, und Zwangswirtschaft will man nicht einführen; das eine oder andere wird man eben doch tun müssen.«[68] Er sollte sich täuschen, man tat weder das eine noch das andere.

Vielmehr kam es zu einer typisch nationalsozialistischen Problemlösung. Nach längeren internen Konflikten war es Robert Ley, dem Führer der Deutschen Arbeitsfront, im November 1941 gelungen, zum Reichskommissar für den sozialen Wohnungsbau ernannt zu werden. Wie auch andere direkt Hitler unterstellte Sonderbehörden baute Ley eine horizontale Verwaltungsgliederung auf, die bis in die Gaue reichte.[69] In Württemberg übernahm Murr als Gauwohnungskommissar die Aufgabe. Ihm stellte Ley den Gauobmann der DAF als Stellvertreter zur Seite. Da beide bereits vollständig ausgelastet waren, betrauten sie den Regierungsbaumeister und Mitarbeiter im NSDAP-Gauamt für Technik, Fritz Blind, mit dieser Tätigkeit. Auf einer Tagung der Arbeitsgemeinschaft württembergischer Städte mit mehr als 10000 Einwohnern am 20. Juni 1941, auf der sich Blind den Oberbürgermeistern vorstellte und über die Aufgaben seiner Dienststelle berichtete, machte er unmißverständlich deutlich, daß in Zukunft alle mit dem Wohnungsbau zusammenhängenden Fragen nur noch vom Gauwohnungskommissar entschieden werden dürften, der ein Weisungsrecht gegenüber den Kommunen besitze.[70] Strölin, der die Sitzung leitete, hielt es sofort für notwendig, daß sich die Verwaltungschefs am besten schon auf ihrer nächsten Sitzung mit der neuen Situation beschäftigen sollten. Viel konnte er allerdings nicht erreichen. Gestärkt durch Murr, der die Vorschläge seines Beauftragten meist absegnete, nahm Blind Einfluß auf alle städtischen Überlegungen in diesem Bereich. Obwohl er eigentlich eine staatliche Behörde repräsentierte, versuchte Blind zunehmend, die Partei mit Aufgaben im Bereich des Wohnungswesens zu beauftragen. Als endlich im März 1943 durch eine Verordnung Leys die Möglichkeit zu einer stärkeren Wohnraumlenkung geschaffen worden war, forderte er die Stadt auf, bei der Vergabe von Wohnungen die Hoheitsträger der Partei zu hören. Strölin, der darin einen erneuten Angriff auf die Selbstverwaltung sah, konferierte umgehend mit dem Innenminister, doch konnte er keinerlei Erfolg verbuchen. Nachdem Schmid zunächst gar die Abordnung eines Parteivertreters als Verbindungsmann zum Wohnungsamt vorgeschlagen hatte, einigte man sich darauf, daß »die Durchführung der Verordnung im engen Einvernehmen mit dem zuständigen Hoheitsträger der Partei zu erfolgen hat, in besonderen Zweifelsfällen ist dieser zu hören«.[71] Gegen den Willen der NSDAP ging im Wohnungssektor nichts mehr. Aber auch das Land versuchte, seinen Einfluß auszudehnen. Als sich jedoch die Schwierigkeiten bei der Unterbringung der Obdachlosen nach den heftigen Luftangriffen 1944 mehrten, trat die Partei diese unerfreuliche Aufgabe wieder an die Stadt ab.[72]

Nachdem durch einen Erlaß Hitlers die Anwendung des Wohnungssiedlungsgesetzes für die Planung des Wohnungsbaus nach dem Kriege möglich geworden war, verhandelte das württembergische Innenministerium mit der Stadt, ob das Stuttgarter Stadtgebiet als Wohnungssiedlungsgebiet ausgewiesen werden solle.[73] Nach dem Gesetz mußten Grundstücksgeschäfte genehmigt werden. Strölin war skeptisch, ließ allerdings durch Stadtrat Schwarz mitteilen, daß er dringend ein besseres Instrumentarium für die Stadtplanung benötige. Bei einer Besprechung am 9. April 1942 ließ er ausrichten: »Es zeige sich gerade im Kriege, daß kapitalkräftige (industrielle Unternehmungen) die Hand auf Grundstücke legen und allmählich Eigenkomplexe schaffen, um hier geschäftliche Verlagerungen durchzuführen. Diese Absichten widerstreiten vielfach den öffentlichen Interessen, das heißt der Planung des Oberbürgermeisters.« Nach langem Hin und Her beantragte Strölin am 7. September 1942 die Einführung des Gesetzes für den Stadtkreis Stuttgart. Die Verkündigung erfolgte am 14. Januar 1943, wobei die Verordnung erst am siebten Tag nach der Verkündigung in Kraft trat, so daß noch kräftig Grundstücksgeschäfte in letzter Minute getätigt werden konnten. Widerspruch beim Innenministerium war möglich. Der Pferdefuß bei der Sache kam später zum Vorschein, als die Landesregierung sämtliche Grundstücksgeschäfte der Stadt von der Zustimmung der Aufsichtsbehörde abhängig machte.

Der Präsident des Internationalen Verbandes für Wohnungswesen und Städtebau war in seiner eigenen Stadt zusehends in eine Statistenrolle gedrängt.

Nicht viel besser erging es Strölin und der Stadt auf dem Gebiet der Stadtplanung. Dort hatte bereits 1936 mit der Landesplanungsgemeinschaft Württemberg-Hohenzollern unter Leitung von August Bohnert eine Murr unterstehende Behörde die Kontrolle der überörtlichen Raumplanung übernommen. Schnell zeichnete sich ab, daß von dieser Seite den Eingemeindungsbestrebungen Stuttgarts Widerstand entgegengestellt werden würde. Nach Ansicht Strölins fehlten der Stadt weiterhin große Flächen, durch deren Besitz erst die städtebaulichen Pläne für die Umgestaltung der Innenstadt und die Auflockerung der gesamten Großstadt in die Tat umgesetzt werden könnten. Schon im Zusammenhang mit den Eingemeindungen des Jahres 1937 hatte er in aller Öffentlichkeit verkündet, daß »diese Frage im ganzen noch nicht zum Abschluß gekommen ist«.[74] Bereits im folgenden Jahr machte er seine Ansprüche gegenüber der Landesregierung deutlich. Als die Stelle des Fellbacher Bürgermeisters freigeworden war, ersuchte er das Innenministerium offiziell, den Posten im Hinblick auf die beabsichtigte Eingemeindung nur noch kommissarisch zu besetzen, was allerdings abgelehnt wurde.[75] Zudem hatte Murr die Stadt aufgefordert, einen Bebauungsplan für das gesamte Stadtgebiet aufzustellen. Darin sollten besonders die bebaubaren Flächen ausgewiesen werden, damit man endlich einen genauen Überblick über den noch vorhandenen Bodenvorrat bekäme. Die Vorstöße Stuttgarts so kurz nach der letzten Eingemeindungswelle erweckten sowohl in der Partei als auch in der Bevölkerung den Eindruck, die Stadt wolle ihre Macht auf Kosten der Nachbargemeinden ausdehnen. Strölin sah sich deshalb gezwungen, seine Ratsherren zu bitten, in ihren Parteistellen diesen Auffassungen entgegenzutreten.[76]

Die Eingemeindungsfrage entwickelte sich zu einem Dauerkonflikt zwischen der Stadt, dem Landesplaner und der Landesverwaltung. Strölin strebte weiter danach, einen Ring von Gemeinden der Stadt einzuverleiben. Dabei galt sein Augenmerk in erster Linie den großen Fildergemeinden Vaihingen und Möhringen. Der Kriegsausbruch brachte in diese Entwicklung nur ein kurzes retardierendes Element, als Murr im Januar 1940 die Weiterverfolgung dieser Pläne untersagte.[77] Doch im Stuttgarter Rathaus dachte man nicht daran, die bisherigen Positionen aufzugeben. Ganz gelegen kam daher ein Runderlaß des Reichsinnenministeriums vom 12. April 1940, durch den in bestimmten Fällen Eingemeindungen ermöglicht wurden. Strölin nahm dies zum Anlaß für einen erneuten Vorstoß. Bereits am 9. Mai fand deshalb im Stadtplanungsamt eine Besprechung statt, an der neben der Stadt, das Land, die

Landesplanungsgemeinschaft und die Reichsstelle für Raumordnung (RfR) teilnahmen.[78] Dabei wurden die Stuttgarter Forderungen zwar anerkannt, eine endgültige Entscheidung jedoch nicht getroffen. Allerdings ließ Staatssekretär Waldmann durchblicken, daß über eine Eingemeindung von Vaihingen und Möhringen keine Zweifel mehr bestünden. Einen neuen Aspekt brachte Baudirektor Köster von der Reichsstelle in die Diskussion, als er die Überlegung anstellte, ob man unbedingt eingemeinden müsse oder ob nicht ein Ausgleich der Interessen zwischen der Stadt und den Vororten durch die Schaffung eines Stadt-Landkreises erzielt werden könne, in dem der Oberbürgermeister gleichzeitig Landrat der Umlandgemeinden wäre. Damit hatte er eine Diskussion eröffnet, die Strölin in den nächsten beiden Jahren beschäftigen sollte. Wieder fuhr er zweigleisig, wobei er keinen Hehl daraus machte, daß ihm Eingemeindungen am sinnvollsten erschienen. Die Gründung von Zweckverbänden lehnte er mit der Begründung ab, daß in ihnen ohnehin die Großstadt ein Übergewicht haben werde.

Wenige Tage später stand die Eingemeindungsfrage auf der Tagesordnung der seit Kriegsbeginn regelmäßig abgehaltenen Oberbürgermeisterbesprechung in Berlin. Dort wurde allenthalben beklagt, daß man von Berlin nur widersprüchliche Informationen erhalte. Man einigte sich darauf, daß Chemnitz für Sachsen und Stuttgart für Württemberg die Eingemeindungen vorantreiben sollten.[79]

Noch im gleichen Monat sondierte Strölin bei der Reichsstelle für Raumordnung und dem Reichsinnenministerium, was man dort über die Frage dachte. Während die Reichsstelle Eingemeindungen für die Dauer des Krieges ablehnte, zeigte sich das Innenministerium nicht so zurückhaltend. Dort hielt man einen Vorstoß für aussichtsreich, wenn der Reichsstatthalter einen entsprechenden Antrag stelle.[80] Da Strölin damit rechnete, daß Murr im Fall Stuttgarts dies zum damaligen Zeitpunkt nicht tun werde, konzentrierte er sich auf die Stadt-Landkreis-Konstruktion. Damit wollte er eine Einheitlichkeit in den Planungen der Umlandgemeinden mit denen der Großstadt erreichen.[81]

Obwohl Strölin sich sehr eng mit seinem Chemnitzer Kollegen abstimmte, verstrich die Zeit, ohne daß Erfolge abzusehen waren. Außer Besprechungen in Berlin und Stuttgart tat sich nichts, weder in der Frage der Eingemeindungen noch in der Stadt-Landkreis-Überlegung. Die

Tendenzen zwischen der einen und der anderen Lösung schwankten von Monat zu Monat.

Neue Gefahren tauchten im März 1941 auf, als Strölins Intimfeinde vom Gauamt für Technik unter Federführung von Blind plötzlich, in Absprache mit Bohnert, einen Gesamtsiedlungsplan für das Stuttgarter Gebiet aufstellen wollten. Das Ziel war die Aussiedlung von rund 50 000 Stuttgartern aus der Stadt, für die man in der näheren Umgebung eine Trabantenstadt errichten wollte.[82] Im Kreise seiner Referenten mußte Strölin zugestehen, daß ein solcher Plan, den er seit Mitte der dreißiger Jahre immer wieder gefordert habe, nicht vorliege. Nun sah man sich gezwungen, trotz des enormen Personalmangels den Plan schnellstens selbst zu erarbeiten, wenn man sich die Planungshoheit nicht vollständig aus der Hand nehmen lassen wollte. Zum Glück für die Stadt avancierte Blind wenig später zum Geschäftsführer des Gauwohnungskommissars, so daß seine umfassenden Planungen zum Erliegen kamen.

Die zähen Bemühungen Strölins hatten schließlich Erfolg. Anfang Oktober 1941 kam es bei Murr zu mehrtägigen Besprechungen auf höchster Ebene, in denen die Stuttgarter Stadtentwicklung diskutiert wurde. Neben Murr und Strölin nahmen daran Innenminister Schmid, Landesplaner Bohnert und mehrere Beamte der württembergischen Verwaltung sowie aus Berlin Staatssekretär Stuckart und Vertreter der Reichsstelle für Raumordnung teil. Murr machte deutlich, daß er von der Stadt-Landkreis-Lösung sehr wenig hielt, denn er fürchtete um seine eigene Position, da »das Beispiel Schule machen könnte und es dann nur noch Oberbürgermeisterbezirke gebe, in denen der Staat gar nichts mehr zu sagen hätte«.[83] Er plädierte nun aus mehreren Gründen für eine umfassende Eingemeindungspolitik, die teilweise sogar über die Forderungen der Stadt hinausging. Plötzlich sollte das gesamte Fildergebiet bis Waldenbuch eingemeindet werden. Vollkommen neu war die Begründung, daß man die »Stadt Stuttgart als Gauhauptstadt gebietsmäßig ausbauen müsse, denn Stuttgart dürfe in der zahlenmäßigen Rangordnung der Städte nicht herunterkommen.«[84] Abschließend einigte man sich darauf, zum 1. April 1942 die Orte Vaihingen, Möhringen, Birkach und Plieningen einzugliedern. Die anderen Gemeinden sollten »spätestens bei Kriegsende folgen«.

Strölin schien derart überrascht gewesen zu sein, daß er am darauffolgenden Sonntag einen »Marsch« von Leinfelden nach Waldenbuch und von dort nach Echterdingen unternahm, um das Gelände zu besichtigen.[85] Er hoffte jedoch weiterhin, auch im Norden der Stadt mit Stammheim, Korntal und Teilen von Münchingen das Stadtgebiet abrunden zu können. Dazu nahm er umgehend Kontakt zu Bohnert auf. Fast sang- und klanglos entschlief in diesem Zusammenhang die Stadt-Landkreis-Idee.[86]

Strölins umfassende Vorstellungen ließen sich jedoch nicht realisieren. Landesplaner Bohnert, der immer noch den Stuttgarter Bestrebungen ablehnend gegenüberstand, bestimmte die Reichsautobahn als südliche Grenze der Stadt. Am 1. April 1942 kamen Vaihingen mit Rohr, Möhringen, der Fasanenhof von Echterdingen, Birkach, Plieningen mit Hohenheim, Stammheim und das Gebiet um die Solitude zu Stuttgart. Strölin konnte den Erfolg jedoch nur begrenzt auskosten. Murr hatte in Absprache mit dem Reichsinnenministerium angeordnet, daß in keiner Zeitung über die Eingemeindungen berichtet werden durfte. Die Bevölkerung der betroffenen Gemeinden erfuhr davon durch Plakate, die Strölin aufhängen ließ, um zu verhindern, daß die Menschen die Nachricht für einen Aprilscherz hielten.[87] Bei der Übernahme der Geschäfte auf den einzelnen Rathäusern mußte er feststellen: »Teilweise etwas gedrückte Stimmung, die sich aber bessert.«[88]

Die schönen Versprechungen Murrs über weitere Eingemeindungen auf den Fildern erwiesen sich bald als leere Worte. Hoffnung keimte bei Strölin nach dem Luftangriff im November 1942 auf, als die schwer getroffenen Fildergemeinden Echterdingen, Leinfelden, Ober- und Unteraichen sowie Musberg der Stuttgarter Verwaltung unterstellt wurden.[89] Doch bereits wenige Monate später teilte man sie auf Drängen des Landesplaners wieder den ursprünglichen Kreisen zu. Damit waren die Ausdehnungsbestrebungen auf den Fildern gestoppt.

Kaum Aussichten auf Realisierung hatten bereits im Planungsstadium die großen Vorhaben zur Umgestaltung der Innenstadt. Der Mangel an Arbeitskräften und an Material stand in krassem Widerspruch zu den immer pompöseren Überlegungen der Stadtplaner. Stadt wie Land und die Partei wollten nicht hinter den gigantischen Stadterneuerungsvorhaben zurückstehen, wie sie bereits offiziell für eine Reihe von »Führerstädten« vorgesehen waren.⁹⁰ Die ersten Pläne aus den späten dreißiger Jahren sahen noch eine bescheidene Neugestaltung vor, die neben der Lösung des Verkehrsproblems besonders auf die Erstellung eines neuen Rathauses im Bereich des Charlottenplatzes, repräsentativer Gebäude für Partei und Land sowie auf Altstadtsanierung hinausliefen.⁹¹ Durch die Vielzahl der an der Planung interessierten Stellen und die immer größer werdenden Ansprüche der Partei sowie die topographischen Gegebenheiten der Stadt war es fast unmöglich, einen Plan auszuarbeiten, der den Belangen aller Beteiligten gerecht wurde. Noch die wenigsten Probleme bereiteten die zukünftigen Verkehrskonzepte, die einen großzügigen Innenstadtring vorsahen. Dazu hatte die Stadt bereits 1937 einen Generalverkehrsplan erarbeitet, den sie ab 1938 teilweise umsetzte.⁹²

Die Planungen für Repräsentativbauten kamen bis Kriegsbeginn nicht über das Stadium von Voruntersuchungen hinaus. Wohl deshalb beauftragte Strölin den Leiter des Stadtplanungsamtes Stroebel im Juni 1939, sich ausschließlich der Umgestaltung der Innenstadt zu widmen. Endlich sollte geklärt werden, wo das Gauhaus und das neue Rathaus errichtet werden sollten. Deutlich stellte Strölin klar, daß er für das Parteigebäude das Gebiet Rotebühlkaserne/Bollwerk favorisierte.⁹³ Schon zuvor waren zwei wichtige Entscheidungen gefallen, die das Bild der Stadt drastisch verändert hätten. Nach langen Diskussionen hatte Strölin in Abstimmung mit den württembergischen Stellen und den potentiellen Bauherren beschlossen, die Stadt mit zwei monumentalen Bauwerken zu »krönen«. Das neue Rundfunkgebäude sollte auf der Karlshöhe entstehen, während man für den Neubau des Generalkommandos das Weißenhofgelände ins Auge faßte. Damit sollte gleichzeitig der »Schandfleck« der Wohnungsbauausstellung von 1927 beseitigt werden.⁹⁴ Der Krieg brachte die Planungen jedoch zunächst zum Erliegen. Erst in der Euphorie des Sieges über Frankreich einigten sich Strölin und Murr darauf, die Umgestaltung der Innenstadt weiterzuplanen. Noch im Mai 1940 gab die Stadt bei renommierten Verkehrs- und Stadtplanern mehrere Gutachten in Auftrag, wobei nun aus dem Gauhaus ein großes Gauforum geworden war, das nach Hitlers Wünschen die herausragende Rolle der Partei im Stadtbild dokumentieren sollte.

Unter den drei Varianten für die Lage des Gauforums favorisierte Strölin eindeutig die von Paul Bonatz vorgeschlagene monumentale

Bebauung der Uhlandshöhe als dritte Stadtkrone, da sie sowohl aus städtebaulichen als auch aus verkehrstechnischen Gründen die günstigste sei. Wenig konnte er dagegen dem Vorschlag Bollwerk oder gar dem Rosensteinpark abgewinnen, da letzterer Standort eine Verlegung des Hauptbahnhofes notwendig mache.[95] Murr schien das Bahnhofsgelände und den Rosensteinpark vorzuziehen. Trotz weiterer intensiver Überlegungen und Verhandlungen mit Murr, in die sich auch wieder das Amt für Technik massiv einschaltete, konnte man zu keiner verbindlichen Planung gelangen. Im Juni 1942 hatte die Stadt schließlich eine Denkschrift über die Neugestaltung der Innenstadt ausgearbeitet, die nur die verschiedenen Varianten darstellte.[96] Im »Durchführungsplan« betonte Strölin jedoch ausdrücklich, daß angesichts des Wohnungsmangels der Wohnungsbau Vorrang gegenüber den vorgesehenen Neugestaltungsmaßnahmen haben müsse. Angesichts der Kriegslage konnte Strölin nur resignierend in sein Tagebuch schreiben: »Aber die Probleme, die wir damals erörtert haben, scheinen nun in so weite Ferne gerückt, daß man den Eindruck hat, die ganze Arbeit ist umsonst gemacht.«[97] Strölin schien mit dem Inhalt nicht mehr einverstanden, was seinen Ausdruck darin fand, daß die gedruckte Denkschrift nie an einen größeren Kreis verteilt wurde. Bis Kriegsende gelangten lediglich zwei Exemplare an ausgewählte Personen. Eines erhielt Murr noch im Juni 1942, während Strölin das andere im November 1944 vertraulich an Professor Wilhelm Tiedje sandte, den Murr mit der Wiederaufbauplanung für Stuttgart beauftragt hatte.[98] Die vorgesehene Verkehrsplanung bildete die Grundlage für das Stuttgarter Verkehrssystem der Nachkriegszeit.

*Wirtschaftspolitik*

Obwohl sich Strölin vor 1933 als Volkswirtschaftler immer wieder Gedanken über eine nationalsozialistische Wirtschaftsordnung gemacht hatte, fand eine selbständige Wirtschaftspolitik der Stadtverwaltung nur in einem sehr begrenzten Rahmen statt. Viel konnte sie wegen der zentralistischen Wirtschaftsführung des Reiches nicht bewirken, da die meisten Entscheidungen über Investitionslenkungen in Berlin fielen.[99]

Die Maßnahmen der Kommunalverwaltung und Strölins beschränkten sich in der ersten Phase auf die Beseitigung der Arbeitslosigkeit und die Stärkung des Mittelstandes. Damit verbunden war der Kampf gegen die Warenhäuser, die die Stadt durch die Einführung einer Warenhaussteuer und einer gesonderten Steuer für Betriebe mit mehreren Filialen sowie die Auflösung von handwerklichen und gastronomischen Abteilungen zu schwächen versuchte.[100] Der geringe Stellenwert, den Strölin einer eigenen Wirtschaftspolitik beimaß, zeigte sich auch daran, daß er in seinen Verwaltungsberichten das Thema nur im Zusammenhang mit den steigenden Steuereinnahmen der Stadt ansprach.[101] Da durch die forcierte Rüstung die Stuttgarter Wirtschaft boomte, waren städtische Interventionen kaum nötig.

Die wohl wichtigste Aufgabe, die Strölin für die Stadt im wirtschaftlichen Bereich sah, war die Sicherstellung der Infrastruktur, damit sich die Stuttgarter Wirtschaft positiv entwickeln könne. Neben den Versorgungsbetrieben betraf dies vor allem die Anbindung der Stadt an das überregionale Verkehrssystem und soweit möglich die Bereitstellung von größeren zusammenhängenden Flächen für Industrieansiedlungen oder Betriebserweiterungen. Letzteres stellte allerdings für die Stadt eine große Schwierigkeit dar, da hier die gleichen Probleme wie beim Wohnungsbau auftraten. Einigermaßen günstige Grundstücke waren kaum zu erhalten.

Als Hitler im Rahmen der Kriegsvorbereitungen 1936 auf dem Nürnberger Parteitag den Vierjahresplan verkündete, der unter anderem eine weitgehende wirtschaftliche Autarkie des Deutschen Reiches anstrebte, ging die Stadt umgehend daran, einen Beitrag dazu zu leisten. Besonderen Wert legte man auf die Erfassung und Verwertung von Altmaterial und die landwirtschaftliche Nutzung von Brach- und Ödland innerhalb der Stadt. Dabei konnte die Stadt auf Erfahrungen zurückgreifen, da Strölin bereits vor 1936 Maßnahmen in die Wege geleitet hatte, um eine bessere Abfallverwertung zu erreichen. So fuhr schon 1936 ein Teil der städtischen Lastwagen mit Gas, das in Faultürmen der städtischen Kläranlage der Stadt gewonnen wurde.[102] Diese Maßnahmen wurden in den folgenden Jahren noch intensiviert.

Der Kriegsausbruch brachte in der ohnehin kaum vorhandenen städtischen Wirtschaftspolitik im Grunde keine Veränderungen. Wichtigstes

Anliegen war nun die Sicherstellung der Gas- und Stromversorgung für die Industrie. Angesichts der teilweise katastrophalen Kohlenversorgung mußte Strölin immer wieder alle Hebel in Bewegung setzen, damit die Produktionsausfälle wegen mangelnder Energieversorgung auf ein Minimum beschränkt blieben. Trotz aller Anstrengungen konnte er jedoch nicht verhindern, daß in den kalten Kriegswintern öfter die Gasversorgung zusammenbrach, obwohl man den privaten Verbrauch durch drastische Einschränkung der Entnahmezeiten reduziert hatte.[103]

Konflikte gab es mit der Firma Daimler-Benz, die 1940/41 versuchte, ihr Werksgelände zu erweitern, angeblich um neue Aufgaben, die ihr durch die Rüstungsproduktion entstanden, erfüllen zu können.[104] Die Stadt zeigte sich entgegenkommend und bot der Firma Flächen auf der linken Neckarseite an, den sogenannten Flaschenhals. Aus prinzipiellen, städtebaulichen Gründen lehnte sie jedoch eine Erweiterung in Richtung Wasen ab, der das letzte große zusammenhängende Grundstück in städtischem Besitz war. Die anschließende Auseinandersetzung war ein Musterbeispiel für Konfliktlösungen im nationalsozialistischen Staat. Nach längeren Verhandlungen hatten Strölin, der Landesplaner, die Rüstungsinspektion und Daimler am 27. Februar 1941 eine Vereinbarung getroffen, die eine Betriebsausdehnung auf das Flaschenhalsgelände festschrieb. Die Stadt verpflichtete sich, schnellstmöglich das Gelände baureif zu machen und eine Verbindungsbrücke zu den alten Werksanlagen zu errichten.[105] Völlig überrascht war Strölin, als ihn Direktor Jakob Werlin am 3. Mai anrief und bat, Stadtrat Schwarz und Baudirektor Stroebel zu einer auf den Nachmittag festgelegten Besprechung mit einem Architekten zu entsenden. Als beide zurückkamen, mußte Strölin vernehmen, daß es sich bei dem Architekten um niemand geringeren handelte als den Münchner Generalbaurat Hermann Giesler.[106] Anders als Strölin hatte Werlin auf Grund jahrelanger Bekanntschaft leicht Zugang zu Hitler. Dies nützte er aus, um seinem Führer die Wünsche der Firma und die ablehnende Haltung der Stadt vorzutragen. Daraufhin beauftragte Hitler Giesler, die Sache zu prüfen.[107] In der folgenden Woche führte Strölin eine Reihe von Gesprächen in Stuttgart und München. Schon beim ersten zeichnete sich ab, daß Giesler einen Kompromiß zwischen den von ihm als berechtigt anerkannten Wünschen der Stadt und der Firma anstrebte.[108] Hitler, der die Angelegenheit nicht selbst entscheiden wollte, gab seinem Generalbaurat schließlich alle Vollmachten.

In einem Schiedsspruch am 20. Mai sprach sich Giesler weitgehend für die Vorstellungen von Daimler-Benz aus und erlaubte eine Ausdehnung der Werksanlagen auf einer Breite von 160 Metern im Richtung Wasen. Außerdem sollte weiterhin das Flaschenhalsgelände für die Firma reserviert bleiben.[109] Strölin fühlte sich durch diese Entscheidung in seiner Meinung bestätigt, daß es Daimler eigentlich weniger darauf ankam, aus kriegswichtigen Gründen das Werk zu erweitern als günstige Voraussetzungen für die Friedensproduktion zu schaffen.

Seine Stimmung gegenüber Daimler war auf einem Tiefpunkt angelangt. Da traf es sich gut, daß er kurz danach ein Gespräch mit Robert Bosch führen konnte, den er als patriarchalischen und sozialen Betriebsführer alter Schule wesentlich mehr schätzte als die Direktoren von Daimler, die er nicht einmal alle kannte. Fast zustimmend notierte er sich in seinem Tagebuch den Text eines heimlich auf dem Daimler-Gelände angeschlagenen Flugblatts, von dem ihm Bosch berichtete: »Gott schick uns Bomben und Granaten für die Daimler-Plutokraten«.[110] Die Untertürkheimer Firma war für Strölin nicht gerade ein Musterbeispiel dafür, was er sich unter einem nationalsozialistischen Unternehmen vorstellte. Unterschwellig kamen in der ganzen Auseinandersetzung wieder seine alten antikapitalistischen Vorstellungen zum Vorschein. Bezeichnend für sein Verhältnis zu den beiden großen Stuttgarter Unternehmen war auch die Tatsache, daß er es wegen seines Urlaubs nicht für notwendig hielt, an der Beisetzung des Vorstandsvorsitzenden von Daimler, Wilhelm Kissel, teilzunehmen, während er nach dem Tod von Robert Bosch diesem nur alle erdenklichen Ehren zuteil werden ließ.[111]

Trotz aller Kontroversen mit Daimler konnte man sich doch darauf einigen, gemeinsam ein Heizkraftwerk zu bauen, das schon seit Jahren im Gespräch war. Zwar begann man noch während des Krieges mit dem Bau, doch scheiterte die Fertigstellung später am Material- und Arbeitskräftemangel.[112]

Wie in anderen Bereichen verlor die Stadt zugunsten der Partei ihre letzten Einflußmöglichkeiten auf wirtschaftlichem Gebiet. Als zu Beginn des Jahres 1943 eine neue Stillegungsaktion von Betrieben anstand, ordnete Murr an, daß diese nur von der Partei durchgeführt werden sollte.

Der Oberbürgermeister und seine Verwaltung, denen die Versorgung der Bevölkerung oblag, war damit vollkommen ausgeschaltet.[113]

Je mehr der Krieg Stuttgart erreichte und Luftangriffe Zerstörungen verursachten, um so mehr war Strölin damit konfrontiert, für die geschädigten Unternehmer Ausweichquartiere zu besorgen oder ihnen als Leiter der Sofortmaßnahmen eine schnelle Instandsetzung der beschädigten Betriebe zu gestatten.[114] Nach den schweren Luftangriffen im Juli 1944 konnte er jedoch auch in diesen Fällen nichts mehr bewirken.

*Erbpflege und Rassenkrieg*

Bis zum Ausbruch des Krieges änderte sich in der städtischen Bevölkerungspolitik wenig. Lediglich die Durchführung des Gesetzes zur Verhütung erbkranken Nachwuchses verlor zunehmend an Bedeutung.[115] Die intensiven Untersuchungen in den Jahren zuvor hatten bereits den größten Teil der in Frage kommenden Personen erfaßt. Dennoch wurde in der Stadt weiterhin zwangssterilisiert.

Eine wichtigere Rolle als die »ausmerzende Erbpflege« spielten die sozialen Maßnahmen, mit denen man eine weitere Steigerung der Geburtenzahl erreichen wollte. Da man in Analogie zum Ersten Weltkrieg befürchtete, daß die Geburtenzahlen zurückgehen könnten, sah sich die Stadt nach Kriegsausbruch veranlaßt, in erster Linie jene Programme zu intensivieren, die Müttern vor und nach der Geburt besondere Hilfe leisten sollten.[116] Werdende und stillende Frauen kamen in den Genuß vielfältiger Sonderunterstützungen. Damit glaubte Strölin, die von ihm geforderte quantitative Bevölkerungspolitik auch im Krieg weiterführen zu können.

Anders verhielt es sich auf dem Gebiet der »qualitativen« Erbpflege. Hier schien Strölin nur zu reagieren, ohne selbst aktiv zu werden. So finden sich keinerlei Äußerungen von ihm zu dem seit 1940 offen diskutierten Problem der organisierten Tötung von Geisteskranken und Schwerbehinderten. Stuttgart war von diesem Problem nur am Rande tangiert, da es in der Stadt mit Ausnahme der psychiatrischen Abteilung des Bürgerhospitals und der Kinderfachabteilungen der anderen Krankenhäuser keine Einrichtungen gab, deren Patienten für die Euthanasie in Frage kamen.[117] Über Strölins Einstellung dazu können nur Vermutungen angestellt werden. Wie jedoch aus dem Verhalten der städtischen Ämter und des Wohlfahrtsreferenten zu ersehen ist, dürfte er die Tötung der »Ballastexistenzen« eher begrüßt haben, ohne selbst die Angelegenheit zu forcieren. In der Verwaltung machte man sich die Hände nicht schmutzig. So ordnete Ministerialrat Eugen Stähle vom Innenministerium die Verlegung von psychisch Kranken aus dem Bürgerhospital nach Markgröningen an, von wo aus sie in die Tötungszentren gebracht wurden. Der Stadtverwaltung brachte die Mordaktion zwei Vorteile. Sie entlastete den Haushalt des Wohlfahrtsamtes jährlich um mehrere hunderttausend Mark, da meist die Stadt für die Unterbringung der Pflegebedürftigen in den Heilanstalten aufkommen mußte.[118] Ferner kamen die freiwerdenden Betten im Bürgerhospital angesichts der schwierigen Lage wie gerufen.[119] Solchen Argumenten dürfte sich Strölin nicht entzogen haben. Zudem bedeutete die Euthanasie eigentlich die konsequente Umsetzung seiner Konzeption von qualitativer Bevölkerungspolitik.

Seit 1933 hatte Strölin gegenüber den Juden in der Stadt eine Politik vertreten, die darauf hinauslief, sie aus dem öffentlichen und wirtschaftlichen Leben zu verdrängen. Dabei bevorzugte er die leiseren Methoden und legte Wert darauf, daß sie rechtlich abgesichert waren. Das Pogrom vom 9./10. November 1938 entsprach deshalb ganz und gar nicht seinen Vorstellungen, weshalb er darüber maßlos verärgert war.[120] Dank seiner vielfältigen Kontakte ins Ausland und zu den konsularischen Vertretern fremder Staaten in Stuttgart dürfte ihm sofort bewußt geworden sein, welcher außenpolitische Schaden ein solch barbarisches Vorgehen haben mußte. Den Tag selbst verbrachte er nicht in Stuttgart, sondern in Berlin. Nach seiner Rückkehr kritisierte er im engsten Mitarbeiterkreis die Ereignisse. Nach außen nahm er keine Stellung. In der folgenden Gemeinderatssitzung ging er lediglich auf die dem Pogrom vorausgegangene Ermordung von Ernst vom Rath in Paris ein und benannte die Straße zwischen dem Alten Schloß und dem Karlsplatz nach ihm.[121] Über das Pogrom fiel laut Sitzungsprotokoll kein Wort.

In der Folgezeit konnten sich Strölin und seine Verwaltung jedoch wieder auf rechtliche Grundlagen berufen, wenn sie in die nun immer stärker werdende Judenverfolgung eingeschaltet wurden. Dabei profitierte die Stadt teilweise von dem Druck, der auf die Juden zur Auswanderung ausgeübt wurde. Da sie sich von ihrem Besitz trennen mußten, konnte die Stadt günstig Immobilien aufkaufen. Auch an der von Göring angeordneten Ablieferung von Schmuck und Edelmetallgegenständen aus jüdischem Besitz verdiente man, da dieser Vorgang über die städtische Pfandleihe abgewickelt wurde. Geschichtsbewußt wie Strölin war, ließ er die schönsten abgelieferten Silberarbeiten Stuttgarter Handwerker für das Archiv erwerben.[122]

Trotz allem ging Strölin nicht von seiner Position ab, möglichst geräuschlos zu verfahren. Als im April 1939 die gesetzliche Grundlage geschaffen worden war, Juden nur noch in jüdischem Hausbesitz unterzubringen, reagierte man in Stuttgart relativ vorsichtig. Zunächst verlangte das Wohnungsamt nur, daß arische und jüdische Hausbesitzer Mietverhältnisse mit Juden anzuzeigen hatten.[123] Am 8. August erfolgte eine Anordnung Strölins zur Neuregelung der jüdischen Mietverhältnisse, die mit der örtlichen NSDAP abgesprochen war. Danach mußten sich bis zum 1. Dezember sämtliche Juden bei einem jüdischen Hausbesitzer einmieten. Überall betonte man jedoch, es solle kein Zwang ausgeübt werden, man setze auf die freiwillige Befolgung des Erlasses.[124] Sowohl Strölin, der am Tag, als der Erlaß herauskam, bereits seit acht Tagen in Urlaub war, als auch die Partei erkannten, daß angesichts der immensen Wohnungsnot in Stuttgart mit einer schnellen Verwirklichung kaum zu rechnen sei, selbst wenn man massiven Druck ausüben würde.[125]

Der Ausbruch des Krieges brachte für die Juden weitere Verschlechterungen. Der Stadt blieb zunehmend weniger Spielraum für Eigeninitiativen. Sie mußte die Verordnungen des Reiches und des Landes ausführen. Dies betraf in erster Linie die Versorgung der Juden mit Lebensmitteln und Gegenständen des täglichen Bedarfs. Hier wurde die Stadt aktiv, als im Frühjahr 1941 aus der Partei der Ruf laut wurde, den Juden das Einkaufen in arischen Geschäften zu verbieten oder auf bestimmte Zeiten zu beschränken. In der Verwaltung kam man zu der Überzeugung, es sei am sinnvollsten, einen Laden für die Juden einzurichten, obwohl ihn selbst die Gestapo für überflüssig hielt.[126] Strölin, der das Vorhaben unterstützte, wandte sich an Murr, um dessen Zustimmung einzuholen. In seinem Schreiben mußte er aber feststellen, daß es eigentlich keine rechtliche Grundlage gebe und auch in anderen Städten vergleichbare Einrichtungen nicht zu finden seien.

Die Stadtverwaltung setzte sich schließlich durch. Ab dem 7. April 1941 durften die Stuttgarter Juden, selbst die in den Vororten wohnenden, Lebensmittel außer Fleisch und Milch nur noch im Laden in der Seestraße kaufen. Keine andere deutsche Großstadt folgte dem Stuttgarter Beispiel.

Da sich nach Kriegsbeginn die Wohnungssituation weiter verschlechterte, bemühte sich die Stadt, in enger Zusammenarbeit mit dem württembergischen Innenministerium und der Flugzeugfirma Heinkel, um Wohnraum für ihre Arbeiter zu bekommen, die nicht in Arbeit befindlichen Juden, besonders die älteren, aus der Stadt zu entfernen. Dazu wurden auf dem Land verschiedene Gebäude angemietet, die man oberflächlich renovierte und dann als jüdische Altenheime ausgab.[127] Ein anderer Teil wurde zwangsweise in ländliche Orte mit einem hohen Judenanteil ausquartiert. Die Stadt hatte auf die Auswahl der Juden, die dorthin verschickt wurden, keinen Einfluß.

Da die Verwaltung nach außen nicht in Erscheinung trat, hielten mehrere Personen Strölin für einen guten Ansprechpartner, um für Einzelpersonen Aufschub zu erreichen. Allein am 21. Oktober 1941 sprachen zwei Personen in dieser Angelegenheit vor. Der evangelische Prälat Buder bat darum, eine siebzigjährige Frau, die getaufte Christin sei und 42 Jahre eine Wohlfahrtsküche in der Stadt betreut habe, nicht nach außerhalb zu verschicken. Mit der gleichen Bitte für seinen zweiundachtzigjährigen Vater kam ein ehemaliger Soldat seiner Kompanie. In beiden Fällen sah Strölin jedoch wenig Aussicht auf Erfolg. Trotzdem wollte er die Fälle der Gestapo vortragen lassen.[128] Dies waren nicht die einzigen Fälle, in denen sich Strölin für Juden einsetzte. Schon am 31. Mai hatte sich Lautenschlager hilfesuchend an ihn gewandt, da der frühere Rechtsrat der Stadt und Vorsitzende der Reichsvereinigung der Juden in Deutschland, Otto Hirsch, im Februar in ein Konzentrationslager gebracht worden war und niemand wußte, wo sich Hirsch befand.[129] Im Namen von Frau Hirsch bat Lautenschlager seinen Nachfolger, Nachforschungen nach dem Verbleib von Hirsch anzustellen.[130] Strölin mußte bald erkennen, wie wenig er ausrichten konnte; Hirsch starb am 19. Juni im KZ Mauthausen.[131]

Auf vollkommenes Unverständnis stieß bei ihm im September 1941 die Polizeiverordnung über die Kennzeichnung der Juden, die ihnen das Tragen des gelben Sterns vorschrieb. In einem Schreiben an Weizsäcker vom 12. September ging er darauf ein, denn ihm war aufgefallen, daß »diese an sich doch sehr bedeutsame Verordnung merkwürdigerweise nicht vom Reichsinnenminister selbst oder seinem Stellvertreter unterzeichnet ist«.[132] Ferner fragte er ihn, ob dies mit dem Einverständnis des Auswärtigen Amtes geschehen sei. Obwohl Strölin die Maßnahme persönlich nicht gut fand, dürfte ihm viel mehr an den Auswirkungen auf das Schicksal der Deutschen in der Sowjetunion und anderen Ländern gelegen haben, denn gerade in diesen Tagen hatte er vertraulich von Weizsäcker erfahren, daß die Deutschen in der Sowjetunion und besonders die in der Wolgadeutschen Republik, für die Strölin als Sonderkommissar vorgesehen war, deportiert werden sollten.[133]

Ungefähr zur gleichen Zeit tauchten bei ihm erstmals Zweifel an der Richtigkeit der deutschen Rassenpolitik auf. So hatte er verschiedene Berichte über die schlechte Behandlung der Bevölkerung in den besetzten Gebieten erhalten, und in Württemberg kämpfte er für eine bessere Behandlung der deutschen Umsiedler, die in Lagern der Volksdeutschen Mittelstelle untergebracht waren.[134] Dennoch deutet vieles darauf hin, daß er sich in dieser Zeit nur für einzelne Juden einsetzte, die er selbst kannte oder für die einflußreiche Personen um Hilfe baten. Schließlich blieben die anderen Maßnahmen gegen Juden, die von der Stadt initiiert worden waren, weiterbestehen. So hätte er in seiner Funktion sicher dazu beitragen können, daß jüdische Kranke in dringenden Fällen nicht wie üblich in den Gefangenenzellen des Katharinenhospitals untergebracht wurden, sondern in normalen Krankenzimmern, wie dies der Leiter der Jüdischen Mittelstelle mit Unterstützung der Gestapo forderte.[135]

Als am 1. Dezember 1941 die Vernichtung der Stuttgarter Juden begann, änderte sich in Strölins Haltung zunächst kaum etwas. Sicher waren ihm die wahren Absichten noch nicht bekannt. Wie früher setzte er sich wieder für eine Person ein, wegen der ihn die Frau seines Freundes Grävenitz ansprach. Ob er allerdings etwas erreichen konnte, ist fraglich.[136] Strölin, der am 28. November bei Robert Bosch eingeladen war, sprach mit ihm auch über die Judenfrage, denn die bevorstehende Deportation dürfte beide beschäftigt haben, da die Firma Bosch mit

Erfolg versucht hatte, einige ihrer Mitarbeiter vor diesem Schicksal zu bewahren, was Strölin nicht wußte. Anscheinend kam Strölin während der Unterhaltung auch auf den Antisemitismus von Henry Ford zu sprechen, der prinzipiell keine Juden einstellte. Überrascht schrieb er später in sein Tagebuch, daß Bosch sich in gleicher Weise verhalten habe.[137] Der Stuttgarter Ehrenbürger hatte sich jedoch nur vorsichtig verhalten und Strölin die Unwahrheit gesagt. Trotz allem Vertrauen zwischen beiden brauchte Strölin doch nicht zu wissen, daß Bosch seit Jahrzehnten zu den eifrigsten Gegnern des Antisemitismus in Deutschland gehörte.[138]

Durch die Verlegung eines Teils der Stuttgarter Juden in württembergische Gemeinden und die Deportationen sank die Zahl der Juden in Stuttgart auf eine so geringe, daß sie für die Stadtverwaltung und für Strölin kaum noch ein Problem darstellten. Dennoch fand gerade in dieser Zeit ein zweiter öffentlicher Angriff Strölins gegen die Juden statt. Auf einem Gefolgschaftsappell des Deutschen Auslands-Instituts am 10. Januar 1942 zu dessen fünfundzwanzigjährigem Bestehen ging er sehr ausführlich auf die Angriffe gegen das Institut in den USA ein. Noch drastischer als in seinem Bericht über die USA-Reise vom November 1936 machte er die amerikanischen Juden für die Kriegshetze, die Unterdrückung der Deutschen in den Vereinigten Staaten und den Kriegseintritt der USA verantwortlich. Wörtlich führte er aus: »Der Jude ist der größte Meister der Assimilation, aber er bleibt auch unter der Maske des Vollassimilierten im Grunde doch ein Jud und als solcher ein Verächter und Bekämpfer jedes anderen Volkstums und jeder völkischen Regung überhaupt. All das wirkt zusammen und bietet die Erklärung für die uns zunächst völlig unverständlich und sinnlos erscheinende amerikanische Haltung.«[139]

Schnell dürfte Strölin bei seinen zahlreichen Kontakten 1942 das wahre Schicksal der deportierten Juden erfahren haben. Aussagekräftige Quellen gibt es zwar nicht. Doch es fällt auf, daß er in einem Fall aktiver reagierte als früher. Am 30. Juni 1942 kam eine Bekannte zu ihm und bat ihn, im Fall von Marie Lemmé etwas zu unternehmen, die nach einer eidesstattlichen Erklärung ihres Schwagers ein uneheliches Kind eines Ariers und damit nicht jüdischer Abkunft sei. Nun handelte er schnell. Am folgenden Tag versuchte er telefonisch, Adolf Eichmann persönlich im Reichssicherheitshauptamt in Berlin zu erreichen, mußte aber mit dessen Vertreter vorliebnehmen, der ihm mitteilte, daß über 10 000 Juden ähnliche Anträge gestellt hätten.[140] Wieder konnte er nichts erreichen. Frau Lemmé wurde nach Theresienstadt deportiert, wo sie am 28. März 1943 starb.[141]

Die Ermordung der Juden widersprach Strölins Vorstellungen. Er hätte nichts gegen eine Trennung von Ariern und Juden oder eine Umsiedlung der Juden einzuwenden gehabt, doch die nun praktizierte Lösung der Judenfrage stieß auf seine Kritik. In einer Denkschrift an das Reichsinnenministerium vom Sommer 1943 forderte er unter anderem eine grundlegende Änderung in der Behandlung der Juden.[142] In ähnlicher Weise bestärkte er Landesbischof Theophil Wurm, Schreiben an Hitler und später an Lammers in dieser Angelegenheit zu schicken.[143]

### *Luftschutz = Kompetenzanarchie*

Schon seit der Machtübernahme spielten Fragen des Luftschutzes eine Rolle in der städtischen Politik. Dies entsprach den allgemeinen Entwicklungen in Deutschland, wo besonders rechte Kreise schon seit Jahren auf die Gefahren durch feindliche Luftwaffen hingewiesen hatten. Da das Reich nach den Bestimmungen des Versailler Vertrages keine Luftstreitkräfte unterhalten durfte, forderten sie einen verstärkten Ausbau des passiven Luftschutzes. Strölin, als ehemaliger Offizier, konnte dies nur unterstützen, denn ihm war bewußt, daß ein neuer Krieg nicht nur an den Fronten stattfinden, sondern sich auch gegen die Zivilbevölkerung richten werde. Nicht umsonst hatte er die einschlägigen Werke von Douhet und anderen sowie das Buch des französischen Generals Duval über dessen Erfahrungen aus dem Spanischen Bürgerkrieg gelesen.[144] Am deutlichsten kam dies in seinen städtebaulichen Überlegungen zum Vorschein. Die ständige Forderung nach einer Auflockerung der Großstadt basierte neben den Gartenstadtideen und seinen rassenbiologischen Gedanken vor allem auf Luftschutzüberlegungen.

Schon im November 1933 nahm eine »Lufttschutzschule« in der Torstraße ihren Betrieb auf, um die Bevölkerung über Gefahren und richtiges Verhalten zu informieren.[145] In den folgenden Jahren organisierte die

Stadtverwaltung zusammen mit dem Reichsluftschutzbund und der NSDAP Aktionen, um das Problembewußtsein zu stärken. Hinzu kamen öffentliche Luftschutzbauten.[146]

Seit Kriegsbeginn legte Strölin größten Wert darauf, daß die Verwaltung die Luftangriffe auf andere Städte verfolge, um daraus für den eigenen Luftschutz Schlüsse ziehen zu können. Er selbst besichtigte auf einer Reise nach Polen im Dezember 1939 Warschau und ließ sich eingehend über die Folgen der Luftangriffe und der Beschießung unterrichten.[147] In Stuttgart hielt er seit der Mobilmachungsphase Kontakt zu General Emil Zanetti, dem die gesamte Luftverteidigung über Südwestdeutschland unterstand.[148]

Nicht zuletzt das Wissen über die Gefahren für die Zivilbevölkerung brachten Strölin dazu, im Herbst 1939 und Frühjahr 1940 sich in Abstimmung mit den zuständigen Stellen des Reiches und der Wehrmacht als Präsident des Internationaler Verbandes für Wohnungswesen und Städtebau mit dem Roten Kreuz in Genf in Verbindung zu setzen, um einen Schutz der Städte vor Luftangriffen zu erreichen.[149]

Vor Ort stellten sich jedoch wieder die sattsam bekannten Kompetenzkonflikte ein. Neben Strölin als Leiter der Sofortmaßnahmen hatten Polizeipräsident Carl Schweinle als örtlicher Luftschutzleiter, Murr als Reichsstatthalter und Reichsverteidigungskommissar sowie die Kreisleitung der NSDAP Einfluß auf die Ausgestaltung des Luftschutzes. Reibereien konnten kaum vermieden werden. Strölin setzte wiederholt alles daran, die verschiedenen Gruppierungen an einen Tisch zu bringen, um ein einheitliches Handeln zu erreichen.[150] Dies gelang ihm jedoch nicht einmal in seiner eigenen Verwaltung, denn schon im Januar 1940 zerstritten sich die beiden Technischen Referenten Scheuerle und Schwarz derart über die Planung eines Luftschutzraums im Hauptbahnhofbereich, daß Schweinle persönlich beim Oberbürgermeister intervenieren mußte. Selbst Strölin brauchte zwei Wochen, ehe die Spannungen behoben waren und sich die beiden Kontrahenten geeinigt hatten.[151] Zwar konnte man dann endlich die Einwilligung des Luftgaukommandos erhalten, doch war nun das für den Bunker benötigte Eisen nicht mehr aufzutreiben.[152]

Nach dem Sieg über Frankreich erachtete man die Gefahr für Stuttgart als nicht mehr sehr groß. Ein feindlicher Flieger über Stuttgart war

Ende Juni 1940 eine derartige Neuigkeit, daß der Polizeipräsident am nächsten Morgen den Oberbürgermeister verständigte und dieser den Vorfall in seinem Diensttagebuch festhielt.[153] Selbst die ersten Bombenabwürfe auf Stuttgart im August und Oktober und einige tote Zivilisten trugen nicht sonderlich zur Beunruhigung der Bevölkerung und der Stadtverwaltung bei. Viel eher waren die Zerstörungen Attraktionen für den Sonntagsspaziergang.[154] Doch Kleinigkeiten konnten schon in dieser Phase zu Konflikten führen. Als die Stadt zusammen mit der Kreisleitung der NSDAP ein Merkblatt über die Abwicklung von Personen- und Sachschäden nach Luftangriffen herausgab, reagierte Schweinle verärgert, da man ihn übergangen hatte, und sagte umgehend seine Teilnahme an der nächsten Ratsherrensitzung ab, in der Luftschutzmaßnahmen besprochen werden sollten. Noch allerdings konnte dies unter der Rubrik Pannen verbucht werden.[155]

Eine erste einschneidende Veränderung in der Luftschutzpolitik der Stadt ging nicht von ihr aus, sondern vom Reich. Am 15. Oktober 1940 erhielt Strölin aus Berlin ein Telegramm, daß am übernächsten Tag in Berlin eine Besprechung unter Vorsitz von Todt stattfinde, in der es um die Umsetzung der von Hitler angeordneten Verstärkung der Luftschutzeinrichtungen gehe.[156] Bei Strölin führte dies zu wildesten Spekulationen. So vermutete er, Hitler rechne mit einem Krieg gegen die USA, da diese von Island aus angreifen könnten. Ferner notierte er sich, daß man in Berlin mit der Evakuierung von Frauen und Kindern beginne. Der wahre Grund lag wohl eher in der Entscheidung Hitlers vom 12. Oktober, die Landung in England auf das nächste Frühjahr zu verschieben, und in den häufigen Luftangriffen auf Berlin. Auf der Sitzung bei Todt erfuhren dies Stuttgarter, Hitler habe angeordnet, daß sofort verstärkt Luftschutzbau mit Reichsmitteln durchzuführen sei. Die Einrichtungen sollten bombensicher und mit Liegeplätzen, Heizungen sowie Toiletten ausgestattet sein. Da das Reich dafür drei Milliarden Mark zur Verfügung stellte, ging man in Stuttgart daran, ein Sofortprogramm auszuarbeiten, um sich seinen Teil der Reichsmittel zu sichern.[157] Danach entstanden im Innenstadtgebiet mehrere größere Bunkerbauwerke. Doch die Gegner und Besserwisser traten sofort wieder auf den Plan. Schweinle geriet zusammen mit der Stadtverwaltung ins Schußfeuer der Kritik, als Strölins spezielle Freunde vom Amt für Technik beide bei Todt anschwärzten, weil ihrer Meinung nach die »gewalttätige Stadtverwaltung und der gewalttätige örtliche Luftschutzleiter« in Stuttgart die Luftschutzbauten an der falschen Stelle errichtet und das Material falsch verwendet hätten.[158] Strölin sah sich gezwungen, ein klärendes Gespräch mit Rohrbach zu führen, da er die Vorwürfe für ungerechtfertigt hielt.[159] An der Kompetenzverteilung in Stuttgart änderte der Vorstoß des Amtes für Technik zunächst nichts. Verwaltung und Polizeipräsident hatten sich noch einmal durchgesetzt.

Die Verstärkung der britischen Bomberoffensive gegen Deutschland ab Frühjahr 1942 mit dem verheerenden Angriff auf Lübeck und dem ersten 1000-Bomber-Angriff auf Köln brachten Strölin zu der Überzeugung, daß die bisher in Stuttgart getroffenen Maßnahmen bei weitem nicht ausreichten. Wichtig war ihm die Vernebelung der Stadt, die sich im Talkessel und im Neckartal leicht verwirklichen ließ. In den Sommermonaten 1942 setzte Strölin alle Hebel in Bewegung, um die begonnenen Versuche zu intensivieren. Stuttgart für feindliche Flieger unsichtbar zu machen, schien ihm die beste Möglichkeit zu sein, sie vor Luftangriffen zu bewahren. Allerdings durfte dies nicht zur Schädigung von Gesundheit und Vegetation führen. Genau dies war bei den ersten Versuchen geschehen, als man Chlorsulfonsäure zur Erzeugung des Nebels versprühte. Durch Reaktion mit der Luftfeuchtigkeit entstand dabei Schwefel- und Salzsäure, die nicht nur Menschen und Pflanzen schädigten, sondern auch in der Industrie Korrosionsschäden verursachte.[160] Gleichzeitig setzte Strölin auf eine konventionelle Luftabwehr. In einem Brief an Zanetti forderte er im August 1942, neben der Errichtung einer Großvernebelungsanlage die Aufstellung weiterer schwerer Flak-Einheiten.[161] Kaum hatte man ein einigermaßen verträgliches Vernebelungsmittel gefunden, stellten sich neue Schwierigkeiten in den Weg. Die Reichsstelle für Chemie lehnte die Zuteilung der Chemikalien ab, weshalb Strölin Murr in seiner Eigenschaft als Reichsverteidigungskommissar einschalten mußte, damit er die Sache regele.[162] Strölins Schritte führten zum Erfolg. Dank der Vernebelung traf der erste große Bombenangriff am 22. November 1942 nicht die Innenstadt, sondern hauptsächlich die neu eingemeindeten Fildervororte Vaihingen, Möhringen und Rohr sowie andere Fildergemeinden. Bezeichnend für Strölin war, daß er sofort nach dem Angriff die betroffenen Gebiete besichtigte, um sich persönlich ein Bild von den Schäden zu machen.[163] Erstaunt war er über den großen Umfang der Glasschäden.

Die Schadensbeseitigung unter Strölins Leitung brachte Freud und Leid. Zufrieden zeigte er sich über die Entscheidung der württembergischen Regierung, die ebenfalls geschädigten Orte Musberg, Leinfelden, Unter- und Oberaichen in die Betreuung der Stuttgarter Stadtverwaltung zu geben.[164] Weniger erfreut war er über die Unterbringung der Obdachlosen, für die ab Oktober 1942 die Nationalsozialistische Volkswohlfahrt (NSV) zuständig war. Zwar hatten die ersten Hilfsmaßnahmen funktioniert, doch die Unterkünfte in der Umgebung erschienen ihm äußerst dürftig.[165] Besonders verärgerte ihn jedoch ein Aufruf von Murr an die Bevölkerung, in dem er sich bei verschiedenen Organisationen für ihren Einsatz bedankte, die Stadt aber mit keinem Wort erwähnte. Strölin sah darin einen Affront und wandte sich umgehend an das Innenministerium. Dort konnte man ihn nur damit trösten, daß es sich um ein Versehen gehandelt habe.[166] Fast nur noch sarkastisch reagierte er, als ihm der Verwaltungschef der Luftwaffe mitteilte, daß die Obdachlosen Kleider und Wäsche bekommen sollten.[167] Darin sah er nun ganz und gar nicht die Aufgaben der Luftwaffe.

1943 hatte die Stadt mehrere mittelschwere Luftangriffe zu überstehen. Die Zahl der Opfer stieg. Mehr noch bewegten zwei andere Entwicklungen die Bevölkerung und Strölin, der nun häufig nach Großangriffen die betroffenen Städte im Westen Deutschlands besuchte.[168] Einerseits griffen die Amerikaner auch bei Tage an, und zum anderen perfektionierten die Alliierten ihre Methode der Flächenbombardements, die in Städten häufig zu heftigen Feuerstürmen führten, die selbst Menschen in gut ausgebauten Luftschutzkellern wenig Überlebenschancen ließen.[169] Verschärft wurde das Problem in Stuttgart dadurch, daß zwar die Innenstadt relativ gut mit öffentlichen, bombensicheren Luftschutzräumen versorgt war und auch die großen Mietshäuser mit häufig zweigeschossigen Kellern guten Schutz boten. Solche Einrichtungen fehlten in einigen Vororten jedoch vollkommen.[170]

Vor allem von Seiten der Partei wurde deshalb der Ruf laut, man möge die topographischen Gegebenheiten der Stadt nutzen und in Eigeninitiative der Anwohner Stollen in die Hänge treiben. Davon versprachen sich die Befürworter mehr Schutz als von den teilweise schlechten Kellern.

Die Stadtverwaltung reagierte zunächst äußerst zurückhaltend, da man einerseits nicht an die Möglichkeit glaubte, daß dies auf freiwilliger Basis zu bewerkstelligen sei. Andererseits hatte man aus geologischen Gründen Bedenken.[171] Nur langsam ging man daran, einzelne Stollen zu genehmigen. Zudem lag die letzte Entscheidung über die Errichtung von Luftschutzbauten in den Händen des Polizeipräsidenten, der sich jedoch der städtischen Verwaltung bedienen mußte, da er selbst keine technischen Beamten hatte. Als Strölin im Juni die Stollenbauten besichtigte, zeigte er sich »überrascht, wieviel hier schon geleistet worden sei«.[172] Das Zögern der Stadt hatte schließlich unangenehme Folgen, denn Murr beauftragte den ohnehin »arbeitslosen« Landesplaner Bohnert mit der Aufstellung eines Plans, wo Stollen gebaut werden sollten. Vorschläge dazu hatten die Ortsgruppen der NSDAP zu machen. Da sich Strölin diesen Eingriff in die Planungshoheit der Stadt nicht gefallen lassen wollte, kam es zu einer heftigen Auseinandersetzung mit Murr. Strölin sprach dabei Bohnert schlicht die fachliche Kompetenz ab, ein Urteil über die Eignung der Orte für den Stollenbau fällen zu können, dies sei nur »auf diesem Gebiet besonders erfahrenen Beamten« möglich, mit denen es unweigerlich zum Konflikt kommen müsse.[173] Murr merkte anscheinend sehr schnell, daß es eigentlich Strölins Absicht war, die NSDAP und die Landesverwaltung aus den Luftschutzplanungen in Stuttgart herauszuhalten. Es ist deshalb nicht verwunderlich, daß er Strölin unnationalsozialistisches Handeln vorwarf und sich beschwerte, daß die Stadt und der Polizeipräsident »immer nur und grundsätzlich einschnappen, wenn von seiner Seite oder von Seiten seiner Beauftragten Anregungen an die Stadtverwaltung herangetragen würden«. Strölin konnte dagegen kaum stichhaltig argumentieren, sondern nur nochmals auf die fachliche Inkompetenz von Bohnert hinweisen. Die Vorschläge Murrs, doch mit Bohnert zu einer guten Zusammenarbeit zu kommen und ihn einzuschalten, wenn sich die Stadt und sein Beauftragter nicht einig seien, damit er einen Geologen beauftragen könnte, stießen bei Strölin auf wenig Widerhall. Murr sah nach diesem Gespräch jedenfalls keinen Grund, den Aufgabenkreis Bohnerts zu beschränken.

Strölins Versuche, auch in Fragen des Luftschutzes Murr zu umgehen und die Probleme mit den militärischen Stellen zu lösen, mußten in einem Staat, der auf die Einheit von Partei und Staat aufbaute und im

Fall Württembergs, wo der Gauleiter als Reichsverteidigungskommissar fungierte, unweigerlich scheitern.

Wenig später scheiterte auch ein anderer Versuch Strölins, seine Zuständigkeit im Bereich des Luftschutzes auszubauen. Da ihn die ständigen Querelen mit dem Polizeipräsidenten verärgerten, hatte er bereits im Mai 1943 in einer Denkschrift über Notwendigkeiten einer Verwaltungsreform für das Reichsministerium des Innern den Vorschlag gemacht, die gesamten Polizeiaufgaben in Stadtkreisen dem Oberbürgermeister zu übertragen, der damit als örtlicher Leiter des Luftschutzes und der Sofortmaßnahmen umfangreichere Möglichkeiten hätte, was gleichzeitig zu einer Verringerung der Reibungen führen würde.[174] Nach der Ernennung Himmlers zum Reichsinnenminister sah er gute Chancen, sein Anliegen zu verwirklichen. Deshalb wandte er sich umgehend an Staatssekretär Stuckart in dessen Funktion als Stabsleiter des Generalbevollmächtigten für die Reichsverwaltung, um ihn auf den entsprechenden Abschnitt seiner Denkschrift aufmerksam zu machen, da er eine Entscheidung angesichts der verschärften Luftangriffe für dringend notwendig hielt.[175] Doch Himmler, dem der Polizeipräsident unterstand, schien kein Interesse daran zu haben, Kompetenzen an die Oberbürgermeister abzugeben. Strölin mußte in Stuttgart weiter mit Schweinle zurechtkommen, dem es ähnlich wie dem Stadtvorstand erging; er stand ebenfalls unter dauernder Kritik der Partei.

Doch auch Strölin und seine Verwaltung hielten ihn nicht für besonders geeignet. Schon Anfang November 1942 erörterten die Gemeinderäte die Frage, ob Schweinle im Falle eines Luftangriffs seiner Aufgabe überhaupt gewachsen sei. Strölin, den dies in peinlicher Weise berührte, schützte ihn noch.[176] 1943 nahmen die Auseinandersetzungen besonders um den Wagenburgtunnel, der als provisorischer Luftschutzraum diente derartig an Schärfe zu, daß Strölin wieder einmal der Kragen platzte und er Schweinle am Telefon derart anbrüllte, daß dieser Rücktritts- und Selbstmordabsichten äußerte.[177] Nur mit Mühe gelang es dem Höheren SS- und Polizeiführer Otto Hofmann, den Konflikt beizulegen. Je häufiger die Wucht der britischen und amerikanischen Luftangriffe Stuttgart traf, um so mehr steigerte sich das Kompetenzchaos in Luftschutzangelegenheiten. Neben Strölin konnten Schweinle, Kreisleiter Fischer, Murr und dessen Beauftragte, die verschiedenen Organisationen der Partei, die Wehrmacht und der Reichsluftschutzbund Befehle geben, ohne die anderen Stellen zu informieren. Dieses Durcheinander in der Befehlsgebung nach Luftangriffen hatte gar den Sicherheitsdienst veranlaßt, einen Bericht zu verfassen, der zwar von den verschiedenen Organisationen diskutiert wurde, eine entscheidende Änderung trat jedoch nicht ein.[178]

Ganz anders zeigte sich Strölin, als die württembergischen Verantwortlichen, wie dies schon in anderen Teilen des Reiches geschehen war, Mitte 1943 die Evakuierung aller nicht aus kriegswichtigen Gründen in Stuttgart benötigten Einwohner in die Wege leiteten. Man befürchtete bei einem Großangriff schwere Zerstörungen und entsprechende Opfer.[179] Das Vorhaben kam jedoch nur langsam in Gang, da viele Bewohner sich weigerten, die Stadt zu verlassen. Erst als man ab September die Schulklassen zwangsweise in verschiedene Orte des Landes evakuierte und die Luftangriffe an Heftigkeit zunahmen, steigerte sich auch die Zahl der Wegzüge. Strölins Aufmerksamkeit galt den verschickten Schülern. Er kümmerte sich um deren Unterbringung in den Aufnahmeorten und besuchte im Dezember 1943 einen Teil von ihnen im Landkreis Calw.[180] Ab Januar 1944 verfaßte er regelmäßig Briefe an die Kinder, in denen er über die Vorgänge in der Stadt berichtete und sie zu Gehorsam gegenüber ihren Lehrern und Pflegeeltern ermahnte.[181] In dieser Frage hielt er engen Kontakt zur evangelischen Landeskirche, vor allem zu Oberkirchenrat Reinhold Sautter, mit dem er öfter sprach.[182] Anscheinend hielt er die Kirche für die Betreuung der Kinder außerhalb der Schule für besser geeignet als die HJ, der diese Aufgabe eigentlich zustand. Zudem war Strölin bereits im Juli auf einen Vorschlag Wurms eingegangen und hatte ihn über die Erfahrungen und Vorhaben der Stadt auf dem Gebiet des Luftschutzes ausführlich informiert.[183]

Die schweren Luftangriffe im Februar und März 1944 gaben den Skeptikern recht, die mit noch heftigeren Angriffen rechneten. Insgesamt war Stuttgart jedoch bisher relativ gut über den Krieg gekommen. Bis auf wenige Gebiete konnte die Stadt als intakt bezeichnet werden. Ganz im Gegensatz dazu hatte sich allerdings die Stellung Strölins entwickelt, der in seiner eigenen Stadt nur noch wenig zu sagen hatte. Seine einzige Aufgabe im Bereich des Luftschutzes war die Verwaltung des Elends nach Luftangriffen, die er sich zudem mit anderen Stellen teilen mußte.

*Auf der Suche nach Bündnispartnern –*
*Das Verhältnis zu Partei und übergeordneten Verwaltungen*

Hatte es Strölin bis 1938 noch relativ gut verstanden, einen Ausgleich zwischen seinen Vorstellungen und den Forderungen der Partei zu finden, so änderte sich dies in den folgenden Jahren. Wie schon gezeigt, drängten die NSDAP und ihre Gliederungen in Bereiche, die der Stadtverwaltung unterstanden. Dabei ging man jedoch sehr umsichtig zu Werke und konzentrierte sich auf Arbeitsfelder, auf denen man sich in der Bevölkerung eine Steigerung des Ansehens der Partei versprach.

Besonders tat sich die NSV hervor, die ihre Bestrebungen intensivierte, möglichst das gesamte Wohlfahrts- und Fürsorgewesen unter ihre Kontrolle zu bringen. Dabei konnte sie sich der Rückendeckung der Parteiführung und in Württemberg der Unterstützung Murrs sicher sein.[184] Strölin blieb nichts übrig, als zu versuchen, die Position der Stadtverwaltung so stark wie nur möglich zu erhalten. Trotzdem gab es Bereiche, in denen ihm das Vordringen der NSV gleichgültig, wenn nicht gar willkommen war. Dies traf besonders auf den Austausch der konfessionellen Schwestern durch Braune Schwestern der NSV in den städtischen Krankenhäusern oder die Übernahme von konfessionellen Kindergärten zu.[185] Entschieden lehnte er dagegen eine Übernahme der städtischen Kindertagesstätten durch die NSV ab, die Murr am 7. April 1942 angeordnet hatte.[186] Dabei berief er sich auf Weisungen des Reichsministeriums des Inneren und der Parteikanzlei, in denen der Besitzstand der Gemeinden festgeschrieben worden war. Damit befand er sich in vollkommener Übereinstimmung mit Fiehler, der forderte, daß »die gesamte kommunale Verwaltung eifersüchtig auf der Einhaltung der jetzt getroffenen allgemeinen Regelung besteht...«.[187]

Gerade von Murr drohte für die Eigenständigkeit der Stuttgarter Verwaltung die meiste Gefahr. Der Gauleiter verfügte als Reichsstatthalter und nach Kriegsbeginn als Reichsverteidigungskommissar über viel Macht. Verstärkt wurde diese Position dadurch, daß ihn die Leiter einiger Sonderbehörden mit der Wahrnehmung ihrer Aufgaben in Württemberg betrauten.[188] Ohne seine Zustimmung oder die seiner Beauftragten konnte im Land eigentlich nichts geschehen. Einem allgemeinen Trend folgend stützte sich Murr jedoch weniger auf die ihm formal unterstehenden Verwaltungen, sondern versuchte, überall dort wo es einigermaßen möglich war, die Partei oder Gliederungen mit der Durchführung der ihm übertragenen Aufgaben zu betrauen.

In Strölin, der mit Argusaugen auf die durch die Deutsche Gemeindeordnung festgelegte Selbständigkeit seiner Kommunalverwaltung achtete, hatte er allerdings einen Gegner gefunden, der Konflikte mit ihm und seinen Satrapen nicht scheute.

Strölin kannte sich in den Machtkämpfen bestens aus. Gerade deswegen versuchte er, sich eine eigene starke Position aufzubauen, die ihm eine gewisse Unabhängigkeit von Murr gab. Als Präsident des Deutschen Auslands-Instituts, als Vorstandsmitglied des Deutschen Gemeindetages, als Reichshauptstellenleiter und später Reichsamtsleiter im Hauptamt für Kommunalpolitik und als Präsident des Internationalen Verbandes für Wohnungswesen und Städtebau sowie anderer teilweise einflußreicher Ehrenämter hatte er sich eine Basis geschaffen, die es ihm erlaubte, unter Umgehung des Dienstweges mit den verschiedensten Stellen im Reich Kontakt aufzunehmen.[189] Wenn Entscheidungen, die von Murr oder einer anderen Landesstelle getroffen worden waren, nicht in sein Konzept paßten, brauchte er nicht als Oberbürgermeister auftreten, sondern konnte in einer seiner anderen Funktionen eines der Reichsministerien oder den Leiter einer Sonderbehörde anschreiben. Durch seine vielfältigen Tätigkeiten außerhalb der Stadtverwaltung hatte er zudem gute persönliche Kontakte zu den höchsten Regierungsstellen. Hinzu kam, daß die Stuttgarter Verwaltung im Laufe des Krieges die Berliner Außenstelle des Deutschen Auslands-Instituts, die 1938 gegründet worden war, um die Interessen des Instituts in Berlin besser vertreten zu können, praktisch zur Geschäftsstelle der Stadt umwandelte. Damit hatte man eine zusätzliche Möglichkeit unmittelbar mit den Reichsbehörden zu verhandeln.[190] Strölin spielte das gleiche Spiel wie Murr, indem er eine Machtposition aufzubauen versuchte, mit der er den Gauleiter neutralisieren oder ihm wenigstens Widerstand entgegensetzen konnte. In dieses Konzept paßte auch sehr gut seine Forderung, als es um die Ernennung zum Reichsamtsleiter anläßlich der Umorganisation des Hauptamts für Kommunalpolitik ging. Unzweideutig betonte er dabei die Notwendigkeit eines hohen Parteiranges, da nur er Zugang zu gewissen Persönlichkeiten verschaffe.[191] Nicht wenig überrascht dürfte Murr gewesen sein, als Anfang 1942 sein Stuttgarter Oberbürgermeister wegen seines Parteiamtes als Reichsamtsleiter der NSDAP an einem Treffen der Gauleiter teilnahm.[192]

Dies mußte zu Gegenreaktionen Murrs führen, dessen Führungsqualitäten besonders in Württemberg immer wieder in Frage gestellt worden waren.[193] In Strölin hatte er nun einen vermeintlichen Konkurrenten erhalten, der in der Parteihierarchie eine beachtliche Stellung einnahm. Die Antwort Murrs ließ nicht lange auf sich warten. Er nutzte geschickt eine Blöße, die sich Strölin 1941 durch seine Zusammenarbeit mit der evangelischen Landeskirche gegeben hatte, um ein Parteiverfahren gegen ihn einzuleiten, was für Strölin den Verlust seines Parteiamtes zur Folge hatte.[194] Auf sein Amt als Stuttgarter Oberbürgermeister hatte dies allerdings fast keinen Einfluß, außer daß vielleicht seine Reisetätigkeit abnahm und er sich mehr um die eigene Verwaltung kümmern konnte.

Doch Strölin dachte nicht daran, klein beizugeben, sondern suchte nach neuen Verbündeten im Kampf gegen einen zu starken Einfluß der Partei auf die Kommunalverwaltung. Diese glaubte er im Reichsinnenministerium gefunden zu haben. Dabei setzte er weniger auf den schwachen Minister als auf den Staatssekretär Wilhelm Stuckart, dem er 1943 mehrere Denkschriften vorlegte, in denen er Lösungsvorschläge für eine Umgestaltung der Verwaltungsstrukturen aufzeigte. Die mit Carl Goerdeler abgesprochenen Ideen gingen weit über die kommunale Selbstverwaltung hinaus. Sie wurden zu einem Rundumschlag gegen alle Mißstände, die ihm in den vorangegangenen Jahren aufgefallen waren. In der ersten Denkschrift vom Januar, die 111 Seiten umfaßte, forderte er eingangs eine grundlegende Verwaltungsreform, da nur so eine Verwaltungsvereinfachung zu erreichen sei.[195] Dabei ging er heftig mit dem Partikularismus der Sonderbehörden ins Gericht, denen er eine gewisse Effizienz zusprach. Den gravierendsten Mangel sah er, wenn er es auch verklausuliert ausdrückte, in der Arbeitsweise Hitlers, der nicht mehr die Reichsverwaltung führe, was einen ständigen Kampf zwischen den Ministerien zur Folge habe. Deshalb schlug er vor eine Art »Vizekanzler« zu etablieren, der die Einheit der Verwaltung gewährleisten solle. Das Wort Vizekanzler benutzte er jedoch nur in den persönlichen Gesprächen mit Stuckart.[196] In der Denkschrift sprach er von der »Errichtung einer verwaltungsmäßigen Zentralstelle über den Ministerien.« Alle seine Überlegungen liefen auf eine stärkere Dezentralisierung hinaus und auf eine Einschränkung der Rechtsetzung durch Gesetze, Verordnungen und Ministerialerlasse. Ansonsten vertrat er nur die Positionen, für die er sich auch schon früher eingesetzt hatte. Von der fehlenden Rechtsstaatlichkeit und den Verbrechen des Regimes fand sich kein Wort. Vielmehr ging es ihm darum, die Verwaltung effektiv zu machen.

In einer weiteren Denkschrift, die nach einem erneuten Gespräch mit Stuckart Anfang Februar 1943 entstand, setzte er sich für eine Rückkehr zur Rechtsstaatlichkeit und die Abschaffung aller diskriminierenden Maßnahmen gegen die Kirche und die Juden sowie eine Änderung der deutschen Besatzungspolitik ein.[197] Diese Denkschrift war eindeutig gegen die Willkürmaßnahmen gerichtet, ohne jedoch das System selbst in Frage zu stellen. Noch glaubte er an dessen Reformierbarkeit. Daß ihm deshalb mit einem Hochverratsprozeß gedroht wurde, wie er es nach 1945 immer wieder behauptete, scheint eher zweifelhaft und auf einer Legendenbildung aus dem Entnazifizierungsverfahren zu beruhen. Dagegen spricht auch, daß Strölin am Tag, an dem er von der Ernennung Himmlers zum Reichsinnenminister erfahren hatte, an Stuckart schrieb und ihn nochmals auf seine Denkschrift verwies.[198] Nachdem Himmler im Juli 1943 Frick als Reichsinnenminister abgelöst hatte, setzte Strölin in den Chef der SS neue Hoffnungen. Dies mag auch daher rühren, daß die Denkschrift vom Februar nach einem Gespräch mit dem Chef des SS-Hauptamtes, Gottlob Berger, entstand, bei dem er volle Übereinstimmung mit seinem Gesprächspartner feststellte.[199] Strölin und seine Oberbürgermeisterkollegen konnten nach dem Amtsantritt Himmlers einigermaßen aufatmen, denn auf einer Tagung in Salzburg hatte Himmler ihnen den Rücken gestärkt, was Strölin in seinem Tagebuch erfreut festhielt: »Der neue RMdI hat verboten, daß die Partei Material gegen Oberbürgermeister sammelt. Entfernung eines Oberbürgermeisters aus dem Amt hat der neue RMdI sich selbst in jedem Fall vorbehalten. Er hat sich die Personalakten sämtlicher Oberbürgermeister kommen lassen. Niemand, besonders auch kein Gauleiter, darf gegen einen Oberbürgermeister tätig werden. Rücktritt eines der Partei nicht mehr genehmen Oberbürgermeisters nach 12 Jahren soll durch Übergangsgeld erleichtert werden.«[200]

Damit war der Spielraum der Oberbürgermeister gegenüber den Gauleitern vergrößert worden, für Strölin sicher ein Schritt in die richtige Richtung, weshalb er Himmler Ende 1943 und Anfang 1944 auch in anderen Bereichen für die Persönlichkeit hielt, über die Reformen im nationalsozialistischen System möglich werden könnten.

## Aktivitäten in Land und Reich

### Energiewirtschaft

Nach 1938 nahmen die Konflikte in der Energiewirtschaft noch an Stärke zu. Den Hauptstreitpunkt bildete die Frage, ob die Gemeinden weiterhin eigene Energieversorgungsunternehmen unterhalten oder ob sie von den Gauen oder dem Reich getragen werden sollten. Hinter dieser Frage verbargen sich handfeste finanzielle Interessen, da die Betriebe in der Regel Gewinne abwarfen, die den jeweiligen Haushalten zuflossen.

Zwar konnte Strölin Ende 1938 hoffen, daß durch seine in Aussicht genommene Berufung zum Reichsamtsleiter seine »wichtige Funktion in der Energiewirtschaft«[201] gestärkt würde, doch in den Monaten davor war eine Entwicklung eingetreten, die die Verhältnisse im Energiesektor entscheidend veränderte.

Die Aufrüstung hatte zu einer spürbaren Energieverknappung geführt. Göring, dem als Bevollmächtigtem für den Vierjahresplan die Sicherstellung aller Ressourcen für die Kriegsvorbereitung oblag, nützte diese Situation, um auch in der Energiewirtschaft den Einfluß seiner Behörde zu vergrößern. Erleichtert wurde ihm dies durch den plötzlichen Tod von Carl Krecke, dem Leiter der Reichsgruppe Energiewirtschaft.

Im November 1938 ernannte er den Essener Oberbürgermeister und Vorstandsmitglied der Rheinisch Westfälischen Elektrizitätswerke, Just Dillgardt, der die Nachfolge Kreckes angetreten hatte, zum Generalbevollmächtigten für die Energiewirtschaft im Rahmen des Vierjahresplanes. Massive Unterstützung erhielt Dillgardt dabei von dem ihm seit langem vertrauten Fritz Todt, der sich ebenfalls versprach, seinen Einfluß stärken zu können.[202] Zum Leidwesen Strölins und des NSDAP-Hauptamts für Kommunalpolitik vergaß Dillgardt jedoch sehr schnell seine Vergangenheit als Kommunalpolitiker und trat für eine umfassende »Flurbereinigung« in der Elektrizitätsversorgung ein. Kleinere Betriebe sollten ihre Selbständigkeit verlieren und in größeren Gebietsunternehmen aufgehen. Wie die anderen Generalbevollmächtigten in der Vierjahresplanverwaltung versuchte er, sein Amt zu einer neuen Überbehörde zu machen und den Einfluß der Gemeinden, des Deutschen Gemeindetages, aber auch der zuständigen Reichsministerien zu schmälern.[203] Dies wollte er durch eine direktere Unterstellung der kommunalen Werke unter die Reichsgruppe erreichen. Allerdings stießen seine Vorhaben sogleich auf den erbitterten Widerstand der nach dem Energiewirtschaftsgesetz zuständigen Reichsministerien sowie anderer Behörden, die um ihre Kompetenzen fürchteten.

Strölin versuchte schnell, mit Dillgardt ins Gespräch zu kommen. Doch seine Position war von Anfang an nicht die beste. Noch im Mai und Juni 1938 hatte er mit ihm korrespondiert, weil die Stadt Essen ihre gesamte Elektrizitätsversorgung an die Rheinisch-Westfälischen Elektrizitätswerke abgegeben hatte. Schon in diesem Schriftwechsel tauchten sehr unterschiedliche Meinungen auf, da der Essener Oberbürgermeister im Gegensatz zu Strölin in den Rheinisch-Westfälischen Elektrizitätswerken ein kommunales Unternehmen sah, während Strölin zwar zugeben mußte, daß die Gemeinden trotz eines Kapitalanteils von rund einem Drittel über die Stimmenmehrheit verfügten, doch sah er die Stellung der Kommunen bei weitem noch nicht als stark genug an und forderte deshalb, daß man in Zukunft bei ähnlichen Abschlüssen wie in Essen »durch Aktienübernahme den Einfluß der Gemeinden im RWE noch weiter stärken müsse«.[204] Dies konnte Dillgardt eigentlich nur als Rüge auffassen.

Kurz nach Dillgardts Ernennung übersandte ihm Strölin einen Sonderdruck seines Aufsatzes über »Gemeindliche Versorgungswirtschaft«, der kurz zuvor im Jahrbuch für Kommunalwissenschaften erschienen war, und faßte nochmals seine Position zusammen.[205] Gleich zu Beginn stellte er kategorisch fest, daß »die grundsätzliche Betätigung der öffentlichen Hand auf dem Gebiet der Versorgungswirtschaft im nationalsozialistischen Staat nicht mehr zur Diskussion steht«. Ziel müsse eine möglichst dezentrale Organisation der Energiewirtschaft sein, wobei er den Gemeinden beziehungsweise Gemeindeverbänden eine dominierende Stellung zudachte, die sie entweder durch leistungsstarke Eigenbetriebe oder durch Kapitalbeteiligungen an den Regionalunternehmen erhalten sollten. Zu diesem Komplex gehörte auch die Forderung nach einer Beibehaltung der Verteilungs- und Tarifhoheit der Gemeinden. Erneut sprach er sich jedoch im Sinne einer Steigerung der Leistungsfähigkeit der Energieversorgung für eine weitreichende Flurbereinigung aus, bei der sich die Gemeinden einer »Ausmerzung leistungsschwacher Versorgungsunternehmen« nicht verschließen dürften.

Strölin war nicht verborgen geblieben, daß die Tendenz hin zu größeren regionalen Energieversorgungsunternehmen ging. Diese Erfahrung hatte er auch in Württemberg machen müssen, wo sich, unterstützt und intensiv gefördert von Murr, Innenminister Schmid sowie dem Gauamtsleiter für Technik Rudolf Rohrbach, zu Beginn des Jahres 1939 sieben Überlandwerke und die Energieversorgung Württemberg zur Energieversorgung Schwaben (EVS) zusammenschlossen, um nach dem Anschluß Österreichs vor allem auch langfristig an der Erschließung der dortigen Wasserkräfte teilhaben zu können. Durch ihre Beteiligung an der Elektrizitätsversorgung Württemberg wurde die Stadt Stuttgart zugleich Mitgesellschafter der Energieversorgung Schwaben. Anders jedoch als noch bei der Elektrizitätsversorgung Württemberg gingen nun alle Werke in den Besitz der Energieversorgung Schwaben über. Aus seiner langen Erfahrung heraus erkannten Strölin und seine Verwaltung, obwohl er Regionalgesellschaften durchaus begrüßte, sofort die Gefahren, die sich daraus für die Selbständigkeit der Technischen Werke ergeben konnten. Verschärft wurde die Situation noch durch die Tatsache, daß der Leiter der Technischen Werke der Stadt Stuttgart, Willy Speidel, ohne Wissen der Stadtverwaltung in den Vorstand der Energieversorgung Schwaben eintrat.[206]

Schon kurze Zeit später zeigte sich, daß seine Befürchtungen nicht unbegründet waren. Die neue Gesellschaft erhob sehr schnell Anspruch auf das im Bau befindliche Dampfkraftwerk der Technischen Werke der Stadt Stuttgart in Marbach am Neckar. Strölin war in einer Zwangslage. Da er reichsweit eine Arrondierung der Versorgungsgebiete propagierte, konnte er nun, als die Angelegenheit Stuttgart betraf, nicht plötzlich für ein städtisches Kraftwerk außerhalb der Gemeindegrenzen und innerhalb des EVS-Gebietes eintreten. Die Verantwortlichen in Stuttgart stimmten schließlich dem Verkauf des Kraftwerks zu, nicht ohne sich dafür eine Reihe von Privilegien einzuhandeln. So blieb das Wasserkraftwerk in Marbach im Besitz der Technischen Werke der Stadt Stuttgart, denen auch für die Zukunft der Ausbau ihrer Eigenerzeugung zugestanden wurde. Im Gegenzug verpflichtete sich die Energieversorgung Schwaben, Stuttgart bei Engpässen in der Rüstungswirtschaft und den Verkehrsbetrieben zu versorgen. Um eine gedeihliche Zusammenarbeit zu sichern, erhielt die Stadt Stuttgart anstelle des Kaufpreises Aktien der Energieversorgung Schwaben im Wert von sechs Millionen Reichsmark, was allerdings einen finanziellen Verlust für die Stadt bedeutete, und Strölin avancierte zu einem der stellvertretenden Aufsichtsratsvorsitzenden.[207] Letzteres entsprach ganz seiner Politik, da er immer wieder eine stärkere Vertretung der Gemeinden in den Aufsichtsgremien öffentlicher oder gemischtwirtschaftlicher Energieversorgungsunternehmen gefordert hatte.

Im Reich verschärften sich 1939 die Konflikte mit Dillgardt, der sich daranmachte, seine Vorstellungen von einer größtmöglichen Flurbereinigung in die Tat umzusetzen. In Verhandlungen mit dem Deutschen Gemeindetag und mit Fiehler teilte er mit, er wolle zunächst alle noch selbständigen und leistungsschwachen Elektrizitätswerke in Orten unter 10 000 Einwohnern und solche mit einer nutzbaren Leistung von weniger als 5 000 000 Kilowattstunden in größeren Unternehmen aufgehen lassen. Dagegen sollten nur die Energieversorgungsunternehmen, die mehr als 300 000 Menschen versorgten, in ihrem Bestand gesichert werden. Bei allen anderen erschien ihm zunächst eine Übernahme in eine Landesversorgung nicht dringlich zu sein. Eine Entscheidung darüber sollte erst nach genauer Prüfung des Einzelfalls erfolgen.[208] In den kommunalen Interessenvertretungen in Berlin und München klingelten die Alarmglocken. Weder der Gemeindetag noch das Hauptamt konnten einen so massiven Angriff auf den gemeindlichen Besitzstand reaktionslos hinnehmen. So versuchte man, Zugeständnisse von Dillgardt zu erreichen, wobei man sich intern auf die Position zurückgezogen hatte, daß alle Energieversorgungsunternehmen in kleineren Orten wegen ihrer Leistungsschwäche in größere Bezirksverbände zu überführen seien.

Die Auseinandersetzung wurde jedoch so heftig, daß sie schließlich in aller Öffentlichkeit ausgetragen wurde. Den Anlaß dazu bildete eine Rede und ein darauf aufbauender Artikel im württembergischen Organ des Gauamtes für Technik im Juni 1939. Gauamtsleiter Rohrbach, der von Murr mit der Neuorganisation der Energiewirtschaft in Württemberg beauftragt worden war, stellte darin seine »Zielsetzung der württembergischen Energiewirtschaft« vor.[209]

Rohrbach gab ausdrücklich vor, den versammelten Mitgliedern der Wirtschaftsgruppe Energiewirtschaft »den Standpunkt der NSDAP zu verschiedenen Fragen der württembergischen Energieversorgung zum Ausdruck zu bringen«.[210] Eine alte Forderung des Hauptamtes für Technik aufgreifend, betonte er, daß die Energieversorgung ebenso wie der Straßenbau und der Eisenbahnverkehr eine ausgesprochene Ingenieursaufgabe sei. Damit verdeutlichte er, daß seine Ausführungen zu einem guten Teil gegen die Gemeinden und deren Versorgungsunternehmen gerichtet waren. Er machte klar, daß die Bestrebungen der Energieversorgung Schwaben und der sie unterstützenden württembergischen NSDAP-Führung darauf hinausliefen, fast alle kommunalen Werke in der Landesgesellschaft zusammenzufassen. Unverhohlen betonte er, man werde dem nachhelfen, denn »formale Hemmnisse werden wir in einem solchen Fall nicht anerkennen; im neuen Deutschland ist Recht, was der Gemeinschaft dient, und Unrecht, was dem einzelnen einen Vorteil auf Kosten der Gemeinschaft sichert«.[211] Ziel blieb für ihn die Zusammenfassung der gesamten Energieversorgung des Landes, das heißt die Erzeugung und Verteilung bis zur letzten Lampe in der Energieversorgung Schwaben. Dabei ging er noch einen Schritt weiter und kündigte auch die Übernahme der Gas- und Wasserversorgung an.

Da sich Strölin selbst mit Rohrbach nicht direkt anlegen wollte und konnte, zum anderen in seinem Parteirang mit ihm ungefähr gleichgestellt war, informierte er umgehend Fiehler von den Äußerungen seines württembergischen Intimfeindes und stattete ihn mit Informationen über die Lage und Entwicklung der Energiewirtschaft im Gau aus, die von Hottmann und Stöckle, die Strölin nach dem Wechsel Speidels zur

Energieversorgung Schwaben mit der Leitung der Technischen Werke der Stadt Stuttgart beauftragt hatte, ausgearbeitet worden waren.[212] In ihrer Stellungnahme gingen beide besonders auf die Bestrebungen der Energieversorgung Schwaben ein, sämtliche leitungsgebundenen Versorgungseinrichtungen im Gau unter ihre Kontrolle zu bringen, was sie wegen der vielen Ortsspezifika vor allem bei Gas und Wasser ablehnten. Sie befürchteten, daß durch die Dominanz der Elektrizitätswirtschaft die Gasversorgung nicht gesichert werden könne. Dabei übersahen sie jedoch, daß das Land die gleiche Lösung anstrebte, die Strölin 1933 in die Wege geleitet hatte. In seinem Begleitschreiben bat Strölin Fiehler, er möge doch in dieser Angelegenheit bei Todt und Dillgardt vorstellig werden. Zudem sei »Eile dringend geboten, da wir sehr rasch vorwärtsdrängenden Bestrebungen gegenüberstehen«.[213]

Der Münchner Oberbürgermeister wurde umgehend aktiv. In einem längeren Brief nahm er gegenüber Dillgardt ausführlich zu den einzelnen Positionen Rohrbachs Stellung.[214] Wie schon früher sah er sich auch Dillgardt gegenüber gezwungen, die Gemeinden gegen die bekannten Vorwürfe in Schutz zu nehmen. Deutlich brachen wieder die alten Konflikte zwischen dem Hauptamt für Technik und dem für Kommunalpolitik auf. Kategorisch sprach er Rohrbach als Ingenieur die Berechtigung und Fähigkeit ab, wirtschaftspolitische Fragen beurteilen zu können. Er betreibe den Zusammenschluß in Württemberg nur des Zusammenschlusses wegen und nicht wegen der »Erfüllung einer im Allgemeinwohl liegenden Aufgabe«. Da noch keine endgültigen Entscheidungen zur Frage der Flurbereinigung gefallen seien, könne es nicht angehen, daß ein Gauamtsleiter sich in dieser Weise zum Sprecher der NSDAP erkläre und seinen Vorstellungen den Anschein von parteiamtlichen Verlautbarungen gebe. Er forderte Dillgardt auf, in Zukunft derartige Vorfälle zu unterbinden und dahin zu wirken, »daß auch das Amt für Technik sich Ihnen unterstellt und Ihre Richtlinien abwartet«.[215]

Damit war die Stoßrichtung gegen Todt und sein Hauptamt klar. Doch der Schuß sollte teilweise nach hinten losgehen. Denn auch Strölin und das Hauptamt gingen in die Öffentlichkeit. In der Julinummer seines Mitteilungsblattes »Die Nationalsozialistische Gemeinde« veröffentlichte Strölin einen Artikel mit dem Titel »Die energiewirtschaftliche Lage der Gemeinden«, der eine stark gekürzte Fassung eines Vortrags auf der Reichsarbeitstagung des Hauptamts für Kommunalpolitik am 19. Juli in München war.[216] Darin stellte er deutlicher als je zuvor die Position des Hauptamtes und der Gemeinden zu den Entwicklungen der letzten Zeit dar.

Er hob die außerordentliche Steigerung der Energieerzeugung und des -verbrauchs hervor, der 1938 den Höchststand von 1930 um das 1,7fache übertroffen hatte. Demgegenüber mußte er jedoch feststellen, daß die Kapazitäten lediglich um das 1,2fache ausgebaut worden waren. Strölin stimmte zwar, wie er es schon früher getan hatte, einer Aufgabe der Energieversorgung von kleineren Gemeinden zu, doch forderte er einen Bestandschutz für die leistungsfähigen Anlagen. Ohne den Adressaten seiner Angriffe beim Namen zu nennen, aber deutlich auf die Entwicklungen in Württemberg abzielend, wandte er sich vehement gegen die Zusammenfassung von Erzeugung und Verteilung in einer Kapitalgesellschaft, die nicht mit den Gemeinden in Verbindung stände. Dadurch sei der wichtige städtebauliche Aspekt, den die Energieversorgung besonders auf wohnungs- und siedlungspolitischem Gebiet einnehme, nicht mehr gesichert. Den Gemeinden müsse wenigstens die Verteilung überlassen bleiben. Damit griff er Dillgardt direkt an, der sich gleich nach Übernahme seines Postens auch für eine Vereinheitlichung der Verteilung ausgesprochen hatte. Eine wesentliche Rolle spielten hier die finanziellen Auswirkungen auf die Gemeinden, weshalb Strölin neben einer großzügigen finanziellen Entschädigung für die Gemeinden, die ihre Werke aufgeben müßten, eine klare sachliche und zeitliche Begrenzung der ganzen Flurbereinigung forderte, damit die Betriebe über ihr zukünftiges Schicksal Bescheid wüßten und entsprechend planen und investieren könnten.

Wenig später wandte sich Rohrbach, sichtlich verstimmt, an das NSDAP-Hauptamt für Kommunalpolitik, da er sich durch Fiehler ungerecht behandelt fühlte. In einem Schreiben an den persönlichen Referenten Fiehlers betonte er, daß er nicht aus privaten Gründen handle, sondern vom Gauleiter persönlich mit der Zusammenfassung der Energiewirtschaft in Württemberg beauftragt worden sei. Deshalb habe er auch das Recht, im Namen der württembergischen Partei zu sprechen.[217] Nochmals hob er hervor, daß die Energiewirtschaft nur Aufgabe guter Ingenieure sein könne, und griff das Hauptamt und die Gemeinden erneut heftig an. Obwohl man den Brief Strölin am 18. August zur Stellungnahme übersandte, blieben nachweisbare Reaktionen aus. Strölin befand sich in Urlaub und hatte nach der Rückkehr andere Probleme zu lösen. Die Folge des Konflikts war jedoch, daß Dillgardt gegen Ende des Jahres Strölin unmißverständlich mitteilte, daß Veröffentlichungen künftig kein Raum für energiepolitische Erörterungen seien, da sie im nicht kommunalen Lager, insbesondere bei den Ämtern für Technik gegensätzliche Aktionen auslösen würden.[218] Dies kam fast einem Maulkorb gleich. Doch Strölin hatte nicht die Absicht, dieses Verbot zu befolgen. Zu sehr war das Ansehen Dillgardts bereits gesunken.

Der Ausbruch des Krieges brachte auch im Energiesektor entscheidende Veränderungen. Um die Sicherstellung der Energieversorgung besonders der Rüstungsbetriebe zu gewährleisten, übernahm ein »Reichslastverteiler«, dem regionale »Bezirkslastverteiler« nachgeordnet waren, die Lenkung der gesamten Energieerzeugung und -verteilung. Da diese Verteilungsorgane jedoch nicht direkt in die Entscheidung über die grundsätzlichen Fragen der Energiepolitik eingreifen konnten, drohte von dieser Seite zunächst nur geringe Gefahr. Die von Dillgardt in die Wege geleitete große Flurbereinigung kam nach dem September 1939 wegen des hinhaltenden Widerstandes der um ihre Kompetenz besorgten Berliner Ministerien fast vollständig zum Erliegen.[219] Trotzdem gingen die Bestrebungen der großen Werke weiter, lokale Energieversorgungsunternehmen unter ihre Kontrolle zu bringen, wobei nun eine Verschiebung von den Privatunternehmen hin zu Gauunternehmen stattfand, in denen die regionalen Parteigrößen ihren Einfluß ausdehnten. In Württemberg versuchte die Energieversorgung Schwaben auch weiterhin, starke Unternehmen wie die Neckarwerke in Eßlingen oder die Elektrische Kraftübertragung Herrenberg (EKH) unter ihre Kontrolle zu bringen.[220] Allerdings stießen diese Vorhaben auf den Widerstand der Gesellschaften, und auch Strölin stellte sich auf die Seite dieser Unternehmen, obwohl er im Aufsichtsrat der Energieversorgung Schwaben saß.[221]

Da eine schnelle Übernahme der Neckarwerke nicht in Sicht war, setzte er sich besonders für Herrenberg ein, das 1939 mit einem Stromabsatz von über 40 Millionen Kilowattstunden bei weitem nicht in die Kategorie der aufzuhebenden Werke gehörte. So verhandelte er ab Mitte

Dezember 1939 mit den verschiedensten Stellen in Württemberg und im Reich, um die Selbständigkeit dieses genossenschaftlichen Unternehmens zu erhalten.[222] Zum anderen wollte er gerade im Fall Elektrische Kraftübertragung Herrenberg »hinhaltenden Widerstand« leisten, um fernerhin sicherzustellen, daß die Flurbereinigung nach einheitlichen Richtlinien des Reiches durchgeführt würde.[223] Strölin befürchtete durch eine weitere Konzentration den endgültigen Verlust des kommunalen Einflusses in diesem Bereich. Ein Indiz sah er in der Tatsache, daß die alten Überlandwerke, die sich zur Energieversorgung Schwaben zusammengeschlossen hatten, im Aufsichtsrat in der Regel nicht von den Verbandsvorsitzenden, sondern von den jeweiligen NSDAP-Kreisleitern vertreten wurden.[224] Strölins Widerstand im Fall Herrenberg hatte einen gewissen Erfolg; die EVS konnte ihre Ziele nicht ohne weiteres erreichen. Das Ende der Selbständigkeit der EKH leitete allerdings Strölin selbst ein. Als sich im Herbst 1941 die Eingemeindung von Vaihingen nach Stuttgart abzeichnete und man in Herrenberg davon ausging, daß die TWS die neuen Gemeindeteile versorgen werde, was gleichzeitig einen Verlust von rund 18 Prozent der Einnahmen der Elektrischen Kraftübertragung Herrenberg bedeutet hätte, stimmte die Gesellschaft einer Fusion mit der Energieversorgung Schwaben zu.[225]

Ein Brief Martin Bormanns an Fiehler änderte am 2. Februar 1940 die Stellung der Gemeinden und ihrer Interessenvertreter im Kampf um die Erhaltung der kommunalen Energiebetriebe entscheidend. Hitler hatte in einem Tischgespräch betont:

»Die derzeitige Entwicklung der Elektrizitäts-Versorgung sei grundfalsch, abzulehnen und nach dem Kriege unbedingt abzuändern. Die derzeitige Entwicklung der Elektrizitäts-Versorgung sei absolut von kapitalistischen Interessen diktiert, aber nicht von den Belangen der Allgemeinheit bestimmt. [...] Notwendig sei ferner, daß jedes Dorf und jede Stadt, die über die notwendige Wasserkraft verfügen, diese für die Elektrizitäts-Erzeugung ausnützen.«[226]

Sofort nach Eingang des Briefes erhielt Strölin eine Abschrift, um die Meinung des Führers in den künftigen Auseinandersetzungen verwerten zu können.[227]

In der folgenden Zeit versuchte Strölin, die Interessen der Gemeinden zweigleisig zu vertreten. Dazu diente ihm zum einen seine Funktion in der Reichsleitung der NSDAP und andererseits seine engen Beziehungen zu den für die kommunale Energieversorgung zuständigen Beamten des Reichsministeriums des Inneren, die ähnliche Positionen vertraten. Die Zusammenarbeit ging soweit, daß man gemeinsam die Taktik im Kampf gegen Dillgardt als Generalbevollmächtigten absprach und sich über die Entwicklungen auf dem laufenden hielt. Dies hatte allerdings bereits vor der Äußerung Hitlers begonnen. Auf einer Besprechung in Berlin am 11. Januar 1940, an der Ministerialbeamte des Reichsministeriums des Inneren sowie Strölin und sein Sachbearbeiter Doka teilnahmen, kam man nach genauer Analyse der begrenzten Vollmachten Dillgardts zu dem Schluß, daß Ministerialdirigent Herbert Fuchs es in absehbarer Zeit zu einem offenen Konflikt zwischen dem Reichsministerium des Inneren und dem Generalbevollmächtigten kommen lassen sollte, um ihn direkt vor Göring auszutragen.[228] Freilich hielt man die eigene Machtposition noch nicht für stark genug, um losschlagen zu können. Deshalb wollte man sich zunächst der Mithilfe verschiedener Persönlichkeiten, wie beispielsweise des Gauleiters Meyer (Westfalen-Nord), versichern. Am Ende des Monats kam es noch zu einem eingehenden Gespräch zwischen den Verantwortlichen des NSDAP-Hauptamts für Kommunalpolitik und Reichsinnenminister Frick.[229] Einen knappen Monat später brach das Innenministerium den Konflikt vom Zaun, indem es am 28. Februar einen Runderlaß herausgab, der den Gemeinden über 10 000 Einwohnern die Aufgabe ihrer Selbständigkeit in der Energiewirtschaft verbot.[230]

Die Aktion schien zunächst ein voller Erfolg zu werden, denn Reichswirtschaftsministerium, Reichsministerium des Inneren, Dillgardt, Heß und Göring installierten schließlich den sogenannten Gramsch-Ausschuß zur Behandlung von Energiewirtschaftsfragen, der aus Vertretern verschiedener Ministerien und dem Beauftragten des Vierjahresplans bestand. Diesem oblagen, trotz heftigen Widerspruchs von Dillgardt, alle wichtigen Entscheidungen. Damit war Dillgardt faktisch entmachtet.[231]

Strölin versuchte zudem, in enger Zusammenarbeit mit Fiehler auch die Energiewirtschaftspolitik der Partei im Interesse der Gemeinden zu beeinflussen. Dabei kam ihm die Willensäußerung Hitlers zugute.[232] Sie bot Gelegenheit zu einer ganztägigen Chefbesprechung beim Stab des

Stellvertreters des Führers am 1. Juli 1940 in Berlin, an der vormittags die Vertreter von Heß, das NSDAP-Hauptamt für Technik mit Todt und Köhns sowie das NSDAP-Hauptamt für Kommunalpolitik mit Fiehler und Strölin teilnahmen. Nachmittags kamen neun Gauleiter hinzu, in deren Gauen es besondere Konflikte mit großen Energieversorgungsunternehmen gab. Obwohl alle Beteiligten sich heftig über das kapitalistische Gebaren der Großunternehmen – besonders der Rheinisch-Westfälischen Elektrizitätswerke – beschwerten, wurden doch Meinungsverschiedenheiten zwischen den Gauleitern und den Kommunalpolitikern deutlich. Während man sich über die falschen Vorstellungen Dillgardts und die Notwendigkeit eines sofortigen Stopps der Flurbereinigung einig war, brachten die Gauleiter zum Ausdruck, daß die Energieversorgung stärker unter die Kontrolle der Gaue zu bringen sei. Die Großerzeugungsanlagen und die übergebietliche Verteilung sollten dagegen Sache des Reiches werden.

Eigentlich schien jetzt die Lage für die Gemeinden günstig zu sein. Strölin nahm das Ergebnis der Aussprache zum Anlaß, umgehend eine Denkschrift über die Neugestaltung der Energiewirtschaft auszuarbeiten, in der er nochmals die Forderungen des NSDAP-Hauptamts für Kommunalpolitik präzisierte.[233]

Der entscheidende Mangel lag seiner Ansicht nach sowohl im Fehlen einer gesetzlich fixierten Zielrichtung auf energiewirtschaftlichem Gebiet als auch in der Unübersichtlichkeit der Zuständigkeiten. Dies verdeutlichte er, indem er nicht weniger als 13 verschiedene Stellen aufzählte, die eine Mitsprache beanspruchten, wobei er vergaß, die Unternehmen selbst und die Gemeinden zu nennen. Eine einheitliche Lenkung war sein oberstes Ziel für die Zukunft. Um den kapitalistischen Konkurrenzkämpfen ein Ende zu bereiten, schlug er wie schon früher vor, die Großerzeuger und die überregionale Verteilung in die Zuständigkeit des Reiches überzuführen, während er für die regionale und lokale Ebene Gau- beziehungsweise Gemeindeunternehmen ins Auge faßte. Ganz entschieden wandte er sich dagegen, daß diese Gesellschaften, in denen die öffentliche Hand die Kontrolle ausüben müßte, in Form von privatwirtschaftlichen Gesellschaften betrieben würden. Vielmehr tendierte er zu Regiebetrieben von Reich, Landkreisen und Gemeinden. Nur so sah er den Einfluß der politischen Entscheidungsträger gewährleistet, da in seinen Augen die kapitalistische Konstruktion von Aufsichtsrat und Vorstand nicht dem Führerprinzip entsprach, denn selbst der Aufsichtsratsvorsitzende hatte nach nationalsozialistischem Recht nur bedingten Einfluß auf die Entscheidungen des Vorstandes. Den Gauen hingegen kam in seinen Überlegungen nur eine untergeordnete Rolle zu.

Zu den von Strölin und Fiehler erhofften allgemeinen Richtlinien für die Energiepolitik der NSDAP, die auch auf der Besprechung am 1. Juli in Aussicht gestellt worden waren, kam es jedoch nie. Zu konträr waren die Meinungen der einzelnen Parteigliederungen. Strölin hatte sich wegen seines kompromißlosen Eintretens für die Interessen der Gemeinden im Gegensatz zu Fiehler nicht nur Freunde geschaffen.

Dennoch blieb sein Rat gefragt. So legte er für den Gramsch-Ausschuß ein Gutachten vor, das im wesentlichen seine alten Positionen bekräftigte und gegen die ebenfalls im Ausschuß beratene Denkschrift von Richard Fischer gerichtet war. Strölin sprach sich vehement gegen die von Fischer und von Teilen des Reichswirtschaftsministeriums vorgeschlagenen privatwirtschaftliche Organisation der Energieversorgungsunternehmen aus, da er in der beabsichtigten Kapitalverschachtelung einen Rückfall in die Zeiten des schlimmsten Kapitalismus sah. Ferner lehnte er nun die Grenze von 10 000 Einwohnern, bei der die kommunalen Energieversorgungsunternehmen ihre Eigenständigkeit aufgeben sollten, kategorisch ab und forderte in jedem Fall eine Einzelüberprüfung.[234] Trotzdem blieb das Verhältnis zwischen Strölin und Fischer relativ gut; beide konsultierten sich während der Vorbereitung ihrer Gutachten.[235] Mit seinen Vorstellungen hatte er weitgehenden Erfolg, wie aus der im Januar 1941 vorgelegten Denkschrift des Ausschusses zu ersehen ist.[236]

Der streng geheime Bericht, über den Strölin nicht einmal auf der Arbeitstagung des NSDAP-Hauptamts für Kommunalpolitik in Straßburg sprechen wollte, wurde schnell Makulatur, denn bereits im Februar änderte sich die Konstellationen erneut.

Mit Schreiben vom 20. Februar 1941 teilte Bormann dem Chef der Reichskanzlei, Lammers, mit, Hitler wünsche, »daß Herr Reichsminister Dr. Todt umgehend die Leitung der gesamten Energiewirtschaft und Wasserwirtschaft übertragen wird. Ein entsprechender Erlaß soll von Ihnen sofort vorbereitet werden.«[237] Damit waren die Karten neu gemischt. Gerade der alte Rivale aus dem Hauptamt für Technik saß nun an den Schalthebeln der Macht. Die Ernennung Todts zog sich wegen Kompetenzstreitigkeiten mit den Berliner Ministerien allerdings noch bis zum 29. Juli hin. Die Tatsache der bevorstehenden Ernennung wurde jedoch in Insiderkreisen schnell bekannt. Als erster zog Dillgardt seine Konsequenzen und bat Göring, ihn von seinem Amt als Generalbevollmächtigten zu entbinden, was dieser am 16. März auch tat.[238] Seine Position war unhaltbar geworden, da selbst Hitler eine Nachfolge Todts auf diesem Posten für ungenügend erachtete und wünschte, daß Todt ihm unmittelbar unterstellt sei.[239]

Strölin erhielt die Nachricht vom bevorstehenden Personalwechsel am 27. Februar aus dem Stabe von Heß, ohne jedoch Näheres oder gar Namen zu erfahren.[240] Deshalb konnte er sich noch am 3. April geschmeichelt fühlen, als ihm der Sachbearbeiter des Deutschen Gemeindetags, Apfelstedt, mitteilte, daß auch er neben Generaldirektor Plieger und Fiehler im Gespräch sei.[241] Doch der Traum zerplatzte schnell. Sechs Tage später fand in München wieder eine größere Besprechung zwischen dem Hauptamt für Kommunalpolitik und Todt statt, auf der Strölin und Fiehler über die bevorstehenden Entwicklungen näher informiert wurden und man nochmals die gegenseitigen Positionen austauschte, wobei nach Strölins Auffassung Todt sehr freundlich und aufgeschlossen war.[242] Todt mußte eingestehen, daß seinen Vorstellungen Grenzen durch Hitlers Äußerungen gesetzt worden waren.[243] Die Kommunalpolitiker vernahmen das wohl und hielten den Inhalt des Gesprächs in einem Aktenvermerk fest, was ihnen heftige Kritik von Todt einbrachte, weil dies ohne seine Genehmigung geschehen war.[244] Aber sie konnten sich auf seine Aussagen berufen, was letztlich jedoch wenig half.

Die Stellung der Gemeinden sowie des NSDAP-Hauptamts für Kommunalpolitik und ihr Einfluß im Energiesektor waren trotz aller Lippenbekenntnisse – auch Hitlers – bereits derart geschwächt, daß sie eigentlich nur noch hinhaltenden Widerstand leisten und darauf hoffen konnten, daß das Reichsinnenministerium ihre Interessen gegenüber der geplanten neuen Reichsbehörde tatkräftig unterstützte. Zwar kam es noch vor der Berufung Todts zu mehreren Gesprächen Strölins und anderer Kommunalpolitiker beziehungsweise Beamten des Reichsministeriums des Innern mit Vertretern des Ministeriums Todt, die jedoch sehr unverbindlich verliefen und den Beteiligten den Eindruck vermittelten, daß wieder eher die Positionen der Privatwirtschaft zum Zuge kommen könnten.[245] Zwar täuschte sich Strölin, was die privatwirtschaftliche Ausrichtung betraf, doch seine Befürchtungen erwiesen sich als nicht unbegründet. Mit der Ernennung Todts zum Generalinspektor für Wasser und Energie gingen die zuständigen Abteilungen des Wirtschafts-, Ernährungs- und Verkehrsministeriums in die neue Behörde über. Im Gegensatz dazu blieb das Innenministerium weiterhin oberstes Aufsichtsorgan für die kommunale Energiewirtschaft.[246]

Ganz in der Tradition der alten energiewirtschaftlichen Abteilung des Reichswirtschaftsministeriums entwickelte Todt einen Plan, der auf eine Konzentration der Energiewirtschaft in Händen des Reichs hinauslief. Diese Überlegungen stießen selbstverständlich auf heftigen Protest der Kommunalpolitiker, doch kam man bis zum Tod Todts am 8. Februar 1942 zu keiner Einigung.[247]

Albert Speer, der Todt auch in seiner Funktion als Generalinspektor beerbte, setzte die Politik seines Vorgängers fast unverändert fort, standen ihm doch die alten Mitarbeiter zur Seite. Wie seinem Vorgänger gelang es auch ihm zunächst nicht, die kommunale Energiewirtschaft unter seine Kontrolle zu bringen, denn Hitler persönlich lehnte einen ausgearbeiteten Gesetzentwurf, der dies zum Ziele hatte, ab und verdeutlichte nochmals die Bedeutung der Gemeinden auf diesem Gebiet.[248] Dennoch gelang es Speer im Sommer 1943 auf Grund der immer schwierigeren Lage der Rüstungsindustrie, schließlich einen Führererlaß zu erreichen, der ihm die Verfügungsgewalt über sämtliche Energiebetriebe in Deutschland zugestand.

Strölin hatte schon längst resigniert. Er mußte einsehen, daß sein Einfluß vollkommen geschwunden war. Nicht einmal seine Berufung zum Leiter des neugegründeten Amtes für Gemeindliche Wirtschaftspolitik im Hauptamt für Kommunalpolitik und seine Beförderung zum Hauptabschnittsleiter in der Reichsleitung der NSDAP im Dezember 1941 hatten diesen Machtverlust verhindern können.

Deutlich wird seine Resignation und sein schrittweiser Rückzug aus der reichsweiten Energiepolitik an zwei Beispielen. Als ihn 1942 die Deutsche Akademie bat, einen Vortrag über Energiewirtschaft zu halten, lehnte er dies mit dem Hinweis ab, daß die Dinge nach der Berufung von

Speer derart im Fluß seien, daß man noch keinerlei Aussagen über dessen weiteren Planungen machen könne und es Speer zum anderen nicht wünsche, »daß nun die grundlegenden Fragen der Energiewirtschaft von anderer Seite her in der Öffentlichkeit aufgerollt werden«.[249] Deutlich machte er jedoch, daß er den Eindruck habe, Speer beabsichtige, die Neugestaltung bis nach Kriegsende zurückzustellen. Strölin selbst wollte nicht über zweitrangige Probleme referieren. Aber nur dies hätte er tun können, da jede Äußerung eines prominenten Vertreters der kommunalen Energiewirtschaft mit besonderer Aufmerksamkeit beobachtet worden wäre, was im »Meinungskampf« und für die Stellung der Gemeinden nicht opportun erschien. Wenn auch ungewollt, kommentierte Strölin damit seine Lage. Als Interessenvertreter der Gemeinden und der kommunalen Selbstverwaltung hatte er sich ins Abseits manövriert.

Das andere Beispiel findet sich in einem Bericht Strölins über die Kriegsarbeit seines Amtes im NSDAP-Hauptamt für Kommunalpolitik, den er im Januar 1943 anfertigte. In ihm mußte er auf viele Aktivitäten zurückgreifen, die teilweise schon lange vor Kriegsbeginn von ihm in die Wege geleitet worden waren. Aktivitäten aus den Jahren nach 1941 werden dagegen nicht erwähnt.[250]

Dieser Bericht stand bereits im Zusammenhang mit Strölins unfreiwilligem Ausscheiden aus dem Hauptamt für Kommunalpolitik und dem Verlust seines Parteiranges.[251] Trotzdem unterhielt er in der Energiepolitik weiterhin enge Kontakte zu Fiehler.

Anders als im Reich konnte er dank seiner Posten in der württembergischen Energiewirtschaft wesentlich länger eine Rolle spielen. Dabei gelang es ihm sogar noch während des Krieges in Zusammenarbeit mit der württembergischen und badischen Landesregierung und den Berliner Stellen, eine Südwestdeutsche Ferngas AG zu gründen, nachdem er bereits vorher maßgeblich an der Schaffung des Zweckverbandes Gasversorgung Württemberg beteiligt gewesen war. Ziel dieser AG war die Sicherung der Gasversorgung in Baden und Württemberg durch den gemeinsamen Bau einer Großkokerei am Rhein und den Ausbau der notwendigen Ferngasleitungen.[252] Damit war es Strölin gelungen, die Ansprüche der Energieversorgung Schwaben auf die Gasversorgung im Gau abzublocken. Durch die sich zunehmend verschärfende Kriegslage kam das Projekt jedoch nicht über Anfangsstadien hinaus.

Das Verhältnis zur Energieversorgung Schwaben blieb gespannt, obwohl sich immer wieder Schwankungen in Strölins Einstellungen zeigten. So mußte er zwar einem längerfristigen Stromlieferungsvertrag mit der EVS zustimmen, doch wenn es um die Konflikte mit den Rheinisch-Westfälischen Elektrizitätswerken ging, die praktisch einen Kreis um das Versorgungsgebiet der Energieversorgung Schwaben gelegt hatten, zogen er, Rohrbach und Innenminister Schmid an einem Strang.[253] Strölin mußte sich mehrmals eingestehen, daß die Verhältnisse in der württembergischen Energiewirtschaft doch relativ einfach gelagert seien, da es im Land keine privaten Energieversorgungsunternehmen gab, sondern nur Gemeindeverbände und die Landesgesellschaft.[254]

Während des Krieges gelang es der Stadt noch zusammen mit Daimler-Benz, die Errichtung eines Heizkraftwerks in Untertürkheim gegen diverse Widerstände durchzusetzen. Der Bau konnte allerdings nicht mehr fertiggestellt werden.[255] Allein schon die Bauerlaubnis bedeutete eine Stärkung der städtischen Position in der württembergischen Energiewirtschaft.

## *Kanalprojekte*

Obwohl die Reichsregierung 1938 deutlich gemacht hatte, daß sie in Zukunft dem Rhein-Main-Donau-Kanal vor allen süddeutschen Kanalprojekten den Vorzug geben würde, blieb Strölins Stellung in seiner Position als Vorsitzender des Südwestdeutschen Kanalvereins relativ stark. Er dachte nicht daran, seine Pläne aufzugeben. Auch in den folgenden Jahren versuchte er immer wieder, Persönlichkeiten, mit denen er ins Gespräch kam, für das Vorhaben zu gewinnen. So legte er seine Pläne für einen Neckar-Donau-Kanal noch im Mai 1940 Staatsrat von Stauß, dem Aufsichtsratsvorsitzenden von Daimler-Benz vor, der ihm versprach, mit den bayerischen Stellen darüber zu sprechen.[256] Ein greifbares Ergebnis zeitigte der Vorstoß jedoch nicht.

Nach Kriegsausbruch trat die Diskussion um die Kanalprojekte zunächst in den Hintergrund. Doch nach Beendigung des Frankreichfeldzugs begannen Strölin und sein Kanalverein neue Aktivitäten. Neben dem Albprojekt verstärkten sie nun auch die Werbung für den Donau-

Bodensee-Kanal von Ulm nach Friedrichshafen sowie für den Ausbau des Oberrheins. Im neugeordneten europäischen Wirtschaftsraum sollten diese Kanäle in Verbindung mit dem in der Schweiz geplanten Rhône-Rhein-Kanal billige Transportkapazitäten bis nach Südfrankreich und ans Schwarze Meer ermöglichen. Man verstieg sich sogar zu der Idee, einen Anschluß nach Norditalien mittels eines Kanaltunnels durch die Alpen zu erreichen.[257]

Dabei stieß der Kanalverein jedoch auf heftige Ablehnung durch den Landesplaner August Bohnert, der die geplanten Wasserstraßen aus Raumordnungsgründen für überflüssig hielt. Auch im Reichsverkehrsministerium wurde man gegenüber den Aktivitäten, die Strölin entwickelte, zusehends skeptischer. Schließlich schien auch Murr nicht mehr sonderlich an den Kanalplänen interessiert zu sein, obwohl die württembergische Landesregierung weiter daran festhielt.

Einen entscheidenden Wandel brachte auch auf diesem Gebiet 1941 die Berufung von Fritz Todt zum Generalinspektor für Energie und Wasser, dem die Wasserstraßen unterstellt waren. Damit befand sich mit Ausnahme der Reichsbahn das gesamte Verkehrswesen unter seiner Kontrolle. Wie schon in der Energiepolitik bedeutete diese Berufung faktisch das Ende der Einflußmöglichkeiten Strölins im Kanalwesen. Zwar konnte er noch kurze Zeit wenigstens Denkschriften durch den Kanalverein erarbeiten oder zu Ende führen lassen. Doch mußten auch solche Planungen für die Friedenszeit wegen der zunehmenden Probleme, die der Kriegsverlauf mit sich brachte, eingestellt werden.[258] Die Arbeiten am Neckarkanal kamen fast vollständig zum Erliegen. Als es im September 1942 um den Weiterbau der Staustufe Hessigheim ging, schrieb er resignierend in sein Tagebuch: »Wir wollen es versuchen, damit jedenfalls eine Eingabe von uns rechtzeitig bei den Akten liegt.«[259]

Spätestens 1941 hatte er auch auf diesem Gebiet jeglichen Einfluß, der ohnehin schon stark begrenzt war, verloren.

# Aus der Traum

## *Die auslandsdeutschen Aktivitäten*

Nach der glänzend verlaufenen Tagung der NSDAP-Auslandsorganisation im September 1938, die Stuttgart wiederum für eine Woche ins Rampenlicht der deutschen Öffentlichkeit gestellt hatte, mußte Strölin seinen Gemeinderäten eine äußerst unangenehme Mitteilung machen. Der Leiter des »Gaus Ausland«, also der NSDAP-Auslandsorganisation, Ernst Wilhelm Bohle, hatte ihm seine Absicht mitgeteilt, die Reichstagungen nicht mehr jährlich abzuhalten, sondern nur noch alle zwei Jahre. In den dazwischen liegenden Jahren sollten kleinere Tagungen in anderen Städten stattfinden.[260]

Die schon nach dem Anschluß Österreichs um die Stellung Stuttgarts besorgten Ratsherren sahen nun ihre Befürchtungen wahr werden. Strölin konnte ihnen jedoch noch gewisse Hoffnungen machen. Eindringlich hatte er Bohle darum gebeten, seine Entscheidung nicht gleich zu fällen, sondern erst ein Gespräch mit ihm und Murr über das Thema abzuwarten. Sehr zuversichtlich schien er schon zu diesem Zeitpunkt nicht mehr gewesen zu sein, denn er hatte bereits eine Alternative parat, wenn es tatsächlich zum zweijährigen Rhythmus kommen sollte. In diesem Fall gab er zu bedenken, ob man nicht die Jahrestagungen und die Festwoche des Deutschen Auslands-Instituts entsprechend aufwendiger gestalten könnte. Damit signalisierte er gleichzeitig eine verstärkte Hinwendung des Deutschen Auslands-Instituts und der Stadt zur Volksdeutschen Mittelstelle, die in der Zwischenzeit eine beherrschende Rolle in der Volkstumsarbeit gewonnen hatte, während die NSDAP-Auslandsorganisation stetig an Einfluß verlor. Dieses taktische Manöver wurde notwendig, um die bevorzugte Stellung Stuttgarts, den sie durch ihren Titel erhalten hatte, zu sichern. Die Stadt hatte Konkurrenz bekommen, nachdem im Frühjahr 1938 die Reichskanzlei den Sprachgebrauch für die deutschen Staatsbürger im Ausland und die deutschen Minderheiten entsprechend der Aufgabenteilung zwischen NSDAP-Auslandsorganisation und Volksdeutscher Mittelstelle neu definiert hatte. Danach waren unter Auslandsdeutschen nur noch deutsche Staatsbürger mit

Wohnsitz im Ausland zu verstehen.[261] Frankfurt am Main und Breslau versuchten danach, den Titel »Stadt des deutschen Volkstums« zu erhalten und dadurch Stuttgarts Stellung zu schwächen.[262] Strölin, der schon vor der endgültigen Festlegung der neuen Sprachregelung davon erfahren hatte, war sich sofort klar darüber, daß dies Auswirkungen auf Stuttgart haben mußte. So führte er umgehend mit Außenminister Neurath und dessen Schwiegersohn, Hans-Georg von Mackensen, der gleichzeitig Staatssekretär im Auswärtigen Amt war, Gespräche über die neue Situation. In einer Unterredung auf Neuraths Gut Leinfelden schlug Strölin unter Hinweis auf das Telegramm Hitlers anläßlich der Ernennung der Stadt vor, der Begriff »auslandsdeutsch« möge doch für die Deutschen mit fremder Staatsangehörigkeit verwendet werden. Mackensen und Neurath schlossen sich dieser Argumentation jedoch nicht an.[263]

Während Strölin in Frankfurt, trotz seines tatkräftigen Oberbürgermeisters Friedrich Krebs, eigentlich keine ernste Gefahr sah, erschien ihm Breslau wegen seiner exponierten Lage im Osten und vor allem wegen dem dortigen, einflußreichen Gauleiter Wagner, der gleichzeitig Reichspreisbildungskommissar und Gauleiter von Westfalen war, als ernsthafter Konkurrent. Am Rande des Deutschen Turnfestes hatte er in Breslau die Gelegenheit wahrgenommen, um mit seinem dortigen Amtskollegen Friedrichs über die Frage zu sprechen und zu seiner Beruhigung erfahren, daß bereits ein offizieller Antrag bei Hitler gescheitert war, der Bezeichnungen für Städte in Zukunft nicht mehr vornehmen wollte.

Um die Position des Deutschen Auslands-Instituts weiter zu stärken, richtete man in Berlin ein eigenes Büro ein, das unter Leitung von Dr. Helmut Kruse den ständigen Kontakt zu den wichtigsten Stellen halten sollte, damit man frühzeitig von neuen Entwicklungen erfuhr. Im Laufe der Jahre entwickelte sich diese Stelle jedoch mehr und mehr zu einem Büro der Stadtverwaltung in der Reichshauptstadt, das versuchte, die Interessen der Stadt gegenüber den Berliner Stellen zu vertreten.[264]

Wie sehr die Tendenz hin zu einer engeren Zusammenarbeit mit der Volksdeutschen Mittelstelle ging, zeigte sich daran, daß diese, wenn auch nicht ohne Widerstand Strölins, die Kontrolle über die auslandsdeutschen Heime in Stuttgart vom Deutschen Auslands-Institut übernahm.[265] Anläßlich der Jahrestagung des Deutschen Auslands-Instituts

1939, die nun in einem noch größeren Rahmen als im Jahr zuvor stattfand, kam die Annäherung an die Volksdeutsche Mittelstelle deutlich zum Ausdruck, deren Leiter, Werner Lorenz, selbst an der Tagung teilnahm. Unter allen hochrangigen Ehrengästen begrüßte Strölin ihn als ersten und stellte »mit großer Genugtuung fest, daß gerade im Ablauf des letzten Jahres sich eine besonders enge und vertrauensvolle Zusammenarbeit herausgebildet hat zwischen Ihrer Volksdeutschen Mittelstelle und unserem Auslands-Institut. Ich bin sicher, daß sich diese Zusammenarbeit immer enger und fester gestalten wird«.[266]

Zwangsläufig mußten sich bei einer verstärkten Anlehnung an die Volksdeutsche Mittelstelle die Beziehungen zur NSDAP-Auslandsorganisation abkühlen, da Bohle kein Interesse daran haben konnte, daß Stuttgart, die Stadt für die er die Patenschaft übernommen und deren Oberbürgermeister er zu verschiedenen Auslandsaufenthalten verholfen hatte, nun mit seinem größten Konkurrenten zusammenarbeitete. Für Strölin war es dagegen die einzige Möglichkeit, sowohl die Stellung der Stadt als auch des Deutschen Auslands-Instituts wenigstens vorläufig zu sichern.

Gleichzeitig war es ihm jedoch auch gelungen, die Beziehungen zur Wehrmacht bedeutend zu verstärken. Zahlreiche Vertreter der Wehrmacht nahmen an der Jahreshauptversammlung 1939 teil. Die Hauptrede hielt der Chef der Kriegsmarine Raeder.[267] Daß der Höhepunkt der Einflußnahme Stuttgarts jedoch bereits überschritten war, zeigte sich daran, daß nicht wie in früheren Jahren wichtige Minister vertreten waren, sondern meist nur die zweite oder dritte Garde Grußbotschaften überbrachte.[268] Darüber konnte auch die Hinwendung zu kolonialen Fragen und die Forderung nach einer Rückgabe der deutschen Kolonien nichts ändern, die auf einer Kundgebung von Epp in Übereinstimmung mit Strölin vertrat.[269] Entsprach diese Politik doch ganz und gar nicht den Intentionen Hitlers. Die Jahrestagung des Deutschen Auslands-Instituts war die letzte auslandsdeutsche Großveranstaltung im nationalsozialistischen Stuttgart.

Der Ausbruch des Zweiten Weltkrieges brachte für die Stadt und das Deutsche Auslands-Institut neue Probleme. Die Rolle Stuttgarts als Zentrum der Auslandsdeutschen wurde davon zunächst relativ wenig berührt, da die auslandsdeutschen Heime ihre Tätigkeit ungestört weiterführen konnten. Zwar überlegte Strölin Anfang 1940 die Heime wegen der großen Wohnungsnot zu schließen und sie der einheimischen Bevölkerung zur Verfügung zu stellen, doch kam man von diesem Plan sofort wieder ab, weil man einsah, daß dies das letzte Faustpfand der Stadt zur Stärkung ihrer Position war.[270] Die Kontakte zu den Deutschen im Ausland wurden durch den Krieg zwangsläufig erschwert oder ganz verhindert. In der Anfangsphase bestanden fast nur noch Beziehungen nach Südosteuropa und Italien. Mit den Siegeszügen der deutschen Wehrmacht konnte jedoch auch wieder Kontakt mit den Volksgruppen in den besetzten Gebieten aufgenommen werden.

Wesentlich komplizierter gestaltete sich die Lage für das Deutsche Auslands-Institut. Reine Wissenschaft war in Kriegszeiten nicht mehr gefragt. Neue Aufgaben mußten gefunden werden, um die Existenzberechtigung des Instituts nachzuweisen. Kurz nach Kriegsbeginn begannen deshalb rege Aktivitäten. Schon am 2. September traf sich Strölin mit Major Kurt Diebitsch von der militärischen Abwehr, um über die Umstellung des Deutschen Auslands-Instituts zu beraten.[271] Wieder einmal hatte man Glück, denn man kannte Diebitsch gut, da er früher bei der politischen Polizei in Württemberg Dienst getan hatte und später im Stuttgarter Generalkommando für die Verbindung zwischen Wehrmacht und Deutschem Auslands-Institut zuständig war.[272] Die Aussprache brachte jedoch nur geringe Ergebnisse. Auf Grund seiner fundierten Kenntnisse erhielt das Deutsche Auslands-Institut vom Oberkommando der Wehrmacht jedoch den Auftrag, Karten, Statistiken und Berichte über Polen zu erstellen. Andere Mitarbeiter waren in den Kriegsgefangenenlagern damit beschäftigt, die Gefangenen nach verschiedenen Volksgruppen zu unterteilen. Trotz allem war die Weiterarbeit nicht gesichert. Im Auftrag Strölins erstellte Könekamp deshalb ein Arbeitsprogramm, das den Gegebenheiten des Krieges entsprach.[273]

Eine Wende in der deutschen Volkstumspolitik ab Ende September 1939 eröffnete dem Deutschen Auslands-Institut schließlich ein neues Betätigungsfeld. Hitler hatte der Volksdeutschen Mittelstelle den Auftrag erteilt, die Umsiedlung der Baltendeutschen und der Deutschen aus den von der Sowjetunion besetzten Gebieten Polens zu organisieren. Wenige Tage später, am 7. Oktober, übernahm Himmler als »Reichskommissar für die Festigung des Deutschen Volkstums« die Kontrolle über die gesamte bevölkerungspolitische Entwicklung in den besetzten Gebieten.[274] Strölin erfuhr von der geplanten Umsiedlung bereits am 4. Oktober, als er sich in Berlin mit Behrends von der Volksdeutschen Mittelstelle traf, dem das Deutsche Auslands-Institut bezüglich seiner volksdeutschen Aktivitäten unterstand. Sofort sah er hier eine Betätigungsmöglichkeit für das Deutsche Auslands-Institut. Noch am gleichen Tag beriet er mit Karl Götz, welche Aufgabe das Institut dabei übernehmen könnte.[275] Man kam überein, daß angesichts der bisherigen Arbeit des Deutschen Auslands-Instituts die Erstellung einer umfassenden Dokumentation der Umsiedlung die sinnvollste Aufgabe wäre. Strölin setzte sich daraufhin mit den zuständigen Stellen in Verbindung und erreichte einen entsprechenden Auftrag für das Deutsche Auslands-Institut.[276] Da Strölin von den dabei eingesetzten Institutsmitarbeitern und von solchen, die in anderer Funktion in Polen Dienst taten, laufende Berichte verlangte, war er bestens über die politischen Entwicklungen und die Maßnahmen der verschiedenen deutschen Verwaltungen in Polen unterrichtet. Dabei blieb ihm die Brutalität, mit der man dort vorging und die teilweise auch von Stuttgartern wie Karl Götz gegenüber den Polen gefordert wurde, nicht verborgen.[277] Doch zunächst erregte dies bei ihm keine Kritik. Er nahm solche Berichte, die sich auch auf die Behandlung der Juden bezogen, relativ gelassen, wenn nicht gar zustimmend zur Kenntnis.[278]

Ein anderer Schwerpunkt der Institutsarbeit bildete der Versuch, sich in die Auslandspropaganda einzuschalten, da man dank des umfangreichen Archivs über eine Vielzahl von Adressen in aller Welt verfügte. Schon am Tag nach Kriegsbeginn hatte Strölin darauf hingewiesen, daß man alles unternehmen müsse, damit nicht erneut eine Kriegsschuldlüge in der ausländischen Presse entstehen könne.[279] Doch im ersten Kriegsmonat ließ sich für das Stuttgarter Institut kein Ansprechpartner finden, da alle maßgeblichen Stellen keinerlei Konzepte hatten. Man wußte nur, daß man etwas tun wollte, aber nicht wie. Deshalb fand zunächst lediglich ein wildes Adressensammeln aller möglichen Organisationen und Ämter statt.[280] Um dabei die Stellung des Deutschen Auslands-Instituts zu stärken, schlug Könekamp Strölin vor, diesen Punkt mit Staatssekretär von Weizsäcker in einer privaten Unterhaltung zu besprechen. Der gewünschte Einsatz des Instituts in der Auslandspropaganda beschränkte sich schließlich darauf, daß man das umfangreiche Adressenmaterial an das Auswärtige Amt weitergab. Dabei gab Strölin die Anweisung, daß man die Liste auf Personen hin kontrolliere, denen man solches Material nicht schicken könne.[281]

Neben der Umsiedlungsdokumentation bestand die wichtigste Kriegsaufgabe des Deutschen Auslands-Instituts in Arbeiten zu Volkstumsfragen für Wehrmacht, Auswärtiges Amt, Reichskommissar für die Festigung des Deutschen Volkstums, Volksdeutsche Mittelstelle und das Ministerium für die besetzten Ostgebiete. Dabei handelte es sich in erster Linie um Volkstumskarten und Statistiken, die für die Kriegsführung und die Besatzungspolitik von Bedeutung waren. In ähnlicher Weise griffen Abwehr und Sicherheitsdienst auf das reiche Informationsmaterial des Instituts zurück.[282]

Die Kontakte zur Abwehr liefen über den bereits oben erwähnten Diebitsch, mit dem sich Strölin öfter traf. Mit ihm, der wie viele andere Württemberger 1941 in Paris stationiert war, führte er beispielsweise im November eine ganze Reihe von Gesprächen über die Aufgaben, die das Deutsche Auslands-Institut übernehmen könnte, wobei er vorschlug, gerade dort aktiv zu werden, wo bisher wenig geschehen sei. Deshalb wollte sich das Institut in Zukunft besonders um die iberische Halbinsel kümmern und möglichst von dort aus einen intensiveren Informations- und Materialbeschaffungsweg nach Südamerika aufbauen. Da sich die Gefahr eines Krieges mit den USA gerade in diesen Wochen immer stärker abzeichnete, bot Strölin laufende Information über die Arbeit der neu organisierten Amerikastelle an, die intensiv an einem Ortslexikon mit Deutschtumsangaben und einer Deutschtumskarte arbeitete.[283] Als weiteres konnte er mit einer sehr detaillierten Karte der Bevölkerungsteile der Schweiz aufwarten.[284]

Gerade über die Schweiz wurde im Institut anscheinend auch ohne Aufträge von übergeordneten Stellen gearbeitet, denn Strölin hatte daran ein besonderes Interesse. Galt doch für ihn, wie für einen Teil seiner Gemeinderäte die Schweiz als mögliches zukünftiges Betätigungsfeld der Württemberger, nachdem Baden die Entwicklungen im Elsaß kontrollierte.[285] Die Interessen, die man in Württemberg hegte, blieben selbst in Berlin nicht verborgen. So berichtete im September 1940 der Chef des SS Hauptamtes, Gottlob Berger, an Himmler, daß sich in Stuttgart sowohl Strölin als auch Gauleiter Murr »für die gegebenen Reichskommissare für die Schweiz« betrachteten.[286]

Tatsächlich hatte Strölin sehr enge Kontakte zur Schweiz aufgebaut. Neben seinen beruflichen Kontakten zum Züricher Stadtpräsidenten Emil Klöti hielt er enge Verbindung mit den Vertretern der NSDAP-Auslandsorganisation und den deutschen auswärtigen Vertretungen. Häufig reiste er zur Festigung und Vertiefung dieser Beziehungen während des Krieges dorthin. In Deutschland selbst arbeitete er über das Deutsche Auslands-Institut mit Schweizer Nationalsozialisten zusammen, die entweder im Reich lebten oder vorübergehend zu Besuch waren. Sein Interesse an der Schweiz dürfte auch durch Könekamp gestärkt worden sein, der mit der Tochter des eidgenössischen Konsuls in Stuttgart verheiratet war.

In der graphischen Abteilung des Deutschen Auslands-Instituts schien man bereits an konkreten Vorbereitungen für einen Einmarsch in die Schweiz gearbeitet zu haben. Darüber berichtete der dort beschäftigte Maler und Musiker Tell Geck in Strölins Spruchkammerverfahren.[287] Doch die Schweiz war, solange sie die deutsche Wehrmacht durch ihre Rüstungsindustrie belieferte, Hitler keinen neuen Kriegsschauplatz wert. Trotz all dieser teilweise dilettantischen Aktivitäten des Deutschen Auslands-Instituts kann man es kaum als Spionagezentrum bezeichnen, wie dies vor und nach dem Krieg geschah.[288]

In der relativ ruhigen Kriegsphase im Sommer und Herbst 1940 griff Strölin wieder das Projekt eines »Umweltmuseums« auf, das eine wesentliche Erweiterung des bisherigen Ehrenmals der deutschen Leistung im Ausland werden sollte. Dabei dachte er nicht daran, nur die Ausstellungsfläche zu vergrößern, sondern ihm schwebte ein regelrechter Museumspark auf dem Killesberg vor, in dem ganze Gehöfte aus volksdeutschen Siedlungen ausgestellt werden sollten. Vorbild war für ihn der Stockholmer Freizeitpark »Skansen«, den er 1939 während des Wohnungsbaukongresses kennengelernt hatte.[289] Im Juli 1940 unterbreitete er Ministerpräsident Mergenthaler einen entsprechenden Plan. Gleichzeitig legte er ihm die Idee vor, wonach die Universität Tübingen, die Hochschulen in Stuttgart und Hohenheim, die Lehrerhochschule in Esslingen, das Lindenmuseum, die Weltkriegsbücherei unter Federführung des Deutschen Auslands-Instituts eine »Arbeitsgemeinschaft für Auslandskunde« gründen sollten, um ein Gegengewicht zu Berlin zu schaffen.[290] In diesem Rahmen könnten die Vorarbeiten für das Umweltmuseum geleistet werden, da für ein solches Projekt nicht nur die Erforschung der Deutschen im Ausland notwendig wäre, sondern man sich auch mit den Völkern, in denen die Deutschen leben, beschäftigen müßte. Mergenthaler reagierte sehr positiv auf die Vorstellungen Strölins und sagte zu, die notwendigen Finanzmittel zur Verfügung zu stellen. Danach geschah allerdings nichts Nennenswertes. Lediglich einige Mitarbeiter des Deutschen Auslands-Instituts erhielten Lehraufträge in Tübingen.

Was immer Strölin auch versuchte, um die Stadt der Auslandsdeutschen und das Deutsche Auslands-Institut zu stärken, wegen der Konzentration der gesamten auslands- und volksdeutschen Arbeit in Berlin unter Führung der SS mußte er immer neue Niederlagen hinnehmen. Als Ende 1941 Himmler als Reichsleiter in der Parteikanzlei die gesamte Betreuung der Volksdeutschen übertragen wurde, mußte das Deutsche Auslands-Institut Teile seiner Tätigkeitsfelder, besonders die erst 1938 übernommene Sippenkunde, an ihn abgeben.[291] Im Frühjahr 1942, wenige Wochen nach dem fünfundzwanzigjährigen Jubiläum des Instituts, das nur noch im internen Kreis begangen wurde, meldete die Volksdeutsche Mittelstelle relativ offen ihren Anspruch auf das gesamte Deutsche Auslands-Institut an, das ihr eigentlich schon de facto seit 1938 in weiten Teilen seiner Arbeit unterstand. Strölin, der die Rigorosität der Berliner Stellen kannte, versuchte zu retten, was noch zu retten war. Dabei ließ man sich jedoch Zeit. Strölin beauftragte Kruse mit der Ausarbeitung einer Denkschrift über die Situation des Instituts und die Chancen, es unter Kontrolle der Stadt zu behalten. Im August kam er auf Anregung Kruses selbst zu der Überzeugung, daß das Deutsche Auslands-Institut in erster Linie für die Aufgaben der Stadt der Auslandsdeutschen verwandt werden müsse. Danach sollte die Auslandskunde in Stuttgart bleiben, während er bereit war, die Volkstumskunde nach Berlin abzugeben. Resigniert schrieb er in sein Tagebuch:

»Ich stehe auf dem Standpunkt, daß das Deutsche Auslands-Institut nur in dem Maße weitergeführt werden sollte, als es der Stadt Stuttgart nützlich ist. Alle anderen Funktionen sollten von denjenigen Stellen übernommen werden, die sich seit der Machtübernahme mit den volkstums- und auslandskundlichen Fragen so intensiv befaßt haben.«[292]

Doch selbst dieses Minimalziel konnte er nicht erreichen. 1943 ging das Deutsche Auslands-Institut formell an die Volksdeutsche Mittelstelle über.[293] Strölin blieb nur der schöne Titel des Präsidenten. Zu sagen hatte er nichts mehr.[294]

Was letztlich zur Übernahme des Deutschen Auslands-Instituts und der Ausschaltung Strölins führte, läßt sich nicht mit letzter Sicherheit sagen. Doch sprechen Indizien dafür, daß er es sich mit den führenden SS-Stellen, die im Reich für Volkstumsfragen zuständig waren, verdorben hatte. Ursache dafür mag besonders sein Eintreten für eine humanere Behandlung der Volksdeutschen in den Rückwandererlagern und in ihren Wohngebieten besonders in Rußland gelegen haben.[295]

Mit dazu beigetragen haben könnten auch seine Beziehungen zum Ostministerium unter Rosenberg, das wie er einen wesentlich vorsichtigeren Kurs gegenüber den Völkern in den besetzten Gebieten vertrat. Engere Kontakte hatte er dort zu Ministerialdirektor Georg Leibbrandt, der schon zu den Mitarbeitern Rosenbergs im Außenpolitischen Amt der NSDAP gehört und in dieser Funktion fast regelmäßig an den Tagungen des Deutschen Auslands-Instituts teilgenommen hatte. Das Ministerium hatte für Strölin eine ganz besondere Aufgabe vorgesehen. Auf einer Besprechung von Hitler, Rosenberg, Lammers, Keitel und Göring am 16. Juli 1941 über die deutschen Ziele in Rußland und über die Besetzung der Gouverneurs- und Gebietskommissarsstellen hatte Rosenberg erklärt, »daß ihm auch der Stuttgarter Oberbürgermeister Strölin zur Verwendung vorgeschlagen sei«. Keiner in der Runde äußerte dagegen Bedenken.[296] Strölin erfuhr davon, als er am 21. August beim Mittagessen im Hotel Adlon in Berlin zufällig Leibbrandt traf, der ihn fragte, ob er schon wisse, wie er im Osten verwendet werden solle. Da Strölin verneinte, teilte er ihm mit, daß er als Kommissar für die Republik der Wolgadeutschen vorgesehen sei. Strölin hielt dies zunächst für einen Scherz und sandte Kruse nochmals zu ihm, der aber mit der Versicherung zurückkam, daß dies ernst gemeint sei.[297] Schon vorher war ohne Strölins Wissen zwischen Ost- und Innenministerium über die Verwendung Strölins beraten worden, wobei sich das Reichsministerium des Inneren auf den Standpunkt stellte, daß es Strölin nur dann freigeben würde, wenn er die Position eines Generalkommissars erhielte. Als mögliche Gebiete hatte man zunächst die Generalkommissariate Kiew, Lemberg oder Saratow vorgeschlagen, was das Ministerium Rosenbergs ablehnte. Dort war man höchstens bereit, Strölin als Hauptkommissar einzusetzen, und schlug dafür die Wolgarepublik vor.[298] Als Strölin am 2. September mit beiden Ministerien über seinen Osteinsatz sprach, erwähnte Leibbrandt die Möglichkeit, ihn wegen seiner guten Kenntnisse des Volksdeutschtums als Sonderkommissar einzusetzen. Die Umsiedlung der Wolgadeutschen nach Sibirien, von der Strölin vertraulich von Weizsäcker erfuhr,[299] und der weitere Kriegsverlauf ließen den Plan, den Strölin begrüßt hatte, nie Wirklichkeit werden. Dennoch hielt das Ostministerium an seinen Einsatzplänen fest. Im Dezember 1941 erfuhr er, daß man ihn nun als Generalgouverneur für Kazan am Fuße des Ural vorgesehen habe, was er mit den Worten kommentierte: »Es ist wirklich allerhand, wie weit vorausschauend man hier disponiert.«[300]

Schon wesentlich früher waren die Kontakte zur Auslandsorganisation der Partei still entschlafen. Nach der großen Reichstagung von 1938 hielt sie keinerlei Veranstaltungen mehr in ihrer Stadt ab. Selbst Versuche die Kontakte neu zu knüpfen, führten zu keinem greifbaren Ergebnis.[301] Zu sehr hatte auch die NSDAP-Auslandsorganisation an Einfluß verloren, denn einerseits standen die Deutschen in den eroberten Gebieten nun unter der Kontrolle der SS oder man konnte mit ihnen in Übersee nur unter schwersten Bedingungen korrespondieren. Zudem hatte Bohle die Kolonialarbeit der Partei übernommen. Stuttgart war für ihn fast vergessen, denn nun setzte er auf Hamburg und Bremen, die in der Kolonialarbeit konkurrierten.

Das einzige was der Stadt noch blieb, waren die auslandsdeutschen Heime. Hier versuchte man in Zusammenarbeit mit der Reichsjugendführung, der es inzwischen gelungen war, ihren »erzieherischen Einfluß« in den Heimen durchzusetzen, wenigstens dahin zu wirken, daß Stuttgart nach dem Krieg als Schulstadt für die Auslandsdeutschen vorgesehen blieb.[302]

## Der Internationale Verband für Wohnungswesen und Städtebau

### Zehn Monate im Frieden

Wenn auch verzögert, so fand in Strölins zweitem außenpolitischen und internationalen Betätigungsfeld, dem Internationalen Verband für Wohnungswesen und Städtebau (IVWS), eine ähnliche Entwicklung statt. Obwohl Strölin Ende 1938 in Berlin über die Absichten Hitlers zur Frage der Weiterarbeit von internationalen Verbänden keine klärende Antwort erhalten hatte, behielt er gemäß seinem Verständnis von Völkerverständigung durch internationalen Erfahrungsaustausch sein Amt als Präsident des IVWS bei.[303]

Das wichtigste Problem in der ersten Phase seiner Präsidentschaft war die Neubesetzung des Generalsekretärpostens. Noch bevor Strölin die Geschäfte übernommen hatte, war der bisherige Amtsinhaber gestorben.[304] Damit wäre Großbritannien, das bisher den Präsidenten und den Generalsekretär stellte, nicht mehr in den Leitungsgremien des Verbandes vertreten gewesen. Im Verbandsbüro gingen die Meinungen über das weitere Vorgehen und die notwendige Qualifikation eines Kandidaten weit auseinander. Vinck und Sellier plädierten gemeinsam dafür, Frau Schäfer mit der Führung der Geschäfte zu beauftragen, ohne ihr den Titel »Generalsekretär« zu verleihen. Dieser Vorschlag war zum Scheitern verurteilt, da Strölin nur einen Mann in dieser Position sehen wollte, was er Schäfer unmißverständlich erklärte.[305] Strölin, der darüber mit deutschen Mitgliedern konferierte, erkannte schnell, daß wegen der Struktur des Verbandes und der angestrebten Ausweitung des Einflusses auf den amerikanischen Kontinent nur ein Brite oder Amerikaner für den Posten in Frage käme, der jedoch des Deutschen mächtig sein müsse, um mit ihm reibungslos zusammenarbeiten zu können. In der Stadtverwaltung machte man sich eigene Gedanken und fand sechs verschiedene Varianten, von denen zunächst die dritte zum Tragen kam.[306] Nach seinem Ausscheiden als Präsident übernahm Pepler den Posten eines »Honorary Secretary« und wollte versuchen, einen angelsächsischen Kandidaten zu finden. Bis Kriegsbeginn wurde jedoch kein Nachfolger bestellt. Strölin lehnte den einzigen Vorschlag Peplers ab, da der ausersehene Fachmann wegen der außenpolitischen Spannungen nicht auf den Kontinent übersiedeln wollte. Strölin befürchtete deshalb eine Verlagerung der Macht nach London. So weit ging die internationale Zusammenarbeit in seinen Augen auch wieder nicht, denn sein Einfluß auf einen Generalsekretär, der die meiste Zeit auf der Insel verbrachte, wäre minimal gewesen. Dieser Lösung stand sein Führungsanspruch entgegen, denn alle Fäden sollten bei einer ihm vertrauten Stelle zusammenlaufen, wie es seinem Verwaltungsstil entsprach.

In Stuttgart übernahm nach Strölins Amtsantritt Rechtsassessor Kienmoser die Stelle des Sachbearbeiters, über den die gesamte Korrespondenz mit dem Verband und seinen Mitgliedern lief. Bis dahin hatte Asmuß, als Organisationsreferent für neue Initiativen Strölins zuständig, diese Aufgabe versehen. Neben der Vorbearbeitung der Korrespondenz und der Sitzungen der Leitungsgremien des Verbandes fiel in Kienmosers Aufgabenbereich zusätzlich die Organisation der Reisen Strölins. Er mußte die Genehmigungen der Reichsbehörden einholen und die nötigen Devisen beschaffen, wozu nach 1938 ein Kampf um jede Mark auszutragen war. Aber sein Chef wünschte auch Informationen, ob er nach London einen Schirm oder nach Stockholm seine Orden mitnehmen solle.[307] Anfangs sahen sich Strölin und Kienmoser gezwungen, die Mitarbeiter der Stadtverwaltung auf die demokratischen Strukturen des Verbandes hinzuweisen, in betonter Abgrenzung zu den Führerorganisationen in Deutschland und Italien. Damit sollte sichergestellt werden, daß man anders vorging als in der Praxis des Führerstaates.[308]

Als eine seiner ersten Aufgaben mußte Kienmoser im November 1938 die Zusammensetzung der Leitungsgremien des Verbandes (Büro, Arbeitsausschuß und Verbandsrat) daraufhin überprüfen, ob die einzelnen Länder entsprechend ihrer Mitgliederzahlen vertreten seien. Denn, so fügte Strölin hinzu, »wir wollen durchaus demokratisch sein«.[309] So verhielt man sich dann doch nicht. Obwohl sich herausstellte, daß Deutschland unterrepräsentiert war, von einer Änderung aber die Amerikaner und Engländer profitieren würden, während deutschfreundliche Kräfte wie Sellier ihre Posten aufgeben müßten, ließ man lieber alles beim alten.[310]

Als weiteren Mitarbeiter Strölins für seine neue Aufgabe hatten man den Münchner Stadtbaurat Dr. Gut gewonnen, der sein Gehalt aus der

Stadtkasse bezog. Strölin sah in ihm seinen privaten Generalsekretär, wie es die sechste Variante der Stadtverwaltung vorsah.[311] Entsprechend umfangreich gestaltete sich sein Aufgabenkreis, den man im Stuttgarter Rathaus entwickelt hatte. Normal waren noch die laufende Unterrichtung Strölins und die Unterstützung hinsichtlich der sachlichen und repräsentativen Aufgaben oder die geforderte fachschriftstellerische Tätigkeit. Daß er an der Vorbereitung und Durchführung der Kongresse mitarbeiten sollte, war ebenso ein Affront gegen die Brüsseler Sekretärin wie der Aufgabenpunkt »Ständige Beobachtung der Tätigkeit der Geschäftsstelle des Verbandes«.[312] Noch immer befürchteten Strölin und seine Mitarbeiter ein selbständig handelndes Generalsekretariat.

Mit Argusaugen wachte man in Stuttgart darüber, wie das Brüsseler Sekretariat arbeitete. Charakteristisch dafür war der Fall, als die britische Sektion eine eigene Ausstellung zur Wohnungs- und Siedlungspolitik plante und in Brüssel nachfragte, ob man Schautafeln zur Arbeit des Internationalen Verbandes und der Situation in anderen Ländern zur Verfügung stellen könne. Strölin, der von den Vorbereitungen durch einen Brief von Frau Schäfer erfuhr, reagierte daraufhin zunächst ungehalten und ablehnend, da er nicht darüber informiert worden sei. Nachdem ihm Schäfer klar gemacht hatte, daß die Briten die Ausstellung in eigener Regie planten, war er Feuer und Flamme und stellte Fotografien zum Stuttgarter Wohnungsbau zur Verfügung.[313]

Strölin konzentrierte seine Tätigkeit in den ersten Monaten vor allem auf zwei Schwerpunkte: die Publikationstätigkeit und die Vorbereitung des Internationalen Kongresses in Stockholm, der seit langem für die Zeit vom 8. bis 15. Juli 1939 geplant war.

Neben der dreisprachigen, vierteljährlich erscheinenden Zeitschrift »Wohnungswesen, Städtebau und Raumordnung«, die schon sein Vorgänger ins Leben gerufen hatte, schlug Strölin vor, ein monatliches Mitteilungsblatt herauszugeben.[314] Damit sich die Zeitschrift wissenschaftlichen Themen widmen könne, sollten die »Mitteilungen« einen schnelleren Informationsaustausch unter den Mitgliedern gewährleisten. Als Bearbeiter der Mitteilungen empfahl er Gut in Zusammenarbeit mit Frau Schäfer. Strölin gelang es, diesen Vorschlag auf der Sitzung des Büros am 3. Dezember 1938 durchzusetzen, denn er erklärte sich gleichzeitig bereit, die entstehenden Kosten zunächst für das erste Jahr durch die Stuttgarter Stadtkasse zu übernehmen.[315] Ebenfalls für diesen Zweck sollten 2000 RM eingesetzt werden, die das Reichsarbeitsministerium für Publikationen zugesagt hatte.

Das Jahr 1939 brachte Strölin noch zwei Erfolgserlebnisse. Er eröffnete im Mai in London die Internationale Städtebauausstellung, die von englischen Mitgliedern des Verbandes vorbereitet worden war. Wichtiger jedoch als die offizielle Veranstaltung war für ihn ein rund fünfzehnminütiger Empfang beim britischen Premierminister Neville Chamberlain, der als früherer Bürgermeister von Birmingham und als Ex-Gesundheitsminister, dem auf der Insel das Siedlungswesen und die Raumplanung unterstanden, immer noch starkes Interesse an kommunalpolitischen und städtebaulichen Fragen zeigte. Zudem war er Ehrenvizepräsident des Internationalen Verbandes für Wohnungswesen und Städtebau.[316]

Da die Möglichkeit eines Empfangs von Pepler angekündigt worden war, hielt Strölin es für notwendig, sich im Auswärtigen Amt abzusichern, denn die deutsch-britischen Beziehungen hatten sich nach der Zerschlagung der Resttschechei im März 1939 drastisch verschlechtert. Deshalb suchte er kurz vor seiner Abreise den zuständigen Unterstaatssekretär von Wörmann auf, um sein Verhalten in der britischen Hauptstadt abzusprechen.

Als Strölin, der in London in der deutschen Botschaft wohnte, mit seinem Gastgeber, Botschafter von Dircksen, das bevorstehende Treffen besprach, riet dieser ihm dringend davon ab, von sich aus politische Themen zur Sprache zu bringen. Trotzdem paßte der Besuch Strölins bei Chamberlain in das Konzept der deutschen auswärtigen Politik, denn Dircksen hatte aus Berlin die Weisung erhalten, zwar freundlich zu den Engländern zu sein, ihnen aber nicht gerade um den Hals zu fallen. Strölin, der glaubte, das Gespräch doch irgendwie politisch gestalten zu können, wandte sich nach einem Tischgespräch mit zwei Unterhausabgeordneten nochmals an Botschafter Dircksen, denn er wollte Chamberlain darauf ansprechen, ob nicht ein Besuch des britischen Königs in Berlin möglich wäre. Der Botschafter mußte Strölins Träume zerstören.

Das Gespräch zwischen Strölin und Chamberlain verlief sehr harmonisch, da man sich, länger als geplant, über städtebauliche Fragen, das Enteignungsrecht in Deutschland, die Arbeit des Internationalen

Verbandes für Wohnungswesen und Städtebau und die ähnliche Wirtschaftsstruktur von Birmingham und Stuttgart unterhielt. Politische Themen wurden nicht besprochen, wie die Botschaft nach Berlin berichtete. Strölin nutzte das Treffen, um am nächsten Tag für sich Werbung zu machen, denn er überbrachte den zur Ausstellungseröffnung erschienen Personen die Grüße des Premierministers. In seiner Rede, die mit dem Auswärtigen Amt abgesprochen war, vermied er es, entgegen dem ersten Entwurf, auf allgemeinpolitische Probleme einzugehen.[317]

In Stuttgart dagegen schien der Besuch bei Chamberlain nicht gut gewirkt zu haben, denn Strölin sah sich gezwungen, in einer nichtöffentlichen Sitzung den Ratsherren über den Empfang zu berichten. Vielleicht auch in der Hoffnung, sie würden ihn gegen Angriffe in Schutz nehmen, führte er aus:

»Meine Herren, zunächst einmal war das ein ganz natürlicher Vorgang, der dadurch entstanden ist, daß ich ja der Präsident des Internationalen Verbandes für Wohnungswesen und Städtebau bin, und der Premierminister Chamberlain ist der Ehrenvizepräsident dieses Verbandes – ich betone, der Vizepräsident, der Ehrenvizepräsident dieses Verbandes. Infolgedessen ist es ganz selbstverständlich, daß ich dann, wenn ich nach London gehe, um eine Ausstellung zu eröffnen, eine Internationale Ausstellung für Wohnungswesen- und Städtebau, die von den Engländern dort eingerichtet worden ist, dort meine Aufwartung mache. Das ist eine primitive Selbstverständlichkeit.«[318]

Ob seine Ausführungen geholfen haben, das Mißtrauen gegen seine internationalen Aktivitäten zu zerstreuen, muß dahingestellt bleiben. Strölin, in seiner ihm eigenen Eitelkeit, sandte den kurzen Bericht, den Botschaftsrat Selzam über die Unterredung nach Berlin geschrieben und ihm in Abschrift zugeschickt hatte, am 23. Mai an die verschiedensten Stellen und Persönlichkeiten in Berlin. Unter anderem ging er an die Abteilung Partei des Auswärtigen Amtes, das Reichspropagandaministerium und an Reichsarbeitsminister Seldte.[319]

Der absolute Höhepunkt der Präsidentschaft Strölins war der Internationale Kongreß des Verbandes im Juli in Stockholm. Doch auch dieses Ereignis war in der Vorbereitung von der politischen Situation beeinflußt. Schwierig gestaltete sich die Devisenbeschaffung für die deutschen Kongreßbesucher. Wegen der geringen Devisenreserven des Reiches und des Vorrangs der Rüstung hatte sich das Reichswirtschaftsministerium geweigert einen größeren Personenkreis mit den erforderlichen Reisegeldern auszustatten. Strölin und seine Stuttgarter Mitarbeiter entwickelten daraufhin den Plan, die deutsche Delegation auf einem Passagierschiff der NS-Gemeinschaft Kraft durch Freude, das im Hafen von Stockholm ankern sollte, unterzubringen und zu versorgen. So sollte der benötigte Devisenbetrag minimiert werden. Im meerfernen Schwabenland dachte man nicht daran, daß die Schiffe für die Sommermonate längst verplant waren. In zahlreichen Verhandlungen mit verschiedenen Berliner Stellen gelang es Strölin, eine ansehnliche Delegation durchzusetzen. Unterstützung erhielt er aus dem Arbeitsministerium, da Seldte selbst an der Tagung teilnehmen wollte und erreichte, daß die Vertreter der verschiedenen Ministerien die Devisen von dort erhielten. Einzelne deutsche Kongreßteilnehmer verschafften sich ihr Geld über die Devisenstellen bei den jeweiligen Oberfinanzpräsidenten, ohne daß das Wirtschaftsministerium davon erfuhr.[320] Strölin dagegen mußte seine Hilfskräfte (Sekretärin und Übersetzerin), die er mitnahm, durch Vermittlung der NSDAP-Auslandsorganisation in deutschen Familien in Stockholm unterbringen.[321]

Ein weiteres Problem bedeutete der Einmarsch deutscher Truppen in der Tschechoslowakei im März 1939 und die Errichtung des Protektorats Böhmen und Mähren sowie der »selbständigen« Slowakei. Zu den Kongreßthemen waren die nationalen Organisationen oder einzelne Mitglieder aufgefordert worden, Länderberichte zu erstellen, die gedruckt vorgelegt werden sollten. Das Verbandsbüro erhielt daraufhin mehrere Berichte aus der Tschechoslowakei, die nun nicht mehr existierte. Strölin, der nicht wußte, wie er sich in diesem Fall verhalten sollte, schaltete das Auswärtige Amt ein, mit dem er übereinkam, sie nach der veränderten politischen Lage nicht mehr zu drucken.[322]

Wie regelmäßig vor Sitzungen des Internationalen Verbandes für Wohnungswesen und Städtebau trafen sich die deutschen Teilnehmer vor ihrer Abreise in Berlin, um ein einheitliches Verhalten abzusprechen. Da jedoch die inhaltlichen Fragen schon längst im Vorfeld geklärt waren, ging es dabei nur noch darum, wer zu welchem Thema sprechen sollte. Ferner erhielten die Anwesenden die Möglichkeit, offene Probleme wie geschlossenes Auftreten, Anzug, Unterkunft und so weiter anzusprechen.[323] Strölin nutzte diesen Zwischenstopp, um mit dem Auswärtigen Amt sein Verhalten abzustimmen.

Zwei Tage vor Kongreßbeginn brach Strölin nach Stockholm auf, um sich mit den lokalen Organisatoren zu besprechen und vor Ort die letzten Vorbereitungen zu treffen. Der Kongreß selbst dauerte vom 8. bis 15. Juli. Wie ihm nachträglich alle Seiten bestätigten, machte er dabei eine gute Figur. Das mag daran gelegen haben, daß er sich schon im Vorfeld des Kongresses gegen alle Vorschläge ausgesprochen hatte, die Zusammenkunft zu nationaler Propaganda zu nutzen.[324] Strölin ergriff während der gesamten Tagung nur sehr selten das Wort. Meist handelte es sich dabei um offizielle Auftritte, bei denen er als Präsident des Verbandes Grußadressen oder Danksagungen zu überbringen hatte.[325] Bezeichnend für Strölins Vorsicht war, daß er alle Ansprachen von Kienmoser schriftlich entwerfen ließ.

Nur zur Eröffnung der Hauptversammlung des Verbandes ergriff er länger das Wort. Seine einleitenden Worte beschränkten sich auf die Verbandsarbeit, wobei er die Herausgabe der Mitteilungen in den Vordergrund stellte. Damit sie und die Zeitschrift in Zukunft einen breiten internationalen Horizont abdecken könnten, bat er die Anwesenden, dem Verbandsbüro Informationen über städtebauliche und wohnungswirtschaftliche Fragen zukommen zu lassen und forderte sie auf, wissenschaftliche Beiträge für die Zeitschrift zu liefern. Einen weiteren Schwerpunkt legte er auf die finanzielle Seite der Verbandsarbeit und die schleppende Zahlungsmoral der Mitglieder.[326] Ansonsten verwies er auf das Arbeitsprogramm, das vom Büro ausgearbeitet worden war.

Wesentlich wichtiger erwiesen sich für ihn die Gespräche, die er am Rande der Konferenz führen konnte. Hier traf er mit alten Bekannten wie Vinck, Sellier und Pepler zusammen, die ihn mehr interessierten als die deutschen Teilnehmer, besonders nachdem Seldte in einem längeren Diskussionsbeitrag doch reine Propaganda für das nationalsozialistische Deutschland betrieben hatte, was von den übrigen Teilnehmern als deplaziert empfunden wurde. Strölin schien sich davon in privaten Gesprächen deutlich distanziert zu haben und hob danach mehrfach den wissenschaftlichen Charakter des Verbandes hervor, der den Mitgliedern, die aus unterschiedlichen politischen Lagern kämen, die Möglichkeit bieten solle, andere Lösungsstrategien für gemeinsame Probleme vor Augen zu führen.[327] Die Gespräche mit Personen aus anderen Ländern, mit anderen politischen Vorstellungen erweiterten Strölins eigenen Horizont, der bis dahin auf Deutschland und das Deutschtum im Ausland konzentriert war.

Strölin konnte den Kongreß als persönlichen Erfolg verbuchen, denn die Hauptversammlung des Verbandes plädierte dafür, ihm in Anerkennung seiner Leistung die Vorbereitung des nächsten Kongresses, den man für 1941 in Kalifornien plante, zu übertragen. Schwierigkeiten schien er nur mit der schwedischen Presse gehabt zu haben. Ein Journalist versuchte, schon während der Anreise mit ihm im Zug ins Gespräch zu kommen. Ein anderer machte ihn beim Friseur ausfindig. Dieses Verhalten wirkte auf ihn so überraschend, daß er darüber in aller Ausführlichkeit seinen Ratsherren berichtete.[328] Strölin ließ sich davon nicht abschrecken, sondern stellte sich bewußt der internationalen Presse. So veranstaltete er vor Beginn der Versammlungen eine Pressekonferenz, in der er lobend über Stockholm und die örtlichen Organisatoren sprach. Zum Schluß wandte er sich entschieden gegen eine politische Ausrichtung des Kongresses, sondern hob die Wichtigkeit des internationalen Meinungsaustausches hervor:

»Die Bedeutung des Kongresses erblicke ich nicht nur in den fachwissenschaftlichen Vorträgen, sondern vor allem auch in dem unmittelbaren Erfahrungsaustausch und in der Aufnahme der Verbindung von Mensch zu Mensch. [...] Zwar haben auch auf den Gebieten des Wohnungswesens, des Städtebaus und der Landesplanung alle Länder große Sorgen, große Nöte und große Schwierigkeiten, und jedes Land sucht diese auf eine ihm eigene Art zu beseitigen. Aber dennoch stehen die Länder sich in diesen Arbeitsbereichen nicht als Gegner gegenüber, sondern ganz ausgesprochen als Helfer und Schicksalsgenossen.«[329]

Klarer konnte er sich kaum von einer »Deutschland-über-alles-Mentalität« absetzen und die internationale Zusammenarbeit favorisieren. Das brachte ihm Lob von der schwedischen Presse und den meisten Teilnehmern ein. Deutlich drückte es Professor Schmidt vom Arbeitsministerium in einem Bericht an sein Amt aus: »Die zielbewußte, klare und geschickte Leitung durch den Präsidenten, Oberbürgermeister Dr. Strölin, der stets den Ausgleich zwischen den Pflichten des Präsidenten eines internationalen Verbandes gegenüber allen Nationen und der Betonung der deutschen Belange fand, verdient besonders hervorgehoben zu werden«.[330] So in seinen Vorstellungen bestärkt, glaubte Strölin, die nächsten Jahre seiner Präsidentschaft tatkräftig angehen zu können.

Wie schon im Jahr zuvor nützte Strölin seine Position als Präsident des Internationalen Verbandes für Wohnungswesen und Städtebau, um im Sommer 1939 einen längeren Auslandsurlaub zu verbringen. 1938 hielt er sich den Juli über in Frankreich auf. 1939 plante er einen sechswöchigen Studienurlaub in der französischen und italienischen Schweiz. Beide Reisen begründete er gegenüber der Devisenstelle erfolgreich mit der Notwendigkeit, wegen seiner internationalen Tätigkeit die französische und die englische Sprache lernen zu müssen.[331] Am 1. August 1939 brach er in die Schweiz auf.

*Schutz offener Städte und Wiederaufbauplanung –*
*Weiterarbeit nach Kriegsausbruch*

Der Aufenthalt endete am 21. August, als Strölin auf Grund der sich zuspitzenden internationalen Lage seinen Urlaub abbrechen mußte. In den letzten hektischen Augusttagen, die in Stuttgart seine ganze Arbeitskraft erforderten, vergaß er den Verband nicht. Die Anstöße dazu kamen von Sellier aus Paris, der am 25. August einen Brief über Klöti in Zürich an Strölin richtete, da der direkte Postverkehr zwischen Frankreich und Deutschland bereits eingestellt worden war. Darin bedauerte er die sich abzeichnende Entwicklung und bot an, in Frankreich Dinge zu besorgen, die selbstverständlich nicht mit dem nationalen Interesse im Widerspruch stehen dürften.[332] Strölin, der den Brief am 28. August erhielt, rief sofort Klöti an, der sich bereit erklärte, den Vermittler zwischen Strölin und Sellier zu spielen.[333] Der Kriegsausbruch änderte daran nichts.

Da Strölin glaubte, mit seiner Präsidentschaft ein gewichtiges, einflußreiches Amt inne zu haben, stellte seine Beziehungen am 6. September dem Auswärtigen Amt zu Verfügung. In einem Brief, der sowohl an das Amt als auch an Weizsäcker ging, wies er auf seine Kontakte zu den Verbandsmitgliedern hin, wobei er Vinck, Sellier und Klöti erwähnte.[334]

Stärker als vor dem 1. September koordinierte er anschließend seine Aktivitäten mit dem Auswärtigen Amt. Dazu traf er sich am 15. September mit Weizsäcker. Man kam überein, den Internationalen Verband für Wohnungswesen und Städtebau trotz des Krieges weiterzuführen, nun allerdings mit der Prämisse, »damit etwas für Deutschland erreichen zu wollen«.[335]

Ganz so einfach gestaltete sich dies nicht, denn es handelte sich um einen Verband, in dessen Leitungsgremien Vertreter aus verschiedenen kriegführenden Ländern saßen. Das mußte Strölin im September erkennen, als er vom 22. bis 24. in Brüssel das Sekretariat des Verbandes aufsuchte. Dort konnte er nur mit Paula Schäfer und Vinck konferieren. Mit ihnen kam er zu der Überzeugung, daß man vor allem die Kontakte zu den Mitgliedern aufrechterhalten müsse. Dazu sollten, wenn auch im Umfang eingeschränkt, die Publikationsorgane des Internationalen Verbandes für Wohnungswesen und Städtebau dienen. Da die eigentliche Aufgabe der Organisation mit Kriegsbeginn in den Hintergrund treten mußte, überlegte man sich, ob es nicht die Pflicht des Verbandes wäre, »von sich aus dahin zu wirken, daß von seiten der Kriegführenden die Städte geschützt werden und, soweit sie nicht in dem unmittelbaren Kampfgebiet liegen, überhaupt von kriegsmäßigen Handlungen verschont bleiben sollten«.[336] Vinck wollte Kontakt zu den westeuropäischen Staaten aufnehmen, und Strölin in Deutschland sowie über Klöti in der Schweiz sondieren. Damit hatte Strölin ein Betätigungsfeld, auf das er in den nächsten Monaten seine Aktivitäten konzentrierte, denn er kannte ebenso wie die meisten verantwortlichen Militärs und Politiker die Gefahren, die den Städten drohten.

Wieder verfaßte er nach der Rückkehr einen ausführlichen Bericht über seine Eindrücke, die er aus Gesprächen mit ausländischen Persönlichkeiten und mit Deutschen sowie aus eigener Anschauung gewonnen hatte. Neben der eigenen Verwaltung waren sie hauptsächlich für das Auswärtige Amt gedacht.[337] Von seiner ersten Reise ins neutrale Brüssel während des Krieges berichtete er detailliert über die negative Einstellung der Belgier gegenüber Deutschland, die Mobilmachungsmaßnahmen und die wirtschaftlichen Folgen in Belgien, die Wirkung der deutschen sowie der alliierten Propaganda und die Beurteilung anderer Staaten. Bei der Informationsbeschaffung ging er fast konspirativ vor, so traf er sich mit Vinck neben der offiziellen Sitzung noch gesondert auf dem Platz vor seinem Hotel. Mit anderen Leuten konferierte er in deren PKW.[338] Für seine nächste Reise nach Brüssel erhielt er von Weizsäcker den Auftrag, sich bei seinen Gesprächspartnern darüber zu erkundigen, welche französischen Kreise an einem Einmarsch in Belgien und Holland interessiert seien.[339] Strölin setzte alle Kraft daran, neben den anliegenden Verbandsthemen, seinen Gesprächspartnern Vinck und Sellier Informationen zu der Frage des Staatssekretärs zu entlocken, was ihm bei einem Morgenspaziergang mit Sellier glückte.[340] Noch am Tag der Rückkehr informierte er das Auswärtige Amt per Eilbrief über seine Erkenntnisse. Wenige Tage später sandte er einen umfangreicheren Bericht nach, der die gleichen Themen behandelte wie der vom September.[341]

Am 27. September gelang es Strölin, Klöti in Zürich zu erreichen, dem er von seinen Brüsseler Gesprächen berichtete. Der Züricher Stadtpräsident erklärte sich bereit, wegen des Schutzes offener Städte mit ihm zusammenzuarbeiten.[342] Danach ging Strölin an die Arbeit und nahm Kontakte zu verschiedenen, für diese Frage zuständigen Berliner Dienststellen auf. Doch die Ergebnisse waren zunächst alles andere als ermutigend. Sowohl im Oberkommando der Wehrmacht als auch in der Generalstabsabteilung des Luftfahrtministeriums äußerte man sich sehr vorsichtig. Zwar zeigte man sich an der Schaffung eines Luftkriegsrechts zum Schutz der Städte interessiert, doch nach dem Polenfeldzug mit der Bombardierung Warschaus, hielten es die Verantwortlichen »von deutscher Seite für nicht erwünscht, präzise Formulierungen festzustellen, damit man nachher nicht zu sehr selbst daran gebunden ist«.[343] Geheimrat Albrecht vom Auswärtigen Amt erklärte ihm eindeutig, daß er nicht mit einer konkreten Abmachung während des Krieges rechne, auch wenn Hitler das Thema in verschiedenen Reden angesprochen habe. Er schlug allerdings vor, Strölin solle gemeinsam mit Klöti eine Reise an die Ostfront machen. Warschau jedoch konnte er in den nächsten 14 Tagen nicht empfehlen, da die dort zu sehenden Bilder nicht geeignet seien. Vielmehr kämen Lodz und das eigentliche Operationsgebiet in Frage.[344]

Um die Angelegenheit in der Schweiz zu besprechen, reiste Strölin am 25. Oktober zu Klöti nach Zürich und weiter nach Bern, wo er sich mit Minister Köcher und Professor Waldkirch, dem Leiter des passiven Luftschutzes unterhielt. Wieder nutzte er seine Beziehungen zum Auswärtigen Amt, das die Treffen von der deutschen Gesandtschaft in Bern vorbereiten ließ.[345] In Stuttgart hatte sich Strölin vom Sicherheitsdienst Informationen über die Lage in der Schweiz besorgt.[346] Als Gegenleistung wollte er seine Eindrücke während der Reise weitergeben.[347]

Klöti, als guter Eidgenosse, hatte jedoch die eidgenössischen Behörden über den bevorstehenden Besuch informiert, so daß Strölin von seiner Ankunft an der Grenze bis zur Ausreise ständig überwacht wurde, wenn ihn der observierende Polizist nicht gerade aus den Augen verlor.[348] Allerdings geschah die Überwachung so offensichtlich, daß Strölin und der ihn begleitende Könekamp sie bemerkten.[349] Strölin unterbreitete Klöti das Angebot zur Reise nach Polen, was dieser nicht sofort annahm. Erst am 4. November teilte er telefonisch mit, daß der Schweizer Bundespräsident Motta zwar die Aktivitäten zum Schutz der Städte unterstützen wolle, eine Reise des Züricher Stadtpräsidenten nach Polen jedoch ablehne.[350]

In Gesprächen mit dem Auswärtigen Amt kam Strölin zu der Auffassung, daß wohl das Internationale Komitee vom Roten Kreuz (IKRK) in Genf der beste Ansprechpartner sei. Strölin wollte sich jedoch zunächst ein eigenes Bild von den Auswirkungen des Luftkrieges machen. Er nahm deshalb das Angebot des Auswärtigen Amtes und des Oberkommandos der Wehrmacht wahr und informierte sich in Polen. Als allein reisender Deutscher konnte er sich auch in Warschau umsehen.[351]

Nach Konsultationen in Berlin und Telefongesprächen mit Klöti, der für ihn die Kontakte in der Schweiz aufnahm, fuhr Strölin am 20. Februar 1940 nach Genf, um sich in Gegenwart von Klöti und dem deutschen Generalkonsul Krauel mit Max Huber, dem Präsidenten des IKRK, zu treffen. In zwei längeren Unterredungen legte Strölin seine Vorstellungen dar, wobei er eingangs deutlich feststellte, daß er in seiner Eigenschaft als Präsident des Internationalen Verbandes für Wohnungswesen und Städtebau spreche und nicht in deutschem Auftrage.[352] Die Aufgaben des Verbandes, die Pflege des Wohnungswesens und der Stadtgestaltung, legten ihm die Verpflichtung auf, sich gerade im Kriegsfall für einen Schutz der offenen Städte einzusetzen. Wie es seine Berliner Gesprächspartner gewünscht hatten, vermied er im folgenden jegliche Definition von legitimen und illegitimen Zielen für Bombenangriffe. Dennoch hielt er es wie Klöti für dringend notwendig, daß vom Internationalen Komitee vom Roten Kreuz entsprechende Schritte bei den kriegsführenden Nationen unternommen werden müßten.

Huber erläuterte anschließend die Aktivitäten der Roten Kreuzes in dieser Frage und zeigte sich grundsätzlich bereit, in dem von Strölin und Klöti vorgeschlagenen Sinne tätig zu werden. Im Gespräch am nächsten Tag, bei dem Klöti fehlte, betonten Strölin und Krauel nochmals die Wichtigkeit eines Handelns des Roten Kreuzes, auch wenn sie die Schwierigkeiten, besonders im Bereich der Propaganda und der Vergeltungsschläge klar erkannten. Huber, der durch die Anwesenheit Krauels den Eindruck gewonnen hatte, daß hinter dem Besucher aus Stuttgart die Deutsche Regierung stehe, erklärte sich am Ende bereit, die Frage zu prüfen, ob und in welcher Form das Internationale Rote Kreuz einen Aufruf an die vertragsschließenden Parteien der Genfer Konvention richten könne.

Huber handelte danach relativ schnell. Am 29. Februar erhielt Strölin aus Genf die Nachricht, daß Huber nach Bern gefahren sei, um sich mit der Schweizer Regierung in dieser Frage zu beraten.[353] Bereits am 12. März 1940 erließ Huber im Namen des Internationalen Ausschusses des Roten Kreuzes einen »Aufruf betreffend den Schutz der Zivilbevölkerung gegen Luftangriffe«. Darin wurden die Probleme, die Strölin und Huber beraten hatten, angesprochen und die Regierungen aufgefordert, noch während des Krieges eine verbindliche Konvention zum Schutz der Zivilbevölkerung auszuarbeiten.[354]

Dies war eigentlich ein schöner Erfolg Strölins. Doch die Entwicklung des Krieges und die deutschen Luftangriffe während des Westfeldzuges im Mai/Juni 1940 sowie der Luftkrieg gegen England machten alle Hoffnungen Strölins zunichte. Zwar versuchte er später noch mehrmals, in dieser Richtung aktiv zu werden, was ihm von der Reichsregierung nicht mehr gestattet wurde. Man wollte nach alliierten Bombenangriffen auf deutsche Städte keine Schwäche zeigen.[355] Strölins Initiativen fand selbst Weizsäcker derart penetrant, daß er ihn im Namen des Auswärtigen Amtes bat, von einer Verfolgung seiner Pläne abzusehen.[356]

Nachdem Weizsäcker im Mai 1943 zum Botschafter beim Vatikan ernannt worden war, versuchte Strölin, seinen alten Bekannten erneut für eine Initiative zur Einschränkung der Luftangriffe zu gewinnen, wozu sich Weizsäcker jedoch nicht in der Lage sah.[357] Strölin überschätzte seine Möglichkeiten, als Präsident des Internationalen Verbandes für Wohnungswesen und Städtebau während des Krieges politisch wirken zu können, denn internationale Zusammenarbeit war nicht mehr gefragt. Er verlor durch die engen Kontakte zum Auswärtigen Amt, das ihm eine Wichtigkeit seiner Aktivitäten vorgaukelte, den Blick für die Realitäten. Während des Krieges versäumte er es bei besonderen Anlässen nie, auf seine Aktivitäten zum Schutz der Städte hinzuweisen.

In den folgenden Kriegsjahren konzentrierte Strölin seine Verbandsarbeit auf drei Schwerpunkte: die innere Organisation des Sekretariats, auf die Mitgliederwerbung und auf die Probleme der Wiederaufbauplanung. Nachdem das Sekretariat vom neutralen Brüssel aus bis zum deutschen Einmarsch gut Kontakt zu den Mitgliedern hatte halten können, mußten danach neue Überlegungen angestellt werden, da selbst die Postverbindungen von Deutschland nach Belgien nicht funktionierten. In Absprache mit Vinck kam man Ende 1940 überein, das Büro für die Zeit des Krieges nach Stuttgart zu verlegen, wobei Brüssel der offizielle Sitz blieb.[358] Damit war auch Frau Schäfer besser unter Kontrolle Strölins und Guts. Die erhoffte Leistungssteigerung trat jedoch nicht ein. Im Gegenteil, die Konflikte zwischen Schäfer und Gut nahmen so zu, daß sich Strölin gezwungen sah, immer wieder einzugreifen. Er tat dies meist zugunsten des Mannes.[359] Strölin hatte jedoch keine glückliche Hand, denn Gut war nicht in der Lage, die Mitteilungen und die Verbandszeitschrift termingerecht herauszubringen. Es kam zu längeren Verzögerungen, da Gut häufig erkrankte und sich in Arbeitsgebiete von Schäfer einmischte. Strölin entschied sich schließlich für eine klare Aufgabenteilung. Frau Schäfer war danach für die innere Organisation zuständig, während Gut von München aus die Publikationen betreute.

Da der internationale Meinungsaustausch mit den nicht von Deutschen besetzten Gebieten fast zum Erliegen gekommen war, konzentrierte man sich im Generalsekretariat auf interne Arbeiten. So sollten Bücherei, Archiv, Foto- und Plansammlung weiter ausgebaut und durch entsprechende Kataloge und Findmittel erschlossen werden, und man arbeitete an einem mehrsprachigen »Fachwörterbuch über Fachausdrücke auf dem Gebiet des Wohnungswesens, des Städtebaus, der Landes- und Raumplanung«. Um die Bestände laufend zu ergänzen, unternahmen Schäfer und Gut in Strölins Auftrag Reisen durch verschiedene europäische Staaten.[360] Bis auf den Bibliothekskatalog konnte keines der Vorhaben vollendet werden.

Als unrealistisch erwiesen sich Strölins Überlegungen zu einer verstärkten Mitgliederwerbung. Zwar bat er in mehreren Rundschreiben, neue Mitglieder zu werben. Ein größerer Erfolg blieb ihm aber versagt.[361] Wesentlich größere Bedeutung erhielten dafür seine Auslandsreisen, die er mit Unterstützung des Auswärtigen Amtes unternahm. Auf ihnen kam er bis Ende 1942 mit hochrangigen Politikern und Stadtplanern in Rumänien, Bulgarien, Italien, Frankreich, Belgien, Spanien und der Schweiz zusammen.[362]

Strölin war geradezu begierig, Deutschland hin und wieder verlassen zu können, um andere Länder und deren Probleme kennenzulernen. So entwickelte er nach einem Besuch Molotows im November 1940 die Idee zu einer Reise nach Moskau, um dort für den Verband zu werben. Obwohl ihn seine Berater davon abzubringen versuchten, wandte er sich an Weizsäcker, der keine Bedenken hatte, ihm aber zu verstehen gab, daß die Bearbeitungszeit durch die sowjetischen Behörden längere Zeit dauern werde. Nach den Anfangserfolgen der Wehrmacht im Rußlandfeldzug hoffte Strölin, ein von deutschen Truppen besetztes Moskau besuchen zu können.[363]

Das Reisen hatte im Sommer 1942 ein Ende, denn die Widerstände der Landesregierung mehrten sich, die den Oberbürgermeister lieber im Ort sah, als dauernd unterwegs. Den gleichen Eindruck hatte auch Kruse bei den Berliner Stellen gewonnen. Zudem verhielten sich die ausländischen Mitglieder um so reservierter, je schlechter sich die deutschen Siegesaussichten entwickelten. Qualifizierte Ansprechpartner waren kaum noch zu finden.

Die Gespräche und Eindrücke während der Reisen schärften Strölins Blick für die Entwicklungen in Deutschland und für die deutsche Besatzungspolitik in den westeuropäischen Ländern. Einige Aufenthalte in Brüssel und Paris boten ihm Gelegenheit mit den Vorstandskollegen Vinck und Sellier zusammenzutreffen, die ihn aus erster Hand über die Stimmung in ihren Ländern informierten.

Sellier wandte sich am 20. Juni 1940, eine Woche nach der Besetzung von Paris, an Strölin und übersandte ihm die Abschrift eines Briefes, den er als Vorsitzender der Union Amicale des Maires de la Seine an den deutschen Militärbefehlshaber von Paris geschrieben hatte, sowie ausführliche Berichte über die Situation der Pariser Vorortgemeinden. Strölin reagierte sofort und sandte per Eilboten Abschriften an das Auswärtige Amt, an das Oberkommando des Heeres, an das Reichsinnenministerium, an den Chef der Kriegsverwaltung in Frankreich, Innenminister Schmid, an seinen Freund Tippelskirch sowie an den Deutschen Gemeindetag. Ein Brief an Murr wurde, obschon unterschrieben, nicht abgesandt.[564] Den Antwortbrief an Sellier, in dem er ihn auf den Chef der Zivilverwaltung, Innenminister Schmid hinwies, ließ er wegen der schlechten Postverbindung über den Kurierdienst des Auswärtigen Amtes besorgen.[365] Strölin und Sellier blieben in engem brieflichen Kontakt. Sellier berichtete seinem Partner in Stuttgart offen über die politischen Entwicklungen in der französischen Regierung, die Sellier für vollkommen falsch hielt. Er verwickelte sich in immer stärkere Konflikte mit der Vichy-Regierung, die ihn deshalb seines Postens enthob. Strölin versuchte, ihm weiterzuhelfen, und konferierte bei seinen Aufenthalten in Paris mit den zuständigen deutschen Stellen über eine weitere Verwendung. Erreichen konnte er nichts, denn selbst Selliers enger Freund Pierre Laval lehnte es nach seiner Ernennung zum Ministerpräsidenten der Vichy-Regierung ab, ihm wieder ein öffentliches Amt anzuvertrauen. Als Sellier nach Beginn des Rußlandfeldzuges in ein Konzentrationslager gebracht worden war, setzte Strölin sich telegraphisch mit den Pariser Dienststellen in Verbindung und erreichte die schnelle Freilassung. Ebenso verhielt er sich ein Jahr später nach einer erneuten Verhaftung Selliers. Jedoch war diesmal die Intervention Lavals schneller. Zwischen Strölin und Sellier entwickelte sich eine Freundschaft, die ab Ende 1942 langsam nachließ. Der Tod Selliers im Oktober 1943 veranlaßte Strölin, in der Verbandszeitschrift dessen Leben und seine Leistungen für den internationalen kommunalpolitischen Meinungsaustausch eingehend zu würdigen.

Wie für Sellier setzte sich Strölin für Vinck ein, der als Vizepräsident des belgischen Senats von den Besatzungsbehörden ein Betätigungsverbot erhalten hatte.[366] Strölin sah schnell ein, daß wenig zu erreichen war, denn Vinck hatte an der Sitzung des belgischen Senats im französischen Limoges teilgenommen, auf der der König wegen seiner Kapitulation abgesetzt worden war.

Die Kontakte zwischen Strölin und Vinck blieben freundschaftlich, aber im Gegensatz zu früher enthielt man sich jeder politischen Diskussion, bis Strölin von sich aus die Kontakte abbrach. 1942 war er Vinck wieder behilflich, als dieser eine Kur im unbesetzten Frankreich machen wollte. In den folgenden Jahren intensivierte sich der Briefwechsel etwas, wobei man sich hauptsächlich über private Angelegenheiten ausließ. Lediglich zweimal bat Vinck, Strölin möge sich für verhaftete Mitglieder des Verbandes einsetzen. Trotz aller politischen Unterschiede, die ihn von seinen Vorstandsmitgliedern im Internationalen Verband für Wohnungswesen und Städtebau trennten, achtete sie Strölin als Persönlichkeiten, von denen er lernen konnte und denen er in bestimmten Fällen auch beistehen mußte.

Ähnlich entwickelte sich sein Verhältnis zu Klöti, der von sich aus auf Distanz ging. Man traf sich zwar, wenn Strölin auf einer Reise durch Zürich kam und besprach Probleme des Verbandes. Klöti lehnte es aber während des Krieges entschieden ab, nach Stuttgart zu kommen, worum ihn Strölin mehrmals gebeten hatte. Da Klöti die Ziele des Verbandes auch im Kriege für wichtig erachtete, versorgte er das Generalsekretariat, besonders nach seinem Ausscheiden als Züricher Stadtpräsident, regelmäßig mit Berichten über Entwicklungen auf dem Gebiet des Wohnungswesens und des Städtebaus in der Schweiz.[367]

Die wegen des Krieges in fast allen Ländern vorgenommenen Einschränkungen im Wohnungsbau und die Zerstörungen durch Kriegseinwirkungen oder Luftangriffe führten zu einer Änderung der Verbandsarbeit. Strölin erkannte früh, daß in Zukunft die Wiederaufbauplanung das wichtigste Thema sein werde. Auf seinen Reisen als Präsident des Internationalen Verbandes für Wohnungswesen und Städtebau sprach er mit den wichtigsten Personen, die in den jeweiligen Ländern mit Planungen für den Wiederaufbau betraut waren. Ohne größeren Einfluß und die Möglichkeit zu freiem Informationsaustausch konnte er nur sehr wenig tun. Die einzige Möglichkeit sah er in einer umfangreichen Materialsammlung zu den Überlegungen in den verschiedenen Ländern, damit unterschiedliche Konzepte und Vorgehensweisen bekannt würden. In diesem Sinne veröffentlichte er Aufsätze über den Wiederaufbau in Frankreich und Belgien in der Frankfurter Zeitung sowie in den Niederlanden und in Spanien im Völkischen Beobachter.[368] In einer der letzten Ausgaben des Verbandsorgans stellte er im Januar 1944 seine Absichten deutlich heraus. Noch schien er zu glauben, nach dem Krieg Präsident des Verbandes bleiben zu können:

»Aber es wird und es muß gelingen, aus den blutigen Erfahrungen und Lehren des Krieges etwas grundlegend Neues, ja Revolutionäres auf den Gebieten des Wohnungswesens und des Städtebaus zu schaffen. Ziel und Aufgabe unseres Internationalen Verbandes muß dabei sein, von seiner Warte aus die Planenden und Bauenden in allen Ländern zu beraten und den Willen zu raschmöglichster Überwindung der Zeit der Zerstörung durch schöpferische Ideen zu stärken.«[369]

Wie sich Strölin das »Revolutionäre« vorstellte, ging aus seinem Artikel über den Wiederaufbau in Belgien und Frankreich deutlicher hervor. In den Traditionen seines Denkens verwurzelt, lobte er das »Autoritätsprinzip« in den Ländern, in denen die gesamte Wiederaufbauplanung von einer zentralen Stelle aus geleitet würde und nicht von lokalen und regionalen Verwaltungen. Nur wenn das Bauwesen durch den Staat nach den übergeordneten Erfordernissen der Raumordnung gelenkt werde, könne erreicht werden, daß sich einzelne Baukörper als organisches Glied der städtebaulichen Gestaltung präsentieren. Dies sei nur möglich gewesen, da der nationalsozialistische Gedanke des übergeordneten Gemeinnutzes auch in diesen Ländern Fuß gefaßt habe. Für das zukünftige Bauwesen und die Aufgaben des Internationalen Verbandes für Wohnungswesen und Städtebau folgerte er daraus:

»Auch auf dem Gebiete des Bauwesens beginnt sich heute weit über die Grenzen des Reiches hinaus eine neue Haltung abzuzeichnen. Sie wendet sich vom Materialismus und von einer mechanistischen Auffassung der Technik ebenso ab wie von dem daraus geborenen Streben nach einem kubistischen Allerweltsstil. Sie betrachtet das Bauwesen als eine der stärksten und sinnfälligsten Ausdrucksformen der kulturellen Überlieferung und der Landschaftsverbundenheit der einzelnen Völker. Diese neue Haltung zu verbreiten und durch Hinweis auf gute Beispiele zu vertiefen, wird eine dankbare Aufgabe gerade auch des Internationalen Verbandes für Wohnungswesen und Städtebau sein.«[370]

Mit dieser Aussage kritisierte er zugleich den Planungsalltag in Deutschland, der weder einheitlich noch von einer Stelle gelenkt war.

Obwohl Strölin alles daransetzte, den Verband zu erhalten und weiterzuführen, ebbte nach 1942 das Interesse der in- und ausländischen Mitglieder ab. Strölin konnte nur noch durch Appelle zur weiteren Mitarbeit auffordern, doch sie blieben meist ohne Reaktion. Ein von Deutschland aus geleiteter internationaler Verband konnte keine Unterstützung im Ausland, weder im besetzten noch im freien, finden. So beschränkte sich die Tätigkeit des Sekretariats, das man aus Sicherheitsgründen nach Gaildorf verlegt hatte, bis Kriegsende auf die Ergänzung und Bearbeitung der Sammlungen. Strölin selbst stellte dazu am 26. Oktober 1943 nur noch lakonisch fest: »Erkenntnis der Undankbarkeit der Aufgabe, weil niemand sich zu dem recht bekennen will, was wir in Stuttgart leisten«.[371]

Daran konnten 1944 Strölins erneute Aktivitäten nichts mehr ändern. In zwei Veröffentlichungen wandte er sich zu Beginn des Jahres und im September an die noch erreichbaren Verbandsmitglieder, um ihnen Rechenschaft über seine bisherige Amtszeit abzulegen und eine allgemeine Diskussion über die Grundlagen der Wiederaufbauplanung »über die Grenzen hinweg« in Gang zu bringen.[372]

## Von der Kritik zur Beseitigung Hitlers

Wenn Strölin in der historischen und heimatgeschichtlichen Literatur der Nachkriegszeit bis ungefähr 1970 genannt wurde, so war eigentlich nur vom Widerstandskämpfer die Rede. Zwar verwies man auf seine Funktion als nationalsozialistischer Oberbürgermeister, doch immer betonte man einschränkend, daß er zunächst zwar »gläubiger Nationalsozialist« gewesen sei, später aber den verbrecherischen Charakter des Systems erkannt, sich von ihm abgewandt und zum aktiven Widerstand gefunden habe.[373] Als Beispiel für seinen Widerstand wertete man dabei seinen Einsatz für die Selbstverwaltung, seine Kritik an fehlender Rechtsstaatlichkeit, seine Beziehungen zur württembergischen Landeskirche und das damit verbundene Eintreten für Umsiedler aus Osteuropa, sein Eintreten für zum Tode verurteilte elsässische Widerstandskämpfer sowie sein Mitwirken an der Verschwörung des 20. Juli 1944 und die »Rettung« der Stadt am Ende des Krieges.

Im folgenden soll dieses Verhalten Strölins näher untersucht werden, wobei eine wesentlich differenziertere Betrachtungsweise angewandt werden muß. Dabei ist von entscheidender Bedeutung, wie seine Aktivitäten in das Machtgefüge des nationalsozialistischen Staates eingebunden waren und inwieweit sie sich gegen den Nationalsozialismus selbst richteten. Wie bereits oben im Zusammenhang mit seiner Kritik an der Aushöhlung der Selbstverwaltung und der fehlenden Rechtsstaatlichkeit sowie an seinem Eintreten für eine Neugestaltung des Luftkriegsrechts zugunsten der Städte und seine Hilfe für Vorstandsmitglieder des Internationalen Verbandes für Wohnungswesen und Städtebau gezeigt werden konnte, bewegten sich all diese Interventionen im Rahmen der vorgegebenen Machthierarchie. Nie wurde er direkt tätig, sondern wandte sich immer an die zuständigen Stellen der Gau-, Reichs- und Reichswehrverwaltung; niemals stellte er dabei den Nationalsozialismus in Frage, sondern forderte systemimmanente Reformen oder humanes Verhalten, um die Auswirkungen einzelner Entscheidungen und Entwicklungen, die ihn und seine Umgebung betrafen, abzuschwächen oder aufzuheben. Dennoch ist bei näherer Betrachtung bereits eine Entwicklung zu erkennen, die sich während des Krieges verstärkte. War seine Kritik an der kommunalen Entwicklung meist verwaltungsinterner Natur und spiegelte den Dualismus von Partei und Verwaltung wider, so basierten seine Überlegungen zur Rechtsstaatlichkeit bereits auf den immer stärker werdenden Repressalien von SS, SD und Gestapo, mit denen er und seine Verwaltung von außen konfrontiert wurden. Bei all diesen Vorgängen handelte es sich aber eher um systeminterne Kritik und um Meinungsverschiedenheiten.

Mit den unten näher betrachteten Aktivitäten Strölins, besonders im Zusammenhang mit dem militärisch-konservativen Widerstand, soll deshalb der Frage nachgegangen werden, wie er den Weg vom nationalsozialistischen Kritiker an der nationalsozialistischen Herrschaftsausübung zum weiteren Kreis der Verschwörer des 20. Juli 1944 fand, und welche Vorstellungen er damit verband.[374]

*Ein Brief ruiniert Strölins Parteikarriere –
Religiöse Betreuung von Umsiedlern*

Bis 1941 interessierte sich Strölin kaum für Kirchenangelegenheiten. Zwar hatte er die Jahre hindurch gute Kontakte zu führenden Geistlichen der Stuttgarter Protestanten und über persönliche Bekanntschaften auch zur württembergischen Landeskirche. So war Oberkirchenrat Reinhold Sautter ein ehemaliger Regimentskamerad und Landesbischof Theophil Wurm ein früherer Schüler seines Großvaters. Das stiftete in Württemberg Beziehungen. Als Stadtoberhaupt nahm er an wichtigen öffentlichen kirchlichen Veranstaltungen teil. Doch auch zu den Gegnern der Landeskirche, den Deutschen Christen, die eine nationalsozialistische, arische Kirche anstrebten, unterhielt er enge Kontakte. Hatte er doch einen ihrer maßgeblichen Köpfe, Pfarrer Friedrich Ettwein, bereits 1933 als Referenten für Wohlfahrtsangelegenheiten ins Bürgermeisteramt geholt.[375]

Nach der Beerdigung von Ratsherr Willy Haag im Juni 1941, in deren Vorfeld es zu einem Disput unter den Gemeinderäten gekommen war, ob man in Zivil oder in Uniform daran teilnehmen solle, da ein Pfarrer die Bestattung vornehme, entschloß sich Strölin, Kulturreferent Cuhorst mit einer Ausarbeitung über den Stand des Verhältnisses von Kirche und Partei zu beauftragen.[376] Einen entscheidenden Wandel brachte der 9. August 1941. An diesem Tag besuchte Strölin in Reutlingen seinen Onkel Emil Strölin, der seinen 82. Geburtstag feierte. Man unterhielt sich über Landesbischof Wurm, der früher lange Zeit mit dem Onkel in Reutlingen war und zu ihm in enger freundschaftlicher Beziehung stand, sowie über die allgemeine Lage der Kirche.[377] Das Gespräch sowie zwei weitere Ereignisse am 11. August schienen Strölins Interesse endgültig auf die Kirche gelenkt zu haben. So erfuhr er von einem Erlaß Murrs, der in den Kirchen verlesen worden war, daß in den Schulen keine Propaganda mehr für den Weltanschaulichen Unterricht gemacht werden dürfe und die Eltern entscheiden sollten, ob ihre Kinder daran teilnehmen. Zudem besuchte Ministerialrat Gottlob Dill vom Innenministerium Strölin und fragte nach seiner Meinung über die Beschlagnahme der theologischen Seminare, die von Berlin aus angeordnet worden war und von Mergenthaler gegen den anfänglichen Widerstand des Innenministeriums vorangetrieben wurde.[378]

Bis zum 18. August hatte Cuhorst die ihm übertragene Aufgabe erledigt und konnte Strölin in einer Besprechung umfassend informieren. An diesem Tag findet sich der bezeichnende Eintrag in seinem Tagebuch:

»Mit Dr. Cuhorst Besprechung der Kirchenfrage. Von Landesbischof Wurm, dem ich die Grüße meines Onkels übermittelt hatte, bekomme ich einen sehr netten Brief. Ich will mich nun mehr um die Kirchenfrage kümmern.«[379]

Der Entschluß kam nicht zur günstigsten Zeit, denn seit Anfang 1941, besonders nach der durch die Kirche erzwungenen Einstellung der Ermordung Geisteskranker in Grafeneck, verschärfte sich der Konflikt zwischen Kirchen, Partei und Staat erneut, nachdem zwischen 1938 und 1941 in Württemberg eine Art Burgfrieden geherrscht hatte. Allenthalben versuchte nun die Partei, durch Propaganda und Repressalien in Bereiche einzudringen, die bisher fest in der Hand der Kirchen waren, wie Beerdigungen, Trauerfeiern für Gefallene, Hochzeiten und Taufen. Ziel der Aktionen, die sich nicht nur auf Württemberg beschränkten, sollte das Zurückdrängen wenn nicht gar Ausschalten von kirchlichen Einflußmöglichkeiten auf die Bevölkerung sein.[380]

Eine gute Woche nach dem Gespräch mit Cuhorst konnte Strölin seinen Entschluß bereits in die Tat umsetzen. Zufällig traf er in der Villa Reitzenstein Oberkirchenrat Sautter. Zunächst kam Strölin, leicht verärgert, auf die Kanzelabkündigung in einer Stuttgarter Kirche zu sprechen, in der ihm vorgeworfen worden war, das Verbot der seelsorgerischen Betreuung auch auf die privaten Krankenhäuser ausgedehnt zu haben. Tatsächlich hatte er dies, einen Erlaß des Reichsministeriums des Inneren befolgend, nur für die städtischen Kliniken angeordnet. Die Angelegenheit hatte er an die Gestapo weitergegeben.[381] Danach in besserer Stimmung wies Strölin auf das große religiöse Bedürfnis der Rücksiedler hin und meinte, der Kirche stünde dabei ein weites Betätigungsfeld offen. Sautter berichtete ihm aber über Schwierigkeiten bei der religiösen Betreuung von volksdeutschen Umsiedlern in den württembergischen Lagern. Strölin, als Oberbürgermeister der Stadt der Auslandsdeutschen und Präsident des Deutschen Auslands-Instituts, glaubte, sofort aktiv werden zu müssen. Er bat Sautter, ihn in der nächsten Woche aufzusuchen und das Material zu unterbreiten, da er einen Einblick in die Zustände bekommen müsse.[382] Zwei Tage später traf er sich im Beisein seines Berliner Repräsentanten Kruse erneut mit Sautter, und man beriet das weitere Vorgehen.[383] Die Probleme waren nicht neu. Seit Beginn des Jahres häuften sich aus allen Teilen des Reiches in Berlin Beschwerden von Geistlichen, die Behinderungen bei ihrer seelsorgerischen Arbeit in den Aufnahmelagern durch verschiedene Dienststellen der Partei monierten.[384] In Württemberg stand das Thema häufig auf der Tagesordnung der regelmäßigen Treffen, die Mitglieder des Oberkirchenrats mit Vertretern Murrs hatten.[385]

Da Strölin am nächsten Tag in Straßburg war, nutzte er die Gelegenheit, um auf der Rückfahrt Landesbischof Wurm zu besuchen, der einen Genesungsurlaub auf dem Kniebis im Schwarzwald verbrachte. Als Einstieg in das Gespräch bot sich der Austausch von gemeinsamen Erinnerungen an Strölins Großvater und die Lateinschule in Kirchheim an. Dann sprachen sie über die Lage der Kirche. Sie waren sich anscheinend einig, daß man dem Volk in religiös-kirchlichen Fragen angesichts der Kriegssituation zu viel zumute. Wurm vertrat den Standpunkt, daß man die Auseinandersetzung zwischen Partei und Kirche bis nach dem Kriege verschieben sollte.[386] In den folgenden Tagen erhielt Strölin von Sautter weitere Informationen über die Umsiedlerlager. Allerdings teilte er Strölin nicht alles mit, was er erfahren hatte, sondern nur jene Dinge, die sich auf die Behinderung der Seelsorge und auf inhumanes Verhalten des Lagerpersonals bezogen. So erfuhr Strölin nichts von positiven Veränderungen in Behandlung und Verpflegung über die der Stadtpfarrer aus Weingarten berichtet hatte, nachdem dort ein neuer Lagerleiter eingesetzt worden war.[387] Sautter informierte Strölin auch nicht über seine Gespräche in der Reichsstatthalterei, denn die Vorgänge im übergebenen Material hatte er dort bereits eingehend erörtert.

Strölin versuchte zunächst, auf der Parteiseite aktiv zu werden und besprach mit Gauschulungsleiter Klett das Problem, der die Volksdeutsche Mittelstelle im Land vertrat.[388] Zufällig hielt sich am 31. August der Leiter der Volksdeutschen Mittelstelle Lorenz, dem die Betreuung der Volksdeutschen nach ihrer Ankunft in Deutschland unterstand, dienstlich in Stuttgart auf. Strölin nutzte die Gelegenheit, um mit ihm über die

Mißstände zu sprechen. Er wurde jedoch von Lorenz an dessen Stellvertreter Behrends verwiesen, der nähere Auskunft geben könne. Das Ergebnis war für Strölin ermutigend, denn er erfuhr, daß die Lagerführer von der Volksdeutschen Mittelstelle angewiesen worden waren, in allen religiösen Fragen gegenüber den volksdeutschen Umsiedlern schonend und behutsam zu verfahren. Allerdings sollte die religiöse Betreuung nur durch volksdeutsche Geistliche vorgenommen werden.[389]

So mit Material versorgt, glaubte Strölin am 6. September in die Offensive gehen zu können. Der für die Lager zuständige Heilbronner NSDAP-Kreisleiter Richard Drauz verhielt sich vorsichtig, als Strölin mit ihm die vorliegenden Klagen telefonisch besprechen wollte. Drauz argumentierte, daß in den Lagern starke Unruhe herrsche und empfahl Strölin, den gewünschten Besuch noch einige Zeit hinauszuschieben. Dennoch verabredeten beide eine Besprechung für die darauffolgende Woche. Strölin sah darin eine Hinhaltetaktik und nahm unter Umgehung des Dienstweges Kontakt zu Reichsstellen auf.[390] Gleichzeitig intervenierte er erneut bei der Volksdeutschen Mittelstelle und erbat sich einen Passierschein, um die Lager betreten zu können. Damit hatte er sich nicht nur Drauz, sondern auch Murr zum Gegner gemacht, denn dieser hatte Drauz in sein Amt berufen.

Zum offenen Eklat zwischen Strölin und Drauz kam es, als Drauz sich telefonisch bei Strölin über dessen Intervention in Berlin beschwerte. Da beide cholerisch veranlagt waren, brüllten sie sich am Telefon an und drohten einander mit weiteren Schritten. Strölin erkannte, daß er nun an Murr schreiben müsse, da sich Drauz an seinen Förderer wenden würde.[391] In seinem Brief, an Murr »persönlich« adressiert, berichtete Strölin über seinen Wunsch, die Lager zu besuchen, ohne allerdings auf seine Kontakte zur evangelischen Landeskirche einzugehen. Er schilderte die beiden Gespräche mit Drauz und kam auf die Beschwerden zu sprechen, wobei er auf die »brutale und ungeeignete Behandlung«, auf das Verhalten von Lagerangestellten gegenüber volksdeutschen Mädchen sowie auf die »ungeschickte Behandlung in religiös-kirchlichen Fragen« abhob. Über diese »Gerüchte« wollte er sich bei inoffiziellen Besuchen »aus eigener Anschauung ein Urteil bilden«. Dazu hielt er sich als Oberbürgermeister der Stadt der Auslandsdeutschen und als Präsident des Deutschen Auslands-Instituts für verpflichtet.[392] Am selben Tag ließ er der Volksdeutschen Mittelstelle in Berlin neun schriftliche Beschwerden überreichen, die er von Oberkirchenrat Sautter erhalten hatte, und bat um Nachprüfung.[393] Nachdem Sautter Strölin am 11. September mitgeteilt hatte, der Oberkirchenrat sei für den nächsten Tag zu Murr bestellt, sah Strölin einen Fortschritt. Eilends schrieb er erneut an Murr, um ihm die Beschwerden im einzelnen vorzutragen. In dem Brief – wiederum an Murr persönlich – hob er die starke religiöse Bindung der Volksdeutschen hervor, die auch darauf zurückzuführen sei, »daß die Kirchengemeinschaften, insbesondere die evangelische Kirche vielfach – von manchen Nebenerscheinungen abgesehen – die letzte Stätte des Deutschtums im Kampf um die Erhaltung von Sprache, Sitte und angestammten Volkstum« gewesen seien. In realer Einschätzung der Auseinandersetzung zwischen Partei, Staat und Kirche stellte er fest, »daß hinsichtlich der Einwirkung auf die volksdeutschen Umsiedler in kirchlichen Fragen im Vergleich zur innerdeutschen Behandlung dieser Angelegenheit wesentliche Unterschiede in Tempo und Methode gemacht werden müssen.« Dann folgten die einzelnen Beschwerden, die ihm vorlagen. Neben sieben Punkten, die sich mit Religionsfragen beschäftigten, listete er in weiteren acht Punkten Beschwerden gegen einzelne Lagerleitungen auf und kritisierte die Härte der Internierung, da sich die Umsiedler wie in Gefängnissen vorkämen. Strölin schloß seinen Brief versöhnlich mit den Worten:

»Gerade wir in Württemberg, dem klassischen Land der Auswanderung, mit der Stadt der Auslandsdeutschen als Gauhauptstadt und mit dem Sitz des Deutschen Auslands-Instituts haben stärkstes Interesse daran, daß die Betreuung der Übersiedlerlager in unserem Gebiet in vorbildlicher Weise erfolgt. Ich hielt es daher für geboten, Ihnen Herr Reichsstatthalter, in zusammenfassender Darstellung diese Dinge zur Kenntnis zu bringen. Ich erlaube mir, Sie auch meinerseits darum zu bitten, eine Prüfung aller dieser Klagen und eine Untersuchung der zahlreichen gemeldeten Vorkommnisse zu veranlassen.«[394]

Damit hatte Strölin wieder den Dienstweg gewählt. Allerdings erwähnte er seine erneuten Interventionen in Berlin nicht. Zudem ging eine weitere Abschrift des Briefes an Weizsäcker.[395]

Murr reagierte umgehend. Am 13. September antwortete er und wies Strölin in seine Schranken. Er sprach ihm das Recht ab, sich als Präsident des Deutschen Auslands-Instituts um die Übersiedler zu kümmern, da sie nur so lange vom DAI betreut würden, solange sie nicht auf deutschem Reichsgebiet seien. Danach übernehme »der Staat bezw. die Partei bezw. die Volksdeutsche Mittelstelle« diese Aufgabe. Deshalb habe sich Strölin mit den ihm vorliegenden Beschwerden an Drauz wenden sollen, denn es sei nicht Strölins Aufgabe, sich »nach Art einer Kontrollkommission« von der Richtigkeit oder Unrichtigkeit der Beschwerden an Ort und Stelle zu überzeugen. Murr bestritt nicht, daß es in einzelnen Lagern zu Vorfällen gekommen sei, führte das aber auf schlecht ausgewählte Lagerführer zurück, die in der Zwischenzeit abgelöst worden seien. Dennoch erklärte er sich bereit, den acht Punkten Strölins nachzugehen, die sich mit Verfehlungen des Lagerpersonals beschäftigten, wenn er genaue Angaben darüber mache. Seinem Tenor nach war der Brief als Drohung zu verstehen.[396]

Wie verworren die Zuständigkeiten und die Einschätzungen waren, zeigte sich daran, daß Murr in seinem Brief Staat, Partei und Volksdeutsche Mittelstelle gleichstellte. Kompliziert wurde die Angelegenheit noch dadurch, daß am 16. September, einen Tag nachdem Strölin Murrs Brief erhalten hatte, ein Vertreter der Volksdeutschen Mittelstelle im Rathaus Strölin einen Ausweis überreichte, der ihn zum Eintritt in alle Übersiedlungslager berechtigte. Doch empfahl er Strölin, die Lager in Württemberg erst nach Murr zu besuchen.[397] Anscheinend machte Strölin vom Ausweis keinen Gebrauch. Der Zusammenstoß mit Murr hatte ihn doch vorsichtig werden lassen. Daran tat er gut, denn am 24. September erhielt er erneut einen kurzen, scharfen Brief von Murr, der nun auf dem Dienstweg über Berlin von Strölins dortigen Vorstößen erfahren hatte. Der Reichsstatthalter kritisierte, daß sich Strölin nur auf Unterlagen kirchlicher Stellen berufen habe und forderte ihn auf, »davon Abstand zu nehmen, derartige Klagen zu sammeln, falls sie Ihnen aber unaufgefordert zugehen, sie an mich oder den Einsatzführer [also Drauz, W. N.] weiterzuleiten«.[398]

Damit wäre die Sache eigentlich ausgestanden gewesen wie so viele andere Meinungsverschiedenheiten zwischen Strölin und Murr, in denen sich beide ihre Meinung sagten und nach Regelung der Dinge wieder zur Tagesordnung übergingen. Doch Strölin beschäftigte sich weiterhin mit kirchlichen Fragen. Als Wurm ihm am 2. Oktober den Bericht eines Armeepfarrers zukommen ließ, in dem dieser über Erlebnisse mit Volksdeutschen in der Sowjetunion berichtete, schrieb ihm Strölin umgehend und bat um weitere Abschriften, da er auch Murr davon in Kenntnis setzen wollte, denn der Bericht handelte von der Rolle der Kirche bei der Festigung des Deutschtums in Rußland. Dem Brief legte Strölin eine Abschrift seines Schreibens an Murr vom 11. September bei und sandte ihn an die Privatadresse Wurms, damit er über Strölins Schritte informiert sei.[399]

Gegen Ende des Monats hatte Strölin genügend Zeit, um sich eingehend mit kirchlich-religiösen Fragen zu beschäftigen, da er dazu präzise Stellung nehmen wollte. Am 24. und 26. Oktober befaßte er sich intensiv mit den Aussagen Hitlers zu Kirchenfragen in »Mein Kampf«. In sein Tagebuch notierte er dazu:

»Interessant ist vor allem die Feststellung des Führers, daß ›heute religiöse Gefühle immer noch tiefer sitzen als alle nationalen und politischen Zweckmäßigkeiten‹. Das gilt sicher auch noch für die heutige Zeit, trotz aller politischen Sammlung. Das wird überhaupt für jede Zeit gelten, weil eben mit dem religiösen Gefühl auch der Gedanke der Verbindung mit dem Jenseits verknüpft ist.«[400]

Die Argumentation zeigt, daß Strölin immer noch in den alten Kategorien aus der Zeit vor der Machtübernahme dachte, denn die Religion war für ihn neben der Familie der Garant für den Fortbestand der Zivilisation, gingen beide Werte verloren, drohte der Untergang.[401]

Strölins Verhältnis zur Kirche wurde allerdings zwei Tage später jäh gestört. Am 28. Oktober teilte ihm SS-Hauptsturmführer Leukart vom Stuttgarter Sicherheitsdienst mit, daß der Brief an Murr vom 11. September, den er auch an Wurm gesandt hatte, in einigen Außenstellen seines Bezirks als Abschrift aufgetaucht sei und als Kettenbrief versandt werde. Strölin war die ganze Sache unangenehm. Auf die Frage, was er nun tun könne, riet ihm Leukart, abzuwarten und auf jeden Fall gegenüber dem Oberkirchenrat völlige Zurückhaltung zu zeigen. Noch hoffte Strölin, die Angelegenheit würde sich totlaufen.[402]

Nachdem Strölin einen Tag später mit Kreisleiter Fischer die kirchlich-religiösen Fragen diskutiert hatte, brachte der 31. Oktober neue Probleme. Zunächst fertigten Strölin und Könekamp eine umfangreiche Aktennotiz, um die Vorgänge in den Rückwandererlagern und die

Schritte Strölins festzuhalten, da sie damit rechneten, daß die Angelegenheit mit dem Kettenbrief noch genauer untersucht werden könnte. Strölin stellte dabei fest, daß »wir in der ganzen Angelegenheit vollkommen korrekt gehandelt haben«. Die Schuld sah er allein bei Drauz.[403] Für die Einstellung Strölins zur Kirche war symptomatisch, daß er nun Könekamp und nicht mehr Cuhorst zu diesen Beratungen hinzuzog. Könekamp stand der evangelischen Kirche als ehemaliger Schüler der Seminare in Schöntal und Urach sowie einem, wenn auch äußerst kurzen, Theologiestudium im Tübinger Stift wesentlich näher als Cuhorst, der bereits 1938 antikirchliche Artikel im Mitteilungsblatt der Stuttgarter NSDAP veröffentlicht hatte.[404]

Als schwerwiegender erwies sich das nächste Ereignis an diesem Tag. Ratsherr Bühler war wegen kritischer Äußerungen über das Verhältnis der Partei zur Kirche denunziert worden. Bei einem Gespräch anläßlich eines Empfangs volksdeutscher Frauenführerinnen hatte er die Äußerungen von Gauschulungsleiter Klett kritisiert, der gesagt hatte, daß nur derjenige als guter Nationalsozialist angesehen werden könne, der aus der Kirche ausgetreten sei. Dies hatte gereicht, um ein Parteigerichtsverfahren gegen Bühler einzuleiten. Strölin suchte Klett auf, um mit ihm die Angelegenheit zu bereinigen. Dort bekam er das Denunziationsschreiben zu sehen, in dem es hieß, man könne nicht verstehen, daß führende Parteigenossen 1941 noch nicht aus der Kirche ausgetreten seien. Strölin notierte sich dazu: »Dabei war sich der Denunziant offenbar nicht darüber klar, daß auch der Gauleiter selbst diesen Schritt noch nicht getan hat.«[405]

Am Abend kam man in einer eingehenden Unterredung über das Problem der Rückwandererlager, an dem Strölin, Götz, Könekamp und Hablizel teilnahmen, zu dem Ergebnis, »daß man im Augenblick einmal ruhig abwarten muß«.[406] Eine Bestätigung für die Richtigkeit dieses Entschlusses erhielt Strölin einige Tage später, als ihm Dill den dringenden Rat gab, er solle am besten nichts tun.[407] Dill wußte wovon er sprach. Als führendes Mitglied der Deutschen Christen, die er im Landeskirchenrat und Landeskirchenausschuß vertreten hatte, mußte er 1939 auf Druck des Reichsinnenministeriums wegen seiner Annäherung an die Wurmschen Positionen alle kirchlichen Ämter niederlegen. Erst vor kurzem hatte er große Schwierigkeiten bekommen, als er sich bei der Semi-

305

narbeschlagnahme die Position des Oberkirchenrats zu eigen gemacht hatte.[408]

Strölin nahm sich die Ratschläge sehr zu Herzen. Als ihn Sautter am 7. November erneut aufsuchte und mit ihm über die Schwierigkeiten eines volksdeutschen Schülers sprechen wollte, ging er deutlich auf Distanz. Vorsichtshalber führte er das Gespräch nicht mehr unter vier Augen, sondern zog Könekamp hinzu. Um allen Schwierigkeiten aus dem Wege zu gehen, erklärte er sich nicht für zuständig. Obwohl er bemerkte, »daß sein Pulver verschossen sei«, empfahl er, die Angelegenheit der Volksdeutschen Mittelstelle vorzulegen. Wohl aus seinen schlechten Erfahrungen heraus fügte er hinzu, man solle eine Abschrift an Murr schicken und auf die vergeblichen Interventionen hinweisen. Strölin war es unbegreiflich, wie man »kirchlich gesinnte Rücksiedler weiterhin so vor den Kopf stossen« könne.[409]

Anschließend brachte er seinen Ärger über den in Umlauf gesetzten Brief zum Ausdruck, da er davon ausging, daß dies nur von kirchlicher Seite ausgegangen sein konnte. Worauf Sautter antwortete, daß dies nicht der Fall gewesen sei.[410] Dies bekräftigte Sautter am 9. Dezember, als er Könekamp die Abschrift eines Briefes von Wurm an Murr in der Lagerfrage übergab, denn »alle Untersuchungen hätten ergeben, daß die Abschrift des Strölinbriefes nicht durch Herrn Landesbischof oder den Oberkirchenrat an die Öffentlichkeit gekommen sein kann«. Zudem besaß er Informationen, wonach auch das Deutsche Auslands-Institut im Besitz von Abschriften gewesen sei.[411] Von wem die Abschrift weitergegeben wurde, läßt sich nicht mehr nachvollziehen; vieles spricht jedoch dafür, daß sie aus dem Oberkirchenrat stammten, denn allein in einem Teil der erhaltenen Akten des Oberkirchenrats befinden sich neben der Abschrift, die Strölin privat am Wurm gesandt hatte, nicht weniger als drei weitere Kopien, die vermutlich im Oberkirchenrat erstellt worden sind.[412] Schließlich hatte die Landeskirche ein wesentlich größeres Interesse an einem Bekanntwerden des Briefes als das Deutsche Auslands-Institut. Ein weiteres Indiz ist die starke Verbreitung in evangelischen Bevölkerungskreisen.

Strölin begann, sich noch konsequenter mit dem Kirchenproblem zu beschäftigen. Dazu nutzte er einen viertägigen Urlaub in Freudenstadt, während dem er sich wiederum mit Hitlers »Mein Kampf« und anderen

Reden seines Führers sowie dem Buch des stellvertretenden württembergischen Gauleiters und Reichsschulungsleiters der NSDAP Friedrich Schmidt »Das Reich im Aufbau«, den Schriften Ludendorffs, dem Christusbuch von Oscar Holtzmann und dem Programm der Deutschen Christen beschäftigte. Mit diesen Werken, die alle aus dem antikirchlichen Lager kamen, versuchte er zunächst einmal für sich selbst Klarheit zu schaffen.[413]

Das Ergebnis seiner Überlegungen spiegelte sich in der Beigeordnetensitzung am 18. November wider. In der Frage der Entkonfessionalisierung der Kindergärten entschied Strölin, »daß nur deutsche, nicht konfessionelle Kindergärten am Platze seien.«[414] Damit hatte er sich weitgehend auf die von der Partei verordnete Linie begeben, den Einfluß der Kirchen im öffentlichen Leben zurückzudrängen. Diese Position schien er auch in Zukunft beibehalten zu haben, denn im Oktober 1942 betonte er anläßlich eines Vortrags von Ulrich von Hassell die Notwendigkeit, die Machtsphären von Kirche und Staat scharf zu trennen.[415] Bezeichnend sind auch Notizen über Gespräche in den folgenden Tagen. So hielt er nach einem Gespräch mit Robert Bosch fest, daß dieser nicht kirchlich sei, aber durchaus gottgläubig.[416] Noch deutlicher drückte er sich einige Tage später aus, als er anläßlich eines Gesprächs mit Waldmann festhielt:

»Eingehende Unterhaltung über kirchenpolitische, religiöse Fragen. Wir sind beide darin einig, daß eine grundlegende Reform der Kirche und eine neue Ausrichtung der Religion stattfinden muß, aber während des Krieges nicht, da dies zu starke seelische Belastungen mit sich bringen würde.«[417]

Doch Strölin war wie auch in anderen Bereichen selbständig geblieben. Nachdem er sich im Januar 1942 eingehend mit den Überlegungen Nietsches zur Religion in dessen Werk »Menschliches Allzumenschliches« beschäftigt hatte, kann man eine erneute Änderung seiner Vorstellungen feststellen, die wieder an seine Gedanken aus der späten Weimarer Republik anknüpften. Für ihn mußte danach vor der Beseitigung der bisher existierenden Religion etwas Neues geschaffen werden, da sonst Nation, Staat und Gesellschaft in Anarchie verfallen würden.[418]

Strölin, so in seiner Grundhaltung gestärkt, konzentrierte sich danach auf andere Arbeitsbereiche, die ihm näher lagen. Kirchliche und religiöse Fragen spielten nur noch eine marginale Rolle. Trotzdem hielt er über Sautter weiterhin Kontakte zum Oberkirchenrat, und Wurm wandte sich verschiedentlich mit einzelnen Fragen an ihn. Strölin antwortete ihm in der Regel, vergaß aber nicht, seine Schreiben mit dem Stempel »vertraulich« versehen zu lassen.[419] Das Vertrauensverhältnis veranlaßte Wurm, Strölin am 20. September 1943 den Entwurf eines Briefes an Himmler als Reichsinnenminister vorzulegen, in dem er sich über die kurzzeitige Verhaftung eines Stuttgarter Stadtpfarrers beschwerte. Da er darin auf die Frage der Umsiedlerlager und die früheren Schritte Strölins einging, wollte er sich versichern, ob Strölin mit seiner Erwähnung einverstanden sei.[420] Eine Antwort Strölins darauf ist nicht erhalten. Jedoch besprach er am 27. September mit Sautter die Frage, wie man mit Himmler Verbindung aufnehmen könne, um das Verhältnis zwischen Staat und Kirche zu befrieden.[421] Wie auch hinsichtlich einer Stärkung der Selbstverwaltung und der Ordnung des Kompetenzchaos im Luftschutz sah Strölin im neuernannten Innenminister Himmler plötzlich die Reichsinstanz, die in der Lage sei, Fehlentwicklungen des Systems zu korrigieren.

Strölins Eintreten für die religiöse Betreuung in den Übersiedlerlagern im Herbst 1941 hatte für ihn unangenehme Folgen. Anfang 1943 erhielt er vollkommen unvorbereitet einen Anruf aus München, daß er wegen des in Umlauf gesetzten Briefes an Murr dorthin kommen solle. Dies schien ihm bedrohlich, denn er machte sich sofort daran, eine Darstellung über die Vorgänge zu erarbeiten.[422] Anscheinend lief ein Parteiverfahren gegen ihn, das die Absetzung von seinem Posten als Reichsamtsleiter im Hauptamt für Kommunalpolitik zum Ziel hatte. Sehr wahrscheinlich hatte auch Murr seine Finger im Spiel, denn dies war die beste Möglichkeit, Strölin als potentiellen Konkurrenten in Württemberg auszuschalten. Am 13. Februar traf er sich in München mit Fiehler und Jobst, um mit ihnen das weitere Vorgehen abzustimmen.[423] Strölin versuchte in den folgenden Tagen alles, um seinen Posten zu behalten. Als letztes schrieb er, nach telefonischer Vereinbarung, am 13. März an Jobst und übermittelte ihm seine Vorstellungen, wie Fiehler gegenüber der Parteikanzlei argumentieren solle. Darin hob er nochmals seine Verdienste auf kommunalpolitischem Gebiet hervor und schlug vor, Fiehler solle sich darüber beschweren, daß Strölin als altem Parteigenossen nicht schon vorher Gelegenheit zu einer persönlichen Darstellung gegeben worden sei.[424] Viel Erfolg hatte dies anscheinend nicht, denn am 29. März fand in der Münchner Parteikanzlei eine abschließende Besprechung statt, über deren Verlauf es zwar keine Unterlagen gibt, aber in der man ihm angedroht hatte, ihn all seiner Parteiämter zu entheben. Strölin kam diesem Schritt zuvor. Einen Tag später bat er Fiehler, ihn »im Hinblick auf meine anderweitige außerordentlich starke Arbeitsüberlastung von der Mitarbeit im Hauptamt für Kommunalpolitik zu entbinden«.[425]

Auf eine Entscheidung mußte er jedoch fast ein Jahr warten. Zunächst versuchten Fiehler und das Hauptamt, die Angelegenheit hinauszuzögern, weil man auf eine »günstigere Wendung« hoffte.[426] Erst am 11. Januar 1944 entschied Hitler, Strölin unter Aberkennung seines Parteiranges aus der Reichsleitung der NSDAP zu entlassen.[427] Strölin erhielt davon durch einen Brief Fiehlers vom 29. März Kenntnis, der ihm in einem zusätzlichen Schreiben wärmstens für seine langjährige Tätigkeit im Hauptamt für Kommunalpolitik dankte. Wenige Tage später teilte Strölin einer Reihe von Personen und Institutionen die Entscheidung mit, ohne jedoch auf die Aberkennung seines Parteiranges hinzuweisen. Vielmehr betonte er, daß dies auf eigenen Wunsch geschehen sei und fügte eine längere Abschrift aus dem Schreiben Fiehlers bei.[428] Damit war die Parteikarriere beendet.

Strölin hielt seine Kontakte zu Sautter und zur Landeskirche aufrecht. Da er die drohende Niederlage Deutschlands erkannte, spielten persönliche Beziehungen und die Aufrechterhaltung eines Restes an Humanität für ihn eine wichtige Rolle. So teilte er Sautter auf einer Besprechung Anfang August 1944 vertraulich mit, er habe durch Zufall von dessen unmittelbar bevorstehender Verhaftung erfahren. Tatsächlich wurde Sautter wenige Tage später verhaftet und ins Gestapogefängnis nach Welzheim gebracht. In der Folgezeit kümmerte sich Strölin um Sautters Frau und erwirkte Besuchserlaubnisse für sie.[429] Auch in anderen Fällen versuchte er bei Kriegsende, die Landeskirche zu unterstützen.

## Streit zwischen Baden und Württemberg und der elsässische Widerstand

Am 12. April 1942 fand eine Streife der deutschen Sicherheitspolizei in einer Toilette des Schnellzugs von Paris nach Toulouse zwei Exemplare eines umfangreichen Berichts über die Lage im Elsaß. Die mit der Aufklärung des Falls betrauten Gestapo- und Sicherheitsdienststellen, erkannten schnell, daß er von Leuten verfaßt worden sein mußte, die guten Einblick in die wirtschaftliche und politische Entwicklung des Elsaß sowie in die Ziele der deutschen Okkupanten hatten. Nach kurzer Zeit gelang es der Gestapo, eine sich über das ganze Elsaß erstreckende Widerstandsgruppe aufzurollen, die sowohl mit dem Deuxième Bureau im unbesetzten Teil Frankreichs als auch mit den britischen und amerikanischen Geheimdiensten sowie mit de Gaulle in Verbindung stand.[430]

Eigentlich kein Fall, der den Oberbürgermeister einer deutschen Großstadt mitten im Krieg groß berührt hätte, wären da nicht persönliche Beziehungen und alte Konflikte gewesen. Sofort nach der Verhaftung eines der Widerständler, des Colmarer Untersuchungsrichters Alfred Weninger, nahm die Familie Kontakt zur Schwester des Inhaftierten auf. Dies war Margrit Magirus, die langjährige Freundin und Vertraute Strölins. Über sie hatte Strölin bereits vor dem Krieg Kontakte zur Familie gehabt. Schon kurz nach der Besetzung des Elsaß traf er im Juli 1940 mit Georges und Alfred Weninger zusammen, mit denen er sich wie schon zuvor mit Magirus eingehend über die Stimmung im besetzten Gebiet unterhielt.[431] Alle teilten ihm übereinstimmend mit, daß die Elsässer gegen Deutschland seien und immer noch auf einen Sieg der Engländer hofften, auch wenn Frankreich den Deutschen unterlegen wäre. Strölin, für den die Weningers neben dem Deutschen Auslands-Institut die beste Quelle über die Stimmung im Elsaß waren, sah eine moralische Pflicht zu helfen.

Noch ein zweiter Aspekt führte Strölin schon frühzeitig zu einer Beschäftigung mit den Problemen des Elsaß. Nachdem 1938 Österreich annektiert worden war, sah man sich in Stuttgart und Württemberg in einer Randlage und befürchtete gravierende wirtschaftliche Einbußen sowie strukturelle Benachteiligungen.[432] Um sich dagegen zu wappnen, entwickelte man in der Landesverwaltung und im Stuttgarter Rathaus Konzepte, die auf eine Verstärkung der Zusammenarbeit mit der Schweiz und Frankreich, besonders dem Elsaß, hinausliefen. In der Diskussion über eine Reichsreform hatten württembergische Stellen zudem wiederholt eine Zusammenlegung Badens, Württembergs und Hohenzollerns zur Sprache gebracht.[433] Eine Position, die Strölin voll und ganz unterstützte. So sollte im südwestdeutschen Raum ein starkes Gegengewicht zu anderen Teilen des Reiches geschaffen werden, als dessen natürliches Zentrum Strölin Stuttgart sah.

Seine anfänglichen Hoffnungen, nach der Besetzung des Elsaß im Mai/Juni 1940 von Stuttgart aus eine Rolle in der dortigen Entwicklung spielen zu können, erwiesen sich schnell als Illusion. Mit der Berufung des badischen Gauleiters und Reichsstatthalters Robert Wagner zum Chef der Zivilverwaltung im Elsaß und dem faktischen Zusammenschluß der beiden Gebiete, wenn dies auch rechtlich nie geregelt wurde, war Württemberg in die Rolle des Juniorpartners im Südwesten geraten.[434] Stuttgart durfte für den nationalsozialistischen Aufbau im Elsaß nur seine bewährten SD- und Gestapo-Leute stellen. Die Position des »Befehlshabers der Sicherheitspolizei und des SD« (BdS) nahmen nacheinander Reichsstudentenführer Gustav Adolf Scheel und Hans Fischer ein, die unter dem Kommando von Kurt Kaul, dem Höheren SS- und Polizeiführer für Württemberg, Baden und das Elsaß, ähnliche Stellungen im Land innegehabt hatten.[435] Die gute Zusammenarbeit Strölins mit den drei Stuttgarter Sicherheitsdienst-Stellen[436] erwies sich als günstig, denn über sie war er bestens über die Entwicklungen im Elsaß informiert.

Der starke Einfluß der Badener im Elsaß war für Strölin ein Dorn im Auge. Seiner Einschätzung nach waren sie und ihr Gauleiter nicht in der Lage, mit der Mentalität des elsässischen Volkes umzugehen. Schon im Juni/Juli 1940 beschäftigte er sich eingehend mit der elsässischen Frage, wobei er selbst die wildesten Gerüchte, nach denen sich Baden das Elsaß, Lothringen und die Pfalz angliedern wolle, ernst nahm.[437] Als er im Juli von einem leitenden Mitarbeiter des Deutschen Auslands-Instituts erfuhr, daß nach Aussagen des Reichsministeriums des Inneren die Personalpolitik im Elsaß ausschließlich bei Wagner liege und nur Badener dort verwendet werden sollten, schickte er Wagner und dem für Lothringen zuständigen Gauleiter Josef Bürckel ein Gutachten des Deutschen Auslands-Instituts, in dem die historische Entwicklung des Elsaß, die Fehler der deutschen Verwaltung von 1871 bis 1918 und die der Franzosen bis 1940 dargestellt wurden. Ein weiterer Abschnitt befaßte sich mit daraus zu ziehenden Konsequenzen für die nationalsozialistische Politik, die auf eine Rückkehr des Elsaß und Lothringens in den deutschen Staatsverband hinauslaufen müsse.[438] Da nach Ansicht des Autors nach 1870 die fehlende verfassungsrechtliche Klärung der Elsaß-Frage den gravierendsten Mangel darstellte, empfahl er unverzüglich einen aus dem Elsaß, Baden und Württemberg bestehenden »Gau Schwaben« zu bilden. Allerdings trug bereits der NSDAP-Gau in Augsburg diesen Namen.

Die Reaktionen Wagners trugen Strölin einen Rüffel von Murr ein, an den sich Wagner nach Erhalt der Denkschrift gewandt hatte. Doch Murr schien diesmal die Angelegenheit nicht sonderlich ernst zu nehmen, da in seinem Hause ähnliche Pläne ausgearbeitet worden waren.[439] Aber auch Wagner zeigte sich nicht nachtragend.

Dennoch entwickelten sich Strölins Überlegungen im Gegensatz zur Politik Wagners. Strölin stellte sich ein behutsameres Vorgehen vor, damit die noch nicht für Deutschland und den Nationalsozialismus gewonnenen Teile der Bevölkerung nicht durch zu rasche Maßnahmen vor den Kopf gestoßen würden. Seine elsässischen Gesprächspartner bestärkten ihn in seiner Meinung. Strölin imponierten besonders die Überlegungen des Straßburger NSDAP-Kreisleiters Hermann Bickler zur Eindeutschungspolitik. Schon beim ersten Zusammentreffen hatte Strölin von ihm einen guten Eindruck gewonnen.[440] Als Bickler einen Vortrag in Stuttgart hielt, war Strölin vollends von ihm begeistert. In sein Tagebuch notierte er:

»Besonders eindrucksvoll war die von ihm aufgestellte Forderung, daß es darauf ankomme, in erster Linie ›die Seelen zu gewinnen.‹ Die Beherrschung oder die Lenkung eines Landes könne auf Dauer nicht auf der Spitze der Bajonette ruhen. Gut war auch sein Vergleich, daß der nationalsozialistische Gedanke noch durchaus im Stadium der Klärung und Reifung stehe. Auch im Reich sei noch lange nicht alles in Ordnung...«[441]

Strölin stürzte sich nach der Verhaftung Weningers mit seiner ganzen Energie auf die Angelegenheit. Die Zeit drängte nicht, da die Gefangenen in Untersuchungshaft saßen und ein Prozeß in naher Zukunft nicht abzusehen war.[442] Ab Ende September 1942 häuften sich Strölins Aktivitäten. Am 22. traf er sich mit dem Leiter des SD-Oberabschnitts Fischer und besprach mit ihm die elsaß-lothringische Frage. Fischer bat Strölin danach, mit ihm noch einmal ausführlich über das Problem zu sprechen.[443] Bevor er weitere Schritte unternahm, ließ sich Strölin sowohl vom Deutschen Auslands-Institut als auch von Elsässern eingehend über die Lage informieren und stellte mit ihnen eine Liste von Punkten zusammen, die er mit deutschen Stellen besprechen wollte.[444] Das Gespräch mit Fischer, zugleich Befehlshaber der Sicherheitspolizei und des Sicherheitsdienstes in Straßburg, fand schließlich am 13. Oktober statt. Fischer hielt das Treffen für so wichtig, daß er den Straßburger Kreisleiter Bickler mitbrachte. Strölin erschien mit seinem Stellvertreter im Deutschen Auslands-Institut, Eisenmann, der die Elsaßfrage im Institut bearbeitete.[445] Damit war eine Gruppe zusammengekommen, die sich für ein behutsameres Vorgehen aussprach, als es von Wagner oder den Berliner SS-Stellen vorgeschlagen und ausgeführt wurde.[446] Eine weitere Hoffnung für die Verbesserung der Situation im Elsaß setzte Strölin in ein Gespräch, das Eisenmann in Berlin mit dem Chef des SS-Hauptamtes Gottlob Berger führte. Berger, den die Frage interessierte, arrangierte daraufhin eine Unterredung von Fischer und Bickler mit Himmler.[447] Strölin versuchte, auf andere Persönlichkeiten einzuwirken. So traf er sich am 17. November mit General Oßwald, dem kommandierenden General des Wehrkreises V, zu dem Württemberg, Baden und das Elsaß gehörten. Zwei Tage später konferierte er in Berlin mit dem Präsidenten des Volksgerichtshofs, Roland Freisler, und Ministerialrat Jacobi vom Reichsinnenministerium über die strafrechtliche Verfolgung der Verhafteten.[448] Schwerpunkt seiner Argumentation war die Tatsache, daß das Elsaß nicht offiziell deutsches Reichsgebiet sei, sondern rechtlich immer noch zu Frankreich gehöre. Deshalb sei auch keine Bestrafung der verhafteten Elsässer wegen Hochverrats möglich.[449] Im Dezember 1942 und Januar 1943 verdichteten sich die Anzeichen für einen bevorstehenden Prozeß gegen die Widerstandsgruppe, was Strölin zu vermehrten Aktivitäten anspornte. Allerdings war nun nicht mehr der Volksgerichtshof für das Verfahren zuständig sondern das Reichskriegsgericht. Strölin wandte sich deshalb neben seinen ständigen Gesprächspartnern im

Reichsministerium des Inneren, Stuckart und Jacobi, erstmals auch direkt an das Reichskriegsgericht und besprach dort die Angelegenheit. Im Februar traf er zweimal mit dem Verteidiger Weningers, dem bekannten Karlsruher Rechtsanwalt Alfred Reinhold Frank, zusammen, der enge Kontakte zu Goerdeler hatte.[450]

Anfang Februar 1943 kam ein neuer elsässischer Problemfall auf Strölin zu. Architekturprofessor Paul Schmitthenner, selbst gebürtiger Elsässer, suchte ihn auf, weil Ende Januar der Volksgerichtshof in Straßburg vier junge Elsässer wegen Begünstigung flüchtiger französischer Kriegsgefangener zum Tode verurteilt hatte. Schmitthenner wollte mit allen Mitteln verhindern, daß die Todesstrafen vollstreckt würden.[451] Außer an Strölin hatte er sich noch an Freisler und über Professor Martin Spahn an Lammers gewandt und versucht, die Motive sowie die einzigartige Situation der Verurteilten, die 1939/40 als französische Offiziere gedient hatten, zu verdeutlichen.[452] Strölin nutzte die Gelegenheit jedoch nur dazu, um beim Reichsjustizminister darauf zu drängen, daß mit Rücksicht auf die Stellung Stuttgarts als Stadt der Auslandsdeutschen künftig in Stuttgart keine Hinrichtungen von Elsässern und Lothringern mehr stattfinden sollten.[453] Einen Erfolg hatte die Intervention allerdings nicht.

Am 4. März 1943 begann in Straßburg die Verhandlung vor dem Reichskriegsgerichts. Damit war wenigstens formal dem völkerrechtlichen Status des Elsaß entsprochen worden. In zwei getrennten Verfahren verhängte es am 10. und 13. März gegen insgesamt 13 Personen Todesstrafen wegen Spionage und verräterischen Beziehungen zum Feind. Unter ihnen befand sich auch Alfred Weninger.[454]

Nach der Verurteilung begannen von verschiedener Seite Aktivitäten, um wenigstens die Vollstreckung der Todesurteile zu verhindern. Nachdem am 17. März die nationalsozialistische Presse über die Verfahren berichtet hatte, reagierte einen Tag später die französische Regierung in Vichy. Sie ließ über ihren Generalvertreter in den besetzten Gebieten, Botschafter Ferdinand de Brinon, ein Gnadengesuch an die deutsche Regierung richten. Dies bekräftigte sie dadurch, daß sie auch die Waffenstillstandskommission in Wiesbaden einschaltete. Am 19. März traf sich deshalb der Leiter der französischen Kommission General Bérard mit seinem deutschen Kollegen Vogl. Alle diplomatischen Schritte blieben allerdings ohne Antwort der deutschen Seite. Ebenso erging es Interventionen Lavals bei der deutschen Botschaft in Paris.[455] Weitere Schritte unternahmen der päpstliche Nuntius sowie mehrere bekannte Elsässer, die vor der deutschen Besetzung in der elsässischen Autonomiebewegung führende Positionen eingenommen hatten.[456]

Strölin begann seine Aktivitäten am 22. März. Vorher war er kaum in der Lage, da in der Nacht vom 11. auf den 12. März der zweite große Luftangriff Stuttgart getroffen hatte und er als Leiter der Sofortmaßnahmen in den folgenden Tagen ausgelastet war. Strölin traf sich zuerst mit dem Leiter der Präsidialkanzlei Otto Meißner, ebenfalls ein gebürtiger Elsässer. Im Gegensatz zu früher bemühte er sich nun verstärkt um Kontakte zum Reichskriegsgericht und der Rechtsabteilung des Oberkommandos der Wehrmacht. In den folgenden Wochen hielt er sich mehrmals in Berlin auf, um mit den zuständigen Personen in den einzelnen Verwaltungen zu reden.[457] Hoffnung setzte er auch auf Neurath, der sich am 27. März mit Strölin sowie den Professoren Schmitthenner und Helmut Göring traf. Noch am selben Tag schrieb Neurath an Hitler. Anscheinend hatte er die beiden Professoren aufgefordert, ihre Gedanken schriftlich niederzulegen, denn dem Schreiben legte er zwei Briefe von ihnen bei. Neurath, der Hitler gut kannte, war in seinen Ausführungen vorsichtig, denn er ließ es dahingestellt, »ob es im jetzigen Zeitpunkt zweckmäßig ist, eine Begnadigung der zum Tode verurteilten Elsässer auszusprechen. Vielleicht würde es genügen, die Vollstreckung der Strafe bis auf weiteres einfach auszusetzen.«[458] Strölin schaltete im Zusammenwirken mit Schmitthenner und Helmut Göring noch andere Personen ein. Dabei konzentrierten sie sich besonders auf den Chef der Zivilverwaltung in Lothringen Bürckel, den Strölin dreimal aufsuchte, um ihn für eine Intervention zugunsten der Elsässer zu gewinnen. Gegenüber den beiden Professoren drückte Bürckel deutlich sein Mißfallen an der Entscheidung aus, wollte aber nur sehr vorsichtig vorgehen, da sonst Wagner eine Einmischung in seine Angelegenheiten vermuten könne.[459] Anders als Bürckel wollte Wagner mit diesem Fall ein Exempel statuieren und bestand auf der Vollstreckung der Urteile.[460]

Als all dies nicht zu einem raschen Ergebnis führte, wandte sich Strölin an Himmler, den er wie auch in anderen Angelegenheiten in jener Zeit für diejenige Instanz hielt, die noch selbständig handeln könne. In seinem Brief an den SS-Führer formulierte er fast beschwörend: »Im Augenblick stehen wir nun in einer ganz schweren Krise im Elsaß, in der von dort die Augen voll Vertrauen und Hoffnung auf Sie, Reichsführer, gerichtet sind. Man hofft, daß gerade Sie in der Lage wären, dafür einzutreten, daß Entscheidungen, die in allernächster Zeit getroffen werden, nicht nur aus den inneren Verhältnissen dieses Landes heraus beurteilt werden, sondern nur im Zusammenhang mit der gesamteuropäischen Lage, vor allem im Hinblick auf die Beziehungen Deutschlands zu Frankreich.«[461]. Vielleicht war dieser Brief auf Anregung Weizsäckers geschrieben worden, mit dem sich Strölin wenige Tage zuvor über das Thema unterhalten hatte, denn Strölin schickte ihm umgehend eine Abschrift.[462] Das gewünschte Gespräch Strölins mit Himmler kam nicht zustande. Himmler beauftragte jedoch den designierten Höheren SS- und Polizeiführer für den Oberabschnitt Südwest, Otto Hofmann, mit Strölin über die Elsaß-Frage zu sprechen. In zwei langen Treffen am 4. und 10. Mai legte Strölin ihm seine Analysen und Vorstellungen dar und konnte feststellen, daß beide ähnlicher Meinung waren.[463]

Dennoch geschah weiter nichts. Am 1. Juli schrieb Neurath nach einer weiteren Unterredung mit Strölin an Lammers und bat ihn, Strölin zu einem Gespräch über die Verurteilungen und über die Lage im Elsaß zu empfangen.[464] Strölin, der am folgenden Tag eine Durchschrift erhielt, befürchtete, daß Lammers in dieser Angelegenheit niemanden empfangen wolle. Dennoch schrieb er umgehend an den Reichsminister und bat nun auch seinerseits um eine Unterredung. Zur »persönlichen Unterrichtung« Lammers legte er dem Schreiben eine Denkschrift bei, die im wesentlichen auf der Arbeit des Deutschen Auslands-Instituts aus dem Jahre 1940 basierte, sowie einen Bericht von Helmut Göring und Schmitthenner über ihre Besprechung mit Gauleiter Bürckel.[465] Entgegen seinen Erwartungen erhielt er von Lammers eine Antwort, in der ihm eine Aussprache angeboten wurde. Einen genauen Termin wollte oder konnte Lammers jedoch nicht angeben, da er vorerst »in seinem Feldquartier bleiben müsse«. Doch ließ er, wie aus einem Vermerk auf dem Briefentwurf hervorgeht, Strölin bei seinem Adjutanten in der Besucherliste vormerken.[466] Das Gespräch wurde jedoch überflüssig. Am 15. August setzte Hitler vorläufig die Vollstreckung der Todesurteile aus. Die Gefangenen sollten jedoch im Zuchthaus bleiben und wie zu Zwangsarbeit Verurteilte behandelt werden. Hitler behielt sich jedoch eine endgültige Entscheidung vor. Da das Urteil von einem Militärgericht gefällt worden war, zeichnete Feldmarschall Keitel diesen vorläufigen Gnadenakt gegen.[467]

Über die Familie Magirus war Strölin auch in Zukunft immer über das Schicksal der Inhaftierten informiert, so daß er ihnen bei Kriegsende nochmals helfen konnte.

Wie viele andere, hatte sich Strölin in diesem Fall aus humanitären, freundschaftlichen aber auch aus rechtsstaatlichen Gründen für die Verhafteten eingesetzt. In der Angelegenheit läßt nichts den Schluß zu, daß er sich damit in irgendeine Gefahr begab, denn sein ganzes Handeln bewegte sich in den Bahnen der staatlichen Ordnung. Selbst mit seiner massiven Kritik an den Zuständen im Elsaß, die er besonders auf die Unfähigkeit der badischen Führungsspitze zurückführte, stand er in starker Übereinstimmung mit dem Sicherheitsdienst. Entgegen der später von Strölin und Robert Heitz vertretenen Legende war es keineswegs Strölin allein, der die vorläufige Begnadigung erreichte. Er war zwar besonders aktiv, aber der Einfluß anderer Größen des NS-Staates, die in gleichem Sinne auf die Reichsregierung einwirkten, dürfte eine wichtigere Rolle gespielt haben.

## Militärisch-konservativer Widerstand

### Hauptmann a. D. und der Kriegsverlauf

Der Ausbruch des Krieges traf Strölin nicht unvorbereitet. Schon die Woche zuvor waren er und seine Verwaltung mit Mobilmachungsarbeiten beschäftigt, die in aller Stille begonnen hatten.[468] Wie in der Bevölkerung stellte sich bei ihm keine Euphorie ein. Zu wach waren noch seine Erinnerungen an den Ersten Weltkrieg. Als ausgebildeter Offizier, der nach seinem Ausscheiden aus der Reichswehr weiterhin enge Kontakte zu Offizieren der Reichswehr und Wehrmacht unterhalten hatte, interessierte ihn alles, was er von den Fronten in Erfahrung bringen konnte. Als Politiker und Nationalökonom beschäftigte er sich mit den anderen Voraussetzungen, die für eine siegreiche Beendigung des Krieges notwendig waren. Neben den vielfältigen Aufgaben als Oberbürgermeister und in seinen Nebenämtern blieb die Analyse der Lage und der Perspektiven ein wichtiger Aspekt seines Kriegsalltags. Da er über ausgezeichnete Beziehungen zu hohen Offizieren, zu wichtigen Vertretern der Reichsbehörden sowie zu führenden Personen aus Wirtschaft und Wissenschaft verfügte, konnte er sich ein klares Bild der Lage machen. Zum anderen besaß er die Erlaubnis, ausländische Zeitungen zu lesen und ausländische Rundfunksender zu hören, wovon er regen Gebrauch machte.[469]

Strölins Hoffnungen nach dem 1. September 1939 richteten sich auf die Möglichkeit, den Krieg doch räumlich begrenzen zu können. Selbst nach dem Kriegseintritt Frankreichs und Englands sah er diese Chance.[470] Nach einer Rede Hermann Görings am 11. September kamen ihm erste Zweifel, ob die Westmächte auf deutsche Friedensangebote reagieren würden.[471] Enttäuscht notierte er sich zur Hitlerrede vom 19. September:

»Führerrede. Als der Lautsprecher die Kundgebung als geschlossen meldete, mußte ich feststellen: ›Und der Krieg geht weiter‹.«[472]

In den nächsten Wochen glaubt er, Anzeichen dafür finden zu können, daß es möglich sei, wenigstens mit Frankreich zu einer friedlichen Lösung zu kommen, während er England gegenüber skeptisch blieb. Bestätigt fühlte sich Strölin am 6. Oktober, als er anläßlich der großen Reichstagsrede Hitlers, in der er den Westmächten ein »Friedensangebot« unterbreitete, in Berlin mit einer Reihe von Persönlichkeiten, unter ihnen seine ehemaligen Regimentskameraden von 1919/20 Erwin Rommel und Hubert Lanz, die Lage diskutierte. Dabei stellte er enge Übereinstimmung mit Rommel fest.[473]

Wie den größten Teil der deutschen Bevölkerung begeisterte Strölin der schnelle Sieg in Polen und Meldungen über Erfolge der Marine im Kampf gegen England. So vermerkte er zu dieser Zeit noch Ereignisse wie die Versenkung der Royal Oak in Scapa Flow oder Berichte des englischen Rundfunks über die Versenkung von drei deutschen U-Booten in seinem Tagebuch.[474]

Die Situation im Westen stellte für Strölin wegen der Nähe der Stadt zur französischen Grenze ein großes Problem dar. Er verfügte jedoch über ausgezeichnete Informationsquellen, denn Teile des Hauptquartiers für die Westfront saßen im nördlichen Schwarzwald. Neben Innenminister Jonathan Schmid, der für die Zivilverwaltung in Frankreich vorgesehen war, befand sich dort sein ehemaliger Kamerad aus der Danziger Kriegsschule, von Tippelskirch, der beim Oberbefehlshaber West die Referate »Fremde Heere« und »Stimmung in der Heimat« bearbeitete. Durch ihn war Strölin bestens über die Lage informiert. Bei Besuchen in Calw und Freudenstadt kam Strölin mit einer Vielzahl von führenden Offizieren zusammen, mit denen er regelmäßig die Lage erörterte.[475] Alle Informationen, die er aus den verschiedenen Kanälen erhielt, führten zu einer positiven Einschätzung der deutschen Siegesaussichten, auch wenn er die Franzosen für wesentlich schwerer zu besiegen hielt als die Polen. Der Sieg im Westen müßte jedoch ebenso schnell erfolgen, wie der im Osten, denn für ihn spielte nach Gesprächen mit Weizsäcker, Goerdeler und anderen der Zeitfaktor die wichtigste Rolle. Die wirtschaftlichen Möglichkeiten der Feindstaaten und deren Unterstützung durch die Vereinigten Staaten sowie die Ersatz- und Nahrungsfrage im eigenen Land ließen ihn und seine Gesprächspartner sorgenvoll in die Zukunft blicken. Am skeptischsten zeigte sich Goerdeler, der die Meinung vertrat, daß für eine siegreiche Beendigung des Krieges nur noch das Jahr 1940 günstig sei, da sich danach die Kräfteverhältnisse zugunsten der Gegner verschieben würden. Deutschland wäre nur für einen kurzen, begrenzten Krieg gerüstet. Bei einem Abnutzungskrieg könne es nur der Verlierer sein.[476]

Natürlich ließen die schnellen Erfolge in Skandinavien und in Frankreich Strölin in Euphorie geraten, entsprachen sie doch seinen geheimsten Wünschen. Zwar beunruhigte ihn, daß der Krieg gegen England nicht beendet werden konnte und die Amerikaner nach der Kapitulation Frankreichs immer eindeutiger Position auf der Seite Englands bezogen, dennoch blieb er zuversichtlich. Das Ausbleiben der Invasion in England und die militärischen Niederlagen der Italiener in Nordafrika und auf dem Balkan ließen ihn aber gegen Ende des Jahres nichts Gutes ahnen. Hilfreich für seine Lagebeurteilung waren die Aussprachen mit führenden Militärs während eines Besuchs in Paris vom 24. November bis 1. Dezember 1940.[477] Ende 1940 erkannte Strölin, daß auf den Kriegsschauplätzen der Italiener in absehbarer Zeit deutsche Einheiten eingesetzt werden müßten, »um das Gesamtprestige wieder herzustellen«.[478] Wenig später notierte er sich nach einem Treffen mit Lanz und anderen hohen Offizieren skeptisch:

»Die Lage wird in manchen Militärkreisen dahin beurteilt, daß man einerseits Deutschland militärisch nicht schlagen könne, daß aber offenbar auch Deutschland England nicht entscheidend schlagen könne. So sehen manche Kreise eine Remispartie voraus.«[479]

Dies deckte sich mit den früheren Einschätzungen Strölins über den Faktor Zeit in der deutschen Kriegsführung. Seine Skepsis konnten selbst positive Meinungen aus der Wehrmacht nicht beseitigen, wie die des Kommandierenden Generals des IX. Armeekorps und früheren Befehlshabers des Stuttgarter Wehrkreises, Hermann Geyer, der Strölin gegenüber äußerte, »die militärisch-strategische Lage sei zwar nicht günstig, die materielle Überlegenheit Deutschlands könne jedoch nicht so bald eingeholt werden«.[480] Wichtiger war für Strölin die Einschätzung Geyers, daß der Krieg noch lange dauern werde.

In dieser Zeit liefen bereits die Vorbereitungen für den Krieg gegen die Sowjetunion auf Hochtouren.[481] Obwohl alles unter strengster Geheimhaltung stattfand, konnte sich Strölin bereits am 3. September 1940 in sein Tagebuch notieren:

»Es bestehe durchaus die Möglichkeit einer Auseinandersetzung mit Rußland. Den Finnen wird augenblicklich bereits das Rückgrat gestärkt. Die Lage sei hinsichtlich eines Angriffs offenbar im Augenblick so, daß der Führer zögere, während die anderen ihn drängen.«[482]

Wieder einmal spielten Strölins persönliche Beziehungen bei dieser Information eine wichtige Rolle, denn sein Informant war der seit 1937 im Reichswirtschaftsministerium tätige Generalbevollmächtigte für Eisen- und Stahlbewirtschaftung und ehemalige Kadettenkamerad Generalleutnant Hermann von Hanneken, der Strölin zudem die schlechte Versorgungslage im Montanbereich und auf dem Ernährungssektor beschrieb.[483] Zwar stimmte Hannekens Einschätzung der Absichten Hitlers nicht mit der Wirklichkeit überein, aber in seinem Arbeitsbereich war er für die Ausrüstung des Ostheeres zuständig und über die Absichten der Reichsführung informiert. Für Strölin gab die Information keinen Anlaß zu großer Sorge. Erst nach der Besetzung Jugoslawiens und Griechenlands mehrten sich ab Ende Mai 1941 wieder die Hinweise auf einen bevorstehenden Angriff auf die Sowjetunion. Erste Informationen erhielt Strölin von Goerdeler, der ihn am 30. Mai aufsuchte und ihm seine Befürchtungen mitteilte.[484] Wenige Tage später verabschiedete sich der Kommandeur des Grenadier-Regiments 119, das in der Nacht vom 7. auf 8. Juni mit unbekanntem Ziel in Marsch gesetzt wurde und mit Verpflegung für drei Monate ausgestattet worden war. Oberstleutnant Anton Grasser vermutete, daß rund 5 Millionen deutsche Soldaten an der russischen Grenze ständen. Er glaubte jedoch nicht an einen Angriff.[485] Am 6. Juni schilderte ihm Kruse seine Eindrücke aus Berlin, wonach der Krieg mit Rußland nicht mehr zu umgehen sei.[486] Strölin beurteilte die Chancen in einem Krieg mit der Sowjetunion skeptisch, da er die Einstellung der Bevölkerung berücksichtigte. Übereinstimmend mit Kreisleiter Fischer stellte er fest, daß sie einen solchen Kampf nicht verstehen könne.[487] In zwei weiteren Gesprächen mit Goerdeler und Bosch am 19. und 20. Juni fühlte er sich in seiner negativen Einschätzung bestärkt. Während Goerdeler die Frage aufwarf, ob man aus besetzten Gebieten mehr an Rohstoffen und Nahrungsmitteln herausholen könne als aus unbesetzten, wurde Bosch sehr deutlich und meinte, es wäre gut, wenn dieser Krieg bald zu Ende ginge.[488] Das Gespräch kam dabei auf die USA, die für beide die größte Bedrohung Deutschlands darstellten, und die UdSSR, deren Bewohnern Bosch jegliche technische Fähigkeiten absprach.[489] Strölin glaubte dies nur zu gern, denn für ihn war die Sowjetunion als bolschewistischer Staat ein Koloß auf tönernen Füßen.

Der Ausbruch des Krieges überraschte Strölin dennoch. Interessanterweise notierte er sich in seinem Tagebuch die Reaktionen von Bauern zum Kriegsbeginn, da er sich an diesem Morgen mit Direktor Knörzer auf der Jagd befand. Deren Aussagen, »Wenn no der ganze Dreck verrecka dät« und »Es ist wieder genau wie 1914, überall führen wir Krieg, überall siegen wir, bis wir nicht mehr können«, entsprachen wohl seinen Überlegungen. Den 22. Juni verbrachte er vor dem Radio, begierig auf neue Informationen.[490]

Da sich der Feldzug wider Erwarten gut anließ, sah sich Strölin nicht veranlaßt, seinen Urlaub abzusagen, sondern fuhr vom 1. bis 24. Juli ins Ötztal. Von dort aus verfolgte er genauestens den Verlauf der Fronten sowie die weltpolitische Entwicklung und kam erstmals am 22. Juli zu der Erkenntnis, daß der »russische Widerstand offenbar sehr stark« sei.[491] In den folgenden Tagen nahmen seine Befürchtungen weiter zu. So notierte er sich am 1. August nach einem Gespräch über eine in Stuttgart geplante Hundeausstellung:

»Hoffentlich ist bis zu diesem Zeitpunkt die Lage im Osten besser. Es besteht die große Sorge, daß die Linien dort zum Stillstand kommen. Ein Stellungskrieg mit dem völlig abgebrannten Hinterland und ein russischer Winter in Aussicht wäre natürlich sehr übel. Im übrigen behaupten die Russen nach einem Bericht in der Zürcher Zeitung, daß die Deutschen im Osten bisher 1,5 Millionen Tote und Verwundete verloren hätten. Auch wenn eine Null zuviel wäre, wäre das allerhand. Aber auch das ist wohl noch übertrieben.«[492]

Ernüchternd mußte er am 21. August von Weizsäcker in Berlin erfahren, daß man die Zahl der deutschen Gefallenen und Schwerverwundeten auf 200 000 bis 300 000 schätze.[493]

Skeptisch beurteilte Strölin die Friedensaussichten, selbst wenn es gelänge, die Sowjetunion militärisch zu schlagen. Seine Hauptansprechpartner in außenpolitischen Fragen, Neurath und Weizsäcker, hatten ihm erklärt, daß sie keinerlei Möglichkeiten sähen, wie man aus der derzeitigen schwierigen Lage heraus und zu einem Verständigungsfrieden kommen könne, auf den Strölin hoffte.[494] Immer noch hing für Strölin das Damoklesschwert der USA über den bisherigen Erfolgen Deutschlands. Bewußt suchte er Gespräche mit Personen, die sich mit den Möglichkeiten der Vereinigten Staaten auskannten.

Der Beginn des pazifischen Krieges mit dem japanischen Überfall auf Pearl Harbor am 7. Dezember 1941 und die nachfolgenden Kriegserklärungen Deutschlands und Italiens an die USA lösten bei ihm keine negativen Reaktionen aus, denn er meinte, daß damit nur ein Zustand bestätigt sei, da die USA die Gegner Deutschlands schon lange unterstützt hatten. Er sah den Kriegseintritt der USA und Japans sogar positiv, da er von einer stärkeren Konzentration der Amerikaner auf den pazifischen Raum ausging und mit einem Rückgang des Nachschubs für ihre europäischen Verbündeten rechnete.[495]

Mehr Sorgen bereitete ihm der östliche Kriegsschauplatz. Durch Grasser während des Feldzugs stets auf dem laufenden gehalten, konnte er sich ein gutes Bild von den Strapazen und Verlusten des Stuttgarter

Regiments machen und auf die Lage an der Ostfront übertragen.[496] Zwei Ereignisse während des Feldzugs hatten auf Strölin besonders gewirkt: der nach der Schlacht um Smolensk notwendige Stopp der Offensive im Bereich der Heeresgruppe Mitte im August und das Scheitern des Angriffs auf Moskau Anfang Dezember. Nun sah er die im Sommer gehegten Befürchtungen über einen Kriegswinter in Rußland Wirklichkeit werden. Am Jahresende faßte er seine Einschätzung skeptisch zusammen:

»Die militärische Lage ist leider nicht erfreulich. Die Russen machen an allen Frontabschnitten starke Vorstöße und gewinnen Gelände. Die Lage von Rommel südlich Bengasi ist auch sehr ernst.«[497]

Im Januar 1942 erfuhr Strölin in verschiedenen Gesprächen mit Lanz, Geyer und Offizieren des GR 119, wie schwierig und verlustreich die Kämpfe im Dezember und wie hoch die Ausfälle nach Einbruch des Winters durch Erfrierungen und Kampfhandlungen waren. Eine Postkarte Grassers, dessen Regiment bei Tula in der Nähe Moskaus operierte, hinterließ bei Strölin tiefe Eindrücke, denn Grasser stellte fest, daß die Zeit nach der sowjetischen Gegenoffensive die härteste des bisherigen Krieges gewesen sei. Strölin, der an diesem Tag die Frauen der an der Front stehenden städtischen Beschäftigten zu einer Theatervorstellung eingeladen hatte, ging erst in die zweite Vorstellung; notierte sich aber dazu: »Es verfolgt mich immer der Gedanke an die Front vor Moskau«.[498] Strölin fing an, sich intensiv mit der Geschichte des napoleonischen Krieges gegen Rußland 1812 zu beschäftigen und schloß aus der Literatur auf die Gegenwart.[499]

Die deutsche Niederlage vor Moskau und die verfahrene außenpolitische Situation ließ bei Strölin die Erkenntnis reifen, daß der Krieg nicht mehr zu gewinnen sei. Allerdings hielt er einen Verständigungsfrieden immer noch für möglich.

1942 schöpfte Strölin nach den Anfangserfolgen der Offensiven im Südabschnitt der Ostfront und in Nordafrika nochmals Siegeshoffnung, die jedoch durch die hohen Verluste an Menschen und Material sowie die stärker werdenden Luftangriffe auf deutsche Städte getrübt wurde. Auf Grund verschiedener Berichte änderte sich auch Strölins Einschätzung der Sowjetunion. Er erkannte, daß man sich sowohl in ihrer wirtschaftliche Leistungsfähigkeit als auch in der politischen Stabilität des

Landes getäuscht hatte.[500] In seinen Tagebucheintragungen klang manchmal sogar eine gewisse Bewunderung durch.

Spätestens im November 1942, in dem die Landung der Alliierten in Nordafrika, der Verlust der Cyrenaika nach dem englischen Durchbruch bei El Alamein und die Einkreisung der 6. Armee bei Stalingrad stattfanden, sah Strölin eine ernste Gefahr, daß der Krieg militärisch verloren werden könne.[501] Nun befand sich die Wehrmacht an allen Fronten in der Verteidigung oder im Rückzug. Am 1. Januar 1943 zog er wie jedes Jahr Fazit, das diesmal sehr nüchtern ausfiel:

»Ich überprüfe sorgfältig die allgemeine militärische und politische Lage. Sie ist wirklich ernst und bedarf in manchen Punkten der Verbesserung. Aber es ist – das geben auch die Züricher und sonstigen ausländischen Berichterstatter zu – noch keinerlei Entscheidung gefallen. Die Lage ist noch immer zu meistern.«[502]

Doch schon in den ersten Januartagen mußte Strölin den letzten Teil seiner Analyse in Frage stellen. Die sowjetischen Angriffe auf Stalingrad und den Kaukasus nahmen zu; ihm wurde geradezu »unheimlich, wie viele Menschen und Material die Russen doch immer bringen können«.[503] Zudem erhielt er am 4. Januar einen Brief Rommels vom 1. Dezember. Der Feldmarschall hatte darin über die Aussichten in seinem Befehlsbereich geschrieben: »Die Übermacht der Engländer ist sehr groß; trotzdem aber hoffen wir, ihn aufzuhalten«; dann jedoch »ihn« und »auf« handschriftlich durchgestrichen und pessimistischer »durch« darüber geschrieben.[504]

Die Kapitulation der 6. Armee dürfte ein eindringliches Zeichen für eine unvermeidliche Niederlage gewesen sein, wie auch die Proklamation der »unconditional surrender«-Formel auf der Konferenz von Casablanca. Ein ausführliches und freundschaftliches Gespräch mit Großadmiral Raeder kurz nach dessen Rücktritt im Frühjahr 1943, mag diese Befürchtungen noch unterstützt haben.[505] Der Krieg bewegte sich auf die Entscheidung zu. Nun galt es in Strölins Vorstellung, das bisher Erreichte zu sichern.

Wann genau er zu der Überzeugung kam, daß der Krieg verloren sei, läßt sich nicht feststellen.[506] Seine Tagebucheintragungen im Jahr 1943 spiegeln nur noch den drohenden Zusammenbruch. Von Optimismus ist keine Spur mehr zu finden.

## Hitler muß weg – Aus Kritik wird Widerstand

Spätestens seit Ende 1938, dem Höhepunkt seiner regionalen, nationalen und internationalen Karriere, sah sich Strölin mit Entwicklungen im nationalsozialistischen Deutschland konfrontiert, die seinen Vorstellungen in vielen Punkten widersprachen. Wie bereits dargestellt, waren es zunächst die Tendenzen zur Beseitigung der kommunalen Selbstverwaltung, der zunehmende Einfluß von Sonderverwaltungen und Organisationen der NSDAP auf die Kommunen, die den Handlungsspielraum der öffentlichen Verwaltungen verringerten, sowie die immer größer werdende Rechtsunsicherheit, die Strölins Kritik auf sich zogen. Einher gingen diese reichsweiten Entwicklungen jedoch mit einem langsamen aber stetigen Verlust seiner Einflußmöglichkeiten in seinen verschiedenen Arbeitsgebieten. Der Ausbruch und Verlauf des Krieges beschleunigten diese Tendenzen. Die gesellschaftlichen und politischen Entwicklungen im Reich (Kampf gegen die Kirchen, Judenverfolgung, Machtanstieg der SS und so weiter) sowie das Verhalten der Deutschen in den besetzten Gebieten Europas riefen bei ihm verstärkt Kritik hervor, da sie teilweise nicht mit Strölins Idee von Nationalsozialismus übereinstimmten. All dies führte schließlich in einem langsamen Prozeß zum Widerstand gegen Hitler.[507]

Dreh- und Angelpunkt dazu bildeten seine Beziehungen zu Robert Bosch und verschiedenen Mitarbeitern seiner Firma. Zu Bosch selbst bestand ein besonderes Verhältnis, da Strölin die einzige regionale Parteigröße war, mit der Bosch privat verkehrte, obwohl Bosch von Anfang an den Nationalsozialismus auf das entschiedenste ablehnte und offen oder verdeckt bekämpfte. Die Gründe für die enge Beziehung dürften in Strölins persönlicher Haltung liegen. Als Stuttgarter Oberbürgermeister versuchte er wie schon Lautenschlager, ein gutes Verhältnis zum Ehrenbürger und wichtigsten Unternehmer zu gewinnen. So beteiligte er sich nicht am Affront der württembergischen NS-Führung gegenüber Bosch, die im September 1936 demonstrativ der offiziellen Feier aus Anlaß seines 75. Geburtstags und des 50. Jahrestages der Firmengründung fernblieben. Strölin dagegen strich in seiner Ansprache die Leistungen des Jubilars für die Stadt heraus.[508] Strölin und Bosch stimmten auch in anderen Punkten wie dem Ausbau des Nekkars zur Schiffahrtsstraße und der Notwendigkeit einer engeren Zusammenarbeit zwischen Deutschland und Frankreich überein.[509] Die persönlichen Beziehungen zwischen beiden verstärkte sich allerdings erst während des Krieges.[510] Bosch hielt dennoch gegenüber Strölin in manchen Fragen Distanz. Anscheinend traute er ihm doch nicht ganz. So notierte sich Strölin anläßlich eines Gespräches am 28. November 1941, in dem es um die drei Tage später stattfindende erste Deportation von württembergischen Juden ging, Bosch habe ihm erzählt, er »habe grundsätzlich keine Juden in seinem Betrieb eingestellt.«[511] Dies entsprach keineswegs den Tatsachen.

Enger als zu Bosch selbst gestalteten sich Strölins Beziehungen zu zwei Mitarbeitern der Firma, Paul Hahn und Carl Goerdeler. Beide waren alte Bekannte. Mit Hahn traf er erstmals 1919 zusammen, als dieser die württembergischen Sicherheitstruppen kommandierte, in denen Strölin als Kompanieführer diente. Nachdem Hahn 1935 bei Bosch für kulturelle Aufgaben und den Neubau des Stuttgarter Homöopathischen Krankenhauses angestellt worden war, kamen beide wieder häufiger in Kontakt.[512] Goerdeler, als Oberbürgermeister von Leipzig, und Strölin trafen erstmals 1933 im Rahmen des Deutschen Städtetages zusammen und gehörten später dem Hauptausschuß des Deutschen Gemeindetages an, wo sie normalerweise nebeneinander saßen.[513] In dieser Funktion kamen sie in den folgenden Jahren regelmäßig zusammen. Als Goerdeler im Frühjahr 1937 aus Protest gegen die Beseitigung des Mendelsohn-Denkmals durch die Partei sein Amt niederlegte, gehörte Strölin zu den wenigen Kommunalpolitikern, die Goerdeler gegenüber das Verhalten der Partei kritisierten.[514] Wenig später gewann Bosch Goerdeler als Finanzberater und Mittelsmann zu den Reichsstellen in Berlin. Schließlich galt es im immer zentralistischer organisierten Verwaltungsapparat und im Dschungel der Sonderverwaltungen die Interessen der Firma gerade in Berlin zu vertreten.[515] Einig waren sich Goerdeler und die führenden Vertreter von Bosch in der Ablehnung bestimmter Tendenzen auf wirtschaftspolitischem Gebiet, da beide Seiten nur in einer Stärkung des Welthandels und einer Öffnung der nationalen Märkte eine Chance für die Zukunft sahen. Zu Spannungen führten dagegen die Unterschiede in den innenpolitischen Vorstellungen, da Bosch als Liberaler wenig mit den konservativen Ideen Goerdelers anfangen konnte. Diese Zusammenarbeit bildete die Grundlage für den Widerstand, der im Umsturzversuch vom 20. Juli 1944 seinen Höhepunkt fand.

Der ehemalige Leipziger Oberbürgermeister nutzte seine häufigen Aufenthalte in Stuttgart, um seinen Kollegen Strölin aufzusuchen und sich mit ihm über die allgemeine Lage zu unterhalten.[516] Strölin begrüßte die Informationen über Vorgänge hinter den Kulissen, mit denen Goerdeler ihn versorgte. Dadurch konnte er sich ein besseres Bild von den bevorstehenden Entwicklungen machen.[517] Allerdings dürfte es sich bei den ersten Gesprächen lediglich um einen reinen Meinungsaustausch vor allem über Fragen der kommunalen Selbstverwaltung, über internationale Angelegenheiten und Wirtschaftsprobleme gehandelt haben. Beide verband nicht nur ihre gemeinsame kommunalpolitische Vergangenheit, sondern auch manch andere Vorstellung. Gemeinsam war ihnen die Rückbesinnung auf alte preußische Traditionen, und sie plädierten für einen autoritären Staat, wenn auch die konkreten Überlegungen dazu von einander abwichen. Das nationalsozialistische Regime stand bei Strölin nie zur Disposition.

Einig waren sie sich vor allem in der Einschätzung der Probleme, mit denen die Gemeinden zu kämpfen hatten, da immer mehr Kompetenzen in andere Verwaltungen verlagert wurden, was den Oberbürgermeistern einen Teil ihrer Eigenverantwortlichkeit und Eigeninitiative nahm, die das Amt früher ausgezeichnet hatte. Die kommunale Selbstverwaltung, deren Verfechter sie waren, verlor zunehmend ihren Inhalt. Strölin stand in diesem Informationsaustausch nicht nur als Nehmender da, denn über seine Kontakte ins Auswärtige Amt, besonders zu Weizsäcker, konnte er von dort Interna an Goerdeler weitergeben, die dieser nicht kannte.[518]

Erstmals erörterten 1938 Teile der konservativen zivilen und militärischen Führungsschichten ernsthaft die Idee eines Staatsstreiches gegen Hitler. Den Anlaß dazu bildete im April/Mai 1938 der Befehl Hitlers schnellstmöglich einen Krieg gegen die Tschechoslowakei zu führen, um die Frage der Sudetendeutschen zu lösen.[519] Die Pläne, an denen Goerdeler und Weizsäcker beteiligt waren, fanden jedoch keine Unterstützung in den militärischen Führungskreisen und mußten nach dem positiven Ergebnis des Münchner Abkommens Ende September 1938 aufgegeben werden. Goerdeler aber blieb einer der Initiatoren des weiteren Widerstandes gegen das Regime. Es ist kaum anzunehmen, daß er Strölin schon 1938 über die Pläne informiert hatte.

Nach Kiregsausbruch trafen sich Strölin und Goerdeler in der Regel alle vier bis acht Wochen, wobei häufig auch Hahn an diesem Tag mit dem Oberbürgermeister konferierte.[520] Hahn, der zu den wenigen gehörte, die bei Bosch von den Widerstandsaktivitäten Goerdelers wußten, brachte Goerdeler nach den Gesprächen in der Firma ins Rathaus oder zu anderen Treffpunkten.[521] Deutlich geht aus den verschiedenen Gesprächsnotizen Strölins die pessimistische Grundeinstellung Goerdelers hervor. Wie sich aus den verschiedenen dargestellten Konflikten ersehen läßt, bewegte sich Strölin jedoch bis Ende 1943 in den traditionellen Bahnen einer Verwaltung und hoffte, bestimmte Auswüchse und Fehlentwicklungen durch systeminterne Reformen lösen zu können. Über diese Schritte beriet er sich eingehend mit Goerdeler, der ihm seinerseits von ihm entworfene Denkschriften gab, um seine Meinung darüber zu hören.[522] Strölin, der zwar einen Teil der Befürchtungen Goerdelers teilte, war jedoch in der ersten Phase des Krieges nicht für einen Widerstand gegen das Regime geschweige denn gegen Hitler zu gewinnen. Nach all den Jahren vertraute er immer noch auf Hitler als Identifikationsfigur. Deutlich drückte er dies in einer Notiz zu einer Rede Hitlers über die Winterkämpfe 1941/42 in Rußland aus:

»Es ist ganz offensichtlich, daß der Führer ganz persönlich das Verdienst hat, daß die Front im Osten gehalten wurde. Sicher war die Truppe überragend tapfer und hat alle Anstrengungen mit übermenschlicher Kraft ausgehalten. Aber die Gegenangriffe waren so stark und Kälte, Ernährungs- und Nachschubschwierigkeiten, vor allem die Unmöglichkeit, Munition heranzubekommen, ergaben so schwierige Momente, daß die Truppe sie sicher nicht so gut überwunden hätte, wenn nicht dahinter der überragende Wille des Führers gestanden hätte. Daß er hier diese ungeheure seelische Kraft aufgebracht hat, ist wirklich ein großes geschichtliches Verdienst.«[523]

Die militärischen und politischen Entwicklungen des Jahres 1942 und die Katastrophe von Stalingrad, sowie seine Gespräche mit Militärs und natürlich mit Goerdeler dürften seine Beurteilung der Feldherrenqualitäten Hitlers und dessen Intergrationskraft stark verändert haben.

Im Februar 1943 wird Strölin in der historischen Forschung erstmals mit einer Aktion gegen Hitler in Zusammenhang gebracht. Angeblich planten seine alten Regimentskameraden Hubert Lanz, Befehlshaber der Armee-Abteilung Lanz vor Charkow und Hans Speidel als sein Stabschef, Hitler bei einem Frontbesuch in ihrem Hauptquartier zu verhaften und, falls sich seine Leibwache wehren sollte, auf dem Flughafen erschießen zu lassen. Strölin soll von dem Plan gewußt und Rommel informiert haben. Das Vorhaben scheiterte angeblich, weil Hitler nicht kam.[524] Ob Strölin davon wußte oder ob es den Plan überhaupt gab, erscheint äußerst zweifelhaft, da sich die Aussagen darüber lediglich auf einen Bericht stützen, den Lanz nach 1945 in der Gefangenschaft niederschrieb. Vieles spricht dagegen. Lanz übernahm seine Armee-Abteilung erst Ende Januar 1943 und wurde bereits am 20. Februar wieder abgelöst, weil er entgegen einem Befehl Hitlers Charkow räumen ließ.[525] Erst kurz danach suchte Lanz Strölin auf und berichtete über die Lage, in der er sich mit seinen Truppen befunden hatte. Er muß dabei deutlich geworden sein, denn Strölin betonte in einem Tagebucheintrag die Widersprüchlichkeit des Befehls, den Lanz für die Verteidigung Charkows erhalten haben soll.[526] Die Verärgerung von Lanz nach der als ungerecht empfundenen Absetzung und die aus seiner Sicht mangelhafte taktische und strategische Führung durch Hitler dürften stark auf Strölin gewirkt haben. Wenn Strölin wirklich über dieses Vorhaben gegen Hitler informiert gewesen wäre, hätte er es sicherlich in seinen Veröffentlichungen nach dem Kriege erwähnt.[527] Auch in den Büchern von Hans Speidel findet sich dazu kein Hinweis.

Im Frühjahr 1943 begannen sich die Vorstellungen Strölins von Hitler aus mehreren Gründen zu ändern, wozu Gespräche mit verschiedenen Personen und Entwicklungen in seinen Arbeitsgebieten beitrugen. Nach Stalingrad war ihm klar, daß der Krieg von Deutschland nicht mehr gewonnen, sondern nur noch verlängert werden konnte. Die Niederlagen, die Deutschlands Armeen seit November 1942 erlitten hatten, führte er auf die diktatorische Art der Kriegsführung Hitlers zurück, der seinen Frontoffizieren keinerlei taktischen Handlungsspielraum gewährte und ranghohe Offiziere, die es wagten, gegen seine Befehle zu handeln, absetzte. Dafür hatte er in Stuttgart mit den Generälen Geyer und Lanz Beispiele direkt vor Augen. Dieses Verhalten widersprach

Strölins an den Idealen der preußischen Armee orientierten Vorstellungen von Befehl und Gehorsam sowie vom Verhältnis der Vorgesetzten zu Untergebenen.[528] Strölin stand mit seiner Einschätzung Hitlers nicht allein. In Offizierskreisen mehrte sich nach der Übernahme des Oberbefehls über das Heer durch Hitler die Kritik an seinem militärischen Führungsstil.

Strölins Kritik an Hitler ging weit über die militärischen Überlegungen hinaus. Durch seine Beziehungen zum Auswärtigen Amt, zu Neurath und zu Goerdeler erhielt er genügend Informationen, um zu erkennen, daß ein Friede mit den Westmächten, an der Person Hitlers scheitern mußte. In einem schnellen Waffenstillstand noch vor der Landung der Alliierten in Frankreich sah er wie auch andere Verschwörer des 20. Juli die einzige Möglichkeit, die nationalen Interessen Deutschlands zu wahren.[529] Noch 1943 setzte Strölin auf eine Neuordnung Europas unter deutscher Führung, wobei er eine Verständigung mit Frankreich als eine unabdingbare Notwendigkeit für eine dauerhafte Befriedung des Kontinents voraussetzte.[530] In diesem Sinne wandte er sich auch an Himmler.

In seinen ureigensten Arbeitsgebieten mußte er einsehen, daß Worte Hitlers häufig nur Schall und Rauch waren und je nach Lage der Dinge und der Machtkonstellation in den Führungsebenen des Reiches Makulatur werden konnten. Im Bereich der Energieversorgung hatte er erlebt, wie sich Hitlers Aussage über Dezentralisierung und Stärkung der kommunalen Kraftwerke nach der Berufung von Speer zum Reichsminister für Rüstung und Kriegsproduktion als wertlos erwies. Ähnlich sah es auf dem Gebiet der kommunalen Selbstverwaltung aus, wo sich Hitlers Wort von einer zukünftigen Städteherrlichkeit ebensowenig erfüllte.[531] Dies und die engen Kontakte zu Goerdeler sowie seine fehlgeschlagenen Versuche, auf dem Instanzenweg innere Reformen zu erreichen, brachten schließlich Strölin, allem Anschein nach Ende 1943, zu der Überzeugung, daß eine Änderung der Verhältnisse nur durch die Entfernung Hitlers aus seinen Ämtern möglich sei. Den Nationalsozialismus und seine »Errungenschaften« stellte er weiterhin nicht zur Disposition. Spätestens zu diesem Zeitpunkt dürfte ihn Goerdeler teilweise in seine Putschpläne eingeweiht haben, denn in der Folgezeit wurde Strölin für den Goerdelerkreis aktiv. Strölin gehörte zu den Randfiguren des Kreises, obwohl er private oder berufliche Beziehungen zu anderen Mitgliedern hatte. So lassen sich Kontakte mit fast allen württembergischen Verschwörern im zivilen Bereich nachweisen, wobei unklar bleiben muß, inwieweit sie über die Absichten des jeweils anderen informiert waren. Auch über die Landesgrenzen hinaus kannte er Persönlichkeiten, die an den Vorbereitungen des Umsturzes beteiligt oder als politische Funktionsträger für die Zeit danach vorgesehen waren. Den Karlsruher Rechtsanwalt Reinhold Frank lernte er im Zusammenhang mit der Verteidigung der elsässischen Widerstandskämpfer kennen und schätzen.[532] Aus den Berliner Kreisen des Widerstandes seien besonders der Botschafter Ulrich von Hassell, der frühere preußische Finanzminister Johannes Popitz und die Familie von der Schulenburg zu nennen. Mit Hassell kam Strölin anläßlich eines Vortrages in Stuttgart vor der Deutsch-italienischen Gesellschaft über »Cavour und Bismarck« am 19. Oktober 1942 in Verbindung. Strölin verbrachte einen Teil des Tages mit Hassell und dessen Gattin. In seiner kurzen Ansprache nach dem Vortrag des Botschafters faßte Strölin nochmals den Vergleich des italienischen und des deutschen Staatsmannes zusammen und nutzte die Gelegenheit, um unverhohlen Kritik an den Verhältnissen in Deutschland zu üben:

»Und beide Staatsmänner waren vor allem auch Meister in der Kunst des Möglichen und dabei – wie es eben unvermeidlich ist – in ständigem Kampf gegen die Besserwisser, die Neider, die Unzulänglichen und die Mittelmäßigen.«[533]

Danach verdeutlichte Strölin seine Vorstellungen über das künftige Europa, denn er hob hervor, daß beide trotz ihrer nationalen Ziele »auch schon gute Europäer« gewesen wären. Die Vollendung des von ihnen angestrebten neuen Europas sollte Hitler und Mussolini vorbehalten sein. Wieder kam sein Wunsch nach Völkerverständigung zum Ausdruck, wie er auch im Kreis um Bosch und Goerdeler vertreten wurde.[534]

Mit Johannes Popitz kam Strölin wegen dessen Idee einer Grundrentsteuer in Kontakt, da Strölin sich auf dem Gebiet des Wohnungswesens und des Grundsteuerwesens durch Veröffentlichungen hervorgetan hatte.[535]

Da sich Strölin und die anderen Verschwörer aus verständlichen Gründen keine Aufzeichnungen über ihre Gespräche machten oder, falls diese exisitierten, nach dem 20. Juli vernichteten, lassen sich die folgenden Ereignisse nur aus Erinnerungen rekonstruieren, die nach dem Krieg festgehalten wurden. Strölin vernichtete sein Tagebuch aus dem Jahr 1944 und belastende Eintragungen und Anlagen aus früheren Jahren, die Aufschlüsse über seine Beziehung zu den Verschwörern hätten geben können.[536]

In einem Gespräch Ende 1943 zwischen Strölin, Goerdeler und Hahn kam man zur Überzeugung, daß für die Zeit nach dem Umsturz eine Persönlichkeit gefunden werden müsse, die sowohl im In- wie Ausland über Ansehen verfüge, um die Massen mitzureißen und Hitler zu ersetzen. Der seit 1938 im Ruhestand befindliche Generaloberst Ludwig Beck, der in Berlin eng mit Goerdeler zusammenarbeitete und als zukünftiges Staatsoberhaupt vorgesehen aber außerhalb der Wehrmacht kaum bekannt war, schien ihnen nicht die geeignete Persönlichkeit für den Posten zu sein. Dafür geeigneter hielt man Feldmarschall Erwin Rommel, den populärsten deutschen Heerführer.[537]

Strölin erhielt den Auftrag, mit Rommel in Verbindung zu treten und ihn für den Widerstand gegen Hitler zu gewinnen. Aus dem Stuttgarter Kreis wäre kein anderer geeigneter gewesen, denn die alten Beziehungen, die zwischen Strölin und Rommel bestanden, hatten sich in den letzten Monaten noch intensiviert. So schickte Rommel im September 1943, während er die Entwaffnung der italienischen Streitkräfte in Norditalien befehligte, seinen Adjutanten Aldinger mit einem handgeschriebenen Brief zu Strölin und bat ihn, bei der Unterbringung seiner Familie in Württemberg behilflich zu sein. Eine Bitte, die Strölin nicht ausschlagen konnte. In dem Brief Rommels schwang ein deutlicher Pessimismus über die Lage in Italien mit, nachdem die deutschen Truppen die Landung auf dem Festland nicht hatten verhindern können und der Gegner rasch nach Norden vorstieß.[538]

Auch Lucie Rommel hielt sich in jenen Tagen in Stuttgart auf.[539] Während ihres Aufenthalts kümmerte sich Strölin intensiv um sie. So lud er sie in seine Theaterloge ein, stellte ihr einen Dienstwagen zur Verfügung und besprach mit ihr politische Themen und die ernste Lage, in der sich das Reich seiner Ansicht nach befand. Schon damals versuchte Strölin, Rommel seine Denkschrift an das Innenministerium durch Aldinger zukommen zu lassen, doch dieser meinte, daß es besser sei, wenn Strölin sie Frau Rommel bei einem der Treffen übergebe, was bei nächster Gelegenheit geschah.[540]

Anfang Februar 1944 bot sich Strölin die Gelegenheit, mit Rommels Stabschef General Gausse, dessen Frau in Herrlingen bei Rommels wohnte, in Kontakt zu kommen. Im Beisein von Frau Rommel und Frau Gausse erläuterte Strölin sehr eindringlich ihm gegenüber die Aussichtslosigkeit der militärischen Lage und den verbrecherischen Charakter, den das System angenommen habe. Die Anwesenden kamen überein, Strölin solle Rommel über die Vorgänge im Reich selbst unterrichten. Das war Ende des Monats möglich, als Rommel einen kurzen Urlaub in Herrlingen verbrachte.[541] Über den Verlauf der Unterredung liegen unterschiedliche Berichte vor, die allerdings im Kern übereinstimmen.[542] Im großen Kreis, neben Strölin und Rommel waren noch dessen Frau, sein Sohn Manfred und Aldinger anwesend, sprach Strölin in schonungsloser Offenheit über die Lage im Land und an der Front. Dabei erwähnte er die Vernichtungspolitik gegenüber den Juden, die deutschen Verbrechen in den besetzten Gebieten und die Terrorpolitik von Regierung, Gestapo und Sicherheitsdienst. Seine Darlegungen gipfelten in der Forderung, Hitler und seine Ratgeber müßten zum Rücktritt gezwungen werden.

Anschließend informierte er Rommel in einem Gespräch unter vier Augen über die Widerstandsbestrebung des Kreises um Goerdeler und Beck und ihre Absichten, wobei die Frage einer Ermordung Hitlers anscheinend keine Rolle spielte. Strölin versuchte, Rommel für den Plan einer Entfernung Hitlers aus seinen Ämtern zu gewinnen, da mit ihm keiner der Gegner einen Frieden schließen werde, sich die Lage von Tag zu Tag verschlimmere und nur hoch angesehene Persönlichkeiten wie Rommel in Frage kämen, das Volk auf seine Seite zu ziehen und Hitler zum Rücktritt zu veranlassen. Doch Rommel verhielt sich vorsichtig. Zwar verurteilte er ebenso wie Strölin die negativen Entwicklungen im Reich und sah den Krieg auf Grund seiner Erfahrungen als verloren an, er wollte sich aber nicht einer Verschwörung anschließen, sondern seine Selbständigkeit bewahren, denn Strölin konnte später als Ergebnis seines Gespräches nur feststellen: »Am Ende unserer eingehenden Besprechung erklärte sich der Feldmarschall für überzeugt, daß er sich für die Rettung des Reiches zur Verfügung stellen müsse. Er wolle Hitler die

Notwendigkeit einer raschen Beendigung des Krieges vortragen und selbständig handeln, wenn dieser nicht zur Vernunft zu bringen wäre.«[543]

Strölin und seine Mitverschwörer gaben nicht auf, Rommel für ihre Sache zu gewinnen. Eine weitere Gelegenheit ergab sich im April 1944, als General Hans Speidel als Stabschef in Rommels Heeresgruppe B wechselte. Speidel, wie Strölin und Rommel, 1919/20 Kompanieführer im Infanterieregiment 26, hatte bereits den ganzen Krieg über in enger Verbindung mit Strölin gestanden.[544] Strölin traf ihn mehrmals bei seinen Besuchen in Paris, und, wenn Speidel nach Stuttgart kam, suchte er Strölin im Rathaus auf. Da Speidel vor seinem Dienstantritt bei Rommel einen Tag Urlaub bei seiner Familie in Freudenstadt machte, fuhr Strölin dorthin, um mit ihm Fragen des Widerstandes zu besprechen, denn über seine anderen Verbindungen hatte er in der Zwischenzeit erfahren, daß Speidel Kontakt zur Militärverschwörung unterhielt. Strölin informierte Speidel darüber, daß man es in seinem Kreis für wichtig erachte, daß Rommel für eine Beteiligung am Umsturz gewonnen werden könne. Dazu sollte Speidel ein Gespräch zwischen dem Feldmarschall und Neurath vermitteln, in dem dieser auf Rommel einwirken wollte. Doch Rommel hielt sich zurück und beauftragte seinen Stabschef, mit Neurath und Strölin nochmals zu konferieren. Das Gespräch fand am 27. Mai statt. Strölin und Neurath wiesen nochmals auf die unhaltbare Stellung Hitlers hin und ließen Rommel eindringlich bitten, sich für die Rettung des Reiches zur Verfügung zu stellen. Wie schon Rommel gegenüber, betonte Strölin die Notwendigkeit, noch vor einer alliierten Landung in Frankreich zu handeln. Er und seine Gesinnungsfreunde glaubten noch daran, nach einem geglückten Umsturz zu einem Verständigungsfrieden kommen zu können. Danach schien Rommel bereit gewesen zu sein, die Verschwörung zu unterstützen, ohne selbst ein Amt übernehmen zu wollen.[545] Damit waren die Aktivitäten Strölins im Zusammenhang mit dem Verschwörerkreis des 20. Juli 1944 beendet. Über die genaue Planung des Attentats war er nicht informiert, denn am Tage des mißglückten Anschlags machte er in Österreich Urlaub. Zweifelhaft ist auch, ob Strölin einer Ermordung Hitlers zugestimmt hätte.

Eilends mußte Strölin nach Stuttgart zurückkehren, da bereits am nächsten Abend auf dem Marktplatz eine Treuekundgebung für Hitler stattfand. Dabei konnte der Oberbürgermeister natürlich nicht fehlen. Auch auf Strölin fiel ein Verdacht, an der Verschwörung beteiligt gewesen zu sein, denn die engen Kontakte zu Goerdeler, die sich in aller Öffentlichkeit abgespielt hatten, konnten nicht verborgen bleiben. So hatten beide beispielsweise im März 1943 im Beisein von Polizeipräsidenten Schweinle nach einem Fliegerangriff die Schadensgebiete besichtigt.[546] Am 10. August 1944, als Strölin im Gemeinderat über die schweren Luftangriffe in den letzten Juliwochen sprach und das Attentat gegen Hitler als »ruchlos« bezeichnete, veranstaltete die Gestapo in seiner Wohnung eine Hausdurchsuchung, da sie dort Goerdeler vermutete.[547] Doch ihm geschah nichts; er konnte im Amt bleiben. Strölin hielt sich trotz der Ereignisse nicht für besonders gefährdet, denn er setzte sich für die Begnadigung von Professor Rüdiger Schleicher und Generalmajor Otto Herfurt ein, mit denen ihn persönliche Beziehungen verbanden und die wegen ihrer Beteiligung am Umsturzversuch zum Tode verurteilt worden waren.[548]

Auch nach dem Scheitern der Umsturzpläne sowie der Verurteilung und Hinrichtung einer großen Anzahl Beteiligter sah Strölin immer noch die Notwendigkeit, den Krieg schnellstens zu beenden, ehe noch mehr Menschen sinnlos sterben müßten. Konsequent blieb er dieser Haltung in den letzten Wochen und Tagen des Krieges treu.

Strölins Entscheidung zum Widerstand gegen Hitler basierte zum einen auf seiner militärisch-preußischen Erziehung und dem Festhalten an den darin vermittelten Werten und Traditionen, die er selbst kurz vor seinem Tod folgendermaßen charakterisierte: Wir wurden erzogen »zur Unterordnung der eigenen Wünsche und Begierden unter eine übergeordnete Gemeinschaft, zur opferbereiten Vaterlandsliebe, zu geschichtsbewußter Tradition, zu hilfreicher Kameradschaft, zur Pünktlichkeit und Ordnung, zur Einfachheit und Sparsamkeit, zu hoher körperlicher Leistungsfähigkeit und vor allem zu strenger Disziplin.«[549] Zum anderen orientierten sich seine politischen Vorstellungen an den neokonservativen Theorien, wie sie während der Weimarer Republik entwickelt worden waren, wobei für ihn besonders Spenglers Synthese von Preußentum und Sozialismus von Bedeutung war.[550]

Ein großer Teil dieser Werte mußte zwangsläufig im Laufe der Jahre mit der inneren Entwicklung im nationalsozialistischen Deutschland in

Konflikt geraten. Dennoch wäre es falsch zu behaupten, daß sich Strölin nur aus politischen und moralischen Überlegungen und einer genauen Analyse der Lage zum Widerstand entschlossen hätte, zu schwankend erwiesen sich seine Einschätzungen. Eine wichtige Rolle bei seiner Entscheidung dürften die Enttäuschungen über seine persönliche Karriere und der Verlust von Einfluß- und Gestaltungsmöglichkeiten gespielt haben.[551] Beide Entwicklungen waren eng miteinander verwoben, so daß eine Gewichtung kaum möglich ist.

In dieser Situation kam Strölin der Kontakt zum nationalkonservativen Widerstand um Goerdeler eigentlich wie gerufen, denn dort vertrat man ähnliche, auf neokonservative Überlegungen zurückgreifende Positionen, in denen das alte Preußen mit seinen Werten und Traditionen wieder auflebte und nach einer erfolgreichen Ausschaltung Hitlers die Richtschnur für das politische Handeln sein sollte. Zudem tendierte man dahin, die alten Führungs- und Verwaltungseliten wieder als staatstragende Gruppe zu installieren. Dies entsprach ganz und gar Strölins Vorstellungen von der eigentlichen Rolle, die dem Berufsbeamtentum und der inneren Verwaltung zustand.

Eine auffallende Parallele zur Entwicklung Strölins zeigte sich bei einem der Mitverschwörer im Zentrum des Umsturzes in Berlin, Fritz-Dietolf von der Schulenburg.[552] Wie Strölin fand auch er, der preußische Verwaltungsjurist, über neokonservative Theorien Anfang der dreißiger Jahre zur NSDAP. Als Mitarbeiter von Erich Koch, dem Gauleiter und Oberpräsidenten von Ostpreußen, beteiligte er sich dort federführend bei der Durchsetzung des Nationalsozialismus im Verwaltungsapparat der Provinz. In verschiedenen Verwaltungspositionen, Landrat, Vizepolizeipräsident von Berlin, Regierungspräsident in Breslau, machte er ähnliche Erfahrungen wie Strölin. Ihre Kritik am System hatte daher fast den gleichen Tenor. Kernpunkte bildeten bei beiden schon vor Kriegsbeginn die Herabsetzung des Berufsbeamtentums und die Zerstörung des Korpsgeistes im Offizierskorps, die Beseitigung der Rechtsstaatlichkeit, der Wildwuchs von Sonderbehörden, die Schwächung der inneren Verwaltung und der Selbstverwaltung sowie nach dem Ausbruch des Krieges die deutsche Besatzungspolitik, die Endlösung der Judenfrage und der Kampf gegen das Christentum. Ein wichtiger Unterschied in ihren Vorstellungen lag darin, daß Strölin keine sich am aristokratischfeudalistischen preußischen Erbe orientierende Elite und Gesellschaft anstrebte. Er dachte eher in den Kategorien eines zentralistisch verwalteten Staates mit starker Selbstverwaltung auf den unteren Ebenen. Beide fanden auf unterschiedlichen Wegen und in verschiedenem Umfang zum Widerstands des 20. Juli. Der Widerstand gegen das Regime Hitlers, das Deutschland unaufhaltsam ins Verderben trieb, wurde für sie geradezu zur nationalen Pflicht. Dabei beriefen sie sich wiederum auf preußische Traditionen, wie etwa das Verhalten Yorcks bei Tauroggen.

Während Schulenburg jedoch mit dem Nationalsozialismus weitgehend brach und sich auf christliche Traditionen besann, blieb Strölin den ursprünglichen Ideen weiterhin treu. Die Führung des Reiches, und deshalb mußte sie beseitigt werden, hatte die nationalsozialistischen Grundsätze verraten, die an sich richtig waren. Deshalb bezeichnete sich Strölin auch nach dem Krieg als nationaler Sozialist.

## Retten, was zu retten ist – Das Kriegsende

»Ein hartes, schweres Schicksal hat unsere schöne Stadt Stuttgart betroffen. Unsagbares Leid, unendliches Unglück ist über viele Tausende von Stuttgarter Familien hereingebrochen. Ihre Wohnstätten, ihr Hab und Gut sind zerstört. [...] In den letzten Monaten, vor allem durch die Luftangriffe der vorletzten Woche, ist Stuttgart immer mehr zur Frontstadt geworden.« Mit diesen Worten begann Strölin am 10. August 1944 vor dem Gemeinderat seinen Bericht über die vier schweren Luftangriffe zwischen dem 25. und 29. Juli 1944.[553]

Bis dahin war Stuttgart im Vergleich zu anderen deutschen Großstädten trotz 20 Bombardements relativ glimpflich davongekommen, auch wenn knapp 1500 Menschen, darunter über 500 Kriegsgefangene und ausländische Arbeiter, ihr Leben und über 70 000 ihre Wohnung verloren hatten.[554] Strölin warnte jedoch vor Optimismus, denn er rechnete mit noch schwereren Luftangriffen.[555] Damit sollte er Recht haben.

Nach den Juliangriffen mit 1000 Toten und über 100 000 Obdachlosen blieb Strölin und seiner Verwaltung nur die Aufgabe, die Not so reibungslos wie möglich zu verwalten. Zwar gelang es, schnell den größten Teil der Versorgungseinrichtungen wieder in Betrieb zu nehmen, doch nach einem weiteren schweren Luftangriff im September, der erneut rund 1000 Menschenleben forderte, lag die Innenstadt in Trümmern. Strölin sah sich gezwungen, weite Teile im Zentrum, im Westen und im Norden zur Sperrzone zu erklären, in der bis auf wenige Ausnahmen während des Krieges keinerlei Instandsetzungsarbeiten vorgenommen werden durften.[556]

Strölins Amtssitz befand sich nun in der Schönleinstraße, nachdem sowohl das Rathaus als auch das Haus der Technischen Werke, das zunächst als Ausweichquartier gedient hatte, den Bomben zum Opfer gefallen waren. Von dort aus organisierte er die tägliche Versorgung der noch in der Stadt verbliebenen knapp 300 000 Einwohner. Dies wurde wegen der näherrückenden Front und den unzulänglichen Transportmöglichkeiten ein kaum zu bewältigendes Unterfangen. Hatte bis in den Spätherbst 1944 die Versorgung mit Lebensmitteln einigermaßen funktioniert, so zeigten sich danach erste Schwierigkeiten. Strölin konnte nur noch hoffen, daß das Ende schnell und ohne große Verluste für die Stadt käme. Dennoch setzte er sich für die Stillegung aller nicht notwendigen Arbeiten ein, um Kräfte für die Wehrmacht frei zu bekommen.[557]

Als sich abzeichnete, daß mit einem Übergreifen des Bodenkrieges auf das Reichsgebiet zu rechnen war, begann man in Stuttgart mit Überlegungen, wie man sich bei Feindannäherung verhalten solle. Man griff auf alte Ideen zurück, die bereits im September 1939 von der Stadtverwaltung, der Kreisleitung und dem Land beraten worden waren. Danach sollte ein Teil der Stuttgarter Bevölkerung evakuiert werden.[558] Allerdings dachte man in der Stadtverwaltung lediglich an 10 000 Personen. Pläne dafür waren bis ins Detail ausgearbeitet. Wahrscheinlich stellten die Planungen nur ein Täuschungsmanöver Strölins gegenüber Murr und der Landesverwaltung dar, um die Organisation einer Notverwaltung durchzusetzen. Gemeinsam mit den Räumungsüberlegungen hatte Strölin diesen Vorschlag am 11. Dezember 1944 in der Dienststelle Murrs vortragen lassen und vom zuständigen Beamten grünes Licht erhalten, obwohl der Reichsstatthalter eine vollständige Räumung der Stadt wünschte.[559]

Für Strölin war klar, daß eine totale Evakuierung unmöglich sei. Deshalb wollte er eine Notverwaltung schaffen, die in der ersten Zeit nach der Besetzung die Versorgung mit Lebensmitteln, Energie und Wasser aufrechterhielt. Da er annahm, daß nationalsozialistische Funktionsträger weder von der eigenen Bevölkerung noch von den Besatzern akzeptiert werden würden, ordnete er an, nur unbelastete Personen für die Notverwaltung vorzusehen.[560] Die Pläne sahen als Leiter den Rechtsreferenten Ernst Waidelich vor, der nach außen bisher kaum in Erscheinung getreten war. Alle anderen bisherigen Referenten gehörten diesem Leitungsgremium nicht mehr an. Soweit sie nicht eingezogen waren, blieben sie aber in der Stadt. Strölin selbst hatte angeblich eine Einberufung zum Volkssturm erhalten, der er aber nicht nachkam. Statt dessen leitete er weiterhin die Verwaltung.

Ernst wurde die Lage nach dem Verbrannte-Erde-Befehl Hitlers – auch Nero-Befehl genannt – vom 19. März 1945. Danach sollten bei einer drohenden Feindbesetzung alle wichtigen Industriebetriebe und Versorgungseinrichtungen zerstört und die Bevölkerung evakuiert werden. In Württemberg verbreitete Murr den Geheimerlaß am 27. März an die ihm unterstehenden Verwaltungen und löste die Vorbereitungen zur Räumung der Gemeinden aus. Für den Beginn der Zerstörungsaktionen legte er das Codewort »Schwabentreue« fest.[561] Strölin, der die totale Evakuierung weiterhin für unmöglich hielt, drang bis zu Murr vor, um ihm seine Position vorzutragen. Auch dem Reichsverteidigungskommissar schien zu dämmern, daß sich eine Stadt mit 266 000 Einwohnern nicht von heute auf morgen in Marsch setzen ließ. Murr hatte seinen Realitätssinn nicht ganz verloren.[562] Zudem befand er sich in vollkommener Übereinstimmung mit seinem Berliner Kollegen Joseph Goebbels, der Evakuierungen im Westen ebenfalls für undurchführbar hielt.[563] Nach dem Gespräch Strölins mit Murr war die Räumung Stuttgarts vom Tisch.

Dagegen schwebten die Zerstörungsbefehle wie ein Damoklesschwert über der Stadt. Die zentrale Frage war, was geschehen sollte, wenn kurz vor der Besetzung die Versorgungseinrichtungen für Strom und Wasser zerstört würden. Gas gab es für die Zivilbevölkerung schon seit dem 20. Oktober nicht mehr. Die Lage war jedoch nicht so gefährlich, wie sie nach dem Krieg dargestellt wurde. Bei Murr und seinen

Mitarbeitern machte sich die Meinung breit, daß man die Lebensgrundlage der Bevölkerung nicht vollkommen vernichten dürfe. Am 31. März erfolgte deshalb eine wahre Flut von Verordnungen der verschiedensten Stellen, in denen die Maßnahmen für die städtischen Betriebe bei Feindannäherung festgelegt wurden. Eine totale Zerstörung sollte nicht stattfinden, sondern lediglich Lähmungsmaßnahmen, die eine schnelle Wiederaufnahme des Betriebs ermöglichten.[564] Am deutlichsten brachte die Absichten der Bezirkslastverteiler für Elektrizität in seinem Erlaß zum Ausdruck: »Für den Fall der Feindbesetzung ist es ein Gebot der Reichsverteidigung die physische und moralische Abwehrkraft derjenigen Bevölkerungsteile, die nicht zurückgeführt werden konnten, zu erhalten. Die Lebensnotwendigkeit dieser Bevölkerung verlangt die Wiederaufnahme einer Notversorgung nach der Besetzung.«[565] Murrs Sonderbeauftragter für die Energieversorgung, EVS-Direktor Willy Speidel, betonte, daß nach Anweisungen Murrs nur Lähmungen durchzuführen seien.[566] Wesentlich stärkere Zerstörungsmaßnahmen sahen die Anweisungen für die Gaswerke vor. Im Bereich der Wasserversorgung ging Murr äußerst vorsichtig vor. Er befahl, daß die Anlagen in Betrieb gehalten werden mußten. Die Wasserbehälter sollten auch bei Annäherung der Hauptkampflinie oder bei Durchbrüchen von stärkeren feindlichen Verbänden so lange wie möglich gefüllt bleiben. Zerstörungen an der Landeswasserversorgung bedurften seines ausdrücklichen Befehls.[567] Damit konnte man in der Verwaltung leben, denn die Vorschrift »so lange wie möglich« ließ sich interpretieren.

Da auch dieses Problem einigermaßen vom Tisch war, erhielt die Frage Priorität, ob die Stadt verteidigt werden solle. Strölin und die Bevölkerung fürchteten, daß im Falle einer Verteidigung noch mit weiteren schweren Verlusten an Menschen und Sachen zu rechnen sei. Hier entspann sich die Hauptauseinandersetzung mit Murr, der als Reichsverteidigungskommissar auf eine Verteidigung der Stadt als wichtigem Verkehrsknotenpunkt beharrte. Um sinnlose Zerstörungen zu verhindern, suchte Strölin bei Stadtkommandant Eduard von Scholley und Kreisleiter Fischer Unterstützung, die ebenfalls eine Verteidigung ablehnten. Gemeinsam begaben sich die drei am 4. April zu Murr, dem Strölin anhand der militärischen Lage zu verdeutlichen versuchte, wie nutzlos die Verteidigung Stuttgarts sei.[568] Amerikanische Truppen standen an diesem Tag bereits nordöstlich von Stuttgart in der Gegend um Crailsheim, während andere Verbände nach Thüringen vorgestoßen waren und sich von Westen die 1. französische Armee näherte. Alle drei forderten von Murr, er möge beim Oberkommando der Wehrmacht darauf hinwirken, daß Stuttgart zur offenen Stadt erklärt werde. Murr lehnte das Ansinnen strikt ab, was aus seiner Sicht verständlich war, denn er hätte diesen »defätistischen« Vorschlag Hitler unterbreiten müssen, was ihm nur Ärger eingebracht hätte. Murr schien sich bereits damit abgefunden zu haben, daß sowieso kaum noch jemand seinen Anweisungen Folge leistete.

Das beste Beispiel dafür hatte er am Tag zuvor erlebt, als er auf das Gerücht eines alliierten Panzervorstoßes hin das Codewort »Schwabentreue« verbreiten ließ. Danach konnten alle bewirtschafteten Waren frei verkauft werden. In Stuttgart herrschte ein unbeschreibliches Chaos, da sich die Anordnungen der einzelnen Stellen widersprachen. Erst um die Mittagszeit gelang es Strölin, die Rücknahme des Codeworts durch Murr zu erreichen. Doch viele Geschäfte hatten bereits ihre Warenbestände verkauft.[569] Umfangreichere Lahmlegungsmaßnahmen hatten jedoch kaum stattgefunden. Lediglich im städtischen Gaswerk hatte man die Befehle Murrs befolgt und mit dem Ausbau wichtiger Teile begonnen.[570] Auf Befehl des Wehrkreisbeauftragten baute man sie jedoch wieder ein und nahm den Betrieb erneut auf, um die Versorgung der Rüstungsbetriebe zu gewährleisten. Trotz der angeblichen Bemühungen Strölins, alle Zerstörungen zu verhindern, schienen wenigstens die städtischen Werke den Befehlen des Gauleiters zu gehorchen. Allerdings nutzte Direktor Stöckle den Vorgang, um bei Murr anzufragen, ob nicht eine Notversorgung aufrechterhalten werden könne, da mehrere hundert Fahrzeuge auf Gas als Treibstoff angewiesen seien, weil es kein Benzin mehr gebe.[571]

Als sich zeigte, daß Murr nicht für eine kampflose Übergabe der Stadt zu gewinnen war, konnte Strölin nur noch versuchen zu retten, was noch zu retten war. Er aktivierte deshalb seine militärischen Beziehungen, wie er es Murr angedroht hatte. Schließlich hatten die Militärs das letzte Wort. Strölin als Oberbürgermeister konnte nur an die Moral der Offiziere appellieren, zu entscheiden hatte er nichts. Mit Scholley hatte er jedoch seit dessen Dienstantritt als Stuttgarter Ortskommandant regen Kontakt gepflegt. Nun versuchte er, dessen Vorgesetzten in Ludwigsburg, General Rudolf Veiel, von seinen Vorstellungen zu überzeugen. Weit kam er damit nicht. Sowohl Scholley als auch Veiel verloren ihre Posten.[572] Doch Strölin fand auch zu den Nachfolgern leicht Kontakt, obwohl sie sich nicht so offen für einen kampflosen Rückzug aus der Stadt aussprachen. Der neue »Kampfkommandant«, Paul Marbach, hatte sich jedoch schon bei der kampflosen Aufgabe von Karlsruhe »bewährt«. Selbst das Standgericht, das über ihn urteilen sollte, kam zu der Überzeugung, daß mit 100 Bewaffneten eine Großstadt nicht zu verteidigen sei.[573] Unklar blieb für Strölin die Haltung von General Hoffmann, dem Vorgesetzten Marbachs. Strölin hatte alles getan, um die verantwortlichen Offiziere von einer Verteidigung der Stadt abzubringen.

Auf gleiche Weise versuchten er und seine Mitarbeiter, die Sprengung der Neckarbrücken im Stadtgebiet zu verhindern. Fast in jeder Brücke befanden sich wichtige Versorgungsleitungen. Doch selbst das militärische Argument, daß die alliierten Streitkräfte schon jetzt beidseits des Neckars vorgingen, machte auf die Offiziere ebensowenig Eindruck wie die Tatsache, daß bei einer Sprengung der zu den Brücken gehörenden Wehre, der dann sinkende Wasserstand des Neckars den Feinden ein Durchqueren des Flusses mit Panzern ermögliche.[574] Man konnte sich allerdings in einigen Fällen darauf einigen, die Brücken so zu sprengen, daß die darin eingebauten Kraftwerke möglichst unbeschädigt blieben. Außerdem machte man auf die Wichtigkeit des Berger und des Voltastegs aufmerksam. Während über den ersteren die Zuflußleitungen der Landeswasserversorgung ins Berger Wasserwerk führten, diente letzterer der Kühlwasserversorgung des Dampfkraftwerks in Münster. In der Stadtverwaltung war man jedoch Anfang April skeptisch, ob es gelingen könne, die Brücken zu erhalten. Man entwickelte Notprogramme für die Wasser- und Stromversorgung nach Ausfall der Brücken. Selbst eine Sprengung des Berger Stegs hätte nur eine kurze Unterbrechung der Landeswasserversorgung nach sich gezogen, da alte Rohrleitungen unter dem Neckar vorhanden waren, die man reaktivieren wollte.[575]

Ungefähr zur gleichen Zeit nahmen verschiedene Kreise in der Stadt Kontakt zu Strölin auf, die wie er ein Interesse daran hatten, weitere Zerstörungen zu verhindern. Am 1. April sprachen sein alter Freund Alfred Knoerzer von Bosch und Otto Fahr von der Firma Werner & Pfleiderer bei ihm vor und baten um seine Unterstützung zur Verhinderung der Zerstörungsbefehle für die Industrie.[576] Wenige Tage später kam Strölin erstmals mit Arnulf Klett zusammen, der ihn im Namen einer Gruppe von Stuttgarter Bürgern aufsuchte, die es sich zum Ziel gesetzt hatte, die Verteidigung der Stadt mit allen Mitteln zu verhindern.[577] Strölin erklärte Klett, daß er mit seinen Forderungen bei ihm nur offene Türen einrenne. Beide trafen sich danach noch öfter und besprachen ihr Vorgehen.

Offen gaben sich beide Seiten nicht. Noch war Mißtrauen gegenüber Strölin vorhanden. Unabhängig voneinander nahmen sowohl Strölin als auch die Gruppe um Klett Kontakte zu den Alliierten auf. Strölins kritische Haltung war den Franzosen durch seine Freunde im Elsaß bekannt geworden. So war es nicht verwunderlich, daß sie sich an ihn wandten. Im Rahmen einer Aufklärungsmission der Alliierten kam Mitte April der französische Agent Joseph Lorentz von Straßburg nach Stuttgart und nahm über die Familie Magirus Verbindung mit Strölin auf. Überrascht war Lorentz, daß er mit Alfred Weninger zusammentraf, einem der zum Tode verurteilten Elsässer. Strölin hatte kurz vor Kriegsende, als die Sicherheitsorgane darangingen, politische Gefangene zu ermorden, Alfred Weninger, Paul Widmann und später Robert Heitz aus den Gefängnissen geholt und mit Hilfe der Familie Magirus und anderer Bekannten versteckt.[578]

Strölin machte Lorentz gegenüber keinen Hehl daraus, daß er den Krieg für verloren hielt, und ließ über ihn dem alliierten Oberkommando eine Erklärung übermitteln:

»1) Die Bevölkerung mit dem Oberbürgermeister sind zur Übergabe bereit.

2) Die Stadt ist nur nach Norden verteidigt, daher Angriff am besten von Süden ohne nennenswerten Widerstand, um dadurch Blutvergießen zu vermeiden.

3) Die Besatzung ist nur schwach. Luftbombardements und Artilleriebeschuß unnötig. Dringende Bitte, davon Abstand zu nehmen.

4) Es wird um ritterliche Behandlung der Bevölkerung gebeten.

5) Der Oberbürgermeister wird für Ruhe und Ordnung während der Besetzung sorgen und evtl. Bildung von Wehrwolf verhindern.«[579]

In den folgenden Tagen gingen die Versuche weiter, eine kampflose Räumung der Stadt und den Erhalt der wichtigsten Brücken und Stege zu erreichen. Angesichts der Nachrichten, die man aus allen deutschen Regionen hörte, daß Bürgermeister und Parteifunktionäre wegen Verhandlungen mit dem Feind erschossen wurden, verhielt sich Strölin äußerst vorsichtig. Schon seit mehreren Wochen wechselte er jede Nacht das Quartier, da er einer möglichen Verhaftung aus dem Weg gehen wollte.[580] Ob diese Vorsichtsmaßnahme gegen eine angeordnete Festnahme wirklich geschützt hätte, darf angesichts des bis zuletzt intakten Polizei- und Gestapoapparats stark in Zweifel gezogen werden. Eher in den Bereich der nachträglichen Legendenbildung gehört die Behauptung, wonach am 19. April bei der SD-Leitstelle ein Befehl zur Verhaftung Strölins eingegangen sein soll, den der diensthabende Funker eigenmächtig vernichtet habe.[581]

Während seiner Aktivitäten zur Verhinderung der Verteidigung fand Strölin noch Zeit, innerhalb der Verwaltung den Nationalsozialismus zu beseitigen; wenigstens in den Akten. So wies er das Personalamt an, aus den Akten der städtischen Beschäftigten die von ihm 1938 verlangten Meldezettel über ihre Aktivitäten in der NSDAP zu entfernen. Seine Personalakte vernichtete er persönlich.[582]

Mit seinen Informationen hatte Strölin den Franzosen den Weg gewiesen, wie sie Stuttgart am leichtesten und schnellsten erobern konnten. Das entsprach ganz ihren Vorstellungen, denn, obwohl nach alliierter Planung die Amerikaner die Schwabenmetropole besetzen sollten, drängte de Gaulle den Befehlshaber seiner 1. Armee die Stadt möglichst rasch zu nehmen.[583]

Am 20. April rückten französische Truppen in den Fildervororten ein. Am folgenden Tag gegen 6 Uhr morgens flogen die Brücken im Stadtgebiet in die Luft. Alle Bemühungen schienen vergeblich gewesen zu sein, doch schnell stellte sich heraus, daß der Berger Steg unbeschädigt war und der Voltasteg nur leichte Schäden davongetragen hatte. Wem allerdings die Ehre gebührt, einen Teil der Stuttgarter Landeswasserversorgung gerettet zu haben, läßt sich nicht feststellen. Zu viele wollten nach dem Krieg dafür verantwortlich gewesen sein.[584] Die Besetzung der Stadt links des Neckars durch die Franzosen dauerte bis in den späten Nachmittag des 21. April. Gleichzeitig rückten die Amerikaner in den Stadtteilen auf der anderen Neckarseite vor. Der Krieg war für Stuttgart beendet.

In den beiden Tagen der Besetzung hielt Strölin laufend Kontakt zu den verschiedenen Dienststellen der Stadt und ließ sich über das Vorrücken der Alliierten unterrichten. Er selbst unternahm Erkundungsfahrten, wobei er in Degerloch unter Beschuß geriet und schleunigst in die Stadt zurückkehren mußte.

Schon am 21. April hatte die Notverwaltung unter Waidelich Kontakte zum französischen Ortskommandanten hergestellt und die ersten Anweisungen erhalten. Strölin dagegen hielt sich in seiner Dienststelle in der Schönleinstraße auf. Erst in den Vormittagsstunden des 22. April ließ er dem Militärbefehlshaber mitteilen, daß er zur Übergabe der Stadt bereit sei. Rund 20 Stunden nach Besetzung Stuttgarts trat Strölin seinen unangenehmen Weg an. Im Gasthof zum Ritter in Degerloch übergab er die Stadt den siegreichen Franzosen.[585] Strölin erging es nun so, wie er es sich im Mai 1940 über seinen Brüsseler Kollegen notiert hatte: »Das war eine bittere Aufgabe für ihn. Seine Stimme am Radio hat gezittert, als er sprach.«[586]

Anscheinend wußten die französischen Befehlshaber über die Rolle Strölins Bescheid, denn sie beauftragten ihn mit der Weiterführung der Amtsgeschäfte. Auf Strölins Wunsch unterstellten sie ihm sogar sämtliche staatlichen Polizeiverbände in der Stadt.[587]

Strölin ging sofort daran, die Probleme, die sich in der Stadt nach der Besetzung ergeben hatten, zu bearbeiten. Viel Zeit blieb ihm nicht. Am nächsten Tag mußten ihm die Franzosen mitteilen, daß seine Berufung zum Oberbürgermeister den Anordnungen des alliierten Oberkommandos widerspräche, wonach alle bisherigen Oberbürgermeister ihrer Ämter zu entheben seien. Da man Strölin achtete, überließ man ihm die Entscheidung über seinen Nachfolger. Strölin tendierte zu Eduard Könekamp, seinem langjährigen Vertrauten, der jedoch ablehnte. Nach längerer Diskussion schlug Strölin Arnulf Klett vor, der als politisch Unbelasteter die Gewähr bot, daß er von allen Seiten akzeptiert werden würde.[588]

Ohne Widerspruch nahmen die Franzosen den Vorschlag Strölins an. Er selbst spielte die Rolle einer grauen Eminenz. Am Nachmittag des 24. April erschien eine Abteilung des amerikanischen Militärs in seinem Büro und teilte ihm mit, daß er auf Grund der Anordnung der Militärregierung über den automatischen Arrest verhaftet sei.[589]

# Oberbürgermeister im »Führerstaat«

Als Strölin 1933 die Macht im Stuttgarter Rathaus übernahm, fand er eine in allen Teilen funktionierende Verwaltung vor, der er sich nur zu bedienen brauchte. Dank seiner Verwaltungserfahrung im Gaswerk und als Vorsitzender der Akademikergruppe in der Stadtverwaltung kannte er sie und die führenden Leute bestens. Im Verlauf von dreieinhalb Monaten konnte er sie deshalb nach seinen Vorstellungen umgestalten. Damit legte er den Grundstein für seine späteren Tätigkeiten. Große Schwierigkeiten stellten sich ihm nicht in den Weg, denn durch die Einschüchterungen der ersten Tage, in denen er die politische Opposition im Gemeinderat ausschaltete sowie eine Reihe von Beamten beurlaubte oder zwangsversetzte, hatte er ein Klima geschaffen, in dem sich die meisten, selbst wenn sie nicht Anhänger der NSDAP waren, den neuen Verhältnissen aus Angst um ihre Stellung freiwillig anpaßten. Zudem sicherte er sich die »Loyalität« seiner neuen Mitarbeiter durch ein System von Kommissaren, die jegliche aufkeimende Obstruktion verhindern sollten. Mit der Übernahme des Oberbürgermeisterpostens am 1. Juli 1933 waren die meisten Veränderungen abgeschlossen. Alle Umorganisationen, die Strölin bis dahin in der Verwaltung veranlaßt hatte, entstammten jedoch weniger nationalsozialistischem Gedankengut, sondern sie gingen entweder auf seine Berufserfahrung oder auf das Gutachten des Reichssparkommissars zurück. Von den Maßnahmen behielt man nach dem Krieg vor allem die einheitlichen Technischen Werke, das Fuhramt und die Wohnungs- und Siedlungs-Gesellschaft bei.

Im Gegensatz dazu gestaltete Strölin seine Position und die der Verwaltung gegenüber dem Gemeinderat, der nach geltendem Recht bis 1935 das höchste Entscheidungsgremium der Gemeinde darstellte. Als Vertreter des Führerprinzips war es für ihn geradezu eine Notwendigkeit, die Kompetenzen des Gemeinderats, soweit es ihm die Gesetze erlaubten, zu beschränken. Spätestens mit dem Verbot von Abstimmungen im August 1933 hatte er ihn weitgehend entmachtet. Das Gremium sollte in Zukunft nur noch eine beratende Funktion besitzen. Da Strölin Führung ganz im Sinne seiner militärischen Ausbildung verstand, bemühte er sich deutlich zu machen, daß er als Führer der Gemeinde keine

Diktatur anstrebe, sondern vielmehr in enger und vertrauensvoller Zusammenarbeit mit allen Zuständigen auf eine gemeinsame Lösung der Probleme hinarbeiten wolle.[1] Beratungen vor einer Entscheidungsfindung, nicht Befehl und blinder Gehorsam, stellten für ihn den wichtigsten Aspekt seiner Führung dar. Je stärker die Position des Oberbürgermeisters ausgehöhlt wurde, um so mehr setzte er auf Beratung und schaltete den Gemeinderat verstärkt ein, auch wo dies nach der Deutschen Gemeindeordnung nicht vorgeschrieben war.

Mit dieser Arbeitsweise und einer teilweisen Delegierung seiner Macht schuf er sich in der Verwaltungsspitze einen Kreis von Beamten, auf den er sich fast blind verlassen konnte. Um den aufgebauten Korpsgeist, der dem des preußischen Offizierskorps nahe kam, zu erhalten, vermied er es, nach 1937 freiwerdende Stellen im Bürgermeisteramt entsprechend den Vorschriften der Deutschen Gemeindeordnung zu besetzen, und beauftragte Leute aus der eigenen Verwaltung mit der Wahrnehmung der Aufgaben.

Da der Oberbürgermeister das letzte Glied einer immer zentralistischer werdenden deutschen Verwaltung darstellte, entwickelte Strölin in bewußtem Gegensatz dazu die Forderung nach einer stärkeren Dezentralisation der Verwaltung. Dies versuchte er nicht nur 1942 in Stuttgart durch die Schaffung von Ortsämtern in den neu eingemeindeten Stadtteilen zu erreichen, sondern auch auf andere Bereiche wie die Energiewirtschaft zu übertragen. Eine solche Entwicklung seiner Vorstellungen war zwangsläufig, denn nur eine stärkere Dezentralisation konnte die Position der Stadtvorstände stärken.

Strölin, der sich seit seiner Machtübernahme auf dem Stuttgarter Rathaus als der Führer der Stadt betrachtete, war die treibende Kraft für alle Entwicklungen, die von Bedeutung für die Stadt waren. Durch seinen enormen Arbeitseifer und seine geschickte Verwaltungsführung, die den engsten Mitarbeitern in der Hauptverwaltung große Eigenspielräume ließ, gelang es ihm, sich auf die wesentlichen Themen zu konzentrieren und sie nach außen zu vertreten. Alles, was an Initiativen vom Stuttgarter Rathaus ausging, war vorher mit ihm bis ins Detail abgeklärt. Das bedeutet aber eine Verantwortung Strölins nicht nur für die positiven Entwicklungen, die teilweise bis heute das Leben in der Stadt bestimmen, sondern auch für alle negativen Erscheinungen der nationalsozialistischen Gemeindepolitik. Er war einer der prominentesten Vertreter des Nationalsozialismus ist Stuttgart und ermöglichte durch sein Verhalten die Stabilisierung des Unrechtsregimes.

Strölin betrieb eine pragmatische Kommunalpolitik. Die Probleme, die er bei seiner Amtsübernahme vorgefunden hatte und die in der Stadt schon seit Jahren diskutiert wurden, konnte auch er nicht lösen. Zwar gelang es, wegen der Investitions- und Aufrüstungspolitik der Reichsregierung die Arbeitslosigkeit schnell zu beseitigen, doch die immense Wohnungsnot blieb trotz eines Baubooms bestehen. Zug um Zug mußte Strölin in dieser Frage seine sozialreformerischen und ausgeprägt rassenhygienischen Vorstellungen über eine Auflockerung der Großstadt durch großzügige Altstadtsanierung und Stadtrandsiedlung über Bord werfen. Dachgeschoßwohnungen und Wohnblocks lösten notgedrungen wieder das Einfamiliensiedlungshäuschen mit Garten ab. Ähnlich sah es in der Stadtplanung aus, wo die Bedürfnisse des ständig wachsenden Kraftfahrzeugverkehrs und Wünsche der Partei nach repräsentativen Bauten Planungen erforderlich machten, die aus der Stadt zwischen Wald und Reben eine Stadt zwischen Autos und Beton hätte werden lassen. Zum größten Teil griff Strölin dabei auf Überlegungen zurück, die bereits während der Weimarer Republik diskutiert worden waren. Es ist deshalb nicht verwunderlich, daß unter Strölins Leitung entwickelte Konzepte über das Ende der nationalsozialistischen Herrschaft hinaus von Bedeutung waren. Die Ortsbausatzung von 1935 zählte ebenso dazu, wie Teile der städtischen Verkehrsplanung, die leicht modifiziert nach dem Krieg verwirklicht wurde. Auch dachte niemand daran, die Eingemeindungen von 1933 bis 1942 rückgängig zu machen.

All diese Bereiche stellen jedoch Problemfelder dar, mit denen sich jede Verwaltung und jeder Stuttgarter Oberbürgermeister im 20. Jahrhundert beschäftigen mußte und muß. Die Frage von Verdichtung oder Auflockerung beschäftigt heute die Stuttgarter Kommunalpolitik in gleicher Weise wie die nach der Lösung des Stadt-Umland-Verhältnisses.[2]

Während Strölin dort, wo es sich nicht vermeiden ließ, bereit war, seine nationalsozialistischen Grundsätze aufzugeben, blieb er ihnen in anderen Bereichen treu. Besonders in der städtischen Wohlfahrts- und Bevölkerungspolitik setzte er gemeinsam mit Friedrich Ettwein deutliche rassenhygienische Akzente. Asoziale und Behinderte bekamen dies in Stuttgart deutlich zu spüren. Hier fand ein fast totaler Bruch mit den Traditionen statt.

In der Judenfrage verhielt sich Strölin dagegen zurückhaltend. Er war weder ein überzeugter Antisemit noch ein Freund der Juden und hielt sich in der Regel streng an die vorgegebenen rechtlichen Bestimmungen. In einigen Fällen, wie den Richtlinien für die Verwaltung über den Umgang mit Juden oder dem »Judenladen« betrieb er eine eigene Politik, die sich gegen die jüdische Bevölkerung richtete. Dem stand jedoch gegenüber, daß er sich in einzelnen Fällen für Juden einsetzte, um ihnen beispielsweise bei der Ausreise zu helfen. Damit unterschied er sich kaum von seinen Oberbürgermeisterkollegen. Selbst ehemals bewußte Antisemiten wie Friedrich Krebs in Frankfurt oder Karl Fiehler konnten sich nach dem Krieg auf eine Anzahl von Juden berufen, denen sie geholfen hatten.[3] Sicherlich spielte hierbei, ähnlich wie dies Rebentisch für Krebs vermutet, die persönliche Betroffenheit eine entscheidende Rolle. Wenn Strölin sich auch über das Pogrom vom 10. November 1938 oder über die Einführung des Judensterns erregte, so geschah dies weniger aus Sympathie gegenüber den Juden, sondern er bedachte die Auswirkungen, die eine solches Vorgehen im Ausland hervorrief. Strölin mit seinen starken rassenhygienischen Ideen schien eine Trennung zwischen Deutschen und Juden, wie sich bei der Einführung der Nürnberger Gesetze zeigte, durchaus zu begrüßen. Erst als er von der systematischen Ermordung der Juden erfuhr, ergriff er eindeutig Partei und lehnte diese Verbrechen ab. Ein solches Vorgehen war mit seinen moralischen Vorstellungen nicht in Einklang zu bringen.

Bis Mitte 1938 konnte Strölin relativ unbelästigt seinen Geschäften nachgehen, obwohl es gelegentlich zu Meinungsverschiedenheiten zwischen ihm und dem württembergischen Gauleiter sowie der Landesregierung gekommen war. Danach versuchten auch in Stuttgart verstärkt Sonderbehörden sowie die Partei und ihre Gliederungen Einfluß auf die städtische Verwaltung zu nehmen. Strölin, der die Entwicklung, die letztlich auf eine Beseitigung der kommunalen Selbstverwaltung hinauslief, schon früh erkannt hatte, wehrte sich mit allen ihm zur Verfügung stehenden Mitteln. Doch selbst seine engen Beziehungen zu Berliner Ministerien und zur Reichsleitung der NSDAP konnten den schleichenden Machtverlust nur begrenzt aufhalten.

Wie Rebentisch in seiner Arbeit über die politische Stellung der Oberbürgermeister feststellte, war es eine der wichtigsten Verteidigungsstrategien der Oberbürgermeister sich auf das positive Recht zurückzuziehen, um so Eingriffe in die Verwaltung abzuwehren.[4] Dies traf auch bei Strölin in verstärktem Maße zu. Doch bemühte er sich wie auch einige andere Oberbürgermeister, über das Hauptamt für Kommunalpolitik, über den Deutschen Gemeindetag oder in persönlichen Gesprächen auf das Reichsinnenministerium einzuwirken. Nicht selten wurden Reichsvorschriften erst im Laufe der Auseinandersetzung durch das Reichsministerium des Inneren auf Betreiben von Kommunalpolitikern erlassen, auf die sie sich später berufen konnten.

Im Gegensatz zu vielen seiner Kollegen, die sich resigniert auf ihre Verwaltungsaufgaben zurückzogen, gelang es Strölin, seine Selbständigkeit teilweise zu wahren. Dies war vor allem deshalb möglich, weil er Rückhalt in der württembergischen Regierung hatte und Murr als Gauleiter eher vorsichtig taktierte, auch wenn er versuchte, die Stuttgarter Stadtverwaltung durch eine Reihe von Sonderbehörden oder durch Beauftragte in ihren Freiheiten zu beschränken. Trotz der teilweise heftigen Auseinandersetzung während der Kriegsjahre unternahm Murr nie den Versuch, seinen unbequemen Stuttgarter Oberbürgermeister aus dem Amt zu jagen, wie dies in anderen Gauen häufiger geschah.[5] Die Konflikte zwischen Strölin und Murr wurden eigentlich erst nach dem Krieg besonders hochgespielt, da man den toten Murr für alle negativen Entwicklungen des Systems in Württemberg und in Stuttgart verantwortlich machte. Im Falle Strölins trafen sämtliche Voraussetzungen günstig zusammen, die Jeremy Noakes für notwendig hielt, damit ein Oberbürgermeister im nationalsozialistischen Herrschaftssystem wenigstens eine gewisse Unabhängigkeit gegenüber den Gauleitungen bewahren konnte:

»In general, however, and unless they had good contacts ›higher up‹, for Oberbürgermeister to achieve a measure of independence they need either an indolent Gauleiter, a very strong personality, a low party number, gifts of diplomacy, or preferably a combination of all four.«[6]

Weniger Schwierigkeiten hatte Strölin dagegen mit der lokalen Partei. Zu allen drei Kreisleitern hatte er ein gutes Verhältnis. Dazu trug sicher bei, daß er sich regelmäßig mit ihnen traf, um die bestehenden Probleme zu besprechen. Zudem versuchte er, nicht ohne Erfolg, die Partei über das Kreisamt für Kommunalpolitik bis hin zu den Ortsgruppen in seine Politik einzubinden.

In der Stuttgarter Bevölkerung war Strölin jedoch keineswegs so uneingeschränkt beliebt, wie bis heute immer wieder behauptet wird. Großes Ansehen genoß er auf jeden Fall bei den Personen, die näheren Umgang mit ihm hatten und ihn daher nicht nur in seiner Funktion als Oberbürgermeister und Repräsentanten der NSDAP kannten. Sein einnehmendes Wesen, seine Freundlichkeit, sein Humor und seine Fähigkeit zum Zuhören sowie seine im vertrauten Kreis geübte Kritik an einzelnen Vorgängen brachten ihm nicht wenige Freunde ein.[7]

Wer jedoch nicht zu diesem Kreis gehörte und der NSDAP fernstand, dem mußte Strölin als einer der wichtigsten Nationalsozialisten in Stuttgart erscheinen. Sicherlich keine Freunde hatte er sich bei seinem rigorosen Vorgehen im Frühjahr 1933 geschaffen, als er die Gleichschaltung der Stuttgarter Verwaltung und die Beseitigung aller demokratischen Strukturen in die Wege leitete. Zu viele Personen verloren damals ihre Stellung und Existenz. Wie sehr Strölin in der Bevölkerung auf Ablehnung stieß, zeigen besonders die negativen Gerüchte, die sich über ihn während des Krieges im Umlauf befanden. Nach den Juliangriffen 1944 sah er sich gar veranlaßt, das Problem der Gerüchte vor den Ratsherren anzusprechen, um es bekämpfen zu können. Am 10. August führte er dazu aus: »Das Entscheidende dabei ist aber, daß wir uns darüber im klaren sein müssen, daß solche bösartigen, verleumderischen Gerüchte bewußt von der Feindpropaganda in die Welt gesetzt werden, um das Ansehen der Führung zu untergraben. Ich muß daher Sie, meine Herren, bitten, überall derartigen Gerüchten entgegenzutreten und unter Namensnennung der Betreffenden Anzeige zu erstatten, damit diese der Bestrafung zugeführt werden können.«[8] So hätte eigentlich kein Oberbürgermeister sprechen müssen, der sich auf eine breite Beliebtheit in der Bevölkerung stützen konnte.

Strölins regionale und nationale Tätigkeit im Deutschen Gemeindetag und im Hauptamt für Kommunalpolitik beruhte auf zwei unterschiedlichen Ursachen. Im Deutschen Gemeindetag setzte er die Tätigkeit von Lautenschlager fort, der vor der nationalsozialistischen Machtübernahme dem Vorstand des Deutschen Städtetages angehört hatte.

Strölin usurpierte sofort nach seiner Ernennung zum Staatskommissar die Position seines Vorgängers. Damit war er an der richtigen Stelle, als es 1933 ganz in seinem Sinne darum ging, die verschiedenen Kommunalverbände gleichzuschalten. Gleichzeitig gehörte er zu den wenigen nationalsozialistischen Ortsvorständen, die auf Grund ihrer beruflichen Qualifikation in der Lage waren, die Interessen der Partei und der Gemeinden fachlich fundiert vertreten zu können. Seine enge Zusammenarbeit mit Karl Fiehler und seine unbestrittene Kompetenz in Fragen der Energiewirtschaft führten zu seiner Berufung ins Hauptamt für Kommunalpolitik. Hinter der nationalsozialistischen Argumentation, derer er sich dort bediente, steckte jedoch harte Interessenpolitik der Gemeinden im Kampf gegen Bestrebungen, die kommunale Energieversorgung aus den Händen der Gemeinden zu nehmen oder zu privatisieren. Dabei ging es um nichts anderes, als den Gemeinden diese wichtigen Einnahmequellen zu erhalten. Hier setzte Strölin seine Politik fort, die er bereits 1928 im Landesverband württembergischer Gaswerke begonnen hatte.

Während in der Weimarer Republik das Amt des Oberbürgermeisters einer Großstadt ein wichtiges Sprungbrett für eine Karriere in der Reichsverwaltung oder Reichspolitik war, erreichte kein nationalsozialistischer Oberbürgermeister eine entsprechende Stellung.[9] Strölin hätte dabei die Ausnahme werden können. Besonders die Angebote von Reichsarbeitsminister Seldte, ihn 1934 und 1939 zum Staatssekretär für das Wohnungs- und Siedlungswesen zu machen, liefen in diese Richtung. Doch Strölin lehnte den Posten wie auch andere ab. Anscheinend wollte er trotz der immer stärker werdenden Einschränkungen, die relative Unabhängigkeit als Oberbürgermeister nicht aufgeben.

Mit einem Wechsel in die Reichsverwaltung wäre wenigstens 1934 der Verlust seiner Position als Präsident des Deutschen Auslands-Instituts verbunden gewesen. Doch gerade diese Stellung, die ihm Möglichkeit bot, über die Grenzen des NS-Staates zu blicken, bedeutete ihm sehr viel. Auch wenn er sich als Nationalist fühlte, hielt er es für nötig, die Entwicklungen außerhalb des Reiches zu verfolgen. Dies zeigte sich besonders deutlich während seiner Präsidentschaft im Internationalen Verband für Wohnungswesen und Städtebau.

Strölins internationale Aktivitäten, seine Bereitschaft, Erfahrungen in anderen Ländern auf den verschiedenen Gebieten der Kommunalverwaltung kennenzulernen und in seine Arbeit in Stuttgart einzubringen, kamen nicht von ungefähr. Sie entsprachen seiner Ausbildung, die er als junger Offizier in der preußischen und württembergischen Armee genossen hatte. Schon seine ersten Veröffentlichungen aus den Jahren vor und während des ersten Weltkrieges waren von seiner intensiven Beschäftigung mit den Militärsystemen ausländischer Staaten geprägt. Was er als positiv erachtete, sollte auch von den Deutschen übernommen werden. Dieser Grundhaltung blieb er sein Leben lang treu, ohne dabei auf seine nationale Haltung zu verzichten. Deutschland stand für ihn immer an erster Stelle. Dennoch ging sein »Deutschland über alles« nicht so weit, daß er andere, vor allem westliche Staaten und ihre Bevölkerung auf eine niedrigere Stufe stellte. Seine häufigen Auslandsreisen, seine engen Kontakte zum Auswärtigen Amt und seine Bekanntschaft und Freundschaft zu verschiedenen ausländischen Persönlichkeiten dürften ihn in dieser Einschätzung bestärkt haben.

Die Vielzahl von Posten, die Strölin im Laufe der Jahre einnahm, sein Auftreten im In- und Ausland und die literarische Beschäftigung mit Problemen der Großstadt zeigen deutlich, daß sich Strölin an den Oberbürgermeistern der Weimarer Republik orientierte.[10] Nicht zu Unrecht bezeichnet ihn Rebentisch deshalb »fast als den Prototyp eines ›großen nationalsozialistischen Oberbürgermeisters‹«.[11] Dennoch führt es sicherlich zu weit, ihn als »den profiliertesten und bedeutendsten nationalsozialistischen Oberbürgermeister« zu titulieren.[12] Zu wenig ist bisher über die anderen Oberbürgermeister jener Zeit geforscht worden. Karl Fiehler in München und Johannes Weidemann in Halle und mit Einschränkungen Friedrich Krebs in Frankfurt und Willy Liebel in Nürnberg müßten mit Strölin in eine Reihe gestellt werden, auch wenn ihre Karrieren vor und während der nationalsozialistischen Herrschaft anders verliefen.

Ausschlaggebend für die wichtige Rolle, die Strölin in der bisherigen Forschung einnahm, dürften neben einer wahren Flut von Quellen sein Wechsel zum Widerstand gegen Hitler und seine Veröffentlichungen nach 1950 gewesen sein. Je stärker Strölin mit den Entwicklungen des NS-Staates in Konflikt geriet, um so mehr griff er auf seine alten neokonservativen Überlegungen aus der Weimarer Republik zurück. Dies erklärt einen Teil seines Verhaltens nach 1941. Verstärkte antikapitalistische Tendenzen, wie sie in seiner Tätigkeit in der Energiewirtschaft oder gegenüber Daimler-Benz zum Ausdruck kamen und seine Vorstellungen zum Verhältnis von Familie und Religion, glichen nun wieder seinen Aussagen, die er 1931 im NS-Kurier veröffentlicht hatte.[13]

Strölins gesamte Gedankenwelt basierte seit seiner Kindheit auf der Achtung von Autoritäten. Als nach 1938 die von ihm immer geforderte einheitliche Führung des Staates zunehmend in eine Vielzahl von sektoralen Behörden und Instanzen zerfiel, die sich gegenseitig heftig bekämpften, hielt er zwar an der Integrationsfigur Hitler fest, aber er suchte sich für die verschiedensten Bereiche Autoritäten, auf deren Urteil er besonderen Wert legte. Für den Bereich der Außenpolitik waren dies Neurath und Weizsäcker, während er für die Innen- und Wirtschaftspolitik Rat bei Goerdeler und Bosch suchte. Während des Krieges verließ er sich auf seine bis teilweise in die Kadettenzeit zurückreichenden Bekanntschaften mit hohen Offizieren, um sich ein eigenes Bild von der militärischen Lage zu verschaffen.

So war er bestens über die nationalen und internationalen Entwicklungen informiert, jedoch von Personen, die dem Nationalsozialismus in der Zwischenzeit, wenn nicht gar ablehnend wie Bosch und Goerdeler, so doch wie Weizsäcker und Teile der Wehrmacht skeptisch gegenüberstanden. Strölin, dessen Kritik an einzelnen Entwicklungen während des Krieges immer stärker wurde, stellte in seinen Überlegungen den Nationalsozialismus, wie er ihn verstand, kaum in Zweifel. Bis Ende 1943 glaubte er noch, durch systeminterne Kurskorrekturen alle Probleme beseitigen zu können. Die Ernennung Himmlers zum Innenminister stärkte in ihm nochmals diese Hoffnung.

Erst als sich die Niederlage Deutschlands deutlich abzeichnete, hielt es Strölin wie Goerdeler und andere seiner Ratgeber für nötig, Hitler zu stürzen, da nur ohne ihn ein Friede mit den Alliierten zu erreichen sei, der den Erhalt des Reiches hätte sichern können. In dieser Situation wurde für ihn Widerstand gegen seinen Führer zur moralischen Pflicht. Seine aktive Widerstandstätigkeit beschränkte sich jedoch auf Gespräche mit Rommel und mit dessen Stabschef Hans Speidel. Die Planungen der Verschwörer nach der Beseitigung Hitlers sahen für Strölin nur vor, daß er in seinem Amt bleiben sollte. In seinen Vorstellungen für die Zeit nach der Beseitigung Hitlers dominierte ein autoritäres Staatsverständnis, das weit entfernt von demokratischen Überlegungen war. Die alten

Eliten sollten das Volk wieder führen. Vieles, was in späteren Jahren von Strölin oder anderen als Widerstand gewertet wurde, waren Konflikte innerhalb der verschiedenen Ebenen der nationalsozialistischen Politik und Verwaltung, die sich nicht gegen das System richteten.

Bei der Erkenntnis, daß Deutschland den Krieg verloren hatte, war sein Einsatz am Ende des Krieges, um eine weitere Zerstörung der Stadt durch eigene oder feindliche Kräfte zu verhindern, nur eine logische Konsequenz. Dabei unterschied er sich nur wenig von vielen anderen Stadtvorständen, denen trotz ihrer Parteizugehörigkeit in erster Linie das Wohl der Gemeinde vor, während und nach der Besetzung am Herzen lag.

# Die Zeit danach

## Vom Hauptkriegsverbrecher zum Mitläufer – Internierung und Entnazifizierung

Ein Zimmer im Reichsbahnhotel, mit zwei Stühlen spärlich möbliert, stellte die erste Station von Strölins Gefangenschaft dar. Als besonders unangenehm empfand er es, daß ihn in der ersten Nacht ein Farbiger mit Gewehr bewachte.[1]

Über Knitzingen und Schorndorf kam Strölin nach Augsburg in das zentrale Befragungslager der 7. US-Armee. Dort sammelten die Amerikaner alle hohen NSDAP-Funktionäre und Regierungsmitglieder, deren sie habhaft wurden.[2] Am 3. Mai erfolgte eine weitere Verlegung. Gemeinsam mit dem früheren Reichsinnenminister Frick und dem Leiter des Parteigerichts Walter Buch flog man Strölin nach Luxemburg, wo man sie zunächst in einer Gefängniszelle unterbrachte.[3] Wesentlich mehr sagte Strölin die nächste Unterkunft zu. Im Palace-Hotel des luxemburgischen Kurorts Bad Mondorf, einem großen, von einem Park umgebenen Gebäude, hatten die Amerikaner ein neues Lager eingerichtet. Noch waren die Zimmer mit allem Komfort ausgestattet. Überrascht war Strölin, als er die anderen »Gäste« erkannte, die vor ihm eingetroffen waren. In einem der Säle des Hotels traf er auf den Reichskommissar von Holland, Arthur Seyß-Inquart, Feldmarschall Wilhelm Keitel und Hermann Göring. Schnell hatte das Luxusleben ein Ende. Nach und nach trafen die Größen des nationalsozialistischen Staates und der Partei im Hotel ein. Die Zimmer wurden bis auf eine Sanitätstrage als Bett ausgeräumt, das Wasser abgestellt und die Fenster vergittert.[4] Eine illustre Gesellschaft hatten die Amerikaner in dem von ihnen abschätzig »ashcan« genannten Haus versammelt. Neben den bereits genannten kamen der Chef der letzten Reichsregierung Admiral Dönitz, die Reichsminister Rosenberg, Schwerin-Krosigk, Lammers, Seldte, Funk, Meißner, Ribbentrop, die Staatssekretäre Stuckart und Riecke, die Parteifunktionäre Franz Xaver Schwarz, Ritter von Epp, Bohle, Ley und Streicher sowie aus der Wehrmacht die Feldmarschälle und Generäle Kesselring, Jodl, Milch, Bodenschatz, Warlimont, Reinecke, Blaskowitz, Bötticher und Dethlefsen.

Weder wegen seiner Funktion als Oberbürgermeister noch wegen seines Parteiamtes schien Strölin in diesen Kreis zu gehören, obwohl er zu den meisten Beziehungen unterhalten hatte. Schnell wurde ihm klar, daß die Amerikaner in ihm den Führer einer Fünften Kolonne sahen, wie dies in verschiedenen Ländern dem Deutschen Auslands-Institut zur Last gelegt worden war.[5] Strölin befand sich nicht gerade in einer angenehmen Situation. In Mondorf unterzog man ihn langen Verhören, ehe feststand, daß er nicht als Angeklagter für den geplanten großen Kriegsverbrecherprozeß in Frage käme. Während die späteren Angeklagten nach Nürnberg transportiert wurden, brachte man Strölin in das Vernehmungslager Oberursel bei Frankfurt, wo ihn Robert Kempner, der spätere US-Ankläger in den Nürnberger Folgeprozessen, befragte. Zwar erfuhr er dort auf Umwegen, daß gegen ihn nichts vorliege. Doch als er in den Nürnberger Justizpalast gebracht und vier Wochen im Angeklagtentrakt in Einzelhaft gehalten wurde, kamen ihm neue Zweifel. Beruhigt konnte er erst sein, als er erfuhr, daß er Entlastungszeuge für Neurath und Heß sei.

Am 22. November 1945 begann vor dem Internationalen Militärgerichtshof in Nürnberg der Prozeß gegen 22 Angeklagte, denen man die Hauptschuld am Krieg und den während des Krieges begangenen Verbrechen zur Last legte. Strölin mußte mit seiner Aussage bis zum 25. März 1946 warten. Unabhängig voneinander hatten ihn die Verteidiger von Neurath und Heß als Zeugen für ihre Mandanten benannt.[6] Während seiner Aussage, die in der angelsächsischen Tradition eines Kreuzverhörs ablief, kam er dazu, die Entlastungen für Neurath und Heß vorzubringen.[7] Im Kreuzverhör hielten ihm die Anklagevertreter aber seine Tätigkeit als Präsident des Deutschen Auslands-Instituts vor, ebenso verschiedene Aktivitäten, die von Stuttgart, von ihm und der Auslandsorganisation der NSDAP ausgegangen waren.[8] Strölin zog es vor, sich an nichts mehr erinnern zu können,[9] schließlich bestand die

Möglichkeit, daß er sich selbst belastete. Die unangenehmste Situation für Strölin kam, als ihn der amerikanische Anklagevertreter Amen nach dem Wahrheitsgehalt zweier Aussagen von Alfred Weninger befragte, der zugunsten Strölins bei den Amerikanern interveniert hatte. Nach Weninger sollte Strölin in einem Gespräch im Juni 1940 gesagt haben: »Ich warne Sie vor dem Nationalsozialismus, der vor nichts zurückschreckt und aus der Justiz seinen sklavischen Diener macht. Sie sind Verbrecher, und ich habe nur den Wunsch, herauszukommen.«[10] Zuerst wollte sich Strölin nicht daran erinnern, gab aber zu, daß er möglicherweise eine kritische Äußerung gegenüber Weninger gemacht habe. Der zweite Teil der Erklärung Weningers bezog sich auf ein Gespräch, das Strölin angeblich 1936 mit ihm geführt hatte. Strölin sollte damals gesagt haben: »Wenn ich im Ausland bin, dann schäme ich mich, ein Deutscher zu sein.« Strölin stritt zwar ab, daß dieser Satz 1936 gefallen sein könnte, stellte aber nach einigen Nachfragen Amens unzweideutig fest: »Daß es einen Zeitpunkt gegeben hat, wo man nicht mehr stolz war auf Deutschland, das gebe ich ohne weiteres zu.«[11] Nach dieser Aussage hielt niemand weitere Fragen für nötig.

Trotz seiner tatsächlichen oder vorgetäuschten Erinnerungslücken hatte Strölin in seiner Aussage offen über Mißstände im Reich gesprochen. Da er in Nürnberg nicht mehr benötigt wurde, verlegten ihn die Amerikaner mit einigen Zwischenstationen in das Internierungslager nach Regensburg, wo sein Entnazifizierungsverfahren ablaufen sollte.[12]

Nach dem »Gesetz Nummer 104 zur Befreiung von Nationalismus und Militarismus« vom 5. März 1946 für die amerikanische Besatzungszone mußte jeder Deutsche einen »Meldebogen« ausfüllen, in dem er Angaben über seine Mitgliedschaft in der NSDAP, ihren Gliederungen und angeschlossenen Verbänden sowie über seine Tätigkeit während der nationalsozialistischen Herrschaft machen mußte.[13] Nach ihren Diensträngen und ihren Tätigkeiten wurden die betroffenen Personen schematisch fünf Gruppen zugeteilt: Hauptschuldige, Belastete, Minderbelastete, Mitläufer und Entlastete. Das anschließende Verfahren fand vor Spruchkammern statt, in denen ein öffentlicher Kläger die Beschuldigungen vorbrachte. Die Kammer setzte dann in mündlicher Verhandlung fest, in welche Gruppe der Beschuldigte einzureihen und welche Strafe (Sühnemaßnahme) auszusprechen sei.

Schon kurz nach Strölins Verhaftung 1945 setzten in Stuttgart erste Aktivitäten ein, um ihn freizubekommen. Allerdings wußte zunächst niemand, wo er sich überhaupt befand. Anfang Mai wandte sich Landesbischof Wurm an die amerikanischen Stellen und bat, ihn über den Verbleib Strölins zu informieren. Gleichzeitig wies er auf dessen positive Haltung gegenüber den Kirchen hin.[14]

Strölin blieb jedoch für seine Stuttgarter Freunde verschwunden, da er von Mondorf aus keinen Kontakt zur Außenwelt aufnehmen durfte. Sein erster erhalten gebliebener Brief datiert vom 5. August. Allerdings erreichte er die Adressatin, Strölins enge Bekannte Margrit Magirus, nicht. In ihm erkundigte er sich hauptsächlich nach dem Befinden der Familie, seiner Verwandten und Bekannten sowie seines Hundes.[15] Nach über drei Monaten Haft ließ sich dem Brief entnehmen, daß ihm, der es gewohnt war, sich mit voller Energie auf seine Aufgaben zu stürzen, die erzwungene Untätigkeit stark zu schaffen machte. »Würde gern irgendwo mitarbeiten«, schrieb er fast bittend.

Trotz weiterer Versuche gelang es Strölin erst im November, Kontakt mit Stuttgart aufzunehmen. Seine Briefe, die er im September und Oktober geschrieben hatte, waren von den amerikanischen Zensurbehörden lange zurückgehalten worden. Fast gleichzeitig erreichten Briefe von ihm Landesbischof Wurm und die Familie Magirus.[16] Dringend bat er Wurm um eine Bestätigung über sein Eintreten für eine korrekte Behandlung in den Umsiedlerlagern und seine Unterstützung der Kirche. In der württembergischen Landeskirche reagierte man umgehend. Oberkirchenrat Sautter sandte Strölin ein Schreiben, in dem er seine Verdienste hervorhob. Von Sautter erfuhr Strölin auch, daß sich Wurm bereits mehrmals an die Militärregierung gewandt hatte und mit ihr in laufendem Kontakt stand.[17]

Aus dem ersten Brief, den Strölin von Margrit Magirus erhielt, konnte er zu seiner Freude ersehen, daß auch sie sich mit allen ihr zur Verfügung stehenden Mitteln für seine Freilassung einsetzte.[18] Wichtiger für ihn war jedoch, daß es ihm nach langer Zeit möglich war, mit der Person, zu der er die engste persönliche Beziehung hatte, zu korrespondieren. In seinen Briefen schwelgte er in gemeinsamen Erinnerungen. Gleichzeitig deutete sich eine Veränderung in Strölins Vorstellungswelt an. Ein Satz wie »Die Kinderchen sollen fleißig beten« wäre früher bei ihm undenkbar gewesen. Auch wenn er sich während der ganzen Zeit der nationalsozialistischen Herrschaft als Christ verstanden hatte, steigerte sich dies nun fast in einen religiösen Eifer. Vielleicht mag es darauf zurückzuführen sein, daß ihm in der Zeit seiner Einzelhaft in Nürnberg lediglich eine Bibel als Lektüre zur Verfügung stand.[19] In seinem nächsten Brief überraschte er Magirus mit der Idee, nach seiner Freilassung in Tübingen Theologie studieren zu wollen.[20] Dazu wollte er ihre Meinung hören. Magirus schien kritisch auf seine Studienpläne reagiert zu haben. In einem Antwortbrief mußte er eingestehen: »Studienfrage wohl nur grundsätzlich erörterbar.«[21] Die Vorbereitung seines Entnazifizierungsverfahrens bereitete dieser religiösen Episode ein schnelles Ende.

Dennoch ist sie bezeichnend für Strölins psychische Verfassung der Gefangenschaft. Je länger seine Internierung dauerte, um so häufiger stellten sich depressive Zustände ein. Seine Lage komplizierte sich noch dadurch, daß er meist mit prominenten Nationalsozialisten in Haft war, die ihm wegen seiner allgemein bekannten Abwendung vom Regime Hitlers und seiner offenen Aussage in Nürnberg nicht gerade mit Wohlwollen gegenüberstanden.[22] Strölins Gesundheitszustand verschlechterte sich im November 1946 derart, daß der Lagerarzt die Einweisung ins Lazarett für notwendig hielt. Seinen Stuttgarter Freunden teilte er mit, er sei »stark depressiv«.[23] Die Gründe dafür lagen neben der zwanzigmonatigen Haft vor allem in der Hoffnungslosigkeit, die er für seine Zukunft sah.[24] Die Unsicherheiten über das bevorstehende Spruchkammerverfahren, dessen Berechtigung, Notwendigkeit und Zweckmäßigkeit er in Frage stellte, verschärften die Situation zusätzlich. In einem Brief an Oberkirchenrat Sautter meinte Strölin, der sich keines Vergehens während seiner Amtszeit für schuldig erachtete, daß sich in der angewandten Praxis »ganz niedere Klassenkampfinstinkte austoben«, die in erster Linie eine »Umschichtung der Bevölkerung« zum Ziel hätten.[25] Er konnte nicht verstehen, daß man angesichts der Lage in Deutschland hochqualifizierte Fachleute weiterhin einsperrte, deren einzige Schuld es gewesen sei, »nur einer vom Staat nach allen parlamentarischen Prinzipien aufgestellten und genehmigten Partei aus Überzeugung angehört und dabei mit Aufopferung ihrer Freizeit und meist auch ihres Familienlebens irgendein Amt im Dienste der Allgemeinheit erfüllt zu haben«. Verharmlosender konnte man die NSDAP kaum noch darstellen. Mit seinem Brief an die Landeskirche hatte er den richtigen Ton getroffen, denn die evangelische Kirche engagierte sich stark, um eine Änderung der Praxis der politischen Säuberung herbeizuführen.[26] Es dauerte nicht lange, ehe von Stuttgart aus eine wahre Flut von Entlassungsgesuchen für Strölin beim zuständigen bayerischen Ministerium für politische Befreiung eingingen. Dabei wurden besonders die Kreise um Wurm und der ehemalige Widerstandskreis um Hahn aktiv.[27] Alle forderten die Freilassung Strölins oder wenigstens die Verlegung in ein Sanatorium. Wurm vertrat in seinem Gesuch vom 24. Dezember 1946 die Ansicht, Strölin habe reichlich gebüßt, da er nur deshalb belastet sei, weil er von der Partei ein hohes Amt angenommen habe. Er fand es bedauernswert, »wenn dieser tüchtige Mann nicht wieder in den Stand gesetzt wird, für das öffentliche Wohl zu arbeiten«.[28] Wurms Eintreten für Strölin war kein Einzelfall, denn im Winter 1946/47 überschüttete die evangelische Kirche Bayerns die Militär- und die Landesregierung mit einer Flut von Vorsprachen, Denkschriften und Einzeleingaben, um damit gegen Ungerechtigkeiten des Entnazifizierungsverfahrens und des automatischen Arrests zu protestieren.[29] Da an eine Freilassung Strölins wegen der Schwere der Belastung nicht zu denken war, entledigten sich die Bayern ihres württembergischen Sonderfalls, indem sie ihn im Januar 1947 nach Kornwestheim überstellten. Strölin freute sich zunächst, daß er in Kornwestheim gelandet war und nicht im Lager für Hauptschuldige in Ludwigsburg. Doch dies änderte sich schnell. Nachdem er auf Grund der formellen Belastungen in die Gruppe der Hauptschuldigen eingereiht worden war, kam er doch nach Ludwigsburg. Diese Verlegung brachte ihn aus dem seelischen und körperlichen Gleichgewicht. Im März 1947 traten neben einer Herzinsuffizienz die gleichen psychischen Symptome (Depression und hochgradige Nervosität) auf, die bereits gegen Ende des Ersten Weltkriegs einen mehrmonatigen Kuraufenthalt notwendig gemacht hatten. Der behandelnde Arzt sprach zudem von einer starken Selbstmordgefährdung.[30]

In den folgenden Monaten ließen die Versuche seiner Freunde nicht nach, ihn freizubekommen. Neben Wurm, der sich an Ministerpräsident Reinhold Maier wandte,[31] setzte sich auch Generalstaatsanwalt Richard Schmid für ihn ein, da ihn Alfred Weninger, den er aus der gemeinsamen

Zuchthauszeit in Ludwigsburg kannte und der nun die französische Justizverwaltung in Rheinlandpfalz leitete, darum gebeten hatte.³² Da das Verfahren gegen Strölin jedoch erst in Ludwigsburg richtig in Gang kam, hielt das württembergische Befreiungsministerium eine Freilassung nicht für angebracht. Der amerikanische Counter Intelligence Offizier im Lager lehnte sie ebenfalls ab, da er Hinweise auf eine Verdunklungsgefahr vorliegen hatte.³³ Als die Vorbereitungen für die Verhandlung weitgehend abgeschlossen waren und nach Interventionen von verschiedenen Seiten, gelang es Strölins Rechtsanwalt, Anfang Mai 1948 einen Haftprüfungstermin zu erreichen. Obwohl es zu einem heftigen Wortwechsel zwischen Strölin und einem Beisitzer kam, beschloß die Kammer am 3. Mai 1948 seine Haftentlassung. Zwei Tage später konnte er das Lager verlassen.³⁴ Allerdings durfte er sich nicht in Stuttgart niederlassen, obwohl Oberbürgermeister Klett im Juni 1947 nach Rücksprache mit dem Ältestenrat der Kammer mitgeteilt hatte, daß dagegen keine Bedenken bestünden.³⁵ In der Zwischenzeit hatte die Spruchkammerzuständigkeit erneut gewechselt. Strölins Fall wurde nun von der Kammer in Stuttgart behandelt.

Schon in Nürnberg hatte Strölin begonnen, entlastendes Material zu sammeln und Frau Magirus gebeten, gleiches zu tun.³⁶ Die ersten Bestätigungen für seine Ablehnung des Nationalsozialismus kamen im November und Dezember 1945 von seinen Bekannten aus der Widerstandsbewegung um Goerdeler, den Elsässern und der evangelischen Landeskirche.³⁷ Nachdem Strölin in seiner Angelegenheit korrespondieren konnte, entwickelte sich ein umfangreicher Schriftwechsel mit Personen, die positiv für ihn aussagen konnten. Da in Ludwigsburg ein großer Teil der höheren württembergischen Partei- und Verwaltungsprominenz interniert war, konnte man sich in privaten Gesprächen über Verteidigungsstrategien unterhalten und sich gegenseitig »Eidesstattliche Erklärungen« ausstellen.³⁸ Mit Willy Speidel, dem früheren Direktor der Technischen Werke, arbeitete Strölin beispielsweise eine gemeinsame Eidesstattliche Versicherung aus, in der sich beide gegenseitig die Rettung der Versorgungsbetriebe bescheinigten. Um alles widerspruchsfrei darzustellen, waren mehrere Entwürfe notwendig.³⁹ Im Lager reagierte man schnell auf Änderungen der Rechtslage. Ein Beispiel dafür ist die Entstehungsgeschichte der Eidesstattlichen Erklärung des früheren SD-

Mannes Hans Caspart, der Strölin am 3. Mai 1947 bestätigte, daß am 19. April 1945 beim SD-Leitabschnitt in Stuttgart ein Befehl zur Verhaftung Strölins eingegangen sei, den Caspart aber eigenmächtig vernichtet habe.[40] Dies traf sich gut, denn am 19. Februar hatte das »Ständige Rechtskollegium zur einheitlichen Auslegung und Anwendung des Befreiungsgesetzes in der US-Zone« beschlossen, daß für die Einstufung in die Gruppe der Entlasteten neben anderen Voraussetzungen »auch Tatsachen, die nicht nach außen in Erscheinung getreten sind, z. B. unmittelbare Verfolgungsgefahr«, ausreichen.[41] Caspart und Strölin saßen damals gemeinsam in Ludwigsburg und warteten auf ihre Verfahren. Für beide hatte die Aussage, die sich durch nichts überprüfen ließ, nur Vorteile. Auch außerhalb der Lager nahm die Bereitschaft zu, den Inhaftierten wohlwollende Zeugnisse auszustellen. So findet sich in Strölins Unterlagen eine Eidesstattliche Erklärung Lautenschlagers, die Strölin redigierte und an seinen Amtsvorgänger zurücksandte.[42] Dank der regen Tätigkeit von Margrit Magirus, seiner Rechtsanwälte und seinen eigenen Kontakten, gelang es, eine Vielzahl von Bescheinigungen zusammenzutragen, die auf fast allen Gebieten Strölins Gegnerschaft zum NS-Regime belegen sollten.[43]

Wesentlich schwieriger gestalteten sich die Bemühungen des öffentlichen Klägers, Belastungszeugen und belastendes Material gegen Strölin zusammenzutragen. Erst als der öffentliche Kläger Mitte Juli 1947 die vorgeschriebenen Arbeitsblätter an die verschiedensten Stellen versandte, in denen er um erschöpfende Auskunft »über das Wirken und Treiben« Strölins bat, dem er vorwarf, »durch seine Stellung die Gewaltherrschaft der Nazis unterstützt zu haben«, liefen Belastungen ein.[44] Als erste Institution reagierte die Israelitische Kultusgemeinde, die Strölin für das frühe Verbot des Betretens der Markthalle und die Sperrung der Bäder für Juden verantwortlich machte.[45] Mit verschiedenen anderen antisemitischen Maßnahmen belastete später Alfred Marx, der frühere Leiter der jüdischen Mittelstelle, Strölin.[46] Aus der Stadtverwaltung kamen Hinweise zu Strölins Personalpolitik und der Bevorzugung alter Kämpfer.[47] Peinlich für Strölin war, daß er den dortigen Sachbearbeiter Karl Großhans 1933 als sozialdemokratischen Gemeinderat und Betriebsratsvorsitzenden der Stadt aus seinen Ämtern gejagt hatte.

Nicht nur von Organisationen kamen Beschuldigungen, auch Privatleute wandten sich an den Öffentlichen Kläger. Besonderes Gewicht erhielten dabei die Aussagen der sozialdemokratischen Gemeinderäte Alois Miller und Richard Öchsle, die Strölin im Mai 1933 unter Druck veranlaßt hatte, ihr Mandat niederzulegen, sowie von Gotthilf Bayh, der seine Verurteilung und Entlassung aus dem städtischen Dienst auf Aktivitäten Strölins zurückführte.[48] Eine wichtige Bedeutung erhielten die Aussagen des Malers und Musikers Tell Geck, der interessante Einzelheiten über die Kriegsaufgaben des Deutschen Auslands-Instituts zu berichten wußte, die nicht zu Strölins Aussagen über die rein wissenschaftliche Tätigkeit des Instituts paßten.[49] Hatte man mit Anschuldigungen von früheren politischen Gegner gerechnet, so kamen die Angaben von Geck, den niemand aus dem Umfeld Strölins kannte, vollkommen überraschend. Um sich ein Bild von ihm machen zu können, beauftragte eine Verehrerin Strölins einen Detektiv.[50] Das Ergebnis war enttäuschend. Die Auskunftei stellte fest, daß Geck wie vor der Machtübernahme der SPD angehörte, nach 1933 Mal- und Ausstellungsverbot erhalten hatte und öfter von der Gestapo verhört worden war. In seiner Nachbarschaft besaß er den besten Ruf.

Auf Grund der formalen Belastungen und des eingegangenen Materials legte der Öffentliche Kläger am 29. Dezember 1947 seine Anklageschrift vor. Darin beantragte er, Strölin in die Gruppe der Hauptschuldigen einzureihen und eine mündliche Verhandlung anzuberaumen.[51] Damit stand einem baldigen Prozeßbeginn nichts mehr im Weg. Als Termin war März ins Auge gefaßt. Der Prozeß verzögerte sich allerdings, da Strölins Verteidiger Löffler wegen politischer Anschuldigungen sein Mandat niederlegte. Der Nachfolger Fischinger mußte sich erst in die Materie einarbeiten. Erleichtert wurde ihm dies durch Strölins früheren Organisationsreferenten Gustav Asmuß, der bereits für Löffler den Fall bearbeitet hatte.[52]

Das Verfahren fand vom 20. September bis 7. Oktober 1948 in der ehemaligen Rotebühlkaserne statt. Wie sehr sich in der Zwischenzeit das politische Klima und die Einstellung großer Teile der Bevölkerung und der Politiker zum Entnazifizierungsverfahren geändert hatte, zeigte sich deutlich.[53] Gleich zu Beginn der Verhandlung distanzierte sich der Öffentliche Kläger Fritz Brenner vom Antrag der Anklageschrift, die noch von seinem in der Zwischenzeit entlassenen Vorgänger ausgearbeitet worden war, Strölin in die Gruppe der Hauptschuldigen einzureihen.[54] Damit konnte er sich des Beifalls der Zuhörer sicher sein. Die Stimmung im Gerichtssaal beschrieb der Reporter der Stuttgarter Zeitung kritisch: »Ein bei Spruchkammerverfahren typisch gewordener Vorgang war auch hier festzustellen. Sobald ein Zeuge Belastungen auszusprechen wagt, erregt er das vernehmliche Mißfallen der Zuhörer. Beifall konnte man auch bei dieser Verhandlung nur dann hören, wenn Entlastungszeugen aussagten, die übrigens durchweg vom Gesetz betroffen sind.«[55] Welche Wertschätzung Strölin unter den besseren Kreisen der Stadt noch immer genoß, schilderte Robert Heitz in seinen Erinnerungen über seine Zeugenaussage.[56] Er berichtete davon, wie Strölin während der Mittagspause im Restaurant des Alten Waisenhauses von den anwesenden Gästen fast triumphal empfangen wurde.

Die Klaqueure hatten viel zu tun. In den 12 Verhandlungstagen traten 75 Zeugen auf, von denen lediglich fünf Strölin belasteten. Angesichts der im Saal herrschenden Stimmung gehörte einiger Mut dazu, als Belastungszeuge aufzutreten. Neben Sozialdemokraten wie Großhans, Miller, Bayh und Geck hatte diesen nur noch der ehemalige Leiter der Jüdischen Mittelstelle, Oberlandesgerichtsrat Alfred Marx, der selbst lange Zeit als Öffentlicher Kläger in einer Spruchkammer fungiert hatte. Im Prinzip brachte die mündliche Verhandlung keine neuen Erkenntnisse. Die Hauptvorwürfe gegen Strölin betrafen seine Politik gegenüber den politischen Gegnern während der Machtergreifung, seine Personalpolitik, die antisemitische Politik der Stadtverwaltung und die Tätigkeit des Deutschen Auslands-Instituts während des Krieges. Ausführlich behandelte die Kammer seine Aktivitäten im Widerstand.[57]

Strölins Strategie war schnell klar. Wenn ihm Handlungen durch schriftliche Beweisstücke nachgewiesen werden konnten, gab er sie unumwunden zu, doch berief er sich stets darauf, nur auf Grund von gesetzlichen Bestimmungen gehandelt zu haben. Die meisten Zeugen assistierten ihm dabei, indem sie feststellten, daß Strölin stets bemüht war, die Auswirkungen der Gesetze so weit wie möglich abzumildern. Schon 1933 soll deshalb das Gesetz zur Wiederherstellung des Berufsbeamtentums weniger rigoros gehandhabt worden sein als anderswo.[58] Peinlich wirkte eine Aussage im Zusammenhang mit der Judenproblematik, in der Stuttgart als »Paradies für Juden« bezeichnet wurde, weil »Strölin da war«.[59] Dem konnte Alfred Marx nur entgegenhalten, daß er »als rassisch Verfolgter nie den Eindruck gehabt habe, daß sich Strölin für die rassisch Verfolgten besonders eingesetzt habe«.[60]

Konnten Zeugenaussagen dagegen nicht belegt werden – wie im Fall des Deutschen Auslands-Instituts, wo die Akten entweder verbrannt waren oder sich als alliiertes Beutegut in den USA befanden –, bestritt man die Vorwürfe und benannte Zeugen, die Strölins Version bestätigten. So entstand auch die Legende, daß Strölin es verhindert habe, daß das Deutsche Auslands-Institut von Parteistellen übernommen worden sei.[61] Nicht von ungefähr stammte die Aussage vom ehemaligen NSDAP-Gemeinderat und Umsiedlungsexperten des Deutschen Auslands-Instituts, Karl Götz, der nun als Heimatschriftsteller sein Auskommen suchte.[62]

Eindrucksvoll wirkten die Zeugen, die für Strölins Widerstandshandlungen aufgeboten worden waren. Neben dem Straßburger Robert Heitz, der seine Erlebnisse als gefangener französischer Widerstandskämpfer in Deutschland und die Aktivitäten Strölins bereits 1946 in Frankreich veröffentlicht hatte,[63] erregte der Auftritt von Lucie Rommel und ihr Bericht über das Zusammentreffen zwischen Strölin und ihrem Mann Aufsehen.[64] Auch Strölins internationale Aktivitäten und sein Eintreten für sozialistische Mitglieder des Internationalen Verbandes für Wohnungswesen und Städtebau kamen zur Sprache, womit man den Beisitzern, die fast alle aus der Arbeiterbewegung stammten, imponieren wollte. Strölin hob mehrmals hervor, daß er zunächst gläubiger Nationalsozialist gewesen sei, dann aber schnell an der NS-Ideologie zu zweifeln begonnen und schließlich zum offenen Widerstand gegen das Regime gefunden habe.[65] Symptomatisch für den Umgang mit seiner eigenen Vergangenheit war, daß er während des ganzen Prozesses kein Wort des Bedauerns für Taten fand, durch die andere Personen geschädigt wurden. Alles war aus seiner Sicht gerechtfertigt und entsprach den Gesetzen der Zeit.

Zu Beginn der dritten Verhandlungswoche hielten Anklage und Verteidigung ihre Plädoyers. Nach den Ausführungen zu Beginn der Verhandlung war es nicht überraschend, daß Brenner nicht für die Einstufung Strölins als Hauptschuldiger plädierte, sondern unter Beifall der

Zuhörer den Antrag stellte, Strölin zu entlasten und das Verfahren einzustellen.[66] Zur Begründung führte er aus, daß Strölin zwar am Anfang seiner Tätigkeit ein Förderer des Nationalsozialismus gewesen sei, jedoch schon frühzeitig gegen die Gewaltmaßnahmen der Partei Widerstand geleistet habe. Dem konnte sich Fischinger nur anschließen. Allerdings ging er in seinem Plädoyer nochmals scharf mit der Praxis der Spruchkammerverfahren und der schematischen Anwendung des Befreiungsgesetzes ins Gericht und kritisierte, daß der »politische Irrtum« nicht als Schuldausschließungsgrund anerkannt worden sei. Strölin führte in seinem Schlußwort pathetisch aus, daß »alle meine Handlungen getragen wurden von der Liebe zu meiner Stadt Stuttgart, von der Pflicht gegenüber meinem Volk und von dem Willen, der Verständigung unter den Völkern zu dienen«.[67]

Die Spruchkammer folgte den Entlastungsanträgen nicht und reihte Strölin am 7. Oktober in die Gruppe der Minderbelasteten ein. Zwar billigte sie ihm zu, sich vom Nationalsozialismus abgewandt und in starkem Umfang Widerstand geleistet zu haben, doch war es für sie ebenso eindeutig, daß Strölin vor und nach 1933 wesentlich zur Stärkung und Erhaltung der nationalsozialistischen Gewaltherrschaft beigetragen habe.[68] Deutlich führte sie aus: »Seine Verantwortlichkeit aus Rang und Stellung ist dadurch nicht aufgehoben, daß seine Entscheidungen nicht auf freier Willensbildung beruhen, sie erstrecke sich auf die Durchführung der nationalsozialistischen Gesetze und Erlasse, sowie auf die Gewaltmaßnahmen gegen Bürger der Stadt, die wegen ihrer Rasse und ihres politischen Bekenntnisses ihrer Rechte und Freiheiten beraubt worden sind.«[69] Eine ähnliche Position vertrat später in einem Prozeß gegen Mitarbeiter der Stadt Stuttgart, die für die Angelegenheiten der Juden zuständig waren, der Bundesgerichtshof.[70] Über den Antrag des Klägers hinausgehend, stellte die Kammer fest, daß Strölin auch als Nutznießer des Regimes anzusehen sei, da er nur wegen seiner Parteimitgliedschaft zum Staatskommissar und später zum Oberbürgermeister berufen worden sei.[71] Nach diesen Kriterien hätte Strölin in die Gruppe der Belasteten eingereiht werden müssen.

Nach Abwägung aller Gesichtspunkte hielt es die Kammer für angemessen, ihm die Bewährungsgruppe zuzugestehen und ihm mit einer Bewährungsfrist von sechs Monaten und 500 D-Mark die Mindeststrafe aufzuerlegen. Eine Entlastung kam für sie nicht in Frage, da nach Artikel 13 des Gesetzes dafür nur eine formelle Mitgliedschaft in der NSDAP und keinerlei Aktivitäten Voraussetzung sei. Mit dem Urteil hielt sich das Gericht an die Absichten des Gesetzes,[72] doch entsprach es nicht mehr der gängigen Praxis der Spruchkammern, die allein schon Widerstand und die Gefahr eines Nachteils für eine Entlastung ausreichend erachteten, wie der Prozeßbeobachter der Stuttgarter Zeitung ausdrücklich vermerkte.[73]

Obwohl Strölin seit 1946 in allen von ihm ausgefüllten Meldebögen auf die Frage, in welche Gruppe er sich einordnen würde,»minderbelastet, wahrscheinlich entlastet« antwortete, war für ihn sofort klar, daß er, nachdem sich die politische Stimmung geändert hatte, gegen das Urteil Berufung einlegen würde. Er sah in den Anschuldigungen Racheakte verärgerter Sozialdemokraten.

Erstmals in seiner Karriere als Öffentlicher Kläger legte Brenner Berufung zugunsten eines Beschuldigten ein. Auch er war der Ansicht, daß Strölin in die Gruppe der Entlasteten hätte eingereiht werden müssen.[74] Das Verfahren nahm einen ungewöhnlichen Verlauf. Auf Weisung des Befreiungsministeriums wurde die Berufung Brenners aufgehoben und ein anderer Kläger bestimmt, der nun zuungunsten Strölins gegen den Spruch der 1. Instanz Berufung einlegte.[75]

Auf die Berufungsverhandlung mußte Strölin bis zum 4. Juli 1949 warten. Zum sogenannten schriftlichen Verfahren, bei dem jedoch eine mündliche Verhandlung angesetzt wurde, hatte der Kläger, für die Verteidigung überraschend, Karl Großhans als Zeugen geladen, der über Strölins Rolle in der Stadtverwaltung aussagen sollte. Wie schon im ersten Verfahren versuchten Strölin und sein Verteidiger, mit Hilfe des von ihnen eilends als Zeugen geladenen früheren stellvertretenden Direktors der TWS Albert Fleck Großhans jegliche Integrität abzusprechen. Fast im Stil der nationalsozialistischen Agitation von 1932 ließen sie an dem ehemaligen Betriebsratsvorsitzenden kein gutes Haar. Während Fleck in seiner Aussage Großhans einen »engstirnigen, brutalen und rachsüchtigen Menschen« nannte,[76] stellten ihn Strölin und sein Verteidiger als Nutznießer des neuen Systems hin, da Großhans nur Schlosser sei und es nach 1945 in der Verwaltung zum Stadtamtmann gebracht habe, ohne die Qualifikation für den Posten zu besitzen.[77] Die Angriffe verkehrten die beabsichtigte Wirkung ins Gegenteil. Da sich Strölin noch ähnlich heftige Auseinandersetzungen mit dem Öffentlichen Kläger lieferte, kam das Gericht zu dem Urteil: »Der Betroffene hat Taten im Sinne des Artikels 39 II [Widerstand] in außerordentlichem Maße geleistet. Die Berufungskammer hat aber aus der Schärfe, mit der der Betr. den Ausführungen des öffentl. Klägers im Berufungsverfahren entgegengetreten ist, den Eindruck gewonnen, daß er noch einer Bewährungsfrist als Minderbelasteter bedürfe und eine Geldsühne zu leisten habe.«[78] Zwar senkte es die Geldbuße auf 300 D-Mark, erließ aber während der Bewährungsfrist von sechs Monaten ein Koalitionsverbot und entzog ihm die politischen Rechte.

Bei der Urteilsfindung hatten die vier Beisitzer den Vorsitzenden und einzigen Juristen überstimmt, der seinerseits eine dem Gesetz und dem deutschen Recht nach unzulässige »Dissenting oppinion« abgab, in der er sich mit dem Urteil nicht einverstanden erklärte.[79]

Strölin war sich nun sicherer denn je, daß es sich bei dem Verfahren gegen ihn nur um die Verschwörung einer sozialdemokratischen Clique handele. Das Urteil empfand er als schreiende Ungerechtigkeit. Deshalb suchte er, nachdem er sich einigermaßen beruhigt hatte, am 15. Juli Ministerpräsident Reinhold Maier auf, der ihm seine Unterstützung zusagte. Strölin hielt sich in der Unterredung »für verpflichtet«, Maier auf die »politischen Hintergründe« der Kammerentscheidung aufmerksam zu machen. Seiner Meinung nach nutzte die SPD ihre Position in der Berufungskammer, »um voraussichtlich unbequeme politische Gegner abzuschießen und sie auch aus dem Lager der bürgerlichen Parteien fernzuhalten«.[80] In einem anschließenden Gespräch mit Staatssekretär Gögler und Dr. Ströle kam Strölin zu der Einsicht, daß es vielleicht aus taktischen Gründen besser sei, ihn nicht zu entlasten. Deshalb legte Rechtsanwalt Fischinger Ende Juli zwar Beschwerde beim Staatsministerium ein, doch beantragte er lediglich, die verhängte Bewährungsfrist als abgelaufen zu erklären.[81]

Um seinem Wunsch auch von anderer Seite Nachdruck zu verleihen, schaltete Strölin Mitte August Wurm ein, von dem er sicher sein konnte, daß er ihn unterstützen würde. Damit behielt er recht, denn Wurm wandte sich Ende des Monats an Reinhold Maier und bat um eine Milderung der Urteilsfolgen. Wie Strölin hieb Wurm in die gleiche Kerbe und behauptete, in beiden Instanzen habe ein »bekannter sozialistischer Agitator« die Stimmung der Kammern zuungunsten Strölins beeinflußt.[82]

Trotz der Interventionen ging das Verfahren gegen Strölin den normalen Weg. Nach Ablauf der Bewährungsfrist fand das nach dem Gesetz vorgeschriebene Nachverfahren statt, in dem über die Einreihung der Minderbelasteten in die Gruppe der Belasteten oder der Mitläufer entschieden werden mußte.[83] Strölin erhielt den Status eines Mitläufers.[84]

## Die Aufarbeitung des NS-Regimes

Nach der Freilassung aus der Internierung und dem Scheitern aller Versuche, in der freien Wirtschaft eine einträgliche Stellung zu finden,[85] konzentrierte sich Strölin auf die publizistische Beschäftigung mit der nationalsozialistischen Vergangenheit. Schon in den Lagern hatte er eine umfangreiche Ausarbeitung über die Ursachen des Scheiterns des NS-Regimes angefertigt.[86] Die darin entwickelte Analyse sollte angereichert durch neue Erkenntnisse über einzelne Vorgänge die Grundlage für seine späteren Veröffentlichungen werden. Den Kernpunkt der Argumentation bildete die Feststellung, daß der amerikanische Kläger vor dem Internationalen Militärgerichtshof das Programm der NSDAP nicht beanstandet habe.[87] Daraus glaubte Strölin, ableiten zu können, daß eine Tätigkeit für die Partei und ihre Ziele durchaus ehrenwert gewesen sei, wenn man sich der Partei aus innerer Überzeugung angeschlossen hatte. Nach der Machtübernahme habe sich die Parteiführung immer mehr von den Idealen des Programms entfernt, es verfälscht und verraten, was den Mißbrauch des Idealismus der meisten früheren Parteimitglieder bedeutete.[88] Die sinnvolle Idee der Volksgemeinschaft sei »in falsche Bahnen gelenkt worden. Nicht ›Gemeinnutz ging vor Eigennutz‹, sondern der Eigennutz der Parteigrößen vor dem Gemeinnutz des Volkes.«[89] Das führte zum reinen Willkürstaat. Im einzelnen griff Strölin jene Punkte auf, die er in den Denkschriften für das Reichsinnenministerium angesprochen hatte. Das langsame Schwinden aller Rechtsstaatlichkeit und die Machtzunahme von SS und Gestapo mußten unweigerlich zu einem Vertrauensverlust des Nationalsozialismus in der Bevölkerung führen. Das Dritte Reich sei daran gescheitert, daß es eine »Zeit des Unglaubens« gewesen sei, in dem ethische und moralische Werte verloren gegangen seien.[90] Nur so habe es zu den Konflikten mit den Kirchen, den Exzessen gegen die Juden und der Politik in den besetzten Gebieten kommen können. Alles lief für Strölin darauf hinaus, daß nicht der Nationalsozialismus, oder, wie er ihn verstanden haben wollte, der nationale Sozialismus am Untergang des Deutschen Reiches schuld sei, sondern das verbrecherische Treiben der nationalsozialistischen Führungsclique.

Seine Überlegungen basierten auf seinen alten neokonservativen Vorstellungen. Immer noch schien ihm eine Gesellschaftsordnung, die einen Kompromiß zwischen marxistischen und liberalistischen Vorstellungen unter dem Vorzeichen einer wahren »Volksgemeinschaft« anstrebte, wünschenswert zu sein. Wie schon in seiner Dissertation legte er Wert auf den Führungsanspruch der geistigen Eliten. Er sah jedoch das Problem, daß diese Gruppe schon unter dem Nationalsozialismus gelitten habe und nun in der neuen demokratischen Gesellschaft wieder Gefahr lief, an den Rand gedrängt zu werden, da sie durch die Entnazifizierung ihre alte Stellung verlor.[91]

Diese Grundeinstellung prägte Strölins Büchlein »Stuttgart im Endstadium des Krieges«, in dem er 1950 seine Erinnerungen aus dem letzten Kriegsjahr veröffentlichte.[92] Ein wesentliches Anliegen war für ihn, seinen Widerstand gegen das Regime darzustellen, da er in der Bevölkerung und vor allem in den politischen Gremien nicht entsprechend gewürdigt werde. Die sechs Jahre seit dem Anschlag auf Hitler, die drei Jahre Internierung und die Entnazifizierung hatten Spuren in Strölins Erinnerungen hinterlassen. Zwar hielt er sich weitgehend an die Fakten, doch überzeichnete er seine eigene Rolle deutlich. Seinem Erklärungsmuster von der verbrecherischen Parteiführung entsprechend, standen dem bösen Reichsverteidigungskommissar und Gauleiter Murr die guten, ständig verfolgten und in äußerster Lebensgefahr agierenden Verwaltungsleute gegenüber. Für Differenzierung war kein Platz. Während er für sich in Anspruch nahm, er habe sich bei öffentlichen Reden tarnen müssen, gestand er dies anderen nicht zu.[93]

Bemerkenswert war sein offenes und eindeutiges Bekenntnis zur Notwendigkeit des Widerstands gegen Hitler, da in jener Zeit rechtsradikale Kreise die Verschwörer des 20. Juli heftig angriffen. Im Gegensatz zu späteren Veröffentlichungen stellte Strölin seine damaligen Ziele relativ klar dar. So schilderte er seine Beziehungen zu Goerdeler, zum Bosch-Kreis und seine Versuche, Rommel für den Widerstand zu gewinnen. Die Absicht sei gewesen, angesichts des bereits verlorenen Krieges noch vor einer Invasion im Westen einen Waffenstillstand zu schließen, da »die Wehrmacht noch insoweit intakt schien, daß Deutschland nicht völlig wehrlos der Gnade oder Ungnade des Feindes ausgeliefert werden müßte.«[94] Angesichts der militärischen Lage sollte Hitler »zur Einsicht gezwungen werden«.[95]

Eine gehörige Portion Mut erforderte auch, darüber zu berichten, wie er eine Woche vor Besetzung der Stadt Kontakt zu den Alliierten aufnahm und sie über die Verteidigungsvorbereitungen in Stuttgart unterrichtete. Damit bekannte er sich offen zum Landesverrat, den Alt- und Neonazis der deutschen Widerstandsbewegung vorwarfen und sie deshalb für die Niederlage Deutschlands verantwortlich machten.[96]

Der Abwehr dieser Angriffe galt Strölins Tätigkeit in den folgenden Jahren. Wegen seiner engen Beziehungen zu Goerdeler und Rommel versuchte er, in Vorträgen die Ursachen und Vorstellungen des Widerstandes zu verdeutlichen.[97] Dies tat er vor allem in militärischen Kreisen, zu denen er beste Beziehungen hatte, denn 1952 gehörte er zu den Mitbegründern des Landesverbandes Baden-Württemberg des Deutschen Soldatenbundes Kyffhäuser, dem er von 1952 bis 1961 vorstand.[98] Von 1958 bis 1961 amtierte er als 3. Vizepräsident der Bundesorganisation.[99]

Nach allen Enttäuschungen besann sich Strölin wieder auf seine Traditionen aus der Jugend. Ziele der Organisation waren für ihn: »Wahrung soldatischer Tradition, Einsatz für die restlose Wiederherstellung des Rechtes und der Freiheit des gesamten deutschen Vaterlandes und die volle Würdigung der Ehre des Soldaten.«[100]

Aus den Vorträgen, die er im ganzen Bundesgebiet hielt, und der Auseinandersetzung mit den Rechtsradikalen ging 1952 Strölins Broschüre »Verräter oder Patrioten« hervor, in der er sich intensiv mit dem Widerstand beschäftigte. Im Vorwort drückte er deutlich die Absicht aus, die er damit verfolgte: »Es zeigte sich, daß ebenso wie nach dem 1. Weltkrieg eine Dolchstoßlüge in der Bildung begriffen ist. [...] Wiederum besteht die Gefahr einer solchen Legende mit all ihren zersetzenden politischen Folgewirkungen. Es scheint daher notwendig, immer wieder darauf hinzuweisen, daß dieser Krieg schon an dem Tag verloren war, an dem Hitler seine Truppen in Polen einmarschieren ließ.«[101] Im Gegensatz zu seinem Buch von 1950 arbeitete er nun stärker mit der bis dahin erschienenen Literatur.

Wie schon der Titel vermuten ließ, kam er zu dem Ergebnis, daß fast alle am Widerstand des 20. Juli Beteiligten als wahre Patrioten gehandelt haben, weil sie durch ihre Taten versuchten, das Reich vor dem abzusehenden Untergang zu retten. Um dies zu belegen, führte er militärische Gesichtspunkte an, die verdeutlichen sollten, daß der Krieg bereits von Beginn an verloren war, da zum einen Deutschland einer Übermacht gegenüber stand, die über alle Ressourcen verfügte.[102] Zum anderen berief er sich auf Aussagen Rommels über die hoffnungslose militärische Lage.[103] Zentrale Punkte seiner Schrift bildeten die Fragen des Landesverrats und des Eidbruchs. In der Eidfrage argumentierte Strölin, daß Hitler 1934 der Reichswehr den Eid staatsstreichartig befohlen habe, obwohl es dafür keinerlei rechtliche Grundlage gab. Außerdem habe Hitler selbst den Eid gebrochen, den er 1933 auf die Weimarer Verfassung geleistet hatte.[104] Im Sinne seiner preußischen Erziehung führte er aus: »Die Ehre eines Offiziers besteht nicht darin, daß er wie ein Automat jeden Befehl eines Chefs blind und mechanisch ausführt; die Ehre eines Offiziers kann vielmehr gerade darin bestehen, daß er die Ausführung eines Befehls, der Verbrecherisches verlangt oder dessen Unsinnigkeit offenkundig ist, auf seine eigene Gewissensentscheidung und auf sein eigenes Risiko hin verweigert.«[105]

Den Vorwurf des Landes- und Hochverrats konterte er mit der Feststellung, daß es sich bei der geplanten Beseitigung des Regimes um einen Akt der Notwehr gegen eine dem Volke gegenüber verbrecherisch gewordene Staatsführung gehandelt habe, der moralisch und damit juristisch einwandfrei sei.[106] Um den Rechtsradikalen den Wind aus den Segeln zu nehmen, berief er sich auf Hitler, der in »Mein Kampf« die Rechtmäßigkeit eines Putsches unter bestimmten Bedingungen vertreten hatte.[107]

Immer noch stand für Strölin das Wohl des Vaterlandes an erster Stelle, an dem sich alle Politik orientieren und das Richtschnur für das Handeln eines jeden sein müsse. Neben den militärischen Problemen des Widerstandes wies er auf die innen- und außenpolitischen Fehlentwicklungen hin. Für alle machte er ausschließlich Hitler verantwortlich, so daß Strölins Broschüre eine Generalabrechnung mit dem Führer darstellte, die verdeutlichen sollte, daß der Widerstand geradezu eine moralische Pflicht war. Bei aller Kritik an Hitler bewegte sich Strölins Argumentation in traditionellen nationalistischen und nationalkonservativen Bahnen.

Am Ende schrieb er über das Erbe des Widerstandes: »Nicht Ehrgeiz oder Haß, überhaupt nicht persönliche Motive haben diese Männer bewegt, sondern einzig und allein der Wille, Diktatur und Tyrannei mit ihren unheilvollen Begleiterscheinungen der Willkür und des Terrors zu stürzen und Recht, Freiheit und Menschenwürde wiederherzustellen, die so offensichtlich vergewaltigt wurden. Daß diese Begriffe in Deutschland nicht mehr angetastet werden dürfen, daß mit dem Mut zur ›Civilcourage‹ und zur eigenen politischen Verantwortung unter den Deutschen der Boden für eine wahre Demokratie bereitet wird, daß sich dieses brave und tüchtige deutsche Volk nicht noch einmal blindgläubig dem Abgrund zuführen läßt, das ist die Mahnung der Toten des 20. Juli, das ist das Vermächtnis aller unserer Gefallenen.«[108]

In der Zwischenzeit schien Strölin Frieden mit der Demokratie geschlossen zu haben. Die Broschüre entwickelte sich zu einem Bestseller und erreichte eine Auflage von 250 000 Exemplaren.[109] Wie nicht anders zu erwarten, waren die Reaktionen äußerst zwiespältig und reichten von voller Zustimmung bis hin zu strikter Ablehnung.[110]

Strölin hielt es auch danach für notwendig, gegen eine neue »Dolchstoßlegende« anzukämpfen. Ihn leitete das Verlangen, seinen alten Weggefährten aus dem Widerstand Gerechtigkeit zuteil werden zu lassen und sie vor ungerechtfertigten Angriffen in Schutz zu nehmen. In der von rechtsradikalen Kreisen ausgestreuten Propaganda sah er eine Gefahr für die »heutige Demokratie und den Staat«.[111] Es traf sich gut, daß ein Jahr nach Erscheinen seiner Arbeit die Bundeszentrale für Heimatdienst, die Vorläuferorganisation der Bundeszentrale für politische Bildung, sich dieses Themas annahm und Strölin in die Vorbereitung einer

Kampagne einschaltete. Nach einer Konferenz der Bundeszentrale, an der frühere Widerstandskämpfer und die führenden bundesdeutschen Historiker auf diesem Gebiet teilnahmen, entwarf Strölin einen Arbeitsplan für ein »Gremium zur Bekämpfung der Dolchstoßlegende«. Als dessen Aufgabe definierte er: »Einer offensichtlich von neofaschistischen Kreisen genährten Legende, wonach auch der Zweite Weltkrieg nicht wegen der politischen, wirtschaftlichen und militärischen Überlegenheit unserer Feinde verloren gegangen sei, sondern infolge von Verrat und Sabotage mit allen publizistischen Mitteln in aufklärender und doch versöhnlicher Form entgegen zu wirken.« Die Leitung sollte die Bundeszentrale in enger Zusammenarbeit mit dem Institut für Zeitgeschichte übernehmen, mit dem Strölin engen Kontakte unterhielt.[112]

Strölins »Arbeitsgliederung« für das Gremium sah eine umfangreiche Tätigkeit nicht nur im wissenschaftlichen, sondern vor allem im publizistischen Bereich vor. So sollte den Angriffen durch Zeitungsartikel und Broschüren, durch Versammlungen mit eigens dafür geschulten Rednern, durch eine Koordination der verschiedenen Rundfunksender, durch Filme, durch Informationen der Parteien und durch die Bundesregierung entgegengetreten werden.[113] Zwar ging er mit keinem Wort auf die Notwendigkeit ein, das Thema in den Schulen anzusprechen, dafür hielt er es aber für notwendig, in den Soldatenverbänden Aufklärung zu leisten. Anscheinend kam es nicht zu dem von Strölin vorgeschlagenen Gremium, obwohl die Bundeszentrale in der Zukunft intensiv über den politischen Widerstand und seine Motive mit den verschiedensten Methoden informierte.

In den folgenden Jahren konzentrierte sich Strölin auf die Tätigkeit in den Soldatenverbänden, wo er sich um eine Einigung der verschiedenen Organisationen bemühte.[114] In Kreisen der Stuttgarter Kommunisten argwöhnte man, er wolle eine neue SA aufbauen.[115] Auch in dieser Zeit war es Strölin ein Anliegen, sich mit dem Nationalsozialismus zu beschäftigen. Auf einer Rede im Stuttgarter Ratskeller im Juni 1958, in der er eigentlich über die Einziehung des Kyffhäuser-Vermögens reden wollte, setzte er sich ausführlich mit dem NS-Regime auseinander. Wie schon früher versuchte er, seinen meist konservativen Zuhörern zu vermitteln, daß der Nationalsozialismus die Erwartungen und Aufgaben nicht habe erfüllen können, weil seine Vertreter selbst dem materialistischen Geist verfallen seien, den sie überwinden wollten. Angesichts der weltpolitischen Lage forderte er, »dem Kommunismus eine Gesellschaftsordnung entgegenzustellen, die wirtschaftlich und vor allem geistig überlegen sei«.[116] Mit seinen politischen Positionen bewegte sich Strölin am rechten Rand des politischen Spektrums der Bundesrepublik, auch wenn er die Gesellschaftsordnung nicht mehr in Zweifel zog. Schon 1950 wurde er Mitglied im Landesvorstand der »Deutschen Gemeinschaft – Bund der Heimatlosen und Entrechteten«.[117] Aber auch zu rechtsextremen Gruppierungen wie der Deutschen Reichspartei, einer Vorläuferpartei der NPD, unterhielt er Kontakte.[118] Strölin war gern bereit, vor diesem »Kreis nationaler Männer und Frauen« zu sprechen.

Ende der fünfziger Jahre begann Strölin, sich wieder verstärkt mit der nationalsozialistischen Vergangenheit zu beschäftigen. Der Grund dafür war sein Plan für eine Autobiographie. Zunächst ging er dabei der Frage nach, »die heute nach all dem Ungeheuerlichen, von dem wir in der Zwischenzeit Kenntnis bekommen haben, gar nicht mehr verständlich ist, wie es überhaupt möglich war, daß man einem Mann wie Hitler überhaupt Glauben schenken und daß man ihm so lange vertrauen konnte«.[119]

Er kam zu einer völlig neuen Interpretation. Bei der Ablehnung einer Kollektivschuld der Deutschen für die nationalsozialistische Herrschaft kam er zu der Überzeugung, daß es sich um einen »Kollektivirrtum« gehandelt habe. Anhand einer Vielzahl willkürlich aus dem Zusammenhang gerissener Zitate aus der Literatur zwischen 1920 und 1944 glaubte er, nachweisen zu können, daß alle gesellschaftlichen Gruppen und vor allem Wissenschaftler in einem durch Hitler verkörperten nationalen Sozialismus die Möglichkeit zur »politischen, wirtschaftlichen und moralischen Gesundung unseres Volkes« im Innern und zum »friedlichen Zusammenwirken mit den übrigen Völkern der Welt« nach außen sahen.[120] Nicht nur im Inland fand er Belege dieser Art. Auch im Ausland gab es seiner Meinung nach Personen, die von den Leistungen Hitlers beeindruckt gewesen seien. Daß er als Beleg ausführlich Winston Churchill zitierte, der nicht gerade ein Bewunderer des deutschen Diktators war, wirft ein bezeichnendes Licht auf Strölins Arbeitsweise.[121] Strölin kam zu dem Schluß, daß die ganze Geschichte nur eine Kette von Irrtümern sei.[122]

Die Autobiographie konnte Strölin nicht mehr beenden. Die geschriebenen Kapitel lassen jedoch erkennen, daß sie eine Rechtfertigungsschrift werden sollte, um seine Verdienste als Oberbürgermeister und Widerstandskämpfer hervorzuheben.[123]

## Konflikte mit der Stadtverwaltung

Kurz nach Strölins erstem Spruchkammerverfahren begann eine Reihe von Auseinandersetzungen zwischen ihm und der Stuttgarter Stadtverwaltung, die aus seiner Tätigkeit als Oberbürgermeister herrührten.

Den Anfang machte ein Streit um die Herausgabe von Strölins Volkswagen, den ihm 1940 die Firma Porsche zu seinem 50. Geburtstag geschenkt hatte. Die Ministerialabteilung für Bezirks- und Körperschaftsverwaltung hatte ihm zur Annahme des Geschenks, als der Wagen 1943 ausgeliefert werden konnte, eine Genehmigung erteilt.[124] Da Strölin, nachdem ihm keine Arbeitsbeschränkungen auferlegt worden waren, die Vertretung einer Firma übernommen hatte, benötigte er dringend ein Auto. Anfang November 1948 stellte er über seinen Anwalt Dr. Fischinger die Forderung auf Rückgabe, was in der Verwaltung einigen Wirbel auslöste.[125]

Bei seiner Verhaftung hatte Strölin dem Fahrer den Auftrag erteilt, auf das Fahrzeug achtzugeben, der es wie gewohnt zum städtischen Fuhramt brachte, da Strölin es 1943 der Stadt für seine Dienstfahrten kostenlos gegen Übernahme des Treibstoffverbrauchs und der Wartung zur Verfügung gestellt hatte.[126] Oberbürgermeister Klett und sein Stellvertreter Wolfgang Haußmann ließen sich nach Strölins Verhaftung damit fahren. Am 7. Januar 1946 veranlaßte Haußmann, daß der Wagen auf die Stadtverwaltung umzuschreiben sei, da er davon ausging, das Geschenk habe der Stadt gegolten, auch wenn das Auto persönlich auf Strölin zugelassen war und er als Besitzer im Fahrzeugbrief stand.[127] Als Haußmann im Herbst 1946 aus der Stadtverwaltung ausschied, kaufte er den Volkswagen für den geringen Betrag von 1760 Reichsmark.[128]

Zwar erkannten die städtischen Verwaltungsstellen nach Strölins Rückgabeforderung schnell, daß sich die Stadt und damit auch Haußmann in einer rechtlich schlechten Position befanden, da alle eingeholten Auskünfte eindeutig dafür sprachen, daß der Wagen das persönliche Eigentum Strölins war und von der Stadt nie hätte erworben oder veräußert werden dürfen. Dennoch widersetzte sich Haußmann einer Herausgabe, wobei er Unterstützung durch den Gemeinderat erhielt, der in nichtöffentlicher Sitzung die Auffassung vertrat, daß der Volkswagen der Stadt gehöre und man auch aus politischen Gründen einen Prozeß mit Strölin in Kauf nehmen müsse.[129] Man fand aber, wie dies in Stuttgart üblich ist, eine elegante Lösung, um wenigstens Haußmann aus der ganzen Sache herauszubekommen. Die Stadt kaufte einen neuen Volkswagen, den sie an Haußmann weiterveräußerte und nahm Strölins Auto zum Schätzpreis von 3300 Mark – und zwar nunmehr D-Mark – zurück.[130] Kein schlechtes Geschäft für den Landesvorsitzenden der Liberalen.

Anders als Verwaltung und Gemeinderat erwartet hatten, klagte Strölin nicht gegen die Entscheidung des Gemeinderats, sondern versuchte, auf dem Verhandlungsweg zu einer gütlichen Einigung zu kommen. Damit hatte er Erfolg. Die Verwaltungsabteilung stimmte im Juli 1950 dem Vorschlag der Verwaltung zu, Strölin den Wagen in ordentlichem Zustand zurückzugeben.[131]

Wenige Monate später begann eine neue Runde in der Auseinandersetzung. Die Sache ließ sich nicht sonderlich dramatisch an, denn Strölin hatte erstmals im Januar 1950 im Rahmen seines Spruchkammerverfahrens das Personalamt um Auskunft über sein letztes Einkommen und seine Dienstalterberechnung gebeten. Ohne Schwierigkeiten teilte ihm das Amt die Höhe seiner Bezüge als Oberbürgermeister mit. Zur Berechnung des Dienstalters sah man sich nicht in der Lage, da Strölin seine Personalakte vernichtet hatte.[132] Vorsichtshalber erklärte man, daß die Berechnungen vor dem Erscheinen eines Entlassenen-Versorgungsgesetzes nur illusorischen Charakter haben könne.[133] Das Hindernis war mit der Veröffentlichung des Gesetzes am 30. Oktober 1950 entfallen.[134]

Strölin wandte sich am 4. Januar 1951 erneut an das Personalamt und fragte auf Grund der neuen Bestimmungen nach der Höhe seines derzeitigen Pensionsanspruchs. Vorsorglich legte er eine Berechnung des

Finanzministeriums über seine Militärdienstzeit bei, damit diese nicht vergessen werde.[135]

Damit löste Strölin einen fast drei Jahre dauernden Konflikt aus. Zwar ging es anfangs noch ruhig zu, da die Verwaltung von ihm zunächst Unterlagen über seine Dienstzeiten, Ernennungen und Beförderungen verlangte, die er bereitwillig zusandte.[136] Während Strölin bis dahin direkt mit den Beamten des Personalamts korrespondiert hatte, übernahm nun der städtische Personalreferent Berger den Fall persönlich, den er gemeinsam mit Bürgermeister Hirn bearbeitete. In einer ersten Feststellung interpretierte man im Rathaus das Versorgungsgesetz dahingehend, daß Strölins Ernennung zum Oberbürgermeister, da sie wegen seiner Verbindung zum Nationalsozialismus erfolgt sei, nicht zu berücksichtigen wäre. Nach dem Gesetz durfte bei der Bemessung der Versorgungsbezüge nur diejenige Besoldungsgruppe zugrunde gelegt werden, die der Betreffende vor einer Beförderung eingenommen hatte. Man ging daher von Strölins Position als Stadtamtmann aus und errechnete eine monatliche Pension von 566 D-Mark. Vorsichtshalber machte man die Gegenrechnung, bei der man das Einkommen als Oberbürgermeister einbezog. Sie fiel mit 1322 Mark deutlich höher aus.[137]

Strölin, dem Berger beide Zahlen mitteilte, reagierte auf die Überlegungen der Verwaltung äußerst ärgerlich und sandte umgehend 14 Dokumente, damit sich die Stadtverwaltung ein Bild davon machen könne, daß seine Einstufung als Minderbelasteter ein Fehlurteil gewesen und besonders im Berufungsverfahren gegen ihn ein »böses Spiel inszeniert« worden sei. Aus diesen Gründen hielt er eine Pension, die von seiner Stellung als Oberbürgermeister ausging, für angebracht.[138]

Eine Untersuchung durch die staatliche Gesundheitsbehörde ergab Mitte April 1951 die Dienstunfähigkeit Strölins. Daraufhin stellte er den Antrag auf Gewährung einer Pension, der mit 28 Seiten und über 200 Anlagen, die aus dem Entnazifizierungsverfahren stammten, umfangreich ausfiel. Die Argumentation basierte auf den gleichen Positionen, die er bereits vor den Spruchkammern vertreten hatte.[139]

Noch schien es, als sollte alles glatt über die Bühne gehen, da Bürgermeister Hirn die Ansicht vertrat, daß man Strölin nicht als Stadtamtmann, sondern als Stadtrat pensionieren sollte, wie er mit Strölin abgesprochen hatte. Als alles in die Wege geleitet war, rief Strölin Hirn an und bestand auf einer wesentlich höheren Eingruppierung.[140] Um Komplikationen auszuschließen, dachte man in der Verwaltungsspitze nochmals um und entschloß sich, gegenüber den Vorüberlegungen noch eine Stufe höher zu gehen, blieb aber weit hinter Strölins Forderung zurück.

Klett trug die Überlegungen in nichtöffentlicher Sitzung der Verwaltungsabteilung des Gemeinderats vor, wobei er argumentierte, daß Strölin auch ohne Förderung durch den Nationalsozialismus zu einer führenden Stellung innerhalb der Stadtverwaltung aufgestiegen wäre. Zusätzlich erwähnte er Strölins charakterliche Haltung und Widerstandstätigkeit. In der Reaktion des politischen Gremiums hatte sich das Bürgermeisteramt kräftig getäuscht. Fast einmütig lehnten Sprecher der verschiedenen Parteien die Höhe der Pension ab und wollten die brisante Angelegenheit zunächst in ihren Fraktionen beraten. Auf Anregung Hirns bildete man eine kleine Kommission aus vier Stadträten und zwei Beamten, die sich anhand der Akten ein genaues Bild machen sollte. Am Ende der Beratung beschloß der Ausschuß auf Vorschlag von SPD-Gemeinderat Robert Jung, Strölin das Ruhegehalt eines Stadtamtmannes als Vorschuß zu gewähren, da er darauf zumindest einen gesetzlichen Anspruch habe. Dadurch sollte der Zeitdruck aus den weiteren Beratungen genommen und verhindert werden, daß sich Strölin in der Öffentlichkeit als Märtyrer präsentieren könne.[141]

In den internen Beratungen stellte sich heraus, daß die Mehrheit der Gemeinderäte die Meinung vertrat, Strölin solle nur nach der Stellung als Stadtamtmann bezahlt werden, da er im nationalsozialistischen Staat ohne Mitgliedschaft in der Partei nicht aufgestiegen wäre. Die Verwaltung hielt aber in der nächsten Sitzung an ihrem Vorschlag fest, die Höhe der Pension auf Stadtratsniveau festzusetzen. Damit fand sie, wie abzusehen war, keine Mehrheit. Als letztes Gremium beschäftigte sich die Vollversammlung des Gemeinderats am 18. Oktober 1951 mit dem Thema. Obwohl die Beratung nichtöffentlich stattfand, kam es zu einer langen Diskussion, für die KPD-Stadtrat Willy Bohn sogar ein Redemanuskript vorbereitet hatte.[142]

Schnell kristallisierten sich zwei gegensätzliche Positionen heraus. Auf der einen Seite stellten Sprecher von SPD, CDU und KPD für ihre Fraktionen fest, Strölins Widerstand stehe in keinem Verhältnis zu seiner Schuld, da er bereits vor 1933 in Stuttgart zu den wichtigsten Protagonisten der NSDAP gehört und ihren Aufstieg gefördert habe. Deshalb trage er eine moralische und politische Verantwortung. Sein erst spät einsetzender Widerstand gegen das Regime wurde dabei kritisch gewürdigt. Die meisten Redner sahen darin aber den Versuch, den eigenen Kopf zu retten. Auf der anderen Seite plädierten die Deutsche Volkspartei und die Deutsche Gemeinschaft, deren Landesvorstand Strölin angehörte, für ein höheres Ruhegehalt, da sie Strölins sachliche Kompetenz, seine Fähigkeiten und seine Tatkraft als Oberbürgermeister würdigen wollten.

Die Schlußabstimmung brachte eine Mehrheit von 30 zu 24 Stimmen für den Antrag der Verwaltungsabteilung, Strölin in die Stadtamtmannsgruppe einzugliedern. Die Beteiligten waren bereit, sich auch auf einen Rechtsstreit einzulassen.

Strölins Drähte zur Stadtverwaltung funktionierten bestens. Schon wenige Tage, nachdem die Verwaltung ihre Gemeinderatsvorlage erarbeitet hatte, war Strölin im Besitz einer Abschrift, die er mit dem Wort »vertraulich!« versah und an seinen Rechtsanwalt weiterleitete.[143]

Strölin, dem der Gemeinderatsbeschluß durch ein Schreiben Kletts mitgeteilt wurde, legte noch am Tag der Zustellung vorsorglich Einspruch ein und teilte mit, er werde dem Gemeinderat demnächst die Begründung zugehen lassen.[144] Sie ließ aber über einen Monat auf sich warten. Rechtsanwalt Fischinger, den Strölin erneut mit seiner Vertretung beauftragt hatte, hob wiederum auf die hohe Wertschätzung ab, die Strölin auch nach dem Krieg außerhalb der Stadtverwaltung genieße und erwähnte Aussagen bekannter Persönlichkeiten, die Strölin und er allerdings seit über drei Jahren regelmäßig ins Feld führten.[145] Deutlich wurden nun die eigentlichen Absichten, die Strölin veranlaßten, einen Rechtsstreit mit der Stadt zu suchen. Hinter der Feststellung Fischingers, »Herr Dr. Strölin kommt es ja, wie er wiederholt betont hat, nicht auf die finanzielle Seite, sondern auf die Wiederherstellung seiner beruflichen Ehre und auf eine gerechte Würdigung seiner Leistungen und der Leistungen der Stadtverwaltung, die unter seiner Verantwortung gearbeitet hat, an«,[146] verbarg sich, daß ein Verwaltungsgerichtsverfahren für Strölin die letzte Möglichkeit darstellte, die aus seiner Sicht falschen Entscheidungen der Spruchkammern durch ein ordentliches Gericht, wenn zwar nicht rückgängig zu machen, so doch in der Tendenz richtigstellen zu lassen. Im Hinblick auf Strölins beruflichen Werdegang vor 1933 und durch Aussagen verschiedener Personen versuchte Fischinger nachzuweisen, daß Strölin bei den Technischen Werken mindestens bis zum Betriebsdirektor aufgestiegen wäre und verlangte eine entsprechende Eingruppierung, die ungefähr dem ursprünglichen Vorschlag der Verwaltung entsprach.[147] Nach längeren Diskussionen in verschiedenen Gemeinderatsgremien, die sich bis Mai 1952 hinzogen, erreichte ein CDU-Antrag knapp die Mehrheit, nach dem das Ruhegehalt um eine Stufe angehoben werden sollte.[148]

Wie nicht anders zu erwarten, beschritt Strölin daraufhin den Rechtsweg. Vorsorglich hatte Fischinger schon am 30. April 1952 eine Anfechtungsklage beim Stuttgarter Verwaltungsgericht eingereicht, in der er die Aufhebung der Gemeinderatsbeschlüsse forderte und beantragte, Strölin eine Pension als Oberbürgermeister zuzubilligen.[149] In der Begründung führte er aus, der städtische Bescheid sei unhaltbar und könne von Strölin unter keinen Umständen angenommen werden.[150]

Es dauerte bis zum 20. Mai 1953, ehe das Verwaltungsgericht beiden Prozeßparteien einen Vergleich vorschlug, nach dem die Stadt Strölin in jene Gruppe einordnen solle, die er in seinem Einspruch vom Dezember 1951 gefordert hatte. In der knappen Begründung übernahmen die Richter, ohne auf Strölins Beziehungen zur NSDAP einzugehen, dessen Argumente, wonach er außerhalb der Stadtverwaltung hoch eingeschätzt werde. Dabei verwiesen sie besonders auf das Zeugnis des ehemaligen Ministerialdirigenten in der Kommunalabteilung des Reichsinnenministeriums, M. Schattenfroh, der 1943 das Ministerium verlassen hatte und nach dem Krieg Senatspräsident am Bayerischen Verwaltungsgerichtshof geworden war.[151] Schattenfroh hatte Strölin Fachkompetenz und Einsatz für die kommunale Energieversorgung bescheinigt.[152] Dem Tenor des Vergleichsvorschlags ließ sich entnehmen, daß die Richter auf der Seite Strölins standen.

Dieser war sofort bereit, den für ihn von der Begründung her positiven Vergleich anzunehmen.[153] Im Gemeinderat und seinen Ausschüssen konnte man quer durch die Fraktionen keine einheitliche Haltung finden. Zu unterschiedlich waren die Einstellungen zur Person Strölins und den finanziellen Risiken, falls er im Prozeß doch Recht erhalten sollte. Bei der Schlußabstimmung hoben SPD, FDP/DVP und CDU den

Fraktionszwang auf. Mit knapper Mehrheit lehnte der Gemeinderat den Vergleich ab.[154]

Strölin begann wieder aktiv zu werden. Um den 20. August 1953 fand eine Besprechung zwischen Strölin und dem Direktor des Verwaltungsgerichts, Dr. Ritter, über das weitere Vorgehen statt. Alte Seilschaften funktionierten bestens. Ritter stellte klar, daß das Gericht auf dem Standpunkt des Vergleichsvorschlags bleiben werde, gab aber zu bedenken, ob es zu einer mündlichen und dann eventuell öffentlichen Verhandlung kommen solle. Ritter scheute zwar keine öffentliche Beratung, obgleich es sich um ein »braunes Gericht« handle, hielt dem aber entgegen, daß bei Verzicht auf eine mündliche Verhandlung keine Schöffen hinzugezogen werden müßten, für deren Haltung er nicht garantieren könne. Selbst die Frage, wo die Begründungen des städtischen Rechtsvertreters nicht stichhaltig seien, erörterten beide eingehend.[155]

Wenige Tage später reichte Fischinger dem Gericht einen neuen Schriftsatz ein, in dem er die Ablehnung des Vergleichsvorschlags erwähnte und ganz im Stil eines kalten Kriegers mitteilte: »Es wird unterstellt werden können, daß die 7 KPD-Mitglieder den Ausschlag gegeben haben.«[156] Das Gespräch zwischen Strölin und Ritter fand seinen Niederschlag. Um die Unwägbarkeiten mit gewählten Schöffen auszuschließen, bestand man nicht mehr auf einer mündlichen Verhandlung. Strölin verzichtete seinerseits auf eine Eingruppierung als Oberbürgermeister und gab sich mit einer Bürgermeisterpension zufrieden. Die akademische Ausbildung, seine berufliche Tätigkeit im Gaswerk und im Landesverband Württembergischer Gaswerke sowie der Vorsitz in der Akademikergruppe der Stadtverwaltung seit 1931 hätten ihn auch für eine solche Aufgabe prädestiniert, was man mit alten und neuen schriftlichen Erklärungen in- und ausländischer Prominenter unterstützte.

Am 14. November 1953 fällte das Gericht unter Vorsitz von Dr. Ritter sein Urteil und hob die Entscheidungen des Gemeinderats, soweit sie die Versorgungsbezüge Strölins betrafen, auf.[157] Den Kernpunkt der Entscheidung stellte die Frage dar, ob Strölin, als er zum Oberbürgermeister ernannt wurde, in enger Verbindung zum Nationalsozialismus stand und ob sie für die Ernennung ursächlich war.[158] Das Gericht kam zu dem ungeheuren Schluß, »daß nicht festgestellt werden konnte, daß für die

Ernennung Strölins zum Oberbürgermeister seine Beziehung zum Nationalsozialismus der auschlaggebende Gesichtspunkt war, daß man Strölin nur deshalb ernannte, um einen Pg. unterzubringen und den Parteieinfluß zu stärken.« Die Berufung wäre trotz seiner Parteimitgliedschaft nicht erfolgt, wenn er nicht die »besondere fachliche Eignung für dieses Amt gehabt hätte.«[159] Als Beweis dafür nannten die Richter, in absichtlicher Verkennung der damaligen politischen Realität, den Umstand, daß Strölin am 9. Mai 1933 auch von den Fraktionen der demokratischen Parteien mit Ausnahme der SPD als Nachfolger Lautenschlagers vorgeschlagen worden sei.[160]

Nach dem Richterspruch standen Strölin, über seinen eigenen Antrag hinausgehend, die Pensionsbezüge als Oberbürgermeister zu. Doch die Stadt hatte noch die Möglichkeit zur Berufung. In Verhandlungen in Verwaltung, Gemeinderat und mit Strölin einigte man sich angesichts der Rechtsprechung auf einen Vergleich, nach dem das Ruhegehalt Strölins zwar nicht dem des Oberbürgermeisters entsprach, aber dem eines Bürgermeisters.[161]

Strölin hatte sein Ziel erreicht. Ein ordentliches Gericht hatte seine fachlichen Leistungen anerkannt und ihn zum fast vollkommenen Beamten erklärt, dessen Mitgliedschaft in der NSDAP eigentlich keinerlei Bedeutung für seine Tätigkeit hatte. Für Strölin waren damit die »Fehlurteile« der beiden Spruchkammern revidiert.

Die letzte Phase des Konflikts fiel in den Wahlkampf für die Oberbürgermeisterwahl am 10. Januar 1954, zu der Strölin ernsthaft überlegt hatte, ob er nicht gegen Klett kandidieren solle. Erst nach Gesprächen mit Bekannten, die auf die allgemeine Stimmung gegen ihn hinwiesen, ließ er sich davon abbringen.[162]

Mit der Einigung waren die Streitigkeiten zwischen Strölin und der Stadtverwaltung, vor allem mit Klett und dem Gemeinderat, nicht beendet. Während der Auseinandersetzung um die Pension kam es zu einem heftigen Zusammenstoß zwischen Klett und Strölin, da er von der Stadt nicht zum offiziellen Trauerakt für Lautenschlager eingeladen worden war. Mit Hilfe eines städtischen Beamten gelang es Strölin auch ohne Einladung in die Kirche zu gelangen. Am Nachmittag des selben Tages schrieb er an Klett und beschwerte sich, daß er nicht berücksichtigt worden war. Darin sah er »einen weiteren Beweis diffamierender Behandlung« und wies auf sein »korrektes Verhalten« gegenüber Lautenschlager hin.[163]

Klett reagierte in einem Antwortbrief mit heftigen Vorwürfen. Unter dem Druck der Nationalsozialisten habe Lautenschlager damals sein Amt aufgeben müssen, obwohl er zwei Jahre zuvor mit großer Mehrheit für weitere fünfzehn Jahre gewählt worden sei. Für Lautenschlager sei dies eines der schmerzlichsten Erlebnisse seines Lebens gewesen. Die Regelung der Pensionsfrage und die Belassung in den Ehrenämtern durch Strölin seien Nebenprodukte gewesen, die gegenüber dem anderen nicht ins Gewicht fallen. Deshalb habe er ihn nicht eingeladen.

Strölin ließ nicht locker, sondern sandte mit einem neuen Brief Auszüge aus der Rede vom 9. Mai 1933 und betonte, daß es zwischenzeitlich zu engeren persönlichen Beziehungen zwischen ihm und Lautenschlager gekommen sei. Direkt warf er Klett vor, bei seinen Gedankengängen die damalige politische Situation nicht genügend berücksichtigt zu haben, die ihn damals zu seinem Handeln gezwungen hätte. Daraufhin platzte Klett der Kragen. Er »hielt sich verpflichtet, zu dem Fall noch einmal das zu sagen, was er denke und für richtig halte«. Klett warf Strölin nun deutlich vor, daß er als Exponent der nationalsozialistischen Bewegung gehandelt habe. Deshalb unterscheide er nicht zwischen Strölins persönlicher Integrität und den damaligen politischen Entwicklungen. Als Nationalsozialist konnte sich Strölin 1933 durchaus »im Recht« glauben. Strölin habe aus Überzeugung dieser Bewegung gedient, »die Macht vor Recht und Nützlichkeit vor Billigkeit« stellte. Aus diesem Grund sei es folgerichtig gewesen, Lautenschlager von seinem Posten zu verdrängen. Dieser Argumentation hatte Strölin nichts entgegenzusetzen.

In einem Gespräch mit Hirn im Frühjahr 1955 griff Strölin das Thema überraschenderweise wieder auf und bestand nun auf einer Erklärung Kletts, in der er die Nichteinladung bedauern sollte. Hirn empfahl Strölin, sich doch direkt an Klett zu wenden. Daraufhin fand am 24. März ein Gespräch zwischen Klett, Hirn sowie drei weiteren Beigeordneten und Strölin statt, in dem es aus Strölins Sicht um die Verbesserung des Verhältnisses zwischen ihm und der Stadtverwaltung ging.[164] Was Strölin unter dieser Verbesserung verstand, wurde Klett am 21. April klar. An diesem Tag wollte er eine kurze Rede zum zehnten Jahrestag der Besetzung der Stadt halten. Am Morgen erhielt er einen Brief seines Duzfreundes und fraktionslosen Gemeinderats Heinzelmann, der von Strölin eine Abschrift des Glückwunschschreibens von Ministerpräsident Reinhold Meier zu Strölins 60. Geburtstag 1950 mit der Bitte erhalten hatte, es Klett zu übergeben. Heinzelmann bat Klett, er möge mit einigen Worten Strölins gedenken, dabei werde ihm schon »kein Zacken aus der Krone brechen«. Das Ansinnen brachte Kletts persönlichen Referenten derart in Rage, daß er auf dem Brief für Klett notierte, es sei geschmacklos, das Gedenken an die Katastrophe von 1945 zu einer Huldigung für Strölin zu mißbrauchen. Mit keinem Wort ging Klett später auf Strölin ein.[165]

In den folgenden Jahren beschwerte sich Strölin regelmäßig bei Mitarbeitern der Stadtverwaltung und bei Gemeinderäten, daß er nie zu den Pensionärsfeiern der Stadt eingeladen werde. Im Verwaltungsausschuß kam es darüber zu längeren Diskussionen. SPD und CDU lehnten eine Teilnahme Strölins ab, da frühere Mitarbeiter, die 1933 von Strölin entlassen worden waren, drohten, bei seinem Erscheinen demonstrativ den Saal zu verlassen.[166] Wie nicht anders zu erwarten, zeigte sich Strölin wieder ernsthaft verstimmt.[167]

Strölin wollte und konnte nicht einsehen, daß er für viele Stuttgarter und für Teile der Stadtverwaltung, trotz seiner Verdienste für die Stadt, immer noch ein lebendes Sinnbild für die Ungerechtigkeiten und Verbrechen des nationalsozialistischen Regimes war. Darüber konnten die positiven Äußerungen von bekannten Persönlichkeiten nicht hinwegtäuschen. Ein einigermaßen einvernehmliches Verhältnis zur Spitze der städtischen Verwaltung kam nicht zustande, weil Strölin nur auf seine positiven Leistungen und seinen Widerstand gegen Hitler abhob, ohne sich einer eigenen Mitschuld bewußt zu sein.

Ein schwacher Trost dürfte es für Strölin gewesen sein, daß ihm Klett 1960 zu seinem 70. Geburtstag im Namen der Stadt gratulierte und 10 Flaschen Wein überreichen ließ.[168] Strölin bedankte sich recht freundlich und bescheinigte Klett, daß die Stadt unter seiner »bewährten Leitung« neuen Aufschwung genommen habe. Seinem Vertrauten Albert Locher gegenüber erklärte er aber unverhohlen, die Worte nur »mit Widerstreben« benützt zu haben.[169]

Der Tod Strölins sorgte nochmals für Unstimmigkeiten. Am 17. Januar 1963 empfahl Kletts persönlicher Referent, Strölin, der wegen akuter

Herzbeschwerden im Katharinenhospital lag, Genesungswünsche zu senden, da es ihm nicht gut gehe und der Ausgang ungewiß sei. Klett folgte dem Rat und ließ einen Blumenstrauß überbringen.[170]

Vier Tage später, am Morgen des 21. Januar starb Strölin. Noch am Todestag fanden sich Bekannte Strölins im Rathaus ein, um mit Klett wegen der Einäscherung und den damit zusammenhängenden Wünschen zu sprechen. Da Klett nicht anwesend war, wandten sie sich an Bürgermeister Hirn, der Kletts persönlichen Referenten zur Besprechung hinzuzog. Als Ergebnis einigte man sich darauf, daß die Einäscherung auf Wunsch Strölins »in aller Stille im kleinsten Kreis seiner engsten Freunde« stattfinden sollte. Es war nur daran gedacht, solche Personen teilnehmen zu lassen, die besonders benachrichtigt würden. Die Stadt sollte lediglich einen Kranz schicken, ohne ihn aber mit einem Nachruf niederzulegen. Die Stadt übernahm die Kosten für die Ausschmückung des Krematoriums.[171] In den nächsten Tagen herrschte über den Wortlaut der Todesanzeige innerhalb der Verwaltung rege Betriebsamkeit, da man die Fraktionsvorsitzenden und den Verwaltungsausschuß in die Beratungen einbezog. In der veröffentlichten Fassung erinnerte die Stadt an Strölins Verdienste für die fortschrittliche Entwicklung der Gemeinde, und daß »er durch seine Maßnahmen gegen den Willen der damaligen Machthaber unter Gefährdung seines Lebens wesentlich dazu beigetragen habe, daß Stuttgart nicht verteidigt und seine Versorgungsbetriebe und andere für unsere Bürgerschaft lebenswichtigen Einrichtungen nicht zerstört worden sind.« Daran wollte man sich auch zukünftig in Dankbarkeit erinnern.[172]

Von der Stille und dem engsten Freundeskreis, mit der man einen Nachruf der Stadt abgelehnt hatte, konnte bei der Trauerfeier nicht gesprochen werden, was später Klett und Hirn, die sich getäuscht fühlten, intern kritisierten.[173]

Der Offizierssohn, preußische Kadett, württembergische Offizier und Mitorganisator der bundesdeutschen Soldatenverbände wurde mit fast militärischen Ehren zur letzten Ruhe geleitet. Vom Leichenhaus bewegte sich der Zug zum Lied »Ich hatt' einen Kameraden« zum Krematorium. Voran schritten dem Sarg Fahnenabordnungen des Kyffhäuserbundes und der Regimentsvereine, denen ein Leutnant der Bundeswehr mit dem Ordenskissen folgte. Die Anzahl der eingeladenen »engsten Freunde« war so groß, daß nicht alle im Krematorium Platz fanden. Nach dem evangelischen Pfarrer Ratter ergriff zunächst Albert Locher, der Personalreferent von 1933 bis 1945 und enge Vertraute Strölins nach 1945, das Wort. Nun wurde deutlich, weshalb man keinen Nachruf der Stadt im Krematorium wünschte, denn Locher sprach in offener Provokation gegenüber der Verwaltung als Vertreter von Strölins ehemaligen Mitarbeitern in der Hauptverwaltung der Stadt Stuttgart. In seiner Gedenkrede hob er Strölins Pflichtbewußtsein, Entschlossenheit und Charakterfestigkeit hervor; Eigenschaften, die ihn gegen Willkür und Ungerechtigkeit eintreten ließen und den Stuttgartern ermöglichten, bei Kriegsende in der Stadt zu bleiben, »und aus den Trümmern neu beginnen konnten«. Er vergaß aber nicht auf das Unverständnis und »Nichtverstehenwollen«, das Strölins früherem Verhalten entgegengebracht worden sei, hinzuweisen. Trotzdem glaubte er, »daß sich Dr. Karl Strölin als Mensch und gewesener Oberbürgermeister dieser Stadt in den Herzen ihrer Bevölkerung ein Denkmal gesetzt hat«.[174] Weitere Nachrufe von Vertretern des Kyffhäuserbundes und anderer Soldatenverbände schlossen sich an. Im Auftrag des Bundesverteidigungsministers und des Oberbefehlshabers der NATO-Landstreitkräfte Hans Speidel legten Bundeswehroffiziere Kränze nieder.[175]

Mit der Einäscherung des Leichnams war die Auseinandersetzung um die Rolle Strölins in Stuttgart noch lange nicht zu Ende.

# Quellen- und Literaturverzeichnis

## Ungedruckte Quellen

**Stadtarchiv Stuttgart**
Bürgermeisteramt
Depot A
Depot B
Hauptaktei 0 – 9, Protokolle
Internationaler Verband für Wohnungswesen und Städtebau
Luftschutz
Nachlaß Karl Strölin
Personalamt

**Hauptstaatsarchiv Stuttgart**
E 130 (Reichsstatthalter)
E 140 (Staatsministerium)
E 151 (Innenministerium)

**Hauptstaatsarchiv Stuttgart, Militärarchiv**
E 135
M 1/4
M 1/6
M 34
M 77/1
M 90
M 96
M 163
M 340
M 355
M 356
M 366
M 367
M 371
M 372
M 430/2
M 465

M 523
Nachlaß Robert Gaupp
Nachlaß Paul Hahn

**Staatsarchiv Ludwigsburg**
E 180 (Ministerialabteilung für Bezirks- und Körperschaftsverwaltungen)
EL 903/4, Aktenzeichen J/76, 1582 (Entnazifizierungs-Verfahren gegen Karl Strölin)
PL 501 (NSDAP, Kreisleitung Stuttgart)

**Landeskirchliches Archiv, Stuttgart**
Altregistratur
D1, Nachlaß Theophil Wurm
Erinnerungsbericht von Reinhold Sautter

**Bundesarchiv, Koblenz**
NS 22
NS 25 (NSDAP, Hauptamt für Kommunalpolitik)
NS 26
R 2 (Reichswirtschaftsministerium)
R 22 (Reichsjustizministerium)
R 36 (Deutscher Gemeindetag)
R 43 II (Reichskanzlei)
R 57 (57neu) (Deutsches Auslands-Institut)
Zg 2

**Auswärtiges Amt, Politisches Archiv, Bonn**
Büro Staatssekretär. Aufzeichnungen über Gespräche mit Nichtdiplomaten

Büro Staatssekretär. Politischer Schriftwechsel
Kult. Abt. 2. Deutsches Auslands-Institut
Pol. IX. Po. 2. USA
Abt. VI, Kult. Abt., Deutschtum

**Stadtarchiv Zürich**

**Privatbesitz, Dr. Albert Locher**

**Privatbesitz, Dr. Margot Werner**

## Zeitschriften und Zeitungen

Der Auslanddeutsche. 1933 bis 1944. Ab 1936 unter dem Titel: Deutschtum im Ausland.
Deutscher Weckruf und Beobachter. Zentralorgan des Amerikadeutschen Voksbundes. (New York). Juli bis Oktober 1936.
Deutscher Weckruf. (Chicago). Organ des Amerikadeutschen Volksbundes, Gau Mittelwest. Juni bis Oktober 1936.
Kyffhäuser.
Mitteilungen des Internationalen Verbandes für Wohnungswesen und Städtebau.
Die Nationalsozialistische Gemeinde.
New Yorker Staats-Zeitung und Herold. Oktober 1936.
NS-Gemeindezeitung für Südwestdeutschland. Ab 1935: Nat.-soz. Mitteilungsblatt des Gauamts für Kommunalpolitik Württemberg-Hohenzollern.
NS-Kurier.
Schwäbische Tagwacht.
Schwäbischer Merkur.
Stuttgarter Nachrichten
Stuttgarter Neues Tagblatt.
Stuttgarter Zeitung
Süddeutsche Wasserstraßen.
Süddeutsche Zeitung (Stuttgart).
Verwaltungsberichte der Stadt Stuttgart 1933 bis 1944.
Wohungunswesen und Städtebau. Ab 1941: Wohungswesen, Städtebau und Raumordnung.

## Veröffentlichungen von Karl Strölin[1]

Zu dem Aufsatz »Feuerverteilung«. In: Deutsches Offiziersblatt. Jahrgang 17, 1913. Seite 843.
Die Kampfweise unserer Feinde. Nebst einem Anhang: Kriegslisten unserer Gegner. 1. Auflage, Berlin 1915. 2. u. 3. Auflage 1916.
Die wirtschaftliche Lage der Arbeiterklasse und des Mittelstandes der Stadt Stuttgart vor und nach dem Kriege. Diss. rer. pol. Gießen 1923. (Maschinenschriftliches Manuskript).
Kritisches zur Statistik der Denkschrift der AG für Kohlenverwertung. In: Das Gas- und Wasserfach. Jahrgang 70, 1927. Seite 815.
Grundsätzliches über Gastarife. In: Wasser und Gas. Jahrgang 18, 1928. Seite 842 bis 855.

Selbstkosten und Gastarife. In: Das Gas- und Wasserfach. Jahrgang 72, 1929. Seite 1130.

Die Wirtschaftsgrundsätze des Nationalsozialismus. In: NS-Kurier. 18./19. April 1931, Seite 5 f.

und Melchinger: Die Gaspreisstatistik nach dem Stand vom 1. Januar 1931. In: Das Gas- und Wasserfach. Jahrgang 74, 1931. Getr. Pag.

Dr. Strölins Rede in London. Bericht des Vertreters des Deutschen Gemeindetages, Staatskommissar Dr. Strölin (Stuttgart), vor den Vertretern der Auslandsgläubiger deutscher öffentlicher Schuldner in London. In: NS-Gemeindezeitung. Jahrgang 1, 1933. Seite 73 bis 76.

Entschuldung und finanzielle Sicherung der Gemeinden. In: Die nationalsozialistische Gemeinde. Jahrgang 1, 1933/34. Seite 41.

Nationalsozialismus und Gemeindepolitik. In: NS-Kurier. 1. Juli und 3. Juli 1933.

Die Einführung der Durcharbeitszeit. In: NS-Kurier. 6. Juli 1933. (Abdruck eines Rundfunkvortrages).

Das städtische Siedlungswesen und die Bodenreform. In: Die Deutsche Volkswirtschaft. Nationalsozialistischer Wirtschaftsdienst. Jahrgang 3, 1934. Seite 662 bis 665.

Durchführung des Gutachtens des Reichssparkommissars über die Verwaltung der Stadt Stuttgart. In: Reich und Länder. Jahrgang 8, 1934. Seite 209 bis 222.

Schwaben im Ausland. In: Weltwirtschaftliche Monatsblätter. Jahrgang 1934. Seite 200 bis 203.

Vorstädtische Kleinsiedlungen. In: Moderne Bauformen. Jahrgang 33, 1934. Seite 155 bis 159.

Zur Finanzlage der deutschen Gemeinden. Bericht von Oberbürgermeister Dr. Strölin, Stuttgart, vor den Vertretern der Auslandsgläubiger deutscher öffentlicher Schuldner im Februar 1934 in Berlin. In: Württembergische Gemeindezeitung. Jahrgang 63, 1934. Seite 85 f.

Aufgaben und Organisation der Raumplanung. In: Nat.-soz. Mitteilungsblatt des Gauamts für Kommunalpolitik Württemberg-Hohenzollern. Jahrgang 3, 1935. Seite 221 bis 226.

Das Stuttgarter Kleineigenheim mit Landzulage. In: Zentralblatt der Bauverwaltung. Jahrgang 55, 1935. Seite 653 bis 662.

Die Deutsche Gemeindeordnung. In: Die nationalsozialistische Gemeinde. Jahrgang 3, 1935. Seite 683 bis 687 und 718 bis 720.

Die Durchführung von Altstadtsanierungen. In: Reichsplanung. Jahrgang 1, 1935. Seite 143 bis 147.

Die Neuordnung des Gemeindeprüfungswesens. In: Jahrbuch für Kommunalwissenschaft. Jahrgang 2, 1935. 2. Halbjahresband. Seite 105 bis 144.

Die Neuwirtshaussiedlung in Stuttgart. In: Zentralblatt der Bauverwaltung. Jahrgang 55, 1935. Seite 177 bis 180.

Die Stuttgarter Denkschrift über Gebäudeerneuerung. In: Die Wohnung. Jahrgang 10, 1935/36. Seite 1 bis 4.

Die Stuttgarter Ortsbausatzung. In: Die nationalsozialistische Gemeinde. Jahrgang 3, 1935. Seite 527 f.

Die wirtschaftliche Betätigung der Gemeinden. In: Beamtenjahrbuch. Jahrgang 22, 1935. Seite 248.

Die Zukunft der gemeindlichen Elektrizitäts- und Gasversorgung. In: Zeitschrift für öffentliche Wirtschaft. Jahrgang 1935. Seite 298 f.

Nationalsozialistische Grundsätze in der Gemeinde. In: NS-Gemeindezeitung. Jahrgang 3, 1935. Seite 22 bis 24.

Notwendigkeit, Aufgaben und Organisation der Landesplanung. In: Drei Vorträge über Raumplanung gehalten am 6. Juni 1935 bei der 3. Mitgliederversammlung des Bezirksplanungsverbands Stuttgart. Herausgeber: Bezirksplanungsverband Stuttgart. Stuttgart 1935. Seite 3 bis 15. (Vervielfältigtes Manuskript.)

Tätigkeit und Ziele eines Bezirksverbandes am Beispiel des Bezirksverbandes Stuttgart erörtert. In: Bauamt und Gemeindebau. Jahrgang 17, 1935. Seite 30 bis 32.

Der Kampf gegen die Arbeitslosigkeit in der Stadt Stuttgart. Stuttgart 1936.

Die Abgrenzung der wirtschaftlichen Betätigung der Gemeinden. In: Nat.-soz. Mitteilungsblatt des Gauamts für Kommunalpolitik Württemberg-Hohenzollern. Jahrgang 4, 1936. Seite 101 bis 103.

Die Bekämpfung der Arbeitslosigkeit durch die Lokalverwaltungen. Vortrag von Oberbürgermeister Dr. Strölin auf dem VI. Internationalen Gemeindekongreß in Berlin am 9. Juni 1936. ohne Ort ohne Jahr [Stuttgart 1936].

Die Bekämpfung der Arbeitslosigkeit durch die Lokalverwaltungen. Generalbericht für den VI. Internationalen Gemeindekongreß. Berlin 1936.

Die Stellung der Gemeinden in der Energiewirtschaft. In: Die nationalsozialistische Gemeinde. Jahrgang 4, 1936. Seite 342 bis 346.

Fragen der Energieversorgung. In: Die nationalsozialistische Gemeinde. Jahrgang 4, 1936. Seite 63 bis 69.

Fragen der Energieversorgung. In: Enzyklopädie der Energiewirtschaft. Berlin 1936. Heft 26.

Gemeindliche Wirtschaftspolitik. In: Die nationalsozialistische Gemeinde. Jahrgang 4, 1936. Seite 530 bis 533.

Meine Reise nach den Vereinigten Staaten von Nordamerika. Vortrag gehalten am 13. November 1936 im Festsaal der Liederhalle zu Stuttgart. In: Der Auslanddeutsche. Jahrgang 19, 1936. Seite 892 bis 909. Unter dem Titel: Ein Oberbürgermeister fährt nach Amerika auch abgedruckt in: Nat.-soz. Mitteilungsblatt des Gauamts für Kommunalpolitik Württemberg-Hohenzollern. Jahrgang 4, 1936. Getr. Pag.

Die Baupolitik einer Großstadt. In: Bauamt und Gemeindebau. Jahrgang 82, 1937. Seite 237 f.

Die Eingemeindungsfrage und ihre Bedeutung für die Großstadt. In: Die nationalsozialistische Gemeinde. Jahrgang 5, 1937. Seite 259 bis 261.

Régime municipal. L'administration de la ville de Stuttgart. Stuttgart 1937.

Stand und Aussichten der Wasserstraßen-Pläne des Südwestdeutschen Kanalvereins. In: Süddeutsche Wasserstraßen. Jahrgang 13, 1937. Seite 73 bis 78.

und V. Glondys: Auslandsdeutschtum und Kirche. In: Kirchliche Blätter (Hermannstadt). Jahrgang 29, 1937. Seite 52.

Aufgaben des Internationalen Verbandes für Wohnungswesen und Städtebau. In: Wohnungswesen und Städtebau. Jahrgang 1938. Seite 8 bis 15.

Der Einfluß der Reichsautobahn auf die Stadtgestaltung. In: Die Straße. Jahrgang 5, 1938. Seite 328.

Die Stadt der Auslandsdeutschen. In: Württembergische Verwaltungszeitschrift. Jahrgang 34, 1938. Seite 103.

Die Tarifordnung für elektrische Energie – ein neuer Antrieb für eine wirtschaftliche Führung der gemeindlichen Energiebertiebe. In: Die nationalsozialistische Gemeinde. Jahrgang 6, 1938. Seite 442.

Einfluß der Technik auf Gestaltung und Ausbau der Stadt Stuttgart. In: VDI-Zeitschrift. Jahrgang 82, 1938. Seite 44 f.

Gemeindliche Versorgungswirtschaft. In: Jahrbuch für Kommunalwissenschaft. Jahrgang 5, 1938, 2. Halbjahresband. Seite 263 bis 299.

Nördlicher und südlicher Mittellandkanal. In: Saarpfälzische Wirtschaftszeitung. Jahrgang 43, 1938. Seite 825.

Stand der Gasverbundwirtschaft. In: Die nationalsozialistische Gemeinde. Jahrgang 6, 1938. Seite 126 bis 130.

Stand der süddeutschen Wasserstraßen-Pläne. In: Süddeutsche Wasserstraßen. Jahrgang 14, 1938. Seite 47 bis 52.

Wohnungspolitik und Wohnungsreform. In: Deutsche Bauzeitung. Jahrgang 72, 1938. Seite 1269 bis 1271.

»Unser Dank gilt allen den Männern und Frauen, die ihre Kraft und Existenz einsetzen, wenn es gilt, Deutschlands Ehre, Größe und Weltgeltung zu dienen.« In: Deutschtum im Ausland. Jahrgang 22, 1939. Seite 427 bis 430.

Aufgaben des Internationalen Verbandes für Wohnungswesen und Städtebau. In: Bauen, Siedeln, Wohnen. Jahrgang 19, 1939. Seite 874.

Die Bedeutung der Eigenbetriebsverordnung für die gemeindliche Versorgungswirtschaft. In: Die nationalsozialistische Gemeinde. Jahrgang 7, 1939. Seite 2.

Die energiewirtschaftliche Lage der Gemeinden. In: Die nationalsozialistische Gemeinde. Jahrgang 7, 1939. Seite 455 bis 458.

Die kommenden Aufgaben im Städtebau und Wohnungswesen. In: Baugilde. Jahrgang 21, 1939. Seite 1115.

Die Neckar-Donau-Verbindung und der Ausbau der oberen Donau. In: Zeitschrift für Binnenschiffahrt. Jahrgang 71, 1939. Seite 113 bis 116.

Die Stadt der Auslandsdeutschen und die Weltwirtschaft. In: Weltwirtschaft. Jahrgang 27, 1939. Seite 52.

Die Stadt Stuttgart und das Auslandsdeutschtum. In: Jahrbuch der Auslandsorganisation der NSDAP. Jahrgang 1939. Seite 82.

Stuttgart – Das Herz des Schwabenlandes. In: Württemberg. Jg. 1939. S. 371 bis 380.

Süddeutsche Wasserstraßen-Projekte. In: Süddeutsche Wasserstraßen. Jahrgang 15, 1939. Seite 44 bis 58.

Fragen der Energiewirtschaftspolitik. In: Die nationalsozialistische Gemeinde. Jahrgang 8, 1940. Seite 109.

Auslandsdeutschtum und Auslandskunde. In: Weltwirtschaft. Jahrgang 29, 1941. Seite 71.

Die wirtschaftliche Betätigung der Gemeinden. In: Technisches Gemeindeblatt. Jahrgang 44, 1941. Seite 159.

Fragen der Energiewirtschaft. In: Die nationalsozialistische Gemeinde. Jahrgang 9, 1941. Seite 203 bis 206.

Wohnungswesen – Städtebau – Raumordnung im Rahmen der internationalen Zusammenarbeit. In: Bauzeitung. Jahrgang 51, 1941. Seite 281 f.

Wohnungswesen, Städtebau und Raumordnung. In: Wohnungswesen, Städtebau und Raumordnung. Jahrgang 1941. Seite 3 bis 12.

Abschreibung im Hausbesitz als Voraussetzung der Altstadtsanierung. In: Der soziale Wohnungsbau in Deutschland. Jahrgang 2, 1942. Seite 103.

Der Wiederaufbau in den Niederlanden. In: Völkischer Beobachter. 16. Oktober 1942.

Der Wiederaufbau in Spanien: In: Völkischer Beobachter. 7. Mai 1942.

Die Ferngasversorgung Württembergs. In: Württembergische Wirtschaftszeitung. Jahrgang 22, 1942. Seite 4.

und J. Lubahn: Grundrenten-Zuwachs-Steuer. In: Soziale Praxis. Jahrgang 51, 1942. Seite 297 bis 302.

Luftkrieg gegen Wohnviertel. Im Juni 1942 in verschiedenen deutschen Tageszeitungen. Unter anderem in: Westfälische Landeszeitung. 5. Juni 1942. Seite 1 f.

Wiederaufbau in Belgien und Frankreich. In: Frankfurter Zeitung. 16. Februar 1942. Nummer 86.

Ein Rückblick auf fünf Jahre Verbandsarbeit. Stuttgart 1944.

Probleme des Wohnungswesens, des Städtebaus und der Raumordnung im Hinblick auf den Wiederaufbau und die Planung neuer Stadtanlagen in der künftigen Friedenszeit. Stuttgart 1944.

Stuttgart im Endstadium des Krieges. Stuttgart 1950.

Stuttgart vor 5 Jahren. In: Stuttgarter Zeitung. 19. April 1950.

Die Pflicht zum Widerstand. In: Nation Europa. Jg. 1, 1951. Nr. 9. Seite 37 bis 42.

Die Pflicht zum Widerstand. In: Stuttgarter Nachrichten 10. Oktober 1951.

Dolchstoßlegenden – einst und jetzt. In: Zeitwende. Jg. 23, 1951. Seite 283 bis 294.

Verräter oder Patrioten. Der 20. Juli 1944 und das Recht auf Widerstand. Stuttgart 1952.

Die Lage Deutschlands im Juli 1944. In: Frankfurter Allgemeine Zeitung. Nummer 157, 20. Juli 1956. Seite 5.

*Literatur*

Adam, Uwe Dietrich: Hochschule und Nationalsozialismus. Die Universität Tübingen im Dritten Reich. Tübingen 1977.

Adam, Uwe Dietrich: Judenpolitik im Dritten Reich. Düsseldorf 1972.

Aspekte der deutschen Wiederbewaffnung bis 1955. Herausgeber: Militärgeschichtliches Forschungsamt. Boppard 1975.

Aufstand des Gewissens. Der militärische Widerstand gegen Hitler und das NS-Regime 1933–1944. Herausgeber: Militärgeschichtliches Forschungsamt. 2. Auflage, Herford und Bonn 1985.

Bardua, Heinz: Stuttgart im Luftkrieg 1939–1945. 2. Auflage, Stuttgart 1985.

Bardua, Heinz: Stuttgart unterm Bombenhagel. In: Stuttgart im Zweiten Weltkrieg. Herausgeber: Marlene P. Hiller. Gerlingen 1989. Seite 389 bis 396.

Barkai, Avraham: Das Wirtschaftssystem des Nationalsozialismus. Der historische und ideologische Hintergrund 1933–1936. Köln 1977.

Barkai, Avraham: Wirtschaftliche Grundanschauungen und Ziele der NSDAP. In: Jahrbuch des Instituts für deutsche Geschichte der Universität Tel-Aviv. Band 7, 1978. Seite 355 bis 385.

Bayern in der NS-Zeit. 6 Bände. München, Wien 1977–1983.

Bayor, Ronald H.: Neighbors in Conflict. The Irish, Germans, Jews, and Italiens of New York City, 1929–1941. 2. Auflage, Urbana and Chicago 1988.

Bechtle, Richard: Die Ulmer Grenadiere an der Westfront. Geschichte des Grenadier-Regiments König Karl (5. Württ.) Nr. 123 im Weltkrieg 1914–1918. Stuttgart 1920. (Die württembergischen Regimenter im Weltkrieg 1914–1918. Band 6).

Becker, Peter Emil: Zur Geschichte der Rassenhygiene. Wege ins Dritte Reich. Stuttgart, New York 1988.

Bell, Leland Virgil: Anatomy of a Hate Movment: The German American Bund 1936–1941. Ph.D. West Virginia University 1968. Microfilmed Ann Arbor.

Béné, Charles: L'Alsace dans les griffes nazies. 7 Bände. Raon-l'Etape 1973–1988.

Besson, Waldemar: Württemberg und die deutsche Staatskrise 1928–1933. Eine Studie zur Auflösung der Weimarer Republik. Stuttgart 1959.

Bernhard, Rudolph: Stuttgart und die TWS. Stuttgart 1983.

Der Bezirksplanungsverband Stuttgart e. V. Ein Abschlußbericht. Stuttgart 1937.

Blos, Wilhelm: Denkwürdigkeiten aus der Umwälzung. Stuttgart 1922.

Boelcke, Willi A.: Die deutsche Wirtschaft 1930–1945. Interna des Reichswirtschaftsministeriums. Düsseldorf 1983.

Bohn, Willi: Stuttgart: Geheim! Widerstand und Verfolgung 1933–1945. 3. Auflage, Frankfurt/M. 1978.

Borst, Otto: Stuttgart. Die Geschichte der Stadt. 2. Auflage, Stuttgart 1973.

Die Braune Elite. Herausgeber: Ronald Smelser, Rainer Zitelmann. Darmstadt 1989.

Broszat, Martin: Der Staat Hitlers. 12. Auflage, München 1989.

Broszat, Martin: Soziale Motivation und Führer-Bindung des Nationalsozialismus. In: Vierteljahrshefte für Zeitgeschichte. Jahrgang 18, 1970. Seite 392 bis 409.

Broszat, Martin; Elke Fröhlich: Alltag und Widerstand – Bayern im Nationalsozialismus. München 1987.

Bruch, Rüdiger vom: Bürgerliche Sozialreform im deutschen Kaiserreich. In: Weder Kommunismus noch Kapitalismus. Bürgerliche Sozialreform in Deutschland vom Vormärz bis zur Ära Adenauer. Herausgeber: Rüdiger vom Bruch. München 1985. Seite 61 bis 180.

Buchsweiler, Meir: Volksdeutsche in der Ukraine am Vorabend und Beginn des Zweiten Weltkrieges – ein Fall doppelter Loyalität? Gerlingen 1984.

Caplan, Jane: Civil Service Support for National Socialism: An Evaluation. In: Der »Führerstaat«: Mythos und Realität. Herausgeber: Gerhard Hirschfeld, Lothar Kettenacker. Stuttgart 1981. Seite 167 bis 191.

Christen, Theodor: Aus den Münchner Revolutionstagen. Ohne Ort, ohne Jahr [um 1920].

Chronik der Stadt Stuttgart 1933–1945. Herausgeber: Kurt Leipner. Stuttgart, ohne Jahr [1982].

Dahlheimer, Harry: Germany and the Quest for Neutrality, 1933–1937. Ann Arbor 1978.

Das Daimler-Benz-Buch. Ein Rüstungskonzern im »Tausendjährigen Reich«. Herausgeber: Hamburger Stiftung für Sozialgeschichte des 20. Jahrhunderts. Nördlingen 1987.

Damaschke, Adolf: Eine Ergänzung des Enteignungsrechts. In: Bodenreform. Jahrgang 45, 1934. Nummer 15/16. Seite 1.

Diamond, Sander A.: The Nazi Movement in the United States 1924–1941. Ithaca 1974.

Diehl-Thiele, Peter: Partei und Staat im Dritten Reich. Untersuchungen zum Verhältnis von NSDAP und allgemeiner innerer Staatsverwaltung 1933–1945. München 1969.

Diephouse, David J.: Pastors and Pluralism in Württemberg. Princeton 1987.

Documents on Germany under Occupation 1945–1954. Selected an edited by Beate Ruhm von Oppen. London 1955.

Driftmann, Hans H.: Grundzüge des militärischen Erziehungs- und Bildungswesens in der Zeit 1871–1939. Regensburg 1980.

Das Dritte Reich in Baden und Württemberg. Herausgeber: Otto Borst. Stuttgart 1988.

Dröscher, Hans-Jürgen: Das Auswärtige Amt im Dritten Reich. Berlin 1987.

Druth, Werner: Verschwiegene Geschichte. Probleme in der Kontinuität der Stadtplanung 1940–1960. In: Die alte Stadt. Jahrgang 14, 1987. Seite 28 bis 50.

Dünnebacke, Paul-Heinz: Karl Jarres im Kaiserreich und in den ersten Jahren der Weimarer Republik. Phil. Diss. Münster 1974. Münster 1976.

Eisenschmidt, Rainer: Stuttgart – Stadt der Auslandsdeutschen. Die geplante »Reichswichtigkeit«. In: Stuttgart im Dritten Reich. Anpassung, Widerstand, Verfolgung. Stuttgart 1984. Seite 62 bis 76.

Engeli, Christian: Gustav Böß. Oberbürgermeister in Berlin 1921–1930. Stuttgart 1971

Ernst, Robert: Rechenschaftsbericht eines Elsässers. Berlin 1954.

Fiehler, Karl: Nationalsozialistische Gemeindepolitik. 5. Auflage, München 1932.

Först, Walter: Robert Lehr als Oberbürgermeister. Düsseldorf 1962.

Förster, Jürgen: Hitlers Entscheidung für den Krieg gegen die Sowjetunion. In: Der Angriff auf die Sowjetunion. Herausgeber: Horst Boog und andere. Stuttgart 1983. Seite 3 bis 37. (Das Deutsche Reich und der Zweite Weltkrieg. Band 4).

Frye, Alton: Nazi Germany and the American Hemnisphere 1933–1941. New Haven 1967.

Fuchs, Konrad: Ein Konzern aus Sachsen. Stuttgart 1990.

Der »Führerstaat«: Mythos und Realität. Herausgeber: Gerhard Hirschfeld, Lothar Kettenacker. Stuttgart 1981.

50 Jahre Gleichschaltung der Selbstverwaltungsorgane der Stadt Stuttgart. Sondersitzung des Gemeinderats am 16. März 1983. (Stadtarchiv Stuttgart, Kc 543).

Gaulle, Charles de: Mémoires de guerre. Band 3. Le salut 1944–1946. Paris 1959.

Gaupp, Robert: Die Nervenkranken des Krieges, ihre Beurteilung und Behandlung. Sonderdruck aus: Vom Arbeitsfeld der Kriegswohlfahrtspflege für Württemberg. Stuttgart 1917.

Gemmingen-Guttenberg-Fürstenfeld, Freiherr von: Das Grenadier-Regiment Königin Olga (1. Württ.) Nr. 119 im Weltkrieg 1914–1918. Stuttgart 1927. (Die württembergischen Regimenter im Weltkrieg 1914–1918. Band 39).

Genuneit, Jürgen: Völkische Radikale in Stuttgart. Stuttgart 1982. (Katalog der Aussetellungsreihe Stuttgart im Dritten Reich).

Goebbels, Joseph: Tagebücher 1945. Die letzten Aufzeichnungen. 2. Auflage, Bergisch-Gladbach 1980.

Goffman, Erving: Asyle. Über die soziale Situation psychischer Patienten und anderer Insassen. Frankfurt/M. 1973.

Graessner, Gernot H. W.: Deutschland und die Nationalsozialisten in den Vereinigten Staaten von Amerika 1933–1939. Phil. Diss. Bonn 1973.

Graml, Hermann: Alte und neue Apologeten Hitlers. In: Rechtsextremismus in der Bundesrepublik. Herausgeber: Wolfgang Benz. Frankfurt/M. 1984. Seite 68 bis 96.

Graml, Hermann: Die außenpolitischen Vorstellungen des deutschen Widerstandes. In: Widerstand im Dritten Reich. Herausgeber: Hermann Graml. Frankfurt/M. 1984. Seite 92 bis 139.

Gröner, Helmut: Die Ordnung der deutschen Elektrizitätswirtschaft. Baden-Baden 1975. (Wirtschaftsrecht und Wirtschaftspolitik. Band 41).

Häberle, Karl Erich: Stuttgart und die Elektrizität. Geschichte der Stuttgarter Elektrizitäts- und Fernwärmeversorgung. Stuttgart 1983.

Hahn, Paul: Der Rote Hahn, eine Revolutionserscheinung. Stuttgart 1922.

Hamilton, Richard F.: Who Voted for Hitler? Princeton 1982.

Hanitsch, Jutta: Aufschwung durch Rüstung. Auswirkungen nationalsozialistischer Wirtschaftspolitik für Stuttgart. In: Stuttgart im Dritten Reich. Anpassung, Widerstand, Verfolgung. Stuttgart 1984. Seite 122 bis 131.

Hanko, Helmut M.: Kommunalpolitik in der »Hauptstadt der Bewegung« 1933–1935. Zwischen »revolutionärer« Umgestaltung und Verwaltungskontinuität. In: Bayern in der NS-Zeit. Herausgeber Martin Broszat, Elke Fröhlich, Anton Grossmann. Band 3. München 1981. Seite 329 bis 441.

Hanschel, Hermann: Oberbürgermeister Hermann Luppe. Nürnberger Kommunalpolitiker in der Weimarer Republik. Nürnberg 1977.

Heimann, Eduard: Entwicklungsgang der wirtschafts- und sozialpolitischen Systeme und Ideale. II. Die jüngste Entwicklung. In: Grundriß der Sozialökonomik. Band I,1. 2. Auflage, Tübingen 1924. Seite 184 bis 201.

Heinemann, Ulrich: Ein konsevativer Rebell. Fritz-Dietlof von der Schulenburg und der 20. Juli. Berlin 1990.

Heitz, Robert: A mort. Paris 1946.

Heitz, Robert: Souvenirs de jadis et de naguère. Woerth (Bas-Rhin) 1964.

Heuss, Theodor: Robert Bosch. Leben und Leistung. Stuttgart 1946.

Hilberg, Raul: Die Vernichtung der europäischen Juden. Berlin 1982.

Hillmayr, Heinrich: Roter und Weißer Terror in Bayern nach 1918. München 1974.

Hitlers Städte. Baupolitik im Dritten Reich. Eine Dokumentation von Jost Dülffer, Jochen Thies und Josef Henke. Köln/Wien 1978.

Hofer, Fritz; Sonja Hägeli: Zürcher Personen-Lexikon. Zürich 1986.

Hoffmann, Peter: Der militärische Widerstand in der zweiten Kriegshälfte 1942 bis 1944/45. In: Aufstand des Gewissens. Herausgeber: Militärgeschichtliches Forschungsamt. 2. Auflage, Herford und Bonn 1985. Seite 395 bis 419.
Hoffmann, Peter: Widerstand, Staatsstreich, Attentat. 3. Auflage, München 1979.
Hofmann, Wolfgang: Zwischen Rathaus und Reichskanzlei. Die Oberbürgermeister in der Kommunal- und Staatspolitik des Deutschen Reiches von 1890–1933. Stuttgart 1974. (Schriftenreihe des Deutschen Instituts für Urbanistik, 46).
Höhn, Reinhard: Die Armee als Erziehungsschule der Nation. Das Ende einer Idee. Bad Harzburg 1963.
Höhn, Reinhard: Sozialismus und Heer. 3 Bände. Bad Harzburg 1963 ff.
Huber, Max: Das Internationale Komitee vom Roten Kreuz, seine Aufgabe, seine Schwierigkeiten und Möglichkeiten. Zürich 1944. (Eidgenössische Technische Hochschule. Kultur- und staatswissenschaftliche Schriften. Nummer 42).
Hüttenberger, Peter: Die Gauleiter. Studie zum Wandel des Machtgefüges in der NSDAP. Stuttgart 1969. (Schriftenreihe der Vierteljahrshefte für Zeitgeschichte 19).
Irving, David: The trail of the fox. New York 1977.
Jäckel, Eberhard: Hitlers Herrschaft. Stuttgart 1986.
Jäckel, Eberhard: Hitlers Weltanschauung. 3. Auflage Stuttgart 1986.
Jacobsen, Hans-Adolf: Nationalsozialistische Außenpolitik. Frankfurt/M. 1968.
Janz, Arthur: Die staatsbürgerliche Erziehung im deutschen Heere bisher und in Zukunft. Berlin 1919.
Jong, Louis de: The German Fifth Column in the Second World War. New York 1973.
Kautt, Dietrich: Stadtkronen oder städtebauliche Dominante: Herkunft und Wandel einer Idee. In: Die alte Stadt. Jahrgang 11, 1984. Seite 139 bis 150.
Klett, Ulrich: Stuttgart und das Gas. Geschichte der Stuttgarter Gasversorgung. Stuttgart 1983.
Kettenacker, Lothar: Die Chefs der Zivilverwaltung im Zweiten Weltkrieg. In: Verwaltung contra Menschenführung. Herausgeber: Dieter Rebentisch, Klaus Teppe. Göttingen 1986. Seite 396 bis 417.
Kettenacker, Lothar: Nationalsozialistische Volkstumspolitik im Elsaß. Stuttgart 1973.
Kipphan, Klaus: Deutsche Propaganda in den Vereinigten Staaten. Heidelberg 1971.
Koehl, Robert L.: Reichskommissar für die Festigung des Deutschen Volkstums – German Resettlement and Population Policy 1939–1945. Cambridge (Mass.) 1957. (Harvard Historical Monographs. 31).
Komjathy, Anthony; Rebecca Stockwell: German Minorities and the Third Reich. Ethnic Germans of East Central Europe between the Wars. New York, London 1980.
Konz, Otto: Donau-Bodensee-Kanal. Ulm–Friedrichshafen. Als Auszug aus einem Entwurf für den Donau-Bodensee-Kanal vom Mai 1942. Stuttgart, ohne Jahr [1950].
Konz, Otto: Lebenserinnerungen. Stuttgart 1967.
Lammert, Peter: Die gegliederte und aufgelockerte Stadt vor und nach 1945. In: Die alte Stadt. Jahrgang 14, 1987. Seite 28 bis 50.

Landesbischof Wurm und der nationalsozialistische Staat 1940–1945. Eine Dokumentation. In Verbindung mit Richard Fischer zusammengestellt von Gerhard Schäfer. Stuttgart 1968.

Laux, Eberhard: Führung und Verwaltung in der Rechtslehre des Nationalsozialismus. In: Verwaltung contra Menschenführung im Staat Hitlers. Herausgeber: Dieter Rebentisch, Klaus Teppe. Göttingen 1986. Seite 33 bis 65.

Lee, Albert: Henry Ford and the Jews. New York 1980.

Leiner, Wolfgang: Die Elektrische Kraftübertragung Herrenberg e.G.m.b.H. Stuttgart 1980.

Leiner, Wolfgang: Geschichte der Elektrizitätswirtschaft in Württemberg. Band 2,2. Der Weg zur Großwirtschaft (1916–1945). Stuttgart 1985.

Leitfaden für den Unterricht über Heerwesen auf den Königlichen Kriegsschulen. 12. Auflage, Berlin 1909.

Locher, Albert: In memoriam Dr. Karl Strölin. Oberbürgermeister der Stadt Stuttgart von 1933–1945. Stuttgart 1963.

Lucas, Erhard: Märzrevolution 1920. 3 Bände. Frankfurt/M. 1973–1978.

Die Machtergreifung in Südwestdeutschland. Das Ende der Weimarer Republik in Württemberg und Baden. Herausgeber: Thomas Schnabel. Stuttgart 1982. (Schriftenreihe zur politischen Landeskunde Baden-Württembergs. Band 6).

Matzerath, Horst: Nationalsozialismus und kommunale Selbstverwaltung. Stuttgart 1970. (Schriftenreihe des Vereins für Kommunalwissenschaften. Band 29).

Matzerath, Horst: Oberbürgermeister im Dritten Reich. Auswertung einer quantitativen Analyse. In: Oberbürgermeister. Herausgeber: Klaus Schwabe. Boppard 1981. Seite 157 bis 199.

Matzerath, Horst: Oberbürgermeister im Dritten Reich. In: Der »Führerstaat«: Mythos und Realität. Herausgeber: Gerhard Hirschfeld, Lothar Kettenacker. Stuttgart 1981. Seite 228 bis 252.

Mayer, Richard: 50 Jahre Südwestdeutscher Kanalverein für Rhein, Neckar und Donau e. V. Stuttgart, ohne Jahr [1966].

McKale, Donald M.: The Swastika outside Germany. Kent State University Press 1977.

Michaelis, Klaus: Karl Strölin. Oberbürgermeister der Stadt Stuttgart von 1933–1945. Speyer 1962. (Vervielfältigtes Manuskript).

Mommsen, Hans: Die Geschichte des deutschen Widerstands im Lichte der neueren Forschung. In: Aus Politik und Zeitgeschichte. Beilage zur Wochenzeitung Das Parlament. 1986. B 50, Seite 3 bis 18.

Mommsen, Hans: Fritz-Dietlof Graf von der Schulenburg und die preußische Tradition. In: Vierteljahrshefte für Zeitgeschichte. Jahrgang 32, 1984. Seite 213 bis 239.

Mommsen, Hans: Gesellschaftsbild und Verfassungspläne des deutschen Widerstandes. In: Widerstand im Dritten Reich. Herausgeber: Hermann Graml. Frankfurt/M. 1984. Seite 14 bis 91.

Müller, Klaus-Jürgen: Die nationalkonservative Opposition 1933–1939. Von der Kooperation zum Widerstand. In: Aus Politik und Zeitgeschichte. Beilage zur Wochenzeitung Das Parlament. 1986. B 50, Seite 19 bis 30.

Müller, Roland: Ein geräuschloser Umbau. Die Machtergreifung im Stuttgarter Rathaus. In: Stuttgart im Dritten Reich. Die Machtergreifung. Stuttgart 1983. S. 331–350.

Müller, Roland: Stuttgart zur Zeit des Nationalsozialismus. Stuttgart 1988.

Müller, Rolf-Dieter: Die Mobilisierung der deutschen Wirtschaft für Hitlers Kriegsführung. In: Organisation und Mobilisierung des deutschen Machtbereichs. Erster Halbband. Kriegsverwaltung, Wirtschaft und personelle Ressourcen. 1939–1941. Herausgeber: Bernhard R. Kroener und andere. Stuttgart 1988. Seite 349 bis 692. (Das Deutsche Reich und der Zweite Weltkrieg. Band 5,1).

Murphy, Raymond E. et al.: National Socialism. Basic Principles, their Application by the Nazi Party's Foreign Organisation, and the Use of Germans Abroad for Nazi Aims. Herausgeber: United States. Department of State. Division of European Affairs. Washington, D. C. 1943. Reprint Westport, Connecticut 1976.

Nachtmann, Walter: »Wir haben nicht gewußt, daß ...«. Gespräch mit Dr. jur. Albert Locher. In: Stuttgart im Dritten Reich. Anpassung, Widerstand, Verfolgung. Stuttgart 1984. Seite 50 bis 57.

Nachtmann, Walter: Allein gegen rechts. Die Stuttgarter SPD in den Jahren 1926 bis 1945. In: Mit uns für die Freiheit. 100 Jahre SPD in Stuttgart. Herausgeber: Siegfried Bassler. Stuttgart 1987. Seite 96 bis 115.

Nachtmann, Walter: Aufstieg und Fall des Dr. Karl Strölin. In: Stuttgart im Dritten Reich. Anpassung, Widerstand, Verfolgung. Stuttgart 1984. Seite 33 bis 49.

Nachtmann, Walter: Die medizinische Versorgung der Stuttgarter Bevölkerung im Zweiten Weltkrieg. In: Stuttgart im Zweiten Weltkrieg. Herausgeber: Marlene P. Hiller. Gerlingen 1989. Seite 63 bis 70.

Nachtmann, Walter: Robert Bosch. Großindustrieller und Weltbürger. In: Der Widerstand im deutschen Südwesten. Herausgeber: Michael Bosch, Wolfgang Niess. Stuttgart 1984. Seite 217 bis 225.

Nachtmann, Walter: Von der Splitterpartei zur Staatspartei. Zur Entwicklung des Nationalsozialismus in Stuttgart 1925–1933. In: Stuttgart im Dritten Reich. Die Machtergreifung. Stuttgart 1983. Seite 128 bis 156.

Nachtmann, Walter: Wahlkampfmittel und Wahlkämpfe in Stuttgart 1928–1933. In: Stuttgart im Dritten Reich. Prolog. Politische Plakate der späten Weimarer Republik. Stuttgart 1982. Seite 223 bis 239.

Der Neckarkanal 1935. Stuttgart 1935.

Neumann, Franz: Behemoth. Struktur und Praxis des Nationalsozialismus 1933–1944. Frankfurt/M. 1984. (Erstmals erschienen in der amerikanischen Fassung 1942 und in erweiterter Form 1944).

Niethammer, Lutz: Angepaßter Faschismus. Politische Praxis der NPD. Frankfurt/M. 1969.

Niethammer, Lutz: Die Mitläuferfabrik. Bonn/Berlin 1982.

Noakes, Jeremy: Oberbürgermeister and Gauleiter. City Government between Party and State. In: Der »Führerstaat«: Mythos und Realität. Herausgeber: Gerhard Hirschfeld, Lothar Kettenacker. Stuttgart 1981. Seite 194 bis 227.

Nolte, Paul: Effizienz oder »self-government«? Amerikanische Wahrnehmungen deutscher Städte und das Problem der Demokratie 1900–1930. In: Die alte Stadt. Jahrgang 15, 1988. Seite 261 bis 288.

Oberbürgermeister. Herausgeber: Klaus Schwabe. Boppard 1981. (Deutsche Führungsschichten in der Neuzeit. Band 13).

Peltz-Dreckmann, Ute: Nationalsozialistischer Siedlungsbau. Versuch einer Analyse der die Siedlungspolitik bestimmenden Faktoren am Beispiel des Nationalsozialismus. München 1978.

Petzina: Dieter: Autarkiepolitik im Dritten Reich. Der nationalsozialistische Vierjahresplan. Stuttgart 1968. (Schriftenreihe der Vierteljahrshefte für Zeitgeschichte. 16).

Picker, Henry: Hitlers Tischgespräche. Herausgeber: Andreas Hillgruber. München 1968.

Pinkus, Benjamin; Ingeborg Fleischhauer: Die Deutschen in der Sowjetunion. Herausgeber: Karl-Heinz Ruffmann. Baden-Baden 1987.

Pohl, Hans; Stephanie Habeth und Beate Brüninghaus: Die Daimler-Benz AG in den Jahren 1933–1945. Eine Dokumentation. Stuttgart 1986.

Der Prozeß gegen die Hauptkriegsverbrecher vor dem Internationalen Militärgerichtshof in Nürnberg. 42 Bände. Nürnberg 1947–1949.

Rämisch, Raimund Hubert: Die berufsständische Verfassung in Theorie und Praxis des Nationalsozialismus. Berlin 1957.

Rapport du Comitée internationale de la Croix-Rouge sur son activité pendant la seconde guerre mondiale. Genf 1948.

Rebentisch, Dieter: Der Nationalsozialismus als Problem der Stadtgeschichtsschreibung. In: Probleme der Stadtgeschichtsschreibung. Herausgeber: Christian Engli, Wolfgang Hofmann und Horst Matzerath. Berlin 1981. Seite 127 bis 135. (Informationen zur modernen Stadtgeschichte – IMS – Beiheft 1).

Rebentisch, Dieter: Die politische Stellung der Oberbürgermeister im Dritten Reich. In: Oberbürgermeister. Herausgeber: Klaus Schwabe. Boppard 1981. Seite 125 bis 155.

Rebentisch, Dieter: Frankfurt am Main und das Reich in der NS-Zeit. In: Archiv für Frankfurter Geschichte und Kunst. Jahrgang 57, 1980. Seite 243 bis 267.

Rebentisch, Dieter: Führerstaat und Verwaltung im Zweiten Weltkrieg. Stuttgart 1989.

Rebentisch, Dieter: Ludwig Landmann. Frankfurter Oberbürgermeister der Weimarer Republik. Wiesbaden 1975.

Rebentisch, Dieter: Persönlichkeitsprofile und Karriereverlauf der nationalsozialistischen Führungskader in Hessen. In: Hessisches Jahrbuch für Landesgeschichte. Band 33,1983. Seite 293 bis 331.

Rebentisch, Dieter: Städte oder Monopol. Privatwirtschaftliches Ferngas oder kommunale Verbundwirtschaft in der Weimarer Republik. In: Zeitschrift für Stadtgeschichte, Stadtsoziologie und Denkmalpflege. Jahrgang 3, 1976. Seite 38 bis 75.

Rechtsextremismus in der Bundesrepublik. Herausgeber: Wolfgang Benz. Frankfurt/M. 1984.

Recker, Marie-Luise: Der Reichskommissar für den sozialen Wohnungsbau. Zu Aufbau, Stellung und Arbeitsweise einer führerunmittelbaren Sonderbehörde. In: Verwaltung contra Menschenführung im Staat Hitlers. Herausgeber: Dieter Rebentisch, Klaus Teppe. Göttingen 1986. Seite 333 bis 350.

Recker, Marie-Luise: Nationalsozialistische Sozialpolitik im Zweiten Weltkrieg. München 1985. (Studien zur Zeitgeschichte Band 29).

Reichsführer! Briefe an und von Himmler. Herausgeber: Helmut Heiber. München 1970.

Remak, Joachim: »Friends of the New Germany« – The Bund and German-American Relations. In: Journal of Modern History. Vol. 29,1957. Seite 38 bis 41.

Remak, Joachim: Germany and the US 1933–1939. Ann Arbor 1978. (Ph. D. Stanford University 1954).

Ritter, Ernst: Das Deutsche Auslands-Institut in Stuttgart 1917–1945. Wiesbaden 1976.

Ritter, Gerhard: Carl Goerdeler und der deutsche Widerstand. 3. Auflage Stuttgart 1956.

Röhm, Eberhard; Jörg Thierfelder: Anpassung, Zweifel, Protest. Das evangelische Stuttgart zwischen 1933 und 1939. In: Stuttgart im Dritten Reich. Anpassung, Widerstand, Verfolgung. Stuttgart 1984. Seite 342 bis 364.

Röhm, Eberhard; Jörg Thierfelder: Die evangelische Kirche im Zweiten Weltkrieg. In: Stuttgart im Zweiten Weltkrieg. Herausgeber: Marlene P. Hiller. Stuttgart 1989. Seite 195 bis 209.

Rohrbach, Rudolf: Zielsetzung der württembergischen Energiewirtschaft. In: Die Technik. Jahrgang 1939. Seite 129 bis 132.

Rout, Leslie B; John F. Bratzel: The Shadow War. German Espionage and United States Counterespionage in Latin America during World War II. Frederick, Maryland 1986.

Sämisch, Moritz: Gutachten des Reichssparkommissars über die Verwaltung der Stadt Stuttgart. Stuttgart 1932.

Saldern, Adelheid von: Mittelstand im »Dritten Reich«. Handwerker – Einzelhändler – Bauern. Frankfurt/M., New York 1979.

Sauer, Paul: Demokratischer Neubeginn in Not und Elend. Ulm 1978.

Sauer, Paul: Für Recht und Menschenwürde. Ein Lebensbild von Otto Hirsch (1885–1941). Gerlingen 1985.

Sauer, Paul: Von Unbotmäßigkeit bis zu Widerstand. In: Stuttgart im Zweiten Weltkrieg. Herausgeber: Marlene P. Hiller. Gerlingen 1989. Seite 231 bis 246.

Sauer, Paul: Württemberg in der Zeit des Nationalsozialismus. Ulm 1975.

Sauer, Paul: Zum hundertsten Geburtstag von Dr. Karl Strölin. In: Amtsblatt. 25. Oktober 1991.

Schäfer, Gerhard: Dokumentation zum Kirchenkampf. Die Evangelische Landeskirche in Württemberg und der Nationalsozialismus. 6 Bände. Stuttgart 1971–1986.

Schmidt, Paul von: Die Erziehung des Soldaten. Berlin 1894.

Schmoller, Gustav: Was verstehen wir unter dem Mittelstande. Rede auf dem 8. evangelisch-sozialen Kongreß in Leipzig. Göttingen 1897.

Schmuhl, Hans-Walter: Rassenhygiene, Nationalsozialismus, Euthanasie. Von der Verhütung zur Vernichtung »lebensunwerten« Lebens, 1890–1945. Göttingen 1987.

Schnabel, Thomas: Von Bazille zu Mergenthaler. Parteien und Wahlen in Württemberg 1928–1933. In: Stuttgart im Dritten Reich. Prolog. Politische Plakate der späten Weimarer Republik. Stuttgart 1982. Seite 240 bis 262.

Schnabel, Thomas: Württemberg zwischen Weimar und Bonn. Stuttgart 1986. (Schriften zur politischen Landeskunde Baden-Württembergs Band 13).

Schneider, Wolfgang Christian: Hitlers »wunderschöne Hauptstadt des Schwabenlandes«. Nationalsozialistische Stadtplanung, Bauten und Bauvorhaben in Stuttgart. In: Demokratie und Arbeitergeschichte. Jahrbuch 2. Stuttgart 1982. Seite 51 bis 95.

Schneider, Wolfgang Christian: Stuttgart und Bremen in der NS-Zeit. In: Neue Politische Literatur. Jahrgang 32, 1987. Seite 166 bis 171.

Schnitzer-Fischer, R. unter Mitarbeit von Otto Schwarz und K. Späth: Planmäßige Wasserwirtschaft des Neckars und der Oberen Donau unter Berücksichtigung der Überleitung von Donauwasser nach dem Neckar. Stuttgart, ohne Jahr [1943].

Schöllgen, Gregor: Ulrich von Hassell 1881–1944. Ein Konservativer in der Opposition. München 1990.

Schoenbaum, David: Die braune Revolution. Eine Sozialgeschichte des Dritten Reiches. München 1960.

Schönhagen, Benigna: Von der medizinischen Aussonderung zur »Vernichtung lebensunwerten Lebens«. In: Stuttgart im Zweiten Weltkrieg. Herausgeber: Marlene P. Hiller. Stuttgart 1989. Seite 117 bis 133.

Schönhagen, Benigna: Tübingen unterm Hakenkreuz. Stuttgart 1991.

Schröder, H.J.: Deutschland und die Vereinigten Staaten 1933–1939. Wiesbaden 1970.

Schullze, Erich: Gesetz zur Befreiung von Nationalismus und Militarismus mit den Ausführungsvorschriften. 3. Auflage, München 1948.

Schulte, Bernd F.: Die deutsche Armee 1900–1914. Zwischen Beharren und Verändern. Düsseldorf 1977.

Schulz, Gerhard: Aufstieg des Nationalsozialismus. Frankfurt/M., Berlin 1975.

Schulz, Günther: Bürgerliche Sozialreform in der Weimarer Republik. In: Weder Kommunismus noch Kapitalismus. Bürgerliche Sozialreform in Deutschland vom Vormärz bis zur Ära Adenauer. Herausgeber: Rüdiger vom Bruch. München 1985. Seite 181 bis 218.

Seidelmann, Wolf-Ingo: Der Neckar-Donau-Kanal. 200 Jahre Planung für eine Wasserstraße quer über die Alb. Sankt Katharinen 1988. (Beiträge zur südwestdeutschen Wirtschafts- und Sozialgeschichte. Band 6).

Seidler, Franz W.: Fritz Todt. Baumeister des Dritten Reiches. München 1986.

Siegfried, Klaus-Jörg: Universalismus und Faschismus. Das Gesellschaftsbild Othmar Spanns. Wien 1974.

Smith, Arthur L.: The Deutschtum of Nazi Germany and the United States. The Hague 1965.

Sombart, Werner: Die deutsche Volkswirtschaft im 19. und im Anfang des 20. Jahrhunderts. Berlin 1921.

Sombart, Werner: Sozialismus und soziale Bewegung. 8. Auflage, Jena 1919.

Sontheimer, Kurt: Antidemokratisches Denken in der Weimarer Republik. München 1962.

Sontheimer, Kurt: Der Tatkreis. In: Ders.: Deutschland zwischen Demokratie und Antidemokratie. München 1971. Seite 56 bis 94.

Spann, Othmar: Der wahre Staat. Leipzig 1921.

Speidel, Hans: Aus unserer Zeit. Erinnerungen. Frankfurt/M. 1977.
Speidel, Hans: Invasion 1944. Tübingen 1949.
Spengler, Oswald: Preußentum und Sozialismus. München 1919.
Spiegelbild einer Verschwörung. Herausgeber: Hans-Adolf Jacobsen. 2 Bände. Stuttgart 1984.
Steinacher, Hans: Erinnerungen und Dokumente. Herausgeber: Hans-Adolf Jacobsen. Boppard 1970.
Strasser, Gregor: Arbeit und Brot. Reichstagsrede des nat. soz. Abg. Gregor Strasser am 10. Mai 1939. München 1932
Strobridge, Truman R.: Der »Zwischenfall von Stuttgart«. In: Stuttgart im Zweiten Weltkrieg. Herausgeber: Marlene P. Hiller. Stuttgart 1989. Seite 529 bis 533.
Stühmke, Reinhold: Das Infanterie-Regiment »Kaiser Friedrich, König von Preußen« (7. Württ.) Nr. 125 im Weltkrieg 1914–1918. Stuttgart 1923. (Die württembergischen Regimenter im Weltkrieg 1914–1918. Band 31).
Stuttgart im Dritten Reich. Prolog. Politische Plakate der späten Weimarer Republik. Stuttgart 1982.
Stuttgart im Dritten Reich. Die Machtergreifung. Stuttgart 1983.
Stuttgart im Dritten Reich. Anpassung, Widerstand, Verfolgung. Stuttgart 1984.
Stuttgart im Zweiten Weltkrieg. Herausgeber: Marlene P. Hiller. Stuttgart 1989.
Taten und Erlebnisse des Infanterie-Regiments Kaiser Friedrich, König von Preußen (7. Württ.) Nr. 125 im Weltkrieg 1914–1918. Zur Erinnerung an die Regimentszusammenkunft am 5. Mai 1921. Stuttgart [1921].
Thamer, Hans-Ulrich: Verführung und Gewalt. Deutschland 1933–1945. Berlin 1986.
Treue, Wilhelm: Die Elektrizitätswirtschaft als Grundlage der Autarkie-Wirtschaft und die Frage der Sicherheit der Elektrizitätsversorgung in Westdeutschland. In: Wirtschaft und Rüstung am Vorabend des Zweiten Weltkriegs. Herausgeber: Friedrich Forstmeier, Hans-Erich Volkmann. 2. Auflage, Düsseldorf 1981. Seite 136 bis 157.
Überschär, Gerd R.: Das Dilemma der deutschen Militäropposition. Berlin 1988.
Ursachen und Voraussetzungen des Zweiten Weltkrieges. Herausgeber: Wilhelm Deist und andere. Aktualisierte, ungekürzte Ausgabe. Frankfurt/M. 1989. (Erstmals erschienen als: Das Deutsche Reich und der Zweite Weltkrieg. Band 1).
Verwaltung contra Menschenführung im Staat Hitlers. Herausgeber: Dieter Rebentisch, Klaus Teppe. Göttingen 1986.
Verwaltungsberichte der Stadt Stuttgart 1933–1944. Stuttgart 1934–1945.
Vietzen, Hermann: Chronik der Stadt Stuttgart 1945–1948. Stuttgart 1972.
Von Weimar bis Bonn. Esslingen 1919–1949. Esslingen 1991.
Walle, Heinrich: Ein Rundgang durch die Ausstellung. In: Aufstand des Gewissens. Herausgeber: Militärgeschichtliches Forschungsamt. 2. Auflage, Herford und Bonn 1985. Seite 17 bis 204.
Walz, Manfred: Wohnungsbau- und Industrieansiedlungspolitik in Deutschland 1933–1939. Dargestellt am Ausbau des Industriekomplexes Wolfsburg-Braunschweig-Salzgitter. Frankfurt/M. 1979.
Weder Kommunismus noch Kapitalismus. Bürgerliche Sozialreform in Deutschland vom Vormärz bis zur Ära Adenauer. Herausgeber: Rüdiger vom Bruch. München 1985.

Weller, Arnold: Sozialgeschichte Südwestdeutschlands. Stuttgart 1979.
Weller, Karl: Die Staatsumwälzung in Württemberg 1918–1920. Stuttgart 1929.
Werner, Josef: Karlsruhe 1945. Unter Hakenkreuz, Trikolore und Sternenbanner. Karlsruhe 1986.
Wernicke, Johann: Der Mittelstand und seine wirtschaftliche Lage. Leipzig 1909.
Wernicke, Johann: Kapitalismus und Wirtschaftspolitik. Jena 1922.
Der Widerstand im Deutschen Südwesten. Herausgeber: Michael Bosch, Wolfgang Niess. Stuttgart 1984.
Widerstand im Dritten Reich. Probleme, Ereignisse, Gestalten. Herausgeber: Hermann Graml. Frankfurt/M. 1984
Widerstand und Erneuerung. Neue Berichte und Dokumente vom inneren Kampf gegen das Hitler-Regime. Herausgeber Otto Kopp. Stuttgart 1966.
Widerstand und Verweigerung in Deutschland 1933–1945. Herausgeber: Richard Löwenthal und Patrick von zur Mühlen. Bonn 1982.
Wintterlin, Kurt: Karl Strölin der Retter in Stuttgarts größter Not. Stuttgart 1969. (Unveröffentlichtes Manuskript, Stadtarchiv Stuttgart, Ka 189).
Wurm, Theophil: Lebenserinnerungen. Stuttgart 1953.
Young, Desmond: Rommel. Wiesbaden 1950.
Zabel, Jürgen-K.: Das preußische Kadettenkorps. Militärische Jugenderziehung als Herrschaftsmittel im preußischen Militärsystem. Frankfurt/M. 1978. (Studien zur Politikdidaktik Band 5).
Zängl, Wolfgang: Deutschlands Strom. Die Politik der Elektrifizierung von 1866 bis heute. Frankfurt/M. 1989.
Zelzer, Maria: Stuttgart unterm Hakenkreuz. Stuttgart 1983.
Zelzer, Maria: Weg und Schicksal der Stuttgarter Juden. Stuttgart, ohne Jahr [1964].

# Anmerkungen

*Einleitung*

1 Amtsblatt 23. März 1933, Seite 204.
2 Karl Strölin: Verräter oder Patrioten. Stuttgart 1952. Seite 35.
3 Stadtarchiv Stuttgart, Personalamt, Personalakte Karl Strölin, Blatt 43, Auszug aus der Niederschrift über die Verhandlungen der Vollversammlung des Gemeinderats vom 18. Oktober 1951, § 362.
4 Kurt Winterlin: Karl Strölin der Retter in Stuttgarts größter Not. Stuttgart 1969. (Unveröffentlichtes Manuskript, Stadtarchiv Stuttgart, Ka 189).
5 Roland Müller: Stuttgart zur Zeit des Nationalsozialismus. Stuttgart 1988.
6 Stuttgart im Dritten Reich. Prolog. Politische Plakate der späten Weimarer Republik. Stuttgart 1982. Jürgen Genuneit: Völkische Radikale in Stuttgart. Stuttgart. 1982. Stuttgart im Dritten Reich. Die Machtergreifung. Stuttgart 1983. Stuttgart im Dritten Reich. Anpassung, Widerstand, Verfolgung. Stuttgart 1984.
7 Stuttgart im Zweiten Weltkrieg. Herausgeber: Marlene P. Hiller. Stuttgart 1989.
8 Maria Zelzer: Stuttgart unterm Hakenkreuz. Stuttgart 1983.
9 Chronik der Stadt Stuttgart 1933–1945. Herausgeber: Kurt Leipner. Stuttgart, ohne Jahr [1982].
10 Für die Literatur sei auf die einzelnen Kapitel verwiesen.
11 Stadtarchiv Stuttgart, Nachlaß Strölin, Nummer 37 bis 48.
12 Für die Weimarer Republik: Walter Först: Robert Lehr als Oberbürgermeister. Düsseldorf 1962; Christian Engeli: Gustav Böß. Oberbürgermeister in Berlin 1921–1930. Stuttgart 1971; Dieter Rebentisch: Ludwig Landmann. Frankfurter Oberbürgermeister der Weimarer Republik. Wiesbaden 1975; Paul-Heinz Dünnebacke: Karl Jarres im Kaiserreich und in den ersten Jahren der Weimarer Republik. Phil. Diss. Münster 1974. Münster. 1976; Hermann Hanschel: Oberbürgermeister Hermann Luppe. Nürnberger Kommunalpolitiker in der Weimarer Republik. Nürnberg 1977.
13 Zu diesem Problem vergleiche Dieter Rebentisch: Der Nationalsozialismus als Problem der Stadtgeschichtsschreibung. In: Probleme der Stadtgeschichtsschreibung. Herausgeber: Christian Engeli, Wolfgang Hofmann und Horst Matzerath. Berlin 1981. Seite 127 f.
14 Horst Matzerath: Nationalsozialismus und kommunale Selbstverwaltung. Stuttgart 1970. (Schriftenreihe des Vereins für Kommunalwissenschaften Band 29.)
15 Peter Hüttenberger: Die Gauleiter. Studie zum Wandel des Machtgefüges in der NSDAP. Stuttgart 1969. (Schriftenreihe der Vierteljahreshefte für Zeitgeschichte 19.) und Peter Diehl-Thiele: Partei und Staat im Dritten Reich. Untersuchungen

zum Verhältnis von NSDAP und allgemeiner innerer Staatsverwaltung 1933–1945. München 1969.
16 Dieter Rebentisch: Die politische Stellung der Oberbürgermeister im Dritten Reich. In: Oberbürgermeister. Herausgeber: Klaus Schwabe. Boppard 1981. (Deutsche Führungsschichten in der Neuzeit. Band 13.) Seite 125 bis 155.
17 Horst Matzerath: Oberbürgermeister im Dritten Reich. Auswertung einer quantitativen Analyse. In: Oberbürgermeister. Herausgeber: Klaus Schwabe. Boppard 1981. Seite 157 bis 199. Der gleiche Beitrag erschien gekürzt und überarbeitet nochmals in: Der »Führerstaat«: Mythos und Realität. Herausgeber: Gerhard Hirschfeld, Lothar Kettenacker. Stuttgart 1981. Seite 228 bis 252.
18 Jeremy Noakes: Oberbürgermeister and Gauleiter. City Government between Party and State. In: Ebenda, Seite 194 bis 227.
19 Horst Matzerath: Nationalsozialismus und kommunale Selbstverwaltung. Seite 10 hat gerade für Strölin darauf hingewiesen, daß bei ihm ein biographischer, individualisierender Ansatz notwendig wäre.
20 Horst Matzerath: Oberbürgermeister im Dritten Reich. In: Oberbürgermeister. Herausgeber: Klaus Schwabe. Boppard 1981. Seite 159.

## *Sozialisationen*

1 Stadtarchiv Stuttgart, Nachlaß Strölin, Nummer 2, Familienstammbaum und Otto Borst: Stuttgart. Die Geschichte der Stadt. 2. Aufl. Stuttgart 1973. Seite 76.
2 Theophil Wurm: Lebenserinnerungen. Stuttgart 1953, Seite 161.
3 Württemberger Zeitung, 9. Januar 1914, Seite 13.
4 Entsprechend der Militärkonvention zwischen Württemberg und dem Norddeutschen Bund vom November 1870, die man 1871 leicht modifiziert als Bestandteil der Reichsverfassung übernahm, wurde das württembergische Heer als XIII. Armeekorps entsprechend der preußischen Numerierung in das deutsche Heer eingegliedert. Zum schulischen und militärischen Werdegang Karl von Strölins: Hauptstaatsarchiv Stuttgart, Militärarchiv M 430/2, 2156, Personalbogen (Personalbericht vom 1. Dezember 1939).
5 Ebenda.
6 Ebenda, Nummer 2154, Personalakte Karl Strölin. Personalbogen ohne Datum (vermutlich Februar oder März 1916).
7 Ebenda.
8 Zur Geschichte des Kadettenkorps und der dortigen Erziehung vergleiche: Jürgen-K. Zabel: Das preußische Kadettenkorps. Militärische Jugenderziehung als Herrschaftsmittel im preußischen Militärsystem. Frankfurt/M. 1078. (Studien zur Politikdidaktik Band 5). Auch für das Folgende.
9 Ebenda, Seite 192 ff. Die von Zabel in Anlehnung an: Erving Goffman: Asyle. Über die soziale Situation psychischer Patienten und anderer Insassen. Frankfurt/M. 1973 gemachte Untersuchung über die Sozialisation der Kadetten scheint mir die gelungenste in diesem Zusammenhang zu sein.

10 Ebenda und besonders Stadtarchiv Stuttgart, Nachlaß Strölin, Nummer 37 ff., Tagebuch 1939 ff.
11 Zabel: Das preußische Kadettenkorps. Seite 185 ff.
12 Ebenda.
13 Als Beispiel seien hier nur genannt: der Soziologe Leopold von Wiese, der Film- und Theaterregisseur Herbert Maisch und der Schriftsteller Ernst von Salomon.
14 Zum Komplex der Sittenklassen: Zabel, Kadettenkorps, Seite 207 ff. Strölin hielt die rote Unterstreichung im Entwurf zu seiner Autobiographie fest; doch spielte ihm sein Erinnerungsvermögen nach über 50 Jahren einen Streich, denn er führte sie auf die Tatsache zurück, daß er Württemberger im Preußischen Kadettenkorps gewesen sei. Stadtarchiv Stuttgart, Nachlaß Strölin, Nummer 3.
15 Hauptstaatsarchiv Stuttgart, Militärarchiv, M 430/2, Nummer 2154, Personalakte Karl Emil Julius Strölin [im folgenden: PA], Personalbogen.
16 Hauptstaatsarchiv Stuttgart, Militärarchiv, PA, Abgangs-Zeugnis der Königlichen Kriegsschule Danzig vom 4. Februar 1911.
17 Ebenda, Kriegsranglisten-Auszug.
18 Stadtarchiv Stuttgart, Nachlaß Strölin, Nummer 9, Urteil über den Hauptmann Strölin [...], welcher vom 1. Juni bis einschl. 11. Juli 1896 zum 3. Lehrkurs zur Infanterie-Schießschule kommandiert war, vom 12. Juli 1896.
19 Hauptmann Stephan: Feuerverteilung. In: Deutsches Offiziersblatt. Jahrgang 17, 1913, Seite 768 und [Karl] Strölin: Zu dem Aufsatz »Feuerverteilung«. In: Ebenda, Seite 843.
20 Vergleiche zu dieser Entwicklung: Bernd F. Schulte: Die deutsche Armee 1900–1914. Zwischen Beharren und Verändern. Düsseldorf 1977. Seite 394 ff. Dort beschreibt er sehr deutlich die fehlende Durchsetzung neuer taktischer Überlegungen bei den Truppenoffizieren.
21 Vergleiche Reinhard Höhn: Sozialismus und Heer. Band 3. Der Kampf des Heeres gegen die Sozialdemokratie. Bad Harzburg 1969. Besonders Seite 281 bis 287. Bei aller Vorsicht, mit der die Werke Höhns zu betrachten sind – er war vor 1933 Mitglied des Jungdeutschen Ordens und später der SS –, scheinen seine Aussagen hinsichtlich der Führungsüberlegungen im Heer vor 1918 zutreffend.
22 Hauptstaatsarchiv Stuttgart, Militärarchiv, PA Strölin, Kriegsranglisten-Auszug.
23 Stadtarchiv Stuttgart, Nachlaß Strölin, Nummer 3, Autobiographie-Entwurf.
24 Hauptstaatsarchiv Stuttgart, Militärarchiv, M 96, Band 104, Kriegstagebuch III./125., Seite 1 ff.
25 Ebenda, Seite 21 ff. und Stadtarchiv Stuttgart, Nachlaß Strölin, Nummer 3.
26 Hauptstaatsarchiv Stuttgart, Militärarchiv, M 96, Band 104, Kriegstagebuch III./125., Seite 49 ff.
27 Ebenda, Seite 51 und Hauptstaatsarchiv Stuttgart, Militärarchiv, PA, Kriegsranglisten-Auszug.
28 Ebenda.
29 Karl Strölin: Die Kampfweise unserer Feinde. Nebst einem Anhang: Kriegslisten unserer Gegner. Berlin 1. Auflage 1915, 2. und 3. Auflage 1916. Im Folgenden zitiert nach der 2. Auflage.
30 Ebenda, Seite 4 und 9 f.

31 Ebenda, Seite 18.
32 Ebenda, Seite 19 f.
33 Ebenda, Seite 23 f.
34 Ebenda, Seite 38 f.
35 Ebenda, Seite 4, dazu auch Bernd F. Schulte: Die deutsche Armee 1900–1914 (wie Anmerkung 20).
36 Karl Strölin: Die Kampfweise unserer Feinde. (Wie Anmerkung 29), Seite 2, 22, 31 f., 36 f.
37 Hauptstaatsarchiv Stuttgart, Militärarchiv, PA, Kriegsranglisten-Auszug.
38 Hauptstaatsarchiv Stuttgart, Militärarchiv, M 1/6, Bü. 1043, Blatt 47 ff.
39 Hauptstaatsarchiv Stuttgart, Militärarchiv, M 90, Band 135.
40 Zur Geschichte der Schlacht um die Doppelhöhe 60 zwischen dem 2. und 13. Juni 1916 vergleiche unter anderem: Taten und Erlebnisse des Infanterie-Regiments Kaiser Friedrich König von Preußen (7. Württ.) Nr. 125 im Weltkrieg 1914–1918; Zur Erinnerung an die Regimentszusammenkunft am 5. Mai 1921, Stuttgart [1921]; Richard Bechtle: Die Ulmer Grenadiere an der Westfront. Geschichte des Grenadier-Regiments König Karl (5. Württ.) Nr. 123 im Weltkrieg 1914–1918. Stuttgart 1920. (Die württembergischen Regimenter im Weltkrieg 1914–1918. Band 6.); Freiherr von Gemmingen-Guttenberg-Fürstenfeld: Das Grenadier-Regiment Königin Olga (1. Württ) Nr. 119 im Weltkrieg 1914–1918. Stuttgart 1927. (Die württembergischen Regimenter im Weltkrieg 1914–1918. Band 39.).
41 Vergleiche von Gemmingen-Guttenberg (wie Anmerkung 40), Seite 154 ff. Mit 23 Offizieren und 777 Mann lagen auch die Verluste beim IR 125 ähnlich hoch. Reinhold Stühmke: Das Infanterie-Regiment »Kaiser Friedrich, König von Preußen« (7. Württ.) im Weltkrieg 1914. Stuttgart 1923. (Die württembergischen Regimenter im Weltkrieg 1914–1918. Band 31.), Seite 118 ff.
42 Hauptstaatsarchiv Stuttgart, Militärarchiv, M 96, Kriegstagebuch GR 123. August 1916.
43 Richard Bechtle: Die Ulmer Grenadiere an der Westfront (wie Anmerkung 40), Seite 73 ff.
44 Hauptstaatsarchiv Stuttgart, Militärarchiv, M 1/4, Bü. 1409.
45 Hauptstaatsarchiv Stuttgart, Militärarchiv, M 34, Bü. 6.
46 Ebenda, Bü. 29.
47 Ebenda, Bü. 6.
48 Ebenda, Bü. 6, 26, 27.
49 Ebenda, Bü 19.
50 Hauptstaatsarchiv Stuttgart, Militärarchiv, M 77/1, Band 25, Bü. 67, Blatt 32 ff.
51 Hauptstaatsarchiv Stuttgart, Militärarchiv, M 34, Band 19.
52 Ebenda.
53 Ebenda, Band 20.
54 Ebenda.
55 Robert Gaupp: Die Nervenkranken des Krieges, ihre Beurteilung und Behandlung. Sonderdruck aus: Vom Arbeitsfeld der Kriegswohlfahrtspflege für Württemberg. Stuttgart 1917. Seite 8. Hauptstaatsarchiv Stuttgart, Militärarchiv, Nachlaß Robert Gaupp.

56 Hauptstaatsarchiv Stuttgart, Militärarchiv, M 34, Band 20.
57 Hauptstaatsarchiv Stuttgart, Militärarchiv, M 34, Bände 26, 27.
58 Ebenda.
59 Hauptstaatsarchiv Stuttgart, Militärarchiv, M 34, Band 20.
60 Hauptstaatsarchiv Stuttgart, Militärarchiv, PA.
61 Zur Geschichte der Schubpol vgl unten Seite 31 ff.
62 Hauptstaatsarchiv Stuttgart, Militärarchiv, M 1/6, Bü. 1381, nach Blatt 151.
63 Ebenda, Blatt 140ff.
64 Hauptstaatsarchiv Stuttgart, Militärarchiv, M 430/2. Nummer 2156, Personalakte, Generalmajor Karl von Strölin, Schriftwechsel mit dem Stellvertretenden Generalkommando nach dem 9. Januar 1918.
65 Hauptstaatsarchiv Stuttgart, Militärarchiv, M 90, Band 119.
66 Hauptstaatsarchiv Stuttgart, Militärarchiv, PA, Personalbogen und M 163, Band 4.
67 Ebenda, Kriegsranglisten-Auszug.
68 Stadtarchiv Stuttgart, Nachlaß Strölin, Nummer 80.
69 Hauptstaatsarchiv Stuttgart, Militärarchiv, E 135, Bü. 61.
70 Zur Revolution vergleiche Karl Weller: Die Staatsumwälzung in Württemberg 1918–1920. Stuttgart 1929; Wilhelm Blos: Denkwürdigkeiten aus der Umwälzung. Stuttgart 1922.
71 Hauptstaatsarchiv Stuttgart, Militärarchiv, M 465, Band 35, Kriegsstammrollen der 11/125.
72 Wie es genau dazu kam, läßt sich im nachhinein nicht mehr eindeutig rekonstruieren, da die einzige ausführliche Quelle darüber, Strölins Tagebuch von 1939 bis 1943 und seine darauf basierende Autobiographie, fehlerhaft sind. So wird das Gespräch zwischen Strölin und Fischer auf Anfang Januar gelegt, obwohl Strölin nachweislich bereits in November 1918 Leiter beziehungsweise Stellvertretender Leiter der Schubpol war und Fischer bereits am 10. Januar 1919 abgelöst wurde. Ein ähnliches Problem stellt sich im Zusammenhang mit Fischer auch bei einer Schilderung von dessen Verwundung durch Strölin, als beide 1914 nebeneinander vorgingen. Nach der Kriegsstammrolle von Fischer erfolgte dessen Verwundung allerdings erst zwei Tage nach der von Strölin. Stadtarchiv Stuttgart, Nachlaß Strölin, Nummern 3 und 38 ff.
73 Hauptstaatsarchiv Stuttgart, Militärarchiv, M 77/1, Band 74, Bü. 7.IV.
74 Ebenda, Band 74 und M 1/4, Bände 1632 bis 1634, Akten der Schubpol, Stuttgart.
75 Hauptstaatsarchiv Stuttgart, Militärarchiv, E 135, vorläufig Bü. 1997, Schwäbische Soldaten-Zeitung. Der freie Kamerad, Nummer 2, April 1919, Seite 3 f.
76 Hauptstaatsarchiv Stuttgart, Militärarchiv, M 77/1, Band 74 und M 1/4, Bände 1632 bis 1634.
77 Hauptstaatsarchiv Stuttgart, Militärarchiv, M 77/1, Band 74, Bü. 7.IV, Blatt 375.
78 Hauptstaatsarchiv Stuttgart, Militärarchiv, M 96, Band 94.
79 Vergleiche: Paul Hahn: Der Rote Hahn. Stuttgart 1922, Seite 21 f.
80 Hauptstaatsarchiv Stuttgart, Militärarchiv, E 135, vorläufig Bü. 355
81 Zu den Vorgängen in Januar 1919 vergleiche: Paul Hahn: Der Rote Hahn (wie Anmerkung 79); Wilhelm Blos: Denkwürdigkeiten aus der Umwälzung. Stutt-

gart 1922 und Karl Weller: Die Staatsumwälzung in Württemberg 1918–1920. Stuttgart 1929.
82 Ebenda, Seite 240.
83 Vergleiche Hauptstaatsarchiv Stuttgart, Militärarchiv, M 340, Akten der Sicherheitstruppen.
84 Wilhelm Blos: Denkwürdigkeiten ... (wie Anm. 81), Band 2, S. 75 ff. und Heinrich Hillmayr: Roter und Weißer Terror in Bayern nach 1918. München 1974. Seite 43 f.
85 Hauptstaatsarchiv Stuttgart, Militärarchiv, M 355, Band 1.
86 Hauptstaatsarchiv Stuttgart, Militärarchiv, M 355, Band 1, Geheimbefehl Nummer 2 für das Vorgehen gegen München.
87 Zu den Gräfelfinger Vorfällen vergleiche: Heinrich Hillmayr, Terror... , (wie Anmerkung 84), Seite 137; Jürgen Genuneit: Völkische Radikale in Stuttgart. Stuttgart 1982. (Katalog der Ausstellungsreihe Stuttgart im Dritten Reich), Seite 59 und 61, Bericht Gräters aus dem Jahre 1937.
88 Hauptstaatsarchiv Stuttgart, Militärarchiv, M 1/4, Bü. 1229, Blatt 24 bis 25.
89 Heinrich Hillmayr: Terror ..., (wie Anmerkung 84), Seite 137.
90 Hauptstaatsarchiv Stuttgart, Militärarchiv, M 355, Band 1.
91 Hauptstaatsarchiv Stuttgart, Militärarchiv, M 356, Band 2, Meldungen vom 24. April und 26. April 1919.
92 Hauptstaatsarchiv Stuttgart, Militärarchiv, M 355, Band 1, Erfahrungen bei der Operation gegen München vom 21. Mai 1919.
93 Heinrich Hillmayr: Terror ..., (wie Anmerkung 84), Seite 138 und Jürgen Genuneit: Völkische Radikale ... (wie Anmerkung 87), Seite 61.
94 Hauptstaatsarchiv Stuttgart, Militärarchiv, E 135, vorläufig Bü. 1581 und M 523, Bü. 1, Kriegstagebuch der Freiwilligen Abteilung Haas, Anlage 108 und 110.
95 Bundesarchiv Koblenz, Zg 2/181, Nummer 7: Theodor Christen: Aus den Münchner Revolutionstagen. Ohne Ort, ohne Jahr [um 1920], Seite 17 f.
96 Ebenda, Seite 18.
97 Hauptstaatsarchiv Stuttgart, Militärarchiv, E 135, vorläufig Bü. 558.
98 Hahn: Der rote Hahn (wie Anmerkung 79) Seite 96 ff.
99 Hauptstaatsarchiv Stuttgart, Militärarchiv, M 1/4, Bü. 1229.
100 Hauptstaatsarchiv Stuttgart, Militärarchiv, M 1/4, Bü. 1645.
101 Hauptstaatsarchiv Stuttgart, Militärarchiv, PA, Kriegsranglisten-Auszug und M 372, Band 5.
102 Hauptstaatsarchiv Stuttgart, Militärarchiv, M 1/4, Bü. 1815 und M 340, Band 7, Tagesveränderungs-Buch der »Sicherheitskompanie 21« für Juni und Juli 1919.
103 Hauptstaatsarchiv Stuttgart, Militärarchiv, M 371, Band 1, Kassenhauptbuch des I./25 und PA, Beurteilung vom 6. August 1919.
104 Hauptstaatsarchiv Stuttgart, Militärarchiv, M 366, Band 33.
105 Ebenda.
106 Ebenda.
107 Hauptstaatsarchiv Stuttgart, Militärarchiv, PA, Kriegsranglisten-Auszug und M 371.
108 Hauptstaatsarchiv Stuttgart, Militärarchiv, M 371, Band 6, Bü. 10, Bataillons-Befehle.

109 Hauptstaatsarchiv Stuttgart, Militärarchiv, M 371, Kassenakten Band 14.
110 Hauptstaatsarchiv Stuttgart, Militärarchiv, M 366, Band 23.
111 Hauptstaatsarchiv Stuttgart, Militärarchiv, M 371, Band 6, Bü. 10.
112 Paul Hahn, Der Rote Hahn (wie Anmerkung 80), Seite 118 f.
113 Hauptstaatsarchiv Stuttgart, Militärarchiv, M 371, Kassenakten Band 14.
114 Hauptstaatsarchiv Stuttgart, Militärarchiv, M 371, Band 5, Untergruppe Stuttgart, Erfahrungsbericht über die Reichswehrunternehmung im Ruhrgebiet vom 8. Mai 1920.
115 Hauptstaatsarchiv Stuttgart, Militärarchiv, PA, Beurteilung vom 6. August 1919.
116 Hauptstaatsarchiv Stuttgart, Militärarchiv, M 367, Band 9, Offiziersangelegenheiten und M 366, Band 18, Offiziersstellenbesetzung für das 100 000-Mann-Heer.
117 Hauptstaatsarchiv Stuttgart, Militärarchiv, M 371, Band 6, Bü. 11 und PA, Kriegsranglisten-Auszug.
118 Stadtarchiv Stuttgart, Nachlaß Strölin, Nummer 3, Kapitel 8i.
119 Stadtarchiv Stuttgart, Personalamt, Personalakte Karl Strölin, Blatt 107 zu Blatt 8, Urteil des Verwaltungsgerichts Stuttgart vom 14. November 1953, Seite 5. Stadtarchiv Stuttgart, Nachlaß Strölin, Nummer 92, Schriftsatz Fischingers vom 1. September 1952, darin als Anlage 1, Erklärung von Theodor Bäuerle für Strölin vom 12. August 1953.
120 Stadtarchiv Stuttgart, Nachlaß Strölin, Nummer 3, Kapitel 20.
121 Ebenda.
122 Stadtarchiv Stuttgart, Nachlaß Strölin, Nummer 9, Studienbuch (Meldungsbuch) der Universität Wien. Strölin hatte sich danach am 15. April 1921 an der Rechts- und Staatswissenschaftlichen Fakultät »inskribiert«.
123 Stadtarchiv Stuttgart, Nachlaß Strölin, Nummer 3, vergleiche auch Klaus-Jörg Siegfried: Universalismus und Faschismus. Das Gesellschaftsbild Othmar Spanns. Wien 1974. Seite 70 f.
124 Ebenda.
125 Wie Anmerkung 123.
126 Karl Strölin: Die wirtschaftliche Lage der Arbeiterklasse und des Mittelstandes der Stadt Stuttgart vor und nach dem Kriege. Diss. rer. pol. Gießen 1923 (Maschinenschriftl. Manuskript), hier Seite 5.
127 Ebenda, Vorblätter, Seite 2.
128 Ebenda, Seite 1.
129 Ebenda, Seite 1 bis 5. Dort findet sich als Anmerkung der Hinweis auf Werner Sombarts: Die deutsche Volkswirtschaft im 19. und im Anfang des 20. Jahrhunderts. Berlin 1921 und auf die beiden Bücher von Johann Wernicke: Der Mittelstand und seine wirtschaftliche Lage. Leipzig 1909 sowie Johann Wernicke: Kapitalismus und Wirtschaftspolitik. Jena 1922. Diese drei Werke werden auch im weiteren Verlauf seiner Arbeit häufig von ihm zitiert.
130 Ebenda, Seite 1 ff. auch für das Folgende. Vergleiche zu Schmoller: Gustav Schmoller: Was verstehen wir unter dem Mittelstande. Rede auf dem 8. evangelisch-sozialen Kongreß in Leipzig. Göttingen 1897. Strölin zitiert Schmoller zwar in seinem Literaturverzeichnis, aber falsch, denn er nennt als Erscheinungsort

Leipzig und als Erscheinungsdatum 1892. Zu Sombart: Werner Sombart: Sozialismus und soziale Bewegung. 8. Auflage, Jena 1919. Weshalb Strölin Sozialismus und sozial durchgehend mit »c« schrieb, mag sein Geheimnis bleiben.
131 Vergleiche ebenda, Seite 2. Sich auf das Vorwort von Engels zu dessen Werk »Die Lage der arbeitenden Klasse in England« berufend, benutzt er wie dieser »Arbeiter, Proletarier, Arbeiterklasse, besitzlose Klasse und Proletariat« synonym. Strölin gibt zwar die von ihm benutzte Ausgabe des Werks nicht an, doch stimmt seine Aussage mit dem Vorwort zur 1. Auflage (Leipzig 1845) überein.
132 Ebenda, Seite 3.
133 Strölin verwendet den Begriff Rentner im damaligen Sprachgebrauch; das heißt er versteht darunter Personen, die lediglich Einkünfte aus Kapital erzielen.
134 Ebenda, Seite 4.
135 Dazu Klaus-Jörg Siegfried: Universalismus und Faschismus. Das Gesellschaftsbild Othmar Spanns. Wien 1974. Besonders Seite 64 ff.
136 Strölin: Die wirtschaftliche Lage der Arbeiterklasse und des Mittelstandes der Stadt Stuttgart vor und nach dem Kriege. Diss. rer. pol. Gießen 1923 (Maschinenschriftl. Manuskript), Seite 21/22. Strölin verweist auf diesen beiden Seiten auf einen Originalbericht des städtischen Fürsorgeamts vom 19. April 1923 und auf Statistiken des städtischen Arbeitsamtes.
137 Ebenda, Seite 11.
138 Ebenda, Seite 15, Karl Kautsky: Einleitung zum Kommunistischen Manifest. Vorwort. 8. Ausgabe. Buchhandlung Vorwärts, Seite 6. Strölin zitierte Kautsky mit den Worten: »... daß sich die Lage vieler Schichten der besitzlosen Arbeiter über die weiter Kreise von besitzenden, d. h. im Besitz ihrer Produktionsmittel befindlichen Arbeiter erhebt.«
139 Ebenda, Seite 20 ff.
140 Ebenda, Seite 56 und 71 ff.
141 Ebenda, Seite 74 f.
142 Ebenda, Seite 76.
143 Ebenda, Seite 53 f. Strölin griff hier die Position der akademischen Medizin auf, die seit dem 18. Jahrhundert im Rahmen ihres Professionalisierungprozesses versuchte, ein Behandlungsmonopol zu erreichen. Vergleiche Claudia Huerkamp: Der Aufstieg der Ärzte im 19. Jahrhundert. Göttingen 1985.
144 Othmar Spann: Der wahre Staat. Leipzig 1921. Allein schon die Tatsache, daß der universalistische Staat im Gegensatz zum individualistischen, demokratischen der Kulturstaat ist, die höchste geistige Realität, muß zu einer Ablehnung der Massenkultur führen.
145 Strölin: Die wirtschaftliche Lage der Arbeiterklasse und des Mittelstandes der Stadt Stuttgart vor und nach dem Kriege. Diss. rer. pol. Gießen 1923 (Maschinenschriftl. Manuskript), Seite 77 bis 81 auch für das Folgende. Während die ersten beiden Punkte seines Schlusses der historischen nationalökonomischen deutschen Richtung entsprechen, greift er im dritten eine Forderung Spanns auf, wonach das Ende einer Arbeit in einem aufbauenden und ausblickenden Teil bestehen sollte. Othmar Spann: Der wahre Staat (wie Anmerkung 144), Seite 6
146 Othmar Spann, Der wahre Staat (wie Anmerkung 144).

147 Avraham Barkai: Das Wirtschaftssystem des Nationalsozialismus. Der historische und ideologische Hintergrund 1933–1936. Köln 1977. Seite 64.
148 Vergleiche Schmoller, Sombart und die Aktivitäten und Ideen, die hauptsächlich im Verein für Socialreform in der zweiten Hälfte der 19. Jahrhunderts und bis zum Ersten Weltkrieg vertreten wurden. Dazu: Rüdiger vom Bruch: Bürgerliche Sozialreform im deutschen Kaiserreich. In: Weder Kommunismus noch Kapitalismus. Bürgerliche Sozialreform in Deutschland vom Vormärz bis zur Ära Adenauer. Herausgeber: Rüdiger vom Bruch. München 1985. Seite 61 bis 180. und Günther Schulz: Bürgerliche Sozialreform in der Weimarer Republik. In: Ebenda, Seite 181 bis 218. Für die Wirkung auf die spätere NS-Wirtschaftspolitik. Vergleiche Avraham Barkai: Das Wirtschaftssystem des Nationalsozialismus. Der historische und ideologische Hintergrund 1933–1936. Köln 1977. Seite 59 bis 86.
149 Genannt sei hier stellvertretend die Arbeit von Oswald Spengler: Preußentum und Sozialismus. München 1919, in der er das Preußentum als die beste Form des Sozialismus postulierte. Sehr gut ist auch die zeitgenössische Untersuchung von Eduard Heimann: Entwicklungsgang der wirtschafts- und sozialpolitischen Systeme und Ideale. II. Die jüngste Entwicklung. In: Grundriß der Sozialökonomik. Band I,1. 2. Auflage Tübingen 1924. Seite 184 bis 201.
150 Stadtarchiv Stuttgart, Personalamt, Personalakte Strölin.
151 Die meisten Akten des Gaswerks, die über Strölins Tätigkeit Auskunft geben könnten, sind im Krieg verloren gegangen.
152 Wintterlin, Kurt: Karl Strölin der Retter in Stuttgarts größter Not. Stuttgart 1969. Seite 3.
153 Stadtarchiv Stuttgart, Depot B, C XVI 4, Band 20, Nummer 101/1. Zur allgemeinen Situation im Reich, aber mit Schwerpunkt auf Frankfurt vergleiche Dieter Rebentisch: Städte oder Monopol. Privatwirtschaftliches Ferngas oder kommunale Verbundwirtschaft in der Weimarer Republik. In: Zeitschrift für Stadtgeschichte, Stadtsoziologie und Denkmalpflege. Jahrgang 3, 1976. Seite 38 bis 75.
154 Ebenda, Niederschrift über die Beratungen der Technischen Abteilung des Gemeinderats. 31. Januar 1927, § 77 und Richard Nübling: Gasfernversorgung. In: Süd-West Deutschland. Jahrgang 4, 1928, Heft 2, Seite 34 bis 38.
155 Ebenda, Blatt 8b, Protokoll der Sitzung vom 16. März 1927.
156 Ebenda, Nummer 101/2, Blatt 1, Rundschreiben Nummer 3, 4. November 1927.
157 Ebenda.
158 Ebenda, Bericht Strölins über die Werkversammlung vom 18. Dezember 1928 vom 2. Januar 1929.
159 Stadtarchiv Stuttgart, Depot B, C XVI 1, Nummer 51. Rundschreiben Nüblings.
160 Stadtarchiv Stuttgart, Depot B, C XVI 4, Band 20, Nummer 101/2. Rundschreiben Nummer 31 vom 9. Juli 1929.
161 Stadtarchiv Stuttgart, Depot B, C XVI 1, Nummer 51.
162 Ebenda.
163 Ebenda, Brief der Eßlinger Zeitung vom 4. Oktober 1929 und Brief Strölins vom 5. Oktober 1929.
164 Karl Strölin: Kritisches zur Statistik der Denkschrift der AG für Kohlenverwertung. In: Das Gas- und Wasserfach. Jahrgang 70, 1927. Seite 815. Karl Strölin:

Grundsätzliches über Gastarife. In: Wasser und Gas. Jahrgang 18, 1928. Seite 842 bis 855. Karl Strölin: Selbstkosten und Gastarife. In: Das Gas- und Wasserfach. Jahrgang 72, 1929. Seite 1130. Karl Strölin und Melchinger: Die Gaspreisstatistik nach dem Stand vom 1. Januar 1931. In: Das Gas- und Wasserfach. Jahrgang 74, 1931. Getr. Pag.
165 Stadtarchiv Stuttgart, Personalamt, Personalakte Strölin. Gerade dieses Angebot spielte nach dem Krieg im Streit um die Höhe seiner Pension eine wichtige Rolle.

## Vom Kandidaten zum Oberbürgermeister

1 Strölin, Autobiographie-Entwurf, Kapitel Gemeinderat, Staatskommissar, Oberbürgermeister. Seite 2. Privatbesitz Dr. Albert Locher. Fotokopie im Besitz des Verfassers. Strölin macht dort keine genaueren Angaben über das Datum. In Frage kämen der 28. Dezember 1921 oder der 17. Juni 1922. An diesen Tagen trat Hitler in Wien in Versammlungen der österreichischen Nationalsozialisten auf. Dazu vergleiche Hitler – Sämtliche Aufzeichnungen. Herausgeber: Eberhard Jäckel zusammen mit Axel Kuhn. Stuttgart 1980. Seite 536 und 644.
2 Stadtarchiv Stuttgart, Bürgermeisteramt Nummer 9, Parteiamtliche Tätigkeit von Pg. Oberbürgermeister Dr. Karl Strölin, Februar 1940, Seite 1.
3 Nach dem Krieg behauptete er in verschiedenen Verfahren, man habe ihm die alte Mitgliedsnummer nach 1933 in Anerkennung seiner Verdienste mitgeteilt. Zum Beispiel Stadtarchiv Stuttgart, Nachlaß Strölin, Akten zum Entnazifizierungsverfahren und Stadtarchiv Stuttgart, Personalamt, Personalakte Strölin, Verfahren um die Pensionsberechtigung.
4 Vergleiche Jürgen Genuneit: Völkische Radikale in Stuttgart. Stuttgart 1982. (Katalog der Ausstellungsreihe Stuttgart im Dritten Reich). Seite 196 ff. und Walter Nachtmann: Von der Splitterpartei zur Staatspartei. Zur Entwicklung des Nationalsozialismus in Stuttgart 1925–1933. In: Stuttgart im Dritten Reich. Die Machtergreifung. Stuttgart 1983. Seite 128 bis 156.
5 Bundesarchiv Koblenz, NS 26/1238 auch erwähnt bei Genuneit: Völkische Radikale ..., Seite 198.
6 Stadtarchiv Stuttgart, Bürgermeisteramt Nummer 9, Parteiamtliche Tätigkeit von Pg. Oberbürgermeister Dr. Karl Strölin, Februar 1940, Seite 1.
7 Ebenda. Nur Strölin irrt sich, vielleicht bewußt, denn seine Übernahme in das Beamtenverhältnis erfolgte erst 1927.
8 NS-Kurier 7. April 1931.
9 Stuttgarter Neues Tagblatt [SNT] 7. April 1931, Nummer 158.
10 NS-Kurier 4. März 1931.
11 Bundesarchiv Koblenz, NS 22/1077.
12 NS-Kurier 13. März 1931.
13 Stadtarchiv Stuttgart, Nachlaß Strölin, Nummer 3, Autobiographie-Entwurf, zirka 1961. Strölin berichtet darin, er sei mit Hugo Kroll und Otto Meier zu mehreren Gesprächen zusammengekommen, ehe er sich entschieden hätte zu kan-

didieren. Diese Aussagen, die sehr stark den Charakter von Rechtfertigungsversuchen für sein Verhalten gegenüber Lautenschlager tragen, lassen sich allerdings durch andere Quellen nicht belegen und sind deshalb mit Vorsicht zu behandeln.

14 Ebenda.
15 In den meisten anderen deutschen Ländern wurden die Oberbürgermeister in der Regel nicht wie in Württemberg direkt, sondern von den Gemeindeparlamenten gewählt.
16 Zu den Wahlen: Thomas Schnabel: Von Bazille zu Mergenthaler. Parteien und Wahlen in Württemberg 1928–1933. In: Stuttgart im Dritten Reich. Prolog. Politische Plakate der späten Weimarer Republik. Stuttgart 1982. Seite 240 bis 262; Walter Nachtmann: Wahlkampfmittel und Wahlkämpfe in Stuttgart 1928–1933. In: Ebenda, Seite 223 bis 239.
17 NS-Kurier 11./12. April 1931.
18 Die Deutschnationale Volkspartei nannte sich in Württemberg »Württembergische Bürgerpartei«.
19 Diese Legalitätsbezeugungen gingen auf die Aussage Hitlers vor dem Reichsgericht im sogenannten Leipziger Reichswehrprozeß am 25. September 1930 zurück, in der er unter Eid erklärte, daß die NSDAP niemals auf illegalem, revolutionärem Wege versuchen würde, die Macht im Staate zu erreichen. Vergleiche Gerhard Schulz: Aufstieg des Nationalsozialismus. Frankfurt, Berlin 1975. Seite 588 ff.
20 NS-Kurier 17. April 1931. Vergleiche zu Strölins Programm auch Roland Müller: Stuttgart zur Zeit de Nationalsozialismus. Stuttgart 1988. Seite 28, der sich auf ein Flugblatt zum Wahlkampf Strölins aus dessen Akte im Berlin Document Center bezieht.
21 Karl Fiehler: Nationalsozialistische Gemeindepolitik. 5. Auflage, München 1932. Seite 13.
22 Stuttgarter Neues Tagblatt 17. April 1931, Nummer 176. Dieser Kernpunkt seiner Reden wurde erstaunlicherweise in der nationalsozialistischen Presse nicht wiedergegeben.
23 Ebenda, und NS-Kurier 17. April 1931.
24 NS-Kurier 17. April 1931.
25 NS-Kurier 18./19. April 1931. Karl Strölin: Die Wirtschaftsgrundsätze des Nationalsozialismus. Seite 5 f. Auch für die folgenden Ausführungen zu seinem Artikel.
26 Zum Wirtschaftsmanifest und den ideologischen Grundlagen der Nationalsozialistischen Wirtschaftspolitik sowie deren theoretischen Vorläufern vergleiche Avraham Barkai: Das Wirtschaftssystem des Nationalsozialismus. Der historische und ideologische Hintergrund 1933–1936. Köln 1977, Bes. Seite 25 bis 86.
27 Stadtarchiv Stuttgart, Nachlaß Strölin, Nummer 285. »Entwurf für ein Manifest«, unvollständiges Exemplar.
28 Barkai: Das Wirtschaftssystem des Nationalsozialismus (wie Anmerkung 26), Seite 35.
29 Vergleiche Ebenda, 44 ff.; Kurt Sontheimer: Antidemokratisches Denken in der

Weimarer Republik. München 1962, bes. Seite 143 bis 341. und Ders. Der Tatkreis. In: Ders.: Deutschland zwischen Demokratie und Antidemokratie. München 1971. Seite 56 bis 94. Hier Seite 68 ff.
30 Avrahm Barkai: Wirtschaftssystem (wie Anmerkung 26), Seite 35.
31 NS-Kurier 23. April 1931.
32 Ebenda.
33 Stuttgarter Neues Tagblatt 24. April 1931, Nummer 187.
34 Ebenda, 25. April 1931, Nummer 189.
35 Reden abgedruckt in NS-Kurier 25./26. April 1931.
36 Stuttgarter Neues Tagblatt 25. April 1931, Nummer 189.
37 Ebenda.
38 Stuttgarter Neues Tagblatt 27. und 28. April 1931. Zu den Wahlergebnissen in Stuttgart vergleiche: Richard F. Hamilton: Who Voted for Hitler? Princeton 1982; Roland Müller: Stuttgart zur Zeit des Nationalsozialismus. Stuttgart 1988. Seite 12ff; Walter Nachtmann: So wählten die Stuttgarter. In: Stuttgart im Dritten Reich. Die Machtergreifung. Stuttgart 1983. 310 bis 312. In diesen Arbeiten werden zwar in erster Linie die Land- und Reichstagswahlen untersucht. Die Ergebnisse zeigen jedoch, daß das Abstimmungsverhalten der einzelnen Bevölkerungsschichten im Rahmen des politischen Trends lag.
39 NS-Kurier 29. April 1931.
40 Bemerkung Lautenschlagers zur Einführung Strölins in den Gemeinderat am 28. Januar 1932. Amtsblatt 30. Januar 1932.
41 NS-Kurier 2./3. Mai 1931.
42 Süddeutsche Zeitung (SZ) 19. November 1931, Seite 6; Stadtarchiv Stuttgart, Bürgermeisteramt Nummer 9. Lebenslauf.
43 Stadtarchiv Stuttgart, Bürgermeisteramt, Nummer 9, Parteiamtliche Tätigkeit von Pg. Oberbürgermeister Dr. Karl Strölin, Stuttgart, Februar 1940 und ebenda, Nummer 74. Personalangaben über Oberbürgermeister Dr. Strölin., 11. Oktober 1940.
44 Zum Beispiel SZ 12. Oktober 1931; Süddeutsche Arbeiter Zeitung (SAZ) 13. Oktober 1931.
45 Stuttgarter Neues Tagblatt 19. November 1931, Nummer 541.
46 Dieses Rundschreiben zitierte der kommunistische Stadtrat Schreiber in seiner Etatrede vom 7. Juli 1932, ohne daß sich bei der NSDAP-Fraktion Widerspruch erhob. Amtsblatt 16. Juli 1932, Seite 544.
47 Stuttgarter Neues Tagblatt 30. November 1931, Nummer 560 auch für das Folgende.
48 Vergleiche Thomas Schnabel: Württemberg zwischen Weimar und Bonn. Stuttgart 1986. Seite 95. Die Zahlen dort gelten zwar für Württemberg, aber sie stimmen in der Tendenz mit den Stuttgarter Verhältnissen überein.
49 Stadtarchiv Stuttgart, Nachlaß Strölin, Nummer 26, Redemanuskript; vergleiche Walter Nachtmann: Aufstieg und Fall des Dr. Karl Strölin. In: Stuttgart im Dritten Reich. Anpassung, Widerstand, Verfolgung. Stuttgart 1983. Seite 33 bis 49. Hier Seite 38.
50 Stuttgarter Neues Tagblatt 7. Dezember 1931, Nummer 571.

51 Ebenda.
52 Ebenda und vergleiche Anmerkung 37.
53 Stuttgarter Neues Tagblatt 18. Dezember 1931, Nummer 591.
54 Amtsblatt 28. Januar, 30. Januar, 4. Februar 1932.
55 Ebenda.
56 Amtsblatt 20. Februar 1932, Seite 131 bis 133.
57 Amtsblatt 4. Februar 1932, Seite 93 f. auch für das Folgende.
58 NS-Kurier 29. Januar 1932.
59 Schwäbischer Merkur 30. und 31. Januar 1932; Stuttgarter Neues Tagblatt 29. Januar 1932, Nummer 45.
60 Amtsblatt 25. Februar und 1. März 1932.
61 Amtsblatt 2. April 1932, Seite 242.
62 Amtsblatt 7. April 1932, Seite 268.
63 Amtsblatt 12. April 1932, Seite 281.
64 Amtsblatt 1932, Seite 295 ff.
65 Amtsblatt 14. April 1932, Seite 286 f. auch für die weitere Auseinandersetzung.
66 Ebenda, Hervorhebung im Original.
67 Amtsblatt 25. Juni 1932, Seite 489.
68 Amtsblatt 12. April 1932, Seite 283.
69 Amtsblatt 16. April 1932, Seite 296.
70 Amtsblatt 26. April 1932, Seite 330 f. und 7. Mai 1932, Seite 364 f.
71 Amtsblatt 9. Juli 1932, Seite 521.
72 Amtsblatt 1932, Seite 331, 364, 378.
73 Amtsblatt 26. Mai 1932 auch für das Folgende.
74 Schwäbischer Merkur 13. Mai 1932, Seite 5.
75 NS-Kurier 12. Mai 1932, Seite 4.
76 Vergleiche Schwäbischer Merkur 14. Mai 1932, Seite 5; SZ 14. Mai 1932, Seite 15; Stuttgarter Neues Tagblatt 18. Mai 1932, Nummer 225, Seite 5 und 27. Mai 1932, Nummer 241, Seite 5.
77 Vergleiche Avrahm Barkai: Wirtschaftssystem (wie Anmerkung 26), Seite 37 ff. Text des Programmentwurfs abgedruckt bei: Avraham Barkai: Wirtschaftliche Grundanschauungen und Ziele der NSDAP. In: Jahrbuch des Instituts für deutsche Geschichte der Universität Tel-Aviv. Band 7, 1978. Seite 355 bis 385. Danach bedeutete nationalsozialistische Wirtschaftspolitik »die durch staatliche Überwachung und Leitung gewährleistete Herrschaft des völkischen Gemeinschaftsgedankens in der Volkswirtschaft ...« (Seite 384)
78 Gregor Strasser: Arbeit und Brot. Reichstagsrede des nat. soz. Abg. Gregor Strasser am 10. Mai 1939. München 1932, Seite 6 f. und Seite 25.
79 Dieser Vorgang wurde von Josef Hirn während der Etatberatungen am 7. Juli angesprochen, ohne daß Strölin dem widersprach. Amtsblatt 14. Juli 1932, S. 537.
80 Dazu: Dietrich Orlow: The History of the Nazi Party. Band 1. Pittsburgh 1969, Seite 256 ff.
81 Zit. nach NS-Kurier 16. Juni 1932, Seite 11.
82 Welch nachhaltigen Eindruck diese Ereignisse bei Strölin hinterlassen hatten, zeigt sich daran, daß er noch im Autobiographie-Entwurf von 1960 auf die

langandauernde Verärgerung Hitlers zu sprechen kam. Stadtarchiv Stuttgart, Nachlaß Strölin, Nummer 3.
83 Raimund Hubert Rämisch: Die berufsständische Verfassung in Theorie und Praxis des Nationalsozialismus. Berlin 1957, Seite 57 ff.
84 Amtsblatt 28. Mai 1932, Seite 418 und 31. Mai 1932, Seite 431.
85 Amtsblatt 19. Juli 1932, Seite 557 bis 562 auch für das Folgende.
86 Bundesarchiv Koblenz, NS 25/391, Blatt 313.
87 Vergleiche Avrahm Barkai: Das Wirtschaftssystem des Nationalsozialismus (wie Anmerkung 26), Seite 37 ff.
88 Stuttgarter Neues Tagblatt 8. Juli 1932, Nummer 313, Schwäbischer Merkur 9. Juli 1932, SZ 8. Juli 1932.
89 Amtsblatt 26. Juli 1932, Seite 604.
90 Amtsblatt 2. August 1932.
91 Amtsblatt 29. September 1932, Seite 778 ff.
92 Amtsblatt 20. Oktober 1932, Seite 833 ff.
93 Amtsblatt 22. Oktober 1932, Seite 845 ff. und 27. Oktober 1932, Seite 870.
94 Amtsblatt 24. Dezember 1932, Seite 1019 bis 1028.
95 Vergleiche Amtsblatt 22. Oktober 1932, Seite 851 ff.
96 Amtsblatt 24. Dezember 1932, Seite 1019. Da die Protokolle der nichtöffentlichen Gemeinderats- und Ausschußsitzungen im Krieg verloren gegangen sind, kann sich diese Untersuchung nur auf die gedruckten Protokolle der öffentlichen Sitzungen berufen. Welche Rolle Strölin in den Ausschüssen spielte läßt sich meist nicht rekonstruieren.
97 Amtsblatt 15. Dezember 1932, Seite 980.
98 Amtsblatt 1933, Seite 117.
99 Dazu auch Karl Strölin: Kritisches zum sogenannten Gereke-Plan. In: NS-Kurier. 28./29. Januar 1933. Seite 5.
100 Amtsblatt 1933, Seite 133.
101 Ebenda.
102 Ebenda, Seite 134.
103 Ebenda, Seite 136.
104 Stadtarchiv Stuttgart, Hauptaktei 0-9, Gemeinderatsprotokolle, Nummer 7, Gemeinderat §§ 33 bis 38, 23. Februar 1933. In allen Werken zur Geschichte Stuttgarts in jenen Jahren wurde diese letzte Sitzung übersehen. [Im weiteren wird bei Quellenangaben zu Protokollen der Gemeinderats- und Abteilungssitzungen nur das jeweilige Gremium, der Tagesordnungspunkt und das Datum genannt. Alle Protokolle befinden sich in obigem Bestand und sind jahrgangsweise gebunden.]
105 Vergleiche Stuttgarter Wirtschaftsberichte. Mitteilungen des Statistischen Amts der Stadt Stuttgart. 9. Jahrgang, Heft 1, 9. April 1933, Seite 11.
106 Näheres bei Roland Müller: Ein geräuschloser Umbau. Die Machtergreifung im Stuttgarter Rathaus. In: Stuttgart im Dritten Reich. Die Machtergreifung. Stuttgart 1983. Seite 331 bis 350. Hier Seite 331 f. Die folgenden Ereignissen in Württemberg sind in allen Werken, die sich mit Württemberg und Stuttgart in jener Zeit beschäftigen, mehr oder weniger ausführlich beschrieben.

107 Zur Machtergreifung in Württemberg vergleiche Thomas Schnabel: Württemberg zwischen Weimar und Bonn. Stuttgart 1986. Seite 181 ff.
108 Stadtarchiv Stuttgart, Bürgermeisteramt Nummer 253. Ernennungsschreiben mit der Unterschrift Murrs vom 16. März 1933.
109 Württembergische Gemeindeordnung vom 19. März 1930. Mit Erläuterungen von Hans Rath. Stuttgart 1930. Seite 163 f.
110 Zur Machtübernahme in den Württembergischen Gemeinden vergleiche Paul Sauer: Württemberg in der Zeit des Nationalsozialismus. Ulm 1975, Seite 89 ff. Auf eine breitere Quellenbasis gründet sich das Werk von Thomas Schnabel: Württemberg zwischen Weimar und Bonn. Stuttgart 1986. Seite 187 ff. und Seite 281 ff.
111 Vergleiche Roland Müller: Stuttgart zur Zeit des Nationalsozialismus. Seite 43. Dort findet sich auch ein Hinweis auf den ähnlich gelagerten Fall in München. Anmerkung 3, Seite 553.
112 Schwäbischer Merkur 19. März 1933, Seite 6.
113 Amtsblatt 18. März 1933, Seite 197.
114 Stadtarchiv Stuttgart, Mitteilungen des Bürgermeisteramts Stuttgart, 24. März 1933, Seite 27.
115 Stadtarchiv Stuttgart, Bürgermeisteramt, Nummer 18, 19, 20. In diesen Aktenbüscheln, die Verfügungen des Staatskommissars oder von Referenten in seinem Namen enthalten, finden sich mehrere derartige Vorgänge.
116 Staats-Anzeiger 18. März 1933, Seite 5.
117 Stadtarchiv Stuttgart, Mitteilungen des Bürgermeisteramts 24. März 1933. Seite 27.
118 Stadtarchiv Stuttgart, Bürgermeisteramt, wie Anmerkung 115.
119 Stadtarchiv Stuttgart, Bürgermeisteramt, Nummer 19. Verfügungen des Staatskommissars in Angelegenheiten der Technischen Abteilung.
120 Stadtarchiv Stuttgart, Bürgermeisteramt, wie Anmerkung 115.
121 Amtsblatt 18. März 1933, Seite 197.
122 Stadtarchiv Stuttgart, Bürgermeisteramt, Nummer 253, Blatt 5.
123 Amtsblatt 18. März 1933, Seite 197 und Stadtarchiv Stuttgart, Innere Abteilung, Nummer 12, § 308, 14. März 1933, Nichtöffentlich.
124 Stadtarchiv Stuttgart, Bürgermeisteramt, Nummer 253, Gratulationsschreiben an Strölin 1933.
125 Regierungsblatt für Württemberg, 1933, Seite 50. Verordnung des Innenministeriums (Murr) vom 17. März 1933.
126 Amtsblatt 21. März 1933, Seite 201.
127 Ebenda, und Schwäbischer Merkur 21. März 1933, Seite 6.
128 Stadtarchiv Stuttgart, Innere Abteilung, Nummer 12, § 337, 14. März 1933.
129 Amtsblatt 21. März 1933, Seite 201.
130 Schwäbischer Merkur 22. März 1933, Seite 5.
131 Amtsblatt 21. März 1933, Seite 201.
132 Amtsblatt 25. März 1933, Seite 211 f. auch für das Folgende.
133 Amtsblatt 21. März 1933, Seite 201.
134 Amtsblatt 23. März 1933, Seite 204 auch für das Folgende.

135 Schwäbischer Merkur 23. März 1933. Vielleicht war dieser Schneeinbruch auch verantwortlich dafür, daß die örtliche Partei- und SA-Leitung kaum in Erscheinung trat. Vergleiche Müller: Stuttgart zur Zeit des Nationalsozialismus. Seite 45.
136 Schwäbischer Merkur 22. März 1933, Seite 5.
137 Zu Schocken vergleiche Konrad Fuchs: Ein Konzern aus Sachsen. Stuttgart 1990.
138 Ebenda.
139 Amtsblatt 4. April 1933, Seite 285.
140 Zur Kochenhofsiedlung vergleiche Wolfgang Christian Schneider: Hitlers »wunderschöne Hauptstadt des Schwabenlandes«. Nationalsozialistische Stadtplanung, Bauten und Bauvorhaben in Stuttgart. In: Demokratie und Arbeitergeschichte Jahrbuch 2. Stuttgart 1982. Seite 51 bis 95. Hier Seite 58 f. Allerdings übersieht Schneider, daß die ursprünglichen Planungen auf den Deutschen Werkbund zurückgehen.
141 Schwäbischer Merkur 24. März 1933, S. 5 und Amtsblatt 25. März 1933, Seite 211.
142 Ebenda.
143 Schwäbischer Merkur 12. März, 19. März, 26. März 1933.
144 Amtsblatt 28. März 1933, Seite 215.
145 Ebenda, Seite 215 f., Die Rede Strölins ist dort unter dem Titel »Gemeinde und Mittelstand« abgedruckt.
146 Für die Entscheidung Strölins: Amtsblatt 18. März 1933 und Regierungsblatt für Württemberg. Nummer 12, 6. April 1933, Seite 19.
147 Amtsblatt 8. April 1933, Seite 253 ff.
148 Amtsblatt 1. April 1933, Seite 227.
149 Stadtarchiv Stuttgart, Mitteilungen des Bürgermeisteramts Stuttgart, 5. März 1933, Seite 33 f.
150 Vergleiche Friedrich Ernst Moritz Sämisch: Gutachten des Reichssparkommissars über die Verwaltung der Stadt Stuttgart. Stuttgart 1932. Zu den einzelnen Entscheidungen Strölins in dieser ersten Verordnung: Protokolle Seite 19 ff., Aktenverwaltung Seite 86 ff., Botengänge Seite 91 f., Bekleidungsamt Seite 94 f. und Seite 137, Fürsorge Seite 121 bis 129. Im weiteren werden die Übereinstimmungen mit dem Spargutachten nicht eigens belegt, sondern nur die Abweichungen Strölins erwähnt.
151 Stadtarchiv Stuttgart, Mitteilungen des Bürgermeisteramts Stuttgart, 7. April 1933.
152 Stadtarchiv Stuttgart, Mitteilungen des Bürgermeisteramts Stuttgart, 12. April 1933.
153 Stadtarchiv Stuttgart, Mitteilungen des Bürgermeisteramts Stuttgart, 24. April 1933.
154 Ebenda.
155 Rudolph Bernhard: Stuttgart und die TWS. Stuttgart 1983. Seite 13. Dort ist ein Brief aus dem Jahre 1981 zitiert, in dem Asmuß über die Ereignisse im April 1933 berichtet.
156 Ebenda.

157 Stadtarchiv Stuttgart, Mitteilungen des Bürgermeisteramts Stuttgart, 26. Mai 1933, Seite 91 ff.
158 Stadtarchiv Stuttgart, Mitteilungen des Bürgermeisteramts Stuttgart, 26. Mai 1933, Seite 91 ff.
159 Amtsblatt 27. April 1933, Seite 297 ff.
160 NS-Kurier 2. Mai 1933.
161 Stadtarchiv Stuttgart, Bürgermeisteramt Nummer 19. Kroll unterzeichnete erstmals am 24. April 1933 eine Verfügung mit »Staatskommissar i. V.«
162 Ebenda. Lutzes erste Amtshandlung als Unterkommissar datiert vom 8. April
163 Ebenda, 25. April 1933.
164 Stadtarchiv Stuttgart, Bürgermeisteramt Nummer 20, 8. Mai 1933.
165 Stadtarchiv Stuttgart, Bürgermeisteramt Nummer 19, Verschiedene Vorgänge vom 10., 18., 24. und 27. April 1933.
166 Regierungsblatt für Württemberg. 12. April 1933, Seite 87.
167 Amtsblatt 29. April 1933.
168 Zum Konflikt Miller und Öchsle vergleiche Walter Nachtmann: Allein gegen rechts. Die Stuttgarter SPD in den Jahren 1926 bis 1945. In: Mit uns für die Freiheit. 100 Jahre SPD in Stuttgart. Herausgeber Siegfried Bassler. Stuttgart 1987. Seite 96 bis 115. Dort sind auf Seite 108 einige Schriftstücke aus dem Besitz von Alois Miller abgedruckt. Fotokopien zu den anderen Punkten aus Privatbesitz befinden sich im Besitz des Verfassers. Dokumente auch in Stadtarchiv Stuttgart, Nachlaß Strölin, Nummer 77, Entnazifizierungsverfahren Strölins.
169 Ausführlicher zu diesem Vorgang Roland Müller: Stuttgart zur Zeit des Nationalsozialismus. Seite 50 f.
170 Stadtarchiv Stuttgart, Bürgermeisteramt Nummer 18. Vertrag zwischen Lautenschlager und Strölin vom 9. Mai 1933.
171 Amtsblatt 11. Mai 1933, Seite 353 ff. Reden in der Gemeinderatssitzung am 9. Mai 1933.
172 Dies zeigt sich auch daran, daß er sich nach Kriegsende immer wieder auf diese Aussage Lautenschlagers berief, obwohl dieser in der mündlichen Verhandlung in Strölins Spruchkammerverfahren als Zeuge seine marginale Rolle während der Zeit Strölins als Staatskommissar dargestellt hatte. Staatsarchiv Ludwigsburg, EL 903/4, Aktenzeichen J/76,1582. Wortprotokoll des Spruchkammerverfahrens.
173 Amtsblatt 11. Mai 1933, Seite 355.
174 Ebenda.
175 Stadtarchiv Stuttgart, Bürgermeisteramt Nummer 114.
176 Stadtarchiv Stuttgart, Bürgermeisteramt Nummer 18, Verfügung v. 15. Mai 1933.
177 Dies wird besonders deutlich zu Beginn von Strölins Engagement im Hauptamt für Kommunalpolitik und im Internationalen Verband für Wohnungswesen und Städtebau.
178 Stadtarchiv Stuttgart, Bürgermeisteramt Nummer 20, Vorgänge zwischen dem 11. Mai und 29. Mai 1933.
179 Stadtarchiv Stuttgart, Bürgermeisteramt Nummer 19, Verordnung vom 19. Mai 1933.

180 Reichsgesetzblatt 1933, Teil I, Seite 175 f.
181 Stadtarchiv Stuttgart, Bürgermeisteramt Nummer 253, Verfügung vom 8. Mai 1933; und Stadtarchiv Stuttgart, Nachlaß Strölin, Nummer 81, Erklärungen von Wilhelm Hurlebaus vom 4. Juli 1946 und vom 6. Mai 1948, letztere gegenüber Strölins Anwalt für das Entnazifizierungsverfahren von Strölin. Obwohl diese Aussagen mit äußerster Vorsicht zu bewerten sind, da Hurlebaus sowohl sich als auch Strölin in ein positives Licht stellen wollte, lassen sich daraus doch einige Aspekte über den technischen Ablauf des Verfahrens ersehen. So berichtet Hurlebaus, daß ihn Strölin bereits am 6. Mai telefonisch zu einem Gespräch über die Zusammensetzung der Kommission zu sich beordert habe.
182 Entwurf des Fragebogens abgedruckt in: Stuttgart im Dritten Reich. Die Machtergreifung. Stuttgart 1983. Seite 382 bis 387.
183 Stadtarchiv Stuttgart, Bürgermeisteramt Nummer 253, Verfügung vom 26. Juni 1933.
184 Vergleiche Anmerkung 179.
185 In einer Ansprache im April 1934 vor Teilnehmern eines Schulungskurses der Verwaltung, der bereits im Mai 1933 eingerichtet worden war, bezifferte Strölin allein die Zahl der ursprünglich belasteten Arbeiter auf 450. Stadtarchiv Stuttgart, Nachlaß Strölin, Nummer 77, Blatt 347, Abschrift aus einer städtischen Akte.
186 Ausführlichere Angaben bei Roland Müller: Stuttgart zur Zeit des Nationalsozialismus. Seite 53 ff.
187 Matzerath, Nationalsozialismus und kommunale Selbstverwaltung. Stuttgart 1970. Seite 99.
188 Ebenda, Seite 103.
189 Ebenda, Anmerkung 240.
190 Chronik der Stadt Stuttgart 1933–1945, Stuttgart 1982, Seite 35 f.
191 Stadtarchiv Stuttgart, Gemeinderat Nummer 7, § 41, 16. Mai 1933, Besichtigung des Schlachthofes.
192 Regierungsblatt für Württemberg, 28. Juni 1933, Seite 273.
193 Stadtarchiv Stuttgart, Personalamt, Personalakte Strölin, Schreiben des Innenministeriums an das Bürgermeisteramt vom 30. Juni 1933.
194 Stadtarchiv Stuttgart, Mitteilungen des Bürgermeisteramts Stuttgart, 4. Juli 1933, Seite 137 bis 149.»Anordnung betr. die Übertragung von Verwaltungsentschließungen auf den Stadtvorstand, die Berichterstatter und die städtischen Ämter (Zuständigkeitsordnung)«.
195 Ebenda, Seite 135.
196 Vergleiche Paul Sauer: Württemberg in der Zeit des Nationalsozialismus. Seite 97.
197 Vergleiche Stadtarchiv Stuttgart, Protokolle. Aus den Protokollen läßt sich ersehen, daß in allen Gremien des Gemeinderats regelmäßig eine Liste von Eilentscheidungen Strölins den Gemeinderäten mitgeteilt wurde.
198 Dies entsprach durchaus den Entwicklungen in anderen Verwaltungen. Vergleiche Jane Caplan: Civil Service Support for National Socialism: An Evaluation. In: Der »Führerstaat«: Mythos und Realität. Herausgeber: Gerhard Hirschfeld, Lothar Kettenacker. Stuttgart 1981. Seite 167 bis 191.

*Oberbürgermeister – Die dritte Karriere*
*Abschnitt »Empor zum Gipfel der Macht (1933 bis 1938)«*

1 Amtsblatt 1933.
2 Karl Strölin: Nationalsozialismus und Gemeindepolitik. In: NS-Kurier. 1. Juli und 3. Juli 1933. Auch für das Folgende.
3 Ebenda, 1. Juli 1933.
4 Ebenda, 3. Juli 1933.
5 Zur Rolle Strölins bei den Beratungen über die Deutsche Gemeindeordnung vergleiche Horst Matzerath: Nationalsozialismus und kommunale Selbstverwaltung. Stuttgart 1970. Seite 137 ff. Zu den Vorberatungen auch Bundesarchiv Koblenz, R 43 II/568.
6 Karl Strölin: Die Deutsche Gemeindeordnung. In: Die nationalsozialistische Gemeinde. Jahrgang 3, 1935, Seite 683 bis 687 und 718 bis 720. Hier zitiert nach einem gesondert paginierten Sonderdruck im Stadtarchiv Stuttgart, Ortsakten Vaihingen, vorläufig Nummer 816, Seite 2. Auch enthalten in Bundesarchiv Koblenz, NS 25/173, Blatt 200 bis 204.
7 Bundesarchiv Koblenz, NS 25/174, Blatt 51 bis 64. Auch für das Folgende.
8 Die einzelnen Vorschläge Strölins werden im Zusammenhang mit den jeweiligen Sachkapiteln behandelt.
9 Amtsblatt, 10. August 1933, Seite 601.
10 Stadtarchiv Stuttgart, Gemeinderat, Nummer 7 und 8. 1933 bis 1935.
11 Verwaltungsbericht 1933, Seite 18; und Stadtarchiv Stuttgart, Gemeinderat, § 1, 27. März 1934.
12 Stadtarchiv Stuttgart, Hauptaktei 0-9, Gemeinderatsprotokolle. Diese Kommentare zu den einzelnen Tagesordnungspunkten finden sich sowohl vor als auch nach dem Inkrafttreten der Deutschen Gemeindeordnung 1935.
13 Verwaltungsbericht der Stadt Stuttgart 1933, Stuttgart 1934. Seite 20. Zum Frauenbeirat vergleiche Karin Winkler: Der Stuttgarter Frauenbeirat 1933–1944. Wissenschaftliche Arbeit, Manuskript, Universität Stuttgart, Historisches Institut, 1987.
14 Vergleiche Horst Matzerath: Nationalsozialismus und kommunale Selbstverwaltung. Stuttgart 1970. Seite 132 ff.
15 Deutsche Gemeindeordnung, §§ 48 bis 57. Vergleiche Die Deutsche Gemeindeordnung vom 30. Januar 1935. Herausgeber: Harry Goetz. Stuttgart, Berlin 1935.
16 Karl Strölin: Die Deutsche Gemeindeordnung. (Wie Anmerkung 6). Seite 4 f.
17 Stadtarchiv Stuttgart, Gemeinderäte, Nummer 8, § 42, 22. März 1935.
18 Ebenda, § 44, 29. April 1935.
19 Dazu Müller: Stuttgart zur Zeit des Nationalsozialismus. Seite 195 ff. Dort findet sich eine detaillierte Analyse der Zusammensetzung des neuen Gemeinderats.
20 Verwaltungsbericht 1933, Seite 11 und Ebenda 1934, Seite 16.
21 Stadtarchiv Stuttgart, Ratsherren, Nummer 8, § 27, 15. Oktober 1935 und § 35, 24. Oktober 1935.
22 Bundesarchiv Koblenz, NS 25/174, Blatt 55.

23 Stadtarchiv Stuttgart, Ratsherren, Nummer 32, § 36, 14. Mai 1936 und § 88, 21. September 1936.
24 Dazu im einzelnen in den entsprechenden Kapiteln.
25 Interview mit Albert Locher, dem damaligen Personalreferenten.
26 Amtsblatt, 3. Juni 1933, Seite 413.
27 Ausführlicher zu den Veränderungen in der Verwaltungsspitze Roland Müller: Stuttgart zur Zeit des Nationalsozialismus. Seite 64 ff. und Seite 200 ff.
28 Stadtarchiv Stuttgart, Ratsherren, Nummer 8, § 29, 24. Oktober 1935.
29 Die Technik. 1936, Seite 101 f.
30 Hauptstaatsarchiv Stuttgart, E 140. Bü. 38. Strölin an Murr, 10. September 1936.
31 Staatsarchiv Ludwigsburg, E 180 VI, Bü. 526.
32 Stadtarchiv Stuttgart, Ratsherren, Nummer 32, § 122, 5. November 1936. Seite 4. Punkt 27.
33 Zu den Konflikten zwischen der Verwaltung und dem Gauamt für Technik vergleiche unten in den Kapiteln über Stadtplanung, Elektrizitätswirtschaft und Sonderbehörden.
34 Stadtarchiv Stuttgart, Verwaltungsbeiräte, Nummer 81, § 48, 15. Februar 1938.
35 Stadtarchiv Stuttgart, Mitteilungen des Bürgermeisteramts Stuttgart, 1933-1939. Dort finden sich immer wieder Erlasse Strölins über die Festlegung der Sprechstunden für die einzelnen Referenten.
36 Müller: Stuttgart zur Zeit des Nationalsozialismus. Seite 105 unter Berufung auf ein Interview mit Otto Schwarz. Protokolle der Beigeordnetenbesprechungen sind erst ab Kriegsbeginn im Diensttagebuch Strölins erhalten.
37 Vergleiche unten die entsprechenden Kapitel.
38 Beispiele dafür finden sich in seinem Kriegstagebuch, in das er sich hin und wieder notierte, wenn er einen der Referentenentwürfe mit dem Verfasser besprach oder ihn überarbeitete. Stadtarchiv Stuttgart, Nachlaß Strölin, Nummer 37 bis 41.
39 Karl Strölin: Die Deutsche Gemeindeordnung. (Wie Anmerkung 6), Seite 5.
40 Ebenda.
41 Die Angaben schwanken zwischen 509 und 680. Stadtarchiv Stuttgart, Bürgermeisteramt Nummer 12, Blatt 7 zu 20, In der Materialzusammenstellung für Strölin anläßlich einer Besprechung mit Murr im Juli 1936 ist von 680 Personen die Rede, während in Strölins ebenfalls 1936 erschienen Broschüre »Der Kampf gegen die Arbeitslosigkeit in der Stadt Stuttgart« auf Seite 23 nur von 509 die Rede ist. Roland Müller nennt auf Seite 207 aufgrund einer weiteren Quelle die Zahl von 507.
42 Stadtarchiv Stuttgart, Bürgermeisteramt Nummer 12, Blatt 7 zu 20.
43 Viele Beispiele dazu finden sich in den Akten des Personalamts im Stadtarchiv Stuttgart. Vergleiche auch Roland Müller: Stuttgart zur Zeit des Nationalsozialismus. Seite 205 ff.
44 Stadtarchiv Stuttgart, Bürgermeisteramt Nummer 12, Blatt 7 zu 20.
45 Ebenda.
46 Stadtarchiv Stuttgart, Verwaltungsbeiräte, Nummer 77, § 227, 25. Juni 1936.
47 Stadtarchiv Stuttgart, Verwaltungsbeiräte, Nummer 76, § 386, 8. Oktober 1935.

48 Roland Müller hat dies sehr gut an den Fällen der Neubesetzung der Posten des Direktors der TWS und des Leiters des Gesundheitsamtes aufgezeigt. Roland Müller: Stuttgart zur Zeit des Nationalsozialismus. Seite 203 f.
49 Vergleiche Stadtarchiv Stuttgart, Bürgermeisteramt Nummer 247. Vergleiche auch unten die Kapitel über Strölins Aktivitäten in der Energiewirtschaft.
50 Karl Strölin: Die Deutsche Gemeindeordnung. (Wie Anmerkung 6), Seite 6.
51 Vergleiche Verwaltung contra Menschenführung im Staat Hitlers. Herausgeber: Dieter Rebentisch, Klaus Teppe. Göttingen 1986. Dort ist anhand vieler Beispiele die Konfliktsituation zwischen traditioneller und nationalsozialistischer Verwaltung dargestellt.
52 Verwaltungsbericht 1934. Seite 56. Dabei müssen jedoch die umfangreichen Eingemeindungen vor 1933 berücksichtigt werden.
53 Verwaltungsbericht 1933, Seite 33.
54 Karl Strölin: Nationalsozialismus und Gemeindepolitik. In: NS-Kurier. 3. Juli 1933.
55 Karl Strölin: Das Stuttgarter Kleineigenheim mit Landzulage. In: Zentralblatt der Bauverwaltung. Jahrgang 55, 1935. Seite 1 f. (Zitiert nach gesondert paginiertem Sonderdruck.)
56 Verwaltungsbericht 1933, Seite 27.
57 Strölin: Das Stuttgarter Kleineigenheim mit Landzulage. Seite 5.
58 Ebenda, Seite 9.
59 Karl Strölin: Die Durchführung von Altstadtsanierungen. In: Reichsplanung. Jahrgang 1, 1935. Seite 143 bis 147 und In: Deutsche Kunst- und Denkmalpflege. Jahrgang 1935. Seite 141 ff.
60 Müller: Stuttgart zur Zeit des Nationalsozialismus. Seite 231.
61 Stadtarchiv Stuttgart, Ratsherren, Nummer 8, § 39, 7. November 1935.
62 Ebenda. Dazu auch Müller: Stuttgart zur Zeit des Nationalsozialismus. Seite 232.
63 Verwaltungsbericht 1938, Seite 73 (Verwaltungsstatistik).
64 Stadtarchiv Stuttgart, Ratsherren, Nummer 34, § 49, 11. März 1938.
65 Verwaltungsbericht 1933, Seite 34.
66 Ebenda 1936, Seite 41.
67 Chronik der Stadt Stuttgart 1933–1945, Stuttgart 1982, Seite 444, 12. November 1937.
68 Stadtarchiv Stuttgart, Ratsherren, Nummer 8, § 39, 7. November 1935.
69 Stadtarchiv Stuttgart, Nachlaß Strölin, Nummer 43, Tagebuch Anlage 183. Undatierte Abschrift einer Aktennotiz vom Dezember 1934.
70 Ebenda, Seite 2.
71 Hauptstaatsarchiv Stuttgart, E 140, Bü. 39. Durchschrift der Denkschrift für Waldmann.
72 Vergleiche den Abschnitt »Stuttgart – Zentrum für die Deutschen in aller Welt«.
73 Verwaltungsbericht 1938, Seite 72 f. Die Berechnung stammt aus der Zusammenfassung verschiedener dort abgedruckten Statistiken.
74 Stadtarchiv Stuttgart, Ratsherren, Nummer 35, § 49, 18. April 1939, Seite 2. In Stuttgart lag die Quote bei 34,2 Wohneinheiten auf 1000 Einwohner. Es folgte Magdeburg mit 29,2.

75 Stadtarchiv Stuttgart, Fotosammlung.
76 Verwaltungsbericht 1934. Seite 4 f.
77 Rüdiger vom Bruch: Bürgerliche Sozialreform im deutschen Kaiserreich. In: Weder Kommunismus noch Kapitalismus. Bürgerliche Sozialreform in Deutschland vom Vormärz bis zur Ära Adenauer. Herausgeber: Rüdiger vom Bruch. München 1985. Seite 61 bis 180. und Günther Schulz: Bürgerliche Sozialreform in der Weimarer Republik. In: Ebenda, Seite 181 bis 218.
78 Amtsblatt, 17. Mai 1934.
79 Ebenda, 19. Januar 1935. und Karl Strölin: Die Stuttgarter Ortsbausatzung. In: Die nationalsozialistische Gemeinde. Jahrgang 3, 1935, Seite 527 f.
80 Zu den Vorstellungen Hitlers und Strölins vergleiche Wolfgang Christian Schneider: Hitlers »wunderschöne Hauptstadt des Schwabenlandes«. Nationalsozialistische Stadtplanung, Bauten und Bauvorhaben in Stuttgart. In: Demokratie und Arbeitergeschichte Jahrbuch 2. Stuttgart 1982. Seite 51 ff.
81 Stadtarchiv Stuttgart, Gemeinderat, Nummer 7, § 16, 5. Dezember 1934.
82 Verwaltungsbericht 1934, Seite 42.
83 Verwaltungsbericht 1935, Seite 19. Gedruckte Niederschrift über die öffentliche Beratung mit den Ratsherren am 20. Februar 1936.
84 Karl Strölin: Das städtische Siedlungswesen und die Bodenreform. In: Die Deutsche Volkswirtschaft. Nationalsozialistischer Wirtschaftsdienst. Jahrgang 3, 1934, Seite 662 bis 665.
85 Beispielsweise Adolf Damaschke: Eine Ergänzung des Enteignungsrechts. In: Bodenreform. 45. Jahrgang, 1934, Nummer 15/16. In der gleichen Zeitschrift finden sich im Laufe des Jahres noch mehrere Artikel, die die Position Strölin bekräftigen.
86 Karl Strölin: Die Stuttgarter Denkschrift über Gebäudeerneuerung. In: Die Wohnung. Jahrgang 10, 1935/36. Seite 1 bis 4.
87 Heinz Potthoff: Gebäudeerneuerung und Bodenreform. In: Bodenreform. Jahrgang 10, 1935. Spalte 57 f. Potthoff berichtete über Vorträge Strölins und Asmuß' vor dem Verein für Wohnungsreform.
88 Karl Strölin: Das städtische Siedlungswesen. Seite 663. (Wie Anmerkung 84).
89 Ebenda.
90 Hauptstaatsarchiv Stuttgart, E 140, Bü. 39. Durchschrift der Denkschrift für Waldmann.
91 Stadtarchiv Stuttgart, Ratsherren, Nummer 32, § 40, 14. Mai 1936. Dazu auch Müller: Stuttgart zur Zeit des Nationalsozialismus. Seite 237 ff.
92 Ebenda, Seite 238 f.
93 Sauer: Württemberg in der Zeit des Nationalsozialismus. Seite 56 f.
94 Zur Stadtplanung allgemein Schneider: Hitlers »wunderschöne Hauptstadt des Schwabenlandes« (wie Anmerkung 80).
95 Verwaltungsbericht 1938. Seite VI.
96 Karl Strölin: Der Kampf gegen die Arbeitslosigkeit in der Stadt Stuttgart. Stuttgart, ohne Jahr [1936]. Seite 48.
97 Vergleiche oben das Kapitel über Strölins Zeit als Gemeinderat und Staatskommissar.

98 Karl Strölin: Der Kampf gegen die Arbeitslosigkeit in der Stadt Stuttgart (wie Anmerkung 96), Seite 8 f. Dort sind beide Positionen von ihm angesprochen.
99 Amtsblatt 16. September 1933.
100 Karl Strölin: Der Kampf gegen die Arbeitslosigkeit in der Stadt Stuttgart (wie Anmerkung 96), Seite 10.
101 Verwaltungsbericht 1933, Seite 20.
102 Amtsblatt 21. September 1933.
103 Stadtarchiv Stuttgart, Bürgermeisteramt Nummer 198, Strölin an Csaki vom 9. Dezember 1933.
104 Karl Strölin: Der Kampf gegen die Arbeitslosigkeit in der Stadt Stuttgart (wie Anmerkung 96), Seite 24.
105 Ebenda.
106 Ebenda, Seite 24 f., 36, 38.
107 Ebenda, Seite 38.
108 Ebenda, Seite 36.
109 Ebenda, Seite 38. Allerdings widersprechen sich die Zahlen Strölins, denn er spricht davon, daß die Höchstzahl im August 1934 mit 1500 erreicht worden sei.
110 Ebenda. Im Stadtarchiv Stuttgart befindet sich ein Film über das Lager in Buttenhausen, auf dem mit Pistolen bewaffnete Aufseher zu sehen sind.
111 Vergleiche Roland Müller: Stuttgart zur Zeit des Nationalsozialismus. Seite 86 ff.
112 Karl Strölin: Der Kampf gegen die Arbeitslosigkeit in der Stadt Stuttgart (wie Anmerkung 96), Seite 30 f.
113 Stuttgarter Stadtrecht. Stuttgart 1938. Seite 4/1. Anordnung zur Verhinderung des unerwünschten Zuzugs. Vom 13. März 1934.
114 Karl Strölin: Der Kampf gegen die Arbeitslosigkeit in der Stadt Stuttgart (wie Anmerkung 96), Seite 28.
115 Zur wirtschaftlichen Entwicklung in Stuttgart vergleiche Jutta Hanitsch: Aufschwung durch Rüstung. Auswirkungen nationalsozialistischer Wirtschaftspolitik für Stuttgart. In: Stuttgart im Dritten Reich. Anpassung, Widerstand, Verfolgung. Stuttgart 1984. Seite 122 bis 131.
116 Karl Strölin: Der Kampf gegen die Arbeitslosigkeit in der Stadt Stuttgart (wie Anmerkung 96), Seite 42 und 50.
117 Stadtarchiv Stuttgart, Verwaltungsbeiräte, Nummer 76, § 9, 16. Juli 1935. Dort kritisierte der Kreiswalter der DAF Eugen Notter die Preissteigerungen und warf der Verwaltung statistische Schönfärberei vor.
118 Bundesarchiv Koblenz, R 43 II/317. Blatt 68.
119 Ebenda, Blatt 71 und 80.
120 Karl Strölin: Die Bekämpfung der Arbeitslosigkeit durch die Lokalverwaltungen. Generalbericht für den VI. Internationalen Gemeindekongreß. Berlin 1936 und ders: Die Bekämpfung der Arbeitslosigkeit durch die Lokalverwaltungen. Vortrag von Oberbürgermeister Dr. Strölin auf dem VI. Internationalen Gemeindekongreß in Berlin am 9. Juni 1936. Ohne Ort, ohne Jahr [Stuttgart 1936].
121 Dies trifft besonders auf seine Tätigkeit im Internationalen Verband für Wohnungswesen und Städtebau zu. Vergleiche unten Abschnitt »Der Internationale Verband für Wohnungswesen und Städtebau«.

122 Bundesarchiv Koblenz, NS 25/175, Blatt 90 ff.
123 Verwaltungsbericht 1938, Seite 16.
124 Stadtarchiv Stuttgart, Bürgermeisteramt Nummer 12, Blatt 6.
125 Ebenda, Murr an Strölin am 8. Juni 1936.
126 Ebenda, Strölin an Murr am 20. Juli 1936.
127 Ebenda, Murr an Strölin am 8. Juli 1936.
128 Stadtarchiv Stuttgart, Ratsherren, Nummer 33, § 25, 28. Januar 1937.
129 Verwaltungsbericht 1937, Seite 5.
130 Stadtarchiv Stuttgart, Ratsherren Nummer 33, §§ 148 und 195, 22. Juli und 16. September 1937.
131 Ebenda, Nummer 34, § 1, 13. Januar 1938.
132 Ebenda, § 4.
133 Verwaltungsbericht 1936, Seite 32.
134 Bundesarchiv Koblenz, NS 25/174, Blatt 51 ff.
135 Stadtarchiv Stuttgart, Mitteilungen des Bürgermeisteramts Stuttgart, 1935, Seite 180 f.
136 Ebenda.
137 Mehrere Beispiele dafür finden sich in den Entnazifizierungsakten Strölins. Staatsarchiv Ludwigsburg, EL 903/4, Aktenzeichen J/76,1582 und Stadtarchiv Stuttgart, Nachlaß Strölin, Nummer 77.
138 Vergleiche Weder Kommunismus noch Kapitalismus. Bürgerliche Sozialreform in Deutschland vom Vormärz bis zur Ära Adenauer. Herausgeber: Rüdiger vom Bruch. München 1985.
139 Hans-Walter Schmuhl: Rassenhygiene, Nationalsozialismus, Euthanasie. Von der Verhütung zur Vernichtung »lebensunwerten« Lebens, 1890–1945. Göttingen 1987 und Peter Emil Becker: Zur Geschichte der Rassenhygiene. Wege ins Dritte Reich. Stuttgart, New York 1988.
140 Für die Durchführung des Gesetzes in Stuttgart siehe Benigna Schönhagen: Von der medizinischen Aussonderung zur »Vernichtung lebensunwerten Lebens«. In: Stuttgart im Zweiten Weltkrieg. Herausgeber: Marlene P. Hiller. Stuttgart 1989. Seite 117 bis 133.
141 Verwaltungsbericht 1933. Seite 26 f.
142 Ebenda, Seite 27.
143 Ebenda.
144 Ebenda.
145 Hauptstaatsarchiv Stuttgart, E 151 K VII, Bü. 1. Strölin an Innenministerium vom 14. Februar 1934.
146 Verwaltungsbericht 1934, Seite 33.
147 Ebenda, 1938, Seite 20.
148 Vergleiche Müller: Stuttgart zur Zeit des Nationalsozialismus. Seite 205. Zu Salek vergleiche Uwe Dietrich Adam: Hochschule und Nationalsozialismus. Die Universität Tübingen im Dritten Reich. Tübingen 1977. Seite 162 f. sowie Benigna Schönhagen: Tübingen unterm Hakenkreuz. Stuttgart 1991.
149 Vergleiche Verwaltungsbericht 1933–1939, jeweils die Kapitel über die Arbeit des Wohlfahrtsreferats.

150 Wieviele Hilfesuchende als erbkrank bei solchen Untersuchungen festgestellt wurden läßt sich nicht sagen, da genaue Zahlen fehlen. Strölin erwähnt nur im Verwaltungsbericht 1937, Seite 33, daß für dieses Jahr bei 120 Untersuchungen zur Erlangung einer Ehrenpatenschaft acht Familien »beanstandet« werden mußten.
151 So beispielsweise in einer Wahlrede in der Sektion Rosenberg (NS-Kurier 17. April 1931) oder im Gemeinderat am 9. Februar 1933 (Amtsblatt 1933, Seite 133).
152 Zitiert nach Müller: Stuttgart zur Zeit des Nationalsozialismus. Seite 222.
153 Vergleiche Kapitel »Im Gemeinderat – Sachlich und besserwisserisch«.
154 Zur Geschichte der Stuttgarter Juden im Dritten Reich: Müller: Stuttgart zur Zeit des Nationalsozialismus. Seite 282 bis 309 und Maria Zelzer: Weg und Schicksal der Stuttgarter Juden. Stuttgart, ohne Jahr [1964].
155 Hauptstaatsarchiv Stuttgart, E 151 d III, Bü. IV 680, Blatt 139.
156 NS-Kurier. 8. Juli 1935. Abendausgabe.
157 Ebenda, 20. Juli 1935. Abendausgabe.
158 Stadtarchiv Stuttgart, Verwaltungsbeiräte, § 21, 23. Juli 1935.
159 Verwaltungsbericht 1935, Seite 55 und Stadtarchiv Stuttgart, Nachlaß Strölin, Nummer 256, Strölin an Globke am 29. Juli 1960.
160 NS-Kurier 21. August 1936. Abendausgabe.
161 Stadtarchiv Stuttgart, Ratsherren, Nummer 32, § 72, 3. September 1936.
162 Ebenda, Seite 3.
163 Ebenda, Seite 4.
164 Ebenda, § 89, 21. September 1936.
165 Strölin, Karl: Meine Reise nach den Vereinigten Staaten von Nordamerika. Vortrag gehalten am 13. November 1936 im Festsaal der Liederhalle zu Stuttgart. In: Der Auslanddeutsche. Jahrgang 19, 1936. Seite 905. Das Zitat ist im Original gesperrt gedruckt. Auch für das Folgende.
166 Zum Antisemitismus in New York: Ronald H. Bayor: Neighbors in Conflict. The Irish, Germans, Jews, and Italiens of New York City, 1929–1941. 2. Auflage Urbana and Chicago 1988.
167 Zum Antisemitismus von Ford: Albert Lee: Henry Ford and the Jews. New York 1980.
168 Strölins Einschätzung litt sicherlich auch darunter, daß er in den USA fast nur mit Deutschen zusammenkam, die nationalsozialistische oder wenigstens deutschfreundliche Positionen vertraten.
169 Stadtarchiv Stuttgart, Ratsherren, Nummer 32, § 122, 5. November 1936.
170 Ebenda, Seite 5. In der gleichen Sitzung kam es noch zu einer längeren Diskussion, ob man auch Chinesen zulassen solle.
171 Karl Strölin: Nationalsozialismus und Gemeindepolitik. In: NS-Kurier. 3. Juli 1933.
172 Allgemein zur Entwicklung der Energiewirtschaft vergleiche Helmut Gröner: Die Ordnung der deutschen Elektrizitätswirtschaft. Baden-Baden 1975. (Wirtschaftsrecht und Wirtschaftspolitik Band 41.); Wolfgang Zängl: Deutschlands Strom. Die Politik der Elektrifizierung von 1866 bis heute. Frankfurt/M. 1989.

Zur Entwicklung nach 1933 siehe besonders Horst Matzerath: Nationalsozialismus und kommunale Selbstverwaltung. Stuttgart 1970, Seite 392 bis 418.

173 Diese Argumentation Strölins findet sich an den verschiedensten Stellen in den Akten und in seinen Veröffentlichungen. Beispielsweise: Karl Strölin: Fragen der Energieversorgung. In: Die nationalsozialistische Gemeinde. Jahrgang 4, 1936, Seite 63 bis 69. Hier Seite 68.

174 Bundesarchiv Koblenz, NS 25/391, Blatt 360 ff.; Korrespondenz Strölin – NSDAP-Hauptamt für Kommunalpolitik, 7. und 12. Juni 1934.

175 Stadtarchiv Stuttgart, Bürgermeisteramt Nummer 9, Strölin: Bericht über die Tätigkeit als Reichshauptstellenleiter im Hauptamt für Kommunalpolitik, 10. September 1937.

176 Horst Matzerath: Nationalsozialismus und kommunale Selbstverwaltung. Seite 397.

177 Dazu Stadtarchiv Stuttgart, Bürgermeisteramt Nummer 9, Strölin: Bericht über die Tätigkeit als Reichshauptstellenleiter im Hauptamt für Kommunalpolitik, 10. September 1937.

178 Bundesarchiv Koblenz, NS 25/391, Blatt 338 f.; Strölin an Fiehler, 19. März 1934.

179 Ebenda, Blatt 376 f.; Dr. Meyer an Fiehler, 9. März 1935; ferner befindet sich der Vorgang auch in Stadtarchiv Stuttgart, Bürgermeisteramt Nummer 9.

180 Stadtarchiv Stuttgart, Bürgermeisteramt Nummer 9, Brief Strölins an Fiehler vom 27. März 1935

181 Ebenda, Brief von Schön an Strölin vom 26. März Matzerath: Selbstverwaltung, Seite 395 f. geht zwar auf den Übernahmeversuch durch Krecke ein, stellt aber nicht die Beziehung zwischen diesem Vorgang und der Berufung Strölins in das Hauptamt her.

182 Stadtarchiv Stuttgart, Bürgermeisteramt Nummer 9, Strölin an das NSDAP-Hauptamt für Kommunalpolitik.

183 Ebenda, Schön an Strölin 12. April 1935.

184 Bundesarchiv Koblenz, NS 25/391, Blatt 377 ff.; Strölin an Krecke, 30. April 1935 (Abschrift an Fiehler).

185 Bundesarchiv Koblenz, NS 25/173, Blatt 165; Strölin an das NSDAP-Hauptamt für Kommunalpolitik, 6. Mai 1935.

186 Bundesarchiv Koblenz, NS 25/173, Blatt 170 f.; Schön an Strölin, 8. Juli 1935.

187 Ebenda, Blatt 181 f. Korrespondenz Schön und Strölin, 3. September und 7. September 1935.

188 Ebenda, Blatt 195. Strölin an das NSDAP-Hauptamt für Kommunalpolitik, 8. Oktober 1935.

189 Stadtarchiv Stuttgart, Bürgermeisteramt Nummer 9, Korrespondenz Strölin/Fiehler 16. und 25. November 1935.

190 Bundesarchiv Koblenz, NS 25/174. Der provisorische Ausweis mußte allerdings jeden Monat verlängert werden, was eine umfangreiche Korrespondenz mit dem NSDAP-Hauptamt für Kommunalpolitik zur Folge hatte. Offiziell benachrichtigte Schön Strölin am 4. September 1936 von seiner Ernennung zum Reichshauptstellenleiter und übersandte ihm den neuen endgültigen Ausweis. Bundesarchiv Koblenz, NS 25/174, Blatt 196.

191 Stadtarchiv Stuttgart, Bürgermeisteramt Nummer 9, Schreiben Strölins vom 12. Juli 1937 an neun verschiedene württembergische Stellen und Strölin an Waldmann, 5. Februar 1938.
192 Stadtarchiv Stuttgart, Bürgermeisteramt Nummer 9, Strölin: Bericht über die Tätigkeit als Reichshauptstellenleiter im Hauptamt für Kommunalpolitik, 10. September 1937.
193 MBliV 1935, Seite 1035. Runderlaß vom 15. August 1935.
194 Karl Strölin: Die Zukunft der gemeindlichen Elektrizitäts- und Gasversorgung. In: Zeitschrift für öffentliche Wirtschaft. Jahrgang 1935, Seite 298 f.
195 Die einzelnen Fälle können hier nicht eingehend behandelt werden. Die Akten dazu befinden sich vor allem in Bundesarchiv Koblenz, NS 25/391, 138–139, 143–145 , 173–176 sowie in einigen anderen Aktenbeständen aus dem NSDAP-Hauptamt für Kommunalpolitik. Die im weiteren aufgezeigten Überlegungen Strölins finden darin ihren Niederschlag.
196 Stadtarchiv Stuttgart, Bürgermeisteramt Nummer 9, Strölin: Bericht über die Tätigkeit als Reichshauptstellenleiter im Hauptamt für Kommunalpolitik, 10. September 1937, Seite 5 f. Der schließlich abgesandte Tätigkeitsbericht mit Datum vom 10. Dezember 1937 findet sich in Bundesarchiv Koblenz, NS 25/1329, Blatt 118 ff. Zur Entstehungsgeschichte des Energiewirtschaftsgesetzes vergleiche auch Matzerath: Nationalsozialismus und kommunale Selbstverwaltung. Seite 400 ff. Dieser geht allerdings nicht auf die Rolle Strölins ein.
197 Bundesarchiv Koblenz, NS 25/174, Blatt 1 f.; der Vortrag ist abgedruckt Karl Strölin: Fragen der Energieversorgung. In: Die nationalsozialistische Gemeinde. Jahrgang 4, 1936, Seite 63 bis 69. Auch für das Weitere, wenn nicht gesondert vermerkt.
198 Ebenda, Seite 63.
199 Ebenda, Seite 66.
200 Ebenda, Seite 68.
201 Ebenda, Seite 69.
202 Stadtarchiv Stuttgart, Bürgermeisteramt Nummer 9.
203 Gespräch mit Helmut Doka, 31. Dezember 1990.
204 Bundesarchiv Koblenz, NS 25/1329. Blatt 142. Strölin an Schön, 17. Dezember 1937.
205 Stadtarchiv Stuttgart, Nachlaß Strölin, Nummer 37, Tagebuch Seite 89 f., 13. November 1939. Strölin notierte sich »Herr Doka muß zurückgerufen werden ...«
206 Stadtarchiv Stuttgart, Bürgermeisteramt Nummer 9.
207 Ebenda, Strölin an das NSDAP-Hauptamt für Kommunalpolitik, 17. Dezember 1937 und Bundesarchiv Koblenz, NS 25/1329, Blatt 143 ff.
208 Bundesarchiv Koblenz, NS 25/89, Blatt 30–170. Monatsberichte vom Dezember 1937 bis zum 29. Juli 1939.
209 Ebenda, Blatt 35 ff.
210 Ebenda, Blatt 124.
211 Zur Beteiligung Strölins an den Vorbereitungen: Stadtarchiv Stuttgart, Nachlaß Strölin, Nummer 80. Doka: Kurzgefaßte Darstellung über die Tätigkeit von Dr. Karl Strölin im Hauptamt für Kommunalpolitik, 29. Dezember 1946. Zu den

Positionen Strölins: Karl Strölin: Gemeindliche Versorgungswirtschaft. In: Jahrbuch für Kommunalwissenschaft. Jahrgang 5, 1938. 2. Halbjahresband. Seite 263 bis 299. Zur Eigenbetriebsverordnung Seite 290.
212 Stadtarchiv Stuttgart, Nachlaß Strölin, Nummer 80, Doka, 29. Dezember 1946 und zum Inhalt des Gesetzes und den Vorstellungen Strölins Bundesarchiv Koblenz, NS 25/89, Blatt 165. Monatsbericht über Vorgänge in der Energiewirtschaft, 29. Juli 1939.
213 Vergleiche Franz W. Seidler: Fritz Todt. Baumeister des Dritten Reiches. München 1986, Seite 76 ff.
214 Zu den Auseinandersetzungen vergleiche auch Matzerath: Selbstverwaltung, Seite 400 ff. Sowie Bundesarchiv Koblenz, NS 25.
215 Bundesarchiv Koblenz, NS 25/144, Blatt 42. Strölin an Todt, 4. Juni 1938.
216 Vergleiche Stadtarchiv Stuttgart, Bürgermeisteramt Nummer 247 und Karl Strölin: Gemeindliche Versorgungswirtschaft. In: Jahrbuch für Kommunalwissenschaft. Jahrgang 5, 1938. 2. Halbjahresband. Seite 263 bis 299.
217 Ebenda, Seite 280 f.
218 Stadtarchiv Stuttgart, Technische Beiräte, 27. September 1935, § 176 und Verwaltungsbeiräte. 17. September 1936, § 333. Dazu auch Roland Müller: Stuttgart zur Zeit des Nationalsozialismus. Seite 250 ff.
219 Hauptstaatsarchiv Stuttgart, E 140, Bü. 39.
220 Bundesarchiv Koblenz, NS 25/144, Blatt 143, Stellungnahme Strölins über die Energieversorgung Mannheims, 19. Oktober 1938. Dies widerlegt die Feststellungen von Roland Müller, die den Eindruck erwecken, als wollte die Stadt vollkommen auf den Anschluß an die Verbundwirtschaft verzichten. (Vergleiche Anmerkung 48.)
221 Bundesarchiv Koblenz, NS 25/144, Blatt 213 und 232, jeweils Strölin an Schön vom 6. und 24. Dezember 1938.
222 Allgemein zur Geschichte des Kanals: Wolf-Ingo Seidelmann: Der Neckar-Donau-Kanal. 200 Jahre Planung für eine Wasserstraße quer über die Alb. St. Katharinen 1988. (Beiträge zur südwestdeutschen Wirtschafts- und Sozialgeschichte, Band 6)
223 Theodor Heuss: Robert Bosch. Leben und Leistung. Stuttgart 1946. Seite 292 ff.
224 Seidelmann: Neckar-Donau-Kanal (wie Anmerkung 222), Seite 144 ff.
225 Zum Konflikt um den Ausbau vergleiche auch Paul Sauer: Württemberg in der Zeit des Nationalsozialismus. Seite 314 bis 324 und Roland Müller: Stuttgart zur Zeit des Nationalsozialismus. Seite 242 bis 247.
226 Südwest-Deutschland. Jahrgang 9, 1933. Seite 62 ff.
227 Ebenda, Jahrgang 10, 1934. Seite 19.
228 Vergleiche Hauptstaatsarchiv Stuttgart, E 130, Bü. 55; E 130b, Bü. 1415 und Bü. 1416; E 140, Bü. 39.
229 Hauptstaatsarchiv Stuttgart, E 130b, Bü. 1415. Industrie- und Handelstag an Kanalverein vom 24. Januar 1935.
230 Vergleiche Seidelmann: Neckar-Donau-Kanal (wie Anmerkung 222). Seite 261 f.
231 Hauptstaatsarchiv Stuttgart, E 130 Bü. 55. Strölin an Murr vom 20. November 1934.

232 Ebenda, E 130b, Bü. 1415. Beschluß des Staatsministeriums v. 17. Dezember 1934.
233 Ebenda, Strölin an Staatsministerium vom 16. Januar 1935.
234 Ebenda.
235 Ebenda, Bü. 1416. Abschrift des Vertrags.
236 Ebenda, Bü. 1415. Strölin an Staatsministerium 15. März 1935.
237 Paul Sauer: Württemberg in der Zeit des Nationalsozialismus. Seite 319.
238 Süddeutsche Wasserstraßen. Jahrgang 13, 1937. Seite 72 ff. Auch für das Folgende.
239 Hauptstaatsarchiv Stuttgart, E 130b, Bü. 1416 und Seidelmann: Neckar-Donau-Kanal (wie Anmerkung 222). Seite 281 ff.
240 Stadtarchiv Stuttgart, Bürgermeisteramt Nummer 3, Besuch Hitlers am 1. April 1938.
241 Vergleiche Roland Müller: Stuttgart zur Zeit des Nationalsozialismus. Seite 245.
242 Zur Geschichte des Deutschen Auslands-Instituts allgemein Ernst Ritter: Das Deutsche Auslands Institut in Stuttgart 1917–1945. Wiesbaden 1976.
243 Bundesarchiv Koblenz, R 57/10, fol. 439. Niederschrift über die Vorstandssitzung am 10. März 1933. Vergleiche auch Müller: Stuttgart zur Zeit des Nationalsozialismus. Seite 222. Dazu auch Bericht Draschers an das Auswärtige Amt vom 10. März 1933. Auswärtiges Amt, Bonn, Politisches Archiv. R 60261. Kult. Abt. 2. Deutsches Auslands-Institut. Band 5.
244 Über die Rolle des Auswärtigen Amtes. Ebenda. und R 60262. Allgemein: Ritter: Das Deutsche Auslands Institut, Seite 54 ff.
245 Stadtarchiv Stuttgart, Bürgermeisteramt Nummer 199, Aktennotiz Hablizels vom 12. September 1933. Ein wenig anders schildert dagegen Robert Ernst die Berufung Strölins, die nach seinen Worten vom Reorganisationsausschuß ausging. Robert Ernst: Rechenschaftsbericht eines Elssässers. Berlin 1954. Seite 190 f. Auch Steinacher schildert dies in seinen Erinnerungen ähnlich wie Ernst. Die dort abgedruckten Dokumente zeigen jedoch, daß man sich zwar schnell über den neuen Generalsekretär einig war, der Posten des Vorsitzenden anfangs jedoch nicht diskutiert wurde. Hans Steinacher: Erinnerungen und Dokumente. Herausgeber: Hans-Adolf Jacobsen. Boppard 1970. Seite 27 f. und Seite 96 ff.
246 Vergleiche Der Auslanddeutsche. Jahrgang 16, 1933. Seite 478 bis 481. (Druckfehler, die in der Zeitschrift, dem Aushängeschild des Deutschen Auslands-Instituts und deutscher Kultur im Ausland, nicht gerade selten vorkommen, wurden stillschweigend korrigiert.)
247 Ritter: Das Deutsche Auslands Institut. Seite 42.
248 Der Auslanddeutsche. Jahrgang 16, 1933. Seite 480 und 488.
249 Zu Csaki Ritter: Das Deutsche Auslands Institut. Seite 58 ff.
250 Ritter: Das Deutsche Auslands Institut. Seite 58 schätzt den Einfluß Könekamps niedrig ein und sieht ihn abhängig von Strölin. Dies mag aus den Akten des Deutschen Auslands-Instituts und dem Interview, das er mit Könekamp führte, nachvollziehbar sein. Aus den erhaltenen Unterlagen der Stadtverwaltung zeigt sich jedoch ein anderes Bild. Danach war eher Könekamp die treibende Kraft und entwarf den größten Teil der Schreiben an das Deutsche Auslands-Institut, die später von Strölin unterschrieben wurden.
251 Ritter: Das Deutsche Auslands Institut. Seite 55 f.

252 Stadtarchiv Stuttgart, Bürgermeisteramt Nummer 199. Protokolle über die Besprechungen vom 28. September und 4. Oktober 1933.
253 Ebenda, Redemanuskript. Abgedruckt in: Der Auslanddeutsche. Jahrgang 16, 1933. Seite 641. Das gesamte Zitat erschien im Druck gesperrt, im Manuskript hatte Strölin es dick angestrichen.
254 Ebenda. Damit griff er jedoch nur eine Formulierung auf, die Csaki bereits auf der Jahresversammlung im September benützt hatte. Vergleiche Der Auslanddeutsche. Jahrgang 16, 1933. Seite 483 bis 485.
255 Stadtarchiv Stuttgart, Bürgermeisteramt Nummer 199. Protokoll über die Besprechungen mit Csaki und Könekamp am 4. Oktober 1933.
256 Vergleiche Anthony Komjathy, Rebecca Stockwell: German Minorities and the Third Reich. Ethnic Germans of East Central Europe between the Wars. New York, London 1980.
257 Der Aspekt der Volksgruppenpolitik im Gegensatz zur Minderheitenpolitik wird in der Literatur meist wenig berücksichtigt. Eine immer noch ausgezeichnete Analyse dieser Problematik findet sich bei Franz Neumann: Behemoth. Frankfurt/M. 1984. Seite 203 ff.
258 Der Auslanddeutsche. Jahrgang 16, 1933. Seite 642. Roland Müller: Stuttgart zur Zeit des Nationalsozialismus. Seite 223 sprich auch in dieser Phase bereits von Stadt der Auslandsdeutschen, obwohl dieser Begriff erst nach der offiziellen Ernennung der Stadt 1936 benützt wurde. Vergleiche unten.
259 Stadtarchiv Stuttgart, Bürgermeisteramt Nummer 199. Protokolle über die Besprechungen mit Csaki und Könekamp am 28.9 und 4. Oktober 1933 sowie Redemanuskript vom 8. Dezember 1933.
260 Vergleiche Ritter Seite 46 ff. und 94 ff.
261 Stadtarchiv Stuttgart, Bürgermeisteramt Nummer 199. Protokoll über die Besprechung mit Csaki und Könekamp am 28. September 1933.
262 Chronik der Stadt Stuttgart 1933–1945, Stuttgart 1982,, Seite 71.
263 Ebenda, Seite 161.
264 Vergleiche Ritter: Das Deutsche Auslands Institut, Seite 104 und Müller: Stuttgart zur Zeit des Nationalsozialismus. Seite 223.
265 Württembergische Gemeindezeitung. 25. Juni 1934. Der Erlaß datierte bereits vom 9. März 1934.
266 Hauptstaatsarchiv Stuttgart, E 151/02, Bü. 1150.
267 Zur Geschichte der NSDAP-Auslandsorganisation vergleiche Hans-Adolf Jacobsen: Nationalsozialistische Außenpolitik. Frankfurt/M. 1968.
268 Zur Zusammenarbeit Deutsches Auslands-Institut – NSDAP-Auslandsorganisation: Ritter: Das Deutsche Auslands-Institut, Seite 120 ff.
269 Stadtarchiv Stuttgart, Bürgermeisteramt Nummer 194. Aussage Strölins laut dem Wortprotokoll der Beratung mit den Ratsherren am 18. August 1938.
270 Dazu: Rainer Eisenschmidt: Stuttgart – Stadt der Auslandsdeutschen. Die geplante »Reichswichtigkeit«. In: Stuttgart im Dritten Reich. Anpassung, Widerstand, Verfolgung. Stuttgart 1984. Seite 62 bis 76. Hier Seite 67 ff.
271 Auswärtiges Amt, Politisches Archiv, R 60264, Kult. Abt. 2. Deutsches Auslands-Institut. Band 9. Strölin an Meißner 20. Januar 1936.

272 Zur Rolle der Beinamen von Städten im Dritten Reich vergleiche Müller: Stuttgart zur Zeit des Nationalsozialismus. Seite 224 und Seite 586, Anmerkung 21.
273 Vergleiche Stadtarchiv Stuttgart, Bürgermeisteramt, Nummer 194.
274 Auswärtiges Amt, Politisches Archiv, R60264, Kult. Abt. 2. Deutsches Auslands-Institut. Band 9.
275 Zum Verhältnis Amerikadeutscher Volksbund und Deutsches Auslands-Institut vergleiche neben den anderen in diesem Kapitel erwähnten Werken über die deutsch-amerikanischen Beziehungen besonders Arthur L. Smith: The Deutschtum of Nazi Germany and the United States. The Hague 1965. Obwohl das Werk sich einseitig auf die Akten des Deutschen Auslands-Instituts und amerikanische Quellen stützt und so politische Entwicklungen in Deutschland außer acht läßt beziehungsweise falsch darstellt, zeigt es doch sehr gut das Beziehungsgeflecht, das von Stuttgart aus zu den Deutschen Gruppen in den USA aufgebaut wurde.
Ähnlich liegt das Problem bei Leland Virgil Bell: Anatomy of a Hate Movement: The German American Bund 1936 – 1941. Ph.D. West Virginia University 1968 und Sander A. Diamond: The Nazi Movement in the United States 1924 – 1941. Ithaca 1974.
276 Deutscher Weckruf und Beobachter. 27. August und 19. August 1936. Die Ausgabe am 27. August war eine »Heimat-Sondernummer« anläßlich der Jahrestagung des Deutschen Auslands-Instituts.
277 Zur Vorgeschichte und Verlauf des Deutschen Tages Gernot H. W. Graessner: Deutschland und die Nationalsozialisten in den Vereinigten Staaten von Amerika 1933–1939. Bonn Phil. Diss. 1973. Seite 191 ff.
278 New Yorker Staats-Zeitung und Herold. 5. Oktober 1936. First section.
279 Die Rede Strölins ist abgedruckt in der New Yorker Staats-Zeitung und Herold. 5. Oktober 1936, first section, wobei der kommunalpolitische Teil separat am 7. Oktober 1936 auf Seite B 2 unter dem Titel »Die deutsche Gemeinde als Fundament des Reiches« erschien. Ebenfalls abgedruckt in: Deutscher Weckruf und Beobachter (New York) 8. Oktober 1936. Seite 3 und 5.
280 New Yorker Staats-Zeitung und Herold. 7. Oktober 1936. Seite B 2.
281 Graessner: Deutschland (wie Anmerkung 277), Seite 193 f. und Deutscher Weckruf und Beobachter. 8. Oktober 1936. Seite 3. Ein Film von dieser Rede befindet sich im Stadtarchiv Stuttgart.
282 New Yorker Staats-Zeitung und Herold. 5. Oktober 1936. Seite A 7. Brundage mußte sich am folgenden Tag herbe Kritiken durch die amerikanische Presse gefallen lassen.
283 Karl Strölin: Meine Reise nach den Vereinigten Staaten von Nordamerika. In: Der Auslanddeutsche. Jahrgang 19, 1936. Seite 892 bis 909.
284 Ebenda, auch für die folgenden Beschreibungen seiner Reiseeindrücke.
285 Ebenda, Seite 903.
286 Bürgermeister Smith aus Detroit, dessen Vorfahren aus Württemberg stammten, hatte Strölin im Sommer in Stuttgart besucht. Vergleiche Chronik der Stadt Stuttgart 1933–1945, Stuttgart 1982, Seite 312, 31. August 1936.

287 Strölin: Meine Reise ... Seite 899. Zur Position LaGuardias vergleiche Joachim Remak: Germany and the United States 1933–1939. Ann Arbor 1978. (Phil. Diss. Stanford University 1954.) Seite 158 ff.
288 Vergleiche auch das entsprechende Kapitel über die Behandlung der Juden in Stuttgart zwischen 1933 und 1938.
289 Beide Städte stellten neben New York die Zentren der nationalsozialistischen deutschen Organisationen dar. Über Strölins Auftreten in Chicago: Deutscher Weckruf. 15. Oktober 1936. Seite 7.
290 Strölin: Meine Reise ..., Seite 904. Stadtarchiv Stuttgart, Bürgermeisteramt Nummer 197. In Notizen für ein Gespräch mit Goebbels nennt Strölin allerdings Chicago als Ort mit mehreren Schwabenvereinen.
291 Ebenda. Unter dem Titel: »Ein Oberbürgermeister fährt nach Amerika« auch abgedruckt in: Nat.-soz. Mitteilungsblatt des Gauamts für Kommunalpolitik Württemberg-Hohenzollern. Jahrgang 4, 1936. getr. Pag.
292 Bericht an Neurath: Auswärtiges Amt, Politisches Archiv, Pol. IX, Po. 2, USA, Band 1 vom 2. Dezember 1936. An Hitler: Bundesarchiv Koblenz, R 43II/1466a vom 31. Oktober 1936. Ebenso ging ein Bericht an Otto Meißner: Auswärtiges Amt, Politisches Archiv, Abt. VI, Kult. Abt., Deutschtum Nummer 1, Band 11. Die Aussage Jacobsens, daß sich Hitler bei seiner Einschätzung der Lage auf den Bericht Strölins stützte, scheint stark überinterpretiert zu sein. Hans-Adolf Jacobsen: Nationalsozialistische Außenpolitik. Seite 348.
293 Zu Strölins Vorstellungen vergleiche auch seine Zeugenaussage im Nürnberger Prozeßproze am 25. März 1946. Internationaler Militärgerichtshof Nürnberg (IMT), Band X, Seite 61 und 81 bis 84.
294 Wie Anmerkung 292.
295 Stadtarchiv Stuttgart, Bürgermeisteramt Nummer 197, Notizen Strölins für ein Gespräch mit Goebbels. Vergleiche Graessner: Deutschland ... (Anmerkung 277) Seite 194 ff.
296 Zur Geschichte des Bundes der Freunde des Neuen Deutschland Sander A. Diamond: The Nazi Movement in the United States 1924–1941. Ithaca 1974. Seite 60 ff. und Joachim Remak: »Friends of the New Germany« – The Bund and German-American Relations. In: Journal of Modern History. Vol. 29,1957. Seite 38 bis 41.
297 Ritter: Das Deutsche Auslands-Institut. Stuttgart 1976. Seite 91 ff.
298 Bericht an Neurath vergleiche Anmerkung 292.
299 Ebenda, Neurath an Strölin. 8. Dezember 1936.
300 Deutlich zeigt dies das offizielle Werk von Raymond E. Murphy et al.: National Socialism. Basic Principles, their Application by the Nazi Party's Foreign Organisation, and the Use of Germans Abroad for Nazi Aims. Herausgeber: United States. Departement of State. Division of European Affairs. Washington, D.C. 1943. Reprint Westport, Connecticut 1976. Dazu auch die Zeugenaussage Strölins im Nürnberger Prozeß. Internationaler Militärgerichtshof Nürnberg (IMT). Band X, Seite 59 bis 88. Dort spielte das Werk eine wichtige Rolle.
301 Meir Buchsweiler: Volksdeutsche in der Ukraine am Vorabend und Beginn des Zweiten Weltkriegs – ein Fall doppelter Loyalität? Gerlingen 1984 verweist auf

einen Artikel aus der Iswestija vom 15. Juni 1937: Ja. Stepanow: Stuttgarter Zentrum für faschistische Spionage.

302 Ähnlich sieht dies auch Louis de Jong: The German Fifth Column in the Second World War. New York 1973. Seite 289.
303 Besonders im zweiten Halbjahr 1936 häuften sich im Deutschen Weckruf und Beobachter die Berichte über das Deutsche Auslands-Institut und Stuttgart.
304 Krehl an K. Stumpp, 16. Juli 1933. Zitiert nach Meir Buchsweiler: Volksdeutsche in der Ukraine am Vorabend und Beginn des Zweiten Weltkrieges – ein Fall doppelter Loyalität? Gerlingen 1984. Seite 50
305 Stadtarchiv Stuttgart, Bürgermeisteramt Nummer 198. Material zu einer Besprechung im Deutschen Auslands-Institut. 19. November 1936.
306 Vergleiche Ritter: Das Deutsche Auslands Institut. Seite 91 ff. Ritter macht dies an der Entwicklung der Pressedienste und vertraulichen Informationen des Deutschen Auslands-Instituts klar.
307 NS-Kurier. 29. August bis 6. September 1936.
308 Ebenda.
309 Vergleiche Robert L. Koehl: Reichskommissar für die Festigung des Deutschen Volkstums – German Resettlement and Population Policy 1939–1945. Cambridge (Mass.) 1957.
310 Zum Volksdeutschen Arbeitskreis Jacobsen: Nationalsozialistische Außenpolitik. Seite 231 ff.
311 Protokoll Csakis aus den Aktenbeständen des Deutschen Auslands-Instituts ist abgedruckt bei: Hans Steinacher: Erinnerungen und Dokumente. Herausgeber: Hans-Adolf Jacobsen. Boppard 1970. Seite 423 f.
312 Zur Biographie von Lorenz Jacobsen: Nationalsozialistische Außenpolitik. Seite 236 f. Lorenz war ein Jahr jünger als Strölin.
313 Dazu Benjamin Pinkus, Ingeborg Fleischhauer: Die Deutschen in der Sowjetunion. Herausgeber: Karl-Heinz Ruffmann. Baden-Baden 1987. Seite 219.
314 Vergleiche Ritter: Das Deutsche Auslands-Institut. Seite 69 und 84 ff.
315 Strölin gab die Unterstellung des Deutschen Auslands-Instituts unter die Volksdeutsche Mittelstelle gegenüber einer Untersuchungskommission des US-amerikanischen Departement of State 1945 unumwunden zu. Zitiert bei Smith: The Deutschtum of Nazi Germany and the United States (wie Anmerkung 275), Seite 20.
316 Zur Funktion der verschiedenen Organisationen vergleiche Jacobsen: Nationalsozialistische Außenpolitik.
317 Zur Zusammenarbeit zwischen Marine und Deutschem Auslands-Institut siehe Ritter: Das Deutsche Auslands-Institut. Seite 108 f.
318 Stadtarchiv Stuttgart, Ratsherren, Nummer 34, § 20, 3. Februar 1938.
319 Stadtarchiv Stuttgart, Ratsherren, Nummer 34, § 87, 28. April 1938.
320 Stadtarchiv Stuttgart, Bürgermeisteramt Nummer 5.
321 Stadtarchiv Stuttgart, Ratsherren, Nummer 33, § 61, 23. März 1937.
322 Ritter: Das Deutsche Auslands-Institut. Seite 69.
323 Deutschtum im Ausland. Jahrgang 21, 1938. Seite 402 ff.
324 NS-Kurier 27. August bis 6. September 1938.

325 Stadtarchiv Stuttgart, Internationaler Verband für Wohnungswesen und Städtebau, Nummer 34, Blatt 8a.
326 Ebenda, auch für das Folgende.
327 Ebenda, Nummer 35.
328 Ebenda, Nummer 1, Blatt 1.
329 Ebenda, Blatt 6. Diese Überlegungen fielen in eine Zeit als sich der Deutsche Gemeindetag intensiv mit der Vorbereitung des VI. Internationalen Gemeindekongresses, der 1936 in Berlin stattfinden sollte, beschäftigte und deshalb häufig Kontakte zu internationalen Verbänden unterhielt. Deshalb kam es zu grundsätzlichen Überlegungen über die deutsche Mitarbeit in diesen Organisationen. Vergleiche Bundesarchiv Koblenz, R 43 II, 567.
330 Ebenda, Nummer 37.
331 Hauptstaatsarchiv Stuttgart, E 151f/II, Bü. 246, Protokoll der Arbeitsausschussitzung vom 29. Oktober 1938, Seite 3. Der scheidende Präsident Pepler wies in seiner Abschiedsrede auf die Möglichkeit der Wahl Schmidts hin.
332 Stadtarchiv Stuttgart, Internationaler Verband für Wohnungswesen und Städtebau, Nummer 37, Blatt 24, Jeserich an Strölin vom 14. April 1937.
333 Ebenda, Nummer 37, Blatt 29, Bürgermeister Treff, Berlin-Steglitz, an Strölin, 26. April 1937.
334 Ebenda, und Hauptstaatsarchiv Stuttgart, E 151 f/II, Bü 246.
335 Bundesarchiv Koblenz, R 43 F/3506. Reichsstatthalter an Reichskanzlei 8. Dezember 1937.
336 Ebenda, Reichskanzlei (Lammers) an Reichsstatthalter 9. Dezember 1937.
337 Stadtarchiv Stuttgart, Internationaler Verband für Wohnungswesen und Städtebau, Nummer 1, Aktenvermerk Strölins für Asmuß, 16. Dezember 1937 und Brief Strölins an Jeserich, Entwurf Asmuß, 16. Dezember 1937.
338 Ebenda, Nummer 1, Blatt 69 und Nummer 15. So hatte zum Beispiel Jeserich gedacht, als Vorsitzender der deutschen Landesgruppe automatisch zu den Arbeitsausschusitzungen hinzugezogen zu werden, und deshalb generös auf einen Sitz in diesem Gremium verzichtet. Erst als man feststellte, daß dies in den Statuten nicht vorgesehen war, bemühte man sich, ihn doch als stimmberechtigtes Mitglied zu wählen. Dies erschien Strölin bedenklich, weil dadurch die deutschen Sitze vermehrt und die Ausgewogenheit gefährdet würde. Man fand jedoch den eleganten Weg, Jeserich durch eine Erhöhung der Zahl der Sitze im Arbeitsausschuß unterzubringen.
339 Stadtarchiv Stuttgart, Internationaler Verband für Wohnungswesen und Städtebau, Briefköpfe und Werbeschriften des Verbandes.
340 Dictionnaire des Parlamentaires Français. Band 8. Paris 1977. Seite 2987. Vor dem Ersten Weltkrieg gehörte er zu den engeren Mitarbeitern von Jean Jaurès in der SFIO.
341 Zur Stellung der französischen Bürgermeister der V. Republik, die aber mit denen der Zwischenkriegszeit vergleichbar ist, vergleiche Serge-Allain Rozenblum, Guy Rossi-Landi: Die Bürgermeister französischer Großstädte. In: Deutschland – Frankreich. Bausteine zum Systemvergleich. Herausgeber: Robert-Bosch-Stiftung. Band 1. Gerlingen 1980. Seite 225 bis 228.

342 Biographie Nationale de Belge. Supplément 14. Brüssel 1981/82. Spalte 728 bis 743.
343 Stadtarchiv Stuttgart, Internationaler Verband für Wohnungswesen und Städtebau, Nummer 22, Korrespondenz mit Sellier, Nummer 23, desgl. mit Vinck. Bundesarchiv Koblenz, R 43 II/567, Jeserich an Lammers 26. Januar 1936.
344 Zur politischen Karriere Klötis, der von 1919 bis 1930 sozialdemokratisches Mitglied des Nationalrats und 1921/22 dessen Präsident war und danach bis 1955 einer der ersten sozialdemokratischen Ständeräte, vergleiche: Fritz Hofer, Sonja Hägeli: Züricher Personen-Lexikon. Zürich 1986. Seite 172. Zu den Besuchen Strölins in Zürich vergleiche oben Seite 173.
345 Stadtarchiv Stuttgart, Internationaler Verband für Wohnungswesen und Städtebau, Nummer 52.
346 Ebenda, Nummer 30, Blatt 1. Strölin an Murr, 16. Februar 1938 und Lammers an Reichsstatthalter, 12. März 1938.
347 Ebenda, Nummer 53, Blatt 22.
348 Hauptstaatsarchiv Stuttgart, E 151 f/II, Bü. 246, Protokoll der Sitzung des Verbandsrats vom 29. Oktober 1938. Seite 3.
349 Stadtarchiv Stuttgart, Internationaler Verband für Wohnungswesen und Städtebau, Nummer 53, Auszug aus der Rede Strölins. Ähnlich hatte er sich schon auf dem Pariser Kongreß 1937 ausgedrückt, als er eine Arbeitssitzung zum Thema »Finanzierung des Wohnungsbaus für die minderbemittelten Klassen« leitete. Ebenda, Nummer 36.
350 Hauptstaatsarchiv Stuttgart, E 151 f/II, Bü. 246, Protokoll der Sitzung des Verbandsrats vom 29. Oktober 1938. Seite 3 f.
351 Bundesarchiv Koblenz, R 43 II/1032, Blatt 127 f. Briefe an Lammers und Hitler vom 9. November 1938. Da beide Briefe weder die Paraphe Lammers noch die Hitlers tragen, dürfte der Vorgang allein in der Ministerialbürokratie bearbeitet und Lammers ein Antwortschreiben zur Unterschrift vorgelegt worden sein.
352 Ebenda, Blatt 130.
353 Ebenda, Rückseite. Lammers notierte auf dem Brief unter anderem zum Problem der internationalen Verbände: »Regelung kommt jetzt nicht in Frage«. Trotzdem ließ er sich den Vorgang noch mehrmals vorlegen.

## Das unaufhaltsame Ende (1938 bis 1945)

1 Besonders gut herausgearbeitet wurde diese Problematik in der Arbeit von Dieter Rebentisch: Führerstaat und Verwaltung im Zweiten Weltkrieg. Stuttgart 1989. Auch wenn er sich hauptsächlich mit der Reichsverwaltung beschäftigt, zeigt er doch immer wieder die Versuche der Sonderbehörden, einen vertikalen Verwaltungsaufbaus zu erreichen.
2 Bundesarchiv Koblenz, NS 25/174, Blatt 51 bis 64.
3 Zum Vierjahresplan und seinen Behörden vergleiche Dieter Petzina: Autarkiepolitik im Dritten Reich. Der nationalsozialistische Vierjahresplan. Stuttgart 1968.

4 Karl Strölin: Nationalsozialismus und Gemeindepolitik. In: NS-Kurier. 1. Juli und 3. Juli 1933.
5 Gute Beispiele dafür finden sich in dem Sammelband Verwaltung contra Menschenführung im Staat Hitlers. Herausgeber: Dieter Rebentisch, Klaus Teppe. Göttingen 1986.
6 Stadtarchiv Stuttgart, Technische Beiräte, 1938, § 709.
7 Vergleiche Müller: Stuttgart zur Zeit des Nationalsozialismus. Seite 345 und Matzerath: Nationalsozialismus und kommunale Selbstverwaltung. Seite 317 ff.
8 Stadtarchiv Stuttgart, Nachlaß Strölin, Nummer 40, Tagebuch Seite 739, 7. April 1942.
9 Ebenda, Nummer 39, Tagebuch Seite 493, 29. April 1941.
10 Stadtarchiv Stuttgart, Ratsherren, Nummer 34, § 64, 28. April 1938 und § 221, 15. Dezember 1938.
11 Ebenda.
12 Verwaltungsbericht 1938. Seite II.
13 Vergleiche Matzerath: Nationalsozialismus und kommunale Selbstverwaltung. Seite 332 f.
14 Stadtarchiv Stuttgart, Nachlaß Strölin, Nummer 38, Tagebuch Seite 401, 19. Dezember 1940.
15 Reichsgesetzblatt 1938 I, Seite 652.
16 Stadtarchiv Stuttgart, Personalamt Nummer 306.
17 Stadtarchiv Stuttgart, Nachlaß Strölin, Nummer 42, Tagebuch Anlage 8, Beigeordnetenbesprechung am 11. September 1939.
18 Vergleiche Müller: Stuttgart zur Zeit des Nationalsozialismus. Seite 348.
19 Stadtarchiv Stuttgart, Nachlaß Strölin, Nummer 44, Tagebuch Anlage 271, Beigeordnetenbesprechung am 14. Oktober 1940.
20 Fall Hirzel Stadtarchiv Stuttgart, Nachlaß Strölin, Nummer 38, Tagebuch Seite 392, 7. Dezember 1940 und Fall Stroebel ebenda, Nummer 39, Tagebuch Seite 500, 8. September 1941.
21 Ebenda.
22 Ebenda.
23 Ebenda, Nummer 37 und 38. Dort finden sich für 1939 und 40 eine ganze Reihe von Einträgen über die Streitigkeiten zwischen den beiden Referenten.
24 Ebenda, Nummer 41, Tagebuch Seite 930, 18. Mai 1943.
25 Zu dieser Auseinandersetzung vergleiche Bundesarchiv Koblenz, R 36/1237. Konflikte zwischen dem Reichsärzteführer und den Kommunen.
26 Stadtarchiv Stuttgart, Nachlaß Strölin, Nummer 41, Tagebuch Seite 975, 27. September 1943.
27 Ebenda, Nummer 39, Tagebuch Seite 593, 27. September 1941.
28 Bundesarchiv Koblenz, R 36/1237. Korrespondenz Strölins mit dem Deutschen Gemeindetag in dieser Angelegenheit.
29 Stadtarchiv Stuttgart, Nachlaß Strölin, Nummer 47, Tagebuch Anlage 583, Beigeordnetenbesprechung am 26. Oktober 1942.
30 Ebenda, Nummer 42, Anlage 8. Beigeordnetenbesprechung am 11. September 1939.

31 Ebenda, Nummer 37, Tagebuch Seite 43, 11. Oktober 1939.
32 Ebenda, Nummer 48. Die erste Zusammenstellung stammt vom 5. August 1943 (Tagebuch Anlage 668).
33 Ebenda und Nummer 47, Tagebuch Anlage 546, Seite 6 f. Protokoll der Sitzung des Gemeinderats am 2. April 1942.
34 Zur allgemeinen Situation vergleiche Matzerath: Nationalsozialismus und kommunale Selbstverwaltung. Seite 250 ff. und für Stuttgart Müller: Stuttgart zur Zeit des Nationalsozialismus. Seite 213 ff.
35 Verwaltungsbericht 1938. Seite III.
36 Stadtarchiv Stuttgart, Nachlaß Strölin, Nummer 42, Tagebuch Anlage 8, Beigeordnetenbesprechung am 11. September 1939.
37 Ebenda, Nummer 38, Tagebuch Seite 215 f., 20./21. Mai 1940 und Nummer 43, Tagebuch Anlage 169.
38 Verwaltungsbericht 1935. Seite 41 f. und ebenda 1936, Seite 38. Strölin sprach dort die Probleme sehr offen an.
39 Im Schlachthof mußte Polizei eingesetzt werden, um die aufgebrachten Metzger zu »beruhigen«. Ratsherren, Nummer 8, § 27, 15. Oktober 1935. Frauen kamen in Schutzhaft, weil sie wegen des Mangels auf dem Markt protestiert hatten. Deutschland-Berichte der Sopade. Jahrgang 2, 1935. Nachdruck, Salzhausen, Frankfurt/M. 1980. Seite 1256.
40 Stadtarchiv Stuttgart, Ratsherren, Nummer 8, § 27, 15. Oktober 1935.
41 Verwaltungsberichte 1937. Seite 8; 1938, Seite VIII und 1939, Seite 14.
42 Stadtarchiv Stuttgart, Ratsherren, Nummer 35, § 53, 4. Mai 1939.
43 Zur Versorgung der Bevölkerung in der ersten Kriegsphase vergleiche Müller: Stuttgart zur Zeit des Nationalsozialismus. Seite 336 ff.
44 Verwaltungsbericht 1939. Seite 2.
45 Stadtarchiv Stuttgart, Nachlaß Strölin, Nummer 37, Tagebuch Seite 110, 15. Dezember 1939 und Nummer 42, Tagebuch Anlage 54. Notiz Strölins über eine Sitzung des Oberbürgermeistergremiums beim Deutschen Gemeindetag.
46 Ebenda, Nummer 43, Tagebuch Anlage 119. Beigeordnetenbesprechung am 26. Februar 1940.
47 Verwaltungsbericht 1939. Seite 14.
48 Ebenda.
49 Stadtarchiv Stuttgart, Nachlaß Strölin, Nummer 38, Tagebuch 1940 und eine ganze Reihe von Anlagen.
50 Ebenda, Nummer 44, Tagebuch Anlage 244. Beigeordnetenbesprechung am 28. August 1940. Auch für den folgenden Winter plante man ähnliches.
51 Beispiele dafür in Ebenda, Nummer 43, Tagebuch Anlage 164. Notizen über die 5. Oberbürgermeisterbesprechung am 17. Mai 1940 oder Tagebuch Anlage 137 Notizen über die Reichsarbeitstagung des NSDAP-Hauptamts für Kommunalpolitik am 15. bis 17. März 1940.
52 Ebenda, Nummer 42, Tagebuch Anlage 54. Besprechung des kleinen Oberbürgermeistergremiums am 15. Dezember 1939.
53 Ebenda, Nummer 39, Tagebuch Seite 622, 9. November 1941 und NS-Kurier. 9. November 1941. Müller: Stuttgart zur Zeit des Nationalsozialismus. Seite 342

sieht, lediglich unter Berufung auf den Zeitungsartikel, darin eine Entscheidung der Stadt.
54 Stadtarchiv Stuttgart, Nachlaß Strölin, Nummer 41, Tagebuch Seite 1016, 30. November 1943.
55 Stadtarchiv Stuttgart, Ratsherren, Nummer 33, § 77, 29. April 1937.
56 Ebenda, Nummer 35, 49, 18. April 1939. Seite 2.
57 Verwaltungsbericht 1936, Seite 40.
58 Bundesarchiv Koblenz, NS 25/1664. Blatt 48. Denkschrift vom 10. Juli 1942 für das NSDAP-Hauptamt für Kommunalpolitik.
59 Stadtarchiv Stuttgart, Ratsherren, Nummer 35, § 64, 19. Mai 1939.
60 Amtsblatt 1939, Seite 321, 23. Mai 1939. Auch für das Folgende.
61 Dazu Müller: Stuttgart zur Zeit des Nationalsozialismus. Seite 351 ff.
62 Zum Fasanenhof vergleiche ebenda, Seite 369 f. und diverse Eintragungen in Strölins Tagebuch 1940 und 1941.
63 Bundesarchiv Koblenz, NS 25/1664. Blatt 49. Strölin wies auf diese Haltung in einer Denkschrift an das NSDAP-Hauptamt für Kommunalpolitik vom 4. Februar 1943 hin.
64 Staatsarchiv Ludwigsburg, PL 501, Band 45.
65 Bundesarchiv Koblenz, NS 25/1664, Blatt 42. Auch für die anderen Maßnahmen.
66 Ebenda, Blatt 49. Seite 5.
67 Ebenda, Seite 6.
68 Stadtarchiv Stuttgart, Nachlaß Strölin, Nummer 38, Tagebuch Seite 136, 24. Januar 1940.
69 Vergleiche Marie-Luise Recker: Der Reichskommissar für den sozialen Wohnungsbau. In: Verwaltung contra Menschenführung im Staat Hitlers. Herausgeber: Dieter Rebentisch, Klaus Teppe. Göttingen 1986. Seite 333 bis 350 und Rebentisch: Führerstaat und Verwaltung im Zweiten Weltkrieg. Stuttgart 1989. Seite 336 ff.
70 Staatsarchiv Ludwigsburg, E 180 II–IV, Bü. 195. Protokoll der Sitzung vom 20. Juni 1941.
71 Stadtarchiv Stuttgart, Nachlaß Strölin, Nummer 41, Tagebuch Seite 911, 25. März 1943.
72 Müller: Stuttgart zur Zeit des Nationalsozialismus. Seite 474.
73 Hauptstaatsarchiv Stuttgart, E 151f/II, Bü. 233r, Wohnungssiedlungsgesetz in Stuttgart 1942–1945.
74 Karl Strölin: Die Eingemeindungsfrage und ihre Bedeutung für die Entwicklung der Großstadt. In: Die nationalsozialistische Gemeinde. Jahrgang 5, 1937. Seite 261.
75 Stadtarchiv Stuttgart, Ratsherren, Nummer 34, § 5, 13. Januar 1938.
76 Ebenda, § 49, 11. März 1938.
77 Stadtarchiv Stuttgart, Nachlaß Strölin, Nummer 42, Tagebuch Anlage 92. Beigeordnetenbesprechung am 29. Januar 1940.
78 Ebenda, Nummer 43, Tagebuch Anlage 161. Niederschrift über eine Sitzung beim Stadtplanungsamt am 9. Mai 1940.

79 Ebenda, Tagebuch Anlage 164. Notizen über die 5. Oberbürgermeisterbesprechung am 17. Mai 1940. Seite 6.
80 Ebenda, Tagebuch Anlage 181. Beigeordnetenbesprechung am 3. Juni 1940.
81 Ebenda, Tagebuch Anlage 178. Brief Strölins an Dr. Jarmers, Reichsstelle für Raumordnung, vom 30. Mai 1940.
82 Ebenda, Nummer 45, Tagebuch Anlage 341, Beigeordnetenbesprechung am 3. März 1941.
83 Ebenda, Nummer 46, Tagebuch Anlage 464 ff. Aktenvermerke Strölins über die Besprechungen am 9. und 10. Oktober 1941.
84 Ebenda, Tagebuch Anlage 464, Seite 2.
85 Ebenda, Nummer 39, Tagebuch Seite 601, 12. Oktober 1941.
86 Ebenda.
87 Ebenda, Nummer 47, Tagebuch Anlage 546. Seite 9 f. Protokoll der Sitzung des Gemeinderats am 2. April 1942.
88 Ebenda, Nummer 40, Tagebuch Seite 737, 1. April 1942.
89 Ebenda, Nummer 40, Tagebuch Seite 863, 27. November 1942.
90 Zur allgemeinen Baupolitik vergleiche Hitlers Städte. Baupolitik im Dritten Reich. Eine Dokumentation von Jost Dülffer, Jochen Thies und Josef Henke. Köln/Wien 1978.
91 Allgemein zur Planung in Stuttgart vergleiche Wolfgang Christian Schneider: Hitlers »wunderschöne Hauptstadt des Schwabenlandes«. Nationalsozialistische Stadtplanung, Bauten und Bauvorhaben in Stuttgart. In: Demokratie und Arbeitergeschichte. Jahrbuch 2. Stuttgart 1982. Seite 51 bis 95.
92 Verwaltungsbericht 1938. Seite 33.
93 Chronik der Stadt Stuttgart 1933–1945, Stuttgart 1982, Seite 593, 30. Juni 1939.
94 Stadtarchiv Stuttgart, Ratsherren, Nummer 35, § 32, 9. März 1939.
95 Stadtarchiv Stuttgart, Nachlaß Strölin, Nummer 45, Tagebuch Anlage 396, Besprechung mit Murr am 27. Mai 1941.
96 Stadtarchiv Stuttgart, Buchsign. 2118, Denkschrift Neugestaltung der Stadt der Auslandsdeutschen, Stuttgart 1. Dezember 1941.
97 Stadtarchiv Stuttgart, Nachlaß Strölin, Nummer 40, Tagebuch Seite 776, 15. Juni 1942.
98 Brief Strölins an Tiedje vom 15. November 1944 abgedruckt in Werner Druth, Nils Gutschow: Träume in Trümmern. Planungen zum Wiederaufbau zerstörter Städte im Westen Deutschlands. 2 Bände. Braunschweig/Wiesbaden 1988. Band 2, Seite 1033 f.
99 Willi A. Boelcke: Die deutsche Wirtschaft 1930–1945. Interna des Reichswirtschaftsministeriums. Düsseldorf 1983.
100 Stadtarchiv Stuttgart, Wirtschaftsabteilung, Nummer 88 ff. Dort finden sich immer wieder entsprechende Beispiele.
101 Verwaltungsberichte 1933–1939.
102 Verwaltungsbericht 1936. Seite 9 ff.
103 Beispielsweise Stadtarchiv Stuttgart, Nachlaß Strölin, Nummer 40, Tagebuch Seite 688, 19. und 20. Januar 1942.
104 Dazu auch Müller: Stuttgart zur Zeit des Nationalsozialismus. Seite 383 f.

105 Stadtarchiv Stuttgart, Nachlaß Strölin, Nummer 45, Tagebuch Anlage 386. Strölin an Murr am 6. Mai 1941.
106 Ebenda, Nummer 39, Tagebuch Seite 497, 3. Mai 1941.
107 Wie Anmerkung 105.
108 Ebenda, Nummer 45, Tagebuch Anlage 384. Strölin an Giesler am 5. Mai 1941.
109 Ebenda, Tagebuch Anlagen 395 a–c.
110 Ebenda, Nummer 39, Tagebuch Seite 517, 28. Mai 1941.
111 Stadtarchiv Stuttgart, Bürgermeisteramt Nummer 93. Ehrenbürger Robert Bosch.
112 Müller: Stuttgart zur Zeit des Nationalsozialismus. Seite 385.
113 Stadtarchiv Stuttgart, Nachlaß Strölin, Nummer 41, Tagebuch Seite 895, 13. Februar 1943.
114 Ebenda, Nummer 40 und 41. Dort finden sich mehrere Eintragungen über Besuche von Firmenvertretern, die Strölin ihre Wünsche wegen Schäden durch Luftangriffen persönlich vortrugen.
115 In den Verwaltungsberichten nach 1938 wird dieses Thema nicht mehr erwähnt.
116 Verwaltungsberichte 1939–1945.
117 Zur Tötung von Geisteskranken und die Reaktionen in Stuttgart allgemein: Müller: Stuttgart zur Zeit des Nationalsozialismus. Seite 386 ff.
118 Geht man davon aus, daß zwischen 300 und 380 Stuttgarter der Aktion zum Opfer fielen, so beliefen sich die Ersparnisse bei einem Tagessatz zwischen 3 und 3,5 RM schätzungsweise zwischen 330 000 und 485 000 RM. Genaue Zahlen dafür liegen jedoch nicht vor. Die Ausgangszahlen beruhen auf Müller: Stuttgart zur Zeit des Nationalsozialismus. Seite 393 f.
119 Walter Nachtmann: Die medizinische Versorgung der Stuttgarter Bevölkerung. In: Stuttgart im Zweiten Weltkrieg. Herausgeber: Marlene P. Hiller. Gerlingen 1989. Seite 68.
120 Walter Nachtmann: »Wir haben nicht gewußt, daß ...«. Gespräch mit Dr. jur. Albert Locher. In: Stuttgart im Dritten Reich. Anpassung, Widerstand, Verfolgung. Stuttgart 1984. Seite 56.
121 Stadtarchiv Stuttgart, Ratsherren, Nummer 34, § 214, 17. November 1938.
122 Stadtarchiv Stuttgart, Bestandsverzeichnis über Gegenstände.
123 Amtsblatt 1939, Seite 338, 1. Juni 1939.
124 Ebenda, Seite 465, 10. August 1939 und NS-Kurier 10. August 1939. Morgenausgabe.
125 Vergleiche Müller: Stuttgart zur Zeit des Nationalsozialismus. Seite 399 ff.
126 Stadtarchiv Stuttgart, Ernährungsamt. Bü. 400.
127 Stadtarchiv Stuttgart, Wohnungsbeiräte, Nummer 119, § 44, 29. Oktober 1941. Ausführlich bei Müller: Stuttgart zur Zeit des Nationalsozialismus. Seite 401.
128 Stadtarchiv Stuttgart, Nachlaß Strölin, Nummer 39, Tagebuch Seite 607, 21. Oktober 1941.
129 Raul Hilberg: Die Vernichtung der europäischen Juden. Berlin 1982. Seite 323, Fußnote 219.
130 Stadtarchiv Stuttgart, Nachlaß Strölin, Nummer 39, Tagebuch Seite 520, 31. Mai 1941.

131 Vergleiche Paul Sauer: Für Recht und Menschenwürde. Ein Lebensbild von Otto Hirsch (1885–1941). Gerlingen 1985.
132 Stadtarchiv Stuttgart, Nachlaß Strölin, Nummer 46, Tagebuch Anlage 440. Strölin an Weizsäcker 12. September 1941. Mit seiner Anfrage löste er im Auswärtigen Amt einigen Wirbel aus, denn tatsächlich war Weizsäcker bei der Anfrage der Reichskanzlei durch seinen Unterstaatssekretär Luther übergangen worden, der diese direkt Ribbentrop vorgelegt hatte. Auswärtiges Amt, Politisches Archiv, R 29846. Büro Staatssekretär. Politischer Schriftwechsel. Korrespondenz mit Strölin im August und September 1941.
133 Ebenda.
134 Vergleiche Abschnitt »Aktivitäten in Land und Reich«.
135 Walter Nachtmann: Die medizinische Versorgung der Stuttgarter Bevölkerung im Zweiten Weltkrieg. In: Stuttgart im Zweiten Weltkrieg. Herausgeber: Marlene P. Hiller. Gerlingen 1989. Seite 66.
136 Stadtarchiv Stuttgart, Nachlaß Strölin, Nummer 39, Tagebuch Seite 632, 19. November 1941. An diesem Tag hatten die für die Deportation ausgewählten die entsprechenden Mitteilungen bekommen.
137 Ebenda, Nummer 39, Tagebuch Seite 646, 28. November 1941.
138 Über die Stellung von Bosch zum Antisemitismus Walter Nachtmann: Robert Bosch. Großindustrieller und Weltbürger. In: Der Widerstand im deutschen Südwesten. Herausgeber: Michael Bosch, Wolfgang Niess. Stuttgart 1984. Seite 222.
139 Stadtarchiv Stuttgart, Nachlaß Strölin, Nummer 47, Anlage 515, Redemanuskript.
140 Ebenda, Nummer 40, Tagebuch Seite 786, 30. Juni und 1. Juli 1942. Zum Problem der Unehelichkeitserklärungen vergleiche Georg Lilienthal: Anthropologie und Nationalsozialismus. Das erb- und rassenkundliche Abstammungsgutachten. In: Jahrbuch des Instituts für Geschichte der Medizin der Robert Bosch Stiftung. Band 6. Herausgeber: Werner F. Kümmel. Stuttgart 1989. Seite 71–91.
141 Gedenkbuch – Opfer der Verfolgung. Koblenz 1986. Band 1, Seite 830.
142 Stadtarchiv Stuttgart, Bürgermeisteramt Nummer 109 und Karl Strölin: Verräter oder Patrioten. Der 20. Juli 1944 und das Recht auf Widerstand. Stuttgart 1952. Seite 26.
143 Landeskirchliches Archiv, Stuttgart, D 1, Nachlaß Wurm, Nummer 109,1. Wurm an Hitler vom 16. Juli 1943 und an Lammers vom 18. Dezember 1943. Strölin hatte von diesen Schreiben Kenntnis.
144 Stadtarchiv Stuttgart, Nachlaß Strölin, Nummer 37, Tagebuch Seite 13, 10. September 1939.
145 Chronik der Stadt Stuttgart 1933–1945, Stuttgart 1982, Seite 74.
146 Vergleiche Verwaltungsberichte 1933–1939.
147 Stadtarchiv Stuttgart, Nachlaß Strölin, Nummer 37, Tagebuch Seite 105 f., 29. November–8. Dezember 1939.
148 Das erste Treffen zwischen Strölin und Zanetti fand am 28. August 1939 statt. Stadtarchiv Stuttgart, Nachlaß Strölin, Nummer 37, Tagebuch Seite 3.
149 Vergleiche den Abschnitt »Internationaler Verband für Wohnungswesen und Städtebau«.

150 Beispiele dafür: Stadtarchiv Stuttgart, Nachlaß Strölin, Nummer 37, Tagebuch Seite 44f, 12. Oktober 1939; Nummer 38, Tagebuch Seite 169, 5. März 1940; Nummer 40, Tagebuch Seite 854, 10. November 1942 und so weiter.
151 Ebenda, Nummer 38, Tagebuch Seite 123 bis 133, 8. Januar bis 23. Januar 1940.
152 Ebenda, Tagebuch Seite 137, 26. Januar 1940.
153 Ebenda, Tagebuch Seite 255, 27. Juni 1940.
154 Heinz Bardua: Stuttgart unterm Bombenhagel. In: Stuttgart im Zweiten Weltkrieg. Herausgeber: Marlene P. Hiller. Gerlingen 1989. Seite 389. Ausführlicher Hans Bardua: Stuttgart im Luftkrieg 1939–1945. 2. Auflage, Stuttgart 1985.
155 Stadtarchiv Stuttgart, Nachlaß Strölin, Nummer 38, Tagebuch Seite 315, 4. September 1940.
156 Ebenda, Nummer 38, Tagebuch Seite 339, 15. Oktober 1940.
157 Ebenda, Nummer 44, Tagebuch Anlage 290. Beigeordnetenbesprechung am 30. Oktober 1940.
158 Ebenda, Nummer 45, Tagebuch Anlage 341. Beigeordnetenbesprechung am 3. März 1941.
159 Ebenda, Nummer 39, Tagebuch Seite 456, 4. März 1941.
160 Ebenda, Nummer 47, Tagebuch Anlage 573.
161 Ebenda, Tagebuch Anlage 572.
162 Ebenda, Nummer 40, Tagebuch Seite 856, 14. November 1942.
163 Ebenda, Tagebuch Seite 860, 22. November 1942.
164 Ebenda, Tagebuch Seite 863, 27. November 1942.
165 Ebenda, Nummer 41, Tagebuch Seite 912, 28. März 1943.
166 Ebenda, Nummer 40, Tagebuch Seite 868, 7. Dezember 1942.
167 Ebenda, Tagebuch Seite 870, 12. Dezember 1942.
168 Hinweise dazu finden sich immer wieder in seinem Tagebuch, Stadtarchiv Stuttgart, Nachlaß Strölin, Nummer 37 bis 41.
169 Vergleiche Bardua: Stuttgart unterm Bombenhagel. Seite 390 ff.
170 Vergleiche Müller: Stuttgart zur Zeit des Nationalsozialismus. Seite 442 ff.
171 Ebenda, Seite 443.
172 Stadtarchiv Stuttgart, Nachlaß Strölin, Nr. 41, Tagebuch Seite 942, 16. Juni 1943.
173 Ebenda, Nummer 48, Tagebuch Anlage 665, Notiz Strölins über ein Telefongespräch mit Murr am 7. August 1943.
174 Ebenda, Nummer 48, Tagebuch Anlage 670. Strölin an Stuckart vom 25. August 1943. Als Anlage sandte er nochmals das Kapitel »J. Polizeiverwaltung« vom 13. Mai 1943 mit.
175 Ebenda.
176 Ebenda, Nummer 40, Tagebuch Seite 851, 5. November 1942 und Nummer 47, Tagebuch Anlage 586. Protokoll der Ratsherrensitzung vom 5. November 1942. Dort hieß es dazu völlig verharmlosend: »Erörtert werden noch Fragen der Leitung bei schweren Luftangriffen ...«.
177 Der Konflikt um den Wagenburgtunnel ausführlicher bei Müller: Stuttgart zur Zeit des Nationalsozialismus. Seite 444 f. Zum Telefongespräch Strölin Schweinle: Stadtarchiv Stuttgart, Nachlaß Strölin, Nummer Tagebuch Seite 1014, 25. und 26. November 1943.

178 Stadtarchiv Stuttgart, Nachlaß Strölin, Nummer 41, Tagebuch Seite 1006, 8. November 1943.
179 Zur Evakuierung ausführlich Müller: Stuttgart zur Zeit des Nationalsozialismus. Seite 449 ff.
180 Ebenda, Seite 454.
181 Stadtarchiv Stuttgart, Nachlaß Strölin, Nummer 48, Tagebuch Anlage 716. Brief Strölins vom 5. Januar 1944.
182 Ebenda, Nummer 41, Tagebuch Seite 1011 und 1022, 20. November und 17. Dezember 1943.
183 Landeskirchliches Archiv, Stuttgart, D 1, Nachlaß Wurm, Nummer 109,1 und Gerhard Schäfer: Dokumentation zum Kirchenkampf. Die evangelische Landeskirche in Württemberg und der Nationalsozialismus. Band 6. Stuttgart 1986. Seite 1338.
184 Zur Auseinandersetzung zwischen den Gemeinden und der NSV allgemein Matzerath: Nationalsozialismus und kommunale Selbstverwaltung. Seite 382 ff.
185 Stadtarchiv Stuttgart, Nachlaß Strölin, Nummer 46, Tagebuch Anlage 489, Beigeordnetenbesprechung am 18. November 1941.
186 Ebenda, Nummer 40, Tagebuch Seite 739 f. und 745, 7., 10. und 22. April 1942.
187 Matzerath: Nationalsozialismus und kommunale Selbstverwaltung. Seite 392.
188 Vergleiche oben in den einzelnen Kapiteln.
189 Stadtarchiv Stuttgart, Bürgermeisteramt Nummer 74. Um nur die wichtigsten Funktionen Strölins zusammenzustellen, benötigte der städtische Informationsdienst 1940 über eine Seite.
190 Dazu finden sich immer wieder Eintragungen in Strölins Tagebuch. Stadtarchiv Stuttgart, Nachlaß Strölin, Nummer 37 bis 48. Über die konträre Entwicklung im Verhältnis von Frankfurt zu den Berliner Stellen vergleiche Dieter Rebentisch: Frankfurt am Main und das Reich in der NS-Zeit. In: Archiv für Frankfurter Geschichte und Kunst. Jahrgang 57, 1980. Seite 243 bis 267.
191 Stadtarchiv Stuttgart, Bürgermeisteramt Nummer 9. Strölin an das NSDAP-Hauptamt für Kommunalpolitik am 19. Februar 1940.
192 Stadtarchiv Stuttgart, Nachlaß Strölin, Nummer 47, Tagebuch Anlage 569 und Stadtarchiv Stuttgart, Bürgermeisteramt Nummer 9. Dort finden sich Hinweise auf einen anderen, nicht erhaltenen Aktenband über die Teilnahme Strölins an Gauleiterbesprechungen.
193 Schon 1933 hatten sich Teile der württembergischen NSDAP wegen mangelnder Qualifikation gegen die Berufung Murrs zum Staatspräsidenten ausgesprochen. Vergleiche Walter Nachtmann: Die NSDAP in Esslingen. In: Esslingen 1919–1949. Von Weimar bis Bonn. Esslingen 1991. Seite 247.
194 Vergleiche unten Abschnitt »Von der Kritik zur Beseitigung Hitlers«.
195 Stadtarchiv Stuttgart, Bürgermeisteramt Nummer 109. Denkschrift vom Januar 1943 Auch für das Folgende.
196 Ebenda, Notizen über Gespräche mit Stuckart im Januar und Februar 1943.
197 Stadtarchiv Stuttgart, Bürgermeisteramt Nummer 109. Denkschrift vom 9. Februar 1943. Karl Strölin: Verräter oder Patrioten. Stuttgart 1952. Seite 25 f. Strölin nennt dort Mitte Juli für die Übergabe der Denkschrift. Allerdings läßt sich in

dieser Zeit kein Treffen zwischen ihm und Stuckart nachweisen. Stadtarchiv Stuttgart, Nachlaß Strölin, Nummer 41. Tagebuch Juli 1943.
198 Ebenda, Tagebuch Seite 965, 25. August 1943 und Nummer 48, Tagebuch Anlage 670. Vergleiche auch Müller: Stuttgart zur Zeit des Nationalsozialismus. Seite 514 ff. und die dazugehörigen Anmerkungen.
199 Stadtarchiv Stuttgart, Nachlaß Strölin, Nummer 41, Tagebuch Seite 880 ff., 8. Januar 1943.
200 Stadtarchiv Stuttgart, Nachlaß Strölin, Nummer 41, Tagebuch Seite 1009, 16. November 1943. Daß sich Himmler meist an diese Richtlinien hielt, zeigte der Fall des Frankfurter Oberbürgermeisters Friedrich Krebs, dessen Absetzung die Partei betrieb, die aber Himmler ablehnte. Dazu Horst Matzerath: Oberbürgermeister im Dritten Reich. In: Der »Führerstaat«: Mythos und Realität. Herausgeber: Gerhard Hirschfeld, Lothar Kettenacker. Stuttgart 1981. Seite 246.
201 Bundesarchiv Koblenz, NS 25/144, Blatt 213. Strölin an Schön, 6. Dezember 1938.
202 Vergleiche Matzerath: Nationalsozialismus und kommunale Selbstverwaltung. Seite 405 f. Franz W. Siedler: Fritz Todt. München 1986 geht nicht auf die Beziehung zwischen Dillgardt und Todt ein.
203 Allgemein zum Vierjahresplan vergleiche Dieter Petzina: Autarkiepolitik im Dritten Reich. Stuttgart 1968. Zur Auseinandersetzung um die Energiewirtschaft auch Matzerath: Nationalsozialismus und kommunale Selbstverwaltung. Seite 406 ff.
204 Bundesarchiv Koblenz, NS 25/144, Blatt 71 ff., Strölin an Dillgardt 21.5 und 28. Juni 1938, Abschriften an das NSDAP-Hauptamt für Kommunalpolitik.
205 Bundesarchiv Koblenz, NS 25/138, Blatt 64 ff., Strölin an Dillgardt 7. Februar 1939, Abschrift an das NSDAP-Hauptamt für Kommunalpolitik und Stadtarchiv Stuttgart, Bürgermeisteramt Nummer 247.
206 Müller: Stuttgart zur Zeit des Nationalsozialismus. Seite 253 f. Ob dies wirklich alles unter absoluter Geheimhaltung geschah und die Stadt nicht über die Gründung der Energieversorgung Schwaben informiert war, wie dies Müller darstellt, scheint auf Grund der vielseitigen Kontakte, die Strölin in und außerhalb Württembergs hatte, doch sehr zweifelhaft. Allerdings existieren keine Quellen, mit denen sich die Frage beantworten ließe.
207 Ebenda, Seite 254 f. und Wolfgang Leiner: Geschichte der Elektrizitätswirtschaft in Württemberg. Band 2.2. Der Weg zur Großwirtschaft (1916–1945). Stuttgart 1985. Letzteres Werk betrachtet allerdings die Ereignisse zu einseitig aus der Sicht der Energieversorgung Schwaben, weshalb deren Machtgebaren und konträre Positionen meist außer acht gelassen oder negiert werden.
208 Bundesarchiv Koblenz, NS 25/1329, Blatt 228, Aktennotiz Strölins vom 24. Februar 1939.
209 Rudolf Rohrbach: Zielsetzung der württembergischen Energiewirtschaft. In: Die Technik. 1939. Seite 129 bis 132.
210 Ebenda, Seite 129. Dabei wurden die Worte »Standpunkt der NSDAP« im Original gesperrt gedruckt, um die Aussage zu bekräftigen.
211 Ebenda, Seite 132.

212 Bundesarchiv Koblenz, NS 25/138, Blatt 219 bis 231. Strölin an das NSDAP-Hauptamt für Kommunalpolitik und Fiehler vom 27. Juni 1939 und Stellungnahme von Hottmann und Stöckle zum Vortrag Rohrbachs.
213 Ebenda, Blatt 219.
214 Bundesarchiv Koblenz, NS 25/1329, Blatt 276 ff. Fiehler an Dillgardt vom 1. Juli 1939. Ob es sich in gleicher Weise auch an Todt wandte entzieht sich meiner Kenntnis.
215 Ebenda, Blatt 279.
216 Karl Strölin: Die energiewirtschaftliche Lage der Gemeinden. In: Die nationalsozialistische Gemeinde. Jahrgang 7, 1939. Seite 455 bis 458. Auch für das Folgende.
217 Bundesarchiv Koblenz, NS 25/1329. Blatt 313. Rohrbach an den persönlichen Referenten Fiehlers vom 31. Juli 1939.
218 Stadtarchiv Stuttgart, Bürgermeisteramt Nummer 247. Dillgardt an Strölin 6. Dezember 1939.
219 Vergleiche Stadtarchiv Stuttgart, Nachlaß Strölin, Nummer 43, Tagebuch Anlage 196. Notiz über ein Telefongespräch Strölins mit Ministerialdirigent Fuchs vom Reichsministerium des Inneren am 19. Juni 1940. »Die Position Dillgardts ist damit erneut geschwächt«. Matzerath: Nationalsozialismus und kommunale Selbstverwaltung. Seite 409.
220 Stadtarchiv Stuttgart, Nachlaß Strölin, Nummer 42, Tagebuch Anlage 66. Notiz über eine Unterredung mit Herrn M. über die energiepolitische Lage in Württemberg am 2. Januar 1940.
221 Stadtarchiv Stuttgart, Nachlaß Strölin, Nummer 37 bis 48. Vergleiche auch Wolfgang Leiner: Die Elektrische Kraftübertragung Herrenberg e.G.m.b.H. Stuttgart 1980. Seite 83 f. Da die Arbeit Leiners nur auf einem sehr begrenzten Quellenbestand aufbaut, geht er auf die heftigen Auseinandersetzungen, die der Eingliederung der Elektrischen Kraftübertragung Herrenberg in die Energieversorgung Schwaben vorausgingen, nicht ein. Zudem finden sich für diesen Vorgang keine Quellenbelege in seiner Arbeit.
222 Stadtarchiv Stuttgart, Nachlaß Strölin, Nummer 42, Tagebuch Anlagen 66, 69, 70, 72, Kontakte zu württembergischen Stellen. Tagebuch Anlage 73, Gespräch mit Reichsministerium des Inneren und Dillgardt.
223 Stadtarchiv Stuttgart, Nachlaß Strölin, Nummer 38, Tagebuch Seite 53, 13. Februar 1940.
224 Stadtarchiv Stuttgart, Nachlaß Strölin, Nummer 46, Tagebuch Anlage 493. Notiz über eine Besprechung Strölins und Stöckles mit Rohrbach am 22. November 1941.
225 Leiner: Kraftübertragung (wie Anmerkung 221), Seite 84.
226 Bundesarchiv Koblenz, NS 25/1330. Blatt 38. Bormann an Fiehler, 15. Februar 1940.
227 Ebenda, Blatt 42, Storr an Strölin 20. Februar 1940.
228 Stadtarchiv Stuttgart, Nachlaß Strölin, Nummer 42, Tagebuch Anlage 73, Notiz Dokas über eine Besprechung im Reichsinnenministerium am 11. Januar 1940. Ausdrücklich mit »Streng vertraulich« gekennzeichnet.

229 Stadtarchiv Stuttgart, Nachlaß Strölin, Nummer 38, Tagebuch Seite 139 ff., 27. Januar bis 31. Januar 1940.
230 Stadtarchiv Stuttgart, Bürgermeisteramt Nummer 247, Entwurf Strölins zu einer Denkschrift über die Neuordnung der Energiewirtschaft vom 27. Juli 1940, Seite 5. Vergleiche auch Matzerath: Nationalsozialismus und kommunale Selbstverwaltung. Seite 408.
231 Stadtarchiv Stuttgart, Nachlaß Strölin, Nummer 43, Tagebuch Anlage 196. Notiz Strölins über ein Telefongespräch mit Fuchs am 19. Juni 1940. Zum Gramsch-Ausschuß siehe Gröner: Die Ordnung der deutschen Elektrizitätswirtschaft. Baden-Baden 1975. Seite 254 ff. und Matzerath: Nationalsozialismus und kommunale Selbstverwaltung. Seite 409. Allerdings datiert er die Einsetzung des Ausschusses auf Herbst 1940, was dem Telefongespräch zwischen Strölin und Fuchs widerspricht.
232 Stadtarchiv Stuttgart, Nachlaß Strölin, Nummer 44, Tagebuch Anlage 210. Notizen Strölins über die Aussprachen beim Stab des Stellvertreters des Führers am 1. Juli 1940 und Bundesarchiv Koblenz, NS 25/1424, Blatt 62 bis 144. Niederschrift über die Besprechung. Auch für das Folgende.
233 Stadtarchiv Stuttgart, Bürgermeisteramt Nummer 247. Entwurf Strölins vom 27. Juli 1940.
234 Bundesarchiv Koblenz, R 2/70. Neuordnung der Energiewirtschaft. Vorschlag von Dr. Strölin. Ohne Datum. dazu auch Stadtarchiv Stuttgart, Nachlaß Strölin, Nummer 44, Tagebuch Anlage 267. Einwendungen gegen die Denkschrift Fischer vom 19. September 1940.
235 Stadtarchiv Stuttgart, Nachlaß Strölin, Nummer 38, Tagebuch Seite 315 und 328, 4. September und 16. September 1940.
236 Ebenda, Bericht des Ausschusses vom 25. Januar 1941.
237 Bundesarchiv Koblenz, R 43 II/377. Blatt 7. Bormann an Lammers vom 20. Februar 1941.
238 Ebenda, Göring an Dillgardt vom 16. März 1941.
239 Ebenda, Blatt 40 ff. Lammers an Funk vom 1. März 1941.
240 Stadtarchiv Stuttgart, Nachlaß Strölin, Nummer 39, Tagebuch Seite 451, 27. Februar 1941.
241 Ebenda, Tagebuch Seite 476, 3. April 1941.
242 Ebenda, Tagebuch Seite 479, 9. April 1941.
243 vergleiche Matzerath: Nationalsozialismus und kommunale Selbstverwaltung. Seite 410. Dort auch die Belege aus den Akten des NSDAP-Hauptamts für Kommunalpolitik.
244 Stadtarchiv Stuttgart, Nachlaß Strölin, Nummer 39. Tagebuch Seite 522, 3. Juni 1941.
245 Ebenda, Nummer 45, Tagebuch Anlagen 372 bis 377. Notizen über verschiedene Gespräche am 29. und 30. April 1941 in Berlin.
246 Vergleiche Bundesarchiv Koblenz, R 43 II/378. Blatt 170 ff. Erlaß des Führers und Reichskanzlers über den Generalinspektor für Wasser und Energie. Vom 29. Juli 1941.
247 Matzerath: Nationalsozialismus und kommunale Selbstverwaltung. Seite 411.

248 Bundesarchiv Koblenz, R 43 II/378a, Blatt 69 ff. Bormann an Speer vom 27. Juli 1942. Fast wörtlich findet sich der Inhalt dieses Briefes auch bei: Henry Picker: Hitlers Tischgespräche. Herausgeber: Andreas Hillgruber. München 1968. Seite 252 ff. (26. Juli 1942).
249 Stadtarchiv Stuttgart, Nachlaß Strölin, Strölin an Kruse 11. Mai 1942
250 Stadtarchiv Stuttgart, Nachlaß Strölin, Nummer 48. Tagebuch Anlage 610.
251 Stadtarchiv Stuttgart, Bürgermeisteramt Nummer 9, Fiehler an Strölin vom 30. März 1944.
252 Stadtarchiv Stuttgart, Nachlaß Strölin, Nummer 38, Tagebucheintragungen im Januar und Februar 1940. Die Gründung des Zweckverbandes fand am 12. Februar 1940 statt. Bericht über die Gründung der Ferngas AG am 17. Dezember 1941. Ebenda, Nummer 46, Tagebuch Anlage 503.
253 Vergleiche Ebenda, Nummer 44, Tagebuch Anlage 253, Aufsichtsratssitzung der Energieversorgung Schwaben am 6. September 1940. Nummer 45, Tagebuch Anlage 397, Vermerk Strölins 31. Mai 1941 und Nummer 46, Tagebuch Anlage 493. Besprechung Strölins mit Rohrbach am 22. November 1941.
254 Ebenda, Nummer 44, Tagebuch Anlage 210, Seite 6, Nachtrag zur großen Besprechung in Berlin am 1. Juli 1940 und Nummer 39, Tagebuch Seite 638, 22. November 1941.
255 Ausführlich dazu: Roland Müller: Stuttgart zur Zeit des Nationalsozialismus. Seite 384 f.
256 Stadtarchiv Stuttgart, Nachlaß Strölin, Nummer 38, Tagebuch S. 215, 20. Mai 1940.
257 Vergleiche Seidelmann: Neckar-Donau-Kanal. Seite 349 ff. Für die Strecke Ulm–Friedrichshafen entwarf Anfang der vierziger Jahre der ehemalige Strombaudirektor Konz einen neuen Plan. Vergleiche Otto Konz: Donau-Bodensee-Kanal. Ulm–Friedrichshafen. Als Auszug aus einem Entwurf für den Donau-Bodensee-Kanal vom Mai 1942. Stuttgart, ohne Jahr [zirka 1950].
258 Vergleiche Seidelmann: Neckar-Donau-Kanal. Seite 352 ff.
259 Stadtarchiv Stuttgart, Nachlaß Strölin, Nummer 40, Tagebuch Seite 828, 29. September 1942.
260 Stadtarchiv Stuttgart, Ratsherren, Nummer 34, § 193, 15. September 1938.
261 Ebenda, § 42, 8. März 1938. Müller: Stuttgart zur Zeit des Nationalsozialismus. Seite 227. Allerdings waren dies nicht nur »einige Zehntausend«, sondern wesentlich mehr, da viele vor 1933 ausgewanderte Deutsche noch nicht im Besitz der Staatsbürgerschaft eines anderen Landes waren.
262 Stadtarchiv Stuttgart, Bürgermeisteramt Nummer 194. Aussage Strölins laut dem Wortprotokoll der Beratung mit den Ratsherren am 18. August 1938. Auch für die folgenden Überlegungen Strölins.
263 Auswärtiges Amt, Politisches Archiv, R 29839. Büro Staatssekretär. Aufzeichnungen über Gespräche mit Nicht-Diplomaten. Aktennotiz Mackensen, 3. Januar 1938 und Ebenda, R 29842. Politischer Schriftwechsel. Mackensen an Strölin, 21. Januar 1938.
264 Stadtarchiv Stuttgart, Nachlaß Strölin, Nummer 37 bis 41. Im Tagebuch Strölins finden sich immer wieder Notizen über Aufträge, die er und seine Referenten Kruse erteilten.

265 Müller: Stuttgart zur Zeit des Nationalsozialismus. Seite 227.
266 Deutschtum im Ausland. Jahrgang 22, 1939. Seite 429.
267 Ebenda, Seite 426.
268 Ebenda, Seite 426 f. Die Anwesenheit von Verkehrsminister Dorpmüller wertete die Veranstaltung sicherlich nicht auf.
269 Ebenda, 432 ff.
270 Stadtarchiv Stuttgart, Nachlaß Strölin, Nummer 38, Tagebuch Seite 124, 9. Januar 1940.
271 Ebenda, Nummer 37, Tagebuch Seite 7, 2. September 1939.
272 Vergleiche Müller: Stuttgart zur Zeit des Nationalsozialismus. Seite 115 und Maria Zelzer: Stuttgart unterm Hakenkreuz. Stuttgart 1983. Seite 60.
273 Stadtarchiv Stuttgart, Bürgermeisteramt Nummer 198. Aktennotiz Könekamps für Strölin vom 3. Oktober 1943.
274 Robert L. Koehl: Reichskommissar für die Festigung des Deutschen Volkstums – German Resettlement and Population Policy 1939–1945. Cambridge (Mass.) 1957. Seite 49 ff.
275 Stadtarchiv Stuttgart, Nachlaß Strölin, Nummer 37, Tagebuch Seite 37, 4. Oktober 1939. Noch am Tag zuvor wußte man davon nichts, wie aus einer Zusammenstellung Könekamps über die Situation im Deutschen Auslands-Institut hervorgeht. Stadtarchiv Stuttgart, Bürgermeisteramt Nummer 198.
276 Über das Entstehen und die Arbeit der Umsiedlungskommission des Deutschen Auslands-Instituts vergleiche Ritter: Das Deutsche Auslands-Institut. Seite 136 f.
277 So schrieb Götz am 6. November 1939 aus Posen: »Da die Polen die Härte noch nicht richtig zu spüren bekommen, ist die Stimmung noch verhältnismäßig gut. Daß wir nur noch mit Härte weiterkommen, beweist die Tatsache, daß die Polen kürzlich noch in Kostschin, wo ich gestern war (3000 Einwohner, 100 Deutsche) einem Mädchen die Brüste abschnitten. Deshalb wurden auf dem dortigen Marktplatz 28 Polen, die mit der Freveltat zu tun hatten, erschossen.« Stadtarchiv Stuttgart, Nachlaß Strölin, Nummer 42, Tagebuch Anlage 44.
278 So beispielsweise ebenda, Nummer 37, Tagebuch Seite 79, 6. November 1939 und Nummer 38, Tagebuch Seite 135, 24. Januar 1940.
279 Ebenda, Nummer 37, Tagebuch Seite 7, 2. September 1939.
280 Stadtarchiv Stuttgart, Bürgermeisteramt Nummer 198. Könekamp am 3. Oktober 1939.
281 Stadtarchiv Stuttgart, Nachlaß Strölin, Nummer 37, Tagebuch Seite 84, 9. November 1943.
282 Zur Zusammenarbeit mit dem Sicherheitsdienst des Reichsführers SS vergleiche das Kapitel über den elsässischen Widerstand.
283 Über die »Qualität« dieser Arbeiten vergleiche Ritter: Das Deutsche Auslands-Institut. Seite 146 ff.
284 Stadtarchiv Stuttgart, Nachlaß Strölin, Nummer 39, Tagebuch Seite 361 und 383, 8. und 28. November 1941 sowie Nummer 45, Tagebuch Anlage 304 Besprechungspunkte mit Diebitsch von Csaki aufgestellt und als »streng geheim!« eingestuft.

285 Stadtarchiv Stuttgart, Nachlaß Strölin, Nummer 77, Blatt 270 ff. Aussage von Tell Geck. Obwohl die Aussagen Gecks aus der Erinnerung heraus festgehalten und erst 1947 im Spruchkammerverfahren gegen Strölin gemacht wurden, erscheinen sie anhand der vorhandenen Quellen als durchaus glaubwürdig. Vor allem kannte Geck die nicht gerade in der Öffentlichkeit ablaufenden Beziehungen zwischen dem Deutschen Auslands-Institut und der Stuttgarter Abwehr um Diebitsch.
286 Brief abgedruckt in: Reichsführer! Briefe an und von Himmler. Herausgeber: Helmut Heiber. München 1970. Seite 119.
287 Vergleiche Anmerkung 284.
288 Sehr differenziert dazu: Louis de Jong: The German Fifth Column in the Second World War. New York 1973. Ähnlich ist auch die Einschätzung bei Meir Buchsweiler: Volksdeutsche in der Ukraine am Vorabend und Beginn des Zweiten Weltkrieges – ein Fall doppelter Loyalität? Gerlingen 1984.
289 Stadtarchiv Stuttgart, Internationaler Verband für Wohnungswesen und Städtebau, Nummer 44, Blatt 1, Redemanuskript Strölins für seinen Vortrag vor den Ratsherren am 27. Juli 1939.
290 Ebenda, Nachlaß Strölin Nummer 44, Tagebuch Anlage 228. Notiz Könekamps über eine Besprechung bei Mergenthaler.
291 Ebenda, Nummer 39, Tagebuch Seite 661, 11. Dezember 1941. Dazu auch Ritter: Das Deutsche Auslands-Institut. Seite 69.
292 Ebenda, Nummer 40, Seite 818, 10. September 1942.
293 Ritter: Das Deutsche Auslands Institut. Seite 136.
294 Dies zeigt sich auch daran, daß sich im Tagebuch von 1943 keinerlei Eintragungen über interne Vorgänge im Deutschen Auslands-Institut befinden.
295 Vergleiche unten das Kapitel: Ein Brief ruiniert Strölins Parteikarriere.
296 Internationaler Militärgerichtshof Nürnberg (IMT), Band 38, Seite 86 bis 94.
297 Stadtarchiv Stuttgart, Nachlaß Strölin, Nr. 39, Tagebuch S. 567, 21. August 1941.
298 Ebenda, Nummer 46, Tagebuch Anlagen 427, 428. Notizen über die Gespräche in Berlin.
299 Ebenda, Nummer 39, Tagebuch Seite 584, 11. September 1941.
300 Ebenda, Seite 654, 3. Dezember 1941.
301 Stadtarchiv Stuttgart, Nachlaß Strölin, Nummer 45, Tagebuch Anlage 330. Notiz über ein Gespräch zwischen Strölin und Bohle in Berlin am 16. Januar 1941.
302 Ebenda, Tagebuch Nummer 40 und 41. Dort finden sich verschiedene Hinweise auf Gespräche, die Strölin in dieser Frage mit Vertretern der HJ führte. Zu den einzelnen Heimen vergleiche Müller: Stuttgart zur Zeit des Nationalsozialismus. Seite 378 ff.
303 Vergleiche oben, Abschnitt »Der Internationale Verband für Wohnungswesen und Städtebau«.
304 Stadtarchiv Stuttgart, Internationaler Verband für Wohnungswesen und Städtebau, Nummer 62.
305 Ebenda, Nummer 68 auch für das Folgende, soweit nicht gesondert belegt.
306 Ebenda, Nummer 54, Variationen für den Generalsekretär des Internationalen Verbandes für Wohnungswesen und Städtebau. Undatiert.

307 Ebenda. Die genannten Probleme ziehen sich fast durch den gesamten Aktenbestand, auch als später andere Referenten diese Arbeit übernahmen.
308 Ebenda, Nummer 3.
309 Ebenda.
310 Ebenda, Nummer 4.
311 Ebenda, Nummer 54. Darin hieß es: »1. Sekretär: unbesetzt, aber Gut in Stuttgart bzw. München als eigentlicher Generalsekretär«.
312 Ebenda, Nummer 54. Aufgabenkreis für Dr. Gut.
313 Ebenda, Nummer 27, Blatt 4.
314 Der Titel des Mitteilungsblattes lautete: »Mitteilungen des Internationalen Verbandes für Wohnungswesen und Städtebau«.
315 Stadtarchiv Stuttgart, Internationaler Verband für Wohnungswesen und Städtebau, Nummer 55. Protokoll der Bürositzung vom 3. Dezember 1938.
316 Ebenda, Nummer 27. Bericht des Gesandtschaftsrats von Selzam an das Auswärtige Amt vom 23. Mai 1939 und Nichtöffentliche Rede Strölins vor den Ratsherren am 19. Mai 1939. Auch für das Folgende.
317 Ebenda, Nummer 27, Blatt 4. Allgemeine Akten zur Ausstellung.
318 Ebenda.
319 Ebenda, Briefdurchschläge vom 23. Mai 1939.
320 Ebenda, Nummer 40, Blatt 4, Teilnahme Deutschlands in Stockholm.
321 Ebenda, Nummer 40, Blatt 5.
322 Ebenda, Nummer 41, Blatt 5.
323 Ebenda, Nummer 40, Blatt 3.
324 Ebenda, Nummer 41.
325 Ebenda, Nummer 47.
326 Ebenda, Nummer 47, Blatt 18.
327 Beispielsweise Ebenda, Nummer 44, Blatt 1, Bericht vor den Ratsherren am 27. Juli 1939.
328 Ebenda.
329 Ebenda, Nummer 47, Blatt 2.
330 Stadtarchiv Stuttgart, Nachlaß Strölin, Nummer 37, Tagebuch Seite 15, 12. September 1939. Zitat aus dem Bericht von Schmidt.
331 Ebenda, Internationaler Verband für Wohnungswesen und Städtebau Nr. 29.
332 Ebenda, Nummer 20, Blatt 3.
333 Stadtarchiv Stuttgart, Nachlaß Strölin, Nummer 37, Tagebuch Seite 3, 28. August 1939.
334 Ebenda, Tagebuch Seite 10, 6. September 1939 und Nr. 42, Tagebuch Anlage 7.
335 Ebenda, Tagebuch Seite 17, 15. September 1939.
336 Ebenda, Nummer 42, Tagebuch Anlage 12.
337 Beispielsweise ebenda.
338 Ebenda, Nummer 37, Tagebuch, Seite 24 ff. 22. bis 24. September 1939. Selbst in seinem Tagebuch kürzte er die Namen von Gesprächsteilnehmern ab, so daß es schwer ist, sie zu identifizieren. Einer scheint jedenfalls der Sohn des früheren Außenministers von Neurath gewesen zu sein, der in der Deutschen Botschaft in Brüssel tätig war.

339 Ebenda, Tagebuch Seite 111, 15. Dezember 1939.
340 Ebenda, 16. Dezember 1939.
341 Ebenda, Nummer 42, Anlagen 54a und 57.
342 Stadtarchiv Stuttgart, Nachlaß Strölin, Nummer 37, Tagebuch Seite 28, 27. September 1939. Meist finden sich Quellen zu den Aktivitäten zum Schutz der Städte auch in den entsprechenden Akten des Internationalen Verbandes für Wohnungswesen und Städtebau im Stadtarchiv Stuttgart.
343 Ebenda, Nummer 42, Tagebuch Anlage 16.
344 Ebenda.
345 Ebenda, Nummer 37, Tagebuch Seite 65ff, 25. bis 27. Oktober 1939.
346 Ebenda, Tagebuch Seite 50, 17. Oktober 1939.
347 Den Bericht für den Sicherheitsdienst sandte er auch an Weizsäcker. Auswärtiges Amt, Politisches Archiv, R 29843. Büro Staatssekretär. Politischer Schriftwechsel. Strölin an Weizsäcker, 31. Oktober 1939.
348 Stadtarchiv Zürich, Observationsberichte über den Aufenthalt Strölins in Zürich und Emil Klöti: Ein Erlebnis in der Zeit des Zweiten Weltkrieges. In: Volksrecht. 10., 11., 12. Juli 1963. Die Hinweise auf die Züricher Akten verdanke ich Herrn Professor Dr. Zimmermann vom Stadtarchiv Zürich.
349 Stadtarchiv Stuttgart, Nachlaß Strölin, Nummer 37, Tagebuch Seite 67, 27. Oktober 1939. »Anschließend Rückfahrt mit dem Auto von Dr. Klöti. Chauffeur sehr freundlich und zurückhaltend, aber offenbar Polizeibeamter. Wir sind natürlich sehr vorsichtig in der Unterhaltung.«
350 Ebenda, Nummer 42, Tagebuch Anlage 37.
351 Ebenda, Nummer 37, Tagebuch Seite 105 f., 29. November bis 8. Dezember 1939.
352 Ebenda, Nummer 38, Tagebuch Seite 157 bis 159, 20. Februar bis 24. Februar 1940 und Nummer 43, Tagebuch Anlage 114 und 115. Auch für das Folgende.
353 Ebenda, Nummer 38, Tagebuch Seite 168, 29. Februar 1940.
354 Ebenda, Nummer 43, Tagebuch Anlage 135. Aufruf des Internationalen Komitee vom Roten Kreuz.
355 Beispielsweise Ebenda, Nummer 40, Seite 772 ff., 10. Juni 1942; Seite 833, 6. Oktober 1942.
356 Auswärtiges Amt, Politisches Archiv, R 29840. Büro Staatssekretär. Aufzeichnungen über Gespräche mit Nicht-Diplomaten. 11. Juni 1940.
357 Stadtarchiv Stuttgart, Nachlaß Strölin, Nr. 41, Tagebuch Seite 928, 17. Mai 1943.
358 Stadtarchiv Stuttgart, Internationaler Verband für Wohnungswesen und Städtebau, Nummer 66. Verlegung des Büros nach Stuttgart.
359 Ebenda, Nummer 65. Arbeitsfelder von Frau Schäfer.
360 Ebenda, Nummer 12. Arbeitsprogramm des Internationalen Verbandes für Wohnungswesen und Städtebau für das Jahr 1943.
361 Ebenda, Mitgliederwerbung.
362 Vergleiche Stadtarchiv Stuttgart, Nachlaß Strölin, Nummer 37 bis 41. Tagebuch und die entsprechenden Anlagen. In Nummer 37 findet sich eine Aufstellung über die Termine der einzelnen Reisen.
363 Stadtarchiv Stuttgart, Internationaler Verband für Wohnungswesen und Städtebau, Nummer 29, Blatt 20.

364 Ebenda, Nummer 22, Korrespondenz mit Sellier und Stadtarchiv Stuttgart, Nachlaß Strölin, Nummer 38, Seite 279, 25. Juli 1940.
365 Ebenda, auch für das Folgende.
366 Ebenda, Nummer 23, Korrespondenz mit Vinck.
367 Ebenda, Nummer 21, Korrespondenz mit Klöti.
368 Belgien und Frankreich: Frankfurter Zeitung, 16. Februar 1942; Spanien: Völkischer Beobachter, 6. Mai 1942; Niederlande: Völkischer Beobachter, 16. Oktober 1942.
369 Karl Strölin: Ein Rückblick auf fünf Jahre Verbandsarbeit. Stuttgart 1944. Stadtarchiv Stuttgart, Internationaler Verband für Wohnungswesen und Städtebau, Nummer 80.
370 Karl Strölin: Wiederaufbau in Belgien und Frankreich. In: Frankfurter Zeitung, 16. Februar 1942.
371 Stadtarchiv Stuttgart, Nachlaß Strölin, Nummer 41, Tagebuch Seite 1000, 26. Oktober 1943.
372 Karl Strölin: Ein Rückblick auf fünf Jahre Verbandsarbeit. Stuttgart 1944 und ders.: Probleme des Wohnungswesens, des Städtebaus und der Raumordnung im Hinblick auf den Wiederaufbau und die Planung neuer Stadtanlagen in der künftigen Friedenszeit. Stuttgart 1944.
373 Hermann Vietzen: Chronik der Stadt Stuttgart 1945–1948; Kurt Wintterlin: Karl Strölin der Retter in Stuttgarts größter Not. Stuttgart 1969. (Unveröffentlichtes Manuskript, Stadtarchiv Stuttgart, Ka 189); Klaus Michaelis: Karl Strölin. Oberbürgermeister der Stadt Stuttgart von 1933–1945. Speyer 1962. (Vervielfältigtes Manuskript).
374 Zur Diskussion über den Begriff Widerstand vergleiche Martin Broszat, Elke Fröhlich: Alltag und Widerstand – Bayern im Nationalsozialismus. München 1987. bes. Seite 13 bis 73. Dieser Teil mit der Überschrift Gesellschaftsgeschichte des Widerstands geht auf frühere Aufsätze von Broszat zurück. Der darin hervorgehobene strukturelle Begriff der »Resistenz« ist für die vorliegende Arbeit nicht brauchbar, da man bei Strölin eher in den inhaltlichen Kategorien des nationalkonservativen Widerstands denken muß, wie ihn beispielsweise Hans Mommsen und Klaus-Jürgen Müller verwenden. Dazu Hans Mommsen: Die Geschichte des deutschen Widerstands im Lichte der neueren Forschung. In: Aus Politik und Zeitgeschichte. Beilage zur Wochenzeitung Das Parlament. 1986. B 50, Seite 3 bis 18; Klaus-Jürgen Müller: Die nationalkonservative Opposition 1933–1939. Von der Kooperation zum Widerstand. In: Ebenda, Seite 19 bis 30.
375 Allgemein zur Stellung der evangelischen Kirche nach 1933 in Stuttgart vergleiche: Eberhard Röhm, Jörg Thierfelder: Anpassung, Zweifel, Protest. Das evangelische Stuttgart zwischen 1933 und 1939. In: Stuttgart im Dritten Reich. Anpassung, Widerstand, Verfolgung. Stuttgart 1984. Seite 342 bis 364; Eberhard Röhm, Jörg Thierfelder: Die evangelische Kirche im Zweiten Weltkrieg. In: Stuttgart im Zweiten Weltkrieg. Stuttgart 1989. Seite 195 bis 209. Ein sehr umfangreiches Kapitel über die Kirchen findet sich auch bei Thomas Schnabel: Württemberg zwischen Weimar und Bonn. Stuttgart 1986. Seite 403 bis 518.
376 Stadtarchiv Stuttgart, Nachlaß Strölin, Nr. 39, Tagebuch Seite 532, 18. Juni 1941.

377 Ebenda, Nummer 39, Tagebuch Seite 560, 9. August 1941.
378 Ebenda, Tagebuch Seite 561, 11. August 1941. und Landeskirchliches Archiv, Stuttgart, Altreg. Nummer 380/III.
379 Ebenda, Nummer 39, Tagebuch Seite 564, 18. August 1941.
380 Vergleiche zu diesem Komplex das Kapitel »Die evangelische Landeskirche im Dritten Reich« in: Thomas Schnabel: Württemberg zwischen Weimar und Bonn. Besonders Seite 432 bis 467.
381 Landeskirchliches Archiv, Stuttgart, Altreg. 380/III. Notizen Sautters über das Gespräch mit Strölin. Bereits am 18. August hatte Sautter mit dem Dienststellenleiter der Stuttgarter Gestapo über diesen Vorfall gesprochen. Landeskirchliches Archiv, Stuttgart, Altreg. 115c/XIV.
382 Stadtarchiv Stuttgart, Nachlaß Strölin, Nummer 39, Tagebuch Seite 572, 26. August 1941.
383 Ebenda, Tagebuch Seite 573, 28. August 1941.
384 Vergleiche Bundesarchiv Koblenz R 43 II/1411a. Dort finden sich auch Briefe des württembergischen Oberkirchenrats, die von den Oberkirchenräten Schauffler und Sautter an Lammers gerichtet worden waren. Der erste datiert vom 10. Februar 1941.
385 Landeskirchliches Archiv, Stuttgart, Altreg. Nr. 115c/XIV und Nr. 380/II-IV.
386 Stadtarchiv Stuttgart, Nachlaß Strölin, Nummer 39, Tagebuch Seite 574, 29. August 1941. Auch Wurm erwähnt diese Begegnung in seiner Autobiographie. Theophil Wurm: Erinnerungen aus meinem Leben. Stuttgart 1953. Seite 161. Die darin aufgestellte Behauptung, Strölin sei der Verkehr mit Wurm zu diesem Zeitpunkt verboten gewesen, läßt sich nicht belegen. Dies geschah erst im weiteren Verlauf der Ereignisse.
387 Landeskirchliches Archiv, Stuttgart, Altreg. Nummer 380/III. Berichte des Stadtpfarramtes Weingarten an den Oberkirchenrat und an Sautter.
388 Stadtarchiv Stuttgart, Nachlaß Strölin, Nummer 46, Tagebuch Anlage 477. Zusammenfassung Strölins über den Verlauf der Auseinandersetzung vom 4. November 1941, vergleiche dazu auch Stadtarchiv Stuttgart, Nachlaß Strölin, Nummer 39, Tagebuch Seite 613, 31. Oktober 1941.
389 Ebenda, Nummer 46, Tagebuch Anlage 477, Seite 2.
390 Ebenda, Nummer 39, Tagebuch Seite 579, 6. September 1949.
391 Ebenda, Tagebuch Seite 581, 9. September 1941. Strölin notierte sich: »Wir fahren uns grob am Telefon gegenseitig an. Ich muß an den Reichsstatthalter schreiben.«
392 Ebenda, Nummer 46, Tagebuch Anlage 433. Brief an Murr vom 9. September 1941.
393 Ebenda, Tagebuch Anlage 477, Kruse an die Volksdeutsche Mittelstelle 9. September 1941.
394 Ebenda, Nummer 46, Tagebuch Anlage 436. Brief an Murr vom 11. September 1941.
395 Auswärtiges Amt, Politisches Archiv, R 29846. Büro Staatssekretär. Politischer Schriftwechsel. Strölin an Weizsäcker, 12. September 1941.
396 Stadtarchiv Stuttgart, Nachlaß Strölin, Nummer 46, Tagebuch Anlage 441. Murr an Strölin vom 13. September 1941.

397 Ebenda, Nummer 39, Tagebuch Seite 588, 16. September 1941.
398 Ebenda, Nummer 46, Tagebuch Anlage 453. Murr an Strölin vom 24. September 1941.
399 Ebenda, Tagebuch Anlage 477, Aktennotiz Strölins vom 4. November 1941, Seite 5 f.
400 Ebenda, Nummer 39, Tagebuch Seite 611, 26. Oktober 1941.
401 Vergleiche oben Abschnitt »Der Kandidat des schaffenden Volkes«.
402 Stadtarchiv Stuttgart, Nachlaß Strölin, Nummer 39, Tagebuch Seite 612, 28. Oktober 1941 und Nummer 46, Tagebuch Anlage 477, Aktennotiz Strölins vom 4. November 1941.
403 Ebenda, Nummer 39, Tagebuch Seite 613, 31. Oktober 1941 und Nummer 46, Tagebuch Anlage 477, Aktennotiz Strölins vom 4. November 1941.
404 Zu Könekamp: Landeskirchliches Archiv, Stuttgart, Altreg. 380/IV, zu Cuhorst: Landeskirchliches Archiv, Stuttgart, Altreg. 285b/I.
405 Stadtarchiv Stuttgart, Nachlaß Strölin, Nummer 39, Tagebuch Seite 613, 31. Oktober 1941 und ebenda, Nummer 46, Tagebuch Anlage 478, Niederschrift und Brief Bühlers an Strölin vom 30. Oktober 1941.
406 Ebenda, Nummer 39, Tagebuch Seite 614, 31. Oktober 1941.
407 Ebenda, Tagebuch Seite 618, 5. November 1941.
408 Vergleiche zu Dill, Thomas Schnabel: Württemberg zwischen Weimar und Bonn. Stuttgart 1986. Seite 434. Vergleiche auch Landeskirchliches Archiv, Stuttgart, Altreg. 380/III.
409 Stadtarchiv Stuttgart, Nachlaß Strölin, Nummer 39, Tagebuch Seite 620, 7. November 1941. Dazu auch eine Gesprächsnotiz Sautters. Landeskirchliches Archiv, Stuttgart, Altreg. 380/III.
410 Stadtarchiv Stuttgart, Nachlaß Strölin, Nummer 39, Tagebuch Seite 620, 7. November 1941.
411 Landeskirchliches Archiv, Stuttgart, Altreg. Nummer 380/III.
412 Ebenda, und Landeskirchliches Archiv, Stuttgart, D 1, Nachlaß Wurm, 105,1.
413 Stadtarchiv Stuttgart, Nachlaß Strölin, Nummer 39, Tagebuch Seite 624, 10. November 1941. Bei dem Werk von Holtzmann handelte es sich vermutlich um einen kleinen Band aus einer Reihe populärwissenschaftlicher Darstellungen zur Leben-Jesu-Forschung. Oscar Holtzmann: Christus. 2. Auflage, Leipzig 1914.
414 Stadtarchiv Stuttgart, Nachlaß Strölin, Nummer 46, Tagebuch Anlage 489, Beigeordnetenbesprechung am 18. November 1941.
415 Ebenda, Nummer 47, Tagebuch Anlage 582.
416 Ebenda, Nummer 39, Tagebuch Seite 646, 28. November 1941.
417 Ebenda, Tagebuch Seite 652, 2. Dezember 1941. Ähnliche Äußerungen finden sich auch in einer Notiz über ein Gespräch mit Kreisleiter Fischer, wobei Strölin feststellte, daß man lediglich im Tempo und in der Methodik unterschiedlicher Meinung sei. Ebenda, Tagebuch Seite 670, 23. Dezember 1941.
418 Ebenda, Nummer 40, Tagebuch Seite 676, 4. Januar 1942 und Seite 701, 14. Februar 1942.
419 Landeskirchliches Archiv, Stuttgart, D 1, Nachlaß Wurm, Nummer 109,1.
420 Ebenda, Brief an Strölin vom 20. September 1943.

421 Stadtarchiv Stuttgart, Nachlaß Strölin, Nummer 41, Tagebuch Seite 975, 27. September 1943.
422 Stadtarchiv Stuttgart, Nachlaß Strölin, Nummer 41, Tagebuch Seite 894, 9. Februar 1943. Strölin notierte sich in seinem Tagebuch nicht von welcher Dienststelle der Anruf kam.
423 Ebenda, Tagebuch Seite 894, 13. Februar 1943.
424 Ebenda, Nummer 48, Tagebuch Anlage 622. Brief an Jobst vom 13. März 1943.
425 Ebenda, Nummer 41, Tagebuch Seite 912, 29. März und 30. März 1943 sowie ebenda, Nummer 48, Tagebuch Anlage 633, Brief an Fiehler vom 30. März 1943.
426 Ebenda, Nummer 41, Tagebuch Seite 944, 21. Juni 1943. Notiz Strölins über ein Telefongespräch mit Jobst.
427 Ebenda, Nummer 82. Eidesstattliche Versicherung von Heinz Jobst, 19. Mai 1947. Eine englische Übersetzung des Entlassungsschreibens des Personalhauptamtes der NSDAP liegt in Landeskirchliches Archiv, Stuttgart, D 1, Nachlaß Wurm, Nummer 277. Dabei ist jedoch nicht auszuschließen, daß es sich um eine Fälschung handelt, da Strölin dort als Reichshauptstellenleiter bezeichnet wird. Sicher dürfte dem Personalhauptamt bekannt gewesen sein, daß Strölin die Funktion eines Reichsamtsleiters inne hatte.
428 Stadtarchiv Stuttgart, Bürgermeisteramt Nummer 9, Fast gleichlautende Schreiben vom 6. April 1944 an Württ. Innenministerium, Reichsministerium des Inneren, NSDAP-Kreis- und Gauleitung, Gauamt für Kommunalpolitik und Landesdienststelle Württemberg des Deutschen Gemeindetages.
429 Stadtarchiv Stuttgart, Nachlaß Strölin, Nummer 84, Bestätigung Sautters für Strölin vom 13. Januar 1948.
430 Vergleiche dazu: Charles Béné: L'Alsace dans les griffes nazies. 7 Bände. Raonl'Etape 1973–1988. Zum Rapport d'Alsace und die daran anschließenden Ereignisse siehe besonders: Band 2. Seite 214 bis 217 und Band 3. Seite 320 bis 356. Sehr ausführlich dazu auch die Erinnerungen Robert Heitz: A mort. Paris 1946.
431 Stadtarchiv Stuttgart, Nachlaß Strölin, Nummer 38, Tagebuch Seite 273f, 18./19. Juli 1940.
432 Vergleiche oben Seite 193 f.
433 Vergleiche Sauer: Württemberg in der Zeit des Nationalsozialismus, Seite 44 ff.
434 Zum Verhältnis Baden – Elsaß: Lothar Kettenacker: Nationalsozialistische Volkstumspolitik im Elsaß. Stuttgart 1973.
435 Vergleiche Stadtarchiv Stuttgart, Nachlaß Strölin, Nummer 39, Tagebuch Seite 469, 27. März 1941. Ferner: Lothar Kettenacker: Nationalsozialistische Volkstumspolitik im Elsaß. Seite 246.
436 SD-Oberabschnitt Südwestdeutschland, SD-Abschnitt Württemberg und SD-Leitstelle Stuttgart.
437 Stadtarchiv Stuttgart, Nachlaß Strölin, Nummer 38, Tagebuch Seite 235 und 256r, 6. Juni und 28. Juni 1940.
438 Ebenda, Nummer 38, Tagebuch Seite 271, 16. Juli 1940 und Nummer 44, Tagebuch Anlage 226. »Welche Fehler sind in der Behandlung Elsaß-Lothringens gemacht worden? Kurzer vertraulicher Bericht erstattet von Dr. Karl Pöschel, DAI.«

439 Ebenda, Nummer 38, Tagebuch Seite 278, 23. Juli 1940.
440 Ebenda, Nummer 39, Tagebuch Seite 500, 8. Mai 1941.
441 Ebenda, Nummer 39, Tagebuch Seite 465, 19. März 1941 und Tagebuch Seite 500, 8. Mai 1941.
442 Zur Situation der Verhafteten und der Verfahrensvorbereitung: Robert Heitz: A mort. Paris 1946.
443 Stadtarchiv Stuttgart, Nachlaß Strölin, Nummer 40, Tagebuch Seite 825, 22. September 1942.
444 Ebenda, Nummer 40, Tagebuch Seite 806 und 826, 27. August 1942 und 27. September 1942.
445 Ebenda, Nummer 40, Tagebuch Seite 838, 13. Oktober 1942. Die im Eintrag erwähnte Zusammenstellung »Die Lage im Elsaß. Erwägenswerte Maßnahmen – elsässische Wünsche« als Tagebuch Anlage 581 fehlt allerdings im Bestand.
446 So traten zum Beispiel beide aus Stuttgart stammenden Befehlshaber der Sicherheitspolizei und des Sicherheitsdienstes des Reichsführers SS im Elsaß, Scheel und Fischer, für die Beibehaltung der Sicherungslagers Schirmeck für die Umerziehung der Elsässer ein und lehnten Konzentrationslager nach deutschem Vorbild ab. Dazu: Lothar Kettenacker: Nationalsozialistische Volkstumspolitik im Elsaß. Seite 246 ff.
447 Stadtarchiv Stuttgart, Nachlaß Strölin, Nummer 40, Tagebuch Seite 851, 6. November 1942.
448 Ebenda, Nummer 40, Tagebuch Seite 858 f., 17. und 19. November 1942. Auf Seite 858 steht fälschlicherweise das Datum 18. November.
449 Strölin beschreibt diese Argumentationskette in seiner Broschüre »Stuttgart im Endstadium des Krieges«. Stuttgart 1950, Seite 31. Dazu auch Kettenacker: Nationalsozialistische Volkstumspolitik im Elsaß. Seite 234 ff.
450 Dazu mehrere Eintragungen in sein Tagebuch Stadtarchiv Stuttgart, Nachlaß Strölin, Nummer 41 im Januar und Februar 1943. Im Gegensatz zu früher sind die Eintragungen ab 1943 fast nur noch Notizen über Zeit, Ort und Gegenstand der Gespräche, während der Inhalt nicht mehr wiedergegeben wird. Eine Zusammenstellung Strölins Aktivitäten findet sich auch in einer Akte, die der württembergische Oberkirchenrat für Strölins Entnazifizierungsverfahrens anlegte. Landeskirchliches Archiv, Stuttgart, D 1, Nachlaß Wurm, Nummer 277.
451 Stadtarchiv Stuttgart, Nachlaß Strölin, Nummer 41, Tagebuch Seite 894, 11. Februar 1943.
452 Schreiben Schmitthenners in Bundesarchiv Koblenz, R 43 II/1339a.
453 Bundesarchiv Koblenz, R 22/1317, Blatt 185. Strölin an Thierack am 27. März 1943. Den Hinweis auf diese Quelle verdanke ich Frau Dr. Benigna Schönhagen.
454 Zum Prozeß Charles Béné: L'Alsace dans ses griffes nazies. Raon-l'Etape 1975. Band 3. Seite 321 bis 329; Robert Heitz: A mort. Paris 1946. Seite 84 bis 104.
455 Ebenda, Band 3. Seite 335 f.
456 Vergleiche Kettenacker: Nationalsozialistische Volkstumspolitik im Elsaß. Seite 243 ff. und Seite 360, Anmerkung 36. dazu auch Bundesarchiv Koblenz, R 43 II/1339a.
457 Landeskirchliches Archiv, Stuttgart, D 1, Nachlaß Wurm, Nummer 277.

458 Bundesarchiv Koblenz, R 43 II/1339a, fol. 179 ff.
459 Ebenda, fol 191.
460 Dazu Kettenacker: Nationalsozialistische Volkstumspolitik im Elsaß. Zu den unterschiedlichen Vorstellungen von Wagner und Bürckel auch ders.: Die Chefs der Zivilverwaltung im Zweiten Weltkrieg. In: Verwaltung contra Menschenführung. Herausgeber: Dieter Rebentisch, Karl Teppe. Göttingen 1986. S. 396 bis 417.
461 Auswärtiges Amt, Politisches Archiv, R 29850, Büro Staatssekretär, Politischer Schriftwechsel. Abschrift des Schreibens Strölins an Himmler, 6. April 1943.
462 Landeskirchliches Archiv, Stuttgart, D 1, Nachlaß Wurm, Nummer 277. Aufstellung über die Gespräche Strölins in der Elsaß-Angelegenheit.
463 Stadtarchiv Stuttgart, Nachlaß Strölin, Nummer 41, Tagebuch Seite 912, 924 und 926, 30. März, 4. Mai und 10. Mai 1943.
464 Bundesarchiv Koblenz, R 43 II/1339a, fol. 188.
465 Ebenda, fol 190 ff. Das Wort persönlich hatte Strölin wohl wegen anderer schlechter Erfahrungen unterstreichen lassen und Stadtarchiv Stuttgart, Nachlaß Strölin, Nummer 41, Seite 947, 2. Juli 1943. Die Denkschrift Strölins ist abgedruckt bei Kettenacker: Nationalsozialistische Volkstumspolitik im Elsaß. Seite 273 bis 286.
466 Bundesarchiv Koblenz, R 43 II/1339a, fol. 218.
467 Dazu: Béné: L'Alsace dans les griffes nazies. Band 3, Seite 349; Robert Heitz: Souvenirs de jadis et de naguère. Woerth (Bas-Rhin) 1964. Seite 164 f. Die in beiden Büchern wiedergegebenen Versionen, wonach Meißner, entsprechend seiner Zeugenaussage vor einem Kriegsverbrecherprozeß 1947, auf dem Gnadengesuch die Unterschrift Hitlers gefälscht habe oder die Version Strölins, wonach Meißner Hitler das Gnadengesuch zur Unterschrift unter andere Schriftstücke geschoben habe, dürfte eine gute Legendenbildung sein.
468 Stadtarchiv Stuttgart, Nachlaß Strölin, Nummer 37, Tagebuch Seite 1 ff. 26. August 1939 ff.
469 Ebenda, Nummer 37 ff., Tagebuch. Darin finden sich immer wieder Hinweise auf die Berichte ausländischer Sender und Artikel, besonders aus Schweizer Zeitungen. Eine Erlaubnis dazu ist nicht nachzuweisen. Seine Kontakte zum Sicherheitsdienst und zur Gestapo legen aber nahe, daß er dies mit ihrer Einwilligung tat, da er in seinen internationalen Aktivitäten auch während des Krieges über Informationen verfügen mußte.
470 Ebenda, Nummer 37, Tagebuch Seite 12, 8. September 1939.
471 Ebenda, Seite 14, 11. September 1939.
472 Ebenda, Seite 21, 19. September 1939.
473 Ebenda, Seite 37, 4. bis 6. Oktober 1939. Rommel äußerte nach der Rede Hitlers: »Die Franzosen werden wohl abspringen, die Engländer weitermachen.«
474 Ebenda, Seite 46 und 48, 13. Oktober 1939 und 15. Oktober 1939. Am 13. findet sich die Notiz: »Angeblich sollen am heutigen Tag drei deutsche U-Boote untergegangen sein.«
475 Der erste Besuch in Calw, wo Tippelskirch saß, fand am 28. September 1943 statt. Stadtarchiv Stuttgart, Nachlaß Strölin, Nummer 37, Tagebuch Seite 29 f., 28. September 1939.

476 Ebenda, Nummer 37, Tagebuch Seite 74 f., 3. November 1939 (Weizsäcker); Nummer 38, Tagebuch Seite 213, 18. Mai 1940. (Generalkonsul Krauel, Genf); Seite 232, 4. Juni 1940 (Goerdeler). Bei allen drei Gesprächen wurde besonders die Frage aufgeworfen, ob die Zeit für oder gegen Deutschland arbeite. Zur wirtschaftlichen und militärischen Vorbereitung des Krieges: Ursachen und Voraussetzungen des Zweiten Weltkrieges. Herausgeber: Wilhelm Deist und andere Aktualisierte, ungekürzte Ausgabe. Frankfurt 1989. (Erstmals erschienen als: Das Deutsche Reich und der Zweite Weltkrieg. Band 1).
477 Ebenda, Nummer 38, Tagebuch Seite 378 bis 386, 25. November bis 1. Dezember 1940. Gesprächspartner waren aus Militärkreisen unter anderem: Freiherr von Fürstenberg, General Erwin Rommel, dessen Adjutant Aldinger, Oberstleutnant Hans Speidel, General Sperrle, Generalfeldmarschall Milch, General Schreiber, General von Stülpnagel, Major Diebitsch von der Abwehr, General der Flieger Christiansen, General von Magirus. Hinzu kamen noch verschieden Persönlichkeiten aus der Militärverwaltung.
478 Ebenda, Nummer 38, Tagebuch Seite 410, 31. Dezember 1940.
479 Ebenda, Nummer 39, Tagebuch Seite 413, 5. Januar 1941.
480 Ebenda, Nummer 38, Tagebuch Seite 409, 30. Dezember 1940.
481 Zur Vorgeschichte des Rußlandfeldzugs vergleiche Jürgen Förster: Hitlers Entscheidung für den Krieg gegen die Sowjetunion. In: Der Angriff auf die Sowjetunion. Herausgeber: Horst Boog und andere Stuttgart 1983. (Das Deutsche Reich und der Zweite Weltkrieg. Band 4). Seite 3 bis 37. Zum Zeitpunkt besonders Seite 13 ff.
482 Stadtarchiv Stuttgart, Nachlaß Strölin, Nummer 38, Tagebuch Seite 314, 3. September 1940.
483 Ebenda. Hanneken führte Strölin gegenüber aus: »Durch die Fliegerangriffe seien wir im Ruhrgebiet in der Eisenproduktion um ungefähr 15 Prozent gelähmt. Die Ernte sei nicht gut. Auch die Kohlenfrage sei keineswegs geregelt. Insbesondere in den besetzten Gebieten sei die Ernährung und die Kohlenfrage auerordentlich schlecht, das könnte natürlich wieder zu Unruhen führen. Ein erheblicher Teil des Eisens werde bereits verwandt zur weiteren Motorisierung der Truppe.« Zu Hanneken: Rolf-Dieter Müller: Die Mobilisierung der deutschen Wirtschaft für Hitlers Kriegsführung. In: Organisation und Mobilisierung des deutschen Machtbereichs. Erster Halbband. Kriegsverwaltung, Wirtschaft und personelle Ressourcen. 1939–1941. Herausgeber: Bernhard R. Kroener. Stuttgart 1988. (Das Deutsche Reich und der Zweite Weltkrieg. Band 5,1). Seite 349 bis 692.
484 Stadtarchiv Stuttgart, Nachlaß Strölin, Nummer 39, Tagebuch Seite 518, 30. Mai 1941, ein weiteres Gespräch mit dem gleichen Tenor fand zwischen beiden am 19. Juni statt.
485 Ebenda, Tagebuch Seite 523, 4. Juni 1941.
486 Ebenda, Tagebuch Seite 524, 6. Juni 1941.
487 Ebenda, Tagebuch Seite 526, 12. Juni 1941.
488 Zu Bosch vergleiche Theodor Heuss: Robert Bosch. Leben und Leistung. Stuttgart 1946. Seite 682 ff.

489 Stadtarchiv Stuttgart, Nachlaß Strölin, Nummer 39, Tagebuch Seite 533f, 19. und 20. Juni 1941.
490 Ebenda, Tagebuch Seite 535, 21. und 22. Juni 1941. Strölin schildert den Kriegsausbruch unter dem 21. Juni, da er ihn in die Schilderung einer Jagd am Abend des 21. und Morgen des 22. einband.
491 Ebenda, Tagebuch Seite 541 ff., Eintragungen im Juli 1941.
492 Ebenda, Tagebuch Seite 553, 1. August 1941.
493 Ebenda, Tagebuch Seite 568, 21. August 1941.
494 Ebenda, Tagebuch Seite 556 und 568, 6. August (Neurath) und 21. August 1941 (Weizsäcker).
495 Ebenda, Tagebuch Seite 658 ff., 8. bis 11. Dezember 1941.
496 Ebenda, Tagebuch Seite 613, 30. Oktober 1941 und Nummer 46, Tagebuch Anlage 473 bis 476 verschiedene Briefe von Grasser und Nummer 39, Tagebuch Seite 669, 22. Dezember 1941.
497 Ebenda, Tagebuch Seite 672, 29. Dezember 1941.
498 Ebenda, Nummer 40, Tagebucheintragungen im Januar 1942; Schreiben Grassers und Zitat Seite 676, 4. Januar 1942.
499 Ebenda, Tagebuch Seite 696, 30. Januar 1942. Strölin las dazu das Buch »Geschichte des russischen Krieges im Jahr 1812« von Heinrich Beitzke. 2. Auflage Berlin 1862.
500 Ebenda, Tagebuch Seite 720, 5. März 1942, Seite 744, 20. April 1942, Seite 746, 23. April 1942, Tagebuch, Seite 802, 21. August 1942, Nummer 41, Tagebuch, Seite 878, 2. Januar 1943. Immer wieder stellte er sich in diesen Eintragungen die Frage, wie es möglich war, die Russen so zu unterschätzen.
501 Ebenda, Tagebuch Eintragungen November 1942.
502 Ebenda, Nummer 41, Tagebuch Seite 878, 1. Januar 1943.
503 Ebenda, 2. Januar 1943.
504 Ebenda, 4. Januar 1943 und Nummer 48, Tagebuch Anlage 605. Als Rommel den Brief schrieb, befand er sich zu Gesprächen in Rom.
505 Ebenda, 2. April 1943.
506 Selbst in seiner Broschüre »Verräter oder Patrioten« Seite 30 gibt er dazu keine Auskunft, sondern beschreibt lediglich aus der Nachkriegsliteratur die verschiedenen Auffassungen, wann man den Krieg als verloren hätte betrachten können.
507 Zu den einzelnen Punkten vergleiche die entsprechenden Kapitel.
508 Heuss: Robert Bosch. Seite 666 f. Dort auch andere Beispiele zum Verhältnis Strölin – Bosch. Die Aussagen von Heuss lassen sich auch belegen durch Stadtarchiv Stuttgart, Bürgermeisteramt Nummer 39. Ehrenbürger Robert Bosch.
509 Ebenda, Protokoll einer Besprechung zwischen Strölin und Bosch am 21. Februar 1936.
510 Ebenda. Während die Akten vor 1939 relativ spärlich waren, nahmen sie nach 1940 deutlich an Umfang zu.
511 Stadtarchiv Stuttgart, Nachlaß Strölin, Nummer 39, Tagebuch Seite 646, 28. November 1941.
512 Stadtarchiv Stuttgart, Nachlaß Strölin, Nummer 37 bis 41, Dies geht auch aus den Gesprächsnotizen Strölins mit Hahn hervor. Dazu auch Urteil des Volksge-

richtshofs gegen Hahn vom 28. Februar 1945, abgedruckt in: Spiegelbild einer Verschwörung. Herausgeber: Hans-Adolf Jacobsen. Stuttgart 1984. Band 2, Seite 780 ff. Dort wird jedoch kein Bezug zu Strölin hergestellt.

513 Stadtarchiv Stuttgart, Nachlaß Strölin, Nummer 3, Autobiographie-Entwurf, Kapitel 22, Seite 1.

514 Ebenda, Seite 2.

515 Zur Verbindung Bosch – Goerdeler vergleiche Gerhard Ritter: Carl Goerdeler und der deutsche Widerstand. 3. Auflage Stuttgart 1956. Bes. Seite 157 ff.; Theodor Heuss: Robert Bosch. Leben und Leistung. Tübingen. 1946. Seite 673 ff.; Walter Nachtmann: Robert Bosch. Großindustrieller und Weltbürger. In: Der Widerstand im deutschen Südwesten. Herausgeber: Michael Bosch, Wolfgang Niess. Stuttgart 1984. Seite 217 bis 225.

516 Von einer vorsichtigen Kontaktaufnahme zu Strölin, wie dies Paul Sauer in seinem Aufsatz »Von Unbotmäßigkeit bis zu Widerstand.« In: Stuttgart im Zweiten Weltkrieg. Herausgeber: Marlene P. Hiller. Gerlingen 1989. Seite 239 suggeriert, kann kaum gesprochen werden. Es waren eher Treffen unter alten Bekannten.

517 Dazu: Karl Strölin: Verräter oder Patrioten. Der 20. Juli und das Recht auf Widerstand. Stuttgart 1952. Seite 8.

518 Stadtarchiv Stuttgart, Nachlaß Strölin, Nummer 3, Autobiographie-Entwurf, Kapitel 22, Seite 3 ff.

519 Vergleiche Gerd R. Überschär: Das Dilemma der deutschen Militäropposition. Berlin 1988.

520 Stadtarchiv Stuttgart, Nachlaß Strölin, Nummer 37 bis 41. Verschiedene Tagebucheintragungen. Strölin notierte sich nur sehr selten die Inhalte der Gespräche. Deshalb finden sich Eintragungen wie: »Dr. Goerdeler hat sich abends noch zum Besuch angesagt« (5. Januar 1940) oder schlicht »Besuch von Dr. Goerdeler« (21. November 1940). Auch wenn er den Inhalt andeutet sind viele Eintragungen nicht sehr aussagekräftig. So zum Beispiel am 27. Februar 1941: »Abends Zusammensein mit Goerdeler im Hotel Marquart. Er hat Bedenken wegen unserer Ernährungslage, die er als alter Preiskommissar sehr gut beurteilen kann«.

521 Dazu: Otto Kopp: Widerstand und Erneuerung. Stuttgart 1966. Seite 124 sowie Stadtarchiv Stuttgart, Nachlaß Strölin, Nummer 3, Autobiographie-Entwurf, Kapitel 22, Seite 3.

522 Strölin: Verräter oder Patrioten. Seite 25 f.

523 Stadtarchiv Stuttgart, Nachlaß Strölin, Nummer 40, Tagebuch Seite 747, 26. April 1942.

524 Diese Darstellung geht zurück auf Peter Hoffmann: Widerstand, Staatsstreich, Attentat. 3. Auflage, München 1979. Seite 330 f. Wiedergegeben auch in ders.: Der militärische Widerstand in der zweiten Kriegshälfte 1942–1944/45. In: Aufstand des Gewissens. Herausgeber: Militärgeschichtliches Forschungsamt. 2. Auflage, Herford und Bonn 1985. Seite 409 und Heinrich Walle: Ein Rundgang durch die Ausstellung. In: Ebenda, Seite 137.

525 Vergleiche Charles Burdick: Hubert Lanz. General der Gebirgstruppe. 1896 bis 1982. Osnabrück 1988. Seite 174 ff.

526 Stadtarchiv Stuttgart, Nachlaß Strölin, Nummer 41, Tagebuch Seite 905, 9. März 1943. Danach lautete der Befehl: »Charkow muß unter allen Umständen gehalten werden. Die Truppe darf aber keine zu hohen Verluste erhalten.«
527 Strölin geht in keiner seine Veröffentlichungen darauf ein. Auch bei Hans Speidel: Invasion 1944. Tübingen 1949 und Charles Burdick: Hubert Lanz. Osnabrück 1988 findet sich darüber kein Wort.
528 Strölin: Verräter oder Patrioten. Seite 43. Trotz des zeitlichen Abstands zwischen den Ereignissen von 1943 und dem Erscheinen der Broschüre 1952 scheinen die dortigen Aussagen charakteristisch für Strölins Gedankenwelt auch während des Krieges zu sein.
529 Vergleiche zu den Plänen der konservativen Opposition Hans Mommsen: Gesellschaftsbild und Verfassungspläne des deutschen Widerstandes. In: Widerstand im Dritten Reich. Herausgeber: Hermann Graml. Frankfurt 1984. Seite 14 bis 91. und Hermann Graml: Die außenpolitischen Vorstellungen des deutschen Widerstandes. In: ebenda, Seite 92 bis 139.
530 Auswärtiges Amt, Politisches Archiv, R 29850, Büro Staatssekretär, Politischer Schriftwechsel. Strölin an Himmler 6. April 1943.
531 Vergleiche oben die Abschnitte »Kommunalpolitik ohne kommunale Selbstverwaltung« und »Aktivitäten in Land und Reich«.
532 Stadtarchiv Stuttgart, Nachlaß Strölin, Nummer 41, Tagebuch Seite 896, 14. Februar 1943.
533 Ebenda, Nummer 47, Tagebuch Anlage 582. Ansprache Strölins nach dem Vortrag Hassells. Dazu auch Ulrich Hassell: Vom anderen Deutschland. 2. Auflage, Zürich, Freiburg 1946. Seite 277 f. Hassell notierte sich in sein Tagebuch nur kurz: »Wir wurden von dem recht braven Strölin (Oberbürgermeister, recht klar) liebenswürdig aufgenommen.«
534 Ebenda, Nummer 40, Tagebuch Seite 843, 19. Oktober 1942.
535 Ebenda, Nummer 41, Tagebuch Seite 883, 14. Januar 1943.
536 Ebenda, Nummer 40 bis 48. So fehlen Eintragungen über mehrere Tage, an denen er mit wichtigen Personen aus dem Widerstandskreis zusammengetroffen sein könnte.
537 Die Beziehung von Rommel zu Strölin wird in der Literatur zum 20. Juli 1944 immer wieder hervorgehoben. Allerdings beziehen sich die Autoren fast nur auf Aussagen Strölins in Verräter oder Patrioten. Seite 32 ff. Auch für das Folgende. Dazu auch David Irving: The trail of the fox. New York 1977. Seite 328 ff. Desmond Young: Rommel. Wiesbaden 1950. Seite 256 ff. Hans Speidel: Invasion 1944. Tübingen 1949. Seite 81 ff.
538 Stadtarchiv Stuttgart, Nachlaß Strölin, Nummer 41, Tagebuch Seite 977, 30. September 1943. Der als Anlage vermerkte Brief ist nicht erhalten geblieben.
539 Ebenda, Tagebuch Seite 981, 8. Oktober 1943.
540 Dazu: Strölin: »Verräter oder Patrioten«, Seite 32 ff. und David Irving: »The Trail of the Fox«, Seite 328 f. Informationen zu dem Gespräch finden sich ferner in einer Eidesstattlichen Erklärung von Rommels Ordonnanzoffizier, Hermann Aldinger, für Strölin vom 15. Dezember 1947, Stadtarchiv Stuttgart, Nachlaß Strölin, Nummer 80, sowie in der Zeugenaussagen von Frau Rommel während des

Spruchkammerverfahrens gegen Strölin. Staatsarchiv Ludwigsburg, EL 903/4, J/76, 1582. Darstellungen in anderen Werken basieren wiederum meist auf den Berichten Strölins.
541 Strölin datiert zwar das Treffen in Verräter oder Patrioten, Seite 32 auf Anfang Februar, doch nach den übereinstimmenden anderen Quellen und Strölins Angaben in seiner Broschüre »Stuttgart im Endstadium des Krieges«, Seite 35 fand es tatsächlich Ende des Monats statt.
542 Ebenda. Irving, der bis auf die Spruchkammerunterlagen wohl alle Quellen kannte, scheint sich besonders auf eine Erklärung von Lucie und Manfred Rommel aus dem Jahre 1945 zu stützen, in der beide einer Beteiligung Rommels an der Verschwörung gegen Hitler widersprachen und auch die Versuche Strölins so schilderten, als habe sich Rommel gänzlich ablehnend verhalten. Erklärung in: Hauptstaatsarchiv Stuttgart, Militärarchiv, Nachlaß Paul Hahn.
543 Strölin: Verräter oder Patrioten. Seite 33.
544 Stadtarchiv Stuttgart, Nachlaß Strölin, Nummer 37 bis 41, Tagebuch 1939–1943.
545 Strölin: Verräter oder Patrioten. Seite 34 und Hans Speidel: Invasion 1944. Tübingen 1949. Seite 85 ff. und ders.: Aus unserer Zeit. Erinnerungen. Frankfurt 1977. Seite 174 f.
546 Stadtarchiv Stuttgart, Nachlaß Strölin, Tagebuch Seite 907, 13. März 1943.
547 Karl Strölin: Stuttgart im Endstadium des Krieges. Stuttgart 1950. Seite 37.
548 Staatsarchiv Ludwigsburg, EL 903/4, Az. J/76,1582. Mehrere Erklärungen finden sich dazu in den Spruchkammerakten.
549 Manuskript zu seiner Autobiographie. Rohentwurf, Seite 6a. Privatbesitz. Fotokopie im Besitz des Verfassers.
550 Vergleiche oben den Abschnitt »Protagonist des Gasherdes – Im Gaswerk« und das Kapitel »Vom Kandidaten zum Oberbürgermeister«.
551 Wenn Matzerath in seinem Aufsatz Oberbürgermeister im Dritten Reich. In: Der »Führerstaat«: Mythos und Realität. Herausgeber: Gerhard Hirschfeld, Lothar Kettenacker. Stuttgart 1981. Seite 252 betont, daß der Widerstand Strölins ein Beweis dafür ist, daß kommunale Selbstverwaltung und nationalsozialistische Führerstaat einander ausschlossen, so traf gerade dies für Strölin nicht zu, denn er strebte die ganze Zeit über eine nationalsozialistische Selbstverwaltung an, die sich am Führerprinzip orientierte und eine Unterordnung der Gemeinden unter den Staat vorsah.
552 Zu Schulenburg vergleiche Ulrich Heinemann: Ein konservativer Rebell. Fritz-Dietlof Graf von der Schulenburg und der 20. Juli. Berlin 1990. sowie Hans Mommsen: Fritz-Dietlof Graf von der Schulenburg und die preußische Tradition. In: Vierteljahrshefte für Zeitgeschichte. Jahrgang 32, 1984, Seite 213 bis 239.
553 Bericht Strölins vor den Ratsherren am 10. August 1944. Abgedruckt bei Hans Bardua: Stuttgart im Luftkrieg 1939–1945. 2. Auflage, Stuttgart 1985. Seite 244.
554 Vergleiche Müller: Stuttgart zur Zeit des Nationalsozialismus. Seite 439 ff.
555 Stadtarchiv Stuttgart, Bestand Luftschutz, Nummer 243, Blatt 90. Strölin am 25. Mai 1944.
556 Strölin in der Ratsherrensitzung am 12. Oktober 1944. Abgedruckt in Bardua: Stuttgart im Luftkrieg. Seite 290 ff.

557 Stadtarchiv Stuttgart, Nachlaß Strölin, Nummer 126. Strölin an Beigeordnete und Referenten am 10. April 1945.
558 Für die Planungen 1939 Stadtarchiv Stuttgart, Nachlaß Strölin, Nummer 37, Tagebuch September 1939 und für 1944/45: Stadtarchiv Stuttgart, Bürgermeisteramt Nummer 40, Notverwaltung.
559 Ebenda, Aktennotiz Lochers.
560 Ebenda.
561 Stadtarchiv Stuttgart, Nachlaß Strölin, Nummer 78. Geheimerlaß Murrs vom 27. März 1945.
562 Karl Strölin: Stuttgart im Endstadium des Krieges. Stuttgart 1950. Seite 18 f.
563 Joseph Goebbels: Tagebücher 1945. Die letzten Aufzeichnungen. 2. Auflage Bergisch-Gladbach 1980. Seite 351.
564 Stadtarchiv Stuttgart, Nachlaß Strölin, Nummer 126.
565 Ebenda, Bezirkslastverteiler X an Zwischenlastverteiler und Ortslastverteiler am 31. März 1945.
566 Ebenda, Speidel an TWS am 31. März 1945.
567 Ebenda, Murr an TWS, 31. März 1945.
568 Karl Strölin: Stuttgart im Endstadium des Krieges. Seite 42. Die Konflikte zwischen Strölin und Murr waren in der Stadt ein offenes Geheimnis. Selbst die Leser der Neuen Zürcher Zeitung konnten sich am 11. April 1945 in der Abendausgabe davon ein Bild machen.
569 Ebenda.
570 Stadtarchiv Stuttgart, Nachlaß Strölin, Nummer 126. Stöckle an Murr am 9. April 1945.
571 Ebenda.
572 Karl Strölin: Stuttgart im Endstadium des Krieges. Seite 41 ff. Ob allerdings Veiel wirklich zum Tode verurteilt wurde, darf bezweifelt werden, denn fast alle, die mit der Verteidigung Stuttgarts zu tun hatten, behaupteten später ähnliches.
573 Dazu Josef Werner: Karlsruhe 1945. Unter Hakenkreuz, Trikolore und Sternenbanner. Karlsruhe 1986. Seite 84 ff. Das in der Literatur über Stuttgart immer wieder erwähnte Todesurteil gegen Marbach ist nie ergangen.
574 Stadtarchiv Stuttgart, Nachlaß Strölin, Nummer 126, Aktennotiz von Asmuß über eine ganztägige Besichtigung der Brücken am 6. April 1945 durch Vertreter der TWS und die verantwortlichen Pionieroffiziere.
575 Ebenda.
576 Karl Strölin: Stuttgart im Endstadium des Krieges. Seite 53 f.
577 Müller: Stuttgart zur Zeit des Nationalsozialismus. Seite 532.
578 Robert Heitz: A mort. Paris 1946. Seite 258 und ders: Souvenirs de jadis et de naguère. Woerth (Bas-Rhin) 1964. Seite 180 f.
579 Stadtarchiv Stuttgart, Nachlaß Strölin, Nummer 83. Bestätigung von Joseph Lorentz für Strölin. Straßburg, 8. Juni 1948.
580 Gespräch mit Herrn und Frau Dr. Werner. 12. November 1990.
581 Strölin erwähnt diesen Befehl in allen seinen Schriften und er wurde regelmäßig in der wissenschaftlichen Literatur zitiert. Der Vorgang beruht jedoch auf einer Eidesstattlichen Versicherung des SD-Mannes Hans Caspart vom 3. Mai 1947.

Stadtarchiv Stuttgart, Nachlaß Strölin, Nummer 126 und Staatsarchiv Ludwigsburg, EL 903/4, Az. J/76,1582. Dabei handelte es sich allem Anschein nach um eine Gefälligkeitserklärung, wie sie unter den Internierten üblich waren, denn Caspart saß zur Zeit der Abgabe der Erklärung gemeinsam mit Strölin in Ludwigsburg im Lager, wo beide auf ihre Verfahren warteten. Zur vermutlichen Entstehungsgeschichte vergleiche das Kapitel über Strölins Entnazifizierungsverfahren.
582 Stadtarchiv Stuttgart, Nachlaß Strölin, Nummer 77. Mehrere Schreiben des städtischen Personalamts an den Öffentlichen Kläger im Juli 1947.
583 Vergleiche Truman R. Strobridge: Der »Zwischenfall von Stuttgart«. In: Stuttgart im Zweiten Weltkrieg. Herausgeber: Marlene P. Hiller. Stuttgart 1989. Seite 529. Allerdings ist dieser Artikel sehr stark aus amerikanischer Sicht geschrieben. Dazu auch: Charles de Gaulle: Mémoires de guerre. Band 3. Le salut 1944–1946. Paris 1959. Seite 155, 168 f., 490 ff.
584 Stadtarchiv Stuttgart, Nachlaß Strölin, Nummer 80 bis 85. Dort finden sich mehrere Eidesstattliche Versicherungen von Personen, die für die Rettung des Berger Stegs verantwortlich sein wollten.
585 Karl Strölin: Stuttgart im Endstadium des Krieges. Seite 60 ff.
586 Stadtarchiv Stuttgart, Nachlaß Strölin, Nummer 38, Tagebuch Seite 215, 20. Mai 1940.
587 Ebenda, Nummer 126. 1. Armée Française, Ordre Numéro 221/2, 22. April 1945.
588 Über die Vorgänge, die zur Ernennung Kletts führten, gibt es eine ganze Reihe sich widersprechender Erinnerungen. Sicher ist auf alle Fälle, daß er auf Vorschlag Strölins von den Franzosen in sein Amt berufen wurde.
589 Karl Strölin: Stuttgart im Endstadium des Krieges. Seite 65 f. Die entsprechende Direktive der Alliierten JCS 1067 ist abgedruckt in: Documents on Germany under Occupation 1945–1954. Selected and edited by Beate Ruhm von Oppen. London 1955. Seite 13 ff. Zum automatischen Arrest. Punkt 8. Seite 18 f.

## *Oberbürgermeister im Führerstaat*

1 Allgemein zum Problem des Führerprinzips und der Verwaltung vergleiche Eberhard Laux: Führung und Verwaltung in der Rechtslehre des Nationalsozialismus. In: Verwaltung contra Menschenführung im Staat Hitlers. Herausgeber: Dieter Rebentisch und Karl Teppe. Göttingen 1986. Seite 33 bis 65. Allerdings wird in dieser Arbeit mit keinem Wort auf die militärischen Traditionen des Führungsbegriffs eingegangen.
2 Beste Beispiele dafür sind die Diskussionen über die Blockentkernungen und die Hochhausfrage. Zur Zeit der Fertigstellung dieser Arbeit fand die erste Regionalkonferenz statt, die die alten Probleme neu anging.
3 Zu Krebs: Dieter Rebentisch: Persönlichkeitsprofile und Karriereverlauf der nationalsozialistischen Führungskader in Hessen. In: Hessisches Jahrbuch für Landesgeschichte. Band 33,1983. Seite 319; zu Fiehler: Helmut M. Hanko: Kommu-

nalpolitik in der »Hauptstadt der Bewegung« 1933–1935. Zwischen »revolutionärer« Umgestaltung und Verwaltungskontinuität. In: Bayern in der NS-Zeit. Herausgeber Martin Broszat, Elke Fröhlich, Anton Grossmann. Band 3. München 1981. Seite 337.
4 Dieter Rebentisch: Die politische Stellung der Oberbürgermeister im Dritten Reich. In: Oberbürgermeister. Herausgeber: Klaus Schwabe. Boppard 1981. Seite 145 f.
5 Beispiele dafür befinden sich in allen Arbeiten über die Oberbürgermeister.
6 Jeremy Noakes: Oberbürgermeister and Gauleiter. City Government between Party and State. In: Der »Führerstaat«: Mythos und Realität. Herausgeber: Gerhard Hirschfeld, Lothar Kettenacker. Stuttgart 1981. Seite 218.
7 Gespräch mit Herrn und Frau Dr. Werner, Frau Lentsch und viele Eintragungen in sein Tagebuch Stadtarchiv Stuttgart, Nachlaß Strölin, Nummer 37 bis 41 geben davon einen deutlichen Eindruck.
8 Strölin vor den Ratsherren am 10. August 1944. Abgedruckt in Bardua: Stuttgart im Luftkrieg. 2. Auflage Stuttgart 1985. Seite 268 f.
9 Horst Matzerath: Oberbürgermeister im Dritten Reich. Auswertung einer quantitativen Analyse. In: Oberbürgermeister. Herausgeber: Klaus Schwabe. Boppard 1981. Seite 158.
10 Zur Rolle der Oberbürgermeister in der Weimarer Republik vergleiche Wolfgang Hofmann: Zwischen Rathaus und Reichskanzlei. Die Oberbürgermeister in der Kommunal- und Staatspolitik des Deutschen Reiches von 1890 bis 1933. Stuttgart 1974. (Schriftenreihe des Deutschen Instituts für Urbanistik 46.)
11 Dieter Rebentisch: Die politische Stellung der Oberbürgermeister im Dritten Reich. In: Oberbürgermeister. Herausgeber: Klaus Schwabe. Boppard 1981. S. 148.
12 Dieter Rebentisch: Der Nationalsozialismus als Problem der Stadtgeschichtsschreibung. In: Probleme der Stadtgeschichtsschreibung. Herausgeber: Christian Engli, Wolfgang Hofmann und Horst Matzerath. Berlin 1981. (Informationen zur modernen Stadtgeschichte – IMS – Beiheft 1) Seite 134, Anmerkung 12.
13 NS-Kurier 18./19. April 1931.

## Die Zeit danach

1 Karl Strölin: Stuttgart im Endstadium des Krieges. Seite 66.
2 Stadtarchiv Stuttgart, Nachlaß Strölin, Nummer 65. Seite 2. und Nachlaß Strölin, Nummer 3, Autobiographie-Entwurf, Kapitel 27. Die erste Phase seiner Internierung läßt sich mit vertretbarem Zeitaufwand nur aus nachträglichen Aufzeichnungen Strölins rekonstruieren. Da er vor allem seine nach 1960 verfaßten Erinnerungen nur mit unzureichenden Unterlagen niederschrieb, unterliefen ihm dabei immer wieder gravierende Fehler, so daß man damit äußerst vorsichtig umgehen muß.
3 Stadtarchiv Stuttgart, Nachlaß Strölin, Nummer 3. Autobiographie-Entwurf, Kapitel 27. Auch für das Folgende.

4 Zur Situation in Mondorf vergleiche auch Heinrich Fraenkel, Roger Manvell: Hermann Göring. Herrsching, ohne Jahr, Seite 310 ff.
5 Vergleiche oben die Kapitel über Stuttgart als Stadt der Auslandsdeutschen.
6 Der Prozeß gegen die Hauptkriegsverbrecher vor dem Internationalen Militärgerichtshof Nürnberg. Band VIII, Seite 683 f. und 691 f.
7 Ebenda, Band X, Seite 59 bis 68.
8 Ebenda, Band X, Seite 69 bis 87.
9 Die Stuttgarter Zeitung wählte deshalb bezeichnenderweise als Unterüberschrift zu ihrem Bericht »Mangelndes Erinnerungsvermögen«. Stuttgarter Zeitung 27. März 1946. Seite 1.
10 Internationaler Militärgerichtshof Nürnberg (IMT), Band X, Seite 86. Das Gespräch hatte tatsächlich im Juli 1941 stattgefunden. Stadtarchiv Stuttgart, Nachlaß Strölin, Nummer 38, Tagebuch Seite 273 f., 18./19. Juli 1940.
11 Ebenda, Seite 87.
12 Stadtarchiv Stuttgart, Nachlaß Strölin, Nummer 3. Autobiographie-Entwurf. Kapitel Zeuge in Nürnberg. Seite 5.
13 Erich Schullze: Gesetz zur Befreiung von Nationalismus und Militarismus mit Ausführungsvorschriften. 3. Auflage. München 1948.
14 Landeskirchliches Archiv, Stuttgart, D 1, Nachlaß Wurm, Nummer 277.
15 Stadtarchiv Stuttgart, Nachlaß Strölin, Nummer 262, Strölin an Magirus, 5. August 1945.
16 Ebenda, Postkarte Strölins vom 26. September 1945 freigegeben am 26. Oktober und Landeskirchliches Archiv, Stuttgart, D 1, Nachlaß Wurm, Nummer 277. Brief Strölins vom 17. Oktober 1945 und 9. November 1945. Die Briefe wurden erst am 13. und 15. November freigegeben.
17 Landeskirchliches Archiv, Stuttgart, D 1, Nachlaß Wurm, Nummer 277. Briefe Strölins vom 9. und 19. November 1945 und Bescheinigungen von Wurm und Sautter.
18 Stadtarchiv Stuttgart, Nachlaß Strölin, Nummer 262, Brief Strölins vom 5. Dezember 1945. Leider sind die Briefe, die Strölin in den Lagern erhielt, nicht erhalten.
19 Ebenda, Nummer 3. Autobiographie-Entwurf. Kapitel Zeuge in Nürnberg. Seite 1.
20 Ebenda, Nummer 262, Strölin an Magirus am 18. Dezember 1945.
21 Ebenda, 10. Januar 1946.
22 Ebenda, Nummer 77, Blatt 25. Schreiben des Staatssekretariats für das besetzte französische Gebiet WürttembergHohenzollern Dr. Binder an das Ministerium für politische Befreiung in München am 11. Dezember 1946.
23 Ebenda, Nummer 262, Strölin an Magirus am 18. November 1946.
24 Landeskirchliches Archiv, Stuttgart, D 1, Nachlaß Wurm, Nummer 277. Strölin an Oberkirchenrat Sautter am 18. November 1946.
25 Ebenda, auch für das Folgende.
26 Vergleiche Lutz Niethammer: Die Mitläuferfabrik. Bonn/Berlin 1982. Seite 493 ff.
27 Stadtarchiv Stuttgart, Nachlaß Strölin, Nummer 77, Blatt 23 ff.
28 Ebenda, Blatt 23. Wurm am 24. Dezember 1946.

29 Niethammer: Die Mitläuferfabrik (wie Anmerkung 26), Seite 494.
30 Stadtarchiv Stuttgart, Nachlaß Strölin, Nummer 77, Blatt 56 und 71.
31 Landeskirchliches Archiv, Stuttgart, D 1, Nachlaß Wurm, Nummer 277.
32 Stadtarchiv Stuttgart, Nachlaß Strölin, Nummer 77, Blatt 66.
33 Ebenda, Blatt 74.
34 Ebenda, Nummer 62, Protokoll des Haftprüfungstermins am 3. Mai 1948.
35 Ebenda, Nummer 77, Blatt 68.
36 Ebenda, Nummer 262, Strölin an Magirus 10. Januar 1946.
37 Vergleiche Ebenda, Nummer 77 und Landeskirchliches Archiv, Stuttgart, D 1, Nachlaß Wurm, Nummer 277.
38 Dies war durchaus ein gebräuchliches Verfahren. Vergleiche Lutz Niethammer: Die Mitläuferfabrik (wie Anmerkung 26), Seite 615.
39 Stadtarchiv Stuttgart, Nachlaß Strölin, Nummer 78, Entwurf zu einer gemeinsamen eidesstattlichen Versicherung von Strölin und Speidel.
40 Stadtarchiv Stuttgart, Nachlaß Strölin, Nummer 126. Eidesstattliche Erklärung von Hans Caspart vom 3. Mai 1947.
41 Dazu vergleiche Erich Schullze: Gesetz zur Befreiung von Nationalismus und Militarismus (wie Anmerkung 13), Seite 22.
42 Ebenda, Nummer 83. Eidesstattliche Erklärung Lautenschlagers.
43 Ebenda, Nummer 80 bis 85. In diesen sechs Büscheln befinden sich – nicht einmal vollständig – über 100 Erklärungen, die Strölin entlasten sollten.
44 Ebenda, Nummer 77, Blatt 81 ff. Die umfangreichen Akten über das Spruchkammerverfahren sind doppelt überliefert. Sie finden sich sowohl in seinem Nachlaß Stadtarchiv Stuttgart, Nachlaß Strölin, Nummer 61 bis 90 als auch im Staatsarchiv Ludwigsburg. EL 903/4, Az. J/76,1582. Im folgende berufe ich mich hauptsächlich auf den Nachlaß, da sich dort im Gegensatz zu den Kammerakten Schriftstücke befinden, die Strölins Verhandlungsstrategie betreffen.
45 Stadtarchiv Stuttgart, Nachlaß Strölin, Nummer 77, Blatt 108.
46 Ebenda, Nummer 83, Marx an Spruchkammer am 25. September 1947.
47 Ebenda, Nummer 77, Verschiedene Schreiben von Stadtamtmann Großhans an die Spruchkammer.
48 Ebenda, Blatt 146 ff.
49 Ebenda, Blatt 270 ff. und Blatt 401 f., Aussage von Eugen Schmid vom 18. Dezember 1947.
50 Ebenda, Nummer 76, Bericht der Auskunftei Gentner vom. 2. Februar 1948.
51 Ebenda, Nummer 61, Anklageschrift vom 29. Dezember 1947.
52 Ebenda, Nummer 87.
53 Allgemein zur Stimmung vergleiche Paul Sauer: Demokratischer Neubeginn in Not und Elend. Ulm 1978. Seite 155 ff.
54 Stuttgarter Zeitung 20. September 1948.
55 Stuttgarter Zeitung 27. September 1948.
56 Robert Heitz: Souvenirs de jadis et de naguère. Woerth (Bas-Rhin) 1964. Seite 189.
57 Stadtarchiv Stuttgart, Nachlaß Strölin, Nummer 65 und 66, Wortprotokoll der Spruchkammerverhandlung.

58 Ebenda, Nummer 65, Seite 81.
59 Ebenda, Nummer 68, Klageerwiderung, Seite 81, nach einer Erklärung der Frau des früheren britischen Vizekonsuls in Stuttgart. Aussage von Alfred Marx Nummer 65, Seite 180.
60 Stuttgarter Zeitung. 25. September 1948.
61 Ebenda, 27. September 1948.
62 Ebenda, 29. September 1948.
63 Robert Heitz: A mort. Paris 1946.
64 Stuttgarter Zeitung 29. September 1948.
65 Stadtarchiv Stuttgart, Nachlaß Strölin, Nummer 67, Wortprotokoll Seite 2 ff.
66 Ebenda, Nummer 67, Plädoyer von Brenner am 4. Oktober 1948.
67 Ebenda, Nummer 68, Plädoyer Fischingers am 4. Oktober 1948 und Nummer 69, Schlußwort Strölins sowie Stuttgarter Zeitung 4. Oktober 1948.
68 Staatsarchiv Ludwigsburg, EL 903/4, Az. J/76,1582. Urteil der Spruchkammer vom 7. Oktober 1948.
69 Stuttgarter Zeitung 9. Oktober 1948.
70 Danach könne es bei schwerwiegenden Menschenrechtsverletzungen keine Rechtfertigung durch Gesetze geben. Vergleiche Die Zeit. Jahrgang 46/1991. Nummer 13. 22. März 1991. Seite 2. Dies sollte im übrigen die rechtliche Grundlage für das Verfahren gegen Erich Honecker werden.
71 Staatsarchiv Ludwigsburg, EL 903/4, Az. J/76,1582. Urteil vom 7. Oktober 1948.
72 Erich Schullze: Gesetz zur Befreiung von Nationalismus und Militarismus (wie Anmerkung 13), Seite 21.
73 Stuttgarter Zeitung 9. Oktober 1948.
74 Staatsarchiv Ludwigsburg, EL 903/4, Az. J/76,1582. Berufung von Brenner am 28. Januar 1949.
75 Stadtarchiv Stuttgart, Nachlaß Strölin, Nummer 254. Brenner an Magirus am 21. September 1949.
76 Landeskirchliches Archiv, Stuttgart, D 1, Nachlaß Wurm, Nummer 277. Zusammenstellung Strölins über seine Verhandlungen.
77 Stadtarchiv Stuttgart, Nachlaß Strölin, Nummer 76.»Fragen an Stadtamtmann Großhans«. Vergleiche auch Stadtarchiv Stuttgart, Personalamt, Personalakte Karl Großhans.
78 Staatsarchiv Ludwigsburg, EL 903/4, Az. J/76,1582. Urteil der Berufungskammer.
79 Landeskirchliches Archiv, Stuttgart, D 1, Nachlaß Wurm, Nummer 277.
80 Stadtarchiv Stuttgart, Nachlaß Strölin, Nummer 89.»Niederschrift über meine Besprechung mit Ministerpräsident Reinhold Maier, Staatssekretär Gögler und Dr. Ströle am 15. Juli 1949 auf der Villa Reitzenstein.«
81 Landeskirchliches Archiv, Stuttgart, D 1, Nachlaß Wurm, Nummer 277, Bericht Strölins über sein Verfahren.
82 Ebenda, Wurm an Maier am 30. August 1949.
83 Erich Schullze: Gesetz zur Befreiung von Nationalismus und Militarismus (wie Anmerkung 13), Seite 67 f. und 249 ff.
84 Staatsarchiv Ludwigsburg, EL 903/4, Az. J/76,1582. Kammerbeschluß.

85 Strölin war kurze Zeit Geschäftsführer der Gesellschaft zur Förderung der deutsch-südafrikanischen Handelsbeziehungen mbH. Stadtarchiv Stuttgart, Nachlaß Strölin, Nummer 256.
86 Stadtarchiv Stuttgart, Nachlaß Strölin, Nummer 68. Manuskript: Die Entwicklung des NS-Regimes.
87 Karl Strölin: Stuttgart im Endstadium des Krieges. Stuttgart 1950. Seite 52.
88 Ebenda.
89 Ebenda.
90 Landeskirchliches Archiv, Stuttgart, D 1, Nachlaß Wurm, Nummer 277, Strölin an Sautter am 18. November 1946.
91 Ebenda.
92 Karl Strölin: Stuttgart im Endstadium des Krieges. Stuttgart 1950.
93 Ebenda, Seite 28 und 38.
94 Ebenda, Seite 36.
95 Ebenda, Seite 35.
96 Stadtarchiv Stuttgart, Nachlaß Strölin, Nummer 209. Materialsammlung über Neonazismus in der Bundesrepublik.
97 Stadtarchiv Stuttgart, Nachlaß Strölin, Nummer 135 ff., Notizen zu Vorträgen.
98 Kyffhäuser. Jahrgang 81, 1963. Heft 3, Seite 12.
99 Ebenda, und Jahrgang 76, 1958. Heft 8, Seite 11.
100 Ebenda, Seite 12.
101 Karl Strölin: Verräter oder Patrioten. Der 20. Juli 1944 und das Recht auf Widerstand. Stuttgart 1952. Seite 7.
102 Ebenda, Seite 9 ff.
103 Ebenda, Seite 29 ff.
104 Ebenda, Seite 21 f.
105 Ebenda, Seite 43.
106 Ebenda, Seite 24.
107 Ebenda, Seite 5 und Adolf Hitler: Mein Kampf. München 1930. Seite 104 f.
108 Ebenda, Seite 45. Ähnlich argumentierte er auch 1956. Vergleiche Karl Strölin: Die Lage Deutschlands im Juli 1944. In: Frankfurter Allgemeine Zeitung. Nummer 157, 20. Juli 1956. Seite 5.
109 Stadtarchiv Stuttgart, Nachlaß Strölin, Nummer 256, Strölin an Globke am 29. Juli 1960.
110 Stadtarchiv Stuttgart, Nachlaß Strölin, Nummer 130 f. Rezensionen und Zuschriften zu Verräter und Patrioten.
111 Stadtarchiv Stuttgart, Nachlaß Strölin, Nummer 254, Strölin an Dr. Franken, Bundeszentrale für Heimatdienst am 28. September 1953.
112 Ebenda, Broszat an Strölin am 15. März 1960.
113 Ebenda, Strölin an Franken am 28. September 1953. Anlage.
114 Kyffhäuser. Jahrgang 76, 1958, Heft 8, Seite 12 und Jahrgang 81, 1963, Heft 3, Seite 12 f.
115 Volksstimme. 18. März 1953.
116 Ebenda, Jahrgang 76, 1958, Heft 6, Seite 13.
117 Stuttgarter Nachrichten 2. November 1950.

118 Stadtarchiv Stuttgart, Nachlaß Strölin, Nummer 257, DRP an Strölin am 14. Februar 1957. Zur DRP vergleiche Lutz Niethammer: Angepaßter Faschismus. Politische Praxis der NPD. Frankfurt 1969. Seite 55 bis 66. Dort auch weiterführende Literatur. Vergleiche auch Hermann Graml: Alte und neue Apologeten Hitlers. In: Rechtsextremismus in der Bundesrepublik. Herausgeber: Wolfgang Benz. Frankfurt 1984. Seite 68 bis 96.
119 Stadtarchiv Stuttgart, Nachlaß Strölin, Nummer 256, Strölin an Globke am 29. Juli 1960.
120 Stadtarchiv Stuttgart, Nachlaß Strölin, Nummer 3, Autobiographie-Entwurf, Kapitel Der Kollektivirrtum.
121 Ebenda, Seite 17.
122 Ebenda, Seite 22.
123 Stadtarchiv Stuttgart, Nachlaß Strölin, Nummer 3, Autobiographie-Entwurf.
124 Stadtarchiv Stuttgart, Personalamt, Personalakte Karl Strölin. Bestätigung von Dr. Gebhardt vom 31. Dezember 1948, Blatt 39c zu 15.
125 Ebenda, Fischinger an Klett vom 5. November 1948, Blatt 4 zu 15.
126 Ebenda, Blatt 15 zu 15 Abschrift der Entschließung des Oberbürgermeisters, im Auftrag Locher, Nummer 125/3 vom 31. Mai 1943.
127 Ebenda, Haußmann an das städtische Fuhramt, 7. Januar 1946, Blatt 1 zu 15.
128 Ebenda, Blatt 17 zu 15, Aktenvermerke vom 25. bis 29. November 1948.
129 Ebenda, Blatt 50 zu 15, Auszug aus der Niederschrift über die Verhandlungen der Vollversammlung des Gemeinderats, 27. Januar 1949, § 6.
130 Ebenda, Vertrag zwischen Haußmann und der Stadt vom 15. März 1949. Blatt 63 zu 15.
131 Ebenda, Auszug aus der Niederschrift der Verhandlung der Verwaltungsabteilung, 25. Juli 1950, § 743, Blatt 78 zu 15 und der folgende Schriftwechsel der Stadtverwaltung mit Strölin, Blatt 79 zu 15 ff.
132 Ebenda, Blatt 7 Schriftwechsel 1950.
133 Ebenda, Blatt 2 zu 8, Personalamt an Strölin, 8. März 1950.
134 Gesetz Nummer 560 über die Versorgung der aus politischen Gründen entlassenen Beamten und deren Hinterbliebenen. Regierungs-Blatt für Württemberg-Baden, 1950, Seite 121 ff.
135 Stadtarchiv Stuttgart, Personalamt, Personalakte Karl Strölin. Blatt 1 zu 8, Strölin an Personalamt vom 4. Januar 1951, im Original fälschlich 1950. Da sich bis auf wenige Ausnahmen alle wichtigen Akten über den Pensionsstreit in der Quadrangel 8 der Personalakte befinden, wird im Folgenden nur noch die Unterquadrangel zitiert.
136 Ebenda, Blatt 4.
137 Ebenda, Blatt 7.
138 Ebenda, Blatt 8.
139 Ebenda, Blatt 16, Antrag Strölins vom 21. April 1951, Seite 12 f.
140 Ebenda, Blatt 18, Aktennotiz von Berger über den Anruf Strölins vom 25. April 1951.
141 Ebenda, Blatt 31, Auszug aus der Niederschrift der Verhandlungen der Verwaltungsabteilung vom 22. Mai 1951, § 535.

142 Ebenda, Blatt 43, Auszug aus der Niederschrift über die Verhandlungen der Vollversammlung des Gemeinderats vom 18. Oktober 1951, § 362. Auch für das Folgende. Das Protokoll der Sitzung umfaßt immerhin 26 Seiten, was die Bedeutung des Falls für das Gremium widerspiegelt.
143 Stadtarchiv Stuttgart, Nachlaß Strölin, Nummer 92.
144 Stadtarchiv Stuttgart, Personalamt, Personalakte Strölin, Blatt 46 bis 48. Korrespondenz Strölin – Klett, Oktober, November 1951.
145 Ebenda, Blatt 60, Fischinger an Klett vom 10. Dezember 1951.
146 Ebenda, Seite 4.
147 Ebenda, Seite 6.
148 Ebenda, Blatt 83, Auszug aus der Niederschrift über die Verhandlungen der Vollversammlung des Gemeinderats vom 29. Mai 1952, § 171, nichtöffentlich.
149 Stadtarchiv Stuttgart, Nachlaß Strölin, Nummer 92, Anfechtungsklage vom 30. April 1952, Seite 1 f.
150 Ebenda, Seite 4.
151 Stadtarchiv Stuttgart, Personalamt, Personalakte Karl Strölin, Blatt 102, Vergleichsvorschlag vom 20. Mai 1953.
152 Ebenda, Blatt 68.
153 Stadtarchiv Stuttgart, Nachlaß Strölin, Nummer 92, Fischinger an das städtische Rechtsamt vom 3. Juni 1953.
154 Ebenda, Auszug aus der Niederschrift über die Verhandlungen der Vollversammlung des Gemeinderats vom 9. Juli 1953, § 230, nichtöffentlich.
155 Stadtarchiv Stuttgart, Nachlaß Strölin, Nummer 92, Notiz Strölins über die Besprechung.
156 Ebenda, Fischinger an Verwaltungsgericht vom 1. September 1953. Auch für das Folgende.
157 Ebenda, und Stadtarchiv Stuttgart, Personalamt, Personalakte Strölin Blatt 8, Urteil des Verwaltungsgerichts vom 14. November 1953, ausgestellt am 21. November 1953, jeweils mehrere Abschriften. Seite 1 f.
158 Ebenda, Seite 15.
159 Ebenda, Seite 19.
160 Ebenda, Seite 20.
161 Stadtarchiv Stuttgart, Nachlaß Strölin, Nummer 92 und Personalakte Blatt 128, Vergleich vom 18. Dezember 1953.
162 Interview mit Dr. Goebel, vergleiche auch Allgemeine Zeitung für Württemberg, Nummer 7, 9. Januar 1954.
163 Stadtarchiv Stuttgart, Personalamt, Personalakte Strölin, Blatt 20. Hektographierte Abschriften der Briefe Strölins vom 10. Dezember und 18. Dezember 1952 an Klett und dessen Antwortbriefe an Strölin vom 16. Dezember und 24. Dezember 1952. Auch für das Folgende.
164 Ebenda, Blatt 1 bis 3 zu 27 Korrespondenz und Aktennotizen.
165 Ebenda, Blatt 6 zu 27, Heinzelmann an Klett vom 21. April 1955 und Rede Kletts vom selben Tag.
166 Ebenda, Blatt 1 zu 31. So stimmte die Verwaltungsabteilung 1960 mit 12 zu 0 Stimmen bei 4 Enthaltungen gegen eine Einladung Strölins.

167 Ebenda, Blatt 3 zu 31, Aktennotiz Stöckle für Hirn vom 30. September 1960. Vergleiche zu den Entlassungen oben Kapitel »Staatskommissar – Machtergreifung im Rathaus«.
168 Ebenda, Blatt 9 bis 11 zu 31.
169 Strölin an Klett am 24. Oktober und an Locher am 28. Oktober 1960. Privatbesitz Dr. Albert Locher. Fotokopien im Besitz des Verfassers.
170 Stadtarchiv Stuttgart, Personalamt, Personalakte Strölin, Entwurf des Schreibens vom 17. Januar 1963, Blatt 37.
171 Ebenda, Aktennotiz für Klett vom 21. Januar 1963, Blatt 38.
172 Ebenda, Blatt 39 ff. und Stuttgarter Nachrichten sowie Stuttgarter Zeitung vom 24. Januar 1963.
173 Ebenda, Blatt 58. Das Nachrichtenamt fragte am 25. Januar bei Klett und Hirn an, ob im Amtsblatt über die Trauerfeierlichkeit berichtet werden solle, worauf beide übereinstimmend unter Hinweis auf die »Stille«, in der alles abgelaufen sei, ablehnten.
174 Albert Locher: In memoriam Dr. Karl Strölin. Oberbürgermeister der Stadt Stuttgart von 1933–1945. Stuttgart 1963.
175 Kyffhäuser. Jahrgang 81, 1963, Heft 3, Seite 12 f.

## Quellen- und Literaturverzeichnis

1 Bei Zeitungsartikeln erhebt die Zusammenstellung keinen Anspruch auf Vollständigkeit.

# Personen- und Ortsregister

Adler, Max 46
Ahner, Oskar 98
Aldingen 138
Apfelstedt, Sachbearbeiter 263
Arnold, Alfred 144
Arnsberg 42
Asmuß, Gustav 102, 108, 125, 169, 200, 214, 364
Augsburg 35, 356
Baden 71
Bäuerle, Theodor 45
Baltimore 189
Bareiß, Oswald 108
Bayh, Gotthilf 94, 364, 365
Bechtle, Richard 59
Beck, Ludwig 332
Behrends, Hermann 194, 272
Belgien 201, 287, 288, 292, 295, 323
Berger, Gottlob 250, 273, 313
Berlin 16, 42, 59, 110, 145, 156, 163, 170, 178, 194, 198, 202, 205, 209, 220, 225, 234, 241, 254, 272, 275, 276, 278, 282, 283, 289, 302, 303, 313, 315, 318, 322, 326, 336
Bern 288
Bickler, Hermann 312, 313
Birkach 138, 226, 227
Birmingham 281, 282
Blaskowitz, Johannes 357
Blind, Fritz 211, 222, 226
Blos, Wilhelm 31
Blum, Léon 201
Bodenschatz, General 357
Bötticher, General 357
Bohle, Ernst Wilhelm 185, 186, 194, 268, 270, 277, 357
Bohn, Willy 380
Bohnert, August 138, 223, 226, 227, 244, 267
Boldsen, F. C. 200, 201
Bolz, Eugen 61, 90
Bonatz, Paul 98
Bormann, Martin 259, 262
Bosch, Robert 45, 232, 237, 307, 321, 325, 331, 354
Bremen 277
Brenner, Fritz 364, 366
Breslau 269, 336
Brinon, Ferdinand de 314
Bruckmann, Peter 174
Brundage, Avery 188, 189
Brüssel 199, 200, 202–204, 280, 287, 291, 292, 345
Buch, Walter 356
Buder, Prälat 236
Buffalo 189, 190
Bulgarien 292
Bürckel, Josef 312, 315, 316
Buttenhausen 144, 151
Cannstatt 86
Caspart, Hans 363
Chamberlain, Neville 201, 281, 282
Chemnitz 225
Chicago 189, 190
Christen, Theodor 37
Colmar 26, 310
Conti, Leonardo 212
Crailsheim 341
Csaki, Richard 141, 181, 182, 194
Cuhorst, Fritz 123, 298, 299, 305
Danzig 20
Degerloch 345
Dehlinger, Alfred 176
Dethlefsen, General 357

Detroit 189, 190
Dickstein, Samuel 192
Diebitsch, Kurt 271, 273
Dill, Gottlob 298, 305
Dillgardt, Just 251, 252, 254, 256–258, 260, 263
Ditzingen 138
Döberitz 22
Doka, Eduard 168, 260
Dönitz 356
Drascher, Abteilungsleiter 184
Drauz, Richard 301, 303
Durst, Ministerialdirektor 221
Echterdingen 138, 227
Eichmann, Adolf 238
Eisenmann, Landtagsdirektor 181, 313
El Alamein 324
Elkart, Stadtbaurat 332
Elsaß 310–314, 317, 343
Eltingen 138
Engelhardt, Franz 88
England 241, 290, 319
Epp, Ritter von 177, 270, 357
Essen 252
Eßlingen am Neckar 174, 258, 274
Ettwein, Friedrich 96, 123, 124, 140, 298, 348
Fahr, Otto 342
Fasanenhof 138, 227
Feder, Gottfried 133, 219
Fellbach 138, 224
Feuerbach 103, 129
Fiehler, Karl 65, 84, 110, 160–165, 247, 256, 257, 259, 261–263, 265, 308, 309, 349, 352, 353
Fischer, Friedrich 93
Fischer, Hans 311, 313
Fischer, Richard 262
Fischer, Ulrich 31
Fischer, Wilhelm 216, 245, 304, 321, 340
Fleck, Albert 368
Ford, Henry 157, 238
Frank, Reinhold 331
Frankfurt am Main 198, 203, 269, 353
Frankreich 286, 292, 295, 311, 319, 330

Freisler, Roland 313
Freudenstadt 22
Frick, Wilhelm 63, Wilhelm 90, 260, 356
Friedrichs, Oberbürgermeister 269
Friedrichshafen 56, 267
Fuchs, Herbert 260
Funk, Walther 82, 357
Gastpar, Hermann 152
Gausse 333
Geck, Tell 274, 364, 365
Genf 290
Gerlingen 138
Gesell, Silvio 37
Geyer, Hermann 320, 323, 329
Giesler, Hermann 231, 232
Gießen 45, 60
Gissibl, Fritz 192
Glück, Eugen 75
Goebbels, Joseph 194, 339
Goerdeler, Carl 110, 120, 146, 249, 319, 321, 326–328, 330–332, 335, 336, 354, 362, 372
Goeser, Karl 72
Gögler 369
Göring 210, 251, 260, 276
Göring, Helmut 180, 315, 316
Göring, Hermann 194, 318, 356
Göttelfingen 143, 151
Götz, Karl 197, 272, 305, 366
Gräfelfing 35, 36
Grasser, Anton 321, 322
Grävenitz, Fritz von 196, 237
Griesbach, Abteilungsleiter 184
Großhans, Karl 95, 363, 365, 368
Großlichterfelde 18
Günther, Ernst 46
Gut, Stadtbaurat 279, 280, 291
Hablizel, Gotthilf 92, 108, 127, 156, 209, 305
Häffner, August 125
Hahn, Paul 33, 34, 326, 332, 361
Halle 353
Hallschlag 219
Hamburg 165, 277
Hanneken, Hermann von 320

Härle, Christian 105
Hassell, Ulrich von 331
Haußmann, Wolfgang 377, 378
Hegnach 138
Heidelberg 175
Heilbronn 56, 174–177
Heitz, Robert 317, 343, 366, 365
Heller, Walter 211
Herfurt, Otto 335
Herrenberg 258, 259
Herriot, Edouard 202
Heß, Rudolf 161, 165, 185, 186, 194, 260, 261, 263, 357
Hessen 71
Hessen-Nassau 71
Hessigheim 267
Heumaden 138
Himmler, Heinrich 194, 245, 250, 251, 271, 273, 275, 308, 313, 315, 316, 354
Hindenburg, Paul von 184
Hirn, Josef 79, 80, 87, 379, 385, 387, 388
Hirsch, Otto 236
Hirzel, Walter 87, 103, 108, 175, 210
Hitler, Adolf 11, 60, 62, 64, 69, 81, 99, 100, 145, 156, 178, 183–186, 194, 196, 204–206, 223, 228, 230, 231, 239, 241, 249, 259, 264, 269, 276, 288, 304, 306, 309, 315, 316, 325, 327–331, 333, 335, 337, 339, 341, 353, 354, 371–374, 376
Hofen 70
Hoffmann, Johannes 35
Hofmann, Otto 245, 316
Hohenheim 227, 274
Holland 288
Holtzmann, Oscar 307
Hottmann, Gottlob 255
Huber, Max 289, 290
Hurlebaus, Wilhelm 109
Italien 292
Jagow, Dietrich von 90
Jeserich, Geschäftsführer, Deutscher Gemeindetag 198, 200
Jodl, Alfred 357
Jung, Robert 380
Kalifornien 285

Kappe, Walter 192
Karlsruhe 18, 342
Kaul, Kurt 311
Kazan 277
Keitel, Wilhelm 276, 317, 356
Kemnat 138
Kempner, Robert 357
Kesselring, Albert 357
Kiehn, Fritz 175
Kienmoser, Rechtsrat 279
Kiew 276
Kirchheim unter Teck 16
Kissel, Wilhelm 232
Klaiber, Rudolf 61
Klein, Gottfried 89, 94
Klett, Arnulf 300, 305, 343, 345, 362, 377, 380, 381, 384–388
Klöti, Emil 134, 202, 274, 286–290, 294
Kniebis 300
Knitzingen 356
Knoerzer, Alfred 342
Koch, Erich 336
Köln 242
Könekamp, Eduard 108, 123, 125, 182, 187, 193, 271, 272, 274, 289, 304–306, 345
Konz, Otto 175
Korntal 138, 227
Kornwestheim 361
Krebs, Friedrich 269, 349, 353
Krecke, Carl 160–162, 164, 251
Krehl, Hans 180
Kroll, Hugo 74, 85, 96, 104, 107, 214
Kruse, Helmut 269, 275, 292, 300, 321
Kuen, Eberhard 108
Kuhn, Fritz 187, 189
LaGuardia, Fiorello 190
Lammers, Heinrich 145, 203, 205, 239, 262, 276, 314, 316, 357
Landon, Alfred M. 190
Lanz, Hubert 318, 320, 323, 329
Lautenschlager, Karl 63, 68–70, 74, 76, 78, 89, 91, 94, 98, 106, 107, 110, 236, 325, 351, 363, 384, 385
Laval, Pierre 293, 315

Lechfeld, Lager 35
Lechler, Paul 152
Lehnich, Oswald 173, 174
Leibbrandt, Georg 276, 277
Leinfelden 227, 243
Lemberg 277
Lemmé, Marie 238, 239
Lempp, Karl 152
Lenz, Friedrich 45, 46
Leonberg 138
Ley, Robert 194, 222, 357
Liebel, Willy 175, 353
Limoges 294
Locher, Albert 123, 127, 209, 286, 386, 388
Lochham 36
Lodz 288
London 111, 179, 197–200, 279, 281, 282
Longwy 22
Lorentz, Joseph 343
Lorenz, Werner 194, 195, 270
Lübeck 242
Ludwigsburg 39, 41, 341, 342, 361, 362
Luther, Hans 188
Lutz, Paul 92, 104
Lutze, Arthur 194
Luxemburg 356
Mackensen, Hans-Georg von 269
Maex, Alfred 365
Magirus, Margrit 310, 317, 343, 359, 360, 362, 363
Maier, Reinhold 361, 369
Mannheim 174, 175
Marbach 253, 254
Marbach, Paul 342
Marx, Alfred 363
Mauer, Adolf 121, 123
Mayer, Felix 124
Meier, Otto 63
Meier, Reinhold 386
Meißner, Hans Otto 315, 357
Menge, Arthur 110
Mergenthaler, Christian 61, 62, 69, 75, 90, 181
Metzger, Karl 89

Mexiko 199
Meyer, Gauleiter 260
Milch, Erhard 357
Miller, Alois 105, 106, 364, 365
Möhringen 213, 224, 227, 242
Mondorf 356, 357
Moskau 292, 323
Mühlhausen 103, 129, 146
München 35, 37, 145, 156, 161, 168, 169, 173, 254, 256, 263, 308, 353
Münchingen, 138, 227
Münsingen 30, 41
Münster 86, 172
Murr, Wilhelm 90, 95, 110, 124, 125, 138, 147, 156, 176–178, 183, 185, 186, 199, 222, 224–226, 229, 232, 235, 240, 242–245, 247, 248, 249, 253, 267, 268, 274, 301–304, 306, 308, 312, 338–341, 350, 371
Murray, C. L. 200, 201
Musberg 227, 243
Mussolini, Benito 196, 331
Nellingen 138
Neubacher, Hermann 197
Neubreisach 28
Neurath, Konstantin von 111, 179, 185, 192, 195, 194, 210, 211, 269, 315, 316, 322, 330, 334, 354, 357,
New York 156, 187a190
Niederlande 295
Niemeyer, Landesrat 211
Nübling, Richard 55, 57, 102
Nürnberg 357, 358, 360, 362,
Oberaichen 227, 243
Oberursel 357
Öchsle, Richard 105, 106, 364
Öffingen, 138
Österreich 178, 196, 268, 310
Paris 198, 199, 200, 234, 273, 286, 292, 310, 319, 334,
Pepler, George L. 199, 200, 203, 278, 281, 284,
Plieger, Generaldirektor 263
Plieningen 138, 226, 227
Plochingen 176

481

Polen 271, 289, 318
Popitz, Johannes 331
Prag 211
Quedlinburg 166
Raeder 270
Rath, Ernst vom 234
Regensburg 358
Reinecke, Staatssekretär 357
Reinhold, Alfred 314
Renninger, Karl 175
Reutlingen 56, 298
Rheinpfalz 71
Ribbentrop, Joachim von 195, 200, 357
Riecke 357
Riedenberg 138
Ritter, Dr. 383
Röchling 178
Rohr 138, 227, 242
Rohracker 138
Rohrbach, Rudolf 176, 178, 211, 242, 253, 255–257, 266
Rom 196
Rommel, Erwin 29, 318, 323, 324, 329, 332–334, 354, 372
Rommel, Lucie 332, 366
Rosenberg, Alfred 195, 276, 357
Ruhrgebiet 165
Ruit 138
Rumänien 292
Rußland 276
Saarbrücken 178
Sämisch, Friedrich 78
Sahm, Heinrich 110
Saleck, Walter 152, 212
Saratow 277
Sauer, Paul 78, 121, 154
Sautter, Reinhold 246, 298–300, 302, 306, 308, 309, 359, 360
Schacht, Hjalmar 111, 133
Schäfer Schäfer, Paula 201, 278, 280, 287, 291
Scharnhausen 138
Schattenfroh, M. 382
Scheel, Adolf 311
Scheffer, L. S. P. 200, 201

Scheuerle, Richard 211, 240
Schirach, Baldur von 194
Schleicher, Rüdiger 335
Schlumpberger, Friedrich 62
Schmid, Jonathan 222, 226, 253, 266, 293, 319
Schmid, Richard 361
Schmiden 138
Schmidt, Friedrich 307
Schmidt, Robert 199
Schmitthenner, Paul 97, 98, 314–316
Schmoller, Gustav von 47
Scholley, Eduard von 340, 342
Schoppenweier 29
Schorndorf 356
Schulenburg, Fritz-Dietolf von der 331, 336, 337
Schuster, Joseph 192
Schwarz, Otto 124, 211, 223, 240
Schwarz, Franz Xaver 357
Schweinle, Carl 240, 241, 245, 335
Schweiz 267, 273, 286, 288, 289, 292, 311, 367
Schwerin-Krosigk, Lutz Graf 357
Schwieberdingen 138
Seebauer, Georg 161
Seldte, Franz 133, 135, 138, 284, 352, 357
Sellier, Henri 200–202, 278, 279, 284, 286, 288, 292, 293
Seyß-Inquart, Arthur 197, 356
Sigloch, Daniel 92, 104, 123, 124
Sillenbuch, 138
Smolensk 323
Sombart, Werner 47
Sowjetunion 271
Spahn, Martin 314
Spanien 292, 295
Spann, Othmar 45–47, 53, 60, 62
Speer, Albert 264, 265, 330
Speidel, Hans 329, 334, 354, 388
Speidel, Willy 253, 255, 340, 362
Spengler, Oswald 335
Stähle, Eugen 234
Stalingrad 324, 328, 329
Stammheim, 138, 227

Stauß, Emil Georg von 266
Stennes, Walther 63
Stockholm 279, 280, 282, 284, 285
Stöckle, Walter 255, 341
Straßburg 262
Straßburg 262, 300, 313, 314
Strasser, Gregor 73, 81
Streicher, Julius 357
Stroebel, Hermann 210, 228
Ströle, Karl 369
Strölin, Emil 298
Strölin, Karl passim
Strölin, Karl von 16, 17, 29, 30
Strölin, Rudolph 16
Stuckart Wilhelm, 226, 245, 249, 250, 314, 357
Stuttgart passim
Südamerika 273
Südtirol 196
Suresne, 201
Theresienstadt 239
Tiedje, Wilhelm 229
Todt, Fritz 171, 172, 176, 242, 252, 256, 261, 263, 264, 267
Torgler, Ernst 63, 70
Toulouse 310
Tschechoslowakei 283
Tübingen 274
Uhlbach 138
Ulm 30, 39, 56, 177, 178, 267
Unteraichen 227, 243
Untertürkheim 266
Unterurbach 58
Vaihingen 138, 213, 224, 226, 227, 242, 259
Vatikan 290
Veiel, Rudolf 342

Vichy 314
Vinck, Emile 200–202, 278, 284, 287, 288, 291–294
Wagener, Otto 82
Wagner, Robert 311, 312, 315
Waidelich, Ernst 123, 339, 345
Waldenbuch 226, 227
Waldmann, Karl 164, 225, 307
Wanner, Theodor 179–181, 184
Warlimont, Walter 357
Warschau 240, 288, 289
Washington 189
Weidemann, Johannes 353
Weil im Dorf, 103, 129
Weizsäcker, Ernst von 196, 237, 272, 277, 286, 290–292, 316, 319, 322, 327, 354
Weniger, Alfred 310, 312, 314, 343, 358, 361
Weninger, Georges 310
Werlin, Jakob 231
Wernicke, Johann 47
Wertheimer, Fritz 153, 179, 180, 181, 184
Widmann, Paul 343
Wien 45, 60
Wilhelm, Herzog von Urach 26, 27
Wilhelm II., König von Württemberg 19
Wirth, Christian 29
Wünschdorf 21
Wurm, Theophil 239, 246, 298, 299, 300, 306, 308, 359, 361, 369,
Ypern 23
Zanetti, Emil 240, 242
Zazenhausen 103, 129
Zuffenhausen, 146
Zürich 134, 202, 286, 288, 294

**Fritz Kaspar: Hanna, Kolka, Ast und andere.** Stuttgarter Jugend gegen Hitler. Mit einem Geleitwort von Peter Steinbach. 300 Seiten, 18 Abbildungen.

**Der jüdische Frisör.** Auf Spurensuche: Juden in Stuttgart-Ost. Herausgegeben von der Stuttgarter Osten Lokalzeitung. 128 Seiten, 50 Abbildungen.

**Andrea Hauser: Stuttgarter Frauen für den Frieden.** Politik und Alltag nach 1945. Reihe »Frauenstudien Baden-Württemberg«, herausgegeben von Christel Köhle-Hezinger, Band 7. 100 Seiten, erscheint im Herbst 1995.

**Harald Schukraft: Stuttgart damals – Stuttgart jetzt.** 96 Seiten, 87 Abbildungen.

**Renate Palmer: Der Stuttgarter Schocken-Bau von Erich Mendelsohn.** Die Geschichte eines Kaufhauses und seiner Architektur. Reihe »Stuttgarter Studien«, Band 9. 240 Seiten, 150 Abbildungen.

**»Restloser, verzehrender Einsatz für Deutschland«.** Eine Schulklasse erlebt den Zweiten Weltkrieg. Das Rundbuch des Abiturjahrgangs 1940 der »Adolf-Hitler-Oberschule« Böblingen. Durch Dokumente ergänzt und erläutert von der Geschichtswerkstatt am Goldberg-Gymnasium Sindelfingen. 212 S., 180 Abb..

**Stuttgart – Stadt im Wandel.** Vom 19. ins 21. Jahrhundert. Herausgegeben von Andreas Brunold. Ca. 184 Seiten, 80 Abbildungen, erscheint im Herbst 1995.

**Stuttgart – Von der Residenz zur modernen Großstadt.** Architektur und Städtebau im Wandel der Zeiten. Herausgegeben von Andreas Brunold und Bernhard Sterra. 184 Seiten, 212 Abbildungen.

**Resi Weglein: Als Krankenschwester im KZ Theresienstadt.** Erinnerungen einer Ulmer Jüdin. Herausgegeben und mit einer Zeit- und Lebensbeschreibung versehen von Silvester Lechner und Alfred Moos. 228 Seiten, 62 Abbildungen.

**Kunst und Kultur in Ulm 1933–1945.** Herausgegeben vom Ulmer Museum. Redaktion: Myrah Adams. 240 Seiten, 310 Abbildungen.

In jeder Buchhandlung. Prospekte: Schönbuchstraße 48, D-72074 Tübingen